中華古籍保護計劃

ZHONG HUA GU JI BAO HU JI HUA CHENG GUO

·成 果·

河北省三十一家公共圖書館

古籍普查登記目録

全國古籍普查登記目録

國家圖書館出版社
National Library of China Publishing House

圖書在版編目(CIP)數據

河北省三十一家公共圖書館古籍普查登記目録/《河北省三十一家公共圖書館古籍普查登記目録》編委會編. —北京:國家圖書館出版社,2022.12

ISBN 978 – 7 – 5013 – 7555 – 4

Ⅰ.①河… Ⅱ.①河… Ⅲ.①公共圖書館—古籍—圖書館目録—河北 Ⅳ.①Z838

中國版本圖書館 CIP 數據核字(2022)第 131624 號

書　　名　河北省三十一家公共圖書館古籍普查登記目録
著　　者　《河北省三十一家公共圖書館古籍普查登記目録》編委會　編
責任編輯　王　雷

出版發行　國家圖書館出版社(北京市西城區文津街 7 號　　100034)
　　　　　(原書目文獻出版社 北京圖書館出版社)
　　　　　010 – 66114536　63802249　nlcpress@ nlc.cn(郵購)
網　　址　http://www.nlcpress.com
排　　版　京荷(北京)科技有限公司
印　　裝　河北三河弘翰印務有限公司
版次印次　2022 年 12 月第 1 版　2022 年 12 月第 1 次印刷

開　　本　787×1092　1/16
印　　張　42.25
字　　數　790 千字
書　　號　ISBN 978 – 7 – 5013 – 7555 – 4
定　　價　420.00 圓

《全國古籍普查登記目録》

工作委員會

主　任：周和平

副主任：張永新　詹福瑞　劉小琴　李致忠　張志清

委　員（按姓氏筆畫排序）：

于立仁　王水喬　王　沛　王紅蕾　王筱雯

方自今　尹壽松　包菊香　任　競　全　勤

李西寧　李　彤　李忠昊　李春來　李　培

李曉秋　吳建中　宋志英　努　木　林世田

易向軍　周建文　洪　琰　倪曉建　徐欣禄

徐　蜀　高文華　郭向東　陳荔京　陳紅彦

張　勇　湯旭岩　楊　揚　賈貴榮　趙　嬿

鄭智明　劉洪輝　歷　力　鮑盛華　韓　彬

魏存慶　鍾海珍　謝冬榮　謝　林　應長興

《全國古籍普查登記目錄》

序　言

全國古籍普查登記工作是"中華古籍保護計劃"的首要任務,是全面開展古籍搶救、保護和利用工作的基礎,也是有史以來第一次由政府組織、參加收藏單位最多的全國性古籍普查登記工作。

2007年國務院辦公廳發布《關於進一步加强古籍保護工作的意見》(國辦發[2007]6號),明確了古籍保護工作的首要任務是對全國公共圖書館、博物館和教育、宗教、民族、文物等系統的古籍收藏和保護狀況進行全面普查,建立中華古籍聯合目錄和古籍數字資源庫。2011年12月,文化部下發《文化部辦公廳關於加快推進全國古籍普查登記工作的通知》(文辦發[2011]518號),進一步落實了全國古籍普查登記工作。根據文化部2011年518號文件精神,國家古籍保護中心擬訂了《全國古籍普查登記工作方案》,進一步規範了古籍普查登記工作的範圍、内容、原則、步驟、辦法、成果和經費。目前進行的全國古籍普查登記工作的中心任務是通過每部古籍的身份證——"古籍普查登記編號"和相關信息,建立古籍總臺賬,全面瞭解全國古籍存藏情况,開展全國古籍保護的基礎性工作,加强各級政府對古籍的管理、保護和利用。

《全國古籍普查登記工作方案》規定了全國古籍普查登記工作的三個主要步驟:一、開展古籍普查登記工作;二、在古籍普查登記基礎上,編纂出版館藏古籍普查登記目錄,形成《全國古籍普查登記目錄》;三、在古籍普查登記工作基本完成的前提下,由省級古籍保護中心負責編纂出版本省古籍分類聯合目錄《中華古籍總目》分省卷,由國家古籍保護中心負責編纂出版《中華古籍總目》統編卷。

在黨和政府領導下,在各地區、各有關部門和全社會共同努力下,古籍普查登記工作得以扎實推進。古籍普查已在除臺、港、澳之外的全國各省級行政區域開展,普查内容除漢文古籍外,還包括各少數民族文字古籍,特別是於2010年分別啓動了新疆古籍保護和西藏古籍保護專項,因地制宜,開展古籍普查登記工作;國家古籍保護中心研製的"全國古籍普查登記平臺"已覆蓋到全國各省級古籍保護中心,并進一步研發了"中華古籍索引庫",爲及時展現古籍普查成果提供有力支持;截至目前,已有11375部古籍進入《國家珍貴古籍名録》,浙江、江蘇、山東、河北等省公布了省級《珍貴古籍名録》，古籍分級保護機制初步形成。

《全國古籍普查登記目録》是古籍普查工作的階段性成果，旨在摸清家底，揭示館藏，反映古籍的基本信息。原則上每申報單位獨立成册，館藏量少不能獨立成册者，則在本省範圍內幾個館目合并成册。無論獨立成册還是合并成册，均編製獨立的書名筆畫索引附於書後。著録的必填基本項目有：古籍普查登記編號、索書號、題名卷數、著者（含著作方式）、版本、册數及存缺卷數。其他擴展項目有：分類、批校題跋、版式、裝幀形式、叢書子目、書影、破損狀況等。有條件的收藏單位多著録的一些擴展項目，也反映在《全國古籍普查登記目録》上。目録編排按古籍普查登記編號排序，内在順序給予各古籍收藏單位較大自由度，可按分類排列古籍普查登記編號，也可按排架號、按同書名等排列古籍普查登記編號，以反映各館特色。

此次全國古籍普查登記工作，克服了古籍數量多、普查人員少、普查難度大等各種困難，也得到了全國古籍保護工作者的極大支持。在古籍普查登記過程中，國家古籍保護中心、各省古籍保護中心爲此舉辦了多期古籍普查、古籍鑒定、古籍普查目録審校等培訓班，全國共 1600 餘家單位參加了培訓，爲古籍普查登記工作培養了大量人才。同時在古籍普查登記工作中，也鍛煉了普查員的實踐能力，爲將來古籍保護事業發展奠定了良好的基礎。

《全國古籍普查登記目録》的出版，將摸清我國古籍家底，爲古籍保護和利用工作提供依據，也將是古籍保護長期工作的一個里程碑。

國家古籍保護中心

2013 年 10 月

《全國古籍普查登記目錄》
編纂凡例

一、收錄範圍爲我國境內各收藏機構或個人所藏,産生於 1912 年以前,具有文物價值、學術價值和藝術價值的文獻典籍,包括漢文古籍和少數民族文字古籍以及甲骨、簡帛、敦煌遺書、碑帖拓本、古地圖等文獻。其中,部分文獻的收錄年限適當延伸。

二、以各收藏機構爲分册依據,篇幅較小者,適當合并出版。

三、一部古籍一條款目,複本亦單獨著録。

四、著録基本要求爲客觀登記、規範描述。

五、著録款目包括古籍普查登記編號、索書號、題名卷數、著者、版本、册數、存缺卷等。古籍普查登記編號的組成方式是:省級行政區劃代碼—單位代碼—古籍普查登記順序號。

六、以古籍普查登記編號順序排序。

《河北省三十一家公共圖書館古籍普查登記目録》

編委會

主　　任：劉　棟

主　　編：冉　華

副 主 編：蘇文珠　張　楠

編　　委（按姓氏筆畫排序）：

編輯人員（按姓氏筆畫排序）：

曹榮輝　閆　宇　崔雅瀾　許桂明　張玉炫

張　旭　張　旸　張英利　張春花　張　勇

張廣紅　張翠榮　張曉東　葛聰怡　董連紅

蓋建麗　楊偉才　楊　静　楊曉燕　賈彦超

齊大偉　鄭麗霞　劉文静　劉玉衡　劉世興

劉向國　劉　青　劉　岩　劉彦芳　劉紀超

霍春霞　蘇東華

《河北省三十一家公共圖書館古籍普查登記目録》
前　言

　　燕趙大地有着悠久的歷史和燦爛的文化,作爲中華文明的重要組成部分,與中華文明一起歷經滄桑,恒久不衰。其傳承不息的重要原因之一,便是歷史各階段所流傳的古籍文獻將這種文化承載和傳揚下來。做好古籍文獻保護工作,讓書寫在古籍裏的文字活起來,對燕趙文化和中華文明的傳承與弘揚,具有重要的意義。

　　自 2007 年國務院下發《關於進一步加强古籍保護工作的意見》以來,河北省古籍保護中心認真落實國務院、文化部(今文化和旅游部)有關古籍保護工作的精神,積極按照國家古籍保護中心的工作布署,推進古籍保護各項工作。在河北省委、省政府的重視和支持下、在河北省文化旅游廳的正確領導下,全省古籍保護工作蓬勃有序開展,穩步推進:全省古籍普查工作基本完成,全省古籍家底也基本摸清;古籍收藏單位的古籍生存環境得到改善,良好的古籍保護機制正在形成;古籍保護人才隊伍建設取得了進步,古籍保護工作正向專業化發展;古籍再生性保護工作取得新的成果,完成了一批重要古籍的整理出版工作。古籍保護意識深入人心,古籍保護成果卓然豐碩。

　　爲貫徹落實《文化部辦公廳關於加快推進全國古籍普查登記工作的通知》(辦社文函[2011]518 號)精神,我省古籍保護中心在全面分析全省古籍收藏單位的實際情況基礎上,制定了我省古籍普查登記方案。爲了克服普查人員匱乏的現狀,一方面從省中心現有人員中抽調力量派員前往普查單位進行普查,另一方面督導普查力量薄弱的單位將古籍送到省中心幫助普查,同時接受普查單位派員前來學習方法和在大學中招收志願者。通過以上系列措施,目前全省古籍普查登記基本完成。在此基礎上完成了《河北省圖書館古籍普查登記目録》《河北省保定市圖書館古籍普查登記目録》《河北省石家莊市圖書館古籍普查登記目録》的編輯出版工作。《河北省三十一家公共圖書館古籍普查登記目録》也進入出版階段。

　　該目録是在河北省古籍保護中心推進全省公共圖書館古籍普查登記工作全部完成基礎上的一項成果,也是在各單位的支持、參與、配合下,共同完成的一項工作。該目録彙集河北省三十一家公共圖書館共 6078 條古籍數據,其中石家莊市靈壽縣圖書館 70 條、石家莊市平山縣圖書館 13 條、石家莊市藁城區圖書館 26 條、石家莊市新樂市圖書館 3 條、唐山市圖書館 1583 條、唐山市豐南區圖書館 61 條、唐山市樂亭縣圖書館 284 條、唐山市遵化市圖書館 112 條、秦皇島圖書館 101 條、秦皇島市昌黎縣圖書館 134 條、秦皇島市撫寧縣圖書館 6 條、邯鄲市圖書館 96 條、邯鄲市武安市圖書館 791 條、邯鄲市臨漳縣圖書館 76 條、邢臺市圖書館 197 條、邢臺市寧晉縣圖書館 20 條、邢臺市威縣圖書館 61 條、邢臺市南宮市圖書館 256 條、邢臺市隆堯縣圖書館 106 條、保定市阜平縣圖書館 43 條、保定市順平縣圖書館 49 條、張家口市宣化區圖書館 263 條、張家口市懷來縣圖書館 118 條、張家口市涿鹿縣圖書館 182 條、承德市圖書館 553 條、承德市承德縣圖書館 3 條、滄州市圖書館 105 條、滄州市河間市圖書館 584 條、滄州市任丘市圖書館 74 條、衡水市景縣圖書館 104 條、辛集市圖書館 4 條。所有古籍普查數據均根據國家古籍保護中心《全國古籍普查登記工作方案》進行著錄，各收藏單位按照地市發展先後順序排序。

2021 年榮列全國古籍重點保護單位的唐山市圖書館，藏有明嘉靖三十二年（1553）刻本《龍湖先生文集》十四卷、明嘉靖十五年（1536）刻本《王氏家藏集》四十一卷、明天啓元年（1621）朱墨套印本《蘇長公密語》十六卷《首》一卷、清康熙二十四年（1685）五色套印本《古文淵鑒》六十四卷、清朱墨套印內府刻本《硃批諭旨》不分卷等珍貴古籍，分別入選《中國古籍總目》。邯鄲市武安市圖書館所藏明正德二年（1507）內府刻本《歷代通鑑纂要》九十二卷、明嘉靖三十一年（1552）刻本《端溪先生集》八卷入選第二批《國家珍貴古籍名錄》。

威縣圖書館藏有明永樂十九年（1421）至正統五年（1440）刻本《永樂北藏》（存四種）、明永樂十年（1412）至十五年（1417）刻本《永樂南藏》（存八種）、明抄本《三昧水懺法》三卷、明刻本《心安集總證》六卷等。

南宮市圖書館藏有明刻明清遞修本《二十一史》二千五百六十七卷、明末汲古閣刻本《南唐書》十八卷、《放翁逸稾》二卷、《家世舊聞》一卷、明刻朱墨套印本《考工記》二卷等。

古籍普查是一項專業性很強的工作，著錄人員需要有相應的版本學、文獻學等方面的知識，更需要一定的工作經驗。《河北省三十一家公共圖書館古籍普查登記目錄》所著錄的 6078 條古籍數據，均按照古籍普查登記規範著錄，傾注了收藏單位古籍普查登記人員的心血，也包含了國家古籍保護中心、河北省古籍保護中心工作人員的心血，在此一并表示敬意和感謝。

《河北省三十一家公共圖書館古籍普查登記目錄》的出版，對我省古籍保護工作具有重要推動作用，也對瞭解掌握全省古籍存藏情況、實現資源互惠共用、推動新時代古籍保護事業發展有着積極作用。由於一些古籍年代久遠，題名、版本失考，加上工作人員經驗不足等原因，本書難免有不足之處，敬請廣大讀者和業內專家批評指正。

河北省古籍保護中心
2022 年 10 月

目　　録

石家莊市靈壽縣圖書館
古籍普查登記目錄

全國古籍普查登記目錄

國家圖書館出版社
National Library of China Publishing House

130000－0411－0000001　叢001

崇文書局彙刻書　（清）崇文書局輯　清光緒元年(1875)湖北崇文書局刻本　四冊　存二種十三卷(涑水記聞五至八、十三至十六,補遺一;左傳舊書考正五至八)

130000－0411－0000002　叢002

武英殿聚珍版書一百三十八種　清刻武英殿聚珍版書本　十一冊　存六種三十六卷(禹貢指南一至四,后山詩一至五、九至十二,陶山集一至十六,易象易言一,學易集六至八,絜齋集五至七)

130000－0411－0000003　叢003

高梅亭讀書叢鈔十一種　（清）高塏集評　清乾隆五十三年(1788)廣郡永邑培元堂楊氏刻本　五冊　存三種六卷(史記鈔一至四、左傳鈔一、明文鈔一)

130000－0411－0000004　叢004

正誼堂全書六十三種續刻五種　（清）張伯行編　清同治五年(1866)福州正誼書院刻本　十三冊　存八種四十一卷(張衡渠先生文集一至四,唐陸宣公文集三至四,司馬文公文集一至五,道統錄下、附錄一卷,正誼堂文集一至十二,正誼堂續集一至八,唐宋八大家文鈔一,近思錄六至九、十二至十四)

130000－0411－0000005　集001

御選唐宋文醇五十八卷目錄一卷　（清）高宗弘曆輯　清浙江書局刻本　一冊　存三卷(二十八至三十)

130000－0411－0000006　集002

國朝文鈔六編　（清）高塏集評　清乾隆五十一年(1786)刻本　三冊

130000－0411－0000007　集003

御選唐宋詩醇四十七卷目錄二卷　（清）高宗弘曆編　清浙江書局刻本　二冊　存五卷(十一至十二、十六至十八)

130000－0411－0000008　集004

唐宋大家全集錄十種　（清）儲欣編　清光緒八年(1882)江蘇書局刻本　七冊　存十三卷(李習之先生全集錄一至二,東坡先生全集錄一至四、七至九,臨川先生全集錄一至四)

130000－0411－0000009　集005

關中書院詩課不分卷　（清）路德輯　清刻本　一冊

130000－0411－0000010　集006

欽定四書文不分卷　（清）方苞等纂修　清光緒二年(1876)崇文書局刻本　三冊

130000－0411－0000011　集007

韓集點勘四卷　（清）陳景雲撰　清同治九年(1870)江蘇書局刻本　一冊

130000－0411－0000012　集008

六一居士全集錄五卷外集二卷　（宋）歐陽修撰　（清）儲欣錄　清刻本　五冊

130000－0411－0000013　集009

四六叢話三十三卷附選詩叢話一卷　（清）孫梅輯　清光緒七年(1881)吳下刻本　十二冊

130000－0411－0000014　集010

蘇文忠詩合註五十卷首一卷目錄一卷　（宋）蘇軾撰　（清）馮應榴輯查訂　**東坡先生年譜一卷**　（宋）王宗稷編　清刻本　十二冊　存三十卷(二十一至四十八、四十九至五十)

130000－0411－0000015　集011

曾文正公全集　（清）曾國藩撰　清同治至光緒傳忠書局刻本　二十四冊　存四種三十八卷(書札一至十、十九至二十二、二十五至二十九,詩集一至四、文集二,經史百家雜鈔十五至二十二,曾文正公奏稿二至三、十一、十五至十六、二十)

130000－0411－0000016　集012

嘉懿集續鈔四卷　（清）高塏撰　清乾隆五十四年(1789)刻本　四冊

130000－0411－0000017　集013

寒松堂全集十二卷　（清）魏象樞撰　清嘉慶刻本　一冊　存一卷(七)

130000－0411－0000018　經001

御纂七經五種　（清）聖祖玄燁敕編　清刻本

二十八冊　存三種六十二卷(欽定春秋傳說彙纂首二;欽定書經傳說彙纂三;欽定三禮義疏:周官義疏一、六至二十一、首一,儀禮義疏一至二、五至六、九至十、十五至十六、十九至二十二、二十四、首一,禮記義疏五十二至五十七、六十一至八十二)

130000－0411－0000019　經002

仿宋相臺五經附考證五種　(宋)岳珂輯　清光緒二年(1876)江南書局刻仿宋相臺五經附考證本　二冊　存二種七卷(毛詩七至十、春秋經傳集解二十三至二十五)

130000－0411－0000020　經003

古經解彙函十六種小學彙函十四種　(清)鍾謙鈞等輯　清同治十二年(1873)粵東書局刻本　四冊　存十八卷(鄭志一至三,補遺一,釋名一至八,廣韻五,干祿字書一,五經文字一至三,九經字樣一)

130000－0411－0000021　經004

通志堂經解　(清)納蘭成德輯　清同治十二年(1873)粵東書局刻本　四十冊　存二十二種一百四十三卷(春秋集傳釋義大成一至十一,春秋本義一至十、十五至二十二、二十六至三十,紫巖居士易傳五至六,漢上易傳三至四,周易傳義附錄七至十四,周易發明啓蒙翼傳一,三山拙齋林先生尚書全解十八至二十,尚書說一至三,增修東萊書說一至二十三,書蔡氏傳旁通二至三,李迂中黃實夫毛詩集解三至四、十一至十三,劉氏春秋意林一至二,左氏傳說十至二十,春秋或問七至十,春秋屬辭一至六,春秋左氏傳補注一至十,東巖周禮訂義二十一至二十五,經典釋文二十三至二十七,六經正誤五至六,春秋名號歸一圖二卷,合訂刪補大易集義粹言六十七至七十一,春秋諸傳會通十七至二十四)

130000－0411－0000022　經005

皇清經解一千四百八卷　(清)阮元輯　清道光九年(1829)廣東學海堂刻咸豐十一年(1861)補刻本　二十冊　存九十五卷(四十二至四十三、五十至五十九、二百八至二百十三、二百五十二至二百六十、二百六十四至二

百六十六、二百七十一至二百七十六、二百八十二至二百八十七、三百十九至三百二十四、三百三十五至三百四十四、四百三十四、四百五十五至四百六十一、五百二至五百三、五百五十二至五百五十三、一千三至一千十五、一千三十二至一千三十三、一千五十六至一千五十八、一千八十八至一千九十一、一千三百七十七至一千三百七十九)

130000－0411－0000023　經006

禮記十卷　(元)陳澔集說　清刻本　一冊　存一卷(六)

130000－0411－0000024　經007

附釋音禮記註疏六十三卷校勘記六十三卷　(漢)鄭玄注　(唐)孔穎達疏　(清)阮元校勘　清嘉慶二十年(1815)江西南昌府學刻本　七冊　存三十二卷(附釋音禮記註疏二十至二十五、二十八至二十九、四十七至五十一、五十六至五十八,校勘記二十至二十五、二十八至二十九、四十七至五十一、五十六至五十八)

130000－0411－0000025　經008

讀禮通考一百二十卷　(清)徐乾學撰　清光緒七年(1881)江蘇書局刻本　五冊　存十八卷(一至三、十至十二、二十七至三十一、五十至五十二、六十一至六十四)

130000－0411－0000026　經009

書經集傳六卷首一卷末一卷　(宋)蔡沈撰　清光緒七年(1881)金陵書局刻本　四冊

130000－0411－0000027　經010

詩經集傳八卷　(宋)朱熹撰　清刻本　一冊　存一卷(五)

130000－0411－0000028　經011

詩經備旨八卷　(清)鄒聖脉輯　清刻本　二冊　存三卷(三至四、七)

130000－0411－0000029　經012

春秋左傳五十卷　(晉)杜預　(宋)林堯叟註釋　(唐)陸元朗音義　(明)鍾惺等評點　清刻本　一冊　存二卷(三十至三十一)

130000－0411－0000030　經013

春秋左傳三十卷　（晉）杜預集解　（明）金蟠
較訂　清刻本　一冊　存一卷（十）

130000－0411－0000031　子009

日知錄集釋三十二卷　（清）顧炎武著　（清）
黃汝成集釋　清刻本　一冊　存三卷（十九
至二十一）

130000－0411－0000032　經015

論語古注集箋十卷論語考一卷論語敘一卷
（清）潘維城撰　清刻本　三冊　存七卷（一
至二、五、九至十,論語考一卷,論語敘一卷）

130000－0411－0000033　經016

六書音韻表五卷　（清）段玉裁撰　清同治十
一年(1872)湖北崇文書局刻本　二冊

130000－0411－0000034　經017

毛詩古音攷四卷　（明）陳第編輯　清刻本
四冊

130000－0411－0000035　經018

說文提要一卷　（清）陳建侯撰　清同治十二
年(1873)崇文書局刻本　一冊

130000－0411－0000036　經019

康熙字典十二集三十六卷總目一卷檢字一卷
辨似一卷等韻一卷補遺一卷備考一卷　（清）
張玉書等纂　清刻本　一冊　存一卷（亥集
下）

130000－0411－0000037　經020

古今韻會舉要三十卷　（宋）黃公紹編輯
（宋）熊忠舉要　清刻本　一冊　存四卷（二
十一至二十四）

130000－0411－0000038　子010

古香齋新刻袖珍淵鑑類函四百五十卷目錄四
卷　（清）張英等纂　清刻本　一冊　存三卷
（一百七十七至一百七十九）

130000－0411－0000039　子011

佩文韻府一百六卷拾遺一百六卷　（清）張玉
書等編　清刻本　四冊　存八卷（佩文韻府
八十二、八十四,拾遺五至七、二十三至二十

五）

130000－0411－0000040　史001

二十四史　清同治、光緒間五省官書局據汲
古閣本刻本　五十三冊　存二百八十一卷
（北史二十七至三十、三十五至四十五、五十
五至五十九、九十一至九十四,唐書一百七十
至一百八十五、二百十一至二百十九,舊五代
史三十四至四十一,宋史三十二至三十六、九
十八至一百八十六、一百九十三至二百九、二
百十七至二百十八、三百四十二至三百七
六、四百四十至四百四十五、四百五十八至四
百七十,金史一至五、十二至十九、二十六至
三十一、四十七至五十二、九十二至九十八、
一百十二至一百十六,明史四十至四十二、六
十五至六十九、八十二至九十二,元史一）

130000－0411－0000041　史002

史記一百三十卷　（漢）司馬遷撰　清刻本
一冊　存九卷（三十一至三十九）

130000－0411－0000042　史003

南北史補志十四卷　（清）汪士鐸撰　清光緒
四年(1878)淮南書局刻本　二冊　存四卷
（一至四）

130000－0411－0000043　史004

明紀六十卷　（清）陳鶴輯　（清）陳克家参
訂　清同治十年(1871)江蘇書局刻本　三冊
存九卷（十六至二十一、二十五至二十七）

130000－0411－0000044　史005

欽定明鑑二十四卷首一卷　（清）托津等纂
清同治九年(1870)湖北崇文書局刻本　十冊

130000－0411－0000045　子008

讀書雜志八十二卷餘編二卷　（清）王念孫撰
清同治九年(1870)金陵書局刻本　十五冊
存五十四卷（逸周書一至四,戰國策一至
三,史記一至六,管子一至十二,晏子春秋一
至二,墨子四至六,荀子一至八,補遺一,淮南
內篇一至十、二十一至二十二,補遺一,拾遺
一;餘編一）

130000－0411－0000046　史007

資治通鑑二百九十四卷　（宋）司馬光撰
（元）胡三省音注　通鑑釋文辯誤十二卷
（元）胡三省撰　清嘉慶二十一年（1816）刻本
　七冊　存十八卷（四十九至五十一、五十八
至六十、一百四十五至一百四十七、一百九十
九至二百一、二百二十至二百二十二、二百四
十四至二百四十六）

130000－0411－0000047　史008
紀事本末五種　（清）□□輯　清同治十三年
（1874）江西書局刻本　八冊　存三種三十五
卷（宋史紀事本末六十七至七十八,元史紀事
本末九至二十一,明史紀事本末一至三、十六
至十八、四十七至五十）

130000－0411－0000048　史009
國朝先正事畧六十卷　（清）李元度纂　清刻
本　一冊　存二卷（二至三）

130000－0411－0000049　史010
宋元學案一百卷首一卷考略一卷　（清）黃宗
羲撰　（清）全祖望補　清刻本　十七冊　存
四十八卷（五至七、十八至四十八、五十一至
五十三、五十九至六十二、六十五至六十六、
九十二至九十三、九十八至一百）

130000－0411－0000050　史011
廿一史約編八卷首一卷　（清）鄭元慶述　清
刻本　二冊　存二卷（五至六）

130000－0411－0000051　史012
畿輔通志三百卷首一卷　（清）李鴻章等修
清刻本　四冊　存六卷（二十六、一百四十
八、一百五十六至一百五十七、一百六十一至
一百六十二）

130000－0411－0000052　史013
廣輿記二十四卷　（明）陸應陽撰　明末刻本
　一冊　存六卷（十二至十七）

130000－0411－0000053　史014
太平寰宇記二百卷目錄二卷　（宋）樂史撰
清刻本　一冊　存六卷（一百七十一至一百
七十六）

130000－0411－0000054　史015

光緒乙巳年交涉要覽上篇二卷下篇三卷
（清）北洋洋務局輯　清光緒三十四年（1908）
北洋官報局鉛印本　四冊　存四卷（光緒乙
巳年交涉要覽上篇二卷、下篇一至二）

130000－0411－0000055　史016
吾學錄初編二十四卷　（清）吳榮光撰　清刻
本　一冊　存四卷（十七至二十）

130000－0411－0000056　子007
續談助五卷　（宋）晁載之輯　清刻本　一冊
　存二卷（三至四）

130000－0411－0000057　史018
欽定大清會典圖一百三十二卷目錄二卷
（清）慶桂等纂修　清刻本　二十二冊　存七
十四卷（一至十八、二十三至四十、七十三至
一百十）

130000－0411－0000058　史019
欽定大清會典八十卷　（清）托津等撰　清嘉
慶刻本　二十四冊　存四十五卷（一至九、十
一至四十六）

130000－0411－0000059　史020
欽定續通典一百五十卷　（清）稽璜　（清）曹
仁虎纂修　清刻本　九冊　存二十八卷（二
十六至二十八、三十九至四十三、四十七至五
十一、五十五至五十七、六十六至六十八、八
十四至八十九、一百九至一百十一）

130000－0411－0000060　史021
欽定大清會典事例一千二百二十卷目錄八卷
　（清）崑岡等撰　（清）劉啟端等纂　清刻本
　五十九冊　存一百四十三卷（七至二十六、
六十四至七十七、九十二至九十三、一百六十
八至一百六十九、一百八十至一百八十二、一
百九十八至二百三、二百十二至二百二十、三
百十至三百十二、三百十五至三百十七、四百
四十四至四百四十五、四百八十二至五百十
四、五百八十四至五百九十一、五百九十四至
六百、六百十七至六百三十、六百六十一至六
百六十三、六百六十五至六百六十八、六百七
十一至六百七十八,目錄四至五）

130000－0411－0000061　史022

皇朝通典一百卷　（清）曹仁虎輯　清刻本
七冊　存二十五卷（二十三至二十七、三十四
至四十、五十至五十一、五十八至六十一、六
十四至六十七、七十二至七十四）

130000－0411－0000062　史023

大清通禮五十四卷　（清）來保等纂修　（清）
穆克登額續纂　清光緒九年（1883）江蘇書局
刻本　七冊　存三十九卷（十六至五十四）

130000－0411－0000063　史024

三通　清咸豐九年（1859）崇仁謝氏仿武英殿
刻本　一百六十五冊　存三百七十一卷（通
考一至五十六、一百至一百五十二、一百五十
六至一百五十七、一百六十一至二百九十一、
三百三十一至三百四十八，通典四十六至五
十一，通志二十二至七十一、九十三至一百、
一百七、一百十四至一百三十、一百三十八至
一百五十一、一百七十九至一百八十、一百八
十三至一百八十六、一百八十八至一百八十
九、一百九十一、一百九十四至一百九十九）

130000－0411－0000064　史025

欽定四庫全書總目二百卷首一卷　（清）紀昀
等總纂　清刻本　一冊　存二卷（九至十）

130000－0411－0000065　新學001

重學二十卷　（英國）艾約瑟口譯　（清）李善

蘭筆述　清刻本　五冊

130000－0411－0000066　子001

子書百家　（清）崇文書局輯　清光緒元年
（1875）湖北崇文書局刻本　十冊　存四十四
卷（說苑一至十，胡子知言一至六、附錄一、疑
義一，薛子道論一至三，海樵子一，莊子南華
真經三、札記一，莊子闕誤一，孔子家語六至
十，風俗通義五至十，至游子一至二，文中子
中說一，列子一至二，風后握奇經一至三）

130000－0411－0000067　子006

幾何原本十五卷　（英國）偉烈亞力口譯
（清）李善蘭筆受　清刻本　一冊　存二卷
（十至十一）

130000－0411－0000068　子003

**思辨錄輯要前集二十二卷後集十三卷附先儒
陸子從祀一卷**　（明）陸世儀撰　清刻本　一
冊　存三卷（後集四至六）

130000－0411－0000069　子004

朱子原訂近思錄十四卷　（清）江永集注　清
刻本　二冊　存七卷（二至八）

130000－0411－0000070　子005

淵鑒齋御纂朱子全書六十六卷　（宋）朱熹撰
（清）李光地等輯　清刻本　一冊　存二卷
（三十一至三十二）

石家莊市平山縣圖書館古籍普查登記目録

全國古籍普查登記目録

國家圖書館出版社
National Library of China Publishing House

130000－0413－0000001　集 001

新鐫千家詩五言絕句四卷　（清）善成堂書林輯　清光緒十三年(1887)刻本　一冊

130000－0413－0000002　集 002

四大奇書第一種十九卷　（明）毛宗崗評　清刻本　十九冊

130000－0413－0000003　集 003

新刊繡像評演濟公傳十二卷一百二十回（□）□□撰　清光緒二十四年(1898)石印本　六冊

130000－0413－0000004　經 001

大學章句一卷　（宋）朱熹撰　清刻本　一冊

130000－0413－0000005　經 002

新訂四書補註備旨十卷　（明）鄧林著　（清）鄧煜編次　清刻本　六冊　存七卷(大學一卷、中庸一卷、論語三至四、孟子一至三)

130000－0413－0000006　經 003

剔弊廣增分韻五方元音韻法析說不分卷（清）樊騰鳳撰　清刻本　一冊

130000－0413－0000007　子 001

指迷金箴不分卷　（□）□□撰　清刻本　一冊

130000－0413－0000008　子 002

何仙翁北遊記一卷　（清）何松軒著　清宣統三年(1911)北京托貞魁刻本　一冊

130000－0413－0000009　子 003

覺迷靈丹二卷　（□）□□撰　清光緒二十四年(1898)刻本　一冊

130000－0413－0000010　子 004

精校新增繪圖幼學故事瓊林四卷　（明）程允升撰　（清）鄒聖脈增補　清石印本　四冊

130000－0413－0000011　子 005

慈生篇不分卷　（□）□□撰　清刻本　一冊

130000－0413－0000012　子 006

玉露金盤一卷　（□）□□撰　清光緒刻本　一冊

130000－0413－0000013　子 007

重刻破迷宗旨原本不分卷　（清）儒童老人著（清）化育子校閱　清光緒二十九年(1903)刻本　一冊

石家莊市藁城區圖書館古籍普查登記目錄

全國古籍普查登記目錄

國家圖書館出版社
National Library of China Publishing House

130000－0417－0000001　叢001

千金裘初集二十七卷二集二十六卷　（清）蔣
義彬纂　清刻本　一冊　存七卷(初集三至
九)

130000－0417－0000002　集003

養雲山館試帖四卷　（清）許球著　（清）王榮
緻注釋　（清）汪廷儒　（清）徐景軾參訂　清
刻本　四冊

130000－0417－0000003　集004

大雲山房文藁初集四卷二集四卷附大雲山房
言事二卷　（清）惲敬撰　清刻本　一冊　存
一卷(初集一)

130000－0417－0000004　集005

增評補像全圖金玉緣一百二十回首一卷
（清）曹雪芹　（清）高鶚撰　清石印本　八冊
存六十四回(五十七至一百二十)

130000－0417－0000005　集006

東周列國全志二十三卷　（清）蔡元放評點
清善成堂刻本　九冊　存十八卷(二至七、十
至十一、十四至二十三)

130000－0417－0000006　集007

聊齋志異新評十六卷　（清）蒲松齡著　（清）
王士正　（清）但明倫評　（清）呂湛恩注釋
清刻本　二冊　存八卷(一至八)

130000－0417－0000007　經001

類對集材六卷　（清）胡雲煥編　清同治十三
年(1874)刻本　三冊

130000－0417－0000008　經002

書經體註大全合叅六卷圖考一卷　（清）錢希
祥纂輯　（清）范翔鑒定　清光緒十二年
(1886)聚盛堂刻本　四冊

130000－0417－0000009　經003

詩經八卷　（宋）朱熹撰　清光緒十一年
(1885)善成堂刻本　四冊

130000－0417－0000010　經004

詩經八卷　（宋）朱熹撰　清同治十三年
(1874)友益堂刻本　四冊

130000－0417－0000011　經005

詩經八卷　（宋）朱熹撰　清刻本　一冊　存
一卷(五)

130000－0417－0000012　經006

漱芳軒合纂禮記體註四卷　（清）范翔參訂
清康熙五十二年(1713)文英堂刻本　四冊

130000－0417－0000013　經007

春秋三十卷　（宋）胡安國撰　清刻本　七冊

130000－0417－0000014　經008

論語最豁集四卷　（明）孫振基考訂　（清）劉
珍輯　清刻本　二冊

130000－0417－0000015　經009

論語十卷　（宋）朱熹集註　清刻本　一冊
存六卷(二至七)

130000－0417－0000016　經010

孟子七卷　（宋）朱熹集註　清刻本　一冊
存三卷(一至三)

130000－0417－0000017　經011

孟子七卷　（宋）朱熹集註　清刻本　二冊
存四卷(四至七)

130000－0417－0000018　經012

四書味根錄三十七卷　（清）金澂撰　清刻本
七冊　存十四卷(孟子一至十四)

130000－0417－0000019　經014

四書味根錄三十七卷　（清）金澂撰　清光緒
十三年(1887)善成堂刻本　十八冊

130000－0417－0000020　經015

字彙十二卷首一卷末一卷　（明）梅膺祚撰
清書業德刻本　一冊　存二卷(元、貞)

130000－0417－0000021　史001

御批歷代通鑑輯覽一百二十卷　（清）高宗弘
曆撰　（清）傅恆等編　清官書局石印本　十
冊　存五十七卷(六十四至一百二十)

130000－0417－0000022　史002

御批歷代通鑑輯覽一百二十卷　（清）高宗弘
曆撰　（清）傅恆等編　清光緒二十九年
(1903)上海商務印書館鉛印本　二冊　存二

十五卷(一至十、二十六至三十、四十一至五十)

130000－0417－0000023　史003
韻史二卷韻史補一卷　（清）高陽氏著　（清）繼芳校　清書業德刻本　一冊　存二卷（韻史下、韻史補一卷）

130000－0417－0000024　史005
歷代史論十二卷　（明）張溥撰　清光緒五年(1879)善成堂刻本　一冊　存六卷(一至六)

130000－0417－0000025　子002
胎產心法三卷　（清）閻純璽著　清刻本　一冊　存一卷（下）

130000－0417－0000026　子005
聖母七苦不分卷　（□）□□撰　清光緒四年(1878)刻本　一冊

石家莊市新樂市圖書館
古籍普查登記目録

全國古籍普查登記目録

國家圖書館出版社
National Library of China Publishing House

130000－6402－0000001　經 001

書經集傳六卷 （宋）蔡沈撰　清四和堂刻本
　一冊　存一卷(一)

130000－6402－0000002　史 001

[光緒]新樂縣志六卷 （清）雷鶴鳴修
（清）趙文濂纂　清光緒十一年（1885）刻本
六冊

130000－6402－0000003　子 001

**新鐫許真君玉匣記增補諸家選擇日用通書二
卷** （晉）許遜著　清刻本　一冊　存一卷
（上）

唐山市圖書館古籍普查登記目録

全國古籍普查登記目録

國家圖書館出版社

National Library of China Publishing House

全國古籍普查登記目録

130000－0403－0000001　943.8/2

灌江備考不分卷　（清）王來通編纂　清乾隆
刻本　三冊

130000－0403－0000002　叢1/1

二十二子　（清）浙江書局輯　清光緒刻本
六十六冊

130000－0403－0000003　叢1/12

說郛一百二十卷　（明）陶宗儀輯　清順治三
年(1646)刻本　一百十冊　缺九卷(二至三、
六至八、六十五、一百十四、一百十七、一百十
九)

130000－0403－0000004　叢1/13

說郛續四十六卷　（明）陶珽輯　清順治三年
(1646)刻本　四十一冊　存四十一卷(一至
七、九至十四、十六、十九至二十、二十二至四
十六)

130000－0403－0000005　叢1/15；經2/21；
經2/22

增訂漢魏叢書　（清）王謨輯　清乾隆五十六
年(1791)刻本　四十六冊　存七十一種三百
九十一卷(焦氏易林四卷,易傳三卷,關氏易
傳一卷,周易略例一卷,古三墳一卷,汲冢周
書十卷,詩說一卷,詩傳孔氏傳一卷,韓詩外
傳十卷,毛詩草木鳥獸蟲魚疏二卷,大戴禮記
十三卷,春秋繁露十七卷,白虎通德論四卷,
吳越春秋六卷,西京雜記六卷,漢武帝內傳一
卷,飛燕外傳一卷,雜事秘辛一卷,華陽國志
十四卷,十六國春秋十六卷,元經薛氏傳十
卷,羣輔錄一卷,英雄記鈔一卷,高士傳三卷,
蓮社高賢傳一卷,神僊傳十卷,孔叢二卷、附
詰墨一卷,新語二卷,新書十卷,新序十卷,說
苑二十卷,淮南鴻烈解二十一卷,鹽鐵論十二
卷,法言十卷,申鑒五卷,論衡三十卷,潛夫論
十卷,中論二卷,中說二卷,風俗通義十卷,人
物志三卷,新論十卷,心書一卷,古今注三卷,
博物志十卷,文心雕龍十卷,詩品三卷,書品
一卷,尤射一卷,拾遺記十卷,述異記二卷,續
齊諧記一卷,搜神記八卷,搜神後記二卷,還
冤記一卷,神異經一卷,海內十洲記一卷,別
國洞冥記四卷,枕中書一卷,佛國記一卷,伽

藍記五卷,三輔黃圖六卷,水經二卷,星經二
卷,荊楚歲時記一卷,南方草木狀三卷,竹譜
一卷,禽經一卷,古今刀劍錄一卷,鼎錄一卷,
天祿閣外史八卷)

130000－0403－0000006　叢1/17

廣漢魏叢書八十種　（明）何允中輯　清嘉慶
刻本　三十四冊　存三十一種一百五十二卷
(易傳三卷,易林四卷,周易略例一卷,古三墳
一卷,詩傳一卷,詩說一卷,韓詩外傳十卷,大
戴禮記十三卷,淮南鴻烈解二十一卷,孔叢二
卷、附詰墨一卷,法言十卷,搜神記八卷,神異
經一卷,海內十洲記一卷,述異記二卷,續齊
諧記一卷,別國洞明記四卷,西京雜記六卷,
博物志十卷,古今注三卷,拾遺記十卷,風俗
通義十卷,華陽國志十二卷,洛陽伽藍記五
卷,水經二卷,星經二卷,荊楚歲時記一卷,南
方草木狀三卷,竹譜一卷,古今刀劍錄一卷,
鼎錄一卷)

130000－0403－0000007　叢1/19

古經解彙函十六種附小學彙函十四種　（清）
鍾謙鈞等輯　清刻本　四冊　存二種二十卷
(春秋繁露十七卷、春秋微旨三卷)

130000－0403－0000008　叢1/2

二十二子　（清）浙江書局輯　清光緒刻本
六十八冊　存十八種二百八十二卷(董子春
秋繁露十七卷、附錄一卷,晏子春秋七卷、附
音義二卷、校勘記二卷,荀子二十卷、附校勘
補遺一卷,揚子法言十三卷、附音義一卷,新
書十卷,文中子中說十卷,孫子十家註十三
卷、附敘錄一卷、遺說一卷,管子二十四卷,商
君書五卷、附考一卷,韓非子二十卷、附識誤
三卷,補注皇帝內經素問二十四卷,素問遺篇
一卷,靈樞十二卷,墨子十六卷、附篇目考一
卷,尸子二卷、存疑一卷,呂氏春秋二十六卷、
附考一卷,淮南子二十一卷,老子道德經二
卷、附音義一卷,莊子十卷,文子纘義十二卷)

130000－0403－0000009　叢1/20

止園叢書　（清）史夢蘭輯　清道光至光緒間
刻本　四十冊　存二十種一百十三卷(疊雅
十三卷,異號類編二十卷,古今風謠一卷、古

今諺一卷,古今風謠拾遺四卷、古今諺拾遺六卷、燕說四卷,雙名錄一卷,止園筆談八卷,永平三子遺書三種四卷,永平詩存二十四卷,樂亭四書文鈔一卷、續編二卷,硯農制義一卷,梧風竹月書巢試帖一卷,蕙庭壽言一卷,樗壽贈言六卷,春煦軒文集六卷,詩集二卷,味古齋詩存二卷,孝經章句一卷、勘誤辯說一卷,庭訓筆記一卷,前型紀畧一卷,小滄峴山房詩存一卷)

130000－0403－0000010　叢1/21

古今說海一百三十五種　(明)陸楫輯　清道光元年(1821)刻本　二十四冊

130000－0403－0000011　叢1/22

陳修園先生醫書四十八種　(清)陳念祖撰清石印本　二十四冊　存四十五種一百二十三卷(神農本草經讀四卷、醫學三字經四卷、時方妙用四卷、時方歌括二卷、景岳新方砭四卷、女科要旨四卷、醫學實在易八卷、醫學從眾錄八卷、金匱要略淺註十卷、金匱方歌括六卷、張仲景傷寒論原文淺註六卷、長沙方歌括六卷、靈素提要淺註十二卷、傷寒醫訣串解六卷、傷寒真方歌括六卷、十藥神書註解一卷、急救經驗良方一卷、霍亂論二卷、秘本眼科捷徑一卷、傷寒舌診一卷、咽喉脈證通論一卷、洞主仙師白喉治法忌表抉微一卷、急救喉痧要法一卷、喉痧正的一卷、春溫三字訣一卷、痢症三字訣一卷、濕熱條辨一卷、溫熱贅言一卷、瘧疾論三卷、達生編一卷、婦科雜症一卷、引痘略一卷、救迷良方一卷、太乙神鍼方一卷、神農本草經百種錄一卷、增補食物秘書一卷、平辨脈法歌括一卷、本經便讀一卷、名醫別錄一卷、局方發揮一卷、醫壘元戎一卷、醫法心傳一卷、古今醫論一卷、刺疔捷法一卷、福幼編一卷)

130000－0403－0000012　叢1/23

陳修園醫書　(清)陳念祖撰　清光緒三十四年(1908)石印本　十三冊　存二十一種六十八卷(神農本草經讀四卷、醫學三字經四卷、女科要旨四卷、醫學實在易八卷、醫學從眾錄八卷、金匱要略淺註十卷、張仲景傷寒論原文

淺註六卷、傷寒醫訣串解六卷、傷寒真方歌括六卷、秘本眼科捷徑一卷、傷寒舌鑑一卷、達生編一卷、咽喉脈證通論一卷、喉痧正的一卷、洞主仙師白喉治法忌表抉微一卷、急救喉痧要法一卷、太乙神鍼方一卷、救迷良方一卷、福幼編一卷、春溫三字訣一卷、痢症三字訣一卷)

130000－0403－0000013　叢1/25

陳修園醫書　(清)陳念祖撰　清敦厚堂刻本五冊　存三種九卷(時方妙用二至四、時方歌括二卷、景岳新方砭四卷)

130000－0403－0000014　叢1/26

白芙堂算學叢書　(清)丁取忠輯　清同治、光緒間刻本　二十八冊　存二十三種七十六卷(算書二十一種二十一卷,八線對數類編一,借根方句股細草一卷,句股算術細草一卷,開方說三卷,少廣縋鑿一卷,務民義齋算學八,百雞術衍二卷,輿地經緯度里表一卷,求一術通解二卷,割圜八線綴術四卷,數學拾遺一卷,測圓海鏡細草十二卷,益古演段三卷,圓率攷真圖解一卷,算法圓理括囊一卷,粟布演草二卷、補一卷,緝古算經細草三卷,對數詳解五卷,綴術釋明二卷,綴術釋戴一卷,四元玉鑑三卷、首一卷、末一卷,格術補一卷)

130000－0403－0000015　叢1/27

惜陰軒叢書　(清)李錫齡輯　清光緒二十二年(1896)刻本　五十八冊　存七函十五種一百二十九卷(第一函五種十七卷、第六函一種二十一卷、第七函二種二十九卷、第十函三種二十四卷、第十二函一種二十卷、第十三函二種十卷、第十五函一種八卷)

130000－0403－0000016　叢1/28

山曉閣文選十五種　(清)孫琰輯　清康熙刻本　四十冊　存六種二十三卷(山曉閣史記選八卷、山曉閣東漢文選五卷、山曉閣公羊傳選一卷、山曉閣穀梁傳選一卷、山曉閣國語選四卷、山曉閣國策選四卷)

130000－0403－0000017　叢1/29－2

史記選六卷西漢文選四卷 （清）儲欣評
（清）儲芝參述　清雍正元年（1723）刻本
八冊

130000－0403－0000018　叢1/3
子書廿五種　（清）上海育文書局輯　清光緒
三十年（1904）石印本　十冊　存十二種一百
七十二卷（老子道德經二卷、附音義一卷，孔
子集語十七卷，莊子十卷，晏子春秋七卷、附
音義二卷、校勘二卷，管子二十四卷、首一卷，
呂氏春秋十二卷、首一卷，荀子二十卷、首一
卷、校勘補遺一卷，新書十卷，列子八卷，董子
春秋繁露十七卷、首一卷，韓非子二十卷、附
識誤三卷，文子纘義十二卷）

130000－0403－0000019　叢1/30
平津館叢書　（清）孫星衍輯　清光緒十一年
（1885）吳縣朱氏槐盧家塾刻本　五十冊

130000－0403－0000020　叢1/31
富強齋叢書　（清）袁俊德輯　清刻本　十四
冊　存六種五十二卷（測候叢談四卷，開煤要
法十二卷，汽機必以十二卷、附一卷，汽機發
軔九卷，運規約指三卷，行軍測繪十卷、首一
卷）

130000－0403－0000021　叢1/32
富強齋叢書　（清）袁俊德輯　清同治刻本
七冊　存一種三十八卷（地學淺釋三十八卷）

130000－0403－0000022　叢1/34
皇清經解一百九十種　（清）阮元輯　清石印
本　四十八冊　存一百七種一千六十四卷
（禹貢錐指二十卷、例署圖一卷，學禮質疑二
卷，學春秋隨筆九卷，仲氏易三十卷，湛園札
記一卷，經義雜記十卷，解春集二卷，尚書地
理今釋一卷，易說六卷，禮說十四卷，春秋說
十五卷，白田草堂存稿一卷，周禮疑義舉要七
卷，深衣考誤一卷，春秋地理考實四卷，羣經
補義五卷，鄉黨圖考十卷，儀禮章句十七卷，
觀象授時十四卷，經史問答七卷，質疑一卷，
注疏考證六卷，周官祿田考三卷，尚書小疏一
卷，儀禮小疏八卷，春秋左傳小疏一卷，果堂
集一卷，周易述二十一卷，古文尚書考二卷，

春秋左傳補注六卷，九經古義十六卷，春秋正
辭十一卷、春秋舉例一卷、春秋要指一卷，鐘
山札記一卷，龍城札記一卷，尚書集注音疏十
三卷，尚書經師系表一卷，尚書後案三十一
卷，周禮軍賦說四卷，十駕齋養新錄三卷、餘
錄一卷，潛研堂文集六卷，四書考異三十六
卷，尚書釋天六卷，讀書脞錄二卷、續編二卷，
弁服釋例八卷，釋繒一卷，宗法小記一卷，儀
禮喪服文足徵記十卷，釋宮小記一卷，考工創
物小記四卷，禮箋三卷，毛鄭詩考正四卷，杲
溪詩經補注二卷，考工記圖二卷，戴東原集二
卷，毛詩故訓傳三十卷，詩經小學四卷，周禮
漢讀考六卷，儀禮漢讀考一卷，說文解字十五
卷，六書音均表五卷，經韻樓集六卷，廣雅疏
證十卷，讀書雜志二卷，春秋公羊通義十二
卷、經傳通義敘一卷，禮學卮言五卷，大戴禮
記補注十三卷，經學卮言六卷，溉亭述古錄二
卷，羣經識小八卷，經讀考異八卷，尚書今古
文注疏三十九卷，問字堂集一卷，儀禮釋官九
卷，禮經釋例十三卷，校禮堂文集一卷，劉氏
遺書二卷，述學二卷，經義知新記一卷，大戴
禮記正誤一卷，曾子注釋四卷，十三經注疏校
勘記二百六十二卷，考工記車制圖解二卷，積
古齋鐘鼎彝器欵識二卷，疇人傳九卷，孼經室
集七卷，撫本禮記鄭注考異二卷，易章句十二
卷，易通釋二十卷，易圖畧八卷，孟子正義三
十卷，周易補疏二卷，尚書補疏二卷，毛詩補
疏五卷，禮記補疏三卷，春秋左傳補疏五卷，
論語補疏二卷，周易述補四卷，拜經日記八
卷，拜經文集一卷，瞥記一卷，經義述聞三十
卷，經傳釋詞十卷，周易虞氏義九卷，周易虞
氏消息二卷，虞氏易禮二卷，周易鄭氏義二
卷，周易荀氏九家義一卷，易義別錄十四卷）

130000－0403－0000023　叢1/35
皇清經解分經合纂　（清）阮元輯　清光緒二
十一年（1895）石印本　十六冊　存七種九十
八卷（易經十九卷、書經十八卷、詩經十五卷、
周禮十九卷、儀禮八卷、大戴禮七卷、禮記十
二卷）

130000－0403－0000024　叢1/36
皇清經解一千四百卷　（清）阮元輯　清道光

刻本　一百十册　存三百九十三卷（九十六至一百十六、一百二十二至一百三十、一百六十五至一百六十九、一百七十五至一百八十九、一百九十五至一百九十六、二百二十二至二百六十、二百六十四至二百八十七、三百一十九至三百五十八、六百四十二至六百四十七、六百四十九至六百六十三、八百九至八百五十一、九百四十九至九百七十四、一千三十九至一千一百二十二、一千一百六十一至一千一百六十四、一千一百七十至一千一百七十六、一千一百八十六至一千二百三十三、一千二百六十六至一千二百七十）

130000－0403－0000025　叢1/37
皇清經解續編二百九種　王先謙輯　清光緒十五年（1889）石印本　十六册　存一百十二種七百五十四卷（九經誤字一卷，周易稗疏四卷，詩經稗疏四卷，春秋稗疏二卷，四書稗疏三卷，春秋占筮書三卷，續詩傳鳥名三卷，白鷺洲主客說時一卷，郊社禘祫問一卷，大小宗通釋一卷，孝經問一卷，禮記偶箋三卷，尚書古文疏證九卷，易圖明辨十卷，春秋長曆十卷，儀禮釋宮增註一卷，儀禮釋例一卷，禮記訓義擇言八卷，春秋大事表五十卷、輿圖一卷，天子肆獻祼饋食禮纂二卷，朝廟宮室考並圖一卷、附田賦考，易例二卷，易漢學八卷，明堂大道錄八卷，禘說二卷，晚書訂疑三卷，卦氣解一卷，周官記五卷，周官說二卷，周官說二卷，周官說補三卷，儀禮管見十七卷，爾雅補郭二卷，鄭氏儀禮目錄校證一卷，深衣釋例三卷，詩聲類十二卷，詩聲分例一卷，經傳小記一卷，國語補校一卷，逸周書雜志四卷，爾雅古義二卷，爾雅釋地四篇注一卷，車制攷一卷，群經義證八卷，釋服二卷，孟子四攷四卷，毛詩考證四卷，毛詩周頌口義三卷，五經小學述二卷，詩書古訓十卷，春秋左傳詁二十卷，左通補釋三十二卷，周易述補五卷，易圖條辨一卷，虞氏易事二卷，虞氏易言二卷，虞氏易候一卷，儀禮圖六卷，儀禮禮記一卷，書序述聞一卷，尚書今古文集解三十卷，禮儀正義四十卷，禘祫問答一卷，實事求是齋經義二卷，十三經詁答問六卷，左傳舊疏考正八卷，春秋

朔閏異同二卷，春秋左傳賈服注輯述二十卷，喪禮經傳約一卷，詩毛氏傳疏三十卷，釋毛詩音四卷，毛詩說一卷，毛詩傳義類一卷，鄭氏箋攷徵一卷，公羊逸禮攷徵一卷，周禮注疏小箋五卷，大戴禮注補十三卷，癸巳類稿六卷，癸巳存稿四卷，尚書余論一卷，禹貢錐指正誤一卷，詩譜攷正一卷，孝經徵文一卷，齊詩翼氏學四卷，公羊禮疏十一卷，公羊問答二卷，春秋繁露注十七卷，周易姚氏學十六卷，春秋公羊傳曆譜十一卷，論語古注集箋二十卷，虞氏易消息圖說一卷，大誓答問一卷，春秋決事比一卷，輪輿私箋二卷，儀禮私箋八卷，巢經巢經說一卷，禹貢圖一卷，東塾讀書記十卷，春秋古經說二卷，穀梁禮證二卷，說文聲讀表七卷，學禮管釋十八卷，開有益齋經說五卷，穀梁大義述三十卷，春秋釋一卷，攷工記攷辨八卷，逸周書集訓校釋十卷，詩地理徵七卷，喪服會通說四卷，讀儀通錄一卷，論語正義二十四卷，釋穀四卷，今文尚書經說攷三十八卷）

130000－0403－0000026　叢1/38
函海一百六十三種　（清）李調元輯　清道光刻本　一百二十册　存一百六種五百七十卷〔易傳燈四卷，鄭氏古文尚書十卷，程氏考古編十卷，洪範統一一卷，孟子外書四篇四卷，續孟子二卷，廣成子解一卷，敷文鄭氏書說一卷，伸蒙子三卷，唐史論斷三卷，東坡烏臺詩案一卷，藏海詩話一卷，益州名畫錄三卷，韓氏山水純全集一卷，月波洞中記一卷，蜀檮杌二卷，產育寶慶集二卷，冀元十二卷，農書三卷，芻言三卷，常談一卷，靖康傳信錄三卷，淳熙薦士錄一卷，江南餘載二卷，江淮異人錄二卷，青溪弄兵錄一卷，舊聞證誤四卷，州縣提綱四卷，諸蕃志二卷，省心雜言一卷，三國雜事二卷，三國紀年一卷，五國故事二卷，東原錄一卷，冐紫錄一卷，燕魏雜記一卷，夾漈遺稿三卷，龍洲集十卷，雪履齋筆記一卷，日聞錄一卷，吳中舊事一卷，鳴鶴餘音一卷，哲匠金桴五卷，均藻四卷，譚苑醍醐八卷，升菴韻學二十八卷，古音駢字五卷，古音複字五卷，希姓錄五卷，墨地瑣錄二卷，詞品六卷、拾遺

一卷,法帖神品目一卷,書品一卷,畫品一卷,金石古文十四卷,石鼓文音釋三卷,古文韻語一卷,丹鉛雜錄十卷,玉名話一卷,升庵先生年譜一卷,異魚圖贊四卷,異魚圖贊補三卷,風雅逸篇十卷,古今風謠一卷,古今諺一卷,俗言一卷,麗情集一卷,堇户錄一卷,雲南山川志一卷,滇載記一卷,大學古本旁註一卷,月令氣候圖說一卷,尚書古文考一卷,詩音辯略二卷,左轉事緯四卷,夏小正箋一卷,蜀碑記十卷,中麓畫品一卷,卮辭一卷,左傳官名考二卷,春秋三傳比二卷,蜀碑記補十卷,卍齋璅錄十卷,博物要覽十二卷,金石存十五卷,通俗編十五卷,賦話十卷,詩話二卷,詞話四卷,曲話二卷,六書分毫三卷,古音合二卷,奇字名十二卷,四家選集二十九卷,制義科瑣記四卷,出口程記一卷,然犀志二卷,方言藻二卷,粵風四卷,蜀雅二十卷,醒園錄二卷,萬善堂集(一名李石亭詩集)十卷,李石亭文集六卷,全五代詩一百卷,補遺一卷,童山文集二十卷、附錄一卷、補遺一卷,粵東皇華集四卷〕

130000－0403－0000027　叢1/39

函海一百六十三種　(清)李調元輯　清道光五年(1825)刻本　一百四十七冊　存一百十八種五百六十一卷〔鄭氏古文尚書十卷,程氏考古編十卷,洪範統一一卷,孟子外書四篇四卷,續孟子二卷,廣成子解一卷,敷文鄭氏書說一卷,伸蒙子三卷,唐史論斷三卷,東坡烏臺詩案一卷,藏海詩話一卷,益州名畫錄三卷,冀元十二卷,農書三卷,芻言三卷,常談一卷,靖康傳信錄三卷,淳熙薦士錄一卷,江南餘載二卷,江淮異人錄二卷,青溪弄兵錄一卷,舊聞證誤四卷,東原錄一卷,冑紫錄一卷,燕魏雜記一卷,夾漈遺稿三卷,雪履齋筆記一卷,日聞錄一卷,吳中舊事一卷,鳴鶴餘音一卷,均藻一卷,譚苑醍醐八卷,升菴韻學二十八卷,古音駢字五卷,古音複字五卷,希姓錄五卷,墨地瑣錄二卷,詞品六卷,拾遺一卷,法帖神品目一卷,書品一卷,畫品一卷,石鼓文音釋三卷,古文韻語一卷,丹鉛雜錄十卷,玉名話一卷,異魚圖贊四卷,異魚圖贊補三卷,

風雅逸篇十卷,古今風謠一卷,古今諺一卷,俗言一卷,麗情集一卷,堇户錄一卷,雲南山川志一卷,滇載記一卷,大學古本旁註一卷,月令氣候圖說一卷,尚書古文考一卷,詩音辯略二卷,左轉事緯四卷,蜀語一卷,蜀碑記十卷,中麓畫品一卷,卮辭一卷,左傳官名考二卷,春秋三傳比二卷,博物要覽十二卷,金石存十卷,南越筆記十六卷,四家選集二十一卷,制義科瑣記四卷,出口程記一卷,方言藻二卷,粵風四卷,蜀雅二十卷,醒園錄二卷,萬善堂集(一名李石亭詩集)十卷、李石亭文集六卷,童山詩集四十二卷、附錄二卷、童山文集二十卷、補遺一卷,粵東皇華集四卷,華陽國志十二卷,素履子三卷,古今同姓名錄二卷,郭子翼莊一卷,緝古算經一卷,說文解字韻譜五卷,主客圖一卷,蘇氏演義二卷,寶藏論一卷,易傳燈四卷,金華子雜編二卷,心要經一卷,張氏可書一卷,珍席放談二卷,鶴山筆錄一卷,建炎筆錄三卷,辯誣筆錄一卷,采石瓜州記一卷,家訓筆錄一卷,龍龕手鑒四卷,升菴經說十四卷,檀弓叢訓二卷,世說舊注一卷,山海經補註一卷,莊子闕誤一卷,古雋八卷,秋林伐山二十卷,謝華啓秀八卷,升菴詩話十二卷,補遺二卷,金石古文十四卷,升庵先生年譜一卷,儀禮古今考二卷,周禮摘箋五卷,禮記補注四卷,易古文三卷,十三經注疏錦字四卷,逸孟子一卷,然犀志二卷,淡墨錄十六卷〕

130000－0403－0000028　叢1/40

稗海　(明)商濬輯　清刻本　六十四冊　存三十種二百二十五卷(第二函三種二十卷、第三函三種四卷、第四函五種四十九卷、第五函五種四十四卷、第七函二種二十七卷、第八函三種十五卷、第九函六種三十九卷、第十函三種二十七卷)

130000－0403－0000029　叢1/42

十子全書　(清)王子興輯　清嘉慶九年(1804)刻本　三十冊

130000－0403－0000030　叢1/43

琳琅秘室叢書四集三十種　(清)胡珽編　清

刻本　十二冊　存十七種五十一卷(二集七種二十六卷、四集十種二十五卷)

130000－0403－0000031　叢1/45

遼金元三史國語解三種　(清)高宗弘曆撰　清光緒四年(1878)刻本　十冊

130000－0403－0000032　叢1/46

明季稗史彙編十六種　(清)留雲居士輯　清鉛印本　十二冊　存十四種二十四卷(烈皇小識八卷、行在陽秋二卷、嘉定屠城紀略一卷、幸存錄二卷、續幸存錄一卷、求野錄一卷、也是錄一卷、江南聞見錄一卷、粵游見聞一卷、賜姓始末一卷、西廣紀略一卷、東明聞見錄一卷、青燐屑二卷、耿尚孔吳四王全傳一卷)

130000－0403－0000033　叢1/47

荊駝逸史五十種　(清)陳湖逸士輯　清道光古槐山房木活字印本　三十二冊　存四十九種八十六卷(三朝野紀七卷、啟禎兩朝剝複錄三卷、聖安本紀六卷、所知錄三卷、行朝錄六卷、懿安事畧一卷、熹朝忠節死臣列傳一卷、恩卹諸公志略二卷、東林本末三卷、念陽徐公定屬記一卷、平蜀記事一卷、攻渝記事一卷、全吳記畧一卷、袁督師斬毛文龍始末一卷、孫高陽前後督師畧跋一卷、滄州紀事一卷、偽官據城記一卷、孑遺錄一卷、崇禎癸未榆林城守紀畧一卷、崇禎甲申保定城守紀畧一卷、甲申忠佞紀事一卷、甲申紀變錄一卷、遇變紀略一卷、東塘日劄二卷、歷年守城記一卷、北使紀畧一卷、宏光朝偽東宮偽后及黨禍紀畧一卷、宏光乙酉揚州城守紀畧一卷、揚州十日記一卷、汴圍濕襟錄二卷、孫愷陽先生殉城論一卷、荊溪盧司馬殉忠錄一卷、江陰城守紀二卷、江陰守城記一卷、平吳事略一卷、甲行日注八卷、做指南錄一卷、閩遊月記二卷、航海遺聞一卷、風倒梧桐記二卷、江變紀畧二卷、兩粵夢遊記一卷、粵中偶記一卷、廣寅十一月初五始安事畧一卷、入長沙記一卷、錢氏家變錄一卷、平定耿逆記一卷、四王合傳一卷、明亡述略畧二卷)

130000－0403－0000034　叢1/48

諸子彙函二十六卷　(明)歸有光輯　明天啓六年(1626)刻本　十八冊　存十八卷(九至二十六)

130000－0403－0000035　叢1/5

武英殿聚珍版書　清福建刊道光遞修光緒增刻本　五百二十冊　存八十八種一千五百五十二卷(畿輔安瀾志五十六卷、東漢會要四十卷、元和郡縣志四十卷、欽定四庫全書總目六十九卷、尚書詳解五十卷、春秋集註四十卷、建炎以來朝野雜記甲集二十卷、乙集二十卷、附校勘記五卷、西漢會要七十卷、蘇沈良方八卷、拾遺二卷、附校勘記一卷、輿地廣記三十八卷、附校勘記二卷，儀禮集釋十五卷，朝野類要五卷，詩總聞八卷，詩倫二卷，南澗甲乙稿九卷，彭城集二十四卷，文忠集十六卷、拾遺四卷，小畜集三十卷、拾遺一卷、附錄一卷、外集八卷、唐語林八卷、拾遺一卷、附校勘記二卷、歸潛志十四卷，文子纘義十二卷，張燕公集二十五卷，公是集五十四卷、拾遺一卷，郭氏傳家易說七卷、東觀漢記二十四卷，金淵集六卷、悅心集五卷、涑水記聞十六卷、景文集二十九卷、拾遺十一卷，九章算術九卷、音義一卷、南陽集三卷，兩漢刊誤補遺十卷、附校勘集一卷，老子道德經二卷，絜齋毛氏經筵講義四卷，宋朝事實二十卷，春秋集傳纂例十卷、校勘記一卷，春秋傳說例一卷，鄭志三卷、拾遺一卷、校勘記一卷，春秋經解十五卷，大戴禮記十三卷，猗覺寮雜記二卷，春秋考十六卷，春秋繁露十七卷、附錄一卷、校勘記二卷，浮溪集三十二卷、拾遺三卷，牧庵集三十六卷，能改齋漫錄十八卷、拾遺一卷，農書三十六卷，寶真齋法書贊二十八卷，欽定四庫全書考證六十卷，五代會要十九卷，吳圖周易解六卷，融堂書解十一卷，誠齋易傳十四卷，直齋書錄解題十三卷，乾道稿二卷、淳熙稿七卷，帝王經世圖譜五卷，春秋釋例十三卷，御選明臣奏議二十八卷，河朔訪古記三卷，攻媿集三卷，禹貢指南二卷，傅子一卷，周髀算經二卷，考古質疑三卷，白虎通義四卷、附錄一卷、校勘記四卷，御製詩文十全集三十六卷，元豐九域志七卷，敬齋古今黈三卷，元憲集三十一卷,昆陵集十六卷、拾遺一卷,蒙齋集十四卷,萬壽衢歌樂章三卷,周易口訣義二卷,輶軒使者絕代語釋別國方言四卷,唐書直筆四卷,儀禮釋宮一卷,五曹算經五卷,夏侯陽算經三卷,雪山集七卷,學林三卷,意林四卷,新唐書糾謬十五卷,欽定詩經樂譜全書十二卷,唐會要五十八卷,尚書詳解二十六卷、首一卷,公是弟子記四卷,明本釋三卷,唐史論斷一卷、附校勘記一卷)

130000－0403－0000036　叢 1/51

行素草堂金石叢書　(清)朱記榮輯　清光緒刻本　四十冊

130000－0403－0000037　叢 1/52

徐氏三種三卷　(清)徐士業校刊　清光緒十三年(1887)刻本　三冊

130000－0403－0000038　叢 1/53

張氏醫通十六卷　(清)張璐纂述　(清)張登　(清)張倬參訂　(日本)前田安宅　(日本)前田典再訂　清嘉慶九年(1804)刻本　六冊　存六卷(一、四至七、十四)

130000－0403－0000039　叢 1/56

寶顏堂秘笈　(明)陳繼儒輯　明萬曆四十三年(1615)刻本　二十四冊　存五十三種(廣集五十三種)

130000－0403－0000040　叢 1/6

武英殿聚珍版書　清刻本　十三冊　存十三種五十一卷(儀禮釋宮一卷,春秋傳說例一卷,麟臺故事五卷,孫子算經三卷,五經算數二卷,雲谷雜記四卷、首一卷、末一卷,甕牖閒評八卷,潤泉日記三卷,五曹算經五卷,夏侯陽算經三卷,老子道德經二卷,歲寒堂詩話二卷,□溪詩話十卷)

130000－0403－0000041　叢 1/7

百子全書　(清)崇文書局輯　清光緒元年(1875)刻本　五十五冊　存九十一種四百六十二卷(孔子家語十卷,孔子集語二卷,荀子三卷,孔叢子二卷,新語二卷,忠經一卷,新書十卷,鹽鐵論二卷,新序十卷,說苑二十卷,揚子法言一卷,方言十三卷,潛夫論十卷,申鑒

五卷,中論二卷,傅子一卷,續孟子二卷,伸蒙子三卷,素履子三卷,胡子知言六卷、疑義一卷、附錄一卷,薛子道論三卷,海樵子一卷,風后握奇經一卷,六韜三卷,孫子三卷,吳子二卷,司馬法一卷,宋丞相李忠定公輔政本末一卷,何博士備論二卷,尉繚子二卷,素書一卷,心書一卷,管子二十四卷,商子五卷,鄧子一卷,尸子二卷,韓非子二十卷,齊民要術十卷、雜說一卷,尹文子一卷,慎子一卷,公孫龍子一卷,鬼谷子一卷,鶡冠子三卷,呂氏春秋二十六卷,淮南鴻烈解二十一卷,金樓子六卷,劉子二卷,顏氏家訓二卷,獨斷一卷,論衡三十卷,白虎通德論四卷,風俗通義十卷,牟子一卷,古今注三卷,聲隅子歔欷瑣微論二卷,嬾真子五卷,廣成子解一卷,叔苴子八卷,郁離子一卷,空同子一卷,海沂子五卷,燕丹子三卷,玉泉子一卷,金華子雜編二卷,山海經十八卷,山海經圖贊一卷,山海經補註一卷,神異經一卷,海內十洲記一卷,別國洞冥記四卷,穆天子傳六卷,拾遺記十卷,搜神記二十卷,搜神後記十卷,博物志十卷,續博物志十卷,述異記二卷,陰符經一卷,關尹子一卷,老子道德經二卷,道德真經註四卷,莊子南華真經三卷、札記一卷,莊子闕誤一卷,列子二卷,文中子中說一卷,抱朴子內篇四卷、外篇四卷,至游子二卷,天隱子一卷,亢倉子一卷,玄真子一卷,无能子三卷)

130000－0403－0000042　叢 1/80

續二十五子彙函　清光緒二十四年(1898)石印本　六冊　存二十一種一百四卷(孔子家語十卷,鬻子一卷,六韜一卷,關尹子一卷,尹文子一卷,吳子一卷,孔叢子二卷,新語二卷,新序十卷,說苑二十卷,方言十三卷,太玄經十卷,白虎通德論四卷,鹽鐵論二卷,獨斷一卷,新書一卷,中論二卷,傅子一卷,古今注三卷,齊民要術十卷,抱朴子內篇四卷、外篇四卷)

130000－0403－0000043　叢 1/85

藝海珠塵　(清)吳省蘭輯　清嘉慶刻本　十二冊　存四十八種九十一卷(春秋識小錄三種七卷,鄧敷文書說一卷,舜典補亡一卷,論

語筆解二卷,論語絕句一卷,孟子外書四篇一至三,海潮說三卷,三垣疏稿三卷,閩中海錯疏三卷,伸蒙子三卷,廣成子解一卷,二儀銘補注一卷,王義士輞川詩鈔六卷,北郊配位尊西饗議一卷,昏禮辨正一卷,大小宗通繹一卷,四書索解四卷,紀元要略二卷,附補一卷,山海經補注一卷,海潮輯說二卷,吾師錄一卷,東原錄一卷,文錄一卷,呵凍漫筆二卷,墨畬錢鎛一卷,瓠里子筆談一卷,洗硯新錄一卷,易緯乾坤鑿度二卷,易緯是類謀一卷,洪範統一一卷,說學齋經說一卷,辨定嘉靖大禮議二卷,儒林譜一卷,雲間第宅志一卷,恥言二卷,修慝餘編一卷,太玄解一卷,潛虛解一卷,素履子三卷,握奇經解一卷,黃帝授三子玄女經一卷,冐紫錄一卷,易稽覽圖二卷,詩說一卷,說疑二卷,地理古鏡歌一卷,翻卦挨星圖訣考著一卷,蘇沈良方八卷)

130000－0403－0000044　叢1/86
說鈴 (清)吳震方輯　清康熙刻本　六冊　存十七種二十卷(冬夜箋記一卷、隴蜀餘聞一卷、分甘餘話二卷、安南雜記一卷、筠廊偶筆二卷、天祿識餘一卷、揚州鼓吹詞序一卷、觚賸一卷、湖壖雜記一卷、使琉球紀一卷、閩小紀二卷、言鯖二、談助一卷、畫壁詩一卷、邇語一卷、封長白山記一卷、嶺南雜記一)

130000－0403－0000045　叢1/87
說鈴 (清)吳震方輯　清刻本　十冊　存二十二種二十四卷(安南雜記一卷、守汴日志一卷、奉使俄羅斯日記一卷、扈從西巡日錄一卷、塞北小鈔一卷、松亭行紀二卷、西征紀略一卷、滇行紀程一卷、東還紀程一卷、絕域紀略一卷、揚州鼓吹詞序一卷、粵述一卷、粵西偶記一卷、救文格論一卷、雜錄一卷、坤輿外紀二卷、臺灣紀略一卷、安南紀游一卷、峒谿纖志一卷、嶺南雜記二卷、尊鄉贅筆二、閩小紀一)

130000－0403－0000046　叢1/9
秘書廿一種 (清)汪士漢輯　清嘉慶六年(1801)刻本　十八冊　存二十種九十八卷(汲冢周書十卷、山海經十八卷、吳越春秋六卷、大戴禮記十三卷、博物志十卷、風俗通義四卷、竹書紀年二卷、續博物志十卷、列仙傳二卷、古今注三卷、楚史檮杌一卷、穆天子傳六卷、晉史乘一卷、小爾雅一卷、三墳一卷、詩品一卷、夏小正四卷、古魯詩一卷、子貢詩傳一卷、桂海虞衡志一卷)

130000－0403－0000047　叢1/9－2
秘書廿一種 (清)汪士漢輯　清刻本　十一冊　存十一種五十七卷(汲冢周書五卷、山海經十八卷、吳越春秋六卷、博物志十卷、博異記一卷、高士傳三卷、中華古今注三卷、古今注三卷、竹書紀年二卷、風俗通義四卷、列仙傳二卷)

130000－0403－0000048　叢3/1
高厚蒙求四集七種 (清)徐朝俊纂　清同治五年(1866)刻本　四冊　存七種八卷(初集一種一卷、二集一種一卷、三集三種三卷、四集二種三卷)

130000－0403－0000049　叢3/10
隨園三十八種 (清)袁枚輯　清刻本　六冊　存十五種二十二卷(筱雲詩集二卷、袁家三妹合稿四種四卷、南園詩選二卷、粲花軒詩稿二卷、七家詞鈔七種十卷、飲水詞鈔二卷)

130000－0403－0000050　叢3/11
隨園三十種 (清)袁枚撰　清刻本　六冊　存四種十八卷(續新齋諧十卷、隨園食單四卷、筱雲詩集二卷、捧月樓詞二卷)

130000－0403－0000051　叢3/12
藤花亭十七種 (清)梁廷枏纂　清道光八年至十三年(1828－1833)刻本　四冊　存三種七卷(碑文摘奇一卷、書餘一卷、曲話五卷)

130000－0403－0000052　叢3/13(1)
王漁洋遺書三十八種 (清)王士禛撰　清刻本　三十一冊　存十三種九十卷(居易錄三十四卷、唐文粹詩選六卷,唐人萬首絕句選七卷,才調集選三卷,心賞編一卷,蠶尾集十卷、續集二卷、後記二卷,雍益集一卷,隴蜀余聞一卷,長白山錄一卷,補遺一卷,香祖筆記十二卷,蕭亭詩選六卷,二家詩選二卷,抱山集

選一卷)

130000－0403－0000053　叢3/13（2）
王漁洋遺書三十八種　（清）王士禎撰　清刻本　十七冊　存十五種四十二卷（蠹尾集十卷、蠹尾後集二卷、唐文粹詩選六卷、唐人萬首絕句選七卷、才調集二卷、蕭亭詩選六卷、蘇門集選一卷、迪功集選一卷、抱山集選一卷、古鉢集選一卷、雍益集一卷、隴蜀餘聞一卷、長白山錄一卷、長白山錄補遺一卷、心賞編一卷）

130000－0403－0000054　叢3/2
高厚蒙求四集七種　（清）徐朝俊纂　清嘉慶十二年（1807）刻本　五冊

130000－0403－0000055　叢3/4
玉海　（宋）王應麟撰　清刻本　二十冊　存十一種五十四卷（周易鄭康成注一卷、通鑑答問五卷、六經天文編二卷、小學紺珠十卷、姓氏急就篇二卷、通鑑地理通釋十四卷、周書王會補注一卷、漢藝文志攷證十卷、踐阼篇集解一卷、急就篇四卷、漢制攷四卷）

130000－0403－0000056　叢3/6
郝氏遺書　（清）郝懿行撰　清光緒刻本　三十七冊　存十七種七十九卷（竹書紀年校正十四卷，荀子補注二卷，晉宋書故一卷，補宋書刑法志一卷，宋瑣語不分卷，寶訓八卷，蜂衙小記一卷，燕子春秋一卷，記海錯一卷，證俗文十九卷，曬書堂文集十二卷、外集二卷、別集一卷，曬書堂閨中文存一卷，曬書堂筆記二卷，曬書堂時文一卷，曬書堂筆錄六卷，曬書堂詩鈔二卷、試帖一卷、詩餘一卷、和鳴集一卷）

130000－0403－0000057　叢3/7
郝氏遺書　（清）郝懿行撰　清光緒刻本　十二冊　存五種二十七卷（寶訓八卷、燕子春秋一卷、曬書堂文集十二卷、曬書堂筆錄五卷、曬書堂詩鈔一卷）

130000－0403－0000058　叢3/8
曾文正公全集一百五十六卷　（清）曾國藩撰（清）李瀚章編　清同治至光緒刻本　三十七冊　存四十八卷（曾文正公奏稿一至七、十至二十二，曾文正公書札一至十六，曾文正公詩集四卷，曾文正公文集四卷，鳴原堂論文二卷，經史百家簡編二卷）

130000－0403－0000059　叢3/9
章氏遺書二種　（清）章學誠著　清道光十二年至十三年（1832－1833）刻本　五冊

130000－0403－0000060　集11/1
漢魏六朝一百三家集　（明）張溥輯　清刻本　五十七冊　存六十五卷（東方大中集一卷、漢褚先生集一卷、王諫議集一卷、漢劉中壘集一卷、班蘭臺集一卷、東漢崔亭伯集一卷、張河間集二卷、漢蘭臺令李伯仁集一卷、東漢馬季長集一卷、東漢荀侍中集一卷、蔡中郎集二卷、東漢王叔師集一卷、孔少府集一卷、諸葛丞相集一卷、魏武帝集一卷、魏文帝集二卷、陳思王集二卷、陳記室集一卷、王侍中集一卷、魏阮元瑜集一卷、魏劉公幹集一卷、魏應德璉集一卷、魏應休璉集一卷、阮步兵集一卷、嵇中散集一卷、魏鍾司徒集一卷、傅鶉觚集一卷、晉張司空集一卷、孫馮翊集一卷、晉摯太常集一卷、晉束廣微集一卷、夏侯常侍集一卷、潘黃門集一卷、傅中丞集一卷、潘太常集一卷、陸平原集二卷、陸清河集二卷、梁簡文帝御製集二卷、梁元帝集一卷、江醴陵集二卷、沈隱侯集二卷、劉祕書集一卷、劉豫章集一卷、徐僕射集一卷、沈侍中集一卷、江令君集一卷、陳張散騎集一卷、高令公集一卷、溫侍讀集一卷、邢特進集一卷、魏特進集一卷、庾開府集一、王司空集一卷、隋煬帝集一卷、牛奇章集一卷、薛司隸集一卷）

130000－0403－0000061　集11/10
唐宋十大家全集錄　（清）儲欣輯　清刻本　二十冊　存二十二卷（老泉先生全集錄五卷，可之先生全集錄二卷，習之先生全集錄二卷，昌黎先生全集錄八卷，六一居士全集錄一至二、五、外集二卷）

130000－0403－0000062　集11/12
御定歷代題畫詩類一百二十卷　（清）陳邦彥編修　清刻本　九冊　存四十三卷（三十七

至四十一、四十八至六十、六十六至九十）

130000－0403－0000063　集11/13

天下才子必讀書十五卷末一卷　（清）金聖歎
選評　清刻本　八冊　存十卷（二至七、十三
至十五,末一卷）

130000－0403－0000064　集11/14

評選古詩源十四卷　（清）沈德潛選　清光緒
二十年(1894)石印本　三冊　存三卷（一、三
至四）

130000－0403－0000065　集11/15

古學鴻裁十五卷　（清）范檉　（清）周采選訂
　清刻本　四冊　存八卷（四至九、十二至十
三）

130000－0403－0000066　集11/3

七家詩輯註彙鈔九卷　（清）張熙宇輯評
（清）王植桂輯註　清光緒十八年(1892)刻本
　八冊

130000－0403－0000067　集11/4

七家詩輯註彙鈔九卷　（清）張熙宇輯評
（清）王植桂輯註　清光緒六年(1880)刻本
五冊

130000－0403－0000068　集11/5

七家詩輯註彙鈔九卷　（清）張熙宇輯評
（清）王植桂輯註　清刻本　六冊　存六卷
（簡學齋試帖輯註一卷、桐雲閣試帖輯註二
卷、尚絅堂試帖輯註一卷、修竹齋試帖輯註一
卷、檉花館試帖輯註一）

130000－0403－0000069　集11/6

七家詩輯註彙鈔九卷　（清）張熙宇輯評
（清）王植桂輯註　清刻本　八冊　存七卷
（簡學齋試帖輯註一卷、桐雲閣試帖輯註二
卷、尚絅堂試帖輯註一卷、修竹齋試帖輯註一
卷、檉花館試帖輯註二卷）

130000－0403－0000070　集11/7

七家詩輯註彙鈔九卷　（清）張熙宇輯評
（清）王植桂輯註　清同治九年(1870)刻本
八冊

130000－0403－0000071　集11/9

唐宋十大家全集錄　（清）儲欣輯　清刻本
四十一冊

130000－0403－0000072　集12/1

文選六十卷　（南朝梁）蕭統撰　（唐）李善注
　清乾隆二十四年(1759)刻本　十六冊

130000－0403－0000073　集12/10

文選六十卷　（南朝梁）蕭統撰　（唐）李善注
　清光緒十三年(1887)刻本　十六冊

130000－0403－0000074　集12/11

文選六十卷　（南朝梁）蕭統撰　（唐）李善注
　清刻朱墨套印本　十二冊

130000－0403－0000075　集12/12

文選六十卷　（南朝梁）蕭統撰　（唐）李善注
　清乾隆二十六年(1761)刻本　十六冊

130000－0403－0000076　集12/13

文選六十卷　（南朝梁）蕭統撰　（唐）李善注
　清刻本　十五冊

130000－0403－0000077　集12/14

文選六十卷　（南朝梁）蕭統撰　（唐）李善注
　清刻本　六冊　存二十九卷（二十六至五
十四）

130000－0403－0000078　集12/15

文選六十卷　（南朝梁）蕭統撰　（唐）李善注
　清乾隆三十七年(1772)刻朱墨套印本　六
冊　存二十九卷（一至二十九）

130000－0403－0000079　集12/16

六臣註文選六十卷　（南朝梁）蕭統撰　（唐）
李善等註　明萬曆刻本　三十冊

130000－0403－0000080　集12/17

文選六十卷附文選考異十卷　（南朝梁）蕭統
撰　（唐）李善注　清嘉慶十四年(1809)刻本
　十二冊　存三十五卷（文選三十六至六十、
考異十卷）

130000－0403－0000081　集12/18

重訂文選集評十五卷首一卷末一卷　（南朝
梁）蕭統撰　（清）于光華編次　清同治八年

（1869）刻本　八册

130000－0403－0000082　集12/19
重訂文選集評十五卷首一卷末一卷　（南朝梁）蕭統撰　（清）于光華編次　清同治九年（1870）刻本　十六册

130000－0403－0000083　集12/2
文選六十卷　（南朝梁）蕭統撰　（唐）李善注　清乾隆十一年（1746）刻本　十六册

130000－0403－0000084　集12/20
重訂文選集評十五卷首一卷末一卷　（南朝梁）蕭統撰　（清）于光華編次　清刻本　十六册

130000－0403－0000085　集12/23
新刊文選考註前集十五卷附列卷音釋十四卷　（南朝梁）蕭統選輯　（唐）李善等考註　清刻本　十二册

130000－0403－0000086　集12/24
新刊文選考註十五卷前集列卷音釋十四卷　（南朝梁）蕭統選輯　（明）張伯起註　（唐）李善等考註　清刻本　六册　存二十一卷（新刊文選考註一至七、前集列卷音釋十四卷）

130000－0403－0000087　集12/25
古文淵鑒六十四卷　（清）徐乾學等編注　清康熙二十四年（1685）刻五色套印本　三十四册　存六十三卷（一至五十、五十二至六十四）

130000－0403－0000088　集12/26
古文淵鑒六十四卷　（清）徐乾學等編注　清同治十二年（1873）刻本　二十八册　存五十六卷（一至二十、二十七至三十四、三十七至六十四）

130000－0403－0000089　集12/28
古文辭類纂七十五卷附校勘記　（清）姚鼐輯　清光緒二十七年（1901）刻本　十二册

130000－0403－0000090　集12/3
文選六十卷附文選考異十卷　（南朝梁）蕭統撰　（唐）李善注　清同治八年（1869）刻本　二十四册

130000－0403－0000091　集12/31
續古文辭類纂二十八卷　（清）黎庶昌輯　清光緒二十一年（1895）刻本　十二册

130000－0403－0000092　集12/32
古文辭類纂七十四卷　（清）姚鼐纂集　**續古文辭類纂三十四卷**　王先謙纂集　清光緒三十三年（1907）鉛印本　十二册

130000－0403－0000093　集12/32－2
古文辭類纂七十四卷　（清）姚鼐纂集　**續古文辭類纂三十四卷**　王先謙纂集　清光緒三十年（1904）上海商務印書館鉛印本　十二册

130000－0403－0000094　集12/32－3
古文辭類纂七十四卷　（清）姚鼐纂集　**續古文辭類纂三十四卷**　王先謙纂集　清光緒三十三年（1907）鉛印本　十二册

130000－0403－0000095　集12/34
繪圖千家詩注釋四卷附笠翁對韻二卷詩品詳註一卷　（清）謝枋得選　（清）王相注　清石印本　二册

130000－0403－0000096　集12/35
繪圖詳註千家詩三卷附笠翁對韻二卷詩品詳註一卷　（清）王相選註　清石印本　二册

130000－0403－0000097　集12/38
斯文精萃不分卷　（清）尹繼善輯　清乾隆二十九年（1764）刻本　六册

130000－0403－0000098　集12/39
御選唐宋詩醇四十七卷目錄二卷　（清）高宗弘曆選　清光緒十八年（1892）刻本　二十册

130000－0403－0000099　集12/4
文選六十卷附文選考異十卷　（南朝梁）蕭統撰　（唐）李善注　清光緒十八年（1892）石印本　六册

130000－0403－0000100　集12/40
御選唐宋詩醇四十七卷目錄二卷　（清）高宗弘曆選　清刻本　十六册　存三十八卷（一

至三十、三十四至三十七、四十二至四十三、四十六至四十七）

130000－0403－0000101　集 12/41
御選唐宋文醇五十八卷　（清）高宗弘曆選
清光緒十八年(1892)刻本　十八冊

130000－0403－0000102　集 12/42
御選唐宋文醇五十八卷　（清）高宗弘曆選
清光緒刻本　十二冊　存三十五卷（一、二十五至五十八）

130000－0403－0000103　集 12/43
御選唐宋詩醇四十七卷目錄二卷　（清）高宗弘曆選　清刻本　六冊　存十卷（三十八至四十七）

130000－0403－0000104　集 12/44
詩所五十六卷歷代名氏爵里一卷　（明）臧懋循輯　明萬曆刻本　二十二冊

130000－0403－0000105　集 12/45
古文眉詮七十九卷首一卷　（清）浦起龍編
清乾隆九年(1744)刻本　三十二冊　存七十五卷（一至三十九、四十三至六十八、七十一至七十九,首一卷）

130000－0403－0000106　集 12/46
古文眉詮七十九卷首一卷　（清）浦起龍編
清乾隆九年(1744)刻本　二十二冊　存七十五卷（一至三十九、四十三至六十八、七十一至七十九,首一卷）

130000－0403－0000107　集 12/47
古文眉詮七十九卷首一卷　（清）浦起龍編
清乾隆九年(1744)刻本　十八冊　存六十卷（一至四十、六十一至七十九,首一卷）

130000－0403－0000108　集 12/48
古文眉詮七十九卷首一卷　（清）浦起龍編
清刻本　八冊　存二十卷（六十一至七十九）

130000－0403－0000109　集 12/49
檉華館試帖彙鈔輯注十卷　（清）路德著　清道光二十七年(1847)刻本　五冊　存五卷（一、三至四、七、九）

130000－0403－0000110　集 12/5
文選六十卷　（南朝梁）蕭統撰　（唐）李善注
清光緒十八年(1892)石印本　十冊

130000－0403－0000111　集 12/50
經史百家雜鈔二十六卷　（清）曾國藩纂　清光緒三十三年(1907)鉛印本　十二冊

130000－0403－0000112　集 12/53
御定歷代題畫詩類一百二十卷　（清）陳邦彥編修　清康熙刻本　十五冊　存七十七卷（一至三十六、四十二至四十七、六十一至六十五、九十一至一百二十）

130000－0403－0000113　集 12/54
桐城吳氏古文讀本不分卷　（清）吳汝綸評選
清光緒三十年(1904)鉛印本　四冊

130000－0403－0000114　集 12/56
古文八大家公暇錄六卷　（清）李中簡鑒定
（清）王應鯨選評　清乾隆三十年(1765)刻本　六冊

130000－0403－0000115　集 12/57
古文八大家公暇錄六卷　（清）李中簡鑒定
（清）王應鯨選評　清嘉慶六年(1801)刻本　四冊

130000－0403－0000116　集 12/58(1)
宋元明詩三百首不分卷　（清）朱梓　（清）冷昌言編輯　清咸豐三年(1853)刻本　二冊

130000－0403－0000117　集 12/58(2)
唐詩三百首不分卷　（清）蘅塘退士編　清同治九年(1870)刻本　二冊

130000－0403－0000118　集 12/6
文選六十卷　（南朝梁）蕭統撰　（唐）李善注
清乾隆二十四年(1759)刻本　十六冊

130000－0403－0000119　集 12/60
古今風謠一卷古今諺一卷　（明）楊慎纂
（清）史夢蘭補注　**古今風謠拾遺四卷古今諺拾遺六卷**　（清）史夢蘭輯　清同治十二年(1873)刻本　四冊

130000－0403－0000120　集 12/61

古文讀本二卷　（清）吳汝綸評選　清鉛印本
　二冊

130000－0403－0000121　集 12/62
凌雲堂選　（□）□□輯　清抄本　八冊

130000－0403－0000122　集 12/65
古文析義十四卷　（清）林雲銘評註　清乾隆
五十四年(1789)刻本　十冊

130000－0403－0000123　集 12/66
古文析義十四卷　（清）林雲銘評註　清乾隆
五十八年(1793)刻本　六冊

130000－0403－0000124　集 12/67
重訂古文釋義新編八卷　（清）余誠評注　清
刻本　八冊

130000－0403－0000125　集 12/68
桂芳齋重訂古文釋義新編八卷　（清）余誠評
註　清緯文堂刻本　四冊

130000－0403－0000126　集 12/69
重訂古文釋義新編八卷　（清）余誠評注　清
石印本　八冊

130000－0403－0000127　集 12/7
文選六十卷　（南朝梁）蕭統撰　（唐）李善注
　清刻朱墨套印本　十二冊

130000－0403－0000128　集 12/70
詩禪不分卷　（明）石萬程選　明崇禎八年
(1635)刻本　六冊

130000－0403－0000129　集 12/71
六朝唐賦讀本二卷　（清）馬傳廣選註　清光
緒二年(1876)刻本　二冊

130000－0403－0000130　集 12/72
詠物詩選八卷　（清）俞琰輯　清雍正刻本
四冊

130000－0403－0000131　集 12/73
集義軒詠史詩鈔六十卷　（清）羅惇衍著　清
刻本　八冊　存三十一卷(三十至六十)

130000－0403－0000132　集 12/74
仁在堂詩賦合刻不分卷　（清）劉源灝輯　清

光緒六年(1880)刻本　四冊

130000－0403－0000133　集 12/75
公穀選國語選不分卷　（清）儲欣評　（清）儲
芝參述　清雍正六年(1728)刻本　四冊

130000－0403－0000134　集 12/76
名媛詩歸三十六卷　（明）鍾惺點次　明刻本
　七冊　存二十一卷(六至二十六)

130000－0403－0000135　集 12/77
石渠閣評註古文快篇八卷　（明）王在晉鑒定
　（□）曹可明　（□）張明熙合訂　清刻本
八冊

130000－0403－0000136　集 12/78
樂府詩集一百卷目錄二卷　（宋）郭茂倩編次
　（明）毛晉訂正　清毛氏汲古閣刻本　十
六冊

130000－0403－0000137　集 12/79
古文約選不分卷　（清）允禮選　（清）方苞訂
　清雍正刻本　十冊

130000－0403－0000138　集 12/8
文選六十卷　（南朝梁）蕭統撰　（唐）李善注
　清乾隆三十三年(1768)刻本　十二冊

130000－0403－0000139　集 12/80
文章正宗復刻三十卷　（宋）真德秀編　清乾
隆三十三年(1768)刻本　二十冊

130000－0403－0000140　集 12/83
昭代名人尺牘十二卷附小傳　（清）吳修審定
　清宣統元年(1909)鉛印本　七冊　存七卷
(六至十二)

130000－0403－0000141　集 12/84
十八家詩鈔二十八卷　（清）曾國藩纂　（清）
李鴻章審訂　清刻本　二十一冊　存二十四
卷(三至十六、十八、二十至二十八)

130000－0403－0000142　集 12/85
重訂文選集評十五卷首一卷末一卷　（南朝
梁）蕭統撰　（清）于光華編次　清嘉慶十二
年(1807)刻本　八冊　存八卷(一至七、首一
卷)

130000－0403－0000143　集12/86

御選唐宋文醇五十八卷　（清）高宗弘曆選
清刻本　十冊　存二十七卷（一、五至十、十
四至十六、二十至二十一、二十五至二十七、
三十四至三十七、四十四至四十六、五十四至
五十八）

130000－0403－0000144　集12/87

御選唐宋詩醇四十七卷目錄二卷　（清）高宗
弘曆選　清刻本　十四冊　存三十一卷（一
至六、九至十、十三至十八、二十四至二十六、
三十四至三十九、四十二至四十七,目錄二
卷）

130000－0403－0000145　集12/88

重訂文選集評十五卷首一卷末一卷　（南朝
梁）蕭統撰　（清）于光華編次　清刻本　九
冊　存九卷（一至七、十一至十二）

130000－0403－0000146　集12/9

文選六十卷附文選考異十卷　（南朝梁）蕭統
撰　（唐）李善注　清宣統三年(1911)石印本
十六冊

130000－0403－0000147　集12/90

六臣註文選六十卷　（南朝梁）蕭統撰　（唐）
李善等註　清刻本　九冊　存十八卷（二至
七、二十至二十一、二十四至二十五、二十八
至二十九、四十至四十五）

130000－0403－0000148　集12/91

東甌詩存四十六卷補遺一卷　（清）曾唯錄
清刻本　七冊　存二十三卷（二十二至二十
四、二十八至四十六,補遺一卷）

130000－0403－0000149　集12/92

十八家詩鈔二十八卷　（清）曾國藩纂　（清）
李鴻章審訂　清光緒十四年(1888)石印本
三冊　存十二卷（一至十二）

130000－0403－0000150　集13/29

皇朝經濟文編一百二十八卷　（清）求自彊齋
主人編輯　清刻本　十六冊　存五十六卷
（二十二至四十三、九十五至一百二十八）

130000－0403－0000151　集13/1

宋百家詩存二十卷　（清）曹庭棟選　清刻本
十五冊　存十六卷（一至十一、十六至二
十）

130000－0403－0000152　集13/10

明文在一百卷　（清）薛熙纂　（清）何潔輯
清光緒十五年(1889)刻本　十冊

130000－0403－0000153　集13/12

國朝文匯二百卷總目一卷　（清）國學扶輪社
編　清宣統元年(1909)石印本　七十冊　存
一百三十九卷（甲前集一至二十,甲集一至四
十、四十五至四十六、四十九至五十、五十七
至五十八,乙集三至四、九至十二、十五至二
十四、二十九至三十、四十三至七十,丙集七
至十、二十七至二十八,丁集一至二十;總目
一卷）

130000－0403－0000154　集13/13

仁在堂全集十四種　（清）路德輯　清鉛印本
十六冊　存十二種十二卷（仁在堂時藝話
一卷、仁在堂時藝辨一卷、仁在堂時藝課一
卷、仁在堂時藝核一卷、仁在堂時藝核續編一
卷、仁在堂時藝綜一卷、仁在堂時藝剳一卷、
仁在堂時藝引一卷、關中書院詩課一卷、關中
書院賦課一卷、仁在堂文藝金針一卷、蒲編堂
訓蒙草一卷）

130000－0403－0000155　集13/14

國朝名人書札二卷　（清）吳增祺輯　清宣統
元年(1909)鉛印本　四冊

130000－0403－0000156　集13/17

滑稽詩文集四卷　（清）汪錫純編纂　清宣統
二年(1910)刻本　四冊

130000－0403－0000157　集13/19

中州名賢文表三十卷　（明）劉昌輯　清康熙
刻本　八冊

130000－0403－0000158　集13/2

宋詩本七十六卷目錄八卷　（清）戴第元纂輯
清乾隆三十八年(1773)刻本　二十四冊
存五十九卷（一至三十七、四十四至四十五、
五十至五十四、五十八至六十四,目錄八卷）

130000－0403－0000159　集13/20

一門沆瀣集賦草四卷　（清）郝縉榮編　清同治七年(1868)刻本　四冊

130000－0403－0000160　集13/22

玉堂清課賦鈔四卷　（清）龍瑛輯　清道光二十八年(1848)刻本　五冊

130000－0403－0000161　集13/23

讀雪山房唐詩三十四卷　（清）管世銘輯　清刻本　六冊　存十九卷（三至五、十一至十三、十六至十七、二十至三十）

130000－0403－0000162　集13/24

重刻徽郡許閣老精選皇明太史文華四卷（明）李廷機批評　（明）焦竑圈點　明萬曆二十年(1592)刻本　四冊

130000－0403－0000163　集13/25

湖海詩傳四十六卷　（清）王昶輯　清同治四年(1865)刻本　十六冊

130000－0403－0000164　集13/27

皇清文穎一百二十四卷　清刻本　三十八冊　存八十八卷（一至二十、二十三至二十四、三十至三十三、三十六至九十七）

130000－0403－0000165　集13/28

皇朝經濟文編一百二十八卷　（清）求自彊齋主人編輯　清光緒二十七年(1901)石印本　四十九冊

130000－0403－0000166　集13/3

唐詩合解箋註十二卷古詩四卷　（清）王翼雲註　清光緒十一年(1885)刻本　六冊

130000－0403－0000167　集13/30

皇朝經世文續編一百二十卷　（清）葛士濬輯　清光緒十四年(1888)鉛印本　三十二冊

130000－0403－0000168　集13/31

皇朝經世文編一百二十卷姓名總目二卷（清）賀長齡輯　清刻本　四十七冊　存六十六卷（九至十、十五至二十四、四十九至五十、五十四至六十三、六十八至八十四、九十至一百三、一百七至一百十、一百十三至一百十六、一百十八至一百二十）

130000－0403－0000169　集13/32

皇朝經世文編一百二十卷姓名總目二卷（清）賀長齡輯　清光緒二十二年(1896)石印本　二十四冊

130000－0403－0000170　集13/3－2

古唐詩合解十二卷　（清）王堯衢註　清刻本　一冊　存二卷（一至二）

130000－0403－0000171　集13/33

皇朝經世文編一百二十卷姓名總目二卷（清）賀長齡輯　清石印本　十五冊　存七十八卷（六至二十六、三十二至五十五、八十八至一百二十）

130000－0403－0000172　集13/34

皇朝經世文編一百二十卷姓名總目二卷（清）賀長齡輯　清石印本　五冊　存二十八卷（五十六至八十三）

130000－0403－0000173　集13/35

皇朝經世文編一百二十卷姓名總目二卷（清）賀長齡輯　清石印本　十七冊　存八十五卷（十六至二十、三十一至四十五、五十六至一百二十）

130000－0403－0000174　集13/36

皇朝經世文編一百二十卷姓名總目二卷（清）賀長齡輯　清刻本　十冊　存二十一卷（二十七至二十八、四十三至四十五、六十一至六十三、七十二至七十三、七十八至七十九、八十三至八十五、九十至九十二、一百五至一百六、一百十三）

130000－0403－0000175　集13/37

皇朝經世文續編一百二十卷　（清）葛士濬輯　清光緒十四年(1888)鉛印本　三十一冊　存一百十七卷（一至一百一、一百五至一百二十）

130000－0403－0000176　集13/38

皇朝經世文續編一百二十卷　（清）葛士濬輯　清光緒十四年(1888)鉛印本　三十冊　存一百十三卷（八至一百二十）

130000－0403－0000177　集13/39

宋四六選二十四卷　（清）彭元瑞定本　（清）曹振鏞編　清刻本　十二冊

130000－0403－0000178　集13/4

唐音戊籤二百一卷　（明）胡震亨編　清康熙刻本　二十四冊

130000－0403－0000179　集13/40

唐詩貫珠箋釋六十卷　（清）胡以梅箋　（清）胡之熾校訂　（清）王貽荃閱　清刻本　十一冊　存三十一卷（一至三十一）

130000－0403－0000180　集13/41

唐省試詩十卷　（清）陳訏箋評　清乾隆刻本　四冊

130000－0403－0000181　集13/42

唐詩三百首補註八卷　（清）蘅塘退士編　（清）陳伯英輯　清光緒十七年（1891）刻本　四冊

130000－0403－0000182　集13/43（1）

唐人萬首絕句選七卷　（宋）洪邁撰　（清）王士禛選　清康熙四十七年（1708）刻本　二冊

130000－0403－0000183　集13/43（2）

唐文粹詩選六卷　（清）王士禛纂　清刻本　二冊

130000－0403－0000184　集13/43（3）

唐賢三昧集三卷　（清）王士禛編　清刻本　一冊

130000－0403－0000185　集13/44

古唐詩合解十二卷　（清）王堯衢註　清光緒元年（1875）刻本　三冊

130000－0403－0000186　集13/45

唐詩三百首註疏六卷　（清）蘅塘退士編　（清）章燮註　清道光刻本　三冊

130000－0403－0000187　集13/46（1）

唐詩三百首續選四卷　（清）于慶元編　清刻本　二冊

130000－0403－0000188　集13/46（2）

唐詩三百首註疏六卷　（清）蘅塘退士編

（清）章燮註　清道光刻本　六冊

130000－0403－0000189　集13/5

全五代詩一百卷附補遺一卷　（清）李調元編　清刻本　二十八冊

130000－0403－0000190　集13/57（1）

皇朝經世文編一百二十卷　（清）賀長齡輯　清光緒二十二年（1896）石印本　二冊　存五卷（一至五）

130000－0403－0000191　集13/57（2）

皇朝經世文新編二十一卷　麥仲華輯　清石印本　四冊　存五卷（十四至十五、十八至二十）

130000－0403－0000192　集13/58

宋詩鈔初集二集三集四集不分卷　（清）吳之振　（清）吳自牧選　清刻本　三十三冊

130000－0403－0000193　集13/59

皇朝經世文統編一百二十卷　（清）□□輯　清石印本　十二冊　存二十五卷（四十七至五十、五十三至五十五、六十二至六十五、一百三至一百六、一百九至一百十二、一百十五至一百二十）

130000－0403－0000194　集13/6

御訂全金詩增補中州集七十二卷首二卷　（金）元好問輯　（清）郭元釪補輯　清康熙刻本　二十四冊

130000－0403－0000195　集13/60

仁在堂時藝詩賦全集　（清）路德編輯　清刻本　五冊　存五卷（時藝課一卷、時藝話一卷、時藝階一卷、時藝辯一卷、時藝綜一卷）

130000－0403－0000196　集13/61

仁在堂全集十四種　（清）路德輯　清石印本　五冊　存十卷（時藝話一卷、時藝辨一卷、時藝核一卷、時藝課一卷、時藝綜一卷、時藝階一卷、時藝核續編一卷、訓蒙草注釋一卷、詩一卷、賦補遺一卷）

130000－0403－0000197　集13/62（1）

國朝名人書札二卷　（清）吳增祺輯　清宣統

元年（1909）鉛印本　三冊

130000－0403－0000198　集13/62（2）

歷代名人書札二卷　（清）吳增祺編輯　清宣統元年（1909）鉛印本　二冊

130000－0403－0000199　集13/63

唐人試律說不分卷　（清）紀昀撰　清道光二年（1822）刻本　一冊

130000－0403－0000200　集13/65

唐詩三百首註疏六卷　（清）蘅塘退士編（清）章燮註　清刻本　三冊　存三卷（四至六）

130000－0403－0000201　集13/7

中州集十卷首一卷中州樂府一卷　（金）元好問輯　明毛氏汲古閣刻本　八冊

130000－0403－0000202　集13/8

金文雅十六卷　（清）莊仲方編　清刻本　十六冊

130000－0403－0000203　集14/1

粵東詩海一百卷補遺六卷　（清）溫汝能纂輯　清刻本　二十二冊　存六十六卷（三至十、十四至二十二、二十六至二十八、三十二至三十四、三十八至四十、四十七至五十三、六十至六十二、六十五至六十七、七十四至七十六、八十至八十二、八十六至一百,補遺六卷）

130000－0403－0000204　集14/2

粵東文海六十六卷首一卷　（清）溫汝能纂輯　清刻本　三十八冊　存五十六卷（一至八、十一至十二、十四至二十二、二十五至二十六、三十一至三十六、三十九至六十六,首一卷）

130000－0403－0000205　集14/3

國朝畿輔詩傳六十卷　（清）陶樑輯　清道光十九年（1839）刻本　十六冊

130000－0403－0000206　集14/4

沅湘耆舊集二百卷　（清）鄧顯鶴編輯　清道光二十三年（1843）刻本　四十八冊　存一百五十六卷（一至三十一、三十九至一百七、一百十二至一百十四、一百十八至一百二十、一百二十四至一百六十三、一百七十至一百七十一、一百七十六至一百七十九、一百八十四至一百八十七）

130000－0403－0000207　集14/5

永平詩存二十四卷　（清）史夢蘭編輯　清同治十年（1871）刻本　六冊

130000－0403－0000208　集14/6（1）

永平詩存二十四卷　（清）史夢蘭編輯　清刻本　二冊　存八卷（十七至二十四）

130000－0403－0000209　集14/6（2）

永平詩存續編四卷　（清）史夢蘭編輯　清刻本　二冊

130000－0403－0000210　集14/7

淮海英靈集七集二十二卷　（清）阮元輯錄　清嘉慶三年（1798）刻本　十一冊　存二十一卷（甲集一至四、乙集一至四、丙集一至四、丁集一至四、戊集一至四、壬集一）

130000－0403－0000211　集14/8

兩浙輶軒錄四十卷姓氏韻編一卷　（清）阮元訂　清嘉慶刻本　三十二冊

130000－0403－0000212　集15/1

寧都三魏全集　（清）林時益輯　清刻本　六冊　存十九卷（魏興士文集六卷、魏敬士文集一至三、魏昭士文集十卷）

130000－0403－0000213　集2/3

楚辭箋註十七卷附錄一卷　（漢）劉向編集（漢）王逸章句　明萬曆刻本　六冊

130000－0403－0000214　集2/4

楚辭十七卷　（漢）劉向集　（漢）王逸章句（宋）洪興祖補註　清光緒九年（1883）刻本　七冊

130000－0403－0000215　集2/5

楚辭箋註十七卷附錄一卷　（漢）劉向編集（漢）王逸章句　明萬曆刻本　四冊

130000－0403－0000216　集3/1

魏昭士文集十卷　（清）魏世傚撰　清刻本

一冊　存二卷(一至二)

130000－0403－0000217　集31/1

諸葛忠武侯文集四卷附錄二卷故事五卷
(三國蜀)諸葛亮撰　(清)張澍編輯　清刻本
七冊

130000－0403－0000218　集32/1

杜工部集二十卷首一卷　(唐)杜甫撰　清刻
五色套印本　五冊　存十卷(十一至二十)

130000－0403－0000219　集32/13

昌黎先生全集錄八卷　(唐)韓愈撰　(清)儲
欣錄　清刻本　六冊　存六卷(二至六、八)

130000－0403－0000220　集32/14

李太白文集三十六卷　(清)王琦輯註　清刻
本　三冊　存七卷(四至五、八至十二)

130000－0403－0000221　集32/15

樊南文集箋註八卷　(唐)李商隱撰　(清)馮
浩重訂　清石印本　六冊　存七卷(一至五、
七至八)

130000－0403－0000222　集32/16(1)

李義山詩集三卷　(明)朱鶴齡注　清刻本
一冊　存一卷(中一)

130000－0403－0000223　集32/16(2)

重訂李義山詩集箋注三卷　(唐)李商隱撰
(清)朱鶴齡箋注　清刻本　二冊　存二卷
(一至二)

130000－0403－0000224　集32/17

**朱文公校昌黎先生文集四十卷外集十卷遺文
一卷**　(唐)韓愈撰　(宋)朱熹考異　(宋)
王伯大音釋　(明)朱吾弼重編　明萬曆刻本
四冊　存九卷(五至八、十四至十八)

130000－0403－0000225　集32/18

溫飛卿詩集九卷　(唐)溫庭筠撰　清刻本
二冊　存五卷(二至三、七至九)

130000－0403－0000226　集32/20

讀杜心解六卷　(清)浦起龍講解　清刻本
五冊　存三卷(三至五)

130000－0403－0000227　集32/21

讀杜心解六卷　(清)浦起龍講解　清刻本
五冊　存三卷(一、三、五)

130000－0403－0000228　集32/22

唐人選唐詩六種　(□)□□輯　清刻本
一冊

130000－0403－0000229　集32/6

韓文起十二卷　(清)林雲銘評註　清刻本
三冊

130000－0403－0000230　集33/1

蘇長公密語十六卷首一卷　(宋)蘇軾撰
(明)李一公選　明天啓元年(1621)刻朱墨套
印本　十二冊

130000－0403－0000231　集33/10

蘇文忠公詩集五十卷目錄二卷　(清)紀昀評
點　清同治八年(1869)刻朱墨套印本　十
二冊

130000－0403－0000232　集33/11

蘇文忠公詩集擇粹十八卷　(宋)蘇軾撰
(清)查慎行注　清嘉慶二十二年(1817)刻本
八冊

130000－0403－0000233　集33/12

東坡先生編年詩五十卷目錄一卷年表一卷
(清)查慎行補註　清乾隆二十六年(1761)刻
本　二十四冊

130000－0403－0000234　集33/13

東坡先生全集七十五卷　(宋)蘇軾撰　**宋史
本傳一卷**　(元)脫脫撰　**墓志銘一卷**　(宋)
蘇轍撰　**年譜一卷**　(宋)王宗稷撰　明萬曆
刻本　二十五冊　缺十卷(三十六至四十五)

130000－0403－0000235　集33/14

東坡先生全集七十五卷　(宋)蘇軾撰　明刻
本　十六冊　存四十六卷(一至六、十五至十
六、十九至二十二、三十九至五十九、六十三
至七十五)

130000－0403－0000236　集33/15

東坡先生全集七十五卷目錄二卷　(宋)蘇軾
撰　明刻本　十八冊　存四十四卷(一至十

河北省三十一家公共圖書館古籍普查登記目錄

四、三十二至四十四、六十一至七十五,目錄
二卷)

130000－0403－0000237　集33/16
東坡先生全集七十五卷目錄二卷　（宋）蘇軾
撰　明刻本　二十一冊　存四十五卷(三至
四、十六至十七、二十至四十四、四十七至六
十,目錄二卷)

130000－0403－0000238　集33/17
東坡詩選十二卷附年譜一卷本傳一卷　（宋）
蘇軾撰　(明)袁宏道閱　(明)譚元春選　明
天啓刻本　六冊

130000－0403－0000239　集33/18
渭南文集五十卷　（宋）陸遊撰　明毛氏汲古
閣刻本　十五冊

130000－0403－0000240　集33/19
忠正德文集十卷附錄一卷　（宋）趙鼎撰　清
道光十一年(1831)刻本　四冊

130000－0403－0000241　集33/2
山谷內集注二十卷外集注十七卷別集二卷
(宋)黃庭堅撰　(宋)史容　(宋)史季溫注
清宣統二年(1910)刻本　二十冊

130000－0403－0000242　集33/20
東萊博議四卷附增補虛字註釋一卷　（宋）呂
祖謙撰　清光緒七年(1881)刻本　四冊

130000－0403－0000243　集33/21
東萊博議四卷附增補虛字註釋一卷　（宋）呂
祖謙撰　清光緒二十三年(1897)刻本　三冊
存四卷(一至三、增補虛字註釋一卷)

130000－0403－0000244　集33/22
西山先生真文忠公文集五十五卷目錄二卷
(宋)真德秀撰　(明)楊鷃修　清雍正刻本
二十三冊　存四十八卷(一至四、九至五十,
目錄二卷)

130000－0403－0000245　集33/23
晦庵先生朱文公文集一百卷續集五卷　（宋）
朱熹撰　清刻本　二十六冊　存七十一卷
(晦庵先生朱文公文集三十二至九十四、九十

八至一百,續集五卷)

130000－0403－0000246　集33/24
絜齋集二十四卷　（宋）袁燮撰　清刻本　五
冊　存十九卷(一至八、十三至二十三)

130000－0403－0000247　集33/25
**龍川文集三十卷辨偽考異二卷首一卷附錄二
卷**　（宋）陳亮著　清宣統三年(1911)石印本
八冊

130000－0403－0000248　集33/27
岳忠武王文集八卷　（宋）岳飛撰　（清）何焻
等鑒定　（清）黃邦寧纂修　清刻本　三冊
存六卷(一至六)

130000－0403－0000249　集33/28
山谷內集注二十卷外集注十七卷　（宋）黃庭
堅撰　清光緒二十五年(1899)刻本　十六冊

130000－0403－0000250　集33/3
陸象山先生文集三十六卷　（宋）陸九淵撰
清雍正二年(1724)刻本　十二冊

130000－0403－0000251　集33/30
山谷老人刀筆二十卷　（宋）黃庭堅撰　清刻
本　四冊　存十四卷(三至六、十一至二十)

130000－0403－0000252　集33/31
東坡尺牘八卷　（宋）蘇軾撰　清刻本　三冊
存六卷(一至六)

130000－0403－0000253　集33/4(1)
洛陽邵氏三世名賢行實圖像不分卷　（宋）程
顥撰　清刻本　一冊

130000－0403－0000254　集33/4(2)
宋邵康節先生伊川擊壤集十卷　（宋）邵雍撰
（明)吳瀚摘註　(明)吳泰增註　清刻本
五冊

130000－0403－0000255　集33/5
蒙齋集二十卷　（宋）袁甫撰　清刻本　十冊

130000－0403－0000256　集33/6
王臨川全集一百卷目錄二卷　（宋）王安石撰
清光緒九年(1883)刻本　十一冊　存六十
三卷(一至十八、五十六至一百)

130000－0403－0000257　集33/7

王臨川全集一百卷目錄二卷　（宋）王安石撰
　清光緒九年(1883)刻本　二十冊

130000－0403－0000258　集33/8

王臨川文集四卷　（宋）王安石撰　清宣統二
年(1910)石印本　四冊

130000－0403－0000259　集33/9

劍南詩槀八十五卷　（宋）陸遊撰　明汲古閣
刻本　四十一冊　存七十七卷(一至七十七)

130000－0403－0000260　集35/1

元詩選不分卷　（清）顧嗣立集　清康熙刻本
　四十八冊　存初集甲集至壬集，二集甲集
至丙集、戊集至壬集，三集丙集、戊集至壬集

130000－0403－0000261　集35/2

九靈山房集三十卷首一卷補編二卷　（元）戴
良撰　清乾隆三十七年(1772)刻本　八冊

130000－0403－0000262　集35/3

元文類七十卷目錄三卷　（元）蘇天爵編次
明刻本　八冊　存四十二卷(一至四、十六至
二十五、三十一至四十五、五十一至五十五、
六十一至六十五,目錄三卷)

130000－0403－0000263　集35/4

雁門集十四卷　（元）薩都拉著　（清）薩龍光
編注　清嘉慶十二年(1807)刻本　五冊　存
九卷(三至十一)

130000－0403－0000264　集35/5

鐵厓三種　（清）楊維禎著　　清宣統二年
(1910)石印本　十冊

130000－0403－0000265　集36/1

陽明先生集要三編十五卷年譜一卷　（明）王
守仁撰　（明)施邦曜評輯　清乾隆五十二年
(1787)刻本　十冊

130000－0403－0000266　集36/10

趙文肅公文集二十三卷　（明）趙貞吉撰　清
刻本　八冊

130000－0403－0000267　集36/11

龍湖先生文集十四卷　（明）李東陽撰　明嘉

靖三十二年(1553)刻本　六冊

130000－0403－0000268　集36/12

幾亭全書六十四卷　（明）陳龍正著　（明）陳
揆等參定　清刻本　十一冊　存四十四卷
(一至三十六、五十七至六十四)

130000－0403－0000269　集36/14

王氏家藏集四十一卷　（明）王廷相著　明嘉
靖十五年(1536)刻本　十五冊

130000－0403－0000270　集36/15

震川大全集三十卷別集十卷補集八卷餘集八
卷先太僕評點史記例意一卷歸震川先生論文
章體則一卷　（明）歸有光著　清宣統二年
(1910)石印本　十二冊

130000－0403－0000271　集36/16

高陽文集二十卷　（明）孫承宗著　（明）茅元
儀編　（清）孫之湁編次　清刻本　六冊　存
八卷(十三至二十)

130000－0403－0000272　集36/2

王陽明先生文鈔二十卷　　（明）王守仁撰
(清)張問達編輯　清刻本　六冊　存十卷
(一至六、十至十三)

130000－0403－0000273　集36/21

方正學先生遜志齋集二十四卷　（明）方孝孺
撰　清刻本　七冊　存十四卷(一至二、六至
十五、二十至二十一)

130000－0403－0000274　集36/22

王陽明先生傳習錄南贛書詩賦　（明）王守仁
著　清刻本　五冊　存五卷(傳習錄一、南贛
書一至三、詩賦一)

130000－0403－0000275　集36/23

陽明先生雜著書　（明）王守仁撰　清刻本
二冊　存二卷(十四至十五)

130000－0403－0000276　集36/25

陽明先生論學書　（明）王守仁撰　清刻本
二冊　存二卷(三至四)

130000－0403－0000277　集36/3

陳忠裕全集三十卷首四卷末一卷　（明）陳子

龍撰　（清）王昶輯　（清）王鴻逵等編訂　清
嘉慶八年（1803）刻本　十冊

130000－0403－0000278　集36/4
洹詞十二卷　（明）崔銑著　（清）黃邦寧補修
清乾隆三十六年（1771）刻本　六冊

130000－0403－0000279　集36/4－2
洹詞十二卷　（明）崔銑著　（清）黃邦寧補修
清乾隆三十六年（1771）刻本　六冊

130000－0403－0000280　集36/5
去偽齋集十卷附錄一卷闕疑一卷　（明）呂坤
著　清道光七年（1827）刻本　十冊　缺一卷
（三）

130000－0403－0000281　集36/6
去偽齋集十卷附錄一卷　（明）呂坤著　清刻
本　六冊　存七卷（五至十、附錄一卷）

130000－0403－0000282　集36/7
王文恪公集三十六卷　（明）王鏊　鴟音一卷
白社詩一卷　（明）王禹聲著　明末清修本
八冊

130000－0403－0000283　集36/8
太史升菴全集八十一卷年譜一卷目錄二卷
（明）楊慎著　（明）楊有仁錄　清乾隆六十年
（1795）刻本　十七冊　存六十六卷（一至八、
十六至三十三、四十五至八十一，年譜一卷，
目錄二卷）

130000－0403－0000284　集36/9
懷麓堂全集詩前稿二十卷文前稿三十卷詩後
稿十卷文後稿三十卷雜記十卷首一卷　（明）
李東陽著　（明）何孟春音註　清嘉慶刻本
五冊　存二十一卷（懷麓堂全集詩前稿二十
卷、首一卷）

130000－0403－0000285　集37/1
午亭文編五十卷　（清）陳廷敬撰　清康熙四
十七年（1708）林佶刻乾隆印本　十六冊

130000－0403－0000286　集37/10
隨園三十種　（清）袁枚輯　清刻本　十七冊
存六種六十卷（小倉山房文集一至十八、隨

園女弟子詩六卷、隨園八十壽言六卷、紅豆村
人詩稿十四卷、小倉山房詩集二十七至三十
七、小倉山房外集五卷）

130000－0403－0000287　集37/100
悔生文集八卷詩鈔六卷　（清）王灼撰　清刻
本　四冊

130000－0403－0000288　集37/101
石笥山房文集六卷補遺一卷詩集十二卷補遺
二卷續補遺二卷　（清）胡天游著　清宣統二
年（1910）石印本　九冊

130000－0403－0000289　集37/102
百美新詠題詞一卷新詠一卷集詠一卷圖傳一
卷　（清）顏希源撰　（清）王翽圖　清嘉慶十
年（1805）刻本　六冊

130000－0403－0000290　集37/103
吳詩集覽二十卷補註二十卷談藪二卷　（清）
吳偉業撰　（清）靳榮藩輯　清刻本　六冊
存二十六卷（吳詩集覽十七至二十、補註二十
卷、談藪二卷）

130000－0403－0000291　集37/104
白田草堂存稿二十四卷附錄一卷　（清）王懋
竑著　清刻本　六冊

130000－0403－0000292　集37/105
珍藝宧遺書　（清）莊述祖撰　清嘉慶、道光
間刻本　十冊　存十九卷（珍藝宧文鈔七卷、
詩鈔二卷，漢鼓吹鐃歌曲句解一卷，說文古籀
疏證目一卷，石鼓然疑一卷，歷代載籍足徵錄
一卷，弟子職集解一卷，五經小學述二卷，毛
詩周頌口義三卷）

130000－0403－0000293　集37/106
寒松堂全集十二卷年譜一卷　（清）魏象樞著
清嘉慶十六年（1811）刻本　十三冊

130000－0403－0000294　集37/107
知足齋詩三十五卷附錄一卷　（清）朱珪撰
清抄本　十四冊　存三十卷（一至十一、十八
至三十五，附錄一卷）

130000－0403－0000295　集37/108

雙琴堂全集九卷　（清）趙春熙著　（清）趙元圻等鈔輯　清道光三年(1823)刻本　三冊

130000－0403－0000296　集37/109

潯谿紀事詩二卷附妖室遺文一卷　（清）范鍇撰　清道光十五年(1835)刻本　二冊

130000－0403－0000297　集37/11

隨園三十種　（清）袁枚輯　清乾隆、嘉慶間刻本　十八冊　存十四種七十二卷（紅豆村人詩稿十四卷,袁家三妹合稿四卷,南園詩選二卷,湄君詩集二卷,筱雲詩集二卷,捧月樓詞二卷,飲水詞鈔二卷,箏船詞一卷,綠秋草堂詞一卷,玉山堂詞一卷,崇睦山房詞一卷,過雲精舍詞二卷,碧梧山館詞二卷,小倉山房詩集一至三十六）

130000－0403－0000298　集37/110

積翠軒詩集不分卷　（清）高述明著　（清）高斌　（清）高鈺校編　清乾隆三十七年(1772)刻本　一冊

130000－0403－0000299　集37/111

校邠廬抗議不分卷　（清）馮桂芬著　清刻本　二冊

130000－0403－0000300　集37/112

增註秋水軒尺牘四卷　（清）許思湄著　（清）婁世瑞注　（清）寄虹軒主人輯　清宣統元年(1909)石印本　二冊

130000－0403－0000301　集37/114

重鐫少嵒賦草四卷　（清）夏思沺著　（清）姜兆蘭釋　清刻本　二冊

130000－0403－0000302　集37/115

獨學廬全稿　（清）石韞玉著　清乾隆、嘉慶間刻本　七冊　存十九卷（獨學廬初稿詩八卷,漢書刊誤一卷,讀左卮言一卷,獨學廬二稿詩三卷、文一,獨學廬三稿文五卷）

130000－0403－0000303　集37/116

重鐫少嵒賦草四卷　（清）夏思沺著　（清）姜兆蘭釋　清光緒七年(1881)刻本　四冊

130000－0403－0000304　集37/117

西堂全集　（清）尤侗撰　清刻本　十九冊　存九種八十八卷（西堂雜組一集八卷,西堂雜組二集八卷,西堂雜組三集八卷,西堂詩集三十卷,艮齋雜說六卷、續說四卷,看鑑偶評四卷、補評一卷,明史擬稿六卷,外國傳八卷,宮閨小名錄四卷、後錄一卷）

130000－0403－0000305　集37/12

御製詩初集四十四卷目錄四卷　（清）高宗弘曆撰　清乾隆刻本　十六冊

130000－0403－0000306　集37/123

榕村集四十卷別集五卷　（清）李光地撰　清乾隆元年(1736)刻本　十冊　存四十二卷（榕村集一至七、十一至四十,別集五卷）

130000－0403－0000307　集37/124

飲冰室文集十六卷補遺二卷　梁啟超著　清光緒二十八年(1902)刻本　十五冊　存十五卷（一、三至九、十二至十六,補遺二卷）

130000－0403－0000308　集37/125

飲冰室壬寅文集十六卷　梁啟超著　清石印本　十冊　存九卷（一至五、七至八、十一、十六）

130000－0403－0000309　集37/126

白茅堂集四十六卷　（清）顧景星著　清刻本　十冊　存二十三卷（二至九、十二至十五、十九至二十三、二十六至二十九、三十七至三十八）

130000－0403－0000310　集37/127

白茅堂集四十六卷　（清）顧景星著　清刻本　二冊　存五卷（二十九至三十三）

130000－0403－0000311　集37/128

胡文忠公遺集八十六卷首一卷　（清）胡林翼撰　清刻本　十五冊　存四十二卷（十四至十八、二十六至五十三、五十七至六十、六十五至六十九）

130000－0403－0000312　集37/129

胡文忠公遺集八十六卷首一卷　（清）胡林翼撰　清刻本　十冊　存三十五卷（四至七、十一至二十六、三十一至三十四、四十至四十

二、七十六至七十八、八十二至八十六）

130000－0403－0000313　集37/13
御製詩初集四十四卷目錄四卷　（清）高宗弘
曆撰　清乾隆刻本　十六冊

130000－0403－0000314　集37/130
寒支初集十卷　（清）李世熊著　清道光七年
(1827)木活字印本　九冊　存九卷(一至五、
七至十)

130000－0403－0000315　集37/131
經史百家雜鈔二十六卷　（清）曾國藩纂　清
光緒三十二年(1906)鉛印本　十二冊

130000－0403－0000316　集37/133
笠翁文集十卷　（清）李漁著　清康熙刻本
九冊　存七卷(二至八)

130000－0403－0000317　集37/134
有正味齋全集七十三卷　（清）吳錫麒撰　清
嘉慶刻本　十一冊　存五十三卷(有正味齋
詩集一至四、十三至十六,外集五卷,駢體文
集二十四卷,駢體文續集五至八,詞集八卷,
詞續集二卷,詞外集二卷)

130000－0403－0000318　集37/135
魏季子文集十六卷　（清）魏禮撰　清刻本
八冊　存十卷(三至四、七至十、十三至十六)

130000－0403－0000319　集37/136
愚軒宦學集八卷　（清）孫國楨著　清光緒刻
本　五冊

130000－0403－0000320　集37/137
魏敬士文集八卷　（清）魏世儼撰　清刻本
一冊　存五卷(四至八)

130000－0403－0000321　集37/138
小倉山房詩集二十六卷外集八卷文集三十五
卷　（清）袁枚著　清刻本　十二冊　存四十
三卷(小倉山房詩集十六至二十六,外集八
卷,文集三至十三、二十三至三十五)

130000－0403－0000322　集37/139
小倉山房續補詩集二卷外集七卷文集三十五
卷　（清）袁枚著　清刻本　六冊　存十九卷

（小倉山房續補詩集二卷,外集一至三,文集
十九至三十、三十四至三十五）

130000－0403－0000323　集37/14
御製詩初集四十四卷目錄四卷　（清）高宗弘
曆撰　清刻本　十一冊　存二十二卷(二十
一至三十六、三十九至四十四)

130000－0403－0000324　集37/140
曾文正公家書十卷　（清）曾國藩撰　清光緒
五年(1879)刻本　八冊

130000－0403－0000325　集37/141
曾文正公家書四種十七卷　（清）曾國藩著
清石印本　七冊　存十五卷(家書三至十、家
訓二卷、大事記四卷、榮哀錄一卷)

130000－0403－0000326　集37/142
曾文正公家書十二卷　（清）曾國藩撰　清石
印本　三冊　存五卷(二至三、十至十二)

130000－0403－0000327　集37/143
曾文正公家書四種十七卷　（清）曾國藩著
清石印本　五冊　存十四卷(家書三至十、家
訓二卷、大事記一至三、榮哀錄一卷)

130000－0403－0000328　集37/144
曾文正公家書四種十七卷　（清）曾國藩著
清石印本　四冊　存十卷(家書四至十、家訓
二卷、榮哀錄一卷)

130000－0403－0000329　集37/145
蔭圃詩鈔三卷蔭圃小草續鈔二卷　（清）趙亨
鈐著　清道光二十三年至二十六年(1843－
1846)刻本　五冊

130000－0403－0000330　集37/146
與我周旋集詩十二卷文二卷四六一卷　（清）
魏元樞著　清刻本　六冊　存十二卷(與我
周旋集詩四至十二、文二卷、四六一卷)

130000－0403－0000331　集37/147
曝書亭集八十卷附錄一卷　（清）朱彝尊撰
清刻本　五冊　存三十六卷(八至二十七、三
十五至四十一、七十三至八十,附錄一卷)

130000－0403－0000332　集37/148

曲阿詩綜三十二卷曲阿詞綜四卷　（清）劉會恩輯　清道光五年（1825）刻本　十一冊　存二十五卷（曲阿詩綜一至八、十四至十九、二十二至二十五、二十八至三十二,曲阿詞綜一至二）

130000－0403－0000333　集37/149
素餘堂集三十四卷　（清）于敏中撰　清嘉慶十一年（1806）刻本　八冊

130000－0403－0000334　集37/15
御製詩二集九十卷目錄十卷　（清）高宗弘曆撰　清乾隆二十四年（1759）刻本　三十二冊

130000－0403－0000335　集37/150
甌北集五十卷　（清）趙翼撰　清嘉慶十七年（1812）刻本　九冊　存四十卷（一至二十、二十六至二十九、三十四至四十九）

130000－0403－0000336　集37/151
白華絳柎閣詩集十卷　（清）李慈銘著　清光緒十六年（1890）刻本　六冊

130000－0403－0000337　集37/152
陳檢討四六二十卷　（清）陳維崧譔　（清）程師恭注　清乾隆三十五年（1770）刻本　六冊

130000－0403－0000338　集37/153
陳氏聯珠集十卷　（清）王肇奎采錄　清刻本　三冊　存七卷（一至二、六至十）

130000－0403－0000339　集37/154
澹靜齋全集十八卷　（清）龔景瀚著　清道光六年（1826）刻本　十冊

130000－0403－0000340　集37/155
䌰欪亭集三十二卷　（清）祁寯藻著　清咸豐刻本　五冊　存二十七卷（一至二十七）

130000－0403－0000341　集37/156
庾子山集注十六卷　（北周）庾信撰　（清）倪璠注釋　清刻本　五冊　存六卷（一、六至七、十三至十五）

130000－0403－0000342　集37/157（1）
曾文正公詩集三卷　（清）曾國藩撰　清光緒二年（1876）刻本　一冊

130000－0403－0000343　集37/157（2）
曾文正公詩集四卷文集四卷　（清）曾國藩撰　清同治十三年（1874）刻本　三冊　存五卷（曾文正公詩集四卷、文集一）

130000－0403－0000344　集37/158
曾文正公大事記四卷　（清）王定安著　（清）李鴻章　（清）曾國荃審定　清刻本　一冊　存二卷（一至二）

130000－0403－0000345　集37/159
清道人遺集二卷佚稿一卷擷遺一卷附錄一卷　（清）李瑞清撰　清鉛印本　三冊

130000－0403－0000346　集37/16
御製詩二集九十卷目錄十卷　（清）高宗弘曆撰　清乾隆二十四年（1759）刻本　三十二冊

130000－0403－0000347　集37/160
清白堂文存　（清）王今遠著　清光緒二十五年（1899）刻本　四冊　存四卷（用晦文存四卷）

130000－0403－0000348　集37/161
百美圖新詠不分卷　（清）顏希源編　清刻本　二冊

130000－0403－0000349　集37/162
韻蘭集賦鈔不分卷　（清）陸雲槎輯選　清道光七年（1827）刻本　二冊

130000－0403－0000350　集37/164；集37/165
安雅堂全書　（清）宋琬著　清乾隆三十一年（1766）刻本　十五冊　存五種十六卷（安雅堂文集二卷、重刻文集二卷,安雅堂詩不分卷,安雅堂書啟一卷,安雅堂未刻稿八卷,入蜀集二卷）

130000－0403－0000351　集37/167
茂林詩存三十一卷　（清）文炳錄　清道光十一年（1831）刻本　三冊　存八卷（一至五、二十九至三十一）

130000－0403－0000352　集37/168
皖游草四卷　（清）胡元煒撰　清道光二十八

年(1848)刻本　二冊

130000－0403－0000353　集37/169

小倉山房尺牘八卷續外餘言一卷　（清）袁枚撰　清乾隆五十四年(1789)刻本　二冊

130000－0403－0000354　集37/17

御製詩二集九十卷目錄十卷　（清）高宗弘曆撰　清乾隆刻本　二十四冊　存七十六卷（十五至九十）

130000－0403－0000355　集37/170

八家四六文註八卷補註一卷　（清）許貞幹註　（清）陳衍著　清鉛印本　三冊　存五卷（五至八、補註一卷）

130000－0403－0000356　集37/172

杏瓊齋詩集三卷時文不分卷　（清）李廷儀著　清嘉慶刻本　三冊

130000－0403－0000357　集37/173

七家詩輯註彙鈔九卷　（清）張熙宇輯評（清）王植桂輯註　清刻本　二冊　存二卷（簡學齋試帖輯註一卷、修竹齋試帖輯註一卷）

130000－0403－0000358　集37/174

曾文正公雜著二卷　（清）曾國藩著　清光緒二年(1876)刻本　一冊

130000－0403－0000359　集37/175

卷施閣文甲集十卷乙集八卷　（清）洪亮吉學　清乾隆刻本　三冊　存十六卷（甲集三至十、乙集八卷）

130000－0403－0000360　集37/177

插花窗詩草六卷賦草二卷詩草補遺一卷（清）楊昌光撰　清嘉慶刻本　四冊

130000－0403－0000361　集37/179

曾文正公書札三十三卷　（清）曾國藩撰　清光緒二年(1876)刻本　三冊　存七卷（一至二、二十四至二十八）

130000－0403－0000362　集37/18

御製文初集三十卷目錄二卷　（清）高宗弘曆撰　清乾隆二十九年(1764)刻本　八冊

130000－0403－0000363　集37/180

僊屏書屋初集詩錄十六卷　（清）黃爵滋著　清刻本　二冊　存八卷（五至八、十三至十六）

130000－0403－0000364　集37/181

更生齋詩餘二卷　（清）洪亮吉著　清刻本　一冊

130000－0403－0000365　集37/18－2

御製文初集三十卷目錄二卷　（清）高宗弘曆撰　清乾隆二十九年(1764)刻本　八冊

130000－0403－0000366　集37/185

梅叟閒評四卷　（清）郝培元著　清光緒十年(1884)刻本　二冊

130000－0403－0000367　集37/19

御製文二集四十四卷目錄二卷　（清）高宗弘曆撰　清乾隆五十一年(1786)刻本　八冊

130000－0403－0000368　集37/2

漁洋山人精華錄十卷　（清）王士禎撰　（清）林佶編　清康熙刻本　四冊

130000－0403－0000369　集37/20

御製紀實詩一百卷御製幾餘詩一百八十卷（清）朱敬編錄　清乾隆刻本　七冊

130000－0403－0000370　集37/21

錢牧齋全集一百六十三卷　（清）錢謙益撰（清）錢曾箋註　清宣統二年(1910)鉛印本　三十冊　缺三十六卷（有學集十五至五十）

130000－0403－0000371　集37/22

錢牧齋文鈔不分卷　（清）錢謙益撰　清宣統元年(1909)鉛印本　四冊

130000－0403－0000372　集37/23

胡文忠公遺集八十六卷首一卷　（清）胡林翼撰　清同治六年(1867)刻本　七冊　存二十二卷（一至十三、十七至二十四,首一卷）

130000－0403－0000373　集37/23－2

胡文忠公遺集八十六卷首一卷　（清）胡林翼撰　清同治六年(1867)刻本　三十一冊　存八十五卷（一至四十七、五十至八十六,首一

卷）

130000－0403－0000374　集37/23－3

胡文忠公遺集八十六卷首一卷　（清）胡林翼
撰　清刻本　九冊　存二十三卷（四十三至
六十五）

130000－0403－0000375　集37/25

魏伯子文集十卷首一卷　（清）魏際瑞撰　清
康熙刻本　六冊

130000－0403－0000376　集37/26

魏伯子文集十卷首一卷　（清）魏際瑞撰　清
道光二十五年(1845)刻本　六冊

130000－0403－0000377　集37/27

魏叔子文集外篇二十二卷日錄三卷詩集八卷
　（清）魏禧撰　清刻本　十七冊　存二十六
卷（一至九、十一、十七至十八、二十至二十
二，日錄三卷,詩集八卷）

130000－0403－0000378　集37/28

魏叔子文集外篇二十二卷日錄三卷詩集八卷
　（清）魏禧撰　清刻本　十八冊　存二十二
卷（魏叔子文集外篇二十二卷）

130000－0403－0000379　集37/29

魏叔子文集外篇二十二卷日錄三卷詩集八卷
　（清）魏禧撰　清刻本　二十冊　存十八卷
（一至十八）

130000－0403－0000380　集37/3

**漁洋山人精華錄箋注十二卷補注一卷附錄一
卷年表一卷**　（清）王士禎撰　（清）金榮箋注
　（清）徐淮纂輯　清康熙刻本　七冊　存十
二卷（二至十二、補註一卷）

130000－0403－0000381　集37/30

魏叔子文集外篇二十二卷日錄三卷詩集八卷
　（清）魏禧撰　清刻本　七冊　存十二卷
（十一至二十二）

130000－0403－0000382　集37/31

魏季子文集十六卷　（清）魏禮撰　清康熙刻
本　十一冊

130000－0403－0000383　集37/32

吳詩集覽二十卷補註二十卷談藪二卷　（清）
吳偉業著　（清）靳榮藩輯　清乾隆刻本　十
八冊　存十六卷(吳詩集覽一至十六)

130000－0403－0000384　集37/33

吳詩集覽二十卷補註二十卷談藪二卷　（清）
吳偉業撰　（清）靳榮藩輯　清刻本　八冊　
存十三卷(吳詩集覽八至二十)

130000－0403－0000385　集37/34

憺園文集三十六卷　（清）徐乾學撰　清康熙
刻本　十一冊　存三十三卷(一至八、十二至
三十六)

130000－0403－0000386　集37/35

曾文正公文集四卷詩集四卷　（清）曾國藩撰
　（清）李瀚章編　（清）王定安增輯　清同治
十三年(1874)刻本　五冊

130000－0403－0000387　集37/36

曾文正公奏稿三十六卷　（清）曾國藩撰　
(清)李瀚章編　清刻本　六冊　存九卷(二
十八至三十六)

130000－0403－0000388　集37/37

曾文正公批牘六卷　（清）曾國藩撰　清光緒
二年(1876)刻本　六冊

130000－0403－0000389　集37/38(1)

經史百家簡編二卷　（清）曾國藩纂　（清）曾
國荃審定　清同治十三年(1874)刻本　二冊

130000－0403－0000390　集37/38(2)

經史百家雜鈔二十六卷　（清）曾國藩纂　清
光緒二年(1876)刻本　十五冊

130000－0403－0000391　集37/39

經史百家雜鈔二十六卷簡編二卷　（清）曾國
藩纂　（清）曾國荃審定　清光緒十四年
(1888)石印本　七冊

130000－0403－0000392　集37/4

**漁洋山人精華錄箋注十二卷補注一卷附錄一
卷年表一卷**　（清）王士禎撰　（清）金榮箋注
　（清）徐淮纂輯　清石印本　十二冊

130000－0403－0000393　集37/40

補學軒詩集八卷　（清）鄭獻甫撰　清咸豐十年(1860)刻本　四冊

130000－0403－0000394　集37/41
補學軒文集散體文四卷駢體文二卷　（清）鄭獻甫撰　清咸豐十一年(1861)刻本　六冊

130000－0403－0000395　集37/42
湖海樓全集五十一卷　（清）陳維崧著　清乾隆六十年(1795)刻本　十二冊　存三十三卷（詩集一至十二、補遺詩一、詞集一至二十）

130000－0403－0000396　集37/43
青草堂集十二卷二集十六卷　（清）趙國華著　清刻本　六冊　存十八卷（青草堂集九至十二、二集三至十六）

130000－0403－0000397　集37/45
青草堂集十二卷青草堂二集十六卷　（清）趙國華著　清刻本　十冊

130000－0403－0000398　集37/46
遂初堂集詩集十六卷文集二十卷別集四卷　（清）潘耒著　清刻本　十六冊

130000－0403－0000399　集37/47
有正味齋全集七十三卷　（清）吳錫麟撰　清刻本　六冊　存十七卷（有正味齋詩外集五卷、詞集八卷、詞續集二卷、詞外集二卷）

130000－0403－0000400　集37/48
有正味齋全集七十三卷　（清）吳錫麟撰　清嘉慶刻本　六冊　存十六卷（有正味齋詩集十六卷）

130000－0403－0000401　集37/49
有正味齋全集七十三卷　（清）吳錫麟撰　清嘉慶刻本　六冊　存二十卷（有正味齋詩續集八卷、駢體文續集八卷、詞續集二卷、詞外集二卷）

130000－0403－0000402　集37/5
漁洋山人精華錄箋注十二卷補注一卷附錄一卷年表一卷　（清）王士禎撰　（清）金榮箋注　（清）徐準纂輯　清石印本　十二冊

130000－0403－0000403　集37/50
有正味齋全集七十三卷　（清）吳錫麟撰　清嘉慶刻本　六冊　存十六卷（有正味齋詩續集八卷、駢體文續集八卷）

130000－0403－0000404　集37/51
素餘堂集三十四卷　（清）于敏中撰　清嘉慶十一年(1806)刻本　八冊

130000－0403－0000405　集37/52
兼濟堂文集選二十卷首一卷　（清）魏裔介著　（清）魏荔彤編輯　清康熙五十年(1711)刻本　七冊　存十一卷（一至九、十四,首一卷）

130000－0403－0000406　集37/52－2
兼濟堂文集選二十卷首一卷　（清）魏裔介著　（清）魏荔彤編輯　清刻本　三冊　存六卷（十至十一、十七至二十）

130000－0403－0000407　集37/53
湘綺樓全集三十卷　王闓運撰　清鉛印本　六冊　存十五卷（文集一至八、詩集一至七）

130000－0403－0000408　集37/54
尚絅堂集五十六卷　（清）劉嗣綰撰　清同治九年(1870)刻本　十冊

130000－0403－0000409　集37/55
竹葉庵文集三十三卷　（清）張塤撰　清乾隆刻本　四冊

130000－0403－0000410　集37/56
東谷集詩二十卷續刻詩二卷文八卷　（清）白胤謙著　清順治刻本　十冊

130000－0403－0000411　集37/57
東谷集歸庸齋詩文集　（清）白胤謙著　清刻本　六冊　存八卷（歸庸齋詩文集一至四、東谷集續刻九至十二）

130000－0403－0000412　集37/58
廣辰集五卷唐人試律說一卷　（清）紀昀編　清刻本　六冊

130000－0403－0000413　集37/59
杜詩論文五十六卷　（清）吳興祚定　（清）吳見思注　（清）潘眉評　清康熙十一年(1672)刻本　十二冊

130000－0403－0000414　集37/6

漁洋山人精華錄箋注十二卷補注一卷附錄一卷年表一卷　（清）王士禛撰　（清）金榮箋注　（清）徐淮纂輯　清康熙刻本　十冊

130000－0403－0000415　集37/60

龍泉園集　（清）李江撰　清光緒二十年（1894）刻本　四冊　存十二卷（龍泉園語四卷,龍泉園詩草一卷、文草一卷、尺牘一卷、題跋一卷,蘭陽養疴雜記一卷,見聞錄一卷,鄉塾正誤二卷）

130000－0403－0000416　集37/61

群雅集四十卷群雅二集十卷　（清）王豫選　清嘉慶十三年（1808）刻本　十冊

130000－0403－0000417　集37/62

吳摯甫文集四卷附鈔深州風土記一卷　（清）吳汝綸撰　清宣統元年（1909）石印本　五冊

130000－0403－0000418　集37/63

吳摯甫尺牘五卷補遺一卷諭兒書一卷　（清）吳汝綸撰　清宣統二年（1910）石印本　十冊　存六卷（吳摯甫尺牘一至三、五,補遺一卷,諭兒書一卷）

130000－0403－0000419　集37/64

船山詩草二十卷　（清）張問陶撰　清刻本　四冊　存十三卷（五至八、十二至二十）

130000－0403－0000420　集37/65

船山詩草二十卷　（清）張問陶撰　清嘉慶十三年（1808）刻本　七冊　存十六卷（一至十六）

130000－0403－0000421　集37/66

蠶尾集十卷續集二卷後集二卷　（清）王士禛撰　清康熙刻本　六冊

130000－0403－0000422　集37/67

全史宮詞二十卷　（清）史夢蘭撰　清光緒刻本　八冊

130000－0403－0000423　集37/68

揅經室續集十一卷再續集六卷　（清）阮元撰　清刻本　六冊

130000－0403－0000424　集37/69

道古堂全集七十二卷　（清）杭世駿撰　（清）許慶宗覆審　清石印本　十二冊

130000－0403－0000425　集37/7

漁洋山人詩集二十二卷　（清）王士禛撰　清康熙八年（1669）刻本　四冊

130000－0403－0000426　集37/70

曝書亭集八十卷附錄一卷　（清）朱彝尊撰　清乾隆刻本　十三冊

130000－0403－0000427　集37/71

栘晴堂四六二卷續編一卷賜書堂稿二卷省方紀盛一卷萬字祥書一卷壽域頌言一卷土爾扈特全部歸順頌一卷　（清）曹秀先著　清刻本　五冊

130000－0403－0000428　集37/72

合集詩選十九卷　（清）王士禛選　清刻本　八冊

130000－0403－0000429　集37/73

白香山詩長慶集二十卷後集十七卷別集一卷補遺二卷　（唐）白居易撰　（清）汪立名編訂　清石印本　六冊　存二十二卷（白香山詩長慶集四至八、十三至十六,後集一至二、七至十四,別集一卷,補遺二卷）

130000－0403－0000430　集37/74

宦拾錄十八卷　（清）王子音著　清刻本　八冊

130000－0403－0000431　集37/75

廎辰集五卷唐人試律說一卷　（清）紀昀編　清刻本　六冊

130000－0403－0000432　集37/76

紀文達公遺集文集十六卷詩集十六卷目錄二卷　（清）紀昀撰　清嘉慶十七年（1812）刻本　二十冊

130000－0403－0000433　集37/77

童山詩集四十二卷附錄二卷　（清）李調元撰　清刻本　十冊

130000－0403－0000434　集37/78

高陽集二十卷　(明)孫承宗著　(清)孫之潀編次　清刻本　六冊　存十二卷(一至十二)

130000－0403－0000435　集37/79

金華山樵詩前集八卷後集十卷　(清)師範撰　清嘉慶九年(1804)刻本　八冊　存十七卷(金華山樵詩前集一至七、後集十卷)

130000－0403－0000436　集37/8

漁洋山人文略十四卷　(清)王士禛撰　清康熙刻本　五冊

130000－0403－0000437　集37/80

范忠貞公集十二卷　(清)范承謨撰　(清)劉可書彙編　清康熙刻本　四冊　存十卷(一至十)

130000－0403－0000438　集37/81(1)

韞山堂詩集十六卷韞山堂文集八卷　(清)管世銘撰　清嘉慶六年(1801)刻本　七冊

130000－0403－0000439　集37/81(2)

祇可軒刪餘稿二卷　(清)管學洛撰　清道光七年(1827)刻本　一冊

130000－0403－0000440　集37/83

望溪集不分卷　(清)方苞著　清刻本　十二冊

130000－0403－0000441　集37/84

香樹齋文集二十八卷　(清)錢陳羣撰　清刻本　三冊　存十三卷(一至十三)

130000－0403－0000442　集37/85

曾相六十壽文二卷　(清)李鴻章等撰　清光緒二年(1876)刻本　二冊

130000－0403－0000443　集37/86

甌北詩話十卷續詩話二卷詩鈔不分卷　(清)趙翼撰　清嘉慶刻本　六冊

130000－0403－0000444　集37/87(1)

漢魏音四卷　(清)洪亮吉學　清乾隆五十年(1785)刻本　一冊

130000－0403－0000445　集37/87(2)

十六國疆域志十六卷　(清)洪亮吉　清嘉慶三年(1798)刻本　四冊

130000－0403－0000446　集37/88

佩蘅詩鈔十二卷　(清)寶鋆撰　清咸豐九年(1859)刻本　四冊　存八卷(江紀程草一卷、浙江還轅紀遊草一、奉使三音諾彥紀程草一卷、塞上吟一、吟梅閣試帖詩存一至二、自怡悅齋試帖詩存一至二)

130000－0403－0000447　集37/89

東海半人詩鈔二十四卷　(清)鍾大源撰　清嘉慶刻本　八冊

130000－0403－0000448　集37/90

施愚山先生全集九十四卷　(清)施閏章著　清刻本　十八冊　存六十七卷(年譜一至四,家風一,文集一至十八、二十二至二十八,詩集一至十一、十六至二十九、四十至四十四,別集一至四,遺集一至三)

130000－0403－0000449　集37/92

梅村詩集箋注十八卷　(清)吳偉業撰　(清)吳翌鳳撰　清刻本　六冊　存十二卷(一至四、六、十至十六)

130000－0403－0000450　集37/93

西堂全集　(清)尤侗撰　清康熙刻本　十冊　存三十三卷(年譜圖詩一卷,小影圖贊一卷,年譜二卷,性理吟一卷,後性理吟一卷,續論語詩一卷,艮齋倦稿詩集十一卷、文集十五卷)

130000－0403－0000451　集37/94

夢樓詩集二十二卷　(清)王文治撰　清乾隆六十年(1795)刻本　五冊

130000－0403－0000452　集37/95

汪氏家集十卷　(□)□□撰　清光緒二十一年(1895)石印本　七冊

130000－0403－0000453　集37/96

拙修集十卷　(清)吳廷棟撰　清同治十年(1871)刻本　四冊

130000－0403－0000454　集37/97

愚軒文鈔四卷　(清)孫國楨撰　清光緒刻本　二冊

130000－0403－0000455　集37/98

蠡庭詩草二卷古文一卷　（清）趙元睦著　清道光二十二年（1842）刻本　二冊

130000－0403－0000456　集37/99

頻羅庵遺集十六卷　（清）梁同書撰　清嘉慶二十二年（1817）刻本　八冊

130000－0403－0000457　集38/5

湘綺樓文集八卷　（清）王闓運撰　清光緒三十四年（1908）鉛印本　四冊

130000－0403－0000458　集39/44

青草堂集十二卷二集十六卷補集七卷　（清）趙國華著　清刻本　十二冊

130000－0403－0000459　集4/1

詞律二十卷首一卷拾遺八卷補遺一卷　（清）萬樹論次　（清）徐本立纂　（清）杜文瀾輯　清同治十二年至光緒二年（1873－1876）刻本　十六冊

130000－0403－0000460　集4/2

詞苑叢談十二卷　（清）徐釚編輯　清鉛印本　四冊

130000－0403－0000461　集42/2

歷朝詞綜三種　（□）□□輯　清光緒二十八年（1902）刻本　二十四冊

130000－0403－0000462　集42/5

西堂全集　（清）尤侗撰　清刻本　六冊　存七種十七卷（外國竹枝詞一卷,于京集五卷,哀絃集一卷,述祖詩一卷,擬明史樂府一卷,百末詞五卷、詞餘一卷,性理吟一卷、後性理吟一卷）

130000－0403－0000463　集43/1

草堂詩餘正集六卷新集五卷別集四卷續集二卷　（明）顧從敬選　（明）沈際飛評　明刻本　六冊

130000－0403－0000464　集43/2

草堂詩餘正集六卷新集五卷別集四卷續集二卷　（明）顧從敬選　（明）沈際飛評　明刻本　四冊　存八卷（草堂詩餘正集一至二、新集四至五、別集四卷）

130000－0403－0000465　集45/1

碎金詞譜六卷　（清）謝元淮輯　清刻朱墨套印本　四冊

130000－0403－0000466　集5/3

芝龕記六卷　（清）董榕撰　清道光二年（1822）修補本　四冊

130000－0403－0000467　集52/3

桃花扇傳奇二卷　（清）孔尚任編　清刻本　四冊

130000－0403－0000468　集53/1

南柯記二卷　（明）湯顯祖撰　（明）臧懋循訂　明萬曆刻本　二冊

130000－0403－0000469　集53/2

桃花扇傳奇四卷　（清）孔尚任編　清刻本　四冊

130000－0403－0000470　集57/2

納書楹曲譜續集四卷外集二卷　（清）葉堂訂譜　（清）王文治參訂　清乾隆五十七年（1792）刻本　六冊

130000－0403－0000471　集62/2

聊齋志異合評十二卷雜說一卷題詞一卷　（清）蒲松齡著　清光緒十七年（1891）刻朱墨套印本　十二冊

130000－0403－0000472　集62/3

聊齋志異十六卷　（清）蒲松齡著　（清）王士禎評　清乾隆三十年（1765）刻本　八冊　存八卷（一至二、六、九至十、十四至十六）

130000－0403－0000473　集62/4

聊齋志異十六卷　（清）蒲松齡著　（清）王士禎評　清乾隆三十一年（1766）刻本　八冊　存八卷（一至五、七至八、十六）

130000－0403－0000474　集62/5

秋坪新語十二卷　（清）浮槎散人編　清刻本　八冊

130000－0403－0000475　集63/12

飛龍傳六十回　（清）吳璿撰　清刻本　六冊

存二十二回(三十一至四十二、四十七至五十、五十五至六十)

130000－0403－0000476　集63/13

橋杌閒評五十卷　（□）□□著　清刻本　五冊　存十四卷(一至二、八至十一、十四至二十一)

130000－0403－0000477　集63/18

東周列國全志二十三卷一百八回　（清）馮夢龍著　（清）蔡昇評點　清石印本　三冊　存三卷(二至三、五)

130000－0403－0000478　集63/2

四大奇書第一種十九卷首一卷　（明）羅貫中撰　（清）毛宗崗評　清刻本　九冊　存九卷(十、十二至十九)

130000－0403－0000479　集63/3

四大奇書第一種十九卷首一卷　（明）羅貫中撰　（清）毛宗崗評　清刻本　十冊　存十卷(一至十)

130000－0403－0000480　集63/4

紅樓夢一百二十回　（清）曹霑撰　清刻本十一冊　存六十回(五至十八、二十四至二十八、三十三至三十七、四十三至四十七、六十五至六十九、七十六至八十、九十六至一百七、一百十二至一百二十)

130000－0403－0000481　集63/6

東周列國全志二十三卷一百八回　（清）馮夢龍著　（清）蔡昇評點　清刻本　七冊　存八卷(二至五、七、十至十一、十四)

130000－0403－0000482　集63/7

東周列國全志二十三卷一百八回　（清）馮夢龍著　（清）蔡昇評點　清刻本　十二冊　存十二卷(十二至二十三)

130000－0403－0000483　集63/8

醒世姻緣傳一百回　（清）西周生輯著　清刻本　十一冊　存四十三回(一至三、八至二十二、七十六至一百)

130000－0403－0000484　集7/1

文心雕龍十卷　（南朝梁）劉勰撰　（清）黃叔琳輯注　清乾隆刻本　四冊

130000－0403－0000485　集7/10

定香亭筆談四卷　（清）阮元記　（清）吳文溥錄　清光緒二十五年(1899)刻本　四冊

130000－0403－0000486　集7/12

分類詩腋八卷　（清）李楨編　（清）黃理齋鑒定　清嘉慶二十二年(1817)刻本　六冊

130000－0403－0000487　集7/13

藝苑叢話十六卷　（清）陳琰編輯　清宣統三年(1911)石印本　三冊　存十二卷(一至十二)

130000－0403－0000488　集7/14

初白菴詩評三卷　（清）查慎行著　（清）張載華輯　詞綜偶評一卷　（清）許昂霄撰　（清）張載華輯　清石印本　六冊

130000－0403－0000489　集7/15

隨園詩話十六卷　（清）袁枚著　清乾隆五十七年(1792)刻本　六冊

130000－0403－0000490　集7/16(1)

隨園詩話補遺八卷　（清）袁枚著　清嘉慶元年(1796)刻本　二冊

130000－0403－0000491　集7/16(2)

隨園隨筆二十八卷　（清）袁枚著　清嘉慶十三年(1808)刻本　六冊

130000－0403－0000492　集7/18

隨園詩話十六卷補遺八卷　（清）袁枚著　清石印本　六冊

130000－0403－0000493　集7/2

楊升菴先生批點文心雕龍十卷　（南朝梁）劉勰撰　（明）楊慎批點　（明）梅慶生音註　明刻本　四冊

130000－0403－0000494　集7/20

箋註隨園詩話十六卷補遺十卷　（清）袁枚著　（清）雷瑨註釋　清石印本　六冊　存十四卷(箋註隨園詩話十三至十六、補遺十卷)

130000－0403－0000495　集7/3

宋詩紀事一百卷　（清）厲鶚輯　（清）馬曰璐
同輯　清刻本　二十三冊　存六十七卷（一
至四、八至七十）

130000－0403－0000496　集 7/4
制義叢話二十四卷　（清）梁章鉅撰　清咸豐
刻本　八冊

130000－0403－0000497　集 7/5
斯文規範八卷　（清）王茂修輯著　清刻本
二冊

130000－0403－0000498　集 7/7
五代詩話十二卷　（清）王士禎輯　清乾隆刻
本　四冊

130000－0403－0000499　集 7/8
說詩樂趣類編二十卷　（清）伍涵芬定　清康
熙四十年(1701)刻本　八冊

130000－0403－0000500　集部 14/9
江西詩徵九十四卷　（清）曾燠編輯　清嘉慶
九年(1804)刻本　二十八冊　存五十四卷
（三至八、十一至十四、四十七至六十二、六十
五至七十、七十三至九十四）

130000－0403－0000501　經 2/1
周易四卷附筮儀卦歌圖說一卷　（宋）朱熹本
義　清光緒三十二年(1906)刻本　二冊

130000－0403－0000502　經 2/12
易說十三卷　（清）郝懿行學　清光緒八年
(1882)刻本　四冊

130000－0403－0000503　經 2/13
御纂周易折中二十二卷首一卷　（清）李光地
纂修　清康熙刻本　八冊

130000－0403－0000504　經 2/14
御纂周易折中二十二卷　（清）李光地纂修
清刻本　十一冊

130000－0403－0000505　經 2/15
周易兼義九卷　（三國魏）王弼注　（唐）孔穎
達正義　清刻本　六冊

130000－0403－0000506　經 2/16
易象正十六卷　（明）黃道周撰　清刻本

七冊

130000－0403－0000507　經 2/17
周易四卷附筮儀卦歌圖說一卷　（宋）朱熹本
義　清光緒六年(1880)刻本　二冊

130000－0403－0000508　經 2/18
周易四卷附筮儀卦歌圖說一卷　（宋）朱熹本
義　清同治八年(1869)刻本　二冊

130000－0403－0000509　經 2/19
御纂周易折中二十二卷首一卷　（清）李光地
纂修　清刻本　十五冊　存二十一卷（一至
五、七至二十二）

130000－0403－0000510　經 2/2
周易四卷附圖說一卷新增圖說一卷　（宋）朱
熹本義　清光緒十二年(1886)刻本　二冊

130000－0403－0000511　經 2/20
易經八卷　（宋）程頤傳　清刻本　四冊　存
六卷(二至三、五至八)

130000－0403－0000512　經 2/3
周易四卷附筮儀卦歌圖說一卷　（宋）朱熹本
義　清刻本　二冊

130000－0403－0000513　經 2/4
周易四卷附筮儀卦歌圖說一卷　（宋）朱熹本
義　清同治十二年(1873)刻本　四冊

130000－0403－0000514　經 2/5
周易四卷附筮儀卦歌圖說一卷　（宋）朱熹本
義　清光緒三十年(1904)刻本　二冊

130000－0403－0000515　經 2/6
周易本義四卷　（宋）朱熹集錄　清光緒三十
年(1904)刻本　二冊

130000－0403－0000516　經 2/7
周易衷翼集解二十卷凡例一卷　（清）汪烜撰
清刻本　十六冊

130000－0403－0000517　經 2/8
易經大全會解四卷　（宋）朱熹本義　（清）來
木臣纂輯　清道光二十三年(1843)刻本
四冊

130000－0403－0000518　　經 3/1

書經六卷　（宋）蔡沈集傳　清光緒三十四年（1908）刻本　六冊

130000－0403－0000519　　經 3/10

書經註疏大全合纂五十九卷首一卷　（明）張溥纂　明刻本　十七冊　存五十九卷（一至五、七至五十九，首一卷）

130000－0403－0000520　　經 3/11

欽定書經傳說彙纂二十一卷首二卷附書序一卷　（清）王項齡纂修　清刻本　十一冊　存二十二卷（欽定書經傳說彙纂二十一卷、書序一卷）

130000－0403－0000521　　經 3/12

欽定書經圖說五十卷　（清）孫家鼐等纂　清光緒三十一年（1905）石印本　十四冊　存三十九卷（一至三十五、四十至四十三）

130000－0403－0000522　　經 3/13

書纂言四卷　（元）吳澄纂言　清刻本　二冊　存三卷（二至四）

130000－0403－0000523　　經 3/14

書蔡氏傳旁通六卷　（元）陳師凱撰　清刻本　四冊

130000－0403－0000524　　經 3/15

增修東萊書說三十五卷圖說一卷　（宋）呂祖謙撰　（宋）時瀾修定　清康熙十五年（1676）刻本　六冊

130000－0403－0000525　　經 3/16

書集傳或問二卷　（宋）陳大猷撰　清刻本　二冊

130000－0403－0000526　　經 3/17

書古文訓十六卷　（宋）薛季宣撰　清刻本　四冊

130000－0403－0000527　　經 3/18(1)

書疑九卷　（宋）王柏著　清刻本　一冊

130000－0403－0000528　　經 3/18(2)

杏溪傅氏禹貢集解二卷　（宋）傅寅撰　清刻本　一冊　存一卷（二）

130000－0403－0000529　　經 3/2

書經六卷　（宋）蔡沈集傳　清光緒二年（1876）刻本　四冊

130000－0403－0000530　　經 3/20

尚書十三卷　（漢）孔安國撰　清刻本　六冊

130000－0403－0000531　　經 3/21

尚書說七卷　（宋）黃度著　清康熙十五年（1676）刻本　二冊

130000－0403－0000532　　經 3/22

尚書詳解十三卷　（宋）胡士行編　清刻本　三冊

130000－0403－0000533　　經 3/23

尚書注疏十九卷　（漢）孔安國傳　（唐）陸德明音義　（唐）孔穎達疏　清乾隆四年（1739）刻本　六冊

130000－0403－0000534　　經 3/24

尚書離句六卷　（清）錢在培輯解　清光緒四年（1878）刻本　四冊

130000－0403－0000535　　經 3/25

附釋音尚書注疏附校勘記二十卷　（唐）孔穎達疏　（清）阮元審定　清同治十二年（1873）刻本　三冊　存十卷（一至二、五至十二）

130000－0403－0000536　　經 3/26

尚書纂傳四十六卷　（清）王天與纂類　清康熙十六年（1677）刻本　四冊　存三十八卷（一至二十七、三十六至四十六）

130000－0403－0000537　　經 3/27

三山拙齋林先生尚書全解四十卷　（宋）林之奇撰　清刻本　九冊　存二十七卷（一至三、七至十、二十至三十三、三十五至四十）

130000－0403－0000538　　經 3/28

程尚書禹貢論二卷禹貢山川地理圖一卷後論一卷　（宋）程大昌撰　清康熙刻本　二冊

130000－0403－0000539　　經 3/29

書經體註大全合參六卷附圖一卷　（宋）蔡沈集傳　（清）范翔鑒定　（清）錢希祥纂輯　清刻本　四冊

130000－0403－0000540　　經3/3

書經六卷　（宋）蔡沈集傳　清同治十三年（1874）刻本　四冊

130000－0403－0000541　　經3/30

書經備旨輯要六卷　（清）馬大猷輯　（清）馬寬裕編次　清刻本　二冊　存二卷（四至五）

130000－0403－0000542　　經3/32

禹貢錐指二十卷禹貢圖一卷　（清）胡渭撰　清康熙刻本　六冊　存十卷（十一至二十）

130000－0403－0000543　　經3/34

書經旁訓辨體合訂四卷　（清）徐立綱輯　清刻本　二冊

130000－0403－0000544　　經3/35

書經六卷　（宋）蔡沈集傳　清康熙刻本　二冊　存二卷（一、四）

130000－0403－0000545　　經3/4

書經集傳六卷首一卷末一卷　（宋）蔡沈集傳　清刻本　四冊

130000－0403－0000546　　經3/5

書經六卷　（宋）蔡沈集傳　清光緒二十一年（1895）刻本　四冊

130000－0403－0000547　　經3/6

書經六卷　（宋）蔡沈集傳　清光緒二十一年（1895）刻本　四冊

130000－0403－0000548　　經3/7

書經六卷　（宋）蔡沈集傳　清同治八年（1869）刻本　四冊

130000－0403－0000549　　經3/9

書經體註大全合參六卷附圖一卷　（宋）蔡沈集傳　（清）范翔鑒定　（清）錢希祥纂輯　清光緒三年（1877）刻本　四冊

130000－0403－0000550　　經4/1

欽定詩經傳說彙纂二十一卷首二卷詩序二卷　（清）王鴻緒等纂修　清雍正五年（1727）刻本　二十四冊

130000－0403－0000551　　經4/10

御纂詩義折中二十卷　（清）傅恆等纂　清刻本　六冊

130000－0403－0000552　　經4/11

御纂詩義折中二十卷　（清）傅恆等纂　清刻本　六冊

130000－0403－0000553　　經4/12

御纂詩義折中二十卷　（清）傅恆等纂　清刻本　六冊

130000－0403－0000554　　經4/13

御纂詩義折中二十卷　（清）傅恆等纂　清光緒刻本　八冊

130000－0403－0000555　　經4/14

狀元詩經八卷　（宋）朱熹集傳　清刻本　四冊

130000－0403－0000556　　經4/17

奎壁詩經八卷　（宋）朱熹集傳　清同治八年（1869）刻本　四冊

130000－0403－0000557　　經4/18

奎壁詩經八卷　（宋）朱熹集傳　清光緒十年（1884）刻本　四冊

130000－0403－0000558　　經4/19

詩經八卷　（宋）朱熹集傳　清光緒六年（1880）刻本　六冊

130000－0403－0000559　　經4/2

欽定詩經傳說彙纂二十一卷首二卷詩序二卷　（清）王鴻緒等纂修　清雍正五年（1727）刻本　二十二冊　存二十三卷（欽定詩經傳說彙纂二十一卷、首二卷）

130000－0403－0000560　　經4/20

監本詩經八卷　（宋）朱熹集傳　清光緒六年（1880）刻本　三冊　存五卷（一至五）

130000－0403－0000561　　經4/22

詩經集成三十一卷圖考一卷　（清）趙燦英編輯　清刻本　二十冊

130000－0403－0000562　　經4/23

詩經融註大全體要八卷　（清）高朝瓔定　清光緒十六年（1890）刻本　四冊

130000－0403－0000563　經 4/24
詩經融註大全體要八卷　（清）高朝璎定　清
同治十一年(1872)刻本　四冊

130000－0403－0000564　經 4/25
詩經融註大全體要八卷　（清）高朝璎定　清
同治十一年(1872)刻本　四冊

130000－0403－0000565　經 4/26
詩經備旨八卷　（清）鄒聖脉纂輯　清光緒六
年(1880)刻本　八冊

130000－0403－0000566　經 4/27
詩經八卷　（宋）朱熹集註　清乾隆四十七年
(1782)刻本　四冊

130000－0403－0000567　經 4/28
新增詩經補註附考備旨八卷　（清）鄒聖脉纂
清刻本　五冊

130000－0403－0000568　經 4/29
新增詩經補註附考備旨八卷　（清）鄒聖脉纂
清光緒三年(1877)刻本　三冊

130000－0403－0000569　經 4/3
欽定詩經傳說彙纂二十一卷首二卷詩序二卷
（清）王鴻緒等纂修　清同治十年(1871)刻
本　十八冊

130000－0403－0000570　經 4/30
詩經說鈴十二卷　（清）潘克溥學　清同治元
年(1862)刻本　二冊　存八卷(一至八)

130000－0403－0000571　經 4/32
毛詩註疏二十卷　（漢）鄭玄箋　（唐）孔穎達
疏　明崇禎三年(1630)刻本　十二冊　存九
卷(十二至二十)

130000－0403－0000572　經 4/33
詩問七卷　（清）郝懿行撰　清光緒八年
(1882)刻本　六冊

130000－0403－0000573　經 4/34
附釋音毛詩注疏七十卷附校勘記七十卷
(漢)毛亨傳　（漢）鄭玄箋　（唐）陸德明音
義　（唐)孔穎達疏　清嘉慶二十年(1815)刻
本　三冊　存十二卷(附釋音毛詩注疏六至

九、十一至十二,校勘記六至九、十一至十二)

130000－0403－0000574　經 4/35
詩地理攷六卷詩攷一卷　（宋）王應麟撰　清
刻本　三冊

130000－0403－0000575　經 4/36
詩經旁訓辨體合訂　（清）徐立綱輯　清刻本
一冊　存二卷(三至四)

130000－0403－0000576　經 4/37
詩經精華十卷　（□）□□撰　清刻本　一冊
存三卷(五至七)

130000－0403－0000577　經 4/38
附釋音毛詩注疏七十卷附校勘記七十卷
(漢)毛亨傳　（漢）鄭玄箋　（唐）陸德明音
義　（唐)孔穎達疏　清嘉慶二十年(1815)刻
本　十二冊　存二十四卷(六至十七、校勘記
六至十七)

130000－0403－0000578　經 4/4
欽定詩經傳說彙纂二十一卷首二卷詩序二卷
（清）王鴻緒等纂修　清光緒二十年(1894)
石印本　二冊

130000－0403－0000579　經 4/5
御纂詩義折中二十卷　（清）傅恆等纂　清刻
本　八冊

130000－0403－0000580　經 4/6
御纂詩義折中二十卷　（清）傅恆等纂　清刻
本　八冊

130000－0403－0000581　經 4/7
御纂詩義折中二十卷　（清）傅恆等纂　清刻
本　十二冊

130000－0403－0000582　經 4/8
御纂詩義折中二十卷　（清）傅恆等纂　清光
緒刻本　十二冊

130000－0403－0000583　經 4/9
御纂詩義折中二十卷　（清）傅恆等纂　清刻
本　十冊　存十八卷(三至二十)

130000－0403－0000584　經 4/9－2
御纂詩義折中二十卷　（清）傅恆等纂　清刻

本　一冊　存三卷（一至三）

130000－0403－0000585　經5/1
欽定周官義疏四十八卷首一卷　（清）允禄等輯　清同治十年（1871）刻本　二十八冊

130000－0403－0000586　經5/2
欽定周官義疏四十八卷首一卷　（清）允禄等輯　清道光十八年（1838）刻本　二十四冊缺三卷（三十七至三十九）

130000－0403－0000587　經5/3
欽定周官義疏四十八卷首一卷　（清）允禄等輯　清光緒二十年（1894）石印本　四冊

130000－0403－0000588　經5/4
周官精義十二卷　（清）連斗山編次　清道光二十九年（1849）刻本　六冊

130000－0403－0000589　經5/5
宋葉文康公禮經會元節本四卷　（宋）葉時撰　（清）陸隴其點定　清嘉慶五年（1800）刻本　四冊

130000－0403－0000590　經5/6
聖門禮誌一卷　（清）孔令貽輯　清光緒十三年（1887）刻本　一冊

130000－0403－0000591　經5/7
聖門禮誌一卷　（清）孔令貽輯　清光緒十三年（1887）刻本　一冊

130000－0403－0000592　經5/8
聖門樂誌一卷　（清）孔尚任纂　清光緒十三年（1887）刻本　一冊

130000－0403－0000593　經5/8－2
聖門樂誌一卷　（清）孔尚任纂　清光緒十三年（1887）刻本　一冊

130000－0403－0000594　經51/1
周禮十二卷　（漢）鄭玄注　（唐）陸德明音義　清光緒十二年（1886）刻本　六冊

130000－0403－0000595　經51/10
周禮六卷　（漢）鄭玄注　（唐）陸德明音義　清宣統元年（1909）鉛印本　四冊　存四卷（一至三、五）

130000－0403－0000596　經51/11
周禮注疏校勘記二十九卷　（清）阮元撰　清同治十年（1871）刻本　三冊

130000－0403－0000597　經51/12
周禮註疏刪翼三十卷　（明）葉培恕定　（明）王志長輯　清刻本　六冊　存十卷（七至十二、十五至十七、二十六）

130000－0403－0000598　經51/13
周禮注疏四十二卷　（漢）鄭玄注　（唐）陸德明音義　（唐）賈公彥疏　清同治刻本　五冊　存十四卷（七至十四、十六至二十一）

130000－0403－0000599　經51/14
考工記析疑四卷　（清）方苞解　（清）程崟等參訂　清刻本　一冊

130000－0403－0000600　經51/2
周禮六卷　（漢）鄭玄注　（唐）陸德明音義　清光緒六年（1880）刻本　六冊

130000－0403－0000601　經51/4
周禮精華六卷　（清）陳龍標編輯　清光緒六年（1880）刻本　六冊

130000－0403－0000602　經51/5
周禮精華六卷　（清）陳龍標編輯　清道光元年（1821）刻本　六冊

130000－0403－0000603　經51/6
周禮註疏四十二卷　（漢）鄭玄註　（唐）賈公彥疏　明崇禎元年（1628）刻本　八冊　存二十一卷（二十二至四十二）

130000－0403－0000604　經51/7
附釋音周禮注疏四十二卷附校勘記四十二卷　（漢）鄭玄注　（唐）賈公彥疏　清嘉慶二十二年（1817）刻本　十二冊　存五十卷（附釋音周禮注疏十一至三十一、三十五至三十六、四十一至四十二,校勘記十一至三十一、三十五至三十六、四十一至四十二）

130000－0403－0000605　經51/8
周禮註疏刪翼三十卷　（明）葉培恕定　（明）王志長輯　清刻本　二十冊

130000－0403－0000606　經51/9

周禮精義六卷首一卷 （清）黃淦纂　清嘉慶
十二年(1807)刻本　三冊

130000－0403－0000607　經52/1

欽定儀禮義疏四十八卷首二卷 （□）□□撰
清同治十年(1871)刻本　二十四冊　存四
十一卷(一至三十九、首二卷)

130000－0403－0000608　經52/10

儀禮經傳通解續二十九卷 （宋）黃幹　（宋）
楊復續撰　清刻本　一冊　存二卷(二十八
至二十九)

130000－0403－0000609　經52/11

儀禮精義十七卷補編十七卷 （清）黃淦纂
清嘉慶十二年(1807)刻本　二冊

130000－0403－0000610　經52/2

欽定儀禮義疏四十八卷首二卷 （□）□□撰
清刻本　二十九冊　存四十一卷(二、五至
十三、十八至四十八)

130000－0403－0000611　經52/4

儀禮十七卷附儀禮監本正誤一卷 （漢）鄭玄
註　（清）張爾岐句讀　清光緒三年(1877)刻
本　六冊

130000－0403－0000612　經52/5

儀禮十七卷 （漢）鄭玄注　（唐）陸德明音義
清光緒十二年(1886)刻本　四冊

130000－0403－0000613　經52/6

儀禮注疏五十卷附校勘記五十卷 （漢）鄭玄
注　（唐）賈公彥撰　清嘉慶二十二年(1817)
刻本　十二冊　存七十六卷(十三至五十、校
勘記十三至五十)

130000－0403－0000614　經52/7

儀禮經傳通解三十七卷 （宋）朱熹撰　清刻
本　六冊

130000－0403－0000615　經52/8

儀禮注疏十七卷 （漢）鄭玄注　（唐）賈公彥
疏　清刻本　九冊　存十一卷(五至八、十一
至十七)

130000－0403－0000616　經53/1

欽定禮記義疏八十二卷首一卷 清同治十年
(1871)刻本　四十冊　存六十八卷(一至十、
二十六至八十二,首一卷)

130000－0403－0000617　經53/10

附音釋禮記注疏附校勘記六十三卷 （唐）孔
穎達撰　（唐）陸德明音義　（清）阮元審定
清同治十二年(1873)刻本　二十一冊　存三
十七卷(一至二十七、三十六至三十七、四十
五至四十六、五十二至五十五、五十九至六
十)

130000－0403－0000618　經53/11

全本禮記體註十卷 （清）范紫登定　清刻本
五冊　存五卷(六至十)

130000－0403－0000619　經53/12

禮記增訂旁訓六卷 （元）陳澔撰　清刻本
六冊

130000－0403－0000620　經53/13

禮記訓纂四十九卷 （清）朱彬輯　清宣統元
年(1909)石印本　十冊

130000－0403－0000621　經53/14

禮記析疑四十八卷 （清）方苞著　清刻本
五冊　存二十三卷(一至六、十六至三十二)

130000－0403－0000622　經53/15

禮記箋四十九卷 （清）郝懿行撰　清光緒八
年(1882)刻本　九冊　存四十二卷(一至二
十三、三十一至四十九)

130000－0403－0000623　經53/16

欽定禮記義疏八十二卷首一卷 清刻本　七
冊　存十一卷(四十五至四十六、四十八至五
十、五十三至五十四、五十九至六十二)

130000－0403－0000624　經53/17

附釋音禮記注疏六十三卷 （漢）鄭玄注
（唐）孔穎達疏　清刻本　七冊　存十五卷
(三十四至三十七、四十一至四十二、四十八
至四十九、五十四至五十五、五十九至六十
三)

130000－0403－0000625　經53/18

禮記精義六卷首一卷　（清）黃淦纂　清嘉慶刻本　一冊　存三卷(一至二、首一卷)

130000－0403－0000626　經53/2

禮記十卷　（元）陳澔集說　清光緒三十二年(1906)刻本　十冊

130000－0403－0000627　經53/3

禮記十卷　（元）陳澔集說　清光緒十二年(1886)刻本　十冊

130000－0403－0000628　經53/5

禮記十卷　（元）陳澔集說　清光緒十七年(1891)刻本　十冊

130000－0403－0000629　經53/6

禮記十卷　（元）陳澔集說　清光緒四年(1878)刻本　十冊

130000－0403－0000630　經53/7

禮記十卷　（元）陳澔集說　清同治五年(1866)刻本　十冊

130000－0403－0000631　經53/8

禮記十卷　（元）陳澔集說　清乾隆五十四年(1789)刻本　十冊

130000－0403－0000632　經53/9

禮記十卷　（元）陳澔集說　清光緒八年(1882)刻本　十冊

130000－0403－0000633　經56/1

文公家禮儀節八卷　（宋）朱熹編　（明）楊慎輯　清刻本　四冊

130000－0403－0000634　經56/2(1)

四禮初稿四卷　（明）宋纁輯　**四禮約言四卷**（明）呂維祺著　清刻本　一冊

130000－0403－0000635　經56/2(2)

文公家禮儀節八卷首一卷　（宋）朱熹編（明）楊慎輯　清刻本　四冊

130000－0403－0000636　經6/1

春秋十六卷　（□）□□撰　清刻本　十一冊

130000－0403－0000637　經6/10

春秋時令表五十卷輿圖一卷附錄一卷　（清）顧棟高輯　清同治十二年(1873)刻本　十七冊　存四十九卷(一至六、八至九、十二至五十,輿圖一卷,附錄一卷)

130000－0403－0000638　經6/12

春秋辨疑四卷　（宋）蕭楚撰　清刻本　二冊

130000－0403－0000639　經6/14

春秋旁訓辨體合訂四卷　（清）徐立綱輯　清刻本　二冊

130000－0403－0000640　經6/15

左繡三十卷首一卷　（晉）杜預注　（宋）林堯叟附注　（唐）陸德明音釋　（清）馮李驊增訂　清刻本　一冊　存三卷(四至六)

130000－0403－0000641　經6/2

春秋三傳十六卷首一卷　（□）□□撰　清嘉慶十年(1805)刻本　八冊　存十卷(一至九、首一卷)

130000－0403－0000642　經6/4(1)

春秋公羊傳不分卷　（漢）何休學　清道光十年(1830)刻本　二冊

130000－0403－0000643　經6/4(2)

春秋穀梁傳不分卷　（晉）范甯集解　清道光十年(1830)刻本　二冊

130000－0403－0000644　經6/5

春秋公羊傳十二卷　（漢）何休學　**春秋穀梁傳十二卷**　（晉）范甯集解　清乾隆五十八年(1793)刻本　四冊

130000－0403－0000645　經6/6

陸氏三傳釋文音義十六卷　（唐）陸德明音義　清刻本　二冊

130000－0403－0000646　經6/7

春秋胡傳三十卷　（宋）胡安國撰　（宋）林堯叟音註　明汲古閣刻本　六冊

130000－0403－0000647　經6/8

春秋直解十二卷　（清）方苞著　（清）劉敦等編錄　清刻本　五冊　存十一卷(一至九、十一至十二)

130000－0403－0000648　經 6/9

春秋釋例十五卷　（晉）杜預撰　（清）紀昀等纂　清嘉慶刻本　七冊

130000－0403－0000649　經 61/1

春秋左傳杜注三十卷首一卷　（清）姚培謙學　清光緒十五年(1889)刻本　十冊

130000－0403－0000650　經 61/11

左繡三十卷首一卷　（晉）杜預注　（宋）林堯叟附注　（唐）陸德明音釋　（清）馮李驊增訂　清刻本　四冊　存八卷(十二至十九)

130000－0403－0000651　經 61/12

附釋音春秋左傳注疏六十卷　（晉）杜預注　（唐）孔穎達疏　（清）阮元撰　清刻本　六冊　存十二卷(二十七至二十八、四十九至五十六、五十九至六十)

130000－0403－0000652　經 61/13

曲江書屋新訂批注左傳快讀十八卷首一卷　（晉）杜預注　（唐）陸德明音義　（清）李紹崧選訂　清道光二十九年(1849)刻本　十六冊

130000－0403－0000653　經 61/14

曲江書屋新訂批註左傳快讀十八卷首一卷　（清）李紹崧選訂　清道光二十九年(1849)刻本　十六冊

130000－0403－0000654　經 61/15

讀左補義五十卷首一卷　（清）姜炳璋輯　清刻本　十六冊

130000－0403－0000655　經 61/16

左傳咀華二十二卷　（清）王符曾評點　清刻本　八冊

130000－0403－0000656　經 61/18

春秋經傳集解三十卷首一卷　（晉）杜預注　清同治八年(1869)刻本　十一冊　存二十八卷(一至四、八至三十,首一卷)

130000－0403－0000657　經 61/19

山曉閣左傳選五卷　（清）孫琮輯　清康熙五年(1666)刻本　五冊

130000－0403－0000658　經 61/2

春秋左傳五十卷提要一卷　（晉）杜預林堯叟注　（唐）陸德明音義　（明）鍾惺等評點　清光緒十一年(1885)刻本　十六冊

130000－0403－0000659　經 61/20

左傳選十四卷　（清）儲欣評　清刻本　六冊

130000－0403－0000660　經 61/21

評點春秋綱目左傳句解彙雋六卷　（清）韓葵重訂　清石印本　六冊

130000－0403－0000661　經 61/22

左傳事緯十二卷　（清）馬驌編論　清光緒四年(1878)刻本　十冊

130000－0403－0000662　經 61/24

東萊先生左氏博議二十五卷　（宋）呂祖謙撰　（清）紀昀等纂修　清光緒八年(1882)刻本　六冊

130000－0403－0000663　經 61/25

東萊先生左氏博議二十五卷附虛字注釋一卷　（宋）呂祖謙注　清光緒二十三年(1897)刻本　六冊

130000－0403－0000664　經 61/26

春秋左傳分類賦四卷　（清）夏大觀編撰　（清）夏大鼎箋註　清刻本　一冊　存一卷(四)

130000－0403－0000665　經 61/27

左傳選十四卷　（清）儲欣評　清刻本　四冊　存六卷(九至十四)

130000－0403－0000666　經 61/29

左傳義法舉要一卷　（清）方苞撰　（清）王兆符　（清）程崟傳述　清刻本　一冊

130000－0403－0000667　經 61/3

左繡三十卷首一卷　（晉）杜預注　（宋）林堯叟附注　（唐）陸德明音釋　（清）馮李驊增訂　清光緒刻本　十六冊

130000－0403－0000668　經 61/30

左傳句解彙雋六卷　（清）韓葵重訂　清同治十年(1871)刻本　三冊　存三卷(一、四至

五）

130000－0403－0000669　經61/31
春秋左傳讀敘錄一卷鐏子政左氏說一卷
（清）章炳麟著　清刻本　一冊

130000－0403－0000670　經61/4
左繡三十卷首一卷　（晉）杜預注　（宋）林堯
叟附注　（唐）陸德明音釋　（清）馮李驊增訂
清刻本　五冊　存十一卷（一至十一）

130000－0403－0000671　經61/5
左傳易讀六卷　（清）司徒修輯　清道光三十
年（1850）刻本　六冊

130000－0403－0000672　經61/6
春秋左傳杜注三十卷首一卷　（清）姚培謙學
　清刻本　六冊　存十九卷（三至十八、二十
二至二十四）

130000－0403－0000673　經61/7
欽定春秋左傳讀本三十卷　（清）英和等輯
清同治八年（1869）刻本　十六冊

130000－0403－0000674　經61/8
欽定春秋左傳讀本三十卷　（清）英和等輯
清刻本　十六冊

130000－0403－0000675　經61/9
春秋左傳三十卷首一卷　（晉）杜預注　（宋）
林堯叟附注　（唐）陸德明音釋　（清）馮李驊
集解　清光緒十二年（1886）刻本　十二冊

130000－0403－0000676　經62/1
春秋公羊傳不分卷　（漢）何休學　（明）閔齊
伋輯　明刻本　四冊

130000－0403－0000677　經62/2
春秋公羊傳十一卷　（漢）何休學　（唐）陸德
明音義　清光緒十二年（1886）刻本　四冊

130000－0403－0000678　經62/3
**監本附音春秋公羊注疏二十八卷附校勘記二
十八卷**　（清）阮元審定　清同治十二年（1873）刻本　十冊

130000－0403－0000679　經63/1
春秋穀梁傳不分卷　（晉）范甯集解　明刻本

四冊

130000－0403－0000680　經63/2
春秋穀梁傳十二卷　（晉）范甯集解　（唐）陸
德明音義　清光緒十二年（1886）刻本　四冊

130000－0403－0000681　經63/3
春秋穀梁傳註疏二十卷　（晉）范甯集解
（唐）楊士勛疏　清刻本　六冊

130000－0403－0000682　經63/4
監本附音春秋穀梁注疏二十卷附校勘記
（晉）范甯集解　（唐）楊士勛疏　（清）阮元
撰　清同治十二年（1873）刻本　六冊

130000－0403－0000683　經7/1
孝經衍義一百卷　（清）葉方藹等纂　清刻本
十冊　存三十八卷（四十五至八十二）

130000－0403－0000684　經8/1
殖學齋編訂四書大全　（宋）王文炬撰　清刻
本　九冊　存十卷（中庸一至二、論語四至
十、孟子五）

130000－0403－0000685　經8/10
小題文府不分卷小題文府續集不分卷　（清）
□□輯　清光緒十六年（1890）石印本　十
二冊

130000－0403－0000686　經8/11
御製繙譯四書六卷　（清）高宗弘曆譯　清光
緒十四年（1888）刻本　六冊

130000－0403－0000687　經8/12
**朱子論語或問小註二十卷孟子或問小註十四
卷**　（宋）朱熹撰　（清）徐方廣增註　清刻本
十一冊

130000－0403－0000688　經8/13
四書便蒙十九卷　（清）俞長城等注　清乾隆
五十二年（1787）刻本　六冊

130000－0403－0000689　經8/14
四書便蒙十九卷　（清）俞長城等注　清同治
六年（1867）刻本　六冊

130000－0403－0000690　經8/15
四書釋地一卷續一卷又續一卷三續一卷附孟

子生卒年月考一卷 （清）閻若璩撰 清刻本
四冊

130000－0403－0000691 經 8/16
四書反身錄八卷 （清）李顒撰 （清）王心敬
錄 清嘉慶二十二年(1817)刻本 四冊

130000－0403－0000692 經 8/17
四書釋義十九卷 （清）李沛霖論定 清乾隆
四十一年(1776)刻本 六冊

130000－0403－0000693 經 8/2
殖學齋編訂四書大全 （宋）王文烜撰 清刻
本 十二冊 存七卷(孟子一至七)

130000－0403－0000694 經 8/20
新訂四書補註備旨十卷 （明）鄧林著 （清）
杜定基增訂 清同治元年(1862)刻本 六冊

130000－0403－0000695 經 8/21
新訂四書補註備旨十卷 （明）鄧林著 （清）
杜定基增訂 清同治六年(1867)刻本 五冊

130000－0403－0000696 經 8/22
新訂四書補註備旨十卷 （明）鄧林著 （清）
杜定基增訂 清光緒刻本 八冊

130000－0403－0000697 經 8/23
新訂四書補註備旨十卷 （明）鄧林著 （清）
杜定基增訂 清咸豐八年(1858)刻本 六冊

130000－0403－0000698 經 8/24
新訂四書補註備旨十卷 （明）鄧林著 （清）
杜定基增訂 清刻本 六冊

130000－0403－0000699 經 8/25
四書體註十九卷 （清）范翔訂 清乾隆五十
四年(1789)刻本 六冊

130000－0403－0000700 經 8/26
新訂四書補註備旨十卷 （明）鄧林著 （清）
杜定基增訂 清光緒九年(1883)刻本 六冊

130000－0403－0000701 經 8/27
新訂四書補註備旨十卷 （明）鄧林著 （清）
杜定基增訂 清光緒三十年(1904)刻本
八冊

130000－0403－0000702 經 8/29
酌雅齋四書遵註合講十九卷 （清）翁復編
（清）詹文煥定 清雍正八年(1730)刻本 五
冊 存十四卷(大學一、中庸一、論語六至十、
孟子一至七)

130000－0403－0000703 經 8/3
監本四書十九卷 （宋）朱熹章句 清光緒十
七年(1891)刻本 六冊

130000－0403－0000704 經 8/30
掃葉山房四書體註合講十九卷 （清）翁復編
清光緒五年(1879)刻本 六冊

130000－0403－0000705 經 8/31
酌雅齋四書遵註合講十九卷 （清）翁復編
（清）詹文煥定 清嘉慶二十三年(1818)刻本
六冊

130000－0403－0000706 經 8/32
四書釋文十九卷附音義辨一卷字辨一卷句辨
詳訂一卷 （清）何焯考訂 （清）王廣言補
清光緒十四年(1888)刻本 八冊

130000－0403－0000707 經 8/33
四書白話解十九卷 （清）施崇恩演解 清光
緒三十二年(1906)石印本 四冊

130000－0403－0000708 經 8/34
四書集註十九卷 （宋）朱熹集註 清石印本
六冊

130000－0403－0000709 經 8/35
四書解悟錄六卷 （清）鄭德玢撰 清乾隆五
十九年(1794)刻本 五冊

130000－0403－0000710 經 8/36
日講四書解義二十六卷 （清）喇沙里等纂修
清康熙十六年(1677)刻本 十七冊

130000－0403－0000711 經 8/39
四書讀本十九卷 （宋）朱熹章句 清光緒六
年(1880)刻本 六冊

130000－0403－0000712 經 8/4
四書十九卷 （宋）朱熹集註 清光緒二十一
年(1895)刻本 六冊

130000－0403－0000713　經 8/40

四書本義匯參四十三卷　（清）王步青輯
（清）王士鼇編　清乾隆十年(1745)刻本　二
十二冊　存三十三卷(中庸一至六、論語一至
二十、孟子八至十四)

130000－0403－0000714　經 8/41

增輯四書人物備考十二卷　（明）陳仁錫增定
　清刻本　六冊

130000－0403－0000715　經 8/42

龍吟四書人物備考十二卷　（明）陳仁錫增定
　清刻本　六冊

130000－0403－0000716　經 8/43

松陽講義十二卷　（清）陸隴其著　清同治十
年(1871)刻本　四冊

130000－0403－0000717　經 8/44

四書合參析疑二十一卷　（清）張權時輯　清
康熙刻本　二十冊

130000－0403－0000718　經 8/45

四書朱子大全精言四十一卷　（清）周大璋編
輯　清康熙四十七年(1708)刻本　十六冊
存十七卷(大學一至三,中庸一至四,論語一
至三,孟子七、九至十四)

130000－0403－0000719　經 8/46

鋤經堂四書聯珠十九卷　（清）章觀頤纂輯
清咸豐元年(1851)刻本　六冊

130000－0403－0000720　經 8/47

四書左國輯要四卷　（清）周龍官輯　（清）王
楫校錄　清乾隆二十三年(1758)刻本　四冊

130000－0403－0000721　經 8/48

四書題鏡三十七卷　（清）汪鯉翔纂述　清光
緒四年(1878)木活字印本　九冊　存二十二
卷(大學一、中庸一、論語上一至十、論語下一
至十)

130000－0403－0000722　經 8/49

四書題鏡三十七卷　（清）汪鯉翔纂述　清乾
隆三十六年(1771)刻本　十六冊

130000－0403－0000723　經 8/5

監本四書十九卷　（宋）朱熹章句　清嘉慶十
年(1805)刻本　六冊

130000－0403－0000724　經 8/51

論語集註大全二十卷孟子集註大全十四卷
（清）趙鳳翔　（清）趙慎徽編　清刻本　八冊
　存十二卷(論語十五至二十、孟子九至十
四)

130000－0403－0000725　經 8/52

四書朱子本義匯叅四十三卷首四卷　（清）王
步青輯　清乾隆刻本　二十三冊

130000－0403－0000726　經 8/53

四書朱子大全精言四十一卷　（清）周大璋輯
　清刻本　十六冊　存二十卷(大學一至三、
中庸一至四、論語一至十三)

130000－0403－0000727　經 8/54

四書朱子本義匯叅四十三卷首四卷　（清）王
步青輯　清乾隆刻本　十六冊　存二十四卷
(大學一至四、中庸一至七、論語一至十三)

130000－0403－0000728　經 8/55

四書朱子異同條辨四十卷　（清）李沛霖
（清）李禎訂　清刻本　二十六冊　存二十九
卷(論語一至四、七至二十,孟子一至七、九至
十一、十三)

130000－0403－0000729　經 8/56

四書朱子本義匯叅四十三卷首四卷　（清）王
步青輯　清乾隆刻本　三冊　存十一卷(大
學一至三、首一卷,中庸一至六、首一卷)

130000－0403－0000730　經 8/57

四書朱子大全經傳蘊萃十九卷　（清）朱良玉
纂輯　清乾隆十四年(1749)刻本　八冊　存
十九卷(大學一至二、中庸一至四、論語一至
十三)

130000－0403－0000731　經 8/58

四書引左彙解十卷　（清）蕭榕年輯　清乾隆
三十九年(1774)刻本　六冊

130000－0403－0000732　經 8/59

四書大全摘要　（□）□□撰　清刻本　四冊

存五卷(論語二至三、五、九至十)

130000－0403－0000733　　經 8/6
新刻批點四書讀本十九卷　（宋）朱熹章句
（清）高玲批點　清同治十三年(1874)刻朱墨
套印本　　六冊

130000－0403－0000734　　經 8/60
註釋八銘塾鈔初集不分卷　（清）吳懋政編
清同治九年(1870)刻本　　二冊

130000－0403－0000735　　經 8/60－2
八銘塾鈔初集　（清）吳懋政編次　清刻本
二冊　　存三卷(中庸三、下論二、上孟三)

130000－0403－0000736　　經 8/60－3
八銘塾鈔初集　（清）吳懋政編次　清刻本
三冊　　存三卷(上論一、上孟一、下孟一)

130000－0403－0000737　　經 8/61
四書小參一卷附四書問答一卷　（明）朱斯行
撰　清光緒三年(1877)刻本　　一冊

130000－0403－0000738　　經 8/7
四書十九卷　（宋）朱熹集註　清刻本　　七冊
　存十八卷(中庸一、論語一至十、孟子一至
七)

130000－0403－0000739　　經 8/8
大學通考八卷　（明）劉斯原編輯　明刻本
四冊

130000－0403－0000740　　經 8/9
四書諸儒輯要四十卷　（清）李沛霖參訂　清
康熙五十七年(1718)刻本　　二十五冊　　存三
十卷(大學一至二、論語七至二十、孟子一至
十四)

130000－0403－0000741　　經 81/1
論語集註本義匯糸二十卷　（清）王步青輯
清刻本　　六冊　　存十卷(三至七、十一至十
二、十四、十九至二十)

130000－0403－0000742　　經 81/2
論語注疏解經附校勘記二十卷　（三國魏）何
晏集解　（宋）邢昺疏　清同治十二年(1873)
刻本　　六冊

130000－0403－0000743　　經 81/3
論語說二卷　（清）畢梅撰　（清）史夢蘭箋
清光緒二年(1876)刻本　　二冊

130000－0403－0000744　　經 81/4
論語註疏解經二十卷　（三國魏）何晏集解
（宋）邢昺疏　明崇禎十年(1637)刻本　　四冊

130000－0403－0000745　　經 81/5
論語注疏二十卷　（三國魏）何晏集解　（唐）
陸德明音義　（宋）邢昺疏　清乾隆四年
(1739)刻本　　四冊

130000－0403－0000746　　經 82/1
孟子注疏十四卷　（宋）孫奭音義并疏　清同
治十年(1871)刻本　　六冊

130000－0403－0000747　　經 82/2
孟子注疏十四卷　（宋）孫奭音義并疏　（清）
呂熾等編修　清乾隆四年(1739)刻本　　六冊

130000－0403－0000748　　經 82/3
孟子注疏解經十四卷　（宋）孫奭疏　清同治
十二年(1873)刻本　　八冊

130000－0403－0000749　　經 82/4
孟子集註本義匯糸十四卷　（清）王步青輯
清刻本　　三冊　　存四卷(九至十、十二至十
三)

130000－0403－0000750　　經 82/6
孟子集註大全十四卷　（清）陸隴其輯　清刻
本　　八冊　　存八卷(一至八)

130000－0403－0000751　　經 82/7
孟子集註七卷　（宋）朱熹集註　清刻本
七冊

130000－0403－0000752　　經 82/8
孟子七卷　（宋）朱熹集註　清刻本　　二冊
存四卷(四至七)

130000－0403－0000753　　經 82/8－2
孟子七卷　（宋）朱熹集註　清刻本　　一冊
存二卷(四至五)

130000－0403－0000754　　經 82/9
孟子集註本義匯糸十四卷　（清）王步青輯

清刻本　三冊　存三卷(五至六、十三)

130000－0403－0000755　經82/9－2

孟子集註本義匯叅十四卷　(清)王步青輯
清刻本　一冊　存一卷(十四)

130000－0403－0000756　經822/67

六書通十卷　(清)閔齊伋撰　(清)畢弘述篆
訂　清乾隆刻本　六冊

130000－0403－0000757　經91/1

十三經注疏附考證　(清)瑞麟等纂修　清同
治十年(1871)刻本　一百二十冊

130000－0403－0000758　經91/10

經傳釋詞十卷　(清)王引之撰　清嘉慶刻本
四冊

130000－0403－0000759　經91/11

經傳釋詞十卷　(清)王引之撰　清嘉慶刻本
四冊

130000－0403－0000760　經91/12

經史辨體不分卷　(清)徐與喬評輯　清刻本
十三冊

130000－0403－0000761　經91/13

十三經集字摹本不分卷　(清)彭玉雯纂修
清道光二十九年(1849)刻本　八冊

130000－0403－0000762　經91/14

十三經集字摹本不分卷　(清)彭玉雯纂修
清道光刻本　八冊

130000－0403－0000763　經91/15

十三經集字摹本不分卷　(清)彭玉雯纂修
清道光二十九年(1849)刻本　八冊

130000－0403－0000764　經91/15－2

十三經集字不分卷　(□)□□撰　清刻本
一冊

130000－0403－0000765　經91/16

皇朝五經彙解二百七十卷　(清)抉經心室主
人纂　清石印本　十三冊　存一百三卷(一
百五十三至一百六十、一百七十六至二百七
十)

130000－0403－0000766　經91/17

皇朝五經彙解二百七十卷　(清)抉經心室主
人纂　清石印本　七冊　存四十九卷(二百
二十二至二百七十)

130000－0403－0000767　經91/18

皇朝五經彙解二百七十卷附經解入門一卷
(清)抉經心室主人編　(清)江藩纂　清光緒
十九年至二十二年(1893－1896)石印本　十
六冊

130000－0403－0000768　經91/19

五經旁訓辨體二十一卷　(清)徐立綱輯　清
乾隆五十四年(1789)刻本　九冊　存十一卷
(易經旁訓三卷、詩經旁訓一至二、禮記旁訓
六卷)

130000－0403－0000769　經91/2

禮記註疏六十三卷　(漢)鄭玄註　(唐)孔穎
達疏　明崇禎十二年(1639)刻本　二十四冊

130000－0403－0000770　經91/20

宋本十三經注疏附校勘記　(清)阮元撰　清
光緒十三年(1887)石印本　三十二冊　存十
三種七百三十二卷(周易兼義九卷、附音義一
卷、注疏校勘記九卷、釋文校勘記一卷,論語
注疏解經二十卷、附校勘記二十卷,附釋音尚
書注疏二十卷、附校勘記二十卷,附釋音毛詩
注疏一至二十、附校勘記一至二十,孟子注疏
解經十四卷、附校勘記十四卷,儀禮注疏五十
卷、附校勘記五十卷,附釋音周禮注疏四十二
卷、附校勘記四十二卷,監本附釋音春秋公羊
注疏二十八卷、附校勘記二十八卷,附釋音春
秋左傳注疏六十卷、附校勘記六十卷,孝經注
疏九卷、附校勘記九卷、爾雅疏十卷、附校勘
記十卷,監本附音春秋穀梁注疏二十卷、附校
勘記二十卷,附釋音禮記注疏六十三卷、附校
勘記六十三卷)

130000－0403－0000771　經91/21

群書疑辨十二卷　(清)萬斯同纂　清嘉慶二
十一年(1816)刻本　六冊

130000－0403－0000772　經91/22

五經典要註釋五卷　(清)袁壯行纂註　清刻

本　六冊

130000－0403－0000773　經91/23
十三經注疏校勘記十三種　（清）阮元撰　清同治十年(1871)刻本　三十五冊　存十一種二百二十八卷(孟子注疏校勘記十四卷、爾雅注疏校勘記十一卷、毛詩注疏校勘記二十卷、孝經注疏校勘記九卷、儀禮注疏校勘記十七卷、論語注疏校勘記二十卷、春秋穀梁注疏校勘記二十卷、公羊注疏校勘記二十八卷、尚書注疏校勘記二十卷、周易注疏校勘記九卷、春秋左傳注疏校勘記六十卷)

130000－0403－0000774　經91/24
宋本十三經注疏附校勘記　（清）阮元撰　清光緒十三年(1887)石印本　二十八冊　存十二種六百九十六卷(附釋音尚書注疏二十卷、附校勘記二十卷、儀禮注疏五十卷、附校勘記五十卷,附釋音禮記注疏六十三卷、附校勘記六十三卷,附釋音周禮注疏四十二卷、附校勘記四十二卷,附釋音春秋左傳注疏六十卷、附校勘記六十卷,監本附釋音春秋公羊傳注疏二十八卷、附校勘記二十八卷,孟子注疏解經十四卷、附校勘記十四卷,監本附音春秋穀梁傳注疏二十卷、附校勘記二十卷,爾雅注疏十卷、附校勘記十卷,論語注疏解經二十卷、附校勘記二十卷,孝經注疏九卷、附校勘記九卷,附釋音毛詩注疏二十四卷、附校勘記二十四卷)

130000－0403－0000775　經91/25
仿宋刻阮本十三經注疏附校勘記　（清）阮元輯　清光緒十三年(1887)石印本　二十九冊　存十三種六百三十六卷(附釋音毛詩注疏一至二十、附校勘記一至二十、監本附音春秋穀梁注疏二十卷、附校勘記二十卷,論語注疏解經二十卷、附校勘記二十卷,孝經注疏九卷、附校勘記九卷,監本附釋音春秋公羊注疏二十八卷、附校勘記二十八卷,孟子注疏解經十四卷、附校勘記十四卷,爾雅注疏十卷、附校勘記十卷,附釋音禮記注疏六十三卷、附校勘記六十三卷,周易兼義九卷、附音義一卷、注疏校勘記九卷、釋文校勘記一卷,附釋音周禮注疏四十二卷、附校勘記四十二卷,附釋音尚書注疏二十卷、附校勘記二十卷,附釋音春秋左傳注疏六十卷、附校勘記六十卷,十三經注疏校勘記識語四卷)

130000－0403－0000776　經91/25－2
仿宋刻阮本十三經注疏附校勘記　（清）阮元輯　清石印本　十六冊　存七種三百九十八卷(附釋音毛詩注疏一至二十、附校勘記一至二十,監本附音春秋穀梁注疏二十卷、附校勘記二十卷,論語注疏解經二十卷、附校勘記二十卷,孝經注疏九卷、附校勘記九卷,監本附音春秋公羊注疏二十八卷、附校勘記二十八卷,附釋音周禮注疏四十二卷、附校勘記四十二卷,附釋音春秋左傳注疏六十卷、附校勘記六十卷)

130000－0403－0000777　經91/26
十三經注疏附考證　（清）瑞麟等纂修　清同治十年(1871)刻本　二十八冊　存八種八十七卷(周易注疏六至八附考證,尚書注疏一、十三至十六附考證,論語注疏一至十四附考證,春秋公羊傳注疏一至十一、十八至二十四附考證,春秋穀梁註疏一至十四、十八至二十附考證,春秋左傳注疏四十六至六十附考證,爾雅注疏三至八附考證,孟子注疏三至七、十一至十四附考證)

130000－0403－0000778　經91/27
七經精義　（清）黃淦纂　清光緒五年(1879)刻本　七冊　存四種二十卷(周易精義四卷、首一卷,書經精義四卷、首一卷、末一卷,春秋精義四卷、首一卷,詩經精義四卷)

130000－0403－0000779　經91/28
十三經詁答問六卷　（清）馮登府撰　清光緒十三年(1887)刻本　一冊　存三卷(一至三)

130000－0403－0000780　經91/29
九經古義十六卷　（清）惠棟學　清光緒十一年(1885)刻本　二冊　存十卷(一至五、十二至十六)

130000－0403－0000781　經91/3
十三經注疏附考證　（清）瑞麟等纂修　清同

治十年(1871)刻本　八十二冊　存十二種五百三十三卷(周易注疏十三卷、略例一卷、附考證十三卷,尚書注疏十三卷、附考證十三卷,毛詩注疏三十卷、附考證三十卷,周禮注疏二十二至四十二,附考證二十二至四十二,儀禮注疏九至十七、附考證九至十七,禮記注疏三十二至六十三、附考證三十二至六十三,春秋左傳注疏六十卷、附考證六十卷,春秋公羊傳注疏二十八卷、附考證二十八卷,春秋穀梁傳注疏二十卷、附考證二十卷,爾雅注疏十一卷、附考證十一卷,論語注疏二十卷、附考證二十卷,孝經注疏九卷、附考證九卷)

130000－0403－0000782　經91/4
十三經　(□)□□撰　清刻本　六十七冊　存十二種一百六十一卷(周易四卷,書經六卷、首一卷、末一卷,詩經八卷,周禮六卷,儀禮十七卷,春秋左傳五十卷,禮記十卷,春秋公羊經傳解詁十二卷、附校記一卷,春秋穀梁十二卷,孝經注一卷,爾雅三卷,四書集注二十九卷)

130000－0403－0000783　經91/5
十三經註讀　(□)□□撰　清刻本　六十二冊　存十二種一百五十四卷(書經六卷、首一卷、末一卷,詩八卷,周禮六卷,儀禮十七卷,禮記十卷,春秋公羊經傳解詁十二卷、附音本校記一卷,春秋穀梁傳十二卷,春秋左傳五十卷、附春秋列國圖說一卷,大學一卷,中庸一卷,論語二十卷,孟子七卷)

130000－0403－0000784　經91/6
經義述聞三十二卷　(清)王引之撰　清道光七年(1827)刻本　二十四冊

130000－0403－0000785　經91/7
經義述聞三十二卷　(清)王引之撰　清刻本　十二冊　存十五卷(十八至三十二)

130000－0403－0000786　經91/8
經義雜記三十卷敘錄一卷　(清)臧琳撰(清)臧鏞堂編　清刻本　四冊

130000－0403－0000787　經91/9
十三經注疏附考證　(清)瑞麟等纂修　清同

治十年(1871)刻本　一百冊　存十三種三百三十卷(周易注疏十三卷附考證、尚書注疏二至十九附考證、毛詩注疏一至十八附考證、儀禮注疏十七卷附考證、禮記注疏六十三卷附考證、春秋左傳注疏六十卷附考證、春秋公羊傳注疏二十八卷附考證、春秋穀梁注疏二十卷附考證、孝經注疏九卷附考證、論語注疏二十卷附考證、爾雅注疏十一卷附考證、孟子注疏十四卷附考證、周禮注疏一至三十九附考證)

130000－0403－0000788　經92/1
爾雅三卷　(晉)郭璞注　(唐)陸德明音釋　清光緒六年(1880)刻本　三冊

130000－0403－0000789　經92/3
爾雅義疏二十卷　(清)郝懿行學　清光緒十四年(1888)刻本　八冊

130000－0403－0000790　經92/4
爾雅義疏二十卷　(清)郝懿行學　清同治四年(1865)刻本　八冊

130000－0403－0000791　經92/5
爾雅直音二卷　(清)孫偁輯　清嘉慶十五年(1810)刻本　一冊

130000－0403－0000792　經92/6
復古編二卷校正一卷附錄一卷　(宋)張有編　**曾樂軒稿一卷**　(宋)張維撰　**安陸集一卷**　(宋)張先撰　清光緒八年(1882)刻本　三冊

130000－0403－0000793　經92/7
爾雅注疏十卷附校勘記十卷　(晉)郭璞注　(宋)邢昺校定　清嘉慶二十年(1815)刻本　一冊　存四卷(爾雅注疏七至八、校勘記七至八)

130000－0403－0000794　經921/1
小學鈎沉十九卷　(清)任大椿學　清刻本　四冊

130000－0403－0000795　經921/2
疊雅十三卷雙名錄一卷　(清)史夢蘭撰　清同治六年(1867)刻本　四冊

130000－0403－0000796　經 922/1
康熙字典十二集三十六卷總目一卷檢字一卷
辨似一卷等韻一卷補遺一卷備考一卷　（清）
張玉書等纂修　清刻本　四十冊

130000－0403－0000797　經 922/10
康熙字典十二集三十六卷總目一卷檢字一卷
辨似一卷等韻一卷補遺一卷備考一卷　（清）
張玉書等纂修　清刻本　二十七冊　存二十
八卷(卯集二至三、辰集三卷、巳集三卷、午集
三卷、未集三卷、申集三卷、酉集三卷、戌集三
卷、亥集三卷,補遺一卷,備考一卷)

130000－0403－0000798　經 922/11
康熙字典十二集三十六卷總目一卷檢字一卷
辨似一卷等韻一卷補遺一卷備考一卷　（清）
張玉書等纂修　清刻本　十二冊　存十二卷
(寅集三卷、卯集三卷、辰集三卷、巳集三卷)

130000－0403－0000799　經 922/12
康熙字典十二集三十六卷總目一卷檢字一卷
辨似一卷等韻一卷補遺一卷備考一卷　（清）
張玉書等纂修　清道光刻本　三十冊　存三
十三卷(丑集三卷、寅集三卷、卯集三卷、辰集
三卷、巳集三卷、午集三卷、未集三卷、申集三
卷、酉集三卷、戌集三卷、亥集三卷)

130000－0403－0000800　經 922/13
康熙字典十二集三十六卷總目一卷檢字一卷
辨似一卷等韻一卷補遺一卷備考一卷　（清）
張玉書等纂修　清刻本　二十二冊　存二十
四卷(子集三卷、丑集三卷、寅集三卷、卯集三
卷、辰集三卷、巳集三卷,總目一卷,檢字一
卷,辨似一卷,等韻一卷,補遺一卷,備考一
卷)

130000－0403－0000801　經 922/14
康熙字典十二集三十六卷總目一卷檢字一卷
辨似一卷等韻一卷補遺一卷備考一卷　（清）
張玉書等纂修　清道光七年(1827)刻本　二
十冊　存二十二卷(子集三卷、丑集三卷、寅
集三卷、卯集三卷、申集三卷、酉集三卷,總目
一卷,檢字一卷,辨似一卷,備考一卷)

130000－0403－0000802　經 922/15

130000－0403－0000803　經 922/16
康熙字典十二集三十六卷總目一卷檢字一卷
辨似一卷等韻一卷補遺一卷備考一卷　（清）
張玉書等纂修　清刻本　六冊　存六卷(辰
集三卷、巳集三卷)

130000－0403－0000803　經 922/16
康熙字典十二集三十六卷總目一卷檢字一卷
辨似一卷等韻一卷補遺一卷備考一卷　（清）
張玉書等纂修　清刻本　十一冊　存十一卷
(午集三卷、未集三卷、戌集三卷、亥集二至
三)

130000－0403－0000804　經 922/17
康熙字典十二集三十六卷總目一卷檢字一卷
辨似一卷等韻一卷補遺一卷備考一卷　（清）
張玉書等纂修　清刻本　四冊　存六卷(辰
集一、三,申集二至三,酉集一至二)

130000－0403－0000805　經 922/19
康熙字典十二集三十六卷總目一卷檢字一卷
辨似一卷等韻一卷補遺一卷備考一卷　（清）
張玉書等纂修　清刻本　八冊　存七卷(丑
集二至三、寅集三卷,補遺一卷,備考一卷)

130000－0403－0000806　經 922/2
康熙字典十二集三十六卷總目一卷檢字一卷
辨似一卷等韻一卷補遺一卷備考一卷　（清）
張玉書等纂修　清刻本　四十冊

130000－0403－0000807　經 922/20
康熙字典十二集三十六卷總目一卷檢字一卷
辨似一卷等韻一卷補遺一卷備考一卷　（清）
張玉書等纂修　清刻本　十二冊　存十二卷
(寅集三卷、卯集三卷、辰集一至二、巳集二、
酉集三卷)

130000－0403－0000808　經 922/21
康熙字典十二集三十六卷總目一卷檢字一卷
辨似一卷等韻一卷補遺一卷備考一卷　（清）
張玉書等纂修　清刻本　五冊　存五卷(子
集三卷、補遺一卷、備考一卷)

130000－0403－0000809　經 922/23
說文解字十五卷　（漢）許慎撰　（宋）徐鉉校
定　清刻本　八冊

130000 - 0403 - 0000810　經 922/24
說文解字十五卷附說文通檢十五卷 （漢）許
慎撰　（宋）徐鉉校勘　（清）黎永椿編　清光
緒五年(1879)刻本　十冊

130000 - 0403 - 0000811　經 922/27
說文解字十五卷 （漢）許慎撰　（宋）徐鉉校
定　清光緒七年(1881)刻本　五冊

130000 - 0403 - 0000812　經 922/29
說文解字句讀三十卷句讀補正三十卷 （漢）
許慎撰　（清）王筠撰集　清同治四年(1865)
刻本　十六冊

130000 - 0403 - 0000813　經 922/3
**康熙字典十二集三十六卷總目一卷檢字一卷
辨似一卷等韻一卷補遺一卷備考一卷** （清）
張玉書等纂修　清道光七年(1827)刻本　四
十冊

130000 - 0403 - 0000814　經 922/30
說文解字句讀三十卷 （漢）許慎撰　（清）王
筠撰集　清刻本　十四冊

130000 - 0403 - 0000815　經 922/31
說文釋例二十卷釋例補正二十卷 （清）王筠
學　清同治四年(1865)刻本　十冊

130000 - 0403 - 0000816　經 922/32
說文釋例二十卷 （清）王筠學　清刻本
十冊

130000 - 0403 - 0000817　經 922/33
**說文解字注三十卷附六書音均表二卷汲古閣
說文訂一卷** （清）段玉裁注　清同治十一年
(1872)刻本　十九冊　缺一卷(第十一卷說
文解字第六篇注上）

130000 - 0403 - 0000818　經 922/34
說文解字斠詮十四卷 （清）錢坫學　清光緒
九年(1883)刻本　六冊

130000 - 0403 - 0000819　經 922/38
說文解字通釋四十卷 （南唐）徐鍇傳釋
（南唐）朱翱反切　清道光十九年(1839)刻本
八冊

130000 - 0403 - 0000820　經 922/39
**說文解字通釋四十卷附說文解字繫傳校勘記
三卷** （南唐）徐鍇傳釋　（南唐）朱翱反切
清道光刻本　七冊

130000 - 0403 - 0000821　經 922/4
**康熙字典十二集三十六卷總目一卷檢字一卷
辨似一卷等韻一卷補遺一卷備考一卷** （清）
張玉書等纂修　清刻本　四十冊

130000 - 0403 - 0000822　經 922/40
正字通十二卷首一卷 （明）張自烈　（清）廖
文英輯　清刻本　六十六冊

130000 - 0403 - 0000823　經 922/41
正字通十二卷首一卷 （明）張自烈　（清）廖
文英輯　清刻本　三十五冊

130000 - 0403 - 0000824　經 922/42
增補文成字彙十二集首一卷末一卷 （明）梅
膺祚音釋　清光緒刻本　十四冊

130000 - 0403 - 0000825　經 922/43
**字彙十二卷首一卷末一卷附韻法直圖一卷韻
法橫圖一卷** （明）梅膺祚音釋　清刻本　十
四冊

130000 - 0403 - 0000826　經 922/46
字彙十二卷首一卷末一卷 （明）梅膺祚音釋
　清刻本　六冊　存十二卷(二至十二、首一
卷）

130000 - 0403 - 0000827　經 922/5
**康熙字典十二集三十六卷總目一卷檢字一卷
辨似一卷等韻一卷補遺一卷備考一卷** （清）
張玉書等纂修　清刻本　四十冊

130000 - 0403 - 0000828　經 922/50
隸釋二十七卷隸續二十一卷 （宋）洪適撰
清乾隆刻本　十二冊

130000 - 0403 - 0000829　經 922/51
字典攷證十二集三十六卷 （清）奕繪等修
清道光十一年(1831)刻本　八冊　缺三卷
(午集一至三）

130000 - 0403 - 0000830　經 922/52

字典攷證十二集三十六卷　（清）奕繪等撰
清道光十一年(1831)刻本　八冊

130000－0403－0000831　　經922/53
藝文備覽一百二十卷　（清）吳穀人鑒定
（清）沙木集注　清刻本　二十一冊　缺十五
卷(午集一至十、未集一至五)

130000－0403－0000832　　經922/54
六書通十卷　（清）閔齊伋撰　（清）畢弘述篆
訂　清康熙五十九年(1720)刻本　五冊

130000－0403－0000833　　經922/56
積古齋鐘鼎彝器款識十卷　（清）阮元編錄
清光緒五年(1879)刻本　六冊

130000－0403－0000834　　經922/58
臨文便覽不分卷　（清）龍啟瑞輯　清刻本
二冊

130000－0403－0000835　　經922/59
增補臨文便覽不分卷　（清）龍啟瑞輯　清光
緒元年(1875)刻本　二冊

130000－0403－0000836　　經922/6
康熙字典十二集三十六卷總目一卷檢字一卷
辨似一卷等韻一卷補遺一卷備考一卷　（清）
張玉書等纂修　清刻本　二十七冊　缺四卷
(總目一卷、檢字一卷、辨似一卷、等韻一卷)

130000－0403－0000837　　經922/63
疊雅十三卷雙名錄一卷　（清）史夢蘭撰　清
同治四年(1865)刻本　五冊

130000－0403－0000838　　經922/63
燕說四卷　（清）史夢蘭撰　清同治六年
(1867)刻本　一冊

130000－0403－0000839　　經922/65
龍龕手鑑四卷　（遼）釋行均集　清刻本
四冊

130000－0403－0000840　　經922/68
六書分類十二卷　（清）傅世垚輯篆　清刻本
　十九冊　缺一卷(二)

130000－0403－0000841　　經922/7
康熙字典十二集三十六卷總目一卷檢字一卷

辨似一卷等韻一卷補遺一卷備考一卷　（清）
張玉書等纂修　清光緒八年(1882)石印本
二冊

130000－0403－0000842　　經922/8
康熙字典十二集三十六卷總目一卷檢字一卷
辨似一卷等韻一卷補遺一卷備考一卷　（清）
張玉書等纂修　清刻本　二十二冊　缺二十
卷(寅集三卷、卯集三卷、辰集三卷、巳集三
卷、申集三卷、酉集三卷,補遺一卷,備考一
卷)

130000－0403－0000843　　經922/9
康熙字典十二集三十六卷總目一卷檢字一卷
辨似一卷等韻一卷補遺一卷備考一卷　（清）
張玉書等纂修　清刻本　十八冊　存十八卷
(辰集三卷、巳集三卷、午集三卷、未集三卷、
申集三卷、酉集三卷)

130000－0403－0000844　　經923/1
廣韻五卷　（宋）陳彭年撰　清光緒刻本
五冊

130000－0403－0000845　　經923/10
詩句題解韻編六卷　（清）陳劍芝纂輯　清同
治四年(1865)刻本　六冊

130000－0403－0000846　　經923/11
詩韻集成十卷　（清）余照輯　清同治四年
(1865)刻本　四冊

130000－0403－0000847　　經923/12
詩韻珠璣五卷　（清）余照輯　清嘉慶五年
(1800)刻本　六冊

130000－0403－0000848　　經923/2
覆宋本重修廣韻五卷　（宋）陳彭年等撰　清
刻本　五冊

130000－0403－0000849　　經923/3
覆宋本重修廣韻五卷　（宋）陳彭年等撰　清
刻本　五冊

130000－0403－0000850　　經923/4
廣韻五卷　（清）陳彭年撰　清光緒刻本
五冊

130000－0403－0000851　　經 923/6

新刊校正增補圓機詩韻活法全書十四卷

（明）王世貞增校　　清刻本　　八冊

130000－0403－0000852　　經 923/7

詩韻合璧五卷　（清）湯文潞編　**虛字韻藪不分卷**　（清）潘維城輯　清鉛印本　四冊　缺一卷（詩韻合璧一）

130000－0403－0000853　　經 923/8

詩韻合璧五卷　（清）湯文潞編　**分韻文選題解擇要不分卷**　（清）汪慕杜輯　清石印本四冊　存四卷（詩韻合璧二至五）

130000－0403－0000854　　史 11/1

二十一史　明刻清補修本　四百十冊　存二十種二千五十七卷（前漢書一至十九、三十一至一百，後漢書十八至九十，三國志一至二十六，晉書一百一至一百三十，宋書一百卷，南齊書五十九卷，梁書五十六卷，陳書三十六卷，魏書四十四至一百八、一百十三至一百十四，北齊書五十卷，周書五十卷，隋書二十一至二十三、二十七至二十九、三十六至四十七、五十三至八十五，南史一至四十一、五十五至八十，北史一至六十六、八十至九十二、九十八至一百，新唐書三至二百二十五、釋音一，新五代史一至七十四，宋史一至二百十七、二百二十二至二百二十七、二百三十一至二百三十二、二百三十八至二百六十四、二百七十至四百九十六，遼史一至一百十六，金史一至一百三十五，元史一至三十、四十八至二百十）

130000－0403－0000855　　史 11/2

二十四史　清同治刻本　五百九冊　存二十二種二千七百九十二卷（史記一百三十卷，漢書一百卷，三國志六十五卷，後漢書二十六至八十，宋書一百卷，南齊書五十九卷，梁書五十六卷，陳書三十六卷，魏書一百三十卷，北齊書五十卷，周書五十卷，隋書一至二十三、二十七至八十五，南史八十卷，北史一百卷，舊唐書一至十九、三十九至八十九、一百二十四至二百，新唐書二百二十五卷，舊五代史一百五十卷，宋史一至一百七十二、一百七十七

至三百、三百七十七至四百九十六，遼史一至一百十五，金史一至三十一、六十三至一百三十五，元史二百十卷，明史三百三十二卷）

130000－0403－0000856　　史 11/3

十七史　明崇禎元年至清順治十三年（1628－1656）毛氏汲古閣補刻本　一百九十六冊存十五種一千一百六十一卷（史記一至四十三，漢書二十七至二十八、三十二至一百，後漢書一百三十卷，三國志六十五卷，宋書六至三十七，南齊書五十九卷，梁書五十六卷，陳書三十六卷，魏書一百三十卷，北齊書五十卷，隋書三十三至八十五，南史八十卷，北史十六至一百，新唐書一至七十二上、七十二上至一百九十八，新五代史七十四卷）

130000－0403－0000857　　史 11/4

十七史　明崇禎十四年至清順治十三年（1641－1656）毛氏汲古閣補刻本　七十六冊存九種四百八十九卷（史記一至五十六，後漢書帝紀一至十、志一至三十、列傳十一至八十、前後漢書八十一至九十，宋書一至四，南齊書五十九卷，北齊書五十卷，周書五十卷，隋書一至三十二、六十六至七十八，南史三十九至八十，北史三十八至一百）

130000－0403－0000858　　史 11/5

十七史　清毛氏汲古閣刻本　一百六十七冊　存十四種一千四十一卷（史記一百三十卷，漢書二十至一百，後漢書三十七至六十五，三國志一至二十六、三十至六十五，晉書一至二十六、五十九至九十一，宋書一至十九、三十六至一百，梁書五十六卷，魏書一至三十二，北齊書五十卷，周書五十卷，南史一至三十七，北史一至四十五、七十四至一百，新唐書二百二十五卷，新五代史七十四卷）

130000－0403－0000859　　史 11/6

二十四史　清同治八年（1869）刻本　七百二十三冊　存二十二種二千六百八十八卷（史記一百三十卷，漢書一百卷，後漢書一至九十，三國志一至三十，晉書一至二十八、三十八至四十一、五十七至五十九、六十四至一百三十，宋書二十二至二十三、二十八、四十一

至四十四、六十三至七十二,梁書一至二、二十二至二十八、五十四至五十六,陳書三十六,魏書九至三十三、四十四至四十七、五十三至五十六、六十五至一百一十四,北齊書五十卷,周書五十卷,隋書八十五卷,南史四十四至八十,北史一至七、十一至二十六、三十二至一百,舊唐書二百卷,新唐書二百二十五卷,舊五代史一百五十卷,宋史一至二百一十四、二百一十七至二百一十八、二百二十七至二百二十八、二百三十一至二百三十二、二百三十五至四百九十六,遼史五至七十九,金史一百三十五卷,元史二百一十卷,明史一至四十、四十七至五十、七十四至二百九十八、三百二至三百二十九)

130000－0403－0000860　史 11/7

二十四史　清同治八年(1869)刻本　四百二十六冊　存十二種一千三百六卷(漢書二十七至三十四、三十九至四十三,後漢書一至三十四、六十七至九十四,宋書一百卷,梁書三至五十六,周書五十卷,隋書十至十二、十六至十九、四十八至八十五,舊唐書一至十七、三十四至七十九、一百五十二至二百,新唐書三十至七十五、八十至二百二十五,宋史三十六至六十三、一百八十七至一百九十三、一百九十八至二百一十四、二百三十一至二百八十五、三百二十二至四百二十四、四百五十九至四百九十六,遼史一至一百一十五,金史一至三十六、七十三至一百三十五,明史四十一至七十三、一百二至一百二十五、一百三十至二百一十、二百二十至二百四十五、二百八十至三百六、三百九至三百三十二)

130000－0403－0000861　史 12/1

史記論文一百三十卷　(清)吳見思評點(清)吳興祚參訂　清康熙刻本　二十冊

130000－0403－0000862　史 12/2

史記論文一百三十卷　(清)吳見思評點(清)吳興祚參訂　清康熙刻本　十八冊　存九十八卷(一至八、十七至三十五、四十至四十二、五十九至六十七、七十二至一百三十)

130000－0403－0000863　史 12/3

史記一百三十卷　(明)徐孚遠　(明)陳子龍測議　清嘉慶十一年(1806)刻本　三十冊　缺六卷(二至七)

130000－0403－0000864　史 13/12

三國志六十五卷　(晉)陳壽撰　(南朝宋)裴松之注　清刻本　十冊

130000－0403－0000865　史 13/13

三國志六十五卷附考證　(晉)陳壽撰　(南朝宋)裴松之注　清同治十年(1871)刻本　十二冊　存五十卷(魏志一至三十、吳志一至二十)

130000－0403－0000866　史 13/14

三國志六十五卷　(晉)陳壽撰　清刻本　三冊　存二十二卷(十八至三十、四十六至五十四)

130000－0403－0000867　史 13/15

三國志六十五卷　(晉)陳壽撰　清刻本　六冊　存五十三卷(六至十七、二十五至六十五)

130000－0403－0000868　史 13/17

北史一百卷　(唐)李延壽撰　清刻本　六冊　存二十二卷(六十四至八十五)

130000－0403－0000869　史 13/18

唐書二百二十五卷　(宋)歐陽修等撰　清刻本　十九冊　存一百二十五卷(一百一至二百二十五)

130000－0403－0000870　史 13/2

史記一百三十卷附考證　(漢)司馬遷撰(南朝宋)裴駰集解　(唐)司馬貞索隱(唐)張守節正義　清刻本　二十冊　存一百一十三卷(十八至三十九、四十至一百三十)

130000－0403－0000871　史 13/20

五代史記七十四卷　(宋)歐陽修撰　(宋)徐無黨注　明萬曆五年(1577)刻本　六冊

130000－0403－0000872　史 13/21

明史三百三十二卷　(清)張廷玉等修　清光緒三年(1877)刻本　八十冊

130000－0403－0000873　史13/22

明史三百三十二卷　（清）張廷玉等纂修　清刻本　四冊　存十六卷（七十至八十一、二百二十至二百二十三）

130000－0403－0000874　史13/23

明史三百三十二卷　（清）張廷玉等纂修　清石印本　六冊　存八十九卷（八十九至一百七十七）

130000－0403－0000875　史13/24

明史稿三百十卷　（清）王鴻緒編撰　清刻本　七十九冊　存二百五十八卷（一至一百二十八、一百三十三至一百六十、一百八十七至二百八十八）

130000－0403－0000876　史13/25

明史稿三百十卷　（清）王鴻緒編撰　清刻本　七十八冊

130000－0403－0000877　史13/26

明史藁三百十卷目錄三卷　（清）王鴻緒編撰　清雍正敬慎堂刻本　五十二冊　存二百五十九卷（志三十三至七十七、表一至九、列傳一至二百五）

130000－0403－0000878　史13/27

弘簡錄二百五十四卷續弘簡錄元史類編四十二卷　（明）邵經邦學　（清）邵遠平校閱　清康熙四十五年(1706)刻本　六十四冊　存二百三十九卷（弘簡錄二十七至八十五、一百十七至二百五十四,續弘簡錄元史類編四十二卷）

130000－0403－0000879　史13/28

南漢書十八卷南漢書考異十八卷　（清）梁廷枏撰　清刻本　四冊　存二十二卷（南漢書五至十五、南漢書考異五至十五）

130000－0403－0000880　史13/29

重鐫朱青巖先生擬編明紀輯畧十六卷　（清）朱青巖輯　清刻本　十六冊

130000－0403－0000881　史13/3

史記集解索隱正義一百三十卷　（漢）司馬遷撰　清光緒刻本　三十冊

130000－0403－0000882　史13/30

弘簡錄二百五十四卷目錄一卷續弘簡錄元史類編四十二卷目錄一卷　（明）邵經邦學　清康熙刻本　七十二冊　存二百九十四卷（弘簡錄一至十七、二十二至二百五十四,目錄一卷；續弘簡錄元史類編四十二卷、目錄一卷）

130000－0403－0000883　史13/32

舊五代史一百五十卷目錄二卷　（宋）薛居正等撰　清乾隆四十年(1775)刻本　十二冊

130000－0403－0000884　史13/33

北史一百卷　（唐）李延壽撰　清刻本　四冊　存二十卷（五十四至七十三）

130000－0403－0000885　史13/36

精校斷句仿殿本史記一百三十卷附考證　（漢）司馬遷撰　（南朝宋）裴駰集解　（唐）司馬貞索隱　（唐）張守節正義　清石印本　十一冊　存七十二卷（七至十二、十七至三十、三十七至六十九、一百五至一百二十三）

130000－0403－0000886　史13/38；史13/7；史13/11

二十一史　清光緒三十一年(1905)石印本　二十六冊　存三種三百卷（史記一至九十,前漢書一至二十九、四十至一百,後漢書一百二十卷）

130000－0403－0000887　史13/4

漢書一百卷附考證　（漢）班固撰　（唐）顏師古注　清同治十年(1871)刻本　二十三冊　存七十一卷（一至六十六、七十一至七十五）

130000－0403－0000888　史13/6

前漢書一百卷　（漢）班固撰　（唐）顏師古注　清乾隆四年(1739)石印本　七冊　存二十二卷（七至二十八）

130000－0403－0000889　史13/8

後漢書一百二十卷附考證　（南朝宋）范曄撰　（唐）李賢注　清刻本　十四冊　存四十八卷（七十至一百十七）

130000－0403－0000890　史21/1

袁了凡王鳳洲綱鑑合編三十九卷　（明）王世

貞　（明）袁了凡撰　清光緒三十三年(1907)刻本　七冊　存十五卷(一至十五)

130000－0403－0000891　史 21/10
御批資治通鑑綱目前編二十五卷正編五十九卷續編二十七卷　（宋）朱熹撰　清光緒二年(1876)刻本　六十一冊　存六十五卷(御批資治通鑑綱目前編二十五卷,正編一至十八,續編一至十五、十八、二十二至二十七)

130000－0403－0000892　史 21/11
資治通鑑綱目前編二十五卷正編五十九卷續編二十七卷　（宋）朱熹撰　（明）陳仁錫評閱　清刻本　一百二十冊　缺二十二卷(正編四至五、二十四至二十八、三十四至三十七、五十至五十四,續編十三至十八)

130000－0403－0000893　史 21/12
資治通鑑綱目前編二十五卷正編五十九卷續編二十七卷　（宋）朱熹撰　（明）陳仁錫評閱　清刻本　三十九冊　存四十卷(前編二十三至二十五,正編十三至三十三、三十五至四十三、五十三至五十九)

130000－0403－0000894　史 21/13
資治通鑑綱目前編二十五卷正編五十九卷續編二十七卷　（宋）朱熹撰　（明）陳仁錫評閱　清刻本　五十一冊　存三十七卷(正編九至十三、三十八至五十九,續編三至五、十四至二十)

130000－0403－0000895　史 21/14
御批資治通鑑綱目前編十八卷舉要三卷首一卷正編五十九卷首一卷續編二十七卷　（宋）朱熹撰　清光緒十三年(1887)石印本　二十冊　存八十八卷(前編一至二、十四至十八,正編六至五十九,續編二十七卷)

130000－0403－0000896　史 21/15
資治通鑑綱目前編二十五卷正編五十九卷續編二十七卷　（宋）朱熹撰　（明）陳仁錫評閱　清石印本　七冊　存二十八卷(正編一至二、三十四至五十九)

130000－0403－0000897　史 21/16

御批資治通鑑綱目前編二十五卷正編五十九卷續編二十七卷　（宋）朱熹撰　清乾隆三十九年(1774)刻本　十二冊　存二十七卷(續編二十七卷)

130000－0403－0000898　史 21/17
續資治通鑑二百二十卷　（清）畢沅編集　清光緒十六年(1890)石印本　二十二冊

130000－0403－0000899　史 21/18
續資治通鑑二百二十卷　（清）畢沅編集　清光緒二十六年(1900)鉛印本　二十八冊

130000－0403－0000900　史 21/19
續資治通鑑二百二十卷　（清）畢沅編集　清刻本　十六冊　存五十五卷(三十二至五十九、一百十一至一百三十七)

130000－0403－0000901　史 21/20
御批歷代通鑑輯覽一百二十卷　（清）傅恆等纂修　清同治十年(1871)刻朱墨套印本　四十八冊

130000－0403－0000902　史 21/21
御批歷代通鑑輯覽一百二十卷　（清）傅恆等纂修　清刻朱墨套印本　四十二冊　存八十四卷(十九至一百二)

130000－0403－0000903　史 21/22
御批歷代通鑑輯覽一百二十卷　（清）傅恆等纂修　清同治十三年(1874)刻本　六十四冊

130000－0403－0000904　史 21/24
御批歷代通鑑輯覽一百二十卷　（清）傅恆等纂修　清光緒二十九年(1903)石印本　十九冊　存一百十三卷(一至十五、二十三至一百二十)

130000－0403－0000905　史 21/25
御批歷代通鑑輯覽一百二十卷　（清）傅恆等纂修　清光緒五年(1879)刻朱墨套印本　五十八冊

130000－0403－0000906　史 21/26
御批歷代通鑑輯覽一百二十卷　（清）傅恆等纂修　清刻朱墨套印本　五十冊　存一百二

卷(一至一百二)

130000－0403－0000907　史21/27
御批歷代通鑑輯覽一百二十卷　（清）傅恆等纂修　清光緒二十七年（1901）刻本　五十三冊　缺八卷（二十至二十五、三十二至三十三）

130000－0403－0000908　史21/28
御批歷代通鑑輯覽一百二十卷　（清）傅恆等纂修　清同治十一年（1872）刻本　六十冊

130000－0403－0000909　史21/29
御批歷代通鑑輯覽一百二十卷　（清）傅恆等纂修　清光緒三十一年（1905）鉛印本　二十四冊

130000－0403－0000910　史21/29－2
御批歷代通鑑輯覽一百二十卷　（清）傅恆等纂修　清光緒三十年（1904）鉛印本　二十四冊

130000－0403－0000911　史21/3
資治通鑑二百九十四卷　（宋）司馬光編集（元）胡三省音注　清刻本　二十冊　存一百九十八卷（十一至一百八十、二百六十七至二百九十四）

130000－0403－0000912　史21/30
御批歷代通鑑輯覽一百二十卷　（清）傅恆等纂修　清光緒二十八年（1902）石印本　二十四冊

130000－0403－0000913　史21/31
御批歷代通鑑輯覽一百二十卷　（清）傅恆等纂修　清光緒二十九年（1903）石印本　二十四冊

130000－0403－0000914　史21/32
御批歷代通鑑輯覽一百二十卷　（清）傅恆等纂修　清光緒五年（1879）刻朱墨套印本　五十五冊　存一百十四卷（一至三十八、四十一至八十二、八十五至八十六、八十九至一百二十）

130000－0403－0000915　史21/34

御批歷代通鑑輯覽一百二十卷　（清）傅恆等纂修　清石印本　十五冊　存七十四卷（三十四至四十八、五十八至六十二、六十七至一百二十）

130000－0403－0000916　史21/35
增批歷代通鑑輯覽一百二十卷　（清）傅恆等纂修　清石印本　七冊　存二十七卷（六十三至七十七、七十九至九十）

130000－0403－0000917　史21/36
御批歷代通鑑輯覽一百二十卷　（清）傅恆等纂修　清光緒三十年（1904）鉛印本　十六冊　存六十四卷（一至六十四）

130000－0403－0000918　史21/37
御批歷代通鑑輯覽一百二十卷　（清）傅恆等纂修　清石印本　十二冊　存六十卷（六十一至一百二十）

130000－0403－0000919　史21/38
御批歷代通鑑輯覽一百二十卷　（清）傅恆等纂修　清刻朱墨套印本　七冊　存十五卷（七至九、十七至二十、二十三至三十）

130000－0403－0000920　史21/39
御批歷代通鑑輯覽一百二十卷　（清）傅恆等纂修　清石印本　七冊　存三十五卷（十一至十五、七十一至八十五、九十六至一百十）

130000－0403－0000921　史21/4
御批資治通鑑綱目五十九卷首一卷　（宋）朱熹撰　前編十八卷舉要三卷　（宋）金履祥撰　外紀一卷　（明）陳桱撰　續編二十七卷（明）商輅撰　清康熙刻本　四十冊　存八十八卷（御批資治通鑑綱目一、五至六、十一至二十四、三十九至五十九，首一卷；前編十八卷；舉要三卷；外紀一卷；續編二十七卷）

130000－0403－0000922　史21/40
御批歷代通鑑輯覽一百二十卷　（清）傅恆等纂修　清光緒五年（1879）刻朱墨套印本　八冊　存十八卷（一至十八）

130000－0403－0000923　史21/41
尺木堂綱鑑易知錄九十二卷附御撰資治通鑑

明紀綱目二十卷　（清）吳乘權等輯　清刻本
　　四十八冊

130000－0403－0000924　　史21/42
尺木堂綱鑑易知錄九十二卷　（清）吳乘權等
輯　清刻本　四十三冊　存九十卷（一至三
十九、四十二至九十二）

130000－0403－0000925　　史21/43
尺木堂綱鑑易知錄九十二卷　（清）吳乘權等
輯　清刻本　三十二冊　存七十三卷（一至
三十六、五十六至九十二）

130000－0403－0000926　　史21/44
尺木堂綱鑑易知錄九十二卷　（清）吳乘權等
輯　清刻本　二十四冊　存五十七卷（三十
六至九十二）

130000－0403－0000927　　史21/45
尺木堂綱鑑易知錄九十二卷　（清）吳乘權等
輯　清刻本　十六冊　存二十七卷（一至十
四、四十三至五十五）

130000－0403－0000928　　史21/46
尺木堂綱鑑易知錄九十二卷　（清）吳乘權等
輯　清刻本　二十一冊　存四十六卷（五至
七、十四至三十九、五十四至六十六、七十二
至七十三、七十六至七十七）

130000－0403－0000929　　史21/47
綱鑑易知錄九十二卷明鑑易知錄十五卷
（清）吳乘權等輯　清光緒十六年（1890）鉛印
本　十六冊

130000－0403－0000930　　史21/49
尺木堂綱鑑易知錄九十二卷　（清）吳乘權等
輯　清光緒三十年（1904）鉛印本　九冊　存
六十卷（一至五十三、六十至六十六）

130000－0403－0000931　　史21/5
朱子資治通鑑綱目五十九卷　（宋）朱熹撰
清康熙刻本　九十九冊

130000－0403－0000932　　史21/50
綱鑑易知錄二十卷　（清）吳乘權等輯　清光
緒十三年（1887）石印本　十冊

130000－0403－0000933　　史21/51
尺木堂綱鑑易知錄二十卷　（清）吳乘權等輯
　清光緒二十五年（1899）石印本　八冊

130000－0403－0000934　　史21/52
尺木堂綱鑑易知錄九十二卷明鑑易知錄十五
卷　（清）吳乘權等輯　清刻本　二十四冊
存五十五卷（尺木堂綱鑑易知錄二十七至三
十九、六十六至九十二，明鑑易知錄十五卷）

130000－0403－0000935　　史21/53
尺木堂綱鑑易知錄九十二卷明鑑易知錄十五
卷　（清）吳乘權等輯　清刻本　三十六冊
存八十一卷（尺木堂綱鑑易知錄二十七至九
十二、明鑑易知錄十五卷）

130000－0403－0000936　　史21/54
綱鑑易知錄九十二卷　（清）吳乘權等輯　清
刻本　十二冊　存二十六卷（一至十三、四十
至五十二）

130000－0403－0000937　　史21/55
芸經樓明鑑易知錄十五卷　（清）吳乘權等輯
　清刻本　八冊

130000－0403－0000938　　史21/56
綱鑑易知錄九十二卷　（清）吳乘權等輯　清
光緒二十七年（1901）鉛印本　十三冊　存八
十五卷（一至七十三、八十一至九十二）

130000－0403－0000939　　史21/57
芸經樓綱鑑易知錄九十二卷　（清）吳乘權等
輯　清刻本　二十冊　存四十五卷（一至十
四、三十八至四十七、五十三至七十三）

130000－0403－0000940　　史21/58
綱鑑會纂三十九卷附御撰資治通鑑綱目三編
二十卷　（明）王世貞　（清）張廷玉等編　清
刻本　三十七冊　存五十二卷（八至三十九、
御撰資治通鑑綱目三編二十卷）

130000－0403－0000941　　史21/59
綱鑑會纂三十九卷首一卷　（明）王世貞編
清刻本（第八、二十四冊有手抄補配情況）
二十四冊　存二十四卷（一至二十三、首一
卷）

130000－0403－0000942　史21/6

資治通鑑綱目前編二十五卷正編五十九卷續編二十七卷　（宋）朱熹撰　（明）陳仁錫評閱　清康熙四十年(1701)刻本　一百十九冊　存一百十卷(資治通鑑綱目前編二十五卷,正編五十九卷,續編一至二十五、二十七)

130000－0403－0000943　史21/60

綱鑑會纂三十九卷　（明）王世貞編　清刻本　二十冊　存二十三卷(十七至三十九)

130000－0403－0000944　史21/61

綱鑑會纂三十九卷　（明）王世貞編　清刻本　十四冊　存十七卷(十六至三十二)

130000－0403－0000945　史21/62

綱鑑會纂三十九卷　（明）王世貞編　清刻本　八冊　存八卷(二十四至三十一)

130000－0403－0000946　史21/63

綱鑑會纂三十九卷首一卷　（明）王世貞編　清刻本　十二冊　存十六卷(一至二、四至八、十七至二十四,首一卷)

130000－0403－0000947　史21/64

重訂王鳳洲先生綱鑑會纂四十六卷　（明）王世貞纂　（明）陳仁錫訂　清刻本　三十二冊

130000－0403－0000948　史21/65

重訂王鳳洲先生會纂綱鑑二十三卷　（明）王世貞纂　（明）陳仁錫訂　清刻本　十六冊

130000－0403－0000949　史21/66

袁了凡先生重訂鳳洲綱鑑世史類編三十九卷首一卷　（宋）劉恕外紀　（元）金履祥前編　（明）袁黃編纂　（明）王世貞會纂　明萬曆三十八年(1610)刻本　八冊　存三十一卷(一至三、九至三十一、三十六至三十九,首一卷)

130000－0403－0000950　史21/67

新鑑趙田了凡袁先生編纂古本歷史大方綱鑑補三十九卷　（明）袁黃編纂　清刻本　六冊　存七卷(八至十四)

130000－0403－0000951　史21/68

新刊趙田了凡袁先生編纂古本歷史大方綱鑑補三十九卷首一卷　（明）袁黃編纂　清同治五年(1866)刻本　二十七冊　存三十六卷(一至三、六至八、十至十四、十六至三十九,首一卷)

130000－0403－0000952　史21/69

鼎鍥趙田了凡袁先生編纂古本歷史大方綱鑑補三十九卷　（明）袁黃編纂　清刻本　三冊　存八卷(十五至二十二)

130000－0403－0000953　史21/7

資治通鑑綱目前編二十五卷正編五十九卷續編二十七卷五代史續編一卷　（宋）朱熹撰　（明）陳仁錫評閱　清嘉慶八年(1803)刻本　九十八冊　存一百九卷(資治通鑑綱目前編二十五卷,正編一至三十六、三十八、四十一至五十九,續編二十七卷,五代史續編一卷)

130000－0403－0000954　史21/70

龍門綱鑑要箋四卷龍門綱鑑正編二十卷　（清）蔣先廣纂輯　清刻本　十七冊　存二十三卷(龍門綱鑑要箋四卷、龍門綱鑑正編一至十九)

130000－0403－0000955　史21/71

龍門綱鑑要箋四卷龍門綱鑑正編二十卷明紀會纂七卷　（明）王世貞會纂　（明）王政敏訂正　（清）蔣先廣纂輯　清刻本　二十九冊　存三十卷(龍門綱鑑要箋四卷,龍門綱鑑正編一至七、九至二十,明紀會纂七卷)

130000－0403－0000956　史21/72

袁王綱鑑會纂三十九卷御撰明紀綱目二十卷　（明）袁黃　（明）王世貞輯　清鉛印本　十冊　存三十七卷(袁王綱鑑會纂十八至二十二、二十八至三十九,御撰明紀綱目二十卷)

130000－0403－0000957　史21/74

綱鑑擇言十卷　（清）司徒修選輯　（清）李嘉樹補註　清道光二十七年(1847)刻本　六冊

130000－0403－0000958　史21/75

綱鑑擇言十卷　（清）司徒修選輯　（清）李嘉樹補註　清道光二十七年(1847)刻本　五冊

130000－0403－0000959　史21/76

東華錄輂要一百十四卷 （清）汪文安編 清光緒二十九年（1903）鉛印本 二十八冊

130000－0403－0000960 史21/77
竹書紀年集證五十卷首一卷 （清）陳逢衡撰 清嘉慶十八年（1813）刻本 二十四冊

130000－0403－0000961 史21/78
竹書紀年統箋十二卷前編一卷雜述一卷 （南朝梁）沈約注 （清）徐文靖統箋 清光緒三年（1877）刻本 四冊

130000－0403－0000962 史21/79
御批資治通鑑綱目前編十八卷舉要三卷首一卷正編五十九卷首一卷續編二十七卷 （宋）朱熹撰 清光緒十三年（1887）石印本 二十四冊

130000－0403－0000963 史21/8
資治通鑑綱目前編二十五卷正編五十九卷續編二十七卷五代史續編一卷 （宋）朱熹撰 （明）陳仁錫評閱 清嘉慶八年（1803）刻本 一百三十四冊 存九十六卷（資治通鑑綱目前編二十五卷，正編一至二十、二十七、二十九、三十七至五十九，續編二至五、七至二十七，五代史續編一卷）

130000－0403－0000964 史21/80(1)
明紀六十卷 （清）陳鶴籑 清光緒十六年（1890）石印本 六冊

130000－0403－0000965 史21/80(2)
通鑑釋文辨誤十二卷 （元）胡三省撰 清光緒十六年（1890）石印本 一冊

130000－0403－0000966 史21/80(3)
資治通鑑外紀十卷 （宋）劉恕編輯 清光緒十六年（1890）石印本 一冊

130000－0403－0000967 史21/82
王鳳洲綱鑑會纂三十九卷首一卷 （明）王世貞編 清光緒二十五年（1899）石印本 九冊 存三十五卷（一至三十、三十五至三十九）

130000－0403－0000968 史21/83
綱鑑擇言十卷 （清）司徒修選輯 （清）李嘉

樹補註 清刻本 四冊 存七卷（三至七、九至十）

130000－0403－0000969 史21/9
資治通鑑綱目前編二十五卷正編五十九卷續編二十七卷 （宋）朱熹撰 （明）陳仁錫評閱 清嘉慶八年（1803）刻本 四十五冊 存三十九卷（正編一至五、四十五至五十一，續編二十七卷）

130000－0403－0000970 史22/1
東華全錄五百九十四卷 王先謙編 （清）潘頤福輯 清光緒刻本 一百七十四冊 缺一百四十卷（康熙三十二至三十四，乾隆十五至十六、二十至二十二、二十六至二十七、一百六，道光十八至三十八，咸豐一至四、九至十、十三至十四，同治一至一百）

130000－0403－0000971 史22/2
東華全錄五百九十四卷 王先謙編 （清）潘頤福輯 清光緒十三年（1887）刻本 一百六十四冊 存四百二十五卷（天命一至四、天聰一至十一、崇德一至八、順治一至三十六、康熙一至一百十、雍正一至二十六、乾隆一至一百二十、嘉慶一至五十、道光一至六十）

130000－0403－0000972 史22/3
東華錄 王先謙編 清鉛印本 七十二冊 存一百五十五卷（康熙七十七至一百十，雍正一至二十六，乾隆一至七十一、七十四至七十六、八十八至九十四、九十八至一百十一）

130000－0403－0000973 史22/4
東華錄三十二卷 （清）蔣良騏撰 清刻本 十二冊

130000－0403－0000974 史22/5
重刻詳訂世史類編十七卷總論一卷 （明）李純卿籑 （明）謝遷補遺 （明）王世貞會纂 清乾隆十三年（1748）衣德堂刻本 十二冊

130000－0403－0000975 史3/1
通鑑紀事本末二百三十九卷 （宋）袁樞編輯 清光緒刻本 八冊 存三十四卷（二百六至二百三十九）

130000－0403－0000976　史 3/2

明史紀事本末八十卷　（清）谷應泰編輯　清光緒十三年(1887)刻本　十六冊

130000－0403－0000977　史 3/3

聖武記十四卷　（清）魏源撰　清道光二十六年(1846)刻本　十二冊

130000－0403－0000978　史 3/5

通鑑紀事本末二百三十九卷　（宋）谷應泰編著　清刻本　四冊　存十卷(六十七至六十九、七十二至七十八)

130000－0403－0000979　史 3/7

聖武記十四卷　（清）魏源撰　清刻本　四冊　缺四卷(一至四)

130000－0403－0000980　史 3/8

戰史叢書七十九卷　（□）□□撰　清光緒鉛印本　三冊

130000－0403－0000981　史 4/1

國語二十一卷　（三國吳）韋昭解　（宋）宋庠補音　清刻本　六冊

130000－0403－0000982　史 4/10

宋遼金元別史三百七卷　（清）席世臣輯　清乾隆、嘉慶間刻本　三十五冊　缺一百六卷(東都事略六十五至一百三十、大金國志一至四十)

130000－0403－0000983　史 4/11

元朝秘史十五卷首一卷　（□）□□撰　（清）李文田注　清光緒二十二年(1896)刻本　四冊

130000－0403－0000984　史 4/12

皇明典故紀聞十八卷　（明）余繼登輯　（明）馮琦訂　明萬曆二十九年(1601)刻本　十冊

130000－0403－0000985　史 4/13

野獲編三十卷補遺四卷　（明）沈德符著（清）錢枋輯　清道光七年(1827)刻本　十八冊　存二十四卷(一至十七、二十八至三十，補遺四卷)

130000－0403－0000986　史 4/14

明季南略十八卷　（清）計六奇編輯　清鉛印本　十二冊

130000－0403－0000987　史 4/15

明季北略二十四卷明季南略十八卷　（清）計六奇編輯　清刻本　十二冊　存二十七卷(明季北略一至十八、明季南略十至十八)

130000－0403－0000988　史 4/16

蜀碧四卷　（清）彭遵泗編述　清乾隆二十八年(1763)刻本　三冊　存三卷(一至三)

130000－0403－0000989　史 4/17

南漢書十八卷南漢書考異十八卷南漢書文字略四卷南漢書叢錄二卷　（清）梁廷枏撰　清光緒刻本　八冊

130000－0403－0000990　史 4/2

國語注解二十一卷　（三國吳）韋昭解　（宋）宋庠補音　清乾隆刻本　四冊

130000－0403－0000991　史 4/23

洋務經濟通攷十六卷續集十六卷　（清）應祖錫纂定　清光緒二十七年(1901)石印本　二十四冊

130000－0403－0000992　史 4/3

國語二十一卷　（三國吳）韋昭解　（宋）宋庠補音　清刻本　四冊

130000－0403－0000993　史 4/32

時務報知新報　梁啓超　（清）吳恆煒等編　清光緒石印本　五冊　存時務報第七冊、第八冊、第九冊、第十一冊,知新報第二冊

130000－0403－0000994　史 4/34

京津拳匪紀略十卷　（清）僑析生　（清）縉雲氏編次　清光緒二十七年(1901)石印本　六冊

130000－0403－0000995　史 4/35

郎潛紀聞十四卷燕下鄉脞錄十六卷　（清）陳康祺著　清刻本　五冊　存十五卷(郎潛紀聞四至十四、燕下鄉脞錄十至十三)

130000－0403－0000996　史 4/36

國語二十一卷　（三國吳）韋昭解　（宋）宋庠

補音　清刻本　六冊

130000－0403－0000997　史 4/37

戰國策三十三卷　（漢）高誘注　清刻本　八
冊　存十卷（一至十）

130000－0403－0000998　史 4/4(1)

國語二十一卷札記一卷　（三國吳）韋昭解
校刊明道本韋氏解國語札記一卷　（清）黃丕
烈撰　清嘉慶五年(1800)刻本　三冊　存十
九卷（四至二十一、札記一卷）

130000－0403－0000999　史 4/4(2)

國語明道本攷異四卷　（清）汪遠孫撰　清嘉
慶五年(1800)刻本　一冊

130000－0403－0001000　史 5/24

大清畿輔先哲傳四十卷列女傳六卷　徐世昌
撰　清刻本　一冊　存一卷（大清畿輔先哲
傳一）

130000－0403－0001001　史 5/53(1)

國語二十一卷附札記　（三國吳）韋昭解　清
光緒二十二年(1896)石印本　三冊

130000－0403－0001002　史 5/53(2)

剡川姚氏本戰國策三十三卷札記三卷　（漢）
高誘注　清光緒二十二年(1896)石印本
五冊

130000－0403－0001003　史 5/7

歷代名臣言行錄二十四卷　（清）朱桓編輯
清光緒十三年(1887)石印本　十一冊　存二
十二卷（一至十四、十七至二十四）

130000－0403－0001004　史 51/1

歷代名臣傳三十五卷　（清）朱軾　（清）蔡世
遠訂　清雍正刻本　二十四冊

130000－0403－0001005　史 51/10

中興名臣事略八卷　朱孔彰譔　清光緒二十
五年(1899)石印本　四冊

130000－0403－0001006　史 51/11

歷代名儒傳八卷　（清）朱軾　（清）蔡世遠訂
清刻本　六冊

130000－0403－0001007　史 51/12

歷代循吏傳八卷　（清）朱軾　（清）蔡世遠輯
清刻本　六冊

130000－0403－0001008　史 51/13

宋史列傳補遺稿五十六卷　（□）□□撰　清
抄本　五十六冊

130000－0403－0001009　史 51/16

明儒學案六十二卷　（清）黃宗羲輯著　清康
熙刻本　十六冊

130000－0403－0001010　史 51/17

國朝先正事略六十卷　（清）李元度纂　清同
治五年(1866)刻本　二十冊

130000－0403－0001011　史 51/18

國朝先正事略六十卷　（清）李元度纂　清同
治五年(1866)刻本　十八冊　存四十九卷
（一至九、二十一至六十）

130000－0403－0001012　史 51/19

國朝先正事略六十卷　（清）李元度纂　清光
緒二十九年(1903)石印本　八冊

130000－0403－0001013　史 51/2

歷代名臣言行錄二十四卷　（清）朱桓編輯
清光緒元年(1875)刻本　二十四冊

130000－0403－0001014　史 51/20

國朝先正事略六十卷續編三十卷　（清）李元
度纂　朱孔彰撰　清光緒二十五年至二十六
年(1899－1900)刻本　六冊　存三十二卷
（國朝先正事略一至十一、二十二至二十七、
三十五至四十五，續編一至四）

130000－0403－0001015　史 51/22

大清畿輔先哲傳四十卷列女傳六卷　徐世昌
撰　清刻本　二十二冊

130000－0403－0001016　史 51/23

大清畿輔先哲傳四十卷列女傳六卷　徐世昌
撰　清刻本　二十冊　存四十卷（大清畿輔
先哲傳四十卷）

130000－0403－0001017　史 51/25

大清畿輔先哲傳四十卷列女傳六卷　徐世昌
撰　清刻本　十二冊　存二十四卷（大清畿

輔先哲傳十七至四十)

130000－0403－0001018　史51/26
貳臣傳十二卷　(清)國史館編　清刻本　六冊　存八卷(一至八)

130000－0403－0001019　史51/27
貳臣傳十二卷　(清)國史館編　清刻本　二冊　存九卷(一至九)

130000－0403－0001020　史51/28
貳臣傳　(清)國史館編　清抄本　八冊

130000－0403－0001021　史51/29
文廟通錄八卷　(清)唐學全纂輯　清道光二年(1822)刻本　五冊

130000－0403－0001022　史51/3
歷代名臣言行錄二十四卷　(清)朱桓編輯　清同治四年(1865)刻本　十六冊　存十二卷(一至十二)

130000－0403－0001023　史51/30
南陽人物志十卷明代南陽人物志八卷　(清)馬海峯撰　清同治九年(1870)刻本　十二冊

130000－0403－0001024　史51/31
南陽人物志十卷明代南陽人物志八卷　(清)馬海峯撰　清同治九年(1870)刻本　十一冊　存十七卷(南陽人物志二至十、明代南陽人物志八卷)

130000－0403－0001025　史51/32
闕里文獻考一百卷首一卷末一卷　(清)孔繼汾述　清刻本　八冊

130000－0403－0001026　史51/34
聖賢像贊三卷　(明)呂維祺編　清光緒四年(1878)刻本　四冊

130000－0403－0001027　史51/35
人壽金鑑二十二卷　(清)程得齡輯　清嘉慶二十五年(1820)刻本　六冊

130000－0403－0001028　史51/36
慈溪黃氏日抄分類古今紀要十九卷　(宋)黃震撰　清乾隆三十二年(1767)刻本　六冊

130000－0403－0001029　史51/37(1)
福建通志稿列傳　(清)陳善著　清刻本　三冊　存三卷(一至三)

130000－0403－0001030　史51/37(2)
福建通志列傳補編不分卷　(清)陳善著　清刻本　一冊

130000－0403－0001031　史51/4
歷代名臣言行錄二十四卷　(清)朱桓編輯　清刻本　十二冊　存十一卷(十四至二十四)

130000－0403－0001032　史51/41
史外八卷附錄一卷　(清)汪有典著　清光緒三年(1877)刻本　八冊

130000－0403－0001033　史51/42
貳臣傳十二卷　(清)國史館編　清木活字印本　六冊

130000－0403－0001034　史51/43
國朝先正事略六十卷中興名臣事略八卷　(清)李元度纂　朱孔彰撰　清光緒二十五年(1899)鉛印本　十二冊

130000－0403－0001035　史51/44
歷代名臣言行錄二十四卷　(清)朱桓編輯　清光緒三十年(1904)刻本　七冊　存二十三卷(一至九、十一至二十四)

130000－0403－0001036　史51/45
逆臣傳貳臣傳□□卷　(□)□□撰　清抄本　八冊

130000－0403－0001037　史51/48
善女人傳二卷　(清)彭際清述　清刻本　一冊

130000－0403－0001038　史51/49
列女傳七卷續列女傳一卷列女傳考證一卷　(漢)劉向著　(清)顧廣圻撰　清嘉慶元年(1796)刻本　四冊

130000－0403－0001039　史51/5
歷代名臣言行錄二十四卷　(清)朱桓編輯　清光緒十三年(1887)石印本　十二冊

130000－0403－0001040　史51/6

歷代名臣言行錄二十四卷 （清）朱桓編輯
清光緒二十四年(1898)石印本 八冊

130000－0403－0001041 史 51/8
列女傳七卷續列女傳一卷 （漢）劉向著
（明）黃魯曾贊 清光緒刻本 二冊

130000－0403－0001042 史 51/9
列女傳十六卷 （明）汪道昆輯 （明）仇十洲
繪圖 清刻本 八冊

130000－0403－0001043 史 52/1
孟子聖跡圖不分卷 （□）□□撰 清刻本
一冊

130000－0403－0001044 史 52/2
聖蹟圖不分卷 （清）孔憲蘭編 清同治十三
年(1874)刻本 一冊

130000－0403－0001045 史 52/4
忠武誌八卷 （清）張鵬翮輯 清康熙刻本
八冊

130000－0403－0001046 史 52/6(1)
求闕齋日記類鈔二卷 （清）曾國藩撰 （清）
王啟原校編 清光緒二年(1876)刻本 二冊

130000－0403－0001047 史 52/6(2)
曾文正公[國藩]年譜十二卷 （清）黎庶昌編
輯 清光緒二年(1876)刻本 四冊

130000－0403－0001048 史 53/3
歷代名人年譜十卷 （清）吳榮光撰 清咸豐
二年(1852)刻本 九冊 存九卷(一至二、四
至十)

130000－0403－0001049 史 53/5
繩枻齋年譜二卷 （清）蔣攸銛編 （清）蔣霨
遠注 清道光十五年(1835)刻本 二冊

130000－0403－0001050 史 54/1
出使美日秘國日記十六卷 （清）崔國因著
清光緒二十年(1894)鉛印本 十二冊

130000－0403－0001051 史 58/1
明清進士題名碑錄不分卷 （□）□□撰 清
刻本 七冊

130000－0403－0001052 史 591/2
大清最新百官錄不分卷增補直省同寅錄不分
卷 （清）彭汝疇編 清光緒三十四年(1908)
刻本 五冊

130000－0403－0001053 史 6/1
史記菁華錄六卷 （清）姚苧田輯 清同治十
二年(1873)刻朱墨套印本 四冊 存四卷
(一至四)

130000－0403－0001054 史 6/2
史鑑便蒙四卷 （清）興廉輯錄 清咸豐七年
(1857)刻本 三冊 存三卷(一至三)

130000－0403－0001055 史 6/3
廿一史約編八卷首一卷 （清）鄭元慶述 清
刻本 七冊 缺一卷(木部)

130000－0403－0001056 史 6/4
廿一史約編八卷首一卷 （清）鄭元慶述 清
刻本 八冊

130000－0403－0001057 史 6/5
廿一史約編八卷首一卷 （清）鄭元慶述 清
刻本 八冊

130000－0403－0001058 史 6/6
廿一史約編八卷首一卷 （清）鄭元慶述 清
刻本 八冊

130000－0403－0001059 史 6/9
鑑撮四卷附讀史論略一卷 （清）曠敏本編
清刻本 五冊

130000－0403－0001060 史 642/79
[嘉慶]廣西通志二百七十九卷首一卷 （清）
吉慶等總裁 （清）胡虔纂修 清嘉慶刻本
七十九冊 存二百七十七卷(一至二百七十
六、首一卷)

130000－0403－0001061 史 7/1
廿二史劄記三十六卷補遺一卷 （清）趙翼學
清刻本 十二冊

130000－0403－0001062 史 7/10
漢史億二卷 （清）孫廷銓纂 清康熙十年
(1671)刻本 二冊

130000－0403－0001063　史7/11

史通削繁四卷　（清）紀昀輯　清道光十三年(1833)刻朱墨套印本　四冊

130000－0403－0001064　史7/13

讀通鑑論三十卷附宋論十五卷　（清）王夫之撰　清刻本　八冊　存二十七卷(讀通鑑論三至十二、十五至十六,宋論十五卷)

130000－0403－0001065　史7/14

雷輯史事論　（清）雷瑨編輯　清光緒三十一年(1905)石印本　十二冊　存十九卷(雷輯史事論甲編三至七,乙編三至六,丙編二、四,丁編一至三,戊編一至二、八至十)

130000－0403－0001066　史7/2

歷代史論十二卷　（明）張溥論正　**左傳史論二卷**　（清）高士奇論正　**元史論二卷**　（明）張溥論正　**明史論四卷**　（清）谷應泰論正　清光緒八年(1882)刻本　七冊

130000－0403－0001067　史7/3

批點歷代史論正續編　（□）□□撰　清光緒十三年(1887)刻本　十二冊　存六種二十四卷(歷代史論十二卷、左傳史論二卷、宋史論三卷、元史論一卷、明史論四卷、歷代史論二卷)

130000－0403－0001068　史7/4

歷代史論十二卷　（明）張溥論正　**左傳史論二卷**　（清）高士奇論正　**宋史論三卷**　（明）張溥論正　**元史論一卷**　（明）張溥論正　**明史論四卷**　（清）谷應泰論正　清光緒刻本　十一冊　存二十一卷(歷代史論一至三、五至十二,左傳史論二卷,宋史論三卷,元史論一卷,明史論四卷)

130000－0403－0001069　史7/5

歷代史論正續合編二十四卷　（□）□□撰　清光緒十三年(1887)刻本　八冊　存四種二十卷(歷代史論十二卷、左傳史論二卷、明史論四卷、歷代史論二卷)

130000－0403－0001070　史7/6

宋史論三卷元史論一卷　（明）張溥論正　清

刻本　二冊

130000－0403－0001071　史8/1

列國政要一百三十二卷　（清）戴鴻慈　（清）端方輯　清光緒三十三年(1907)石印本　三十二冊

130000－0403－0001072　史8/2

建炎以來朝野雜記甲集二十卷乙集二十卷　（宋）李心傳撰　清刻本　四冊

130000－0403－0001073　史8/3

時務通考三十一卷　（清）杞盧主人撰　清光緒二十三年(1897)石印本　二十三冊　存二十八卷(一至十三、十七至三十一)

130000－0403－0001074　史8/4

文獻通考輯要二十四卷　湯壽潛編輯　清光緒二十五年(1899)鉛印本　十冊

130000－0403－0001075　史8/5

晉政輯要四十卷　（清）剛毅等修　清光緒十四年(1888)刻本　三十一冊

130000－0403－0001076　史8/6

三通考輯要七十六卷　湯壽潛編輯　清光緒二十五年(1899)鉛印本　三十冊

130000－0403－0001077　史8/7

九通通二百四十八卷　（清）劉可毅輯　清光緒二十八年(1902)石印本　十一冊　存四十八卷(三至十六、三十八至七十一)

130000－0403－0001078　史81/1

通典二百卷　（唐）杜佑纂　清咸豐九年(1859)刻本　三十冊　存一百七十一卷(一至三十二、六十二至二百)

130000－0403－0001079　史81/10

建炎以來朝野雜記甲集二十卷乙集二十卷　（宋）李心傳撰　清刻本　十冊

130000－0403－0001080　史81/11

欽定大清會典八十卷　（清）托津等修　清嘉慶刻本　三十三冊　存六十三卷(一至四十四、六十二至八十)

130000－0403－0001081　史81/12

欽定大清會典八十卷 （清）托津等修 清刻本 三十四冊 存七十一卷（十至八十）

130000－0403－0001082 史81/13
欽定大清會典一百卷 （清）崑岡等修 清光緒刻本 三十四冊 存九十五卷（一至十八、二十一至四十五、四十九至一百）

130000－0403－0001083 史81/14
欽定大清會典圖二百七十卷首一卷 （清）崑岡等纂修 清光緒二十五年(1899)刻本 七十四冊

130000－0403－0001084 史81/15
欽定大清會典圖一百三十二卷 （清）慶桂等修 清刻本 三十三冊 存一百八卷（一至八十六、一百十一至一百三十二）

130000－0403－0001085 史81/16
欽定大清會典圖一百三十二卷 （清）慶桂等撰 清刻本 三十一冊 存一百六卷（一至一百六）

130000－0403－0001086 史81/17
欽定大清會典圖一百三十二卷 （清）慶桂等撰 清刻本 三十冊 存一百一卷（一至二十二、五十一至六十、六十四至一百三十二）

130000－0403－0001087 史81/18
欽定大清會典事例九百二十卷目錄八卷 （清）托津等纂修 清刻本 三百三十冊 存八百三十八卷（一至二百二十二、二百三十三至二百四十六、二百六十四至四百六十九、四百九十三至五百二十二、五百二十八至五百五十六、五百五十八至六百、六百三至六百八十九、六百九十五至七百二十九、七百五十四至八百八十四、八百八十八至九百二十,目錄八卷）

130000－0403－0001088 史81/19
欽定大清會典九百二十卷目錄八卷 （清）托津等修 清嘉慶二十三年(1818)刻本 三百二十三冊 存八百卷（一至六、四十六至一百九、一百十二至二百三十二、二百三十九至三百十七、三百三十四至三百四十九、三百七十

三至四百二十六、四百三十二至五百八十三、五百八十五至六百六十、六百八十五至八百三十六、八百四十一至九百二十）

130000－0403－0001089 史81/2
通志二百卷 （宋）鄭樵撰 清咸豐九年(1859)刻本 一百二十冊

130000－0403－0001090 史81/20
欽定大清會典一百卷首一卷事例一千二百二十卷首一卷 （清）崑岡等纂修 清光緒三十四年(1908)石印本 一百五十六冊 缺十五卷（欽定大清會典事例二百五十六至二百六十二、二百七十六至二百八十三）

130000－0403－0001091 史81/21
大清搢紳全書不分卷 （□）□□撰 清光緒十七年(1891)刻本 四冊

130000－0403－0001092 史81/23
文獻通考詳節二十四卷 （元）馬端臨著 (清)嚴虞惇錄 清刻本 二冊 存二卷（九、十三）

130000－0403－0001093 史81/24
大清搢紳全書不分卷 （□）□□撰 清刻本 三冊

130000－0403－0001094 史81/3
皇朝通志一百二十六卷 （清）嵇璜等撰 清刻本 二十八冊 存八十七卷（三十二至五十二、六十一至一百二十六）

130000－0403－0001095 史81/4
皇朝文獻通考三百卷 （清）嵇璜等修 清光緒八年(1882)刻本 一百四十一冊 存二百六十卷（一至四十五、五十五、六十至六十二、六十五、六十八至一百八十八、一百九十九至二百四十七、二百五十至二百五十四、二百五十六至二百八十、二百八十四至二百八十五、二百八十八至二百九十、二百九十四至二百九十八）

130000－0403－0001096 史81/5
文獻通考三百四十八卷 （元）馬端臨著 清咸豐九年(1859)刻本 八十九冊 存三百二

十五卷(一至三十四、五十五至一百五十五、一百五十九至三百四十八)

130000－0403－0001097　史81/6
文獻通考三百八十四卷　(元)馬端臨著　清刻本　十冊　存三十三卷(一百五十七至一百八十九)

130000－0403－0001098　史81/7
文獻通考二十四卷　(元)馬端臨撰　清光緒二十五年(1899)石印本　十五冊　存十八卷(一至八、十一、十六至二十四)

130000－0403－0001099　史81/8
文獻通考詳節二十四卷　(元)馬端臨著　(清)嚴虞惇錄　清木活字印本　四冊

130000－0403－0001100　史81/9
皇朝通典一百卷　(清)嵇璜等修　清光緒八年(1882)刻本　七冊　存二十二卷(一至十八、二十六至二十九)

130000－0403－0001101　史82/1
聖廟祀典圖考五卷聖跡圖二卷　(清)顧沅輯　清刻本　七冊　存六卷(聖廟祀典圖考一至四、聖跡圖二卷)

130000－0403－0001102　史82/2
聖廟祀典圖考五卷　(清)顧沅輯　清刻本　三冊　存二卷(四至五)

130000－0403－0001103　史82/3
南巡盛典一百二十卷　(清)高晉等纂輯　清光緒八年(1882)影印本　八冊

130000－0403－0001104　史83/1
南豐劉簾舫先生遺書　(清)劉衡撰　清咸豐元年(1851)刻本　四冊　存五種八卷(庸吏庸言一卷、庸吏餘談埘一卷、行述名宦錄一卷、蜀僚問答二卷、讀律心得三卷)

130000－0403－0001105　史83/2
居官日省錄六卷　(清)烏爾通阿編輯　清同治十二年(1873)刻本　六冊

130000－0403－0001106　史83/3
從政遺規二卷　(清)陳弘謀編輯　清乾隆三

十七年(1772)刻本　二冊

130000－0403－0001107　史83/4
實政錄七卷　(明)呂坤撰　清道光刻本　十冊

130000－0403－0001108　史83/5
實政錄七卷　(明)呂坤撰　清刻本　六冊　存四卷(四至七)

130000－0403－0001109　史83/6
實政錄七卷　(明)呂坤撰　清道光七年(1827)刻本　六冊

130000－0403－0001110　史83/7(1)
保甲書四卷　(清)徐棟輯　清道光二十八年(1848)刻本　二冊

130000－0403－0001111　史83/7(2)
牧令書二十三卷　(清)徐棟輯　清道光二十八年(1848)刻本　十冊　存十五卷(一至十一、二十至二十三)

130000－0403－0001112　史83/8
歷代職官表六卷　(清)黃本驥輯　(清)王廷學重校　清光緒八年(1882)刻本　四冊

130000－0403－0001113　史83/9
福惠全書三十二卷　(清)黃六鴻著　清刻本　十二冊

130000－0403－0001114　史84/1
古今泉略三十二卷首一卷末一卷　(清)倪模述　清光緒刻本　十六冊

130000－0403－0001115　史84/10
欽定康濟錄四卷　(清)倪國璉輯　清乾隆刻本　六冊

130000－0403－0001116　史84/11
原富五部　(英國)斯密亞丹撰　嚴復譯　清光緒二十八年(1902)鉛印本　七冊

130000－0403－0001117　史84/2
古泉匯六十四卷續泉匯十六卷　(清)李佐賢　(清)鮑康編　清同治三年(1864)刻本　二十冊

130000－0403－0001118　史84/3（1）

兩廣鹽法外志六卷　（清）李侍堯等纂修　清乾隆刻本　六冊

130000－0403－0001119　史84/3（2）

兩廣鹽法志三十五卷首一卷　（清）阮元等修　清刻本　六冊　存十卷（十五至二十四）

130000－0403－0001120　史84/4

敕修河東鹽法志十二卷　（清）覺羅石麟等纂修　清刻本　八冊

130000－0403－0001121　史84/5（1）

河東鹽法備覽十二卷　（清）蔣兆奎編輯　清乾隆五十五年（1790）刻本　七冊　存十卷（一至三、六至十二）

130000－0403－0001122　史84/5（2）

增修河東鹽法備覽八卷首一卷　（清）江人鏡等修　清光緒刻本　一冊　存一卷（八）

130000－0403－0001123　史84/6

續增河東鹽法備覽三卷　（清）寶棻等修（清）姚楷等纂　清宣統刻本　三冊

130000－0403－0001124　史84/7

長蘆鹽法志二十卷附編一卷　（清）顏檢等修　清刻本　十一冊　缺二卷（十三至十四）

130000－0403－0001125　史84/8

新修長蘆鹽法志二十卷首一卷　（清）黃掌綸等纂　清刻本　十三冊　存十五卷（一至十四、二十）

130000－0403－0001126　史84/9

新修長蘆鹽法志十六卷　（清）莽鵠立修　清刻本　八冊　存十五卷（一至十五）

130000－0403－0001127　史85/1

通商約章類纂三十五卷　（清）李鴻章纂　清光緒十八年（1892）刻本　二十冊

130000－0403－0001128　史91/8

鄒忠介公奏疏五卷　（明）鄒元標著　明刻本　四冊　存四卷（一至四）

130000－0403－0001129　史91/2

諭摺匯存不分卷　清木活字印本　一百六十

八冊

130000－0403－0001130　史91/3

曾文正公奏議補編四卷　（清）曾國藩撰（清）薛福成編　清刻本　四冊

130000－0403－0001131　史91/4

曾文正公奏議二卷　（清）曾國藩撰　（清）張樹聲編　清同治十二年（1873）刻本　二冊

130000－0403－0001132　史91/5

曾文正公奏稿三十六卷　（清）曾國藩撰（清）李瀚章編　清光緒二年（1876）刻本　十冊　存十五卷（一、四、九至十八、二十五至二十七）

130000－0403－0001133　史91/6

唐陸宣公集二十二卷　（唐）陸贄撰　明刻本　六冊

130000－0403－0001134　史91/7

宋包孝肅公奏議十卷　（宋）包拯撰　（宋）張田編　清道光刻本　二冊

130000－0403－0001135　史91/9

林文忠公政書三集三十七卷　（清）林則徐撰　清刻本　十二冊

130000－0403－0001136　史911/1

大清皇帝聖訓九百二十二卷　清刻本　二百四十四冊　存八百九十三卷（太祖一至四，太宗一至六，世祖一至六，聖祖一至六十，世宗一至三十六，高宗一至三百，仁宗一至一百十，宣宗一至一百三十，文宗一至二十八、五十八至一百十，穆宗一至一百六十）

130000－0403－0001137　史911/2

大清皇帝聖訓九百二十二卷　清刻本　一百八十四冊　存六百六十三卷（太祖一至四，太宗一至六，世祖一至六，聖祖一至六十，世宗一至六、十至三十六，高宗一至二十一、四十七至七十一、一百二至一百二十八、一百五十至一百九十八、二百三至二百二十四、二百五十一至三百，仁宗一至二十六、三十五至三十七、四十四至一百十，宣宗一至二十三、五十六至一百三十，文宗八十四至一百十，穆宗一

至二十四、二十八至一百四十二）

130000－0403－0001138　史911/3
硃批諭旨不分卷　（清）世宗胤禛撰　（清）鄂爾泰等編　清刻朱墨套印本　一百十一冊

130000－0403－0001139　史912/1
北洋公牘類纂二十五卷　（清）甘厚慈輯　清光緒三十三年（1907）鉛印本　二十冊

130000－0403－0001140　史912/3
樊山判牘四卷　樊增祥撰　清石印本　四冊

130000－0403－0001141　史912/4
樊山公牘四卷　樊增祥撰　清石印本　四冊

130000－0403－0001142　史912/5
求是齋公牘彙存八卷鹽務六卷署臬公牘一卷　（清）陳際唐撰　清鉛印本　四冊　存十卷（求是齋公牘彙存八卷、鹽務二、署臬公牘一卷）

130000－0403－0001143　史913/1
欽定吏部處分則例五十二卷　清刻本　二十冊

130000－0403－0001144　史913/10
秋審實緩比較匯案十六卷　（清）□□輯　清光緒六年（1880）鉛印本　十四冊　存十四卷（條款一，同治一至三、八至十六，光緒一）

130000－0403－0001145　史913/11
名法指掌新例增訂四卷　（清）沈辛田編　清道光四年（1824）刻本　四冊

130000－0403－0001146　史913/12
新譯日本法規大全二十五類附解字一冊　南洋公學譯書院翻譯　清光緒三十三年（1907）鉛印本　八十一冊

130000－0403－0001147　史913/13
欽定重修六部處分則例五十二卷　（清）堵煥辰訂　清光緒十三年（1887）刻本　十四冊　存二十八卷（一至二十八）

130000－0403－0001148　史913/2
大清律例全纂集成三十三卷督捕則例附纂二卷　清嘉慶刻本　二十冊

130000－0403－0001149　史913/3
大清律例增修統纂集成四十卷附督捕則例二卷　（清）姚雨薌纂輯　（清）胡仰山增修　清同治刻本　二十四冊

130000－0403－0001150　史913/4
大清律例增修統纂集成四十卷附督捕則例二卷　（清）姚雨薌纂輯　（清）胡仰山增修　清刻本　六冊　存八卷（二十三至三十）

130000－0403－0001151　史913/5（1）
律表三十八卷首一卷　（清）曾恆德編次　清刻本　五冊

130000－0403－0001152　史913/5（2）
洗冤錄表四卷　（清）曾恆德編次　清刻本　一冊

130000－0403－0001153　史913/6
萬國公法四卷　（美國）惠頓撰　（美國）丁韙良譯　清同治三年（1864）刻本　四冊

130000－0403－0001154　史913/7
大清宣統新法令不分卷　（清）商務印書館編譯所編纂　清宣統鉛印本　九冊

130000－0403－0001155　史913/8
駁案彙編三十二卷駁案續編七卷秋審實緩比較彙案新編二卷　（清）金士潮等纂修　（清）朱梅臣訂　清光緒九年（1883）鉛印本　十二冊

130000－0403－0001156　史913/9
駁案彙編三十二卷駁案續編七卷秋審實緩比較彙案新編二卷　（清）金士潮等纂修　（清）朱梅臣訂　清光緒九年（1883）鉛印本　十冊　缺七卷（駁案彙編九至十二、三十至三十二）

130000－0403－0001157　史92/1
直隸工藝志初編八卷　（清）周爾潤等編纂　清光緒三十三年（1907）鉛印本　四冊　存四卷（誌表類一至二、報告類一、業錄類一）

130000－0403－0001158　史93/1
月令廣義二十四卷首一卷附錄一卷　（明）馮

應京纂輯 （明）戴任增釋 明刻本 六冊 缺一卷(首一卷)

130000－0403－0001159 史93/2
增補萬寶全書二十卷 （明）陳繼儒纂輯 （清）毛煥文識 清光緒十二年(1886)刻本 四冊 存十四卷(一至十四)

130000－0403－0001160 史941/1
讀史方輿紀要一百三十卷輿圖要覽四卷 （清）顧祖禹輯著 清光緒五年(1879)刻本 五十冊

130000－0403－0001161 史941/2
皇朝一統輿地全圖不分卷 （清）欻乃軒主人編 清光緒二十年(1894)石印本 二冊

130000－0403－0001162 史941/3
歷代地理韻編二十卷皇朝輿地韻編二卷 （清）李兆洛輯 （清）六嚴等編集 清石印本 四冊

130000－0403－0001163 史941/4
輿地廣記三十八卷札記一卷 （宋）歐陽忞撰 清刻本 四冊

130000－0403－0001164 史942/83
[乾隆]貴州通志四十六卷首一卷 （清）張廣泗修 清刻本 二十四冊 存三十三卷(十四至四十六)

130000－0403－0001165 史942/12
[光緒]豐潤縣志十二卷 （清）郝增祜等纂輯 清光緒十四年(1888)刻本 十二冊

130000－0403－0001166 史942/13
[光緒]樂亭縣志十五卷首一卷末一卷 （清）蔡志修等修 清光緒三年(1877)刻本 六冊

130000－0403－0001167 史942/14
[光緒]樂亭縣志十五卷首一卷末一卷 （清）蔡志修等修 清刻本 四冊 存十二卷(三至九、十二至十五,末一卷)

130000－0403－0001168 史942/17
[嘉慶]灤州志八卷首一卷末一卷 （清）吳士鴻修 （清）孫學恆纂 清嘉慶十五年(1810)

刻本 八冊

130000－0403－0001169 史942/18
[嘉慶]灤州志八卷首一卷末一卷 （清）吳士鴻修 （清）孫學恆纂 清刻本 八冊

130000－0403－0001170 史942/2
日下舊聞四十二卷 （清）朱彝尊撰 清康熙刻本 十冊 存二十二卷(二十一至四十二)

130000－0403－0001171 史942/21
[光緒]玉田縣志三十卷首一卷 （清）夏子鎏輯訂 清光緒十年(1884)刻本 五冊 存二十三卷(一至七、十六至三十,首一卷)

130000－0403－0001172 史942/22
[光緒]遵化通志六十卷 （清）何崧泰等修 清光緒刻本 三十一冊 存五十八卷(一至五十八)

130000－0403－0001173 史942/26
[□□]灤州志八卷首一卷末一卷 （清）吳士鴻修 （清）孫學恆纂 清刻本 三冊 存二卷(七至八)

130000－0403－0001174 史942/27(1)
[光緒]樂亭縣志十五卷首一卷末一卷 （清）蔡志修等修 清光緒三年(1877)刻本 六冊

130000－0403－0001175 史942/27(2)
[康熙]東光縣志八卷 （清）白為璣等修 清康熙三十二年(1693)刻本 三冊 存五卷(四至八)

130000－0403－0001176 史942/30
[光緒]甯河縣志十六卷 （清）丁符九纂修 清光緒六年(1880)刻本 十二冊

130000－0403－0001177 史942/34
[乾隆]冀州志二十卷續編一卷 （清）范清曠輯 清乾隆十二年(1747)刻本 十冊

130000－0403－0001178 史942/35
[同治]深州風土記二十二卷附表五卷 （清）吳汝綸纂 清光緒二十六年(1900)刻本 八冊

130000－0403－0001179 史942/36

[光緒]通州志十卷首一卷末一卷　（清）王維珍等修　清光緒九年（1883）刻本　八冊　存八卷（一至八）

130000－0403－0001180　史942/38
[乾隆]宣化府志四十二卷首一卷　（清）王者輔等修　（清）吳廷華等纂　清乾隆二十二年（1757）刻本　十三冊　存三十二卷（一至二十一、二十五至二十八、三十二至三十四、三十八至四十一）

130000－0403－0001181　史942/4
閩都記三十三卷　（明）王應山纂輯　清道光十一年（1831）刻本　四冊

130000－0403－0001182　史942/42
[同治]靈壽縣志十卷末一卷　（清）劉慶年等重修　清同治十二年（1873）刻本　六冊

130000－0403－0001183　史942/43
[同治]葉縣志十卷　（清）歐陽霖重修　清同治刻本　二冊　存三卷（一、五至六）

130000－0403－0001184　史942/46
[同治]金鄉縣志略十二卷　（清）宗稷辰監定　（清）李壘等纂修　清同治元年（1862）刻本　四冊

130000－0403－0001185　史942/47
[乾隆]林縣志十卷首一卷末一卷　（清）楊潮觀纂修　清乾隆三十七年（1772）刻本　四冊

130000－0403－0001186　史942/48
[道光]鄒平縣志十八卷　（清）羅宗瀛修　清道光十六年（1836）刻本　八冊

130000－0403－0001187　史942/49
[光緒]臨榆縣志二十四卷首一卷　（清）趙允祐總裁　（清）高錫疇等纂修　清光緒四年（1878）刻本　十冊

130000－0403－0001188　史942/5
[光緒]畿輔通志三百卷首一卷　（清）李鴻章修　（清）黃彭年纂修　（清）錢鼎銘監修　清宣統二年（1910）石印本　二百三十九冊　存三百卷（一至一百三十九、一百四十一至三百,首一卷）

130000－0403－0001189　史942/50
[咸豐]汾陽縣志十四卷首一卷　（清）周貽綦等纂修　清咸豐元年（1851）刻本　八冊

130000－0403－0001190　史942/51
[光緒]臨榆縣志二十四卷首一卷　（清）趙允祐總裁　（清）高錫疇等纂修　清刻本　四冊　存十卷（二至三、七至十四）

130000－0403－0001191　史942/52
[嘉慶]澠池縣志十六卷　（清）甘揚聲撰　清嘉慶十五年（1810）刻本　六冊　存十二卷（一至八、十一至十二、十五至十六）

130000－0403－0001192　史942/53
[康熙]隰州志二十四卷　（清）高孝本纂修
[光緒]續修隰州志四卷　（清）崔澄寰修　清光緒二十四年（1898）刻本　四冊　存十一卷（隰州志十六至二十四,續修隰州志一、三）

130000－0403－0001193　史942/55
[嘉慶]溧陽縣志十六卷　（清）李景嶧等修　清光緒二十二年（1896）鉛印本　十冊

130000－0403－0001194　史942/56
[光緒]溧陽縣續志十六卷末一卷　（清）朱畯纂修　（清）馮煦總修　清光緒二十五年（1899）鉛印本　八冊

130000－0403－0001195　史942/57
[光緒]解州志十八卷首一卷　（清）張承熊纂修　清刻本　六冊

130000－0403－0001196　史942/58
[咸豐]順德縣志三十二卷　（清）郭汝誠修　（清）馮奉初纂　清咸豐三年（1853）刻本　十五冊　存三十一卷（一至二十二、二十四至三十二）

130000－0403－0001197　史942/59
[康熙]汝陽縣志十卷　（清）邱天英續修　（清）賈漢復等修　清康熙二十九年（1690）刻本　八冊

130000－0403－0001198　史942/60

[乾隆]竹山縣志二十七卷　（清）常丹葵總修　（清）鄧光仁　（清）王瑞纂修　清乾隆五十年(1785)刻本　四冊

130000－0403－0001199　史942/61
[道光]永安縣三志五卷首一卷末一卷　（清）宋如楠續纂　（清）葉廷芳增修　清道光二年(1822)刻本　四冊

130000－0403－0001200　史942/62
[道光]廈門志十六卷　（清）周凱總纂　清道光十九年(1839)刻本　十二冊

130000－0403－0001201　史942/64
[乾隆]山西志輯要十卷首一卷　（清）雅德修　（清）汪本直纂修　清乾隆刻本　十冊

130000－0403－0001202　史942/65
[雍正]山西通志二百三十卷首一卷　（清）覺羅石麟修輯　（清）儲大文纂修　清嘉慶十六年(1811)刻本　九十六冊　存二百二十卷（一至十九、二十三至四十三、四十六至一百二十七、一百三十一至一百八十五、一百八十八至二百三十）

130000－0403－0001203　史942/66
[乾隆]勅修浙江通志二百八十卷首三卷　（清）嵇曾筠修　（清）沈翼機纂　清嘉慶十七年(1812)刻本　一百四冊　存二百四十七卷（一至九十四、一百一至一百十四、一百四十一至二百五十六、二百六十一至二百八十，首三卷）

130000－0403－0001204　史942/67
[□□]江南通志七十六卷　（清）王新命等纂修　清康熙二十三年(1684)刻本　四十八冊

130000－0403－0001205　史942/68
[嘉慶]湖北通志一百卷首五卷　（清）吳熊光等總裁　（清）陳詩等纂修　清嘉慶刻本　五十六冊　存九十二卷（三至八、十五至八十五、八十七至一百，首一）

130000－0403－0001206　史942/69
[嘉慶]四川通志二百四卷首二十二卷　（清）常明修　（清）楊芳燦纂　清嘉慶刻本　九十一冊　存一百八十卷（三至十一、十六至十七、二十至一百五十九、一百七十二至一百八十八、一百九十三至二百四）

130000－0403－0001207　史942/7
[同治]永平府志二十四卷首一卷末一卷　（清）王金英等修　清同治十二年(1873)刻本　十冊　存二十一卷（一至十三、十九至二十四，首一卷，末一卷）

130000－0403－0001208　史942/70
[雍正]湖廣通志一百二十卷首一卷　（清）夏力恕修　清刻本　四十一冊　存一百六卷（一至七、九至十一、十八至三十七、三十八至五十五、五十九至九十二、九十四至一百十七）

130000－0403－0001209　史942/71
[道光]安徽通志二百六十卷首六卷　（清）陶澍　（清）鄧廷楨修　（清）李振庸　（清）韓玫纂　清道光十年(1830)刻本　七十六冊　存二百五卷（一至一百八十九、一百九十三至一百九十四、一百九十八至二百五，首六卷）

130000－0403－0001210　史942/72
[雍正]山東通志三十六卷首一卷　（清）岳濬修　清刻本　二十二冊　存十八卷（十九至三十六）

130000－0403－0001211　史942/74
[雍正]陝西通志一百卷首一卷　（清）劉於義等修　清雍正十三年(1735)刻本　九十二冊　存九十二卷（一至三、七至九、十一至六十、六十二、六十四、六十六至六十八、七十至一百）

130000－0403－0001212　史942/75
[雍正]江西通志一百六十二卷首三卷　（清）謝旻等修　清雍正十年(1732)刻本　五十三冊　存一百八卷（一至四十六、五十一至五十四、一百六至一百十一、一百十四至一百六十二，首三卷）

130000－0403－0001213　史942/76
[乾隆]盛京通志四十八卷　（清）呂耀曾等修

（清）魏樞纂修　清乾隆元年（1736）刻本
二十冊

130000－0403－0001214　史942/77

[嘉慶]廣東通志三百三十四卷首一卷　（清）
阮元修　（清）陳昌齊等纂　清刻本　一百三
十四冊　存二百八十八卷（一至二、六至七、
十二至九十五、一百二十三至一百七十八、一
百八十五至一百八十八、一百九十五至三百
三十四）

130000－0403－0001215　史942/78

[乾隆]福建續志九十二卷首五卷　（清）楊廷
璋等修　（清）沈廷芳　（清）吳嗣富纂　清乾
隆刻本　三十八冊　存七十八卷（一至十三、
三十一至九十，首五卷）

130000－0403－0001216　史942/8

[光緒]永平府志七十二卷首一卷末一卷
(清)游智開等修　清刻本　二十九冊　缺八
卷（一、八至九、十二至十六）

130000－0403－0001217　史942/80

[光緒]永平府志一百三十卷附錄一卷　（清）
張之洞等纂修　清光緒十二年（1886）刻本
五十四冊　缺十七卷（五十二至五十三、七十
二至八十四、九十五至九十六）

130000－0403－0001218　史942/81

[道光]承德府志六十卷首二十六卷　（清）海
忠纂修　清刻本　二十二冊　存八十二卷
（承德府志六十卷，首一至十二、十七至二十
六）

130000－0403－0001219　史942/82

[光緒]重修天津府志五十四卷首一卷末一卷
　沈家本等監修　（清）徐宗亮等纂修　清光
緒二十五年（1899）刻本　二十七冊　存五十
四卷（一至五十三、首一卷）

130000－0403－0001220　史942/84

[乾隆]彰德府志二十四卷首一卷　（清）黃邦
寧修　（清）景鴻賓等纂　清乾隆三十五年
（1770）刻本　五冊　存十七卷（一至十六，首
一卷）

130000－0403－0001221　史942/85

[乾隆]續修臺灣府志二十六卷首一卷　（清）
覺羅四明等修　清刻本　八冊　存十七卷
（一至十六、首一卷）

130000－0403－0001222　史942/87

[康熙]撫寧縣志十二卷　（清）趙端重修　清
康熙二十一年（1682）刻本　五冊

130000－0403－0001223　史942/88

[同治]增訂南部縣志三十卷首一卷　（清）王
瑞慶創修　（清）李咸若總纂　清同治九年
（1870）刻本　四冊　存十三卷（一至二、十一
至二十，首一卷）

130000－0403－0001224　史942/91

[乾隆]乾隆府廳州縣圖志五十卷　（清）洪亮
吉撰　清刻本　五冊　存二十六卷（八至二
十八、三十七至四十一）

130000－0403－0001225　史942/92

[嘉慶]丹徒縣志四十七卷首四卷　（清）貴中
孚　（清）萬承紀修　（清）蔣宗海纂　清刻本
　七冊　存二十六卷（四至八、十三至二十
七、四十四至四十五,首四卷）

130000－0403－0001226　史942/93

[乾隆]涿州志二十二卷首一卷　（清）吳山鳳
等修　[同治]續志十八卷　（清）周紹達等續
修　清光緒元年（1875）刻本　十二冊

130000－0403－0001227　史942/96

[乾隆]寧河縣志十六卷　（清）關廷牧修　清
乾隆刻本　四冊　存九卷（八至十六）

130000－0403－0001228　史942/97

[雍正]朔平府志十二卷　（清）劉士銘修　清
雍正刻本　二冊　存三卷（十至十二）

130000－0403－0001229　史942/98

新修齊東縣志八卷　（清）余為霖纂　清康熙
二十四年（1685）刻本　四冊　存六卷（一至
六）

130000－0403－0001230　史942/99

西藏新志三卷　（清）許光世　（清）蔡晉成編

清宣統三年(1911)鉛印本　一冊

130000－0403－0001231　史 943.8/1

[光緒]津門雜記三卷　(清)張燾輯　清光緒
十年(1884)刻本　三冊

130000－0403－0001232　史 944/1

西域聞見錄八卷首一卷　(清)七十一撰　清
乾隆刻本　四冊

130000－0403－0001233　史 944/2

東槎紀略五卷　(清)姚瑩著　清道光鉛印本
二冊

130000－0403－0001234　史 944/3

補三國疆域志二卷　(清)洪亮吉撰　清乾隆
四十六年(1781)刻本　一冊

130000－0403－0001235　史 945.1/1(1)

焦山續志八卷　(清)陳任暘輯　清光緒三十
一年(1905)刻本　二冊

130000－0403－0001236　史 945.1/1(2)

焦山志二十六卷首一卷　(清)吳雲輯　清同
治四年(1865)刻本　七冊　缺四卷(七至十)

130000－0403－0001237　史 945.1/10

石鐘山志十六卷首一卷　(清)李成謀　(清)
丁義方輯　清光緒九年(1883)刻本　七冊
存十五卷(一至十二、十五至十六,首一卷)

130000－0403－0001238　史 945.1/11

盤山志十卷首一卷補遺四卷　(清)釋智樸纂
輯　清康熙刻本　四冊

130000－0403－0001239　史 945.1/12(1)

慧山記四卷　(明)邵寶撰　(清)釋圓顯輯
清同治七年(1868)刻本　二冊

130000－0403－0001240　史 945.1/12(2)

慧山記續編三卷首一卷　(清)邵涵初輯
(清)邵文燾編輯　清同治七年(1868)刻本
二冊

130000－0403－0001241　史 945.1/13

重修南海普陀山志二十卷首一卷　(清)秦耀
曾編輯　清刻本　一冊　存二卷(一、首一
卷)

130000－0403－0001242　史 945.1/14

廬山志十五卷　(清)毛德琦撰　清同治、宣
統間遞修本　十冊　存九卷(一至二、四、七
至八、十一至十四)

130000－0403－0001243　史 945.1/15

欽定清涼山志二十二卷　(清)董誥等纂　清
刻本　五冊　缺九卷(六至十二、十八至十
九)

130000－0403－0001244　史 945.1/16

華嶽志八卷首一卷　(清)李榕纂輯　清道光
十一年(1831)刻光緒九年(1883)補刻本
三冊

130000－0403－0001245　史 945.1/2

說嵩三十二卷　(清)景日昣撰　清康熙刻本
十冊

130000－0403－0001246　史 945.1/3

泰山志二十卷　(清)金棨錄　清嘉慶刻本
十冊

130000－0403－0001247　史 945.1/5

峩山圖說二卷　(清)黃錫燾撰　清光緒十七
年(1891)刻本　二冊

130000－0403－0001248　史 945.1/6

天台山方外志要十卷　(明)釋傳燈纂　清乾
隆三十二年(1767)刻本　四冊

130000－0403－0001249　史 945.1/7

天台山全志十八卷　(清)張聯元輯　清康熙
刻本　六冊

130000－0403－0001250　史 945.1/9

岱史十八卷　(明)查志隆輯　明萬曆十五年
(1587)刻清順治增修本　八冊

130000－0403－0001251　史 945.2/1

西湖志四十八卷　(清)李衛等修　(清)傅王
露等纂　清雍正十三年(1735)刻本　二十冊

130000－0403－0001252　史 945.2/2

洞庭湖志十四卷　(清)陶澍汀督修　(清)沈
筠堂總纂　(清)綦世基原本　(清)夏大觀補
輯　清道光八年(1828)刻本　九冊　存十三

卷（一至七、九至十四）

130000－0403－0001253　史945.2/5
水經注四十卷首一卷　（北魏）酈道元撰　清
乾隆三十九年（1774）刻本　十六冊

130000－0403－0001254　史946/1
行水金鑑一百七十五卷首一卷　（清）傅澤洪
錄　清雍正三年（1725）刻本　三十一冊　存
一百六十一卷（一至一百五、一百十至一百二
十五、一百三十一至一百五十、一百五十六至
一百七十五）

130000－0403－0001255　史946/2
山東運河備覽十二卷前附運河圖　（清）陸燿
纂　清乾隆四十一年（1776）刻本　五冊

130000－0403－0001256　史946/3
**畿輔河道水利叢書八種十三卷附畿輔水利私
議一卷**　（清）吳邦慶輯　清道光四年（1824）
刻本　十冊

130000－0403－0001257　史946/4
治水述要十卷　（清）周馥纂　清刻本　一冊
存一卷（十）

130000－0403－0001258　史947/73
［道光］雲南通志稿二百十六卷首三卷　（清）
阮元　（清）李誠纂修　清道光刻本　八十冊
存一百五十五卷（一至十二、二十九至七十
六、九十三至一百八、一百二十五至一百八十
八、二百五至二百十六,首三卷）

130000－0403－0001259　史948/7
萬國通史前編十卷　（英國）李思倫白輯譯
蔡爾康著述　清刻本　二冊　存二卷（二、
四）

130000－0403－0001260　史948/1（1）
海國圖志續集二十五卷首一卷　（英國）賈密
倫著　（英國）傅蘭雅口譯　（清）徐建寅筆述
清石印本　一冊　存十三卷（十三至二十
五）

130000－0403－0001261　史948/1（2）
海國圖志一百卷首一卷　（清）魏源撰　清光

緒二十四年（1898）石印本　十冊　存七十四
卷（一至五十一、六十三至七十五、九十一至
一百）

130000－0403－0001262　史948/10
使琉球記六卷　（清）李鼎元撰　清鉛印本
一冊

130000－0403－0001263　史948/11
琉球國志略十六卷首一卷　（清）周煌輯　清
刻本　二冊　存八卷（三、八至十四）

130000－0403－0001264　史948/2
日本國志四十卷首一卷　（清）黃遵憲編纂
清光緒二十四年（1898）鉛印本　八冊

130000－0403－0001265　史948/3
泰西新史攬要二十三卷附記一卷　（英國）馬
懇西著　（英國）李提摩太譯　蔡爾康述稿
清光緒二十一年（1895）鉛印本　八冊

130000－0403－0001266　史948/4
泰西新史攬要二十三卷附記一卷　（英國）馬
懇西著　（英國）李提摩太譯　蔡爾康述稿
清光緒二十八年（1902）鉛印本　八冊

130000－0403－0001267　史948/5
節本泰西新史攬要八卷　（英國）馬懇西著
（英國）李提摩太譯　（清）周慶雲節錄　清光
緒二十七年（1901）刻本　四冊

130000－0403－0001268　史948/6
萬國史記二十卷　（日本）岡本監輔著　清鉛
印本　五冊　存十三卷（三至十、十三至十
七）

130000－0403－0001269　史95/2
金石索十二卷首一卷　（清）馮雲鵬　（清）馮
雲鵷輯　清光緒三十二年（1906）石印本　十
九冊

130000－0403－0001270　史952/1
陶齋吉金續錄二卷　（清）端方輯　清宣統元
年（1909）石印本　二冊

130000－0403－0001271　史953/1
寰宇訪碑錄十二卷　（清）孫星衍　（清）邢澍

撰　清光緒九年(1883)刻本　四冊

130000－0403－0001272　史 961/3
欽定四庫全書總目二百卷首一卷　(清)紀昀
等纂修　清同治七年(1868)刻本　一百三冊
　存一百九十三卷(一至二十七、三十二至四
十一、四十三至一百七十四、一百七十六至一
百七十九、一百八十二至二百,首一卷)

130000－0403－0001273　史 961/4
欽定四庫全書簡明目錄二十卷　(清)紀昀等
纂　清刻本　十一冊　缺二卷(五至六)

130000－0403－0001274　史 961/5
欽定四庫全書簡明目錄二十卷　(清)紀昀等
纂　清刻本　十冊

130000－0403－0001275　史 961/6
欽定四庫全書簡明目錄二十卷　(清)紀昀等
纂　清刻本　六冊　存十卷(十一至二十)

130000－0403－0001276　史 961/7
欽定四庫全書簡明目錄二十卷　(清)紀昀等
纂　清刻本　六冊　存十一卷(一至十一)

130000－0403－0001277　史 962/1(1)
天一閣碑目一卷　(清)范懋敏編次　清嘉慶
十三年(1808)刻本　一冊

130000－0403－0001278　史 962/1(2)
天一閣書目四卷　(清)阮元輯　清嘉慶十三
年(1808)刻本　七冊

130000－0403－0001279　史 962/2
直齋書錄解題二十二卷　(宋)陳振孫撰　清
刻本　八冊

130000－0403－0001280　史 963/1
大清畿輔書徵四十一卷附勘誤表一卷　徐世
昌纂　清鉛印本　十三冊　存三十二卷(一
至十、二十一至四十一,勘誤表一卷)

130000－0403－0001281　史 963/2
大清畿輔書徵四十一卷　徐世昌纂　清鉛印
本　十六冊

130000－0403－0001282　史 964/1
經義考三百卷目錄二卷　(清)朱彝尊編　清

乾隆二十年(1755)刻本　十四冊　存六十二
卷(一至二十五、二百五十七至二百七十三、
二百七十九至二百九十八)

130000－0403－0001283　史 964/2
彙刻書目二十卷　(清)顧修纂　清刻本　十
冊　存十卷(十一至二十)

130000－0403－0001284　史 964/7
讀書敏求記四卷　(清)錢曾撰　清道光五年
(1825)刻本　四冊

130000－0403－0001285　子 2/1
二程全書六十七卷　(宋)程顥　(宋)程頤撰
　清同治十年(1871)刻本　二十冊

130000－0403－0001286　子 2/10
大學衍義輯要六卷補輯要十二卷　(清)陳弘
謀纂　清乾隆元年(1736)刻本　四冊　缺八
卷(補輯要一至八)

130000－0403－0001287　子 2/11
性理標題訓解八卷　(清)張道升　(清)仇廷
桂纂輯　(清)呂從律增訂　清乾隆四十一年
(1776)刻本　五冊

130000－0403－0001288　子 2/12
讀書錄十一卷讀書續錄十二卷　(明)薛瑄撰
　清刻本　四冊

130000－0403－0001289　子 2/13
小學纂註六卷附文公朱夫子年譜一卷　(清)
高愈纂註　清刻本　三冊　存六卷(一至五、
文公朱夫子年譜一卷)

130000－0403－0001290　子 2/14
小學集解六卷輯說一卷　(清)張伯行纂輯
清刻本　二冊

130000－0403－0001291　子 2/15(1)
小學集解六卷綱領一卷　(清)張伯行纂輯
清道光二十七年(1847)刻本　三冊

130000－0403－0001292　子 2/15(2)
孝經註解一卷　(唐)玄宗李隆基注　(宋)司
馬光指解　(宋)范祖禹說　清道光二十七年
(1847)刻本　一冊

130000－0403－0001293　　子2/16

課子隨筆節鈔六卷附課子隨筆續編一卷
(清)張又渠輯　　(清)徐桐節鈔　清同治十二
年(1873)刻本　　四冊

130000－0403－0001294　　子2/17

說苑二十卷　　(漢)劉向撰　清光緒元年
(1875)刻　　四冊

130000－0403－0001295　　子2/19

荀子集解二十卷　　(唐)楊倞注　王先謙集解
清石印本　　七冊

130000－0403－0001296　　子2/2

二程全書六十七卷　　(宋)程顥　(宋)程頤撰
清刻本　　十八冊

130000－0403－0001297　　子2/20

荀子集解二十卷首一卷　　(唐)楊倞注　王先
謙集解　清光緒十七年(1891)刻本　　六冊

130000－0403－0001298　　子2/21

聖諭像解二十卷　　(清)梁延年編輯　清咸豐
六年(1856)刻本　　十冊

130000－0403－0001299　　子2/22

格言彙編六種　　(清)王乃徵彙編　清光緒三
十四年(1908)石印本　　七冊　　存十卷(庭訓
格言一卷,澄懷園語四卷,裏言一卷,藥言一
卷、藥言膡稿一卷,冰言一卷、補一卷)

130000－0403－0001300　　子2/24

五種遺規十六卷　　(清)陳宏謀輯　清道光二
十二年(1842)刻本　　六冊　　存七卷(從政遺
規四卷,養正遺規二卷、補編一卷)

130000－0403－0001301　　子2/25

五種遺規十六卷　　(清)陳宏謀輯　清道光十
年(1830)刻本　　八冊

130000－0403－0001302　　子2/26

訓俗遺規四卷補編二卷　　(清)陳宏謀編　清
道光十八年(1838)刻本　　五冊

130000－0403－0001303　　子2/27

朱子近思錄十四卷　　(宋)朱熹撰　(清)朱顯
祖輯　清刻本　　三冊　　存十二卷(一至八、十
一至十四)

130000－0403－0001304　　子2/28

小學纂註六卷附文公朱夫子年譜一卷　　(清)
高愈纂註　清乾隆四十六年(1781)刻本　　一
冊　　存五卷(一至四、文公朱夫子年譜一卷)

130000－0403－0001305　　子2/3

二程集解十卷朱子集解七卷　　(清)張伯行集
解　清刻本　　四冊

130000－0403－0001306　　子2/4

陸子學譜二十卷　　(清)萬承蒼訂　(清)李紱
編　清雍正十年(1732)刻本　　十六冊

130000－0403－0001307　　子2/5

慈溪黃氏日抄分類九十七卷　　(宋)黃震撰
清乾隆三十二年(1767)刻本　　十八冊

130000－0403－0001308　　子2/6

性理大全書七十卷　　(明)胡廣等纂修　明萬
曆二十五年(1597)刻本　　十八冊　　存五十一
卷(一至三十三、五十三至七十)

130000－0403－0001309　　子2/7

御纂性理精義十二卷　　(清)李光地　(清)楊
名時修　清康熙五十六年(1717)刻本　　四冊

130000－0403－0001310　　子2/8

御纂性理精義十二卷　　(清)李光地　(清)楊
名時修　清刻本　　六冊

130000－0403－0001311　　子2/9

御纂性理精義十二卷　　(清)李光地　(清)楊
名時修　清道光三十年(1850)刻本　　六冊

130000－0403－0001312　　子3/1

南華真經評注五卷　　(戰國)莊周著　(晉)郭
象評　(晉)向秀註　明刻本　　六冊

130000－0403－0001313　　子3/10

道祖真傳輯要不分卷　　(清)李西月註　(清)
成韶編次　(清)陸興彙輯　清刻本　　二冊

130000－0403－0001314　　子3/2

莊子集解八卷　　王先謙輯　清宣統元年
(1909)石印本　　四冊

130000－0403－0001315　子3/4

莊子因六卷　（清）林雲銘評述　清康熙刻本
六冊

130000－0403－0001316　子3/5

莊子齊物論釋一卷　（清）李毅士撰　清光緒
二十年（1894）刻本　一冊

130000－0403－0001317　子3/6

莊子內篇註四卷　（明）釋德清註　清光緒二
十四年（1898）刻本　二冊

130000－0403－0001318　子3/7

南華真經解三卷　（戰國）莊周撰　（清）宣穎
著　清刻本　六冊

130000－0403－0001319　子3/8

太上感應篇集傳四卷　（清）惠棟箋　（清）俞
樾纘義　（清）姚學塽注　清光緒二十六年
（1900）刻本　二冊

130000－0403－0001320　子4/1

補註洗冤錄集證四卷附刊檢骨圖格一卷作吏
要言一卷　（宋）宋慈撰　（清）王又槐增輯
（清）阮其新補註　（清）業鎮著　（清）朱椿
增　清刻三色套印本　四冊

130000－0403－0001321　子4/10

管子二十四卷　（唐）房玄齡注　（明）劉績補
清光緒十九年（1893）石印本　一冊

130000－0403－0001322　子4/2

補註洗冤錄集證四卷附刊檢骨圖格一卷作吏
要言一卷　（宋）宋慈撰　（清）王又槐增輯
（清）阮其新補註　（清）業鎮著　（清）朱椿
增　清刻三色套印本　四冊

130000－0403－0001323　子4/3

重刊補註洗冤錄集證六卷　（宋）宋慈撰
（清）王又槐增輯　（清）李觀瀾補輯　（清）
孫光烈參閱　（清）阮其新補註　清道光二十
四年（1844）刻四色套印本　六冊

130000－0403－0001324　子4/3－2

重刊補註洗冤錄集證六卷　（宋）宋慈撰
（清）王又槐增輯　（清）阮其新補註　清光緒

八年（1882）刻五色套印本　六冊

130000－0403－0001325　子4/5

彙纂秋審比較條欵不分卷　（清）□□輯　清
道光十年（1830）刻本　一冊

130000－0403－0001326　子4/5

刑名一得不分卷　（清）白如珍撰　清道光十
年（1830）刻本　一冊

130000－0403－0001327　子4/6

刪定荀子不分卷管子不分卷　（清）方苞刪定
清刻本　三冊

130000－0403－0001328　子4/8

韓非子集解二十卷首一卷　（清）王先慎集解
清石印本　六冊

130000－0403－0001329　子4/9

福惠全書三十二卷　（清）黃六鴻著　清刻本
六冊　存二十四卷（一至十二、十七至二十
八）

130000－0403－0001330　子5/1

武備志二百四十卷　（明）茅元儀輯　明天啓
刻本　七十九冊　缺四卷（七十二至七十五）

130000－0403－0001331　子5/2

普法戰紀十四卷　（清）張宗良口譯　（清）王
韜輯撰　清同治十二年（1873）鉛印本　八冊

130000－0403－0001332　子5/3

孫子十家註十三卷附遺說一卷敘錄一卷
（宋）吉天保輯　清光緒十九年（1893）石印本
一冊

130000－0403－0001333　子6/1

重訂增補陶朱公致富全書四卷　（清）石巖逸
叟增定　清乾隆四十四年（1779）刻本　四冊

130000－0403－0001334　子6/2

農政全書六十卷　（明）徐光啟撰　清光緒二
十六年（1900）石印本　八冊

130000－0403－0001335　子6/3

欽定授時通考七十八卷　（清）鄂爾泰總裁
（清）蔣溥等纂修　清刻本　六冊　存十九卷
（六十至七十八）

130000－0403－0001336　子6/4

撫郡農產攷畧二卷　(清)何剛德撰　清光緒
三十三年(1907)鉛印本　二冊

130000－0403－0001337　子7/1

御纂醫宗金鑑七十四卷首一卷　(清)吳謙修
(清)李毓清等輯　清刻本　三十六冊

130000－0403－0001338　子7/10

東醫寶鑒二十二卷目錄二卷　(朝鮮)許浚撰
清刻本　四冊　存四卷(外形篇一至四)

130000－0403－0001339　子7/12(1)

增批評點傷寒論本旨九卷　(漢)張仲景撰
(清)章楠編註　(清)王孟英增批評點　清宣
統元年(1909)石印本　六冊

130000－0403－0001340　子7/12(2)

增批評點醫門棒喝四卷　(清)章楠著　(清)
孫廷鉦參訂　(清)田晉元評點　(清)王孟英
增批評點　清宣統元年(1909)石印本　四冊

130000－0403－0001341　子7/15

御纂醫宗金鑑十六卷　(清)吳謙修　(清)李
毓清等輯　清刻本　五冊　存六卷(三至四、
七至九、十四)

130000－0403－0001342　子7/16

御纂醫宗金鑑六十卷首一卷　(清)吳謙修
(清)李毓清等輯　清光緒九年(1883)刻本
七冊　存十三卷(一至八、十一至十四,首一
卷)

130000－0403－0001343　子7/17

醫學從眾錄八卷　(清)陳念祖著　清刻本
三冊

130000－0403－0001344　子7/18

醫學實在易八卷　(清)陳念祖著　清刻本
三冊　存六卷(三至八)

130000－0403－0001345　子7/19

衛生行政法不分卷　(清)胡敏編譯　清光緒
鉛印本　一冊

130000－0403－0001346　子7/2

御纂醫宗金鑑六十卷續編十四卷外科金鑑十

六卷首一卷　(清)吳謙修　(清)李毓清等輯
清刻本　三十六冊　存五十一卷(御纂醫
宗金鑑八至二十一、二十七至二十九、三十三
至三十五、三十八至三十九、四十九至六十,
續編十二,外科金鑑一至十一、十三至十六,
首一卷)

130000－0403－0001347　子7/20

御纂醫宗金鑑外科七十四卷內科十六卷
(清)吳謙修　(清)李毓清等輯　清刻本　二
冊　存三卷(外科二、五至六)

130000－0403－0001348　子7/21

圖註八十一難經辨真四卷　(戰國)秦越人述
(明)張世賢註　清刻本　二冊

130000－0403－0001349　子7/3

御纂醫宗金鑑六十卷　(清)吳謙修　(清)李
毓清等輯　清石印本　六冊　存十八卷(十
八至三十五)

130000－0403－0001350　子7/5

御纂醫宗金鑑六十卷首一卷　(清)吳謙修
(清)李毓清等輯　清刻本　二十四冊　存三
十九卷(一至七、十二至十六、二十三至四十
九)

130000－0403－0001351　子7/6

御纂醫宗金鑑續編十四卷　(清)吳謙修
(清)李毓清等輯　清刻本　八冊

130000－0403－0001352　子7/8(1)

李瀕湖脉學一卷附奇經八脉攷一卷　(明)李
時珍撰輯　清宣統元年(1909)刻本　二冊

130000－0403－0001353　子7/8(2)

圖註八十一難經辨真四卷　(戰國)秦越人述
(明)張世賢註　清刻本　二冊

130000－0403－0001354　子7/8(3)

圖註難經脉訣四卷附方一卷　(晉)王叔和譔
(明)張世賢註　清刻本　二冊

130000－0403－0001355　子7/9

訂正東醫寶鑑二十三卷目錄二卷　(朝鮮)許
浚撰　清光緒刻本　十六冊

130000 – 0403 – 0001356　　子71/2

李仕材先生三書八卷　（清）李中梓著述　清
光緒十三年(1887)刻本　　八冊

130000 – 0403 – 0001357　　子71/3

昌邑黃先生醫書八種　（清）黃元御著　清咸
豐十年(1860)刻本　　十六冊

130000 – 0403 – 0001358　　子71/5

世補齋醫書四十一卷　（明）汪綺石　（清）陸
懋修著　（清）沈彥模等參校　（清）傅山撰
清光緒十二年(1886)刻本　　八冊　　存三十一
卷(文一至四、九至十六,不謝方一,傷寒論陽
明病釋一至四,內經運氣病釋一至五,內經運
氣表一,內經難字音義一,重訂傅青主女科二
至三,重訂綺石理虛元鑑一至五）

130000 – 0403 – 0001359　　子72/1

**補注黃帝內經素問二十四卷遺編一卷靈樞經
十二卷**　（唐）王冰注　清石印本　　四冊

130000 – 0403 – 0001360　　子73/10

**增訂本草備要八卷首一卷附經絡歌訣一卷湯
頭歌訣一卷**　（清）汪昂著輯　清刻本　　四冊
　　存四卷(一至二、四,湯頭歌訣一卷）

130000 – 0403 – 0001361　　子73/11

本草萬方鍼線八卷　（清）蔡烈先輯　清道光
十五年(1835)刻本　　四冊

130000 – 0403 – 0001362　　子73/12

本草三家合註六卷附神農本草經百種錄一卷
　　（清）郭汝聰集註　（清）袁浩閱定　（清）
徐靈胎著　清刻本　　六冊

130000 – 0403 – 0001363　　子73/13

本草綱目五十二卷　（明）李時珍撰　清刻本
　　二冊　　存五卷(十九至二十三）

130000 – 0403 – 0001364　　子73/14

雷公炮製藥性解六卷　（清）李仲梓編輯
（清）王子接重訂　清刻本　　二冊

130000 – 0403 – 0001365　　子73/15

雷公藥性賦四卷　（金）李杲編輯　（清）王子
接重訂　清光緒三十一年(1905)刻本　　二冊

130000 – 0403 – 0001366　　子73/2

本草綱目五十二卷圖三卷　（清）李時珍撰
清道光六年(1826)刻本　　四十冊　　存四十六
卷(本草綱目一至四十三、圖三卷）

130000 – 0403 – 0001367　　子73/3

增廣本草綱目五十二卷圖三卷　（明）李時珍
編輯　清石印本　　十一冊　　缺二十三卷(十
七至十八、二十九至四十九）

130000 – 0403 – 0001368　　子73/7

增訂本草備要八卷　（清）汪昂輯　（清）汪桓
參訂　清光緒七年(1881)刻本　　四冊　　存四
卷(一至四）

130000 – 0403 – 0001369　　子73/8

增訂本草備要八卷　（清）汪昂著輯　清道光
八年(1828)刻本　　四冊　　存四卷(一至四）

130000 – 0403 – 0001370　　子73/9(1)

本草備要八卷　（清）汪昂撰　清道光二十五
年(1845)刻本　　四冊

130000 – 0403 – 0001371　　子73/9(2)

經絡歌訣不分卷　（清）汪昂撰　清刻本
一冊

130000 – 0403 – 0001372　　子75/1

景岳全書六十四卷　（明）張介賓著　清刻本
　　十二冊　　存二十六卷(十三至十五、四十至
四十九、五十二至六十四）

130000 – 0403 – 0001373　　子75/2

重訂驗方新編十八卷　（清）□□輯　清光緒
三十三年(1907)石印本　　六冊

130000 – 0403 – 0001374　　子77/1

醫學十書　（清）陳璞編　清光緒三十三年
(1907)石印本　　六冊

130000 – 0403 – 0001375　　子77/2

瘟疫論二卷　（明）吳有性著　清刻本　　三冊

130000 – 0403 – 0001376　　子77/3

張仲景傷寒論原文淺註六卷　（清）陳念祖集
註　清刻本　　二冊　　存四卷(三至六）

130000 – 0403 – 0001377　　子78/1

重訂外科正宗十二卷　（明）陳實功著　清光緒十四年(1888)刻本　三冊

130000－0403－0001378　子791/2

傅氏眼科審視瑤函六卷　（明）傅仁宇纂輯　（明）林長生校補　清刻本　六冊

130000－0403－0001379　子792/1

胎產心法三卷　（清）閻純璽著　清道光四年(1824)刻本　六冊

130000－0403－0001380　子792/2

胎產心法六卷附經驗雜方一卷　（清）閻純璽著　清咸豐五年(1855)刻本　六冊

130000－0403－0001381　子792/3

傅氏女科二卷附產後編二卷　（清）傅山著　清光緒十六年(1890)刻本　四冊

130000－0403－0001382　子794/1

鍼灸大成十卷　（明）楊繼洲撰　清道光二十三年(1843)刻本　十冊

130000－0403－0001383　子794/2

鍼灸大成十卷　（明）楊繼洲撰　清光緒六年(1880)刻本　十冊

130000－0403－0001384　子82/2

古經天象考十二卷圖說一卷　（清）雷學淇撰　清道光刻本　六冊

130000－0403－0001385　子83/2

新編直指算法統宗十二卷首一卷　（明）程大位編　清光緒八年(1882)刻本　三冊　存七卷(一至六、首一卷)

130000－0403－0001386　子83/3

四元玉鑑細草三卷首一卷附一卷附增一卷　（元）朱世傑編述　（清）羅士琳補草　清光緒二十二年(1896)石印本　三冊

130000－0403－0001387　子91/3

賞奇軒四種合編　（□）□□輯　清刻本　四冊

130000－0403－0001388　子911/49

國朝畫徵錄三卷續錄二卷　（清）張賡著　清光緒十三年(1887)刻本　二冊

130000－0403－0001389　子911/50

佩文齋書畫譜一百卷　（清）孫岳頒等纂輯　清康熙四十八年(1709)刻本　四十七冊　存九十八卷(一至十七、二十至一百)

130000－0403－0001390　子911/53

芥子園畫傳初集六卷　（清）王概摹　清石印本　四冊

130000－0403－0001391　子911/55

國朝畫識十七卷墨香居畫識十卷　（清）馮金伯纂輯　（清）吳晉參訂　清道光十一年(1831)刻本　十冊

130000－0403－0001392　子911/57

芥子園畫傳初集四卷　（清）王概等摹　清刻本　四冊

130000－0403－0001393　子911/60

芥子園畫傳巢勳臨本四卷　（清）巢勳臨摹　清光緒刻本　一冊　存一卷(四)

130000－0403－0001394　子912/2

集古印譜不分卷　（明）王常輯　明鈐印本　四冊

130000－0403－0001395　子912/3

匋齋臧印不分卷　（清）端方輯　清鈐印本　四冊

130000－0403－0001396　子912/4

篆學瑣著　（清）顧湘輯　清道光二十年(1840)海虞顧氏刻本　六冊

130000－0403－0001397　子913/1

琴學入門二卷　（清）張鶴輯　清光緒刻本　六冊

130000－0403－0001398　子914/3

四子譜二卷　（清）過文年輯著　（清）陸求可訂正　清宣統三年(1911)石印本　二冊

130000－0403－0001399　子914/4

桃花泉奕譜二卷　（清）范世勳著　清石印本　二冊

130000－0403－0001400　子923/10

千甓亭古磚圖釋二十卷　（清）陸心源輯　清

光緒十七年(1891)影印本　四冊

130000－0403－0001401　子923/11
秦漢瓦當文字一卷續一卷　(清)程敦著錄
清乾隆五十二年(1787)刻本　三冊

130000－0403－0001402　子923/12
景德鎮陶錄十卷　(清)藍浦著　(清)鄭廷桂
補輯　(清)張少岊鑒訂　清同治九年(1870)
刻本　三冊　存七卷(一、五至十)

130000－0403－0001403　子923/6
欽定西清古鑑四十卷錢錄十六卷　(清)梁詩
正等編纂　清光緒十四年(1888)石印本　二
十四冊

130000－0403－0001404　子923/7
西清續鑑甲編二十卷附錄一卷　(清)王杰等
纂修　清宣統二年(1910)影印本　二十一冊

130000－0403－0001405　子923/8
宋淳熙敕編古玉圖譜一百卷　(宋)龍大淵等
編纂(宋)劉松年寫圖　清乾隆四十四年
(1779)刻本　二十四冊

130000－0403－0001406　子923/9
泊如齋重修宣和博古圖錄三十卷　(清)王黼
等撰　明萬曆刻本　十六冊

130000－0403－0001407　子925/1
佩文齋廣羣芳譜一百卷　(清)汪灝等編修
清刻本　二十四冊　存六十六卷(三十五至
一百)

130000－0403－0001408　子925/2
佩文齋廣羣芳譜一百卷目錄二卷　(清)汪灝
等編修　清刻本　三十六冊

130000－0403－0001409　子925/3
佩文齋廣羣芳譜一百卷　(清)汪灝等編修
清刻本　十四冊　存五十二卷(三至十二、五
十四至六十七、七十三至一百)

130000－0403－0001410　子925/4
二如亭群芳譜三十卷首一卷　(明)王象晉纂
輯　(明)王與齡等詮次　明末刻清雍正後印
本　二十八冊

130000－0403－0001411　子93/1
中西聞見錄三期　(美國)丁韙良編　清同治
十二年(1873)刻本　三冊　存第十四號、第
十五號、第二十四號

130000－0403－0001412　子93/2
珍藝宦遺書　(清)莊述祖撰　清嘉慶、道光
間刻本　十冊　存二十四卷(明堂陰陽夏小
正經傳考釋十卷、毛詩考證四卷、尚書今古文
考證七卷、毛詩周頌口義三卷)

130000－0403－0001413　子93/3
新增格古要論十三卷　(明)曹昭著　(明)舒
敏編　(明)王佐增　清光緒二十二年(1896)
刻本　六冊　存九卷(一、三至四、七至十二)

130000－0403－0001414　子931/1
居易錄三十四卷　(清)王士禎著　清刻本
八冊

130000－0403－0001415　子931/10
秘書三種五卷　(清)劉一峰著　(清)汪思廻
評　(清)劉台星編次　清乾隆刻本　五冊

130000－0403－0001416　子931/12
盛世危言五卷　鄭觀應輯著　清石印本　四
冊　存四卷(一至四)

130000－0403－0001417　子931/13
香祖筆記十二卷　(清)王士禎撰　清康熙四
十四年(1705)刻本　四冊

130000－0403－0001418　子931/16
楹聯叢話十二卷楹聯續話四卷　(清)梁章鉅
輯　清道光二十六年(1846)刻本　五冊　存
十四卷(楹聯叢話十二卷、楹聯續話一至二)

130000－0403－0001419　子931/17
池北偶談二十六卷　(清)王士禎著　清宣統
二年(1910)刻本　六冊

130000－0403－0001420　子931/18
經史辨體不分卷　(清)徐與喬輯評　清刻本
七冊

130000－0403－0001421　子931/19
夢溪筆談二十六卷　(宋)沈括撰　清刻本

六冊

130000－0403－0001422　子931/2

輟畊錄三十卷　（明）陶宗儀編　清刻本
六冊

130000－0403－0001423　子931/20

重刻夢溪筆談二十六卷補筆談三卷續筆談一
卷　（宋）沈括撰　明崇禎四年(1631)刻本
六冊

130000－0403－0001424　子931/21

家言隨記四卷　（清）王賢儀著　清同治九年
(1870)刻本　四冊

130000－0403－0001425　子931/23

墨子閒詁十五卷目錄一卷附錄一卷後語二卷
　（清）孫詒讓輯　清石印本　八冊

130000－0403－0001426　子931/24

問青園集十一種　（清）王晉之撰　清光緒二
十二年(1896)刻本　四冊

130000－0403－0001427　子931/25

古書疑義舉例七卷補一卷　（清）俞樾著　清
鉛印本　四冊

130000－0403－0001428　子931/26

小隱三徑六卷　（明）劉允鵬撰　清刻本
六冊

130000－0403－0001429　子931/27

困學紀聞注二十卷　（宋）王應麟撰　（清）翁
元圻輯　清刻本　七冊　存六卷(一至六)

130000－0403－0001430　子931/28

憑山閣增輯留青新集三十卷　（清）陳枚選
（清）陳德裕增輯　清刻本　十五冊　存二十
卷(三至五、七至二十三)

130000－0403－0001431　子931/3

家寶全集四集三十二卷　（清）石成金撰　清
刻本　二十四冊　存二十四卷(初集一至八、
二集一至八、四集一至八)

130000－0403－0001432　子931/4

傳家寶四集三十二卷　（清）石成金撰集　清
刻本　二十三冊　缺十卷(初集一至五、八,

二集四,四集一、七至八)

130000－0403－0001433　子931/5

重刻添補傳家寶俚言新本不分卷　（清）石成
金撰集　清刻本　十冊

130000－0403－0001434　子931/6

家言隨記四卷　（清）王賢儀著　清同治九年
(1870)刻本　四冊

130000－0403－0001435　子931/8

劉氏通論十一卷　（明）劉繪著　明刻本
八冊

130000－0403－0001436　子931/9

約書十二卷　（清）謝階樹著　清道光二十四
年(1844)刻本　四冊

130000－0403－0001437　子932/10

白虎通二卷　（漢）班固撰　（清）周夢齡校
清刻本　二冊

130000－0403－0001438　子932/11

日知錄三十二卷　（清）顧炎武撰　清刻本
十四冊　存二十八卷(三至四、七至三十二)

130000－0403－0001439　子932/13

通雅五十二卷首三卷　（清）方以智輯著
（清）姚文燮訂　清康熙五年(1666)刻本　十
五冊

130000－0403－0001440　子932/14

藝林彙考飲食篇七卷　（清）沈自南輯　清刻
本　四冊

130000－0403－0001441　子932/15

增訂二三場群書備考四卷　（明）袁黃著
（明）袁儼注　明崇禎刻本　四冊　存三卷
(一至三)

130000－0403－0001442　子932/16

證俗文十九卷　（清）郝懿行著　清光緒刻本
　四冊　存十五卷(三至四、七至十九)

130000－0403－0001443　子932/17

日知錄三十二卷　（清）顧炎武著　清乾隆刻
本　三冊　存六卷(一至四、十一至十二)

130000 – 0403 – 0001444　　子 932/18

日知錄集釋三十二卷　（清）顧炎武著　（清）黃汝成集釋　清刻本　三冊　存六卷（六至七、十至十三）

130000 – 0403 – 0001445　　子 932/2

陔餘叢考四十三卷　（清）趙翼撰　清乾隆五十五年（1790）刻本　十二冊

130000 – 0403 – 0001446　　子 932/3

古今釋疑十八卷　（清）方中履學　清康熙刻本　八冊　存十三卷（一至十三）

130000 – 0403 – 0001447　　子 932/4

學林十卷　（宋）王觀國撰　清木活字印本　八冊

130000 – 0403 – 0001448　　子 932/5

讀書雜志八十二卷餘編二卷　（清）王念孫撰　清刻本　十二冊　存四十五卷（史記雜志六卷,漢書雜志十六卷,管子雜志十二卷,晏子春秋雜志二卷,淮南內篇雜志十一至十五、二十一至二十二,補遺一卷,漢隸拾遺一卷）

130000 – 0403 – 0001449　　子 932/6

讀書雜志八十二卷餘編二卷　（清）王念孫撰　清同治九年（1870）刻本　十八冊　存六十六卷（逸周書雜志四卷、戰國策雜志三卷、史記雜志六卷、漢書雜志十六卷、管子雜志十二卷、晏子春秋雜志二卷、墨子雜志六卷、荀子雜志一至六、淮南內篇雜志五至十五）

130000 – 0403 – 0001450　　子 932/7

讀書雜志八十二卷餘編二卷　（清）王念孫撰　清刻本　二十四冊

130000 – 0403 – 0001451　　子 932/8

讀書雜志八十二卷餘編二卷　（清）王念孫撰　清刻本　二十四冊

130000 – 0403 – 0001452　　子 932/9

白虎通四卷附攷一卷校勘補遺一卷闕文一卷　（漢）班固等撰　清嘉慶九年（1804）刻本　六冊

130000 – 0403 – 0001453　　子 935/1

經餘必讀八卷　（清）雷琳等輯　清嘉慶八年（1803）刻本　四冊

130000 – 0403 – 0001454　　子 935/2

經餘必讀八卷　（清）雷琳等輯　清道光五年（1825）刻本　四冊

130000 – 0403 – 0001455　　子 935/3

經餘必讀續編八卷　（清）雷琳等輯　清嘉慶十三年（1808）刻本　四冊

130000 – 0403 – 0001456　　子 935/4

經餘必讀續編八卷　（清）雷琳等輯　清嘉慶十四年（1809）刻本　四冊

130000 – 0403 – 0001457　　子 935/5

訓俗遺規摘鈔三卷補摘鈔一卷　（清）陳宏謀編　清同治七年（1868）刻本　二冊

130000 – 0403 – 0001458　　子 94/1

世說新語三卷　（南朝宋）劉義慶撰　（南朝梁）劉孝標注　清道光八年（1828）刻本　六冊

130000 – 0403 – 0001459　　子 94/2

世說新語三卷　（南朝宋）劉義慶撰　（南朝梁）劉孝標注　明嘉靖四十五年（1566）刻本　六冊

130000 – 0403 – 0001460　　子 941/1

湧幢小品三十二卷　（明）朱國禎輯　明天啓二年（1622）刻本　十冊　存十六卷（一至十六）

130000 – 0403 – 0001461　　子 941/4

智囊補二十八卷　（明）馮夢龍輯　（明）張明弼等閱　清刻本　十二冊

130000 – 0403 – 0001462　　子 941/6

寄園寄所寄十二卷　（清）趙吉士輯　（清）馮雲驌等校訂　清刻本　十一冊

130000 – 0403 – 0001463　　子 941/8

息影偶錄八卷　（清）張埏輯　清光緒八年（1882）刻本　四冊　存四卷（一至四）

130000 – 0403 – 0001464　　子 941/9

客窗閒話八卷　（清）吳熾昌著　清刻本　二

冊　存四卷(一至四)

130000－0403－0001465　子942/1
山海經箋疏十八卷　(晉)郭璞傳　(清)郝懿
行箋疏　清光緒刻本　一冊　存三卷(一至
三)

130000－0403－0001466　子942/2
醉茶誌怪四卷　(清)李慶辰著　清光緒刻本
二冊　存二卷(二至三)

130000－0403－0001467　子942/3(1)
搜神後記十卷　(晉)陶潛撰　清光緒刻本
一冊

130000－0403－0001468　子942/3(2)
搜神記二十卷　(晉)干寶撰　清光緒刻本
二冊

130000－0403－0001469　子942/4
果報類編五卷　(清)吳震方編　清石印本
二冊

130000－0403－0001470　子942/5
穆天子傳注疏六卷首一卷末一卷　(晉)郭璞
註　(清)檀萃疏　清刻本　四冊

130000－0403－0001471　子942/6
穆天子傳註疏六卷首一卷末一卷　(晉)郭璞
註　(清)檀萃疏　清嘉慶刻本　四冊

130000－0403－0001472　子942/7
太平廣記五百卷　(宋)李昉等纂　清刻本
二十三冊　存二百四十二卷(一百三至一百
十二、一百二十三至二百十一、二百四十四至
二百五十四、二百六十八至二百七十七、二百
九十三至三百十二、三百六十三至三百七十
三、四百十至五百)

130000－0403－0001473　子942/8
山海經廣注十八卷　(清)吳任臣注　清刻本
二冊　存七卷(四至五、十四至十八)

130000－0403－0001474　子95/2
五種秘竅全書　(明)甘霖著　清刻本　十冊
存十四卷(選擇天星秘竅一卷、甘氏奇門一
得下、形家彙要秘竅一卷、羅經秘竅八卷、考

驗通書法竅秘訣三卷)

130000－0403－0001475　子95/3
新編評註通玄先生張果星宗大全十卷　(明)
陸位輯校　明萬曆二十二年(1594)刻本
六冊

130000－0403－0001476　子953/1
卜筮正宗十四卷　(清)王洪緒輯　(清)王需
(清)鍾英參訂　清石印本　四冊

130000－0403－0001477　子953/2
卜筮正宗十四卷　(清)王洪緒輯　(清)王需
(清)鍾英參訂　清康熙四十八年(1709)刻
本　六冊

130000－0403－0001478　子954/1
欽定協紀辨方書三十六卷　(清)允祿等纂
清刻本　二十四冊

130000－0403－0001479　子954/2
欽定協紀辨方書三十六卷　(清)允祿等纂
清乾隆六年(1741)刻朱墨套印本　十五冊

130000－0403－0001480　子954/3
諏吉寶鏡不分卷附陽宅都天發用全書　(清)
俞榮寬編　清道光二年(1822)刻朱墨套印本
四冊

130000－0403－0001481　子956/1
陽宅大全十卷　(□)□□輯　清光緒十五年
(1889)刻本　六冊

130000－0403－0001482　子956/10
新刻黃石公秘傳陽宅必用四卷附元空法鑑一
卷靈驅解法洞明真言秘書一卷　(□)增輝山
撰　清石印本　二冊

130000－0403－0001483　子956/2
重刊人子須知資孝地理心學統宗三十九卷
(明)徐善繼　(明)徐善述著　明刻本　七冊
存七卷(一至七)

130000－0403－0001484　子956/5
雪心賦正解四卷　(唐)卜應天撰　(清)孟浩
註　辯論一卷　(清)孟浩撰　清刻本　四冊

130000－0403－0001485　子956/8

羅經解三卷　（明）吳天洪評點　（明）郭廷彥
定　（明）鄺宮參　清刻本　二冊

130000－0403－0001486　子956/9（1）

新刻賴太素天星催官解二卷附破愚論一卷
（宋）賴文俊撰　清刻本　二冊

130000－0403－0001487　子956/9（2）

新刻羅經解三卷　（明）吳天洪撰　清刻本
二冊

130000－0403－0001488　子957/1

格物測算八卷　（美國）丁韙良著　清光緒九
年（1883）鉛印本　八冊

130000－0403－0001489　子957/2

增訂格物入門七卷　（美國）丁韙良著　清光
緒十五年（1889）鉛印本　七冊

130000－0403－0001490　子957/3

西藝知新二十二卷　（英國）諾格德撰　（英
國）傅蘭雅口譯　（清）徐壽筆述　清光緒二
十二年（1896）石印本　六冊

130000－0403－0001491　子957/4

玫工記要十七卷附圖　（英國）瑪體生著
（英國）傅蘭雅　（清）鍾天緯譯　清光緒二十
三年（1897）石印本　四冊

130000－0403－0001492　子957/5

格致啟蒙四卷　（英國）羅斯古纂　（美國）林
樂知　（清）鄭昌棪譯　清刻本　一冊　存一
卷（一）

130000－0403－0001493　子961.2/1

居士傳五十六卷　（清）彭紹升撰　清乾隆四
十一年（1776）刻本　二冊

130000－0403－0001494　子961/12

淨土傳燈四十四卷　（□）□□輯　清光緒二
十三年（1897）刻本　十冊

130000－0403－0001495　子961/15

夢東禪師遺集二卷　（清）釋際醒撰　清嘉慶
二十二年（1817）刻本　二冊

130000－0403－0001496　子961/16（1）

補訂新譯大方廣佛華嚴經音義二卷華嚴經音

義敍錄一卷　（唐）釋慧苑述　清同治八年
（1869）刻本　一冊

130000－0403－0001497　子961/16（2）

一切經音義二十五卷　（唐）釋玄應撰　清同
治八年（1869）刻本　三冊

130000－0403－0001498　子961/19

維摩詰經解義四卷　（□）沽上逸民撰　清鉛
印本　四冊

130000－0403－0001499　子961/2

觀楞伽阿跋多羅寶經記十八卷首一卷補遺一
卷　（南朝宋）釋求那跋陀羅譯　（明）釋德清
筆記　清刻本　六冊

130000－0403－0001500　子961/22（1）

金剛經附注一卷　（後秦）釋鳩摩羅什譯
（清）翁方綱附注　清刻本　一冊

130000－0403－0001501　子961/22（2）

千手千眼觀世音菩薩廣大圓滿無礙大悲心陀
羅尼經一卷　（唐）釋伽梵達摩譯　清道光二
年（1822）刻本　一冊

130000－0403－0001502　子961/23

大方廣佛華嚴經八十卷附普賢行願品一卷
（唐）釋實叉難陀　（唐）釋般若譯　清刻本
十九冊　存七十七卷（一至三十二、三十七至
八十,普賢行願品一卷）

130000－0403－0001503　子961/28

翻譯名義集二十卷　（宋）釋法雲編　清光緒
四年（1878）刻本　六冊

130000－0403－0001504　子961/29

維摩詰所說經無我疏十二卷　（明）釋傳燈撰
清光緒二十三年（1897）刻本　六冊

130000－0403－0001505　子961/31（1）

大方廣佛華嚴經八十卷　（唐）釋實叉難陀譯
清刻本　一冊　存一卷（十二）

130000－0403－0001506　子961/31

金光明最勝王經一卷　（唐）釋義淨譯　清刻
本　一冊

130000－0403－0001507　子961/34

指月錄三十二卷　（明）瞿汝稷集　清同治十一年(1872)刻本　九冊　存二十八卷(一至二十三、二十八至三十二)

130000－0403－0001508　子961/34－2

指月錄三十二卷　（明）瞿汝稷集　清同治十一年(1872)刻本　六冊　存十九卷(一至十三、十八至二十三)

130000－0403－0001509　子961/36

金剛經注解四卷　（後秦）釋鳩摩羅什譯　清同治九年(1870)刻本　四冊

130000－0403－0001510　子961/39(1)

金剛般若波羅密經不分卷　（後秦）釋鳩摩羅什譯　清刻本　一冊

130000－0403－0001511　子961/39(2)

金剛般若經六譯本　（□）□□輯　清同治刻本　一冊

130000－0403－0001512　子961/4

重訂教乘法數十二卷　（清）釋超海等重訂　清光緒三十四年(1908)刻本　六冊

130000－0403－0001513　子961/40

淨土指歸集二卷　（明）釋大佑集　清乾隆四十九年(1784)刻本　二冊

130000－0403－0001514　子961/41

寶王三昧念佛直指不分卷　（明）釋妙葉集　清光緒五年(1879)刻本　一冊

130000－0403－0001515　子961/44

相宗八要直解八種　（明）釋智旭輯　清同治九年(1870)刻本　二冊

130000－0403－0001516　子961/47

等不等觀雜錄八卷　（清）楊文會著　清刻本　三冊　存六卷(一至六)

130000－0403－0001517　子961/49

佛教初學課本一卷注一卷　（清）楊文會述　清光緒三十二年(1906)刻本　一冊

130000－0403－0001518　子961/50

佛說觀無量壽佛經略論一卷　（南朝宋）畺良耶舍譯　（清）楊文會略論　無量壽經優波提

舍願生偈略釋一卷　（□）婆藪槃豆菩薩造　（清）楊文會釋　壇經略釋一卷　（唐）禪宗六祖慧能說　（□）釋法海等錄　（清）楊文會註　清刻本　一冊

130000－0403－0001519　子961/55

方等十經彙刻十種　（□）□□輯　清刻本　一冊

130000－0403－0001520　子961/57

勸發菩提心文一卷　（清）釋實賢撰　清刻本　三冊

130000－0403－0001521　子961/7

天目中峯和尚廣錄三十卷　（元）釋明本撰　（元）釋慈寂編　清光緒七年(1881)刻本　六冊

130000－0403－0001522　子961/9

憨山老人夢游集五十五卷　（□）福善日錄　（明）釋通炯編輯　清刻本　十九冊　存五十三卷(一至五十三)

130000－0403－0001523　子962.1/2

渡生船　（□）□□輯　清光緒三十四年(1908)刻本　四冊　存四卷(二、四、七、九)

130000－0403－0001524　子962.2/1

五燈會元二十卷　（宋）釋普濟編　清光緒三十二年(1906)刻本　十二冊

130000－0403－0001525　子962/2

道教真派二十章　（□）□□輯　清刻本　一冊　存十一章(一至十一)

130000－0403－0001526　子962/4

闡道篇二卷附學庸解一卷　（清）明善子撰　清光緒二十七年(1901)刻本　三冊

130000－0403－0001527　子962/5

覺世正宗十卷　（清）曹鵬齡校定　清同治元年(1862)刻本　三冊

130000－0403－0001528　子97/11

子史精華一百六十卷　（清）允祿等撰　清刻本　二十六冊　存八十四卷(八至十、六十九至七十一、八十二至一百二、一百四至一百六

十）

130000－0403－0001529　子97/12

子史精華一百六十卷　（清）允祿等撰　清雍正五年(1727)刻本　四十一冊　存一百三十六卷(一至五十二、五十六至八十一、一百三至一百六十)

130000－0403－0001530　子97/13

子史精華一百六十卷　（清）允祿等撰　清刻本　十七冊　存五十九卷(一至七、十一至六十二)

130000－0403－0001531　子97/14

子史精華三十卷　（清）允祿等撰　清光緒九年(1883)石印本　二冊

130000－0403－0001532　子97/15

潛確居類書一百二十卷　（明）陳仁錫纂輯　明崇禎刻本　六十四冊　存一百九卷(一至六十、六十五至八十八、九十六至一百二十)

130000－0403－0001533　子97/16

五車韻瑞一百六十卷附洪武正韻一卷　（明）凌稚隆編輯　明刻本　二十四冊

130000－0403－0001534　子97/19

新增說文韻府羣玉二十卷　（元）陰時夫撰　清乾隆二十四年(1759)刻本　十冊

130000－0403－0001535　子97/20

新增說文韻府羣玉二十卷　（元）陰時夫撰　清刻本　六冊　存五卷(一至五)

130000－0403－0001536　子97/21

讀書紀數略五十四卷　（清）宮夢仁編纂　清光緒六年(1880)刻本　十六冊

130000－0403－0001537　子97/22

新編古今事文類聚前集六十卷後集五十卷續集二十八卷目錄四卷　（宋）祝穆編　新集三十六卷　（元）富大用編　明萬曆三十二年(1604)刻本　三十八冊

130000－0403－0001538　子97/23

廣博物志五十卷　（明）董斯張纂　清光緒五年(1879)刻本　二十四冊

130000－0403－0001539　子97/24

史姓韻編六十四卷　（清）汪輝祖輯　清光緒十年(1884)石印本　十五冊　存六十一卷(四至六十四)

130000－0403－0001540　子97/25

寄傲山房塾課新增幼學故事瓊林四卷首一卷　（清）程允升撰　（清）鄒聖脈增補　清光緒二十九年(1903)刻本　四冊

130000－0403－0001541　子97/25－2

寄傲山房塾課新增幼學故事瓊林四卷首一卷　（清）程允升撰　（清）鄒聖脈增補　清光緒十年(1884)刻本　二冊

130000－0403－0001542　子97/26

玉海二百卷　（宋）王應麟撰　清刻本　三十六冊　存八十一卷(六十至八十二、九十至一百二、一百四十七至一百九十一)

130000－0403－0001543　子97/27

太平御覽一千卷目錄十五卷　（宋）李昉等纂　清嘉慶十二年至十七年(1807－1812)刻本　四十二冊　存四百二十四卷(一至三十五、四十五至五十四、九十七至一百五十四、二百七十至四百二十、四百四十至四百四十八、四百九十二至五百十、八百二至九百二十八，目錄十五卷)

130000－0403－0001544　子97/28

廣事類賦四十卷　（清）華希閔著　清乾隆二十九年(1764)刻本　十冊

130000－0403－0001545　子97/29

廣事類賦四十卷　（清）華希閔著　清嘉慶四年(1799)刻本　十冊

130000－0403－0001546　子97/3

圖書便覽不分卷　（清）史夢蘭輯　清抄本　一百冊

130000－0403－0001547　子97/30

廣事類賦四十卷　（清）華希閔著　清刻本　六冊

130000－0403－0001548　子97/31

增廣尚友錄統編二十二卷　（清）應祖錫編輯
清光緒二十八年(1902)石印本　十四冊

130000－0403－0001549　子97/32

校正尚友錄統編二十四卷　（清）錢湖釣徒編
清光緒二十九年(1903)石印本　十二冊
存十八卷(一至二、四至十、十三、十五至二十二)

130000－0403－0001550　子97/33

增廣廿四史尚友錄十六卷　（明）廖用賢編
（清）張伯琮補輯　（清）思退主人　（清）倉山主人再續編　清石印本　五冊　存五卷(八、十二至十五)

130000－0403－0001551　子97/34

格致鏡原一百卷　（清）陳元龍輯　清刻本
十七冊　存六十四卷(十一至十二、十九至二十、二十八至七十六、九十至一百)

130000－0403－0001552　子97/35

事物異名錄四十卷　（清）厲荃輯　（清）關槐增纂　清乾隆五十三年(1788)刻本　八冊

130000－0403－0001553　子97/36

分類字錦六十四卷　（清）何焯等纂　清刻本
三十二冊　存三十二卷(十七、二十至二十五、二十八、三十至三十一、三十三至四十、四十六至五十七、五十九、六十一)

130000－0403－0001554　子97/37

新刻重校增補圓機活法詩學全書二十四卷
（明）王世貞校正　（明）楊淙糸閱　明刻本
九冊　存十卷(一至十)

130000－0403－0001555　子97/38

唐詩金粉十卷　（清）沈炳震纂輯　清雍正刻本　六冊

130000－0403－0001556　子97/4

御定駢字類編二百四十卷　（清）張廷玉等編
清刻本　四十一冊　存八十二卷(四十九至六十、七十三至一百三十二、一百九十一至二百)

130000－0403－0001557　子97/40

詩句題解韻編續集六卷　（清）葉蘭纂輯　清咸豐元年(1851)刻本　六冊

130000－0403－0001558　子97/41

分類韻錦十二卷　（清）郭化霖編　（清）陳銘章參訂　清道光二十六年(1846)刻本　六冊

130000－0403－0001559　子97/42

小學紺珠十卷　（宋）王應麟輯　清乾隆十七年(1752)刻本　五冊

130000－0403－0001560　子97/43

增補事類統編九十三卷　（清）黃葆真增輯
清石印本　六冊　存五十一卷(四十三至九十三)

130000－0403－0001561　子97/44

律賦標準四卷二集四卷　（清）葉祺昌編次
清同治十三年至光緒二年(1874－1876)刻本　四冊

130000－0403－0001562　子97/45

酬世錦囊全集　（清）謝梅林等定　（清）鄒景揚輯　清刻本　一冊　存八卷(酬世錦囊書啓合編初集一至八)

130000－0403－0001563　子97/46

淵鑑類函四百五十卷目錄四卷　（清）張英等纂修　清同治九年(1870)刻本　一百七冊
存三百二卷(一至四十二、六十五至一百四十六、一百五十六至一百六十一、一百六十五至一百七十八、二百八至二百十、二百二十九至二百九十、三百四十一至三百七十、三百七十六至三百七十七、三百八十至四百三十一、四百三十六至四百四十,目錄四卷)

130000－0403－0001564　子97/46－2

淵鑑類函四百五十卷目錄四卷　（清）張英等纂修　清刻本　八十四冊　存二百三十九卷(七至十、十七至十八、三十五至三十六、四十八至五十、六十至六十一、六十九至七十八、九十八至九十九、一百六至一百八、一百十三至一百二十一、一百二十三至一百二十五、一百二十七至一百三十五、一百四十七至一百五十一、一百六十二至一百七十六、一百八十三至一百九十八、二百六至二百十、二百十七至二百三十一、二百三十五至二百六十五、三百一至三百二、三百十至三百三十一、三百四十至三百五十七、三百六十一至三百六十五、三百七十四至四百、四百十三至四百二十二、四百二十八至四百五十）

130000－0403－0001565　子97/46－3
淵鑑類函四百五十卷目錄四卷　（清）張英等輯　清刻本　八十二冊　存二百六十二卷（四至六、二十至四十三、五十三至五十六、六十一至八十一、八十七至一百二十九、一百四十七至一百四十九、一百五十四至一百五十五、一百六十六至一百七十六、一百九十九至二百十六、二百七十一至二百七十六、二百八十至二百八十八、二百九十九至三百二、三百六至三百七、三百十二至三百七十六、三百八十八至三百九十三、三百九十七至四百三十七）

130000－0403－0001566　子97/46－4
淵鑑類函四百五十卷目錄四卷　（清）張英等纂修　清刻本　六十五冊　存二百十卷（二十四至三十九、八十六至一百六、一百二十八至一百八十、一百八十九至一百九十六、二百六十九至三百十一、三百二十三至三百二十四、三百六十三至三百六十五、三百八十四至三百八十八、三百九十二至四百五十）

130000－0403－0001567　子97/46－5
淵鑑類函四百五十卷目錄四卷　（清）張英等纂修　清刻本　四十六冊　存一百四十五卷（四十四至六十七、八十至八十三、八十七至一百八、一百八十四至一百八十六、一百九十至一百九十六、二百四十六至二百七十、三百二十七至三百三十二、三百三十九至三百五十五、三百七十七至三百九十六、四百二十五至四百三十七、四百四十七至四百五十）

130000－0403－0001568　子97/47
五經類編二十八卷　（清）周世樟編輯　清雍正刻本　十冊

130000－0403－0001569　子97/48

五經類編二十八卷　（清）周世樟編輯　清刻本　六冊　存十三卷（十六至二十八）

130000－0403－0001570　子97/5
佩文韻府一百六卷　（清）張玉書等編　清刻本　十四冊　存二十卷（二十三至二十五、四十三至五十九）

130000－0403－0001571　子97/51
增補事類統編九十三卷首一卷　（清）黃葆真增輯　（清）王鳳喈譔註　清刻本　八冊　存二十一卷（一至八、十八至二十一、二十八至二十九、三十四至三十七、七十一至七十二，首一卷）

130000－0403－0001572　子97/52
增補事類統編九十三卷　（清）黃葆真增輯　（清）王鳳喈譔註　清刻本　五冊　存九卷（二十四至二十五、六十一至六十五、七十七至七十八）

130000－0403－0001573　子97/53
新刻重校增補圓機活法詩學全書二十四卷　（明）王世貞校正　（明）楊淙粲閲　清刻本　二冊　存三卷（十二至十四）

130000－0403－0001574　子97/54
新刊校正增補圓機韻學活法全書　（明）王世貞校正　明刻本　三冊　存六卷（七至十、十二至十三）

130000－0403－0001575　子97/55
重訂廣事類賦四十卷　（清）華希閔著　（清）鄒升恆參　（清）華希閔重訂　清同治七年（1868）刻本　六冊　存二十三卷（一至五、十二至二十九）

130000－0403－0001576　子97/56
韻府拾遺一百六卷　（清）張廷玉等纂修　清刻本　三冊　存二十三卷（三十五至五十二、六十七至七十一）

130000－0403－0001577　子97/57
韻府拾遺一百六卷　（清）張廷玉等纂修　清刻本　四冊　存三十卷（五十二至五十九、八十一至九十六、一百一至一百六）

130000－0403－0001578　子97/58
宋稗類鈔八卷　（清）潘永因編輯　清刻本
五冊　存五卷（一至二、五至七）

130000－0403－0001579　子97/59
新纂事詞類奇三十卷　（明）徐常吉輯　明刻
清修本　三冊　存七卷（四至五、十八至十
九、二十八至三十）

130000－0403－0001580　子97/6
佩文韻府一百六卷　（清）張玉書等編　清刻
本　十六冊　存十二卷（二十二至二十四、二
十八至三十六）

130000－0403－0001581　子97/7
佩文韻府一百六卷　（清）張玉書等編　清刻
本　五冊　存三卷（九十九至一百一）

130000－0403－0001582　子97/8
韻府拾遺一百六卷　（清）張廷玉等纂修　清
刻本　十七冊　存六十六卷（一至三十五、七
十六至一百六）

130000－0403－0001583　子97/9
子史精華一百六十卷　（清）允祿等撰　清雍
正五年（1727）刻本　四十八冊

唐山市豐南區圖書館古籍普查登記目録

全國古籍普查登記目録

國家圖書館出版社
National Library of China Publishing House

130000－0419－0000001　集0003

楚辭集註八卷辯證二卷後語六卷　（宋）朱熹
集注　清光緒三年(1877)湖北崇文書局刻本
四冊

130000－0419－0000002　集0019

陶淵明文集十卷　（晉）陶淵明著　清宣統元
年(1909)著易堂石印本　四冊

130000－0419－0000003　集0064

山谷先生詩集注二十卷外集十七卷別集二卷
（宋）黃庭堅撰　清光緒二十一年(1895)刻
本　二十冊

130000－0419－0000004　集0065

王臨川全集二十四卷　（宋）王安石撰　清宣
統三年(1911)掃葉山房石印本　十二冊

130000－0419－0000005　集0083

玉茗堂全集四十六卷　（明）湯顯祖著　清竹
林堂刻本　二十冊

130000－0419－0000006　集0118

增註八銘塾鈔初集六卷二集六卷　（清）吳懋
政編次　（清）李炳坤注　清聚元堂刻本
十冊

130000－0419－0000007　集0127

國朝五言長律廣颺集十六卷　（清）張曰珣
（清）邱先德輯　清乾隆五桂堂刻本　十一冊
存十二卷(一至四、六至十三)

130000－0419－0000008　集0130

寄嶽雲齋初稿十卷補遺一卷迴文賦一卷
（清）聶銑敏撰　清嘉慶十二年(1807)刻本
六冊

130000－0419－0000009　集0131

秘書三種五卷　（清）劉一峯撰　清積秀堂刻
本　四冊

130000－0419－0000010　集0156

文選六十卷　（南朝梁）蕭統輯　（唐）李善注
（清）何焯評　清乾隆三十七年(1772)葉氏
海錄軒刻朱墨套印本　十二冊

130000－0419－0000011　集0157

文選六十卷附考異十卷　（南朝梁）蕭統輯
（唐）李善注　清上海錦章書局石印本　十
六冊

130000－0419－0000012　集0158

漢魏六朝百三家集一百十八卷　（明）張溥輯
清光緒五年(1879)信述堂刻本　一百冊

130000－0419－0000013　集0161

樂府詩集一百卷　（宋）郭茂倩編　清同治六
年(1867)刻本　十六冊

130000－0419－0000014　集0169

全唐詩九百卷目錄十二卷　（清）曹寅等輯
清光緒十三年(1887)上海同文書局石印本
三十二冊　存三十二卷(一至三十二)

130000－0419－0000015　集0171

古唐詩合解十二卷附古詩四卷　（清）王堯衢
注　（清）李桓　（清）李模校　清翠筠山房刻
本　六冊

130000－0419－0000016　集0175

讀書作文譜父師善誘法合刻十四卷　（清）唐
彪輯　清康熙刻本　二冊

130000－0419－0000017　集0177

滄香齋試帖輯註九卷　（清）王廷紹著　（清）
張熙宇輯評　清光緒十八年(1892)刻本
八冊

130000－0419－0000018　集0178

全唐詩話八卷　（宋）尤袤輯　（清）孫濤考訂
清乾隆三十九年(1774)刻本　四冊

130000－0419－0000019　集0180

瀛奎律髓刊誤四十九卷　（元）方回撰　（清）
紀昀批點　清光緒六年(1880)懷花盦刻本
十冊

130000－0419－0000020　集0197

攷正增廣詩韻全璧五卷檢韻一卷附虛字韻藪
一卷　（清）湯祥瑟輯　（清）華錕重編　清光
緒十七年(1891)上海鴻寶齋石印本　六冊

130000－0419－0000021　集0237/集0238

納書楹曲譜正集四卷續集四卷補遺四卷外集

二卷納書楹玉茗堂四夢曲譜八卷 （清）葉堂
撰 清乾隆五十七年（1792）刻本 十六冊
存十六卷(正集三至四、續集四卷、外集二卷、
納書楹玉茗堂四夢曲譜八卷)

130000－0419－0000022 經0001

易翼述信十二卷 （清）王又樸撰 清刻本
六冊 存六卷(一至六)

130000－0419－0000023 經0005

漢上易傳十一卷 （宋）朱震撰 清刻本
三冊

130000－0419－0000024 經0008

奎壁易經四卷 （宋）朱熹本義 清光緒十年
（1884）聚元堂刻本 二冊

130000－0419－0000025 經0017

三家詩拾遺十卷 （清）范家相輯 清嘉慶十
五年（1810）刻本 二冊

130000－0419－0000026 經0021

附釋音毛詩註疏二十卷附校勘記二十卷
（漢）毛亨傳 （唐）孔穎達疏 清嘉慶二十年
（1815）刻同治十二年（1873）江西書局重修本
十六冊

130000－0419－0000027 經0022

詩經集傳八卷 （宋）朱熹撰 清光緒二十一
年（1895）湖北官書處刻本 三冊 存五卷
(一至五)

130000－0419－0000028 經0040

禮記集說十卷 （元）陳澔集說 清咸豐元年
（1851）刻本 五冊

130000－0419－0000029 經0043

禮記節本十卷 （清）汪基撰 （清）江永校纂
清宣統三年（1911）上海會文堂粹記書局石
印本 六冊

130000－0419－0000030 經0048

春秋左傳三十卷首一卷 （晉）杜預註 （宋）
林堯叟補註 （唐）陸德明音義 （清）馮李驊
集解 清光緒十二年（1886）湖北官書處刻本
十二冊

130000－0419－0000031 經0050

評點春秋綱目左傳句解彙雋六卷 （清）韓菼
重訂 清刻本 四冊 存四卷(一至四)

130000－0419－0000032 經0053

春秋公羊傳十一卷 （漢）何休學 （唐）陸德
明音義 清同治七年（1868）湖北崇文書局刻
本 四冊

130000－0419－0000033 經0079

四書集註二十六卷 （宋）朱熹撰 清光緒五
年（1879）掃葉山房刻本 一冊

130000－0419－0000034 經0080

新訂四書補註備旨十卷 （明）鄧林著 清鑄
記書局石印本 七冊 存八卷(上論二卷、下
論二卷、上孟二卷、下孟二卷)

130000－0419－0000035 經0083－1

重刊宋本十三經注疏四百十六卷附校勘記四
百十六卷校勘記識語四卷 （清）阮元撰
（清）盧宣旬摘錄 清光緒十三年（1887）上海
脈望仙館石印本 二十九冊 缺二百十卷
(附釋音周禮注疏四十二卷、附校勘記四十二
卷,附釋音禮記注疏六十三卷、附校勘記六十
三卷)

130000－0419－0000036 經0083－2

重刊宋本十三經注疏四百十六卷附校勘記四
百十六卷校勘記識語四卷 （清）阮元撰
（清）盧宣旬摘錄 清光緒十三年（1887）上海
脈望仙館石印本 二十七冊 缺九十六卷
(附釋音毛詩注疏二十六至七十、附釋音周禮
注疏十至四十二、孟子注疏經解校勘記十四
卷、十三經注疏校勘記識語四卷)

130000－0419－0000037 經0084

小題三萬選不分卷 （清）求是齋主人輯 清
光緒十七年（1891）芸碧山房石印本 三十
八冊

130000－0419－0000038 經0085

重校十三經不貳字不分卷 （清）李鴻藻輯
清光緒十一年（1885）刻本 一冊

130000－0419－0000039 經0101

殷商貞卜文字考不分卷　（清）羅振玉撰　清宣統二年（1910）石印本　一冊

130000－0419－0000040　經0105

說文通訓定聲十八卷附分部東韻一卷說雅一卷古今韻準一卷附行述一卷　（清）朱駿聲撰　（清）朱鏡蓉參訂　清光緒十二年（1886）上海積山書局石印本　八冊

130000－0419－0000041　經0107

經典釋文三十卷附考證三十卷　（唐）陸德明音義　（清）盧文弨考證　清同治八年（1869）湖北崇文書局刻本　十二冊

130000－0419－0000042　經019

詩經八卷　（宋）朱熹集傳　清光緒十三年（1887）刻本　四冊

130000－0419－0000043　史0030；史0033；史0031

二十四史附考證　清光緒十四年（1888）上海圖書集成印書局鉛印本　四十四冊　存三種二百八十五卷（前漢書一百卷、後漢書一百二十卷、三國志六十五卷）

130000－0419－0000044　史0066

疇人傳五十二卷　（清）阮元撰　（清）羅士琳續　清光緒八年（1882）海鹽張氏刻本　十二冊

130000－0419－0000045　史0073

尚友錄二十二卷附補遺一卷　（明）廖用賢編　清光緒十六年（1890）掃葉山房銅活字本　六冊

130000－0419－0000046　史0076

瀛環志略十卷　（清）徐繼畬撰　清光緒二十四年（1898）掃葉山房石印本　四冊

130000－0419－0000047　史0077

瀛環志略十卷續集四卷續集卷末一卷續集補遺一卷　（清）徐繼畬撰　清光緒二十四年（1898）掃葉山房鉛印本　四冊

130000－0419－0000048　史0084

山海經十八卷　（晉）郭璞傳　清光緒十六年（1890）學庫山房刻本　四冊

130000－0419－0000049　史0091

皇朝經世文編一百二十卷　（清）賀長齡輯　清光緒二十四年（1898）上海宏文閣鉛印本　十五冊　存七十五卷（一至二十九、三十五至三十九、四十六至四十九、五十三至五十六、八十八至一百二十）

130000－0419－0000050　史0092

皇朝經世文續編一百二十卷　（清）葛士濬輯　清光緒二十四年（1898）鉛印本　二十四冊

130000－0419－0000051　史0095

新政應試必讀六卷　（清）顧厚焜鑒定　清石印本　十冊　存五卷（二至六）

130000－0419－0000052　史0106

史論正鵠初集四卷二集四卷三集八卷　（清）王樹敏編　清光緒二十七年（1901）上海久敬齋石印本　八冊　存八卷（史論正鵠初集四卷、二集四卷）

130000－0419－0000053　史0112；史0051

叢書集成初編四千一百七種　清光緒二十二年（1896）鴻寶齋石印本　四冊　存二種五十八卷（戰國策三十三卷、附札記三卷，國語二十一卷、附札記一卷）

130000－0419－0000054　子0033

韓非子集解二十卷首一卷　（清）王先慎集解　清光緒二十二年（1896）刻本　六冊

130000－0419－0000055　子0035

韓非子二十卷附識誤三卷　（□）□□注　清嘉慶二十三年（1818）刻本　六冊

130000－0419－0000056　子0067

世說新語補二十卷附釋名一卷　（南朝宋）劉義慶撰　（明）何良俊增　（明）王世貞刪定　（明）王世懋評　（明）張文柱注　清乾隆二十七年（1762）茂清書屋刻本　十冊

130000－0419－0000057　子0075

天雨花三十回　（清）陶貞懷撰　清同治八年（1869）文富堂刻本　二十四冊

130000－0419－0000058　子0081

院本小說新西廂十六齣　（清）西湖長撰　清宣統二年（1910）石印本　二冊

130000－0419－0000059　子0082

兒女英雄傳評話四十回　（清）文康著　清光緒十八年（1892）刻本　二十冊

130000－0419－0000060　子0088

重訂事類賦三十卷　（宋）吳淑著　清道光二十二年（1842）寶翰樓刻本　六冊

130000－0419－0000061　子0095

呂祖註講金剛心經不分卷　（唐）呂巖註　清光緒九年（1883）掃葉山房刻本　一冊

唐山市樂亭縣圖書館古籍普查登記目録

全國古籍普查登記目録

國家圖書館出版社
National Library of China Publishing House

130000－0422－0000001　經 0001

來瞿唐先生易注十五卷首一卷末一卷　（明）
來知德撰　（清）凌厚子批點　清刻本　六冊
存七卷（一至五、首一卷、末一卷）

130000－0422－0000002　經 0003

周官精義十二卷　（清）連斗山編次　清嘉慶
三年（1798）集錦堂刻本　七冊

130000－0422－0000003　經 0006

漱芳軒合纂禮記體註四卷　（清）范翔參訂
（清）徐文初纂集　清乾隆五十五年（1790）刻
本　四冊

130000－0422－0000004　經 0007

周官精義十二卷　（清）連斗山編次　清嘉慶
七年（1802）刻本　六冊

130000－0422－0000005　經 0008

儀禮注疏　（漢）鄭玄注　（唐）賈公彥疏　清
刻本　十四冊　存十七卷（一至十七）

130000－0422－0000006　經 0009

大學衍義四十三卷　（宋）眞德秀彙輯　（明）
陳仁錫評閱　清道光十七年（1837）刻本　八
冊　存三十八卷（一至三十八）

130000－0422－0000007　經 0010

欽定周官義疏四十八卷　（清）鄂爾泰等纂
清刻本　二十四冊　存二十五卷（十二至三
十六）

130000－0422－0000008　經 0011

欽定周官義疏四十八卷　（清）鄂爾泰等纂
清刻本　六冊　存十一卷（八至十八）

130000－0422－0000009　經 0012

大學衍義補一百六十卷　（明）丘濬撰　（明）
陳仁錫評閱　清刻本　八冊　存二十五卷
（一百三十六至一百六十）

130000－0422－0000010　經 0013

禮記注疏六十三卷　（漢）鄭玄注　（唐）孔穎
達疏　清刻本　三十二冊

130000－0422－0000011　經 0014

正字通十二集三十六卷舊本首一卷　（清）廖

文英輯　清弘文書院刻本　三十冊　缺二卷
（申集中、下）

130000－0422－0000012　經 0015

增訂五經體註大全　（□）□□撰　清光緒五
年（1879）刻本　十一冊　存十八卷（易經大
全會解四卷、書經體註合參六卷、詩經融注大
全體要八卷）

130000－0422－0000013　经 0016

[四書]　（□）□□撰　清刻本　十二冊　存
十二卷（大學一至二,中庸三至五,下論二十
一、二十三至二十八）

130000－0422－0000014　經 0017

周禮精華六卷　（清）陳龍標編輯　清道光六
年（1826）刻本　六冊

130000－0422－0000015　經 0018

詩經體註大全體要八卷　（清）高朝瓔定
（清）沈世楷輯　（清）沈存仁參　清刻本　三
冊　存六卷（三至八）

130000－0422－0000016　經 0019

御案詩經備旨八卷　（清）鄒聖脈纂輯　清修
文堂刻本　六冊

130000－0422－0000017　經 0020

禮記省度四卷　（清）彭頤纂　（清）彭遂邁修
校　清刻朱墨套印本　四冊

130000－0422－0000018　經 0021

孝經集傳四卷　（明）黃道周集傳　（清）鄭開
極較　清刻本　四冊

130000－0422－0000019　經 0022

四書增訂析疑大全　（清）張權時增訂　（清）
趙作基　（清）李國祺全訂　清文盛堂刻本
八冊　存七卷（論語九至十,孟子一至四、七）

130000－0422－0000020　經 0023

禮記陳氏集說補正三十八卷　（清）納蘭成德
撰　清通志堂刻本　二冊　存二十二卷（八
至十六、二十六至三十八）

130000－0422－0000021　經 0024

四書疏注撮言論語　（清）胡蓉芝輯　（清）紀

昀鑑定　（清）吳冠山校正　清刻本　六冊
存十三卷(八至二十)

130000－0422－0000022　經0025

毛詩註疏二十卷　（漢）鄭玄箋　（唐）孔穎達
疏　清刻本　十冊　存十二卷(一至十一、十
六)

130000－0422－0000023　經0026

御纂周易折中二十二卷　（清）李光地撰　清
刻本　五冊　存十二卷(十一至二十二)

130000－0422－0000024　經0027

廣韻五卷　（宋）陳彭年等撰　（清）朱彝尊輯
　清刻本　十冊

130000－0422－0000025　經0028

孟子集註十四卷　（宋）朱熹撰　清道光刻本
　六冊　存七卷(一至七)

130000－0422－0000026　經0029

孟子集註原解十三卷　（宋）朱熹撰　清刻本
　八冊　存十一卷(三至十三)

130000－0422－0000027　經0030

孟子集註纂箋十四卷論語集註纂箋三卷
(清)納蘭性德輯　清刻本　四冊　存十七卷
(孟子一至十四、孔子一至三)

130000－0422－0000028　經0031

伊川易傳四卷　（宋）程頤撰　清刻本　四冊

130000－0422－0000029　經0033

伊川經說八卷　（宋）程頤撰　清刻本　二冊

130000－0422－0000030　經0036

刪補約說不分卷　（清）孫肇興著　（清）傅以
漸等訂正　清刻本　六冊

130000－0422－0000031　經0037

重校十三經不貳字不分卷　（清）李鴻藻輯
清光緒二年(1876)刻本　一冊

130000－0422－0000032　經0038

臨文便覽不分卷　（清）龍光甸輯　清同治十
三年(1874)刻本　一冊

130000－0422－0000033　經0039

增補金壺字攷不分卷　（明）郝在田增補　清
光緒二十五年(1899)刻本　一冊

130000－0422－0000034　經0040

字學三種不分卷　（清）傅雲龍輯　清同治十
三年(1874)刻本　一冊

130000－0422－0000035　經0041

字學舉隅續編不分卷　（明）汪敘疇撰　清光
緒二年(1876)刻本　一冊

130000－0422－0000036　經0042

寄傲山房塾課纂輯書經備旨蔡注捷錄七卷
(清)鄒聖脈輯　（清）鄒廷猷編　清光緒六年
(1880)刻本　六冊

130000－0422－0000037　經0043

夢雪草堂讀易錄五卷　（清）郭楷輯　清嘉慶
二十四年(1819)刻本　五冊

130000－0422－0000038　經0044

月令明義四卷　（明）黃道周輯　（清）鄭開極
重訂　清刻本　二冊

130000－0422－0000039　經0045

緇衣集傳四卷　（明）黃道周輯　（清）鄭開極
重訂　清刻本　二冊　存三卷(一至二、四)

130000－0422－0000040　經0046

儒行集傳二卷　（明）黃道周輯　（清）鄭開極
重訂　清刻本　一冊　存一卷(上)

130000－0422－0000041　經0047

易象正十二卷末二卷　（明）黃道周輯　（清）
鄭開極重訂　清刻本　五冊　存七卷(八至
十二、末二卷)

130000－0422－0000042　經0048

春秋左傳注疏六十卷　（晉）杜預注　（唐）孔
穎達疏　清刻本　二十四冊　存四十二卷
(一至四十二)

130000－0422－0000043　經0049

周禮注疏四十二卷　（漢）鄭玄注　（唐）賈公
彥疏　清刻本　十冊　存二十卷(一至二十)

130000－0422－0000044　經0050

春秋公羊注疏二十八卷　（漢）何休撰　清刻

本　十冊

130000－0422－0000045　經 0051
爾雅注疏十一卷　（晉）郭璞注　（宋）邢昺疏
　清刻本　四冊

130000－0422－0000046　经 0052
春秋穀梁傳注疏二十卷　（晉）范甯集解
（唐）楊士勛疏　清刻本　五冊

130000－0422－0000047　經 0053
孝經注疏九卷　（宋）邢昺校　清刻本　一冊

130000－0422－0000048　經 0054
**輶軒使者絕代語釋別國方言十三卷附校正補
遺一卷**　（漢）揚雄紀　（晉）郭璞注　清刻本
　一冊

130000－0422－0000049　經 0055
釋名八卷　（漢）劉熙撰　清刻本　一冊

130000－0422－0000050　經 0056
廣雅十卷　（三國魏）張揖撰　（隋）曹憲音釋
　清刻本　一冊

130000－0422－0000051　經 0057
急就篇四卷　（宋）王應麟校　清刻本　一冊

130000－0422－0000052　經 0058
匡謬正俗八卷　（唐）顏師古撰　清刻本
一冊

130000－0422－0000053　經 0059
觀善堂課藝四集取法集二編　（清）吳鴻恩輯
　清同治刻本　六冊

130000－0422－0000054　經 0060
羣經字詁七十二卷　（清）段諤廷原稿　（清）
黃本驥編訂　清刻本　五冊　存二十一卷
（三十六至四十二、四十六至四十八、六十二
至七十二）

130000－0422－0000055　經 0061
三禮約編十九卷　（清）汪基鈔撰　（清）江永
校纂　清刻本　八冊

130000－0422－0000056　經 0062
三禮階鳳全編十九卷　（清）汪基撰抄　（清）

江永校纂　清道光七年(1827)刻本　八冊

130000－0422－0000057　經 0063
南軒先生論語解十卷　（宋）張栻撰　（清）成
德校刊　（清）鍾謙鈞重刊　清刻本　一冊
存五卷(一至五)

130000－0422－0000058　經 0064
儀禮十七卷　（清）成德校刊　（清）鍾謙鈞重
刊　清刻本　二冊

130000－0422－0000059　經 0065
經學五種　（□）□□撰　清藤花榭刻本　六
冊　存十卷(九經三傳沿革例一卷、七經小傳
三卷、六經奧論六卷)

130000－0422－0000060　經 0067
周易四卷　（宋）程頤傳　清同治五年(1866)
刻本　一冊　存一卷(一)

130000－0422－0000061　經 0068
御纂七經　（清）聖祖玄燁撰　清紫陽書院刻
本　六十七冊　存五種六十七冊

130000－0422－0000062　經 0069
四書字詁七十八卷　（清）段諤廷原稿　（清）
黃本驥編訂　清刻本　九冊　存三十八卷
(三十三至七十)

130000－0422－0000063　經 0070
皇清經解一千四百卷　（清）阮元輯　清補刻
本　十八冊　存一百十五卷(八百九十四至
九百六十四、一千五十九至一千一百二)

130000－0422－0000064　經 0071
本朝三十家文不分卷　（清）蔡寅斗定　清刻
本　八冊

130000－0422－0000065　經 0073
四書會解十九卷　（清）綦灃輯　清道光九年
(1829)刻本　十八冊

130000－0422－0000066　經 0072
四書會解十三卷　（清）綦灃輯　清咸豐元年
(1851)刻本　十二冊

130000－0422－0000067　經 0074
四書朱子大全統義七卷　（清）望書嚴彙輯

清刻本　十二冊

130000－0422－0000068　經 0075

四書題鏡不分卷　（清）汪鯉翔纂述　清刻本
八冊

130000－0422－0000069　經 0076

字彙十二卷附韻法直圖一卷韻法橫圖一卷
（明）梅膺祚音釋　清刻本　七冊　存八卷
（午集、未集、申集、酉集、戌集、亥集,韻法直
圖一卷,韻法橫圖一卷）

130000－0422－0000070　經 0077

**康熙字典十二集三十六卷總目一卷檢字一卷
辨似一卷等韻一卷補遺一卷備考一卷**　（清）
張玉書撰　清道光七年（1827）刻本　十六冊
存十六卷（子集三卷、丑集三卷、辰集三卷、
巳集三卷、總目一卷,檢字一卷,辨似一卷,等
韻一卷）

130000－0422－0000071　經 0078

尚書離句六卷　（清）錢在培輯注　清光緒四
年（1878）刻本　四冊

130000－0422－0000072　經 0079

監本詩經八卷　（宋）朱熹集傳　清芥子園刻
本　四冊

130000－0422－0000073　經 0080

禮記十卷　（元）陳澔集說　清嘉慶十七年
（1812）刻本　十冊

130000－0422－0000074　經 0081

四書類典賦二十四卷　（清）甘紱著　**年譜一
卷**　（清）包大爟撰　（清）甘紱校訂　清乾隆
四十三年（1778）刻本　六冊

130000－0422－0000075　經 0082

四書人物類典串珠四十卷　（清）臧志仁編輯
清聚錦堂刻本　六冊　存二十一卷（十九
至二十九、三十一至四十）

130000－0422－0000076　經 0083

新訂四書補註備旨十卷　（明）鄧林著　（清）
鄧煜編次　（清）祁文友重校　（清）杜定基增
訂　清同治三年（1864）刻本　八冊

130000－0422－0000077　經 0084

四書諸儒輯要四十卷　（清）李沛霖參訂
（清）李學曾等校　清刻本　八冊　存十卷
（八至十七）

130000－0422－0000078　經 0085

四書朱子異同條辨四十卷　（清）李沛霖
（清）李楨訂　清近譬堂刻本　五冊　存六卷
（中庸一至二、論語十八至二十、孟子一）

130000－0422－0000079　經 0086

四書諸儒輯要四十卷　（清）李沛霖參訂
（清）李學曾等校　清三樂齋刻本　八冊　存
九卷（三至十一）

130000－0422－0000080　經 0087

殖學齋編訂四書大全　清三樂齋刻本　五冊
存四卷（二、四、六至七）

130000－0422－0000081　經 0088

集虛齋四書口義十卷　（清）方犖如撰　（明）
于光華編次　清刻本　六冊　存四卷（七至
十）

130000－0422－0000082　經 0089

日講四書解義二十六卷　（清）喇沙里等撰
清刻本　十二冊　存十四卷（十三至二十六）

130000－0422－0000083　經 0090

欽定四書文選不分卷　（□）□□撰　清刻本
六冊

130000－0422－0000084　經 0091

欽定本朝四書文不分卷　（□）□□撰　清刻
本　八冊

130000－0422－0000085　經 0092

四書人物類典串珠四十卷　（清）臧志仁編輯
清刻本　六冊　存二十二卷（十九至四十）

130000－0422－0000086　經 0093

澂芳軒合纂禮記體註大全四卷　（清）范翔參
訂　清刻本　四冊

130000－0422－0000087　經 0094

公羊穀梁春秋合編附註疏纂十二卷　（漢）何
休撰　（晉）范甯集解　（唐）楊士勛疏

(明)朱泰禎纂述　清刻本　二冊　存七卷
(六至十二)

130000－0422－0000088　經 0095
春秋廣雅戊辰房藏合選目不分卷　(□)□□
撰　清刻本　十冊

130000－0422－0000089　經 0096
歷科大易文徵不分卷　(□)□□撰　清刻本
三十冊

130000－0422－0000090　經 0097
詩集傳八卷　(宋)朱熹撰　清刻本　三冊
存六卷(三至八)

130000－0422－0000091　經 0098
欽定春秋傳說彙纂三十八卷　(清)王掞撰
清刻本　七冊　存九卷(三十至三十八)

130000－0422－0000092　經 0099
春秋左傳二十五卷　(晉)杜預　(宋)林堯叟
注　(唐)陸德明音義　(明)鍾惺等點評　清
光緒十一年(1885)刻本　八冊

130000－0422－0000093　經 0103
五經揭要二十五卷　(清)許寶善編　清刻本
十二冊

130000－0422－0000094　經 0104
多寶船　(□)□□撰　清光緒二年(1876)刻
本　八冊　存十四卷(一至十四)

130000－0422－0000095　經 0105
增訂五經體註大全　(□)□□撰　清光緒五
年(1879)刻本　十一冊　存十八卷(易經大
全會解一至四、書經體注合參一至六、詩經融
注體要一至八)

130000－0422－0000096　經 0106
廣增四書典腋二十卷　(□)□□撰　清刻本
七冊　存十七卷(四至二十)

130000－0422－0000097　經 0107
制藝鎔裁十六卷　(□)□□撰　清刻本　四
冊　存四卷(二至四、七)

130000－0422－0000098　經 0108
中庸文揶　(□)□□撰　清刻本　四冊　存

四卷(二、五至七)

130000－0422－0000099　經 0110
禮記揭要六卷　(元)陳澔撰　清刻本　四冊

130000－0422－0000100　經 0111
寄傲山房塾課纂輯書經備旨蔡注捷錄七卷
(清)鄒聖脈輯　(清)鄒廷猷編　清刻本
三冊

130000－0422－0000101　经 0112
[四書]　(□)□□撰　清刻本　二十冊　存
二十卷(中庸七十九至八十七、上孟八十八至
九十八)

130000－0422－0000102　經 0113
四書味根錄三十七卷　(清)金澂撰　清石印
本　十冊　存十卷(二十一至三十)

130000－0422－0000103　經 0114
欽定春秋傳說彙纂三十八卷　(清)王掞撰
清刻本　四冊　存九卷(二十七至三十二、三
十六至三十八)

130000－0422－0000104　經 0115
小題不分卷　(清)□□撰　清刻本　十四冊

130000－0422－0000105　經 0117
禮記備旨萃精十二卷　(明)梧岡氏纂輯　清
刻本　十二冊

130000－0422－0000106　經 0118
五經集解三十卷　(清)雪樵甫輯　清刻本
九冊　存九卷(二十二至三十)

130000－0422－0000107　經 0119
詩經備旨八卷　(清)鄒聖脈纂集　(清)鄒廷
猷編次　清刻本　四冊

130000－0422－0000108　經 0120
五經揭要　(清)許寶善輯　清刻本　八冊
存十九卷(周易揭要一至三、春秋三傳揭要一
至六、書經揭要一至六、詩經揭要一至四)

130000－0422－0000109　经 0121
欽定啟禎四書文不分卷　(□)□□撰　清刻
本　八冊

130000－0422－0000110　經 0035

經典釋文三十卷　（清）成德校刊　（清）鍾謙
鈞重刊　清刻本　六冊　存二十一卷（五至
二十二、二十八至三十）

130000－0422－0000111　史 0001

史記選六卷西漢文選四卷　（清）儲欣評
（清）儲芝參述　（清）吳振乾校訂　清乾隆三
十八年(1773)同文堂刻本　六冊

130000－0422－0000112　史 0002

史記選六卷　（清）儲欣評　（清）儲芝參述
（清）吳振乾校訂　清刻本　六冊

130000－0422－0000113　史 0003

史記一百三十卷　（漢）司馬遷撰　（南朝宋）
裴駰集解　（唐）司馬貞索引　（唐）張守節正
義　清同治五年(1866)金陵書局刻本　十冊
存六十五卷（一至十七、四十至八十七）

130000－0422－0000114　史 0004

史記選六卷西漢文選四卷　（清）儲欣評
（清）儲芝參述　（清）吳振乾校訂　清乾隆十
四年(1749)二南堂刻本　六冊

130000－0422－0000115　史 0005

文獻通考紀要二卷　（清）尹會一輯　清刻本
四冊

130000－0422－0000116　史 0006

文獻通考詳節二十四卷　　（元）馬端臨著
（清）嚴虞惇錄　清乾隆二十九年(1764)刻本
六冊　存十三卷（一至十三）

130000－0422－0000117　史 0007

文獻通考三百四十八卷　（元）馬端臨著　清
刻本　十六冊　存四十一卷（十七至五十七）

130000－0422－0000118　史 0008

歷代名臣言行錄二十四卷　（清）朱桓編輯
（清）潘永季校定　清刻本　十六冊　存十二
卷（一至十二）

130000－0422－0000119　史 0009

典故列女傳四卷　（明）解縉纂修　清廣順堂
刻本　四冊

130000－0422－0000120　史 0010

欽定勦捕臨清逆匪紀略十六卷　（清）舒赫德
撰　清刻本　一冊

130000－0422－0000121　史 0011

尺木堂綱鑑易知錄九十二卷明別集十五卷
（清）吳楚材等輯　清刻本　二十六冊　存五
十九卷（一至十二、四十至五十三、五十六至
七十四、七十九至九十二）

130000－0422－0000122　史 0012

通志二百卷　（宋）鄭樵著　清刻本　八冊
存九卷（一百八十一至一百八十九）

130000－0422－0000123　史 0013

讀史方輿紀要一百三十卷附輿地總圖四卷
（清）顧祖禹著　（明）彭元瑞校定　清刻本
四十四冊　存六十七卷（一至十五、二十一至
二十六、四十六至五十五、五十七、七十七至
九十六、一百二十至一百三十，附輿地總圖四
卷）

130000－0422－0000124　史 0014

天下郡國利病書一百二十卷　（清）顧炎武輯
（清）龍萬育訂　清刻本　七冊　存十二卷
（九十五至一百六）

130000－0422－0000125　史 0015

御撰資治通鑑纲目三編二十卷　（清）張廷玉
撰　清康熙十一年(1672)刻本　八冊

130000－0422－0000126　史 0016

資治通鑑二百九十四卷　（宋）司馬光撰　清
刻本　十八冊　存四十一卷（六十五至九十
三、二百五十六至二百六十七）

130000－0422－0000127　史 0017

續資治通鑑二百二十卷　（清）畢沅編集　清
刻本　十九冊　存四十五卷（二十九至四十
五、一百六十一至一百七十五、二百八至二百
二十）

130000－0422－0000128　史 0018

原刻科名金鍼不分卷　（清）丁心齋撰　清刻
本　一冊

130000－0422－0000129　史0019

律例掌珍不分卷　（清）魯緯夫　（清）嚴果亭
合輯　清乾隆二十七年(1762)刻本　十二冊

130000－0422－0000130　史0020

地理正宗十二卷　（清）蔣國撰　清刻本
六冊

130000－0422－0000131　史0021

欽定日下舊聞考一百六十卷　（清）朱彝尊原
輯　（清）于敏中修　（清）竇光鼐等纂　清刻
本　四冊　存二十三卷(七十三至九十五)

130000－0422－0000132　史0022

欽定學政全書八十六卷首一卷　（清）童璜纂
修　清刻本　十六冊

130000－0422－0000133　史0023

曾文正公奏稿三十卷　（清）曾國藩著　清刻
本　五冊　存五卷(二十一至二十五)

130000－0422－0000134　史0024

大清文宗顯皇帝聖訓一百十卷　（清）奕訢撰
清末鉛印本　六冊　存二十六卷(五十八
至八十三)

130000－0422－0000135　史0025

通商約章類纂三十五卷　（清）李鴻章等纂輯
清光緒十二年(1886)天津官書局刻本　五
冊　存七卷(一至七)

130000－0422－0000136　史0026

曾文正公大事記四卷　（清）李鴻章審定
（清）王定安著　清同治十三年(1874)錢寶忠
齋刻本　一冊

130000－0422－0000137　史0027

書目答問不分卷　（清）張之洞撰　清光緒三
年(1877)濠上書齋刻本　二冊

130000－0422－0000138　史0028

在官法戒錄四卷　（清）陳弘謀編輯　清培遠
堂刻本　二冊

130000－0422－0000139　史0029

從政遺規二卷　（清）陳弘謀編輯　清培遠堂
刻本　二冊

130000－0422－0000140　史0030

日知薈說四卷　（清）高宗弘曆撰　清乾隆元
年(1736)內府刻本　五冊

130000－0422－0000141　史0031

學治臆說二卷續說一卷　（清）汪輝祖撰　清
刻本　一冊

130000－0422－0000142　史0032

西漢文選四卷國語選一卷戰國策選不分卷
（清）儲欣評　（清）儲芝參述　清刻本　九冊

130000－0422－0000143　史0033

國語選八卷戰國策選四卷穀梁傳選二卷公羊
傳選二卷　（清）儲欣評　（清）儲芝參述　清
乾隆三十八年(1773)刻本　六冊

130000－0422－0000144　史0034

御批歷代通鑑輯覽一百二十卷　（清）傅恆輯
清刻本　十一冊　存二十二卷(八十七至
一百八)

130000－0422－0000145　史0035

華嶽志八卷首一卷　（清）李榕纂輯　（清）楊
翼武評閱　清道光十一年(1831)清白別墅刻
本　四冊

130000－0422－0000146　史0036

大清律例增修統纂集成四十卷　（清）陶駿
（清）陶念霖增修　清光緒六年(1880)刻本
九冊　存十四卷(一至五、十六至十七、二十
五、二十七至三十、三十三至三十四)

130000－0422－0000147　史0037

大清律例增修統纂集成四十卷　（清）陶駿
（清）陶念霖增修　清刻本　十二冊　存二十
二卷(九至三十)

130000－0422－0000148　史0038

大清律例增修統纂集成四十卷　（清）陶駿
（清）陶念霖增修　清刻本　六冊　存十四卷
(九至二十二)

130000－0422－0000149　史0039

後漢書九十卷　（南朝宋）范曄撰　（唐）李賢
注　志三十卷　（晉）司馬彪撰　（南朝梁）劉

昭注　清刻本　十八冊　存七十六卷(後漢
書一至十、三十七至九十,志一至十二)

130000－0422－0000150　史0040
御批歷代通鑑輯覽一百二十卷　(清)傅恆纂
修　清刻本　二十八冊　存五十六卷(十九
至六十、八十九至一百二)

130000－0422－0000151　史0041
御批續資治通鑑綱目二十七卷　(明)商輅撰
　清刻本　八冊　存十一卷(一至十一)

130000－0422－0000152　史0042
欽定戶部則例一百卷　(清)倭仁等纂　清同
治四年(1865)刻本　十五冊　存三十八卷
(三十三至七十)

130000－0422－0000153　史0043
欽定吏部處分則例　(清)□□撰　清刻本
十二冊　存二十五卷(十二至二十五、四十二
至五十二)

130000－0422－0000154　史0044
欽定吏部處分則例　(清)□□撰　清刻本
九冊　存二十六卷(一至四、七至二十八)

130000－0422－0000155　史0045
資治通鑑綱目五十九卷　(宋)朱熹撰　(明)
陳仁錫評閱　**續編一卷**　(明)陳樫撰　**前編
二十五卷**　(明)南軒撰　**續資治通鑑綱目二
十七卷**　(明)商輅等撰　清刻本　八冊　存
十二卷(資治通鑑綱目八至九、十一、十五、十
七至二十一、二十四至二十五,續資治通鑑綱
目六)

130000－0422－0000156　史0046
資治通鑑綱目五十九卷　(宋)朱熹撰　(明)
陳仁錫評閱　清刻本　七冊　存六卷(四十
一至四十六)

130000－0422－0000157　史0047
御撰資治通鑑綱目三編二十卷　(清)張廷玉
撰　清刻本　五冊　存十七卷(四至二十)

130000－0422－0000158　史0048
西湖志四十八卷　(清)李衛等撰　清刻本

八冊　存二十卷(四至五、三十一至四十二、
四十三至四十八)

130000－0422－0000159　史0049
樂亭縣志十五卷首一卷末一卷　(清)史夢蘭
編纂　清光緒三年(1877)刻本　六冊

130000－0422－0000160　史0050
樂亭縣志十七卷　(清)史夢蘭編纂　清刻本
三冊　存六卷(六至十一)

130000－0422－0000161　史0051
永平府志七十二卷首一卷末一卷　(清)史夢
蘭撰　清光緒刻本　十六冊　存三十二卷
(一至十四、十八、二十八至三十二、四十二至
四十四、四十六至四十九、六十三至六十五,
首一卷,末一卷)

130000－0422－0000162　史0052
防海輯要十八卷　(清)俞昌會輯　清刻本
一冊　存二卷(四至五)

130000－0422－0000163　史0053
漢書一百二十卷　(漢)班固撰　(唐)顏師古
注　清刻本　二十四冊　存一百卷(一至一
百)

130000－0422－0000164　史0054
籌餉事例不分卷　(清)戶部編　清咸豐元年
(1851)刻本　四冊

130000－0422－0000165　子0001
農政全書六十卷　(明)徐光啟撰　清道光二
十三年(1843)刻本　二十四冊

130000－0422－0000166　子0002
東醫寶鑑二十五卷　(朝鮮)許浚撰　清刻本
五冊　存四卷(一至四)

130000－0422－0000167　子0003
御纂醫宗金鑑續編十四卷　(清)吳謙纂修
清刻本　八冊

130000－0422－0000168　子0004
重校分部書法正傳不分卷　(清)蔣和撰　清
光緒元年(1875)刻本　一冊

130000－0422－0000169　子0005

方石書話不分卷　（清）于令淓撰　清刻本
一冊

130000－0422－0000170　子0006

練兵實紀九卷雜集六卷　（明）戚繼光撰
（清）許乃釗校　清刻本　六冊

130000－0422－0000171　子0007

莊子解三卷　（戰國）莊周撰　（清）吳世尚注
評　（清）湯奠邦參訂　清康熙五十四年
(1715)光裕堂刻本　二冊

130000－0422－0000172　子0008

五種遺規　（清）陳宏謀輯　清道光十年
(1830)刻本　七冊

130000－0422－0000173　子0009

高厚蒙求五集　（清）徐朝俊纂輯　清嘉慶雲
間徐氏刻本　五冊

130000－0422－0000174　子0010

景岳全書六十四卷　（明）張介賓著書　（清）
賈棠訂　清刻本　六冊　存十五卷（二十五
至三十九）

130000－0422－0000175　子0011

本草綱目五十二卷　（明）李時珍編輯　清刻
本　十四冊　存二十卷（十六至二十三、三十
三至四十四）

130000－0422－0000176　子0012

新編評注通玄先生張果星宗大全十卷　（明）
陸位輯　清咸豐八年(1858)刻本　六冊

130000－0422－0000177　子0013

鐵網珊瑚二十卷　（明）都穆撰　清刻本　二
冊　存九卷（十二至二十）

130000－0422－0000178　子0014

薛文清公讀書全錄類編二十卷　（明）薛瑄撰
（明）侯鶴齡編類　（明）侯封糸閱　（明）
侯尊周等校正　清刻本　八冊

130000－0422－0000179　子0015

御製律呂正義上編二卷下編二卷續編一卷
清刻本　五冊

130000－0422－0000180　子0016

重鐫官板地理天機會元正篇體用括要三十五
卷　清刻本　六冊　存九卷（十一至十九）

130000－0422－0000181　子0017

寄傲山房塾課新增幼學故事瓊林四卷首一卷
（清）程允升撰　（清）鄒聖脈增補　清藻思
堂刻本　二冊

130000－0422－0000182　子0018

御纂醫宗金鑑內科七十四卷外科十六卷
（□）□□撰　清刻本　六冊　存五卷（內科
十一至十五）

130000－0422－0000183　子0019

二如亭群芳譜三十卷首一卷　（明）王象晉輯
清刻本　十一冊　存十五卷（木譜二卷、花
譜三卷、卉譜二卷、棉譜一卷、藥譜四卷、果譜
一卷、竹譜一卷、桑麻葛譜一卷）

130000－0422－0000184　子0020

二程粹言二卷　（宋）張栻編次　（宋）楊時訂
定　清刻本　一冊

130000－0422－0000185　子0021

鹿洞彙錄十二卷　（清）元畏齋著　（清）冀雨
亭鑑定　清道光十一年(1831)刻本　五冊

130000－0422－0000186　子0022

地祇家傳親機法二卷　清刻本　一冊　存一
卷(二)

130000－0422－0000187　子0023

淵鑑齋御纂朱子全書六十六卷　（宋）朱熹撰
（清）李光地等纂修　清刻本　十冊　存十
六卷（五十一至六十六）

130000－0422－0000188　子0024

行軍方便便方三卷　（清）羅世瑤輯　清刻本
二冊

130000－0422－0000189　集0001

可儀堂一百二十名家制義不分卷　（清）俞長
城論次　清可儀堂刻本　二十四冊

130000－0422－0000190　集0002

杜詩詳註二十五卷諸家詠杜附錄二卷　（清）
仇兆鰲注　清刻本　十七冊　存十七卷（八

至十二、十四至二十五）

130000－0422－0000191　集0003

司馬文正公集八十二卷首一卷目錄二卷
（宋）司馬光撰　清乾隆十年（1745）刻本　十
六冊　存五十九卷（一至十、三十七至八十
二,首一卷,目錄二卷）

130000－0422－0000192　集0004

李義山文集十卷　（唐）李商隱著　（清）徐樹
穀箋　（清）徐炯註　清花谿草堂刻本　六冊

130000－0422－0000193　集0005

月鹿堂文集八卷　（明）張師繹著　（清）張湄
校刊　清道光六年（1826）刻本　四冊

130000－0422－0000194　集0006

魏季子文集十六卷　（清）魏禮著　（清）魏禧
訂　清刻本　六冊

130000－0422－0000195　集0007

魏叔子文集外篇二十二卷詩集八卷日錄三卷
　（清）魏禧著　（清）魏世傑編次　清刻本
九冊　存十九卷（魏叔子文集外篇一至十一、
詩集四至八、日錄三卷）

130000－0422－0000196　集0008

古唐詩合解十二卷古詩四卷　（清）王堯衢注
　（清）李宏達　（清）李桓校　清光緒二十年
（1894）刻本　十一冊

130000－0422－0000197　集0010

八家四六文鈔不分卷　（清）吳蘅編　清光緒
五年（1879）京都琉璃廠肆雅堂刻本　四冊

130000－0422－0000198　集0009

古唐詩合解十二卷古詩四卷　（清）王堯衢注
　（清）李宏達　（清）李桓校　清刻本　五冊
存十二卷（古唐詩合解十二卷）

130000－0422－0000199　集0011

古文分編集評四集四卷　（清）于光華編輯
（清）于在衡參定　清刻本　六冊

130000－0422－0000200　集0012

胡文忠公遺集八十六卷首一卷　（清）胡林翼
撰　（清）鄭敦謹　（清）曾國荃纂集　（清）

胡鳳丹重編　清光緒元年（1875）崇文書局刻
本　九冊　存二十五卷（一至二十二、六十九
至七十,首一卷）

130000－0422－0000201　集0013

胡文忠公遺集十卷首一卷　（清）胡林翼撰
清同治五年（1866）刻本　八冊

130000－0422－0000202　集0014

讀杜心解　（清）浦起龍講解　清刻本　三冊
存三卷（三至五）

130000－0422－0000203　集0016

杜詩注釋二十四卷　（清）許寶善編輯　（清）
汪留堦參訂　清刻本　六冊　存十二卷（十
三至二十四）

130000－0422－0000204　集0015

澹友軒文集十六卷　（清）薛所蘊著　（清）劉
雲校　清刻本　六冊

130000－0422－0000205　集0017

思綺堂文集十卷　（清）章藻功撰注　（清）沈
善式校閱　（清）俞大年參訂　清刻本　五冊
存五卷（六至十）

130000－0422－0000206　集0018

樂善堂全集四十卷　（清）高宗弘曆撰　清刻
本　十冊　存十卷（二十一至三十）

130000－0422－0000207　集0019

**知足齋詩集二十卷文集六卷進呈文彙四卷詩
續集四卷年譜二卷**　（清）朱珪撰　清嘉慶十
年（1805）刻本　十冊

130000－0422－0000208　集0020

東坡先生全集七十五卷　（宋）蘇東坡撰　清
刻本　二十冊　存三十八卷（十八至五十五）

130000－0422－0000209　集0021

盧陵周益國文忠公集二百卷　（宋）周必大撰
　（清）歐陽榮重刊　清刻本　八冊　存四十
卷（省齊別稟一至十、詞科舊稟一至三、掖垣
類稟一至七、玉堂類稟一至三、平原續稟二十
四至四十）

130000－0422－0000210　集0022

文選六十卷　（南朝梁）蕭統編　清刻本　六册　存十五卷（四十六至六十）

130000－0422－0000211　集0023

白華後稿四十卷目錄一卷　（清）吳省欽纂　清刻本　五册　存三十二卷（一至三十一、目錄一卷）

130000－0422－0000212　集0026

明文得四卷今文得八卷　（清）孫維祺評點　清康熙四十六年（1707）刻本　十一册

130000－0422－0000213　集0024

漁洋山人精華錄箋注十二卷年譜一卷　（清）金榮箋注　（清）徐准纂輯　清刻本　六册　存六卷（一至五、年譜一卷）

130000－0422－0000214　集0025

漁洋山人文略十四卷　（清）王士禎撰　清刻本　五册

130000－0422－0000215　集0028

古文約選不分卷　（清）允禮輯　清刻本　五册

130000－0422－0000216　集0029

詞苑叢談十二卷　（清）徐釚編輯　清道光二十七年（1847）海山仙館叢書刻本　四册

130000－0422－0000217　集0030

古文眉詮七十九卷首一卷　（清）浦起龍論次　清三吳書院刻本　二十三册

130000－0422－0000218　集0031

十八家詩鈔二十八卷　（清）曾國藩纂　（清）李鴻章審定　（清）王定安校　清同治十三年（1874）傳忠書局校刻本　五册　存八卷（一至六、九、二十）

130000－0422－0000219　集0032

皇朝經世文編一百二十卷　（清）賀長齡輯　清刻本　二十四册　存四十二卷（三十至三十一、四十八至五十七、七十五至八十九、一百六至一百二十）

130000－0422－0000220　集0033

古文淵鑒六十四卷　（明）徐乾學等編注　清

刻本　八册　存十四卷（三十六至四十九）

130000－0422－0000221　集0034

明文小題與巧集不分卷　（清）李岱雲　（清）李兆恒評選　清刻本　七册

130000－0422－0000222　集0035

仁在堂全集十四卷　（清）路德選評　清道光刻本　十八册　存三卷（一、四、六）

130000－0422－0000223　集0036

斯文精萃不分卷　（清）尹繼善輯　清刻本　六册

130000－0422－0000224　集0037

渭南文集五十卷　（宋）陸游撰　清刻本　八册　存三十一卷（一至三十一）

130000－0422－0000225　集0038

陳檢討集二十卷　（清）陳維崧撰　（清）程師恭注　清道光二年（1822）刻本　八册

130000－0422－0000226　集0039

曾文正公詩鈔四卷附雜著一卷　（清）曾國藩撰　清光緒二年（1876）刻本　二册

130000－0422－0000227　集0040

曾文正公文鈔四卷　（清）曾國藩撰　清同治十一年（1872）刻本　四册

130000－0422－0000228　集0041

蘇文忠詩合注五十卷　（宋）蘇軾撰　（清）馮應榴輯訂　清刻本　十二册　存三十卷（十八至四十七）

130000－0422－0000229　集0042

犢山類藁六卷雜記三卷詩藁四卷　（清）周鎬撰　清嘉慶二十二年（1817）刻本　四册

130000－0422－0000230　集0043

嶺雲編三十八卷　（清）徐越選　清刻本　三十八册　存二十二卷（六至二十一、三十三至三十八）

130000－0422－0000231　集0044

魏伯子文集十卷首一卷　（清）魏際瑞撰　清刻本　五册

130000－0422－0000232　集 0045

輶軒語不分卷　（清）張之洞撰　清光緒三年
(1877)刻本　一冊

130000－0422－0000233　集 0046

去偽齋集十卷　（明）呂坤撰　清刻本　六冊
存六卷(五至十)

130000－0422－0000234　集 0047

左文襄公書牘　（清）左宗棠撰　清光緒刻本
七冊　存七卷(一至七)

130000－0422－0000235　集 0048

分甘餘話四卷　（清）王士禎撰　清刻本
一冊

130000－0422－0000236　集 0049

蘭言二集二十卷　（清）謝堃輯　清道光刻本
八冊

130000－0422－0000237　集 0050

小滄浪筆談四卷　（清）阮元撰　清嘉慶七年
(1802)刻本　二冊

130000－0422－0000238　集 0051

詞科掌錄十七卷餘話七卷　（清）杭世駿編輯
清仁和杭氏道古堂刻本　六冊

130000－0422－0000239　集 0052

古文分編集評二集二卷　（清）于在衡參定
（清）于光華編次　清友于堂刻本　二冊

130000－0422－0000240　集 0053

山滿樓箋注唐詩七言律六卷　（清）趙臣瑗輯
清刻本　九冊

130000－0422－0000241　集 0054

唐宋八大家類選十四卷　（清）儲欣評　清乾
隆五十年(1785)刻本　六冊

130000－0422－0000242　集 0055

唐宋八大家類選十四卷　（清）儲欣評　清受
祉堂刻本　六冊

130000－0422－0000243　集 0056

唐宋八大家類選十四卷　（清）儲欣評　清乾
隆三十八年(1773)刻本　八冊

130000－0422－0000244　集 0057

御選唐宋文醇五十八卷　（清）高宗弘曆輯
清刻本　七冊　存三十卷(一至三十)

130000－0422－0000245　集 0058

中晚唐詩叩彈集十二卷續集三卷　（清）杜詔
（清）杜庭珠輯　清采山亭刻本　四冊

130000－0422－0000246　集 0059

全唐詩　（清）曹寅編　清刻本　四十八冊

130000－0422－0000247　集 0060

全唐詩　（清）曹寅編　清刻本　五冊

130000－0422－0000248　集 0061

文腋類編十卷　（清）劉燕鑑定　（清）刘慎樞
訂　清同治十一年(1872)刻本　十一冊

130000－0422－0000249　集 0062

太平廣記五百卷　（清）黃曉峰校刊　清刻本
十四冊　存一百三卷(八十四至九十、一百
九十三至二百、二百三十五至二百四十一、三
百四十三至三百五十一、三百五十九至三百
六十六、三百八十一至四百二十五、四百四十
二至四百四十六、四百五十七至四百六十二、
四百九十三至五百)

130000－0422－0000250　集 0063

近科分韻館詩續鈔不分卷　（清）張家驤編
清光緒刻本　八冊

130000－0422－0000251　集 0064

雞跖賦續刻三十卷擬古二卷　（清）應泰泉等
輯　清石印本　六冊　存二十卷(雞跖賦續
刻十一至二十八、擬古二卷)

130000－0422－0000252　集 0065

修竹齋試帖二卷　（清）那清安著　（清）張熙
宇評　清刻本　一冊

130000－0422－0000253　集 0066

分韻同館試帖精華不分卷　（清）劉海鰲輯
清刻本　三冊

130000－0422－0000254　集 0067

注釋塾課分編八卷　（清）王士龍編　（清）王
步青論次　清刻本　十五冊　存六卷(三至

八)

130000－0422－0000255　集 0068

[塾課小題分編]八集　（清）王步青評
（清）王士鰲編　（清）孫維甸校　清刻本　六
冊　存三集(六至八)

130000－0422－0000256　集 0069

[塾課小題分編]八集　（清）王士鰲編
（清）王步青評　（清）孫維甸校　清刻本
十冊

130000－0422－0000257　集 0070

伊川文集八卷　（宋）程頤撰　清刻本　一冊
存四卷(五至八)

130000－0422－0000258　集 0071

增註管緘若先生全稿八卷　（清）管世銘著
清光緒十九年(1893)甯郡汲緪齋刻本　五冊

130000－0422－0000259　集 0072

可儀堂全稿不分卷　（清)俞長城著　清光緒
二年(1876)刻本　四冊

130000－0422－0000260　集 0073

小題文環六十卷　（□）□□撰　清刻本　十
五冊　存十五卷(四十六至六十)

130000－0422－0000261　集 0074

文選六十卷　（南朝梁）蕭統撰　清乾隆三十
七年(1772)海錄軒刻本　六冊　存十五卷
(一至十五)

130000－0422－0000262　集 0075

註釋少岳賦草不分卷　（清）夏涵汶著　清道
光十年(1830)刻本　二冊

130000－0422－0000263　類叢部 0001

淵鑑類函四百五十卷　（清）張英等撰　清刻
本　二十一冊　存五十七卷(二十四至六十、
八十七至一百六)

130000－0422－0000264　類叢部 0002

佩文韻府一百六卷　（清）張玉書等編　清康
熙刻本　八十七冊　存六十九卷(一至六、二
十一至二十三、二十七至五十六、六十六至六
十八、七十五至八十九、九十四至一百、一百

二至一百六)

130000－0422－0000265　類叢部 0003

佩文韻府一百六卷拾遺一百六卷　（清）張玉
書等纂修　（清）張廷玉等校勘　清刻本　八
十三冊　存一百四十二卷(佩文韻府二至三、
十一至三十四、三十六至三十八、八十五至九
十一、九十八至一百、一百三至一百六,拾遺
八至一百六)

130000－0422－0000266　類叢部 0004

佩文韻府一百六卷　（清）張玉書等編　清刻
本　二十一冊　存十六卷(五至七、四十一至
四十八、一百二至一百六)

130000－0422－0000267　類叢部 0005

八編類纂二百八十五卷　（明）陳仁錫評纂
清刻本　一百三十四冊　存一百八十一卷
(一至三十一、四十七至七十一、八十七至一
百二、一百十七至一百四十三、一百六十至二
百十、二百三至二百十六、二百五十七至二百
五十九、二百六十一、二百二十八至二百四
十)

130000－0422－0000268　類叢部 0007

韻府約編二十四卷　（清）鄧愷輯　（清）任廷
鑑等校　（清)施龍淵等訂　清刻本　十二冊
存十二卷(十三至二十四)

130000－0422－0000269　類叢部 0008

格致鏡原一百卷　（清）陳元龍撰　清刻本
十六冊　存五十三卷(四十八至一百)

130000－0422－0000270　類叢部 0009

子史精華一百六十卷　（清）吳襄等纂修
(清)允祿　（清）允禮監修　清刻本　二十冊
存五十一卷(五十七至一百七)

130000－0422－0000271　類叢部 0010

海山仙館叢書五十種　（清）潘仕成輯　清道
光刻本　十冊　存三十四卷

130000－0422－0000272　類叢部 0021

五經典林五十四卷　（清）何松編　清刻本
九冊　存二十五卷(一至十七、二十一至二十
八)

130000－0422－0000273　類叢部 0011

研香齋四六類腋二十四卷 （清）東邨訂　清道光二十三年(1843)寶書堂刻本　六冊

130000－0422－0000274　類叢部 0012

文科大成 （清）□□撰　清刻本　六冊　存二十六卷(三至二十一、二十九至三十五)

130000－0422－0000275　類叢部 0013

增補續矮屋必須八卷 （清）桂杏山房主人編　清光緒六年(1880)刻本　七冊

130000－0422－0000276　類叢部 0014

增補續矮屋必須八卷 （清）桂杏山房主人編　清刻本　五冊　存五卷(二、四至六、八)

130000－0422－0000277　類叢部 0015

增補續矮屋必須九卷 （清）朱雲亭輯　清光緒六年(1880)刻本　八冊

130000－0422－0000278　類叢部 0016

增補事類統編九十三卷 （清）黃葆真增輯　清敦好堂刻本　六冊　存十七卷(六十至七十六)

130000－0422－0000279　類叢部 0017

策學淵萃四十六卷 （清）□□撰　清石印本　十冊　存二十七卷(二十至四十六)

130000－0422－0000280　類叢部 0019

五經典林五十四卷古人典林六卷 （清）何松編　清光緒元年(1875)刻本　十冊　存二十九卷(五經典林一至二十三、古人典林六卷)

130000－0422－0000281　類叢部 0022

清隱山房叢書七種 （清）華陽逸叟輯　清光緒九年(1883)刻本　六冊

130000－0422－0000282　新學 0001

運漕摘要三卷 （清）張光華編　清嘉慶四年(1799)刻本　三冊

130000－0422－0000283　新學 0002

運漕便覽不分卷 （清）張賁園輯　清嘉慶八年(1803)刻本　一冊

130000－0422－0000284　新學 0003

格物探原六卷 （英國）韋廉臣撰　清光緒六年(1880)刻本　四冊

唐山市遵化市圖書館古籍普查登記目録

全國古籍普查登記目録

國家圖書館出版社
National Library of China Publishing House

130000－0424－0000001　Ba1/9

二十四史　清同治、光緒間五省官書局刻本
　　三百三十六冊　存二千二百四十九卷(史
　　記一至六十八,前漢書二十九至九十三,後漢
　　書一至六十九,宋書一百卷,南齊書五十九
　　卷,梁書五十六卷,陳書三十六卷,魏書一百
　　十四卷,周書五十卷,隋書八十五卷,北史一
　　百卷,舊唐書一至二十、八十一至一百七十,
　　舊五代史一百五十卷,五代史七十四卷,宋史
　　一至三百十九、三百二十八至四百九十六,遼
　　史一至一百十五,金史一至一百二十五,元史
　　一至三十四、七十二至二百十,明史六十五至
　　二百七十六)

130000－0424－0000002　D64/1

隨園全集　(清)袁枚撰　清光緒十八年
(1892)刻本　三冊　存十一種十七卷(飲水
詞鈔二卷,箏船詞一卷,綠秋草堂詞一卷,過
雲精舍詞二卷,捧月樓詞二卷,瑤華閣詩草一
卷,詞鈔一卷,補遺一卷,碧梧山館詞二卷,崇
睦山房一卷,樓居小草一卷,素文女子遺稿一
卷,玉山堂詞一卷)

130000－0424－0000003　Ba1/8

欽定二十四史　清光緒十年(1884)上海同文
書局影印本　六十冊　存二百二十卷(前漢
書一百卷、後漢書一百二十卷)

130000－0424－0000004　Ba1/7

欽定二十四史　清光緒三十四年(1908)上海
集成圖書公司鉛印本　一百八十五冊　存
一千四百六十五卷(隋書八十五卷,北史一百
卷,舊唐書三十九至二百,唐書六十一至二百
二十六,舊五代史一百五十卷,宋史一至三十
六、四十八至七十、二百二至二百三十,遼史
一百十六卷,金史五十九至一百三、一百十三
至一百三十五,元史二百十卷,五代史七十四
卷,明史一至一百十二、一百九十九至三百三
十二)

130000－0424－0000005　L1/1

龍泉師友遺稿合編二種二十四卷　(清)李樹
屏編　清光緒刻本　六冊

130000－0424－0000006　Z1/2

證響齋詩集八卷　(清)蔡鑾揚編　清光緒六
年(1880)刻本　四冊

130000－0424－0000007　Ba1/6

史記鈔四卷　(清)高塘集評　清乾隆五十三
年(1788)刻本　四冊

130000－0424－0000008　Ea2/1

大生要旨五卷　(清)唐千頃纂　(清)蔣勳校
清道光二十三年(1843)刻本　一冊

130000－0424－0000009　Da142/1

昭代名人尺牘續集小傳二十四卷　陶湘輯
清宣統三年(1911)石印本　十二冊　存十二
卷(一至十二)

130000－0424－0000010　Ea1/1

圖註八十一難經辨真四卷圖註脈訣辨真四卷
附脈訣附方一卷　(明)張世賢撰　清光緒八
年(1882)刻本　六冊

130000－0424－0000011　Da117/1

懭山文稿不分卷　(清)周鎬撰　清刻本
一冊

130000－0424－0000012　Da54/1

滄香齋試帖輯註不分卷　(清)王廷紹撰
(清)張熙宇輯評　清光緒十一年(1885)刻本
　　八冊

130000－0424－0000013　Da42/1

鬱華閣遺集四卷　(清)盛昱撰　清刻本
一冊

130000－0424－0000014　Da17/1

溫飛卿詩集九卷　(清)曾益謙注　(清)顧予
咸補注　清宣統二年(1910)秀野草堂石印本
四冊

130000－0424－0000015　Da43－1

天外歸帆不分卷　(清)斌椿撰　清刻本
一冊

130000－0424－0000016　Da130/1

正誼堂全書六十三種續刻五種　(清)張伯行
著　清同治五年(1866)福州正誼書院刻本

十四冊　存四種四十一卷(正誼堂文集十二卷、正誼堂續集八卷、居濟一得八卷、養正類編十三卷)

130000－0424－0000017　Da43－2
海國勝游草不分卷　(清)斌椿撰　清刻本
一冊

130000－0424－0000018　Z1/1
字彙十二卷首一卷末一卷　(明)梅膺祚撰
清康熙四十四年(1705)重刻本　十四冊

130000－0424－0000019　Da111/1－3
魏昭士文集十卷　(清)魏世傚著　清刻本
四冊

130000－0424－0000020　Cb21/1
盛世危言六卷續編四卷　(清)鄭觀應　(清)
杞憂生撰　清光緒二十四年(1898)煥文書局
石印本　九冊　存九卷(盛世危言六卷、續編
一至三)

130000－0424－0000021　Cb25/2
盛世危言十四卷　(清)鄭觀應撰　清光緒二
十一年(1895)刻本　八冊

130000－0424－0000022　Cb72/1
剔弊廣增分韻五方元音二卷首一卷　(清)樊
騰鳳著　(清)趙培梓編　(清)趙鑑菴書　清
刻本　五冊

130000－0424－0000023　Da49/1
味和堂詩集六卷　(清)高其倬撰　(清)高恪
(清)高愿校編　清刻本　二冊

130000－0424－0000024　CCb/1
救生船四卷首一卷　清寫刻本　二冊　存二
卷(一至二)

130000－0424－0000025　Bb11/1
鑄史駢言十二卷　(清)孫玉田編定　清光緒
二年(1876)刻本　四冊

130000－0424－0000026　Cb14/1
**古香齋新刻袖珍淵鑑類函四百五十卷目錄四
卷**　(清)張英等纂　清刻本　六十七冊　存
二百二十三卷(一百八十至二百十九、二百四

十七至三百十六、三百三十九至三百八十二、
三百三十至三百三十八、三百十四至三百二
十五、三百八十二至四百二十九)

130000－0424－0000027　Da44/1
咫聞齋詩鈔不分卷　(清)李雲章著　(清)陶
樑輯　清刻本　一冊

130000－0424－0000028　Da111/1－1
魏季子文集十六卷魏叔子文集外篇二十二卷
　(清)魏禮　(清)魏禧撰　清刻本　二十八
冊　存二十九卷(魏季子文集十至十六、魏叔
子文集外篇二十二卷)

130000－0424－0000029　Da41/1
蘭言詩鈔四卷　(清)李瑞輯　清光緒七年
(1881)刻本　二冊

130000－0424－0000030　Eb18/1
**康熙字典十二集三十六卷總目一卷檢字一卷
辨似一卷等韻一卷備考一卷補遺一卷**　(清)
張玉書等總閱　(清)凌紹雯等纂修　清道光
七年(1827)刻本　三十八冊

130000－0424－0000031　Bb5/1
綱鑑會編九十八卷　(清)劉德芳訂正　(清)
葉澐輯錄　清康熙刻本　三十六冊

130000－0424－0000032　E69/1
說文解字句讀三十卷　(漢)許慎記　(清)王
筠撰集　(清)陳山嵋　(清)陳慶鏞訂正
(清)蔣其崙書篆　清刻本　七冊　存十四卷
(十七至三十)

130000－0424－0000033　Bb3/1－1
**尺木堂綱鑑易知錄九十二卷明鑑易知錄十五
卷**　(清)吳乘權等輯　清光緒八年(1882)尺
木堂刻本　三十一冊　存七十一卷(一至二
十三、四十一至五十二、五十五至八十二、八
十五至九十二)

130000－0424－0000034　Cb10/1
分類韻錦十二卷　(清)郭化霖編　(清)郭鳳
翥校　(清)陳銘章參訂　清道光二十三年
(1843)喜雨山房刻本　十二冊

130000 – 0424 – 0000035　　Da7/1

悦心集四卷　（清）世宗胤禛撰　清刻本
二册

130000 – 0424 – 0000036　　Bc13/1

貳臣傳十二卷逆臣傳四卷　（清）國史館纂
清都城琉璃廠半松居士木活字印本　八册

130000 – 0424 – 0000037　　Bb16/1 – 2

[光緒]遵化通志六十卷首一卷　（清）何崧泰
等修　清光緒刻本　十九册　存三十卷（一、
五至七、二十二至三十六、三十九、四十一至
四十二、四十八至五十五）

130000 – 0424 – 0000038　　Da48

白華絳柎閣詩集十卷　（清）李慈銘著　清光
緒十六年（1890）刻本　六册

130000 – 0424 – 0000039　　Bc7/1 – Bc9/1

**歷代名臣傳三十五卷續編五卷歷代名儒傳八
卷**　（清）朱軾　（清）蔡世遠訂　（清）張江
纂　清同治三年（1864）刻本　三十册

130000 – 0424 – 0000040　　Da12/1

讀杜心解六卷首二卷　（清）浦起龍講解　清
寧我齋刻本　十二册

130000 – 0424 – 0000041　　Da107/1

畫禪室隨筆四卷　（明）董其昌著　清石印本
二册　存三卷（二至四）

130000 – 0424 – 0000042　　Da103/1

古文八大家公眼錄六卷　（清）李中簡鑒定
（清）王應鯨選評　清嘉慶六年（1801）刻本
四册

130000 – 0424 – 0000043　　B68/1

司馬溫公稽古錄二十卷　（宋）司馬光撰　清
同治十一年（1872）湖北崇文書局刻本　一册
存八卷（一至八）

130000 – 0424 – 0000044　　Cb3/1

說鈴前集三十七種後集十六種　（清）吳震方
輯　清同治七年（1868）刻本　二十四册

130000 – 0424 – 0000045　　Da111/1 – 2

魏敬士文集八卷　（清）魏世儼著　清刻本
三册

130000 – 0424 – 0000046　　Bd4/1

[康熙]盤山志十卷卷首一卷補遺四卷　（清）
智朴纂　（清）王士禎　（清）朱彝尊訂　清康
熙三十年（1691）刻本　四册

130000 – 0424 – 0000047　　Cb17/1

增補五子性理四書十三卷　（清）華希閔纂
清康熙十八年（1679）雲林大盛堂刻本　六册
缺四卷（一至四）

130000 – 0424 – 0000048　　Cb35/1

御纂詩義折中二十卷　（清）傅恆等纂　清刻
本　六册

130000 – 0424 – 0000049　　Aq″1″/1

**宋本十三經注疏四百十六卷附校勘記四百十
六卷校勘記識語四卷**　（清）阮元撰　（清）盧
宣旬摘錄　（清）汪文臺撰　清光緒十三年
（1887）脈望仙館石印本　三十二册　缺一百
卷（附釋音毛詩注疏二十一至七十、校勘記二
十一至七十）

130000 – 0424 – 0000050　　Da9/1

庚子山全集十卷　（北周）庾信撰　（清）吳兆
宜箋注　清刻本　四册　存五卷（六至十）

130000 – 0424 – 0000051　　Cb46/1

澗于集二十卷　（清）張佩綸撰　清刻本　十
五册

130000 – 0424 – 0000052　　Cc8/1

官話指南四卷　（清）吳啓太　（清）鄭永邦編
清光緒二十九年（1903）鉛印本　一册

130000 – 0424 – 0000053　　Eb1/1

佩文韻府一百六卷拾遺一百六卷　（清）張玉
書等編　清刻本　五十五册　存五十五卷
（一至十五、二十至二十二、二十六上至三十
六、六十三至七十三、七十六至七十七、八十
六至九十二、九十九上、一百至一百四）

130000 – 0424 – 0000054　　Da38/1

補學軒詩集八卷　（清）鄭獻甫撰　清咸豐十
年（1860）采莪堂刻本　四册

130000－0424－0000055　　Da72/1

全史宮詞二十卷　（清）史夢蘭撰　清咸豐六年(1856)刻本　六冊

130000－0424－0000056　　Da20/1

古唐詩合解唐詩十二卷古詩四卷　（清）王堯衢註　清光緒十二年(1886)刻本　六冊

130000－0424－0000057　　Da32/1

七家詩選七卷　（清）張熙宇評選　（清）張昶註釋　清朱墨套印本　四冊

130000－0424－0000058　　Da35/1

碧腴齋詩存八卷　（清）胡德琳撰　南園詩選二卷　（清）何士顒撰　清光緒十八年(1892)上海圖書集成印書局鉛印本　一冊

130000－0424－0000059　　Bc11/1

歷代循吏傳八卷　（清）朱軾　（清）蔡世遠輯　清同治三年(1864)刻本　六冊

130000－0424－0000060　　Cb44/1

藝苑名言八卷　（清）蔣瀾纂　清刻本　二冊　存四卷(三至六)

130000－0424－0000061　　CC1/1

最樂編十一種　（清）保光輯　（清）德恆（清）德啟全校　清乾隆刻本　六冊

130000－0424－0000062　　Bd2/1

京畿金石考二卷　（清）孫星衍輯　清光緒十年(1884)刻本　二冊

130000－0424－0000063　　Be2/1

乘查筆記不分卷　（清）斌椿撰　清同治七年(1868)文寶堂刻本　一冊

130000－0424－0000064　　Bd6/1

鄉黨圖考十卷　（清）江永著　清乾隆三十九年(1774)刻本　三冊

130000－0424－0000065　　Da14/1

白香山詩長慶集二十卷後集十七卷別集一卷補遺二卷附年譜一卷年譜舊本一卷　（唐）白居易撰　清康熙一隅草堂刻本　十二冊

130000－0424－0000066　　B69/1

廣治平略三十六卷續廣治平略八卷　（清）蔡方炳撰　清刻本　八冊

130000－0424－0000067　　Bd1/1

宸垣識略十六卷　（清）吳長元輯　清刻本　八冊

130000－0424－0000068　　B66/2

東華續錄二百二十卷　（清）朱壽朋編　（清）潘鴻鼎校　清宣統元年(1909)上海集成圖書公司鉛印本　五十六冊　存一百九十六卷(一至八十二、一百七至二百二十)

130000－0424－0000069　　Bc4/1

增補四書精繡圖像人物備考十二卷圖一卷（明）陳仁錫增定　（明）陳義錫重校　（明）陳銳糸訂　清嘉慶三年(1798)刻本　八冊

130000－0424－0000070　　Da66/1

青草堂集十二卷二集十六卷三集十六卷補集七卷　（清）趙國華著　清刻本　十六冊

130000－0424－0000071　　Da77/1

東萊博議四卷增補虛字註釋一卷　（宋）呂祖謙撰　清石印本　四冊

130000－0424－0000072　　Da3/1

漁洋山人古詩選三十二卷　（清）王士禎選　清同治五年(1866)金陵書局刻本　五冊　存二十一卷(五言詩一至十七、七言詩一至四)

130000－0424－0000073　　Db9/1

極樂世界傳奇八卷　（清）觀劇道人撰　（清）試香女史參評　清光緒七年(1881)木活字印本　八冊

130000－0424－0000074　　Da149/1

留蘇盦尺牘叢殘四卷　（清）嚴籟撰　清咸豐八年(1858)東郡寶書堂刻本　二冊

130000－0424－0000075　　Da126/1

勸學篇二卷　（清）張之洞著　清光緒二十四年(1898)刻本　二冊

130000－0424－0000076　　Cb63/1

荊園小語集證四卷　（清）申涵光著　（清）張子覺輯　（清）董元度訂　清同治八年(1869)刻本　一冊

130000－0424－0000077　Da128/1

鴻雪因緣圖記三集六卷　（清）麟慶著　（清）汪英福繪　清光緒六年（1880）上海點石齋石印本　六冊

130000－0424－0000078　Cb65/1

二如亭群芳譜三十卷首一卷　（明）王象晉撰　明末刻清雍正印本　七冊　存八卷（元部天譜一至三、歲譜一至三,首一卷;亨部果譜二）

130000－0424－0000079　Eb3/1

詩韻集成十卷　（清）余照輯　清光緒八年（1882）文成堂刻本　四冊

130000－0424－0000080　Da141/1

尺牘初桄四卷附彙註一卷　（清）子虛氏輯　清光緒刻本　二冊

130000－0424－0000081　Ea5/1

匋齋藏石記四十四卷首一卷藏磚記二卷　（清）端方撰　清宣統元年（1909）石印本　十二冊

130000－0424－0000082　Da144/1

曾文正公家書十卷家訓二卷大事記四卷榮哀錄一卷　（清）曾國藩撰　（清）李鴻章（清）曾國荃審定　（清）王定安著　清光緒三十一年（1905）上海商務印書館鉛印本　七冊　存十五卷（曾文正公家書十卷、大事記四卷、榮哀錄一卷）

130000－0424－0000083　Cb40/1

新刻重校增補圓機活法詩學全書二十四卷　（明）王世貞校正　（明）楊淙糸閱　（明）蔣先廣重訂　新刊校正增補圓機詩韻活法全書二十四卷　（明）王世貞校正　（明）蔣先廣重訂　清刻本　二十四冊

130000－0424－0000084　Bb3/1－2

尺木堂綱鑑易知錄九十二卷明鑑易知錄十五卷　（清）吳乘權等輯　清尺木堂刻本　四十七冊

130000－0424－0000085　Cb36/1

說詩樂趣類編二十卷　（清）伍涵芬定　（清）汪正鈞參訂　清康熙四十年（1701）刻本八冊

130000－0424－0000086　Cb56/1

東周列國全志二十三卷　（清）蔡元放評點　清書業德刻本　一冊　存二卷（八至九）

130000－0424－0000087　Cb42/1

梅村詩話不分卷　（清）吳偉業著　清宣統三年（1911）上海掃葉山房石印本　一冊

130000－0424－0000088　Bb16/1－1

[光緒]遵化通志六十卷首一卷　（清）何崧泰等修　清光緒刻本　三十二冊

130000－0424－0000089　Cb60/1

義俠好逑傳四卷　（明）名教中人編次　（清）游方外客批評　清善成堂刻本　四冊

130000－0424－0000090　Da23/1

讀全唐詩抄三十八卷首一卷末一卷　（清）金世綬編　清刻本　二十冊

130000－0424－0000091　Cbzb/1－2

朱子家禮八卷首一卷　（宋）朱熹撰　（明）丘濬輯　（明）楊廷筠補　（清）施璜　（清）朱啟昆糸　清刻本　五冊　存五卷（四至八）

130000－0424－0000092　Cb4/1

知不足齋叢書一百九十六種　（清）鮑廷博輯　（清）鮑志祖續編　清乾隆三十七年至道光三年（1772－1823）長塘鮑氏刻本　三十二冊　存三十六種（一集八種、三集七種、四集七種、五集十四種）

130000－0424－0000093　Cb69/1

清河書畫舫十二卷　（明）張丑著　清乾隆二十八年（1763）池北草堂刻本　六冊

130000－0424－0000094　Cbzb/1－1

四禮初稿四卷　（明）宋纁輯　（清）沈翰較字　四禮約言四卷　（明）呂維祺著　（清）沈翰較字　清刻本　一冊

130000－0424－0000095　Cb23/1

簷曝雜記六卷　（清）趙翼撰　清刻本　二冊　存四卷（三至六）

130000－0424－0000096　Da52/1－1

國朝五言八韻詩鈔三卷　（清）趙曉榮　（清）程棟輯　清乾隆二十二年（1757）申江書院刻本　三冊

130000－0424－0000097　Da102/1

陳檢討集二十卷　（清）陳維崧撰　（清）程師恭註　清刻本　六冊

130000－0424－0000098　Da95/1

重訂廣事類賦四十卷　（清）華希閔著　（清）鄒升恒爹　（清）華希閔重訂　清刻本　十冊

130000－0424－0000099　Ca4/1

子史輯要詩賦題解後集四卷　（清）方維新輯　清道光八年（1828）聚錦堂刻本　四冊

130000－0424－0000100　Da52/1－2

唐人應制五言八韻詩式不分卷　（清）談起行評選　（清）沈崇勳　（清）陸錫熊參訂　（清）程棟輯　清乾隆二十二年（1757）申江書院刻本　一冊

130000－0424－0000101　Da57/1

有正味齋試帖詳註四卷　（清）吳錫麒著　清道光二十六年（1846）書業德記刻本　三冊　存三卷（一至三）

130000－0424－0000102　Ba24″1″/1

芸居樓明鑑易知錄十五卷　（清）吳乘權等輯　清光緒四年（1878）芸居樓刻本　六冊

130000－0424－0000103　Da21/1－Da22/1

東岳草堂評訂唐詩鼓吹十卷　（金）元好問選編　（元）郝天挺註　（明）廖文炳解　（清）錢朝鼐參校　（清）朱三錫評　清康熙二十七年（1688）刻本　十冊

130000－0424－0000104　Da62/1

榕村全集四十卷　（清）李光地撰　清刻本　六冊　存二十三卷（十八至四十）

130000－0424－0000105　Cb5/1

錦字箋四卷　（清）黃澐纂　清聚錦堂刻本　四冊

130000－0424－0000106　Ba24/7

欽定明史三百三十二卷　（清）張廷玉等撰　清石印本　一冊　存三卷（一百八十四至一百八十六）

130000－0424－0000107　Ba3/1（X）

續漢書八志三十卷　（晉）司馬彪撰　（南朝梁）劉昭注補　清刻本　二冊

130000－0424－0000108　Aa10/1

四書朱子異同條辨四十卷　（清）李沛霖　（清）李禎訂　清康熙近譬堂刻本　三十二冊

130000－0424－0000109　Aa2/1

書經六卷　（宋）蔡沈集傳　清同治六年（1867）金陵奎壁齋刻本　四冊

130000－0424－0000110　Aa2/2

寄傲山房塾課纂輯書經備旨蔡註捷錄七卷　（清）鄒聖脈輯　（清）鄒廷猷編　清光緒三十年（1904）會文堂書局石印本　二冊

130000－0424－0000111　Aa3/1

仇滄柱先生增補詩經備旨十二卷　（清）仇兆鰲鑒定　（清）祁文友　（清）尹源進增定　清乾隆三十年（1765）文盛堂刻本　八冊

130000－0424－0000112　A2″2″/2

經史百家雜鈔二十六卷　（清）曾國藩纂　（清）李鴻章校刊　清光緒三十二年（1906）上海商務印書館鉛印本　十二冊

秦皇島圖書館古籍普查登記目錄

全國古籍普查登記目錄

國家圖書館出版社
National Library of China Publishing House

130000－0425－0000001　集 0001/0004

楚辭十七卷　（漢）劉向輯　（漢）王逸章句
清同治十一年(1872)金陵書局仿汲古閣刻本
四冊

130000－0425－0000002　集 0005/0006

曹集詮評十卷逸文一卷年譜一卷附錄一卷
（清）丁晏撰輯　清同治十一年(1872)金陵書
局刻本　二冊

130000－0425－0000003　集 0007/0010

陶淵明集十卷　（晉）陶淵明撰　（南朝梁）蕭
統輯　清光緒刻本　四冊

130000－0425－0000004　集 0011/0022

庚子山集十六卷總釋一卷　（北周）庚信撰
（清）倪璠註　**年譜一卷**　（清）倪璠撰　清刻
本　十二冊

130000－0425－0000005　集 0023/0042

李太白文集三十六卷　（唐）李白撰　（清）王
琦輯註　清刻本　二十冊

130000－0425－0000006　集 0043/0058

杜詩詳註二十五卷首一卷附編二卷　（唐）杜
甫撰　（清）仇兆鰲輯註　清康熙三十二年
(1693)刻本　十六冊

130000－0425－0000007　集 0059/0070

白香山詩集四十卷年譜二卷　（唐）白居易撰
（清）汪立名編訂　清汪氏一隅草堂刻本
十二冊

130000－0425－0000008　集 0071/0076

韓昌黎詩集編年箋注十二卷　（唐）韓愈撰
（清）方世舉考訂　清雅雨堂刻本　六冊

130000－0425－0000009　集 0103/0106

樊南文集詳註八卷　（唐）李商隱撰　（清）馮
浩編訂　清同治七年(1868)刻本　四冊

130000－0425－0000010　集 0107/0110

樊南文集補編十二卷首一卷附錄一卷　（唐）
李商隱撰　（清）錢振倫箋　（清）錢振常注
清同治五年(1866)望三益齋刻本　四冊

130000－0425－0000011　集 0112/0151

東坡七集一百十卷附東坡集校記二卷　（宋）
蘇軾撰　清端方寶華盦刻本　四十冊　存九
十一卷(東坡集十八至四十、東坡後集一至二
十、東坡奏議一至十五、東坡外制集一至三、
東坡內制集一至六、東坡應詔集一至十、東坡
續集一至十二、東坡集校記一至二)

130000－0425－0000012　集 0163/0174

蘇文忠公詩集五十卷目錄二卷　（宋）蘇軾撰
（清）紀昀評點　清道光十四年(1834)刻朱
墨套印本　十二冊

130000－0425－0000013　集 0185/0208

**歐陽文忠公全集一百五十三卷首一卷附錄五
卷**　（宋）歐陽修撰　清嘉慶二十四年(1819)
歐陽衡刻本　二十四冊

130000－0425－0000014　集 0209/0212

王荊公文集注八卷　（宋）王安石撰　（清）沈
欽韓注　清末刻本　四冊

130000－0425－0000015　集 0219/0222

**元遺山詩集箋注十四卷年譜一卷附錄一卷補
載一卷**　（金）元好問撰　（清）施國祁箋　清
道光七年(1827)苕溪吳氏醉六堂刻本　四冊

130000－0425－0000016　集 0235/0274

牧齋全集四種一百六十三卷　（清）錢謙益撰
（清）錢曾箋　清宣統二年(1910)遂漢齋鉛
印本　四十冊

130000－0425－0000017　集 0275/0290

**方正學先生遜志齋集二十四卷拾補一卷外紀
一卷校勘記一卷**　（明）方孝孺撰　清同治十
二年(1873)吳縣孫氏刻本　十六冊

130000－0425－0000018　集 0291/0292

寒石先生文集三卷　（明）理鬯和撰　清刻本
二冊

130000－0425－0000019　集 0293

寒石先生集一卷　（明）理鬯和撰　（清）何作
桐註　清刻本　一冊

130000－0425－0000020　集 0294/0297

御製詩集十卷第二集十卷　（清）聖祖玄燁撰

（清）高士奇編　清康熙四十二年(1703)宋
犖刻本　四冊

130000－0425－0000021　集 0298/0321

湖海樓全集五十一卷　（清）陳維崧著　清乾
隆六十年(1795)刻本　二十四冊

130000－0425－0000022　集 0322/0325

板橋集六卷　（清）鄭燮著　清乾隆清暉書屋
刻本　四冊

130000－0425－0000023　集 0326/0343

胡文忠公遺集八十六卷首一卷　（清）胡林翼
撰　（清）鄭敦謹　（清）曾國荃纂輯　清光緒
元年(1875)湖北崇文書局刻本　十八冊

130000－0425－0000024　集 0344/0353

胡文忠公遺集三十四卷　（清）胡林翼撰
(清)鄭敦謹　（清）曾國荃編輯　清木活字印
本　十冊

130000－0425－0000025　集 0354/0365

梅村詩集箋注十八卷　（清）吳偉業撰　（清）
吳翌鳳箋注　清嘉慶十九年(1814)滄浪吟榭
刻本　十二冊

130000－0425－0000026　集 0368/0383

**道古堂文集四十八卷詩集二十六卷集外文一
卷外詩一卷軼事一卷**　（清）杭世駿撰　清乾
隆刻光緒十四年(1888)錢塘汪氏振綺堂修補
本　十六冊

130000－0425－0000027　集 0384/0410

左文襄公書牘二十六卷附家書二卷　（清）左
宗棠撰　清刻藍印本　二十七冊　存二十七
卷(一、三至二十六,家書二卷)

130000－0425－0000028　集 0411/0426

**百柱堂全集內集三十四卷外集十九卷附彤雲
閣遺稿二卷**　（清）王柏心著　清光緒二十四
年(1898)成山唐氏貴陽刻本　十六冊

130000－0425－0000029　集 0427/0442

**曬書堂文集十二卷外集二卷別集一卷閨中文
存一卷筆記二卷筆錄六卷詩鈔二卷時文一卷
詩文一卷試帖一卷詩餘一卷和鳴集一卷附祭**

財神詩一卷　（清）郝懿行撰　（清）周悅讓編
清光緒十年(1884)東路廳署刻本　十六冊

130000－0425－0000030　集 0536/0575

唐宋八大家文鈔一百六十四卷　（明）茅坤評
選　明金閭黃玉堂刻本　四十冊

130000－0425－0000031　集 0620/0635

文選六十卷　（南朝梁）蕭統撰　（唐）李善注
（清）何焯評點　清乾隆三十七年(1772)葉
氏海錄軒刻朱墨套印本　十六冊

130000－0425－0000032　集 0636/0641

孫批胡刻文選五卷文選考異一卷　（南朝梁）
蕭統輯　（唐）李善注　（明）孫月峰批點
(清)胡克家校刊　清光緒十四年(1888)同文
書局石印本　六冊

130000－0425－0000033　集 0642/0653

文選集釋二十四卷　（清）朱珔撰　清光緒元
年(1875)涇川朱氏梅村家塾刻本　十二冊

130000－0425－0000034　集 0661/0668

唐詩解五十卷　（明）唐汝詢選釋　清萬笈堂
刻本　八冊　存二十六卷(二十五至五十)

130000－0425－0000035　集 0706/0806

**國朝文匯甲前集二十卷甲集六十卷乙集七十
卷丙集三十卷丁集二十卷姓氏目錄一卷**
(清)沈粹芬等輯　清宣統元年(1909)上海國
學扶輪社石印本　一百一冊

130000－0425－0000036　集 0829/0835

五代詩話十卷　（清）王士禛輯　（清）鄭方坤
刪補　清刻本　七冊

130000－0425－0000037　集 0838/0861

宋詩紀事一百卷　（清）厲鶚　（清）馬日琯輯
清刻本　二十四冊

130000－0425－0000038　集 0862/0869

柳亭詩話三十卷　（清）宋長白纂　清光緒八
年(1882)懷花盦刊本　八冊

130000－0425－0000039　集 0902/0905

文心雕龍十卷　（南朝梁）劉勰撰　（清）黃叔
琳注　（清）紀昀評　清道光十三年(1833)兩

廣節署刻朱墨套印本　四冊

130000－0425－0000040　集 0906/0935
宋六十名家詞九十一卷　（明）毛晉輯　清光緒錢塘汪氏據毛晉汲古閣刻本　三十冊

130000－0425－0000041　集 0968/0987
詞綜三十八卷　（清）朱彝尊輯　**明詞綜十二卷國朝詞綜四十八卷二集八卷**　（清）王昶輯　清嘉慶刻本　二十冊

130000－0425－0000042　集 0988/1007
小檀欒室匯刻閨秀詞十集一百十卷　徐乃昌輯　清光緒南陵徐氏刻本　二十冊

130000－0425－0000043　集 1020/1023
白香詞譜箋四卷　（清）舒夢蘭輯　（清）謝朝徵箋　清宣統二年（1910）埽葉山房石印本　四冊

130000－0425－0000044　集 1028/1038
詞律二十卷首一卷　（清）萬樹撰　清光緒二年（1876）吳下刻本　十一冊

130000－0425－0000045　集 1039/1043
詞律拾遺八卷補注二卷　（清）徐本立纂　清同治十二年（1873）吳下刻本　五冊

130000－0425－0000046　集 1180/1191
聊齋志異新評十六卷　（清）蒲松齡著　（清）王士正評　（清）但明倫新評　清刻三色套印本　十二冊　存十二卷（二至四、六至十四）

130000－0425－0000047　集 1192/1207
聊齋志異新評十六卷　（清）蒲松齡著　（清）王士正評　（清）但明倫新評　（清）呂湛恩注　清刻本　十六冊

130000－0425－0000048　集 1300/1307
東周列國全志八卷一百八回　（清）蔡元放點評　清光緒三十一年（1905）上海章福記書局石印本　八冊

130000－0425－0000049　經 0033/0042
春秋左傳杜註三十卷首一卷　（清）姚培謙撰　清光緒九年（1883）江南書局刻本　十冊

130000－0425－0000050　經 0043/0048

春秋左傳五十卷　（晉）杜預註　（宋）林堯叟補註　清光緒三十一年（1905）校經山房石印本　六冊　存二十五卷（一至二十五）

130000－0425－0000051　經 0080/0087
新訂四書補註備旨十卷　（明）鄧林著　〔清〕杜定基增訂　清光緒七年（1881）刻本　八冊

130000－0425－0000052　經 0094/0099
康熙字典十二集三十六卷總目一卷檢字一卷辨似一卷等韻一卷備考一卷補遺一卷　（清）張玉書　（清）陳廷敬總纂　清宣統元年（1909）育文書局石印本　六冊

130000－0425－0000053　經 0100/0105
康熙字典十二集三十六卷總目一卷檢字一卷辨似一卷等韻一卷備考一卷補遺一卷　（清）張玉書　（清）陳廷敬總纂　清光緒二十年（1894）上海文寶局石印本　六冊

130000－0425－0000054　類叢 0307/0366
佩文韻府一百六卷　（清）張玉書編　**韻府拾遺一百六卷**　（清）蔡升元輯　清光緒十三年（1887）點石齋石印本　六十冊

130000－0425－0000055　類叢 0571/0574
慎始基齋叢書　盧靖編　清光緒盧氏刻本　四冊　存三種四卷（輶軒語一卷,書目答問不分卷、附校勘記一卷,三通序不分卷）

130000－0425－0000056　類叢 0650/0689
西堂全集四種附一種　（清）尤侗撰　清刻本　四十冊

130000－0425－0000057　史 0001－0294
二十一史二千五百六十七卷　（明）國子監編修　（明）吳士元　（明）黃錦重修　明萬曆二十三年至三十四年（1595－1606）北京國子監刻本　二百九十四冊

130000－0425－0000058　史 0309/0324
史記一百三十卷　（漢）司馬遷撰　（南朝宋）裴駰集解　清光緒四年（1878）金陵書局刻本　十六冊

130000－0425－0000059　史 0328/0363；史

0386/0387；史 0364/0385

舊唐書二百卷逸文十二卷校勘記六十六卷
（後晉）劉昫等撰　（清）岑建功輯　（清）羅士琳等校勘　清同治十一年（1872）懼盈齋刻本　六十冊

130000－0425－0000060　史 0388/0403

舊五代史一百五十卷　（宋）薛居正等撰　清同治十一年（1872）湖北崇文書局刻本　十六冊

130000－0425－0000061　史 0404/0515

明史三百三十二卷目錄四卷　（清）張廷玉撰　清乾隆武英殿刻本　一百十二冊

130000－0425－0000062　史 0516/0675

資治通鑑二百九十四卷目錄三十卷　（明）陳仁錫評　**釋文辯誤十二卷**　（元）胡三省撰　明刻本　一百六十冊

130000－0425－0000063　史 0736/0738

資治通鑑地理今釋十六卷　（清）吳熙載撰　清光緒八年（1882）刻本　三冊

130000－0425－0000064　史 0821/0826

養吉齋叢錄二十六卷餘錄十卷　（清）吳振棫撰　清光緒二十二年（1896）刻本　六冊

130000－0425－0000065　史 0827/0830

嘯亭雜錄十卷續錄三卷　（清）昭槤撰　清宣統元年（1909）刻本　四冊

130000－0425－0000066　史 0854/0859

綏寇紀略十二卷補遺三卷　（清）吳偉業纂輯　清嘉慶九年（1804）照曠閣刻本　六冊

130000－0425－0000067　史 1200

越中先賢祠目一卷　（清）李慈銘撰　清光緒十一年（1885）刻本　一冊

130000－0425－0000068　史 1322/1325

秦淮畫舫錄二卷　（清）捧花生撰　清嘉慶二十二年（1817）刻本　四冊

130000－0425－0000069　史 1326

滇軺紀程一卷　（清）林則徐撰　清光緒三年（1877）刻本　一冊

130000－0425－0000070　史 1470/1475

大清律例增修統纂集成四十卷附督捕則例附纂二卷　（清）姚潤輯　（清）陶駿　（清）陶念霖增輯　清刻本　六冊　存十四卷（九至二十二）

130000－0425－0000071　史 1606/1617

林文忠公政書三集三十七卷　（清）林則徐撰　清刻本　十二冊

130000－0425－0000072　史 1690/1753

[光緒]順天府志一百三十卷附錄一卷　（清）張之洞　繆荃孫總纂　清光緒十年（1884）刻本　六十四冊

130000－0425－0000073　史 1754/1833

[同治]蘇州府志一百五十卷首三卷　（清）馮桂芬總纂　清同治江蘇書局刻本　八十冊

130000－0425－0000074　史 1920/1923

平山堂圖志十卷首一卷　（清）趙之壁編撰　清刻本　四冊

130000－0425－0000075　史 1924/1925

南朝寺考六卷　（清）劉世珩撰　清光緒三十三年（1907）刻本　二冊

130000－0425－0000076　史 1926/1929

岳廟志略十卷首一卷　（清）馮培輯　清光緒五年（1879）刻本　四冊

130000－0425－0000077　史 1930/1933

帝京景物略八卷　（明）劉侗　（明）于奕正撰　清刻本　四冊

130000－0425－0000078　史 1942/1945

滬遊雜記四卷　（清）葛元煦撰　清光緒二年（1876）刻本　四冊

130000－0425－0000079　史 1946/1949

白下瑣言十卷　（清）甘熙撰　清光緒十六年（1890）刻本　四冊

130000－0425－0000080　史 1950/1951

瀛壖雜誌六卷　（清）王韜撰　清光緒元年（1875）刻本　二冊

130000－0425－0000081　史 1952/1959

宸垣識略十六卷　（清）吳長元輯　清光緒二年(1876)刻本　八冊

130000－0425－0000082　史 1961/1968

揚州畫舫錄十八卷　（清）李斗著　清刻本
八冊

130000－0425－0000083　史 1969/1976

廣雁蕩山志二十八卷首一卷末一卷　（清）曾唯纂　清乾隆二十五年(1760)東甌郭博古齋刻本　八冊

130000－0425－0000084　史 1977/1986

焦山志二十六卷首一卷　（清）吳雲輯　續志八卷　（清）陳任暘輯　清刻本　十冊

130000－0425－0000085　史 1988/1999

西湖遊覽志二十四卷志餘二十六卷　（明）田汝成撰　清光緒二十二年(1896)錢塘丁氏嘉惠堂刻本　十二冊

130000－0425－0000086　史 2000/2019

西湖志四十八卷　（清）傅王露撰　清雍正九年(1731)刻本　二十冊

130000－0425－0000087　史 2020/2021

莫愁湖志六卷首一卷　（清）馬士圖輯著　清光緒八年(1882)刻本　二冊

130000－0425－0000088　史 2028/2031

二樵樵者壯遊圖記不分卷　（清）黃璟撰　清光緒二十六年(1900)點石齋石印本　四冊

130000－0425－0000089　子 0001

火龍經全集　（明）□□編　清咸豐五年(1855)刻本　一冊　存三卷(兵法百戰經二卷、七注陰符經一卷)

130000－0425－0000090　子 0002

孫吳司馬法八卷　（清）孫星衍輯　清同治十年(1871)淮南書局刻本　一冊

130000－0425－0000091　子 0003/0006

孫吳武經四卷　（清）清銳　（清）載卓編　清光緒三十二年(1906)荊州駐防翻譯總學刻本
四冊

130000－0425－0000092　子 0007/0011

火龍經三卷　（三國蜀）諸葛亮撰　（明）劉基
（明）焦玉校　二集二卷　（明）劉基撰
（明）毛希秉輯　清刻本　五冊

130000－0425－0000093　子 0106/0111

春在堂全書　（清）俞樾撰　清刻本　六冊
存十七卷(右台仙館筆記十六卷、春在堂全書錄要一卷)

130000－0425－0000094　子 0147/0170

讀史兵略四十六卷　（清）胡林翼撰　清咸豐十一年(1861)武昌節署刻本　二十四冊

130000－0425－0000095　子 0207/0210

濟陰綱目十四卷　（明）武之望撰　（清）汪淇重訂　清掃葉山房刻本　四冊　存八卷(一至八)

130000－0425－0000096　子 0211/0222

義門讀書記五十八卷　（清）何焯撰　（清）蔣維均編　清乾隆十六年(1751)刻光緒六年(1880)重修本　十二冊

130000－0425－0000097　子 0223/0226

茶餘客話二十二卷　（清）阮葵生撰　清光緒十四年(1888)鉛印本　四冊

130000－0425－0000098　子 0251/0254

唐語林八卷附校勘記一卷　（宋）王讜撰　清光緒十九年(1893)湖北官書處刻本　四冊

130000－0425－0000099　子 0275/0276

鳳臺祇謁筆記不分卷　（清）董恂撰　清同治九年(1870)刻本　二冊

130000－0425－0000100　子 0277/0284

靜娛亭筆記十二卷　（清）張培仁著　清刻本
八冊

130000－0425－0000101　子 0297/0306

郎潛紀聞初筆七卷二筆八卷三筆六卷　（清）陳康淇著　清宣統二年(1910)掃葉山房石印本　十冊

秦皇島市昌黎縣圖書館古籍普查登記目録

全國古籍普查登記目録

國家圖書館出版社

National Library of China Publishing House

130000 – 0427 – 0000001　　類叢部 002

武英殿聚珍版叢書一百三十八種　清同治十三年(1874)江西書局刻本　八十四冊　存三十二種三百十一卷(易緯十二卷,漢官舊儀二卷、補遺一卷,魏鄭公諫續錄二卷,郭氏傳家易說十一卷、總論一卷,易象意言一卷,融堂書解二十卷,禹貢指南四卷,續呂氏家塾讀詩記三卷,絜齋毛詩經筵講義四卷,儀禮釋宮一卷,儀禮識誤三卷,鄭志三卷、拾遺一卷、校勘記二卷,五代史纂誤三卷,水經注四十卷、首一卷、附御製文一卷,嶺表錄異三卷,麟臺故事五卷、附拾遺二卷、考異一卷,宋朝事實二十卷,直齋書錄解題二十二卷,傅子一卷,公是弟子記四卷,明本釋三卷,甕牖閒評八卷,考古質疑六卷,澗泉日記三卷,敬齋古今黈八卷、附拾遺五卷,涑水記聞十六卷,老子道德經二卷,南陽集六卷、拾遺一卷,文恭集四十卷、拾遺一卷,學易集八卷,茶山集八卷、拾遺一卷,蒙齋集二十卷、拾遺一卷)

130000 – 0427 – 0000002　　類叢部 001

正誼堂全書六十三種續刻五種　(清)張伯行編　清同治五年(1866)福州正誼書院刻同治八年至光緒十三年(1869 – 1887)續刻本　一百三十七冊　存三十九種(朱子文集十八卷,楊龜山先生集六卷,尹和靖先生集一卷,羅豫章先生文集十卷,李延平先生文集四卷,張南軒先生問文集七卷,黃勉齋先生文集八卷,陳克齋先生集五卷,許魯齋先生文集十卷,薛敬軒先生文集三卷,胡敬齋先生文集三卷,諸葛武侯文集四卷,唐陸宣公文集四卷、首一卷,伊洛淵源錄十四卷,上蔡先生語錄二卷,程氏家塾讀書分年日程三卷,朱子學的二卷,陳清瀾先生學蔀通辯十二卷,薛文清先生讀書錄八卷,胡敬齋先生居業錄八卷,道南源委六卷,熊勿軒先生文集六卷,吳朝宗先生聞過齋集四卷,魏莊渠先生集二卷,羅整庵先生存稿,陳剩夫先生集四卷,張陽和文選三卷,湯潛庵先生集二卷,陸稼書先生文集二卷,道統錄二卷、附錄一卷,二程語錄十八卷,朱子語類輯畧八卷,濂洛關閩書十九卷,近思錄十四卷,廣近思錄十四卷,困學錄集粹七卷,小學集解

六卷,濂洛風雅九卷,學規類編二十七卷)

130000 – 0427 – 0000003　　集 024

西遊真詮一百回　(清)陳士斌詮解　清光緒十年(1884)刻本　九冊　存四十五回(一至四、十至十四、二十至二十四、三十五至三十九、四十五至五十四、七十至七十九、八十五至九十)

130000 – 0427 – 0000004　　集 023

東周列國全志二十三卷　(清)蔡昇評點　清光緒十二年(1886)上海江左書林刻本　二十四冊

130000 – 0427 – 0000005　　集 021

關中書院詩課不分卷　(清)路德輯　**關中書院賦不分卷**　(清)谷逢鈞等撰　清同治五年(1866)善成堂刻本　四冊

130000 – 0427 – 0000006　　集 020

昭代名人尺牘二十四卷小傳二十四卷　(清)吳修輯　清光緒三十四年(1908)上海集古齋石印本　十一冊　存三十三卷(昭代名人尺牘一至二、四至六、八至十一,小傳二十四卷)

130000 – 0427 – 0000007　　集 019

皇朝經世文編一百二十卷　(清)賀長齡輯　清刻本　三十二冊　存六十六卷(十九至三十八、四十九至五十四、五十七、六十一至六十九、七十二至八十二、一百一至一百十五、一百十七至一百二十)

130000 – 0427 – 0000008　　集 018 – 2

古唐詩合解十二卷古詩四卷　(清)王堯衢注　清道光十七年(1837)三益堂刻本　二冊

130000 – 0427 – 0000009　　集 018

古唐詩合解十二卷古詩四卷　(清)王堯衢注　清遵古堂刻本　三冊

130000 – 0427 – 0000010　　集 017

唐詩品彙九十卷拾遺十卷詩人爵里詳節一卷　(明)高棅輯　明刻本　一冊　存七卷(唐詩品彙一至六、詩人爵里詳節一卷)

130000 – 0427 – 0000011　　集 016

古文辭類纂七十五卷 （清）姚鼐輯 清同治八年(1869)江蘇書局刻本 十二冊

130000－0427－0000012 集015

御選唐宋文醇五十八卷目錄一卷 （清）高宗弘曆輯 清浙江書局刻本 十九冊 存五十七卷(二至五十八)

130000－0427－0000013 集014

樂府詩集一百卷目錄二卷 （宋）郭茂倩輯 清同治十三年(1874)湖北崇文書局刻本 八冊 存四十三卷(一至四十二、目錄一)

130000－0427－0000014 集013

文選六十卷附考異十卷 （南朝梁）蕭統輯 （唐）李善注 清同治八年(1869)湖北崇文書局刻本 二十四冊

130000－0427－0000015 集012－4

文選六十卷 （南朝梁）蕭統輯 （唐）李善注 （清）何焯評 清乾隆三十七年(1772)葉氏海錄軒刻朱墨套印本 五冊 存二十五卷(一至三、九至十四、十九至二十二、三十三至三十八、四十五至五十)

130000－0427－0000016 集012－3

文選六十卷 （南朝梁）蕭統輯 （唐）李善注 （清）何焯評 清乾隆三十七年(1772)葉氏海錄軒刻朱墨套印本 三冊 存二十九卷(一至二十九)

130000－0427－0000017 集012－2

文選六十卷 （南朝梁）蕭統輯 （唐）李善注 （清）何焯評 清乾隆三十七年(1772)葉氏海錄軒刻朱墨套印本 十五冊

130000－0427－0000018 集012

文選六十卷 （南朝梁）蕭統撰 （唐）李善注 清乾隆二十四年(1759)懷德堂刻本 四冊 存十六卷(一至三、八至十六、二十一至二十四)

130000－0427－0000019 集011

漢魏六朝百三家集一百十八卷 （明）張溥輯 清光緒五年(1879)信述堂刻本 六十二冊 存六十二卷(一至十四、二十九至三十四、四十一至五十二、五十九至七十、七十七至八十二、八十九至一百)

130000－0427－0000020 集010

曾文正公文鈔四卷附刻一卷 （清）曾國藩撰 清同治十一年(1872)刻本 四冊

130000－0427－0000021 集009

姚端恪公文集十八卷詩集十二卷外集十八卷末一卷 （清）姚文然撰 清刻本 二冊 存九卷(文集十四至十八、外集一至四)

130000－0427－0000022 集008

御製詩初集四十四卷目錄四卷 （清）高宗弘曆撰 清刻本 八冊 存二十五卷(二十至四十四)

130000－0427－0000023 集007

重刊五百家註音辯昌黎先生文集四十卷 （唐）韓愈撰 （宋）魏仲舉輯注 清乾隆四十九年(1784)刻本 十二冊

130000－0427－0000024 集006

辟疆園杜詩註解十七卷年譜一卷 （唐）杜甫撰 （清）顧宸註解 清康熙二年(1663)顧氏辟疆園刻本 一冊 存一卷(辟疆園杜詩註解二)

130000－0427－0000025 集004

楚辭疏十九卷讀楚辭語一卷楚辭雜論一卷屈原傳一卷 （明）陸時雍撰 明末緝柳齋刻本 五冊

130000－0427－0000026 集003

楚辭集注八卷辯證二卷後語六卷 （宋）朱熹撰 清光緒三年(1877)江蘇書局刻本 四冊

130000－0427－0000027 集001

楚辭集注八卷辯證二卷後語六卷 （宋）朱熹集注 清光緒八年(1882)江蘇書局刻本 四冊

130000－0427－0000028 子033

返性圖全集十卷 （□）□□撰 清同治十二年(1873)蘇城瑪瑙經房刻本 八冊 存八卷(一至四、七至十)

130000－0427－0000029　子032

卜筮正宗全書十四卷　（清）王洪緒輯　清光緒三年(1877)掃葉山房刻本　六冊

130000－0427－0000030　子031

新鍥希夷陳先生紫微斗數全書四卷　（宋）陳摶撰　明嘉靖二十九年(1550)文盛堂刻本　四冊

130000－0427－0000031　子030

新編日用涓吉奇門五總龜五卷　（宋）郭子晟輯　清刻本　四冊

130000－0427－0000032　子029

新編算學啟蒙三卷附識誤一卷　（元）朱世傑撰　清同治十年(1871)江南機器製造局刻本　二冊

130000－0427－0000033　子022

露書十四卷　（明）姚旅撰　明刻本　六冊　存十卷(一至十)

130000－0427－0000034　子019

讀書雜誌八十二卷餘編二卷　（清）王念孫撰　清刻本　六冊　存二十四卷(八至二十九、餘編二卷)

130000－0427－0000035　子018

應世仁術不分卷　清抄本　一冊

130000－0427－0000036　子017

醫方集解三卷　（清）汪昂撰　清刻本　二冊　存二卷(一至二)

130000－0427－0000037　子016

本草綱目五十二卷附圖二卷　（明）李時珍撰　清刻本　二十二冊　存二十六卷(十二至十四、十六至十七、二十四至二十六、三十二至四十三、四十六至五十一)

130000－0427－0000038　子015－2

御纂醫宗金鑑九十卷首一卷　（清）吳謙等撰　清刻本　一冊　存三卷(十六至十八)

130000－0427－0000039　子015

御纂醫宗金鑑九十卷首一卷　（清）吳謙等撰　清掃葉山房刻本　九冊　存二十一卷(五十至五十一、五十六至七十四)

130000－0427－0000040　子014

聖諭廣訓直解一卷　（清）世宗胤禛撰　（清）□□直解　清刻本　二冊

130000－0427－0000041　子013；史053；子027；子025；子024；史038；子021；子020；子023；子028；子026；子003；集002；集005；集022

崇文書局彙刻書三十三種　（清）崇文書局編　清光緒元年(1875)湖北崇文書局刻本　四十五冊　存十八種一百五十五卷(左傳舊疏考證八卷,儀禮古今文疏義十七卷,隋經籍志考證十三卷,御覽闕史二卷,鑑誡錄十卷,涑水紀聞十六卷、補遺一卷,高士傳三卷,意林五卷、補遺一卷,老學庵筆記十卷,世說新語六卷,淮南天文訓補注二卷,西陽雜俎二十卷、續集十卷,人譜正篇一卷、續篇一卷、三篇一卷,人譜類記增訂六卷,葬經內篇一卷,楚辭集註八卷、辯證二卷,離騷集傳一卷,文心雕龍十卷)

130000－0427－0000042　子012

程氏家塾讀書分年日程三卷綱領一卷　（元）程端禮撰　清同治七年(1868)湖北崇文書局刻本　二冊

130000－0427－0000043　子011

育正堂重訂幼學須知句解四卷　（清）□□輯　清光緒六年(1880)掃葉山房刻本　四冊

130000－0427－0000044　子010

李氏蒙求八卷　（唐）李翰撰　（清）楊迦懌集注　清道光十四年(1834)宜壽堂刻本　八冊

130000－0427－0000045　子009

張子全書十五卷　（宋）張載撰　（宋）朱熹注　清乾隆二十八年(1763)刻本　十冊

130000－0427－0000046　子008

廣治平略三十六卷　（清）蔡方炳輯　清刻本　八冊

130000－0427－0000047　子007

大學衍義四十三卷　（宋）真德秀撰　清同治

十一年(1872)浙江書局刻本　十冊

130000－0427－0000048　子006

鹽鐵論十二卷　(漢)桓寬撰　(明)張之象注　明刻本　一冊

130000－0427－0000049　子005

新書十卷　(漢)賈誼撰　明刻本　一冊

130000－0427－0000050　子002

風俗通義十卷　(漢)應劭撰　明刻本　一冊

130000－0427－0000051　子001

子書百家一百種　(清)崇文書局編　清光緒元年(1875)湖北崇文書局刻本　五十四冊

130000－0427－0000052　史054

欽定四庫全書總目二百卷首一卷　(清)紀昀等撰　清同治七年(1868)廣東書局刻本　五十八冊　存一百十三卷(一至十五、四十八至五十、五十三至五十四、六十五至一百二十三、一百四十五至一百六十三、一百六十六、一百八十八至二百,首一卷)

130000－0427－0000053　史052

積古齋鐘鼎彝器款識十卷　(清)阮元　(清)朱為弼撰　清嘉慶九年(1804)刻本　八冊

130000－0427－0000054　史051

亦政堂重修宣和博古圖三十卷　(宋)王黼等撰　清乾隆十七年(1752)亦政堂刻本　十八冊

130000－0427－0000055　史050

水經注四十卷　(北魏)酈道元撰　清刻本　八冊　存二十七卷(十四至四十)

130000－0427－0000056　史049

帝京景物略八卷　(明)劉侗　(明)于奕正撰　明崇禎刻本　八冊

130000－0427－0000057　史048

[光緒]增修登州府志六十九卷首一卷　(清)方汝翼　(清)賈瑚修　(清)周悅讓　(清)慕榮榦纂　清光緒七年(1881)刻本　十八冊　存六十四卷(一至三十七、四十一至六十四、六十八至六十九,首一卷)

130000－0427－0000058　史047

[乾隆]永平府志二十四卷首一卷末一卷　(清)王金英纂　清刻本　四冊　存九卷(十二至二十)

130000－0427－0000059　史046

[同治]畿輔通志三百卷首一卷　(清)李鴻章等修　(清)黃彭年等纂　清同治十年(1871)修光緒十年(1884)刻本　二十冊　存二十二卷(一至九、一百一十九至一百三十,首一卷)

130000－0427－0000060　史045

[雍正]畿輔通志一百二十卷　(清)唐執玉　(清)李衛修　清刻本　十七冊　存四十四卷(一至十九、二十四至二十五、六十一至六十四、七十至七十一、八十四至八十八、一百二、一百七至一百十七)

130000－0427－0000061　史044

欽定康濟錄四卷　(清)陸曾禹撰　清同治八年(1869)楚北崇文書局刻本　四冊

130000－0427－0000062　史043

籌濟編三十二卷首一卷　(清)楊景仁輯　清光緒五年(1879)江蘇書局刻本　八冊

130000－0427－0000063　史042

文獻通考三百四十八卷　(元)馬端臨撰　明梅墅石渠閣刻本　一百二十冊　存二百九十八卷(一至二十三、七十四至三百四十八)

130000－0427－0000064　史041

三魚堂日記十卷　(清)陸隴其撰　清同治九年(1870)浙江書局刻本　四冊

130000－0427－0000065　史040

德政錄不分卷　(明)遊汝昌編次　(明)金純校訂　清同治四年(1865)刻本　一冊

130000－0427－0000066　史039

劉向古烈女傳七卷續一卷　(漢)劉向撰　(明)黃魯曾贊　清光緒元年(1875)湖北崇文書局刻本　四冊

130000－0427－0000067　史037

宋氏族譜不分卷　(清)宋繼祖輯訂　清同治

四年(1865)刻本　二冊

130000－0427－0000068　史036
國朝先正事畧六十卷 （清）李元度撰　清同
治皇沙小嫏環刻本　十九冊　存五十八卷
（一至二十二、二十五至六十）

130000－0427－0000069　史035
廿一史約編八卷首一卷 （清）鄭元慶撰　清
紫文閣刻本　八冊

130000－0427－0000070　史034
小腆紀年附考二十卷 （清）徐鼒撰　清刻本
　六冊　存十卷（十一至二十）

130000－0427－0000071　史033
剡川姚氏本戰國策三十三卷附劄記三卷
（漢）劉向校定　（漢）高誘注　清同治八年
（1869）湖北崇文書局刻本　五冊

130000－0427－0000072　史032
國語二十一卷校刊明道本韋氏解國語札記一
卷明道本考異四卷 （三國吳）韋昭注　（清）
黃丕烈撰　（清）汪遠孫考異　清同治八年
（1869）湖北崇文書局刻本　三冊

130000－0427－0000073　史031
平定粵匪紀略十八卷附記四卷 （清）杜文瀾
撰　清刻本　七冊　存十六卷（三至四、九至
十八,附記四卷）

130000－0427－0000074　史030－2
明史紀事本末八十卷 （清）谷應泰撰　清刻
本（卷一至三抄本補配）　二十冊

130000－0427－0000075　史030
明史紀事本末八十卷 （清）谷應泰撰　清同
治十三年（1874）江西書局刻本　二十冊

130000－0427－0000076　史029
宋史紀事本末一百九卷 （明）馮琦撰　（明）
陳邦瞻補　清刻本　十五冊　存七十六卷
（三十四至一百九）

130000－0427－0000077　史028
通鑑紀事本末二百三十九卷 （宋）袁樞撰
清刻本　五十六冊　存一百六十一卷（二十

八至四十九、七十八至一百三十三、一百五十
七至二百三十九）

130000－0427－0000078　史027
明紀六十卷 （清）陳鶴輯　清同治十年
（1871）江蘇書局刻本　十九冊　存五十七卷
（一至三、七至六十）

130000－0427－0000079　史026
周季編略九卷 （清）黃式三撰　清刻本　二
冊　存三卷（六至八）

130000－0427－0000080　史025
司馬溫公稽古錄二十卷 （宋）司馬光撰　清
光緒五年（1879）江蘇書局刻本　三冊

130000－0427－0000081　史024
尺木堂綱鑑易知錄九十二卷明鑑易知錄十五
卷 （清）吳乘權等輯撰　清光緒八年（1882）
掃葉山房刻本　四十冊

130000－0427－0000082　史023
續資治通鑑二百二十卷 （清）畢沅撰　清同
治刻本　三十冊　存一百八卷（一至二十五、
五十一至一百十四、一百五十四至一百五十
九、一百六十三至一百七十五）

130000－0427－0000083　史022
御撰資治通鑑綱目三編二十卷 （清）張廷玉
等撰　清光緒八年（1882）掃葉山房刻本
八冊

130000－0427－0000084　史021
御批增補了凡綱鑑四十卷首一卷 （明）袁黃
輯　清光緒二十五年（1899）上海著易堂石印
本　五冊

130000－0427－0000085　史020
資治通鑑外紀十卷目錄五卷 （宋）劉恕撰
清同治十年（1871）江蘇書局刻本　十冊

130000－0427－0000086　史019
資治通鑑二百九十四卷通鑑釋文辯誤十二卷
　（宋）司馬光編　（元）胡三省音注　清嘉慶
刻本　十六冊　存五十四卷（二百五十三至
二百九十四、通鑑釋文辯誤十二卷）

130000－0427－0000087　史018

欽定元史語解二十四卷　（清）高宗弘曆敕撰
清刻本　一冊　存四卷（五至八）

130000－0427－0000088　史007；史009；史010；史011；史012；史013；史014；史015；史016；史017

二十四史　清同治、光緒間五省官書局據汲古閣本等合刻光緒五年（1879）湖北書局彙印本　一百八十三冊　存十種一千三十六卷（漢書一至二十五、四十五至六十三、七十三至一百；後漢書五至九十；晉書十六至三十、三十八至四十五、五十三至五十九、六十八至一百三十，音義三卷；宋書二十二至一百；魏書七至一百七；隋書八十五卷；北史一至二十二、二十七至四十五、五十一至九十四；舊唐書一至四十、七十七至一百二十九、一百七十四至二百；唐書一至一百二十九、二百五至二百二十五；元史一至三、十三至六十一、七十二至一百二十、一百三十二至一百四十四、一百五十一至一百五十六、一百六十二至一百七十二、一百八十至二百十）

130000－0427－0000089　史010－2

晉書一百三十卷附音義三卷　（唐）太宗李世民撰　（唐）何超音義　清金陵書局刻本　十四冊　存九十六卷（十六至三十、三十八至四十五、五十三至五十九、六十八至一百三十，音義三卷）

130000－0427－0000090　史008

鹿門先生批點漢書九十三卷　（明）茅坤輯
清刻本　五冊　存二十七卷（二十一至四十七）

130000－0427－0000091　史007－2

前漢書一百卷　（漢）班固撰　（唐）顏師古注　清同治十二年（1873）刻本　十二冊　存八十七卷（一至七、二十一至一百）

130000－0427－0000092　史006

史記評林一百三十卷難字直音一卷　（明）凌稚隆輯　（明）陳仁錫評　清懷德堂重修本　六冊　存十三卷（二至四、八至十四、十六至

十七，難字直音一卷）

130000－0427－0000093　史005

史記評林一百三十卷　（明）凌稚隆輯　清刻本　一冊　存八卷（五十三至六十）

130000－0427－0000094　史004－2

史記一百三十卷　（漢）司馬遷撰　清同治五年（1866）金陵書局刻本　十二冊　存七十二卷（一至十九、六十六至九十三、一百六至一百三十）

130000－0427－0000095　史004

史記一百三十卷　（漢）司馬遷撰　清同治五年（1866）金陵書局刻本　十五冊　存九十四卷（一至十七、二十三至五十二、八十四至一百三十）

130000－0427－0000096　史003

歷朝紀事本末九種　（清）陳如升　（清）朱記榮輯　清宣統二年（1910）上海文盛書局石印本　十九冊　存四種四百八十一卷（左傳紀事本末五十三卷、通鑑紀事本末二百三十九卷、宋史紀事本末一百九卷、明史紀事本末八十卷）

130000－0427－0000097　史002

尺木堂綱鑑易知錄九十二卷　（清）吳乘權等輯　**御撰資治通鑑綱目三編二十卷**　（清）張廷玉等撰　清光緒十三年（1887）上海點石齋石印本　六冊　存十二卷（尺木堂綱鑑易知錄十一至二十、御撰資治通鑑綱目三編一至二）

130000－0427－0000098　史001

二十四史　清同治、光緒間五省官書局據汲古閣本等合刻光緒五年（1879）湖北書局彙印本　五百四十冊

130000－0427－0000099　经001

養蒙針度五卷　（清）潘子聲撰　清光緒十一年（1885）上海掃葉山房刻本　二冊

130000－0427－0000100　经002

龍文鞭影二卷二集二卷　（明）蕭良有撰　（清）李暉吉　（清）徐瓚輯　清光緒十六年

(1890)刻本　　四冊

130000－0427－0000101　　经003
字彙十二集首一卷末一卷韻法直圖一卷
(明)梅膺祚撰　**韻法横圖一卷**　　(明)李世澤
撰　清康熙二十五年(1686)刻本　　一冊　存
一卷(首一卷)

130000－0427－0000102　　经004
重刊許氏說文解字五音韻譜十二卷　(宋)李
燾撰　明天啓七年(1627)世裕堂刻本　　十冊

130000－0427－0000103　　经005
經餘必讀八卷　(清)雷琳輯　清嘉慶十二年
(1807)刻朱墨套印本　　四冊

130000－0427－0000104　　经006
皇清經解一千四百卷　(清)阮元輯　清咸豐
十年(1860)刻本　　二百二十九冊　存八百八
十五卷(一至三十、二百一至二百九十九、三
百三十五至三百七十七、四百九十六至五百
二十八、六百五十二至九百三十四、九百六十
五至一千一百二、一千一百三十七至一千二
百十二、一千二百十八至一千四百)

130000－0427－0000105　　经007
重校字典四書十九卷　(宋)朱熹撰　清光緒
二十六年(1900)刻本　　六冊

130000－0427－0000106　　经008
四書左國輯要四卷　(清)周龍官輯　清乾隆
三十九年(1774)兩衡堂刻本　　四冊

130000－0427－0000107　　经009
增補四書精繡圖像人物備考十二卷　(明)薛
應旂撰　　(明)陳仁錫增訂　清刻本　　二冊
存七卷(四至六、九至十二)

130000－0427－0000108　　经010
四書便蒙十九卷　(宋)朱熹集註　(清)許寶
善校　清道光四年(1824)自怡軒刻本　　一冊
存二卷(大學一卷、中庸一卷)

130000－0427－0000109　　经011
孟子七卷序說一卷　(宋)朱熹集註　清自怡
軒刻本　　二冊　存六卷(一至三、六至七,序

說一卷)

130000－0427－0000110　　经012
論語十卷　(宋)朱熹集註　清自怡軒刻本
一冊　存五卷(六至十)

130000－0427－0000111　　经013
欽定春秋傳說匯纂三十八卷首二卷　(清)王
掞等纂　清刻本　　十冊　存二十二卷(十七
至三十八)

130000－0427－0000112　　经014
春秋公羊傳十一卷　(漢)何休注　(唐)陸德
明音義　清光緒十二年(1886)湖北官書處刻
本　　四冊

130000－0427－0000113　　经015
左繡三十卷首一卷　(清)馮李驊輯　(清)陸
浩評輯　清華川書屋刻本　　四冊　存十五卷
(十六至三十)

130000－0427－0000114　　经016
春秋左傳五十卷　(晉)杜預注　(唐)陸德明
音義　(宋)林堯叟補註　(清)馮李驊集解
清同治七年(1868)楚北崇文書局刻本　　一冊
存二卷(一至二)

130000－0427－0000115　　经017
五禮通考二百六十二卷首四卷目錄二卷
(清)秦蕙田撰　清光緒六年(1880)江蘇書局
刻本　　九十冊　存二百四十一卷(一至一百
三十二、一百五十八至二百六十二,首四卷)

130000－0427－0000116　　经018
四禮翼不分卷　(明)呂坤撰　清同治二年
(1863)品蓮書屋刻本　　一冊

130000－0427－0000117　　经019
欽定禮記義疏八十二卷首一卷　(清)允祿等
編　清刻本　　三十二冊

130000－0427－0000118　　经020
漱芳軒合纂禮記體註四卷　(清)范翔參訂
(清)朱光斗等校　清康熙五十二年(1713)繼
志堂刻本　　四冊

130000－0427－0000119　　经021

儀禮鄭註句讀十七卷附監本正誤一卷石經正誤一卷 （清）張爾岐撰 清同治七年(1868)金陵書局刻本 四冊

130000－0427－0000120 经022
欽定儀禮義疏四十八卷 （清）允祿等編 清刻本 十四冊 存二十二卷（十三至二十四、三十九至四十八）

130000－0427－0000121 经023
讀禮志疑不分卷 （清）陸隴其撰 （清）張應時編 清刻本 一冊

130000－0427－0000122 经024
注釋古周禮五卷考工記一卷 （明）艮兆玉注釋 抄本 一冊 存一卷（注釋古周禮二）

130000－0427－0000123 经025
欽定詩經傳說彙纂二十一卷首二卷詩序二卷 （清）王鴻緒等撰 清同治七年(1868)刻本 十五冊 缺二卷（欽定詩經傳說彙纂一至二）

130000－0427－0000124 经026
詩經體註圖攷大全八卷 （清）高朝瓔定 清同治十一年(1872)三益堂刻本 四冊

130000－0427－0000125 经027
欽定書經傳說彙纂二十一卷首二卷書序一卷 （清）王頊齡等撰 清刻本 十冊 存二十卷（一至五、八至二十一，書序一卷）

130000－0427－0000126 经028
書經六卷首一卷末一卷 （宋）蔡沈撰 清光緒七年(1881)金陵書局刻本 三冊

130000－0427－0000127 经028－2
書經六卷 （宋）蔡沈撰 清咸豐七年(1857)

書業德刻本 四冊

130000－0427－0000128 经029
御纂周易折中二十二卷首一卷 （清）李光地等撰 清同治六年(1867)刻本 十冊

130000－0427－0000129 经030
易經本義十二卷首一卷末一卷 （宋）朱熹本義 （宋）呂祖謙音訓 清同治四年(1865)金陵書局刻本 二冊

130000－0427－0000130 经031
周易程傳八卷 （宋）程頤傳 清刻本 二冊

130000－0427－0000131 经031－2
周易程傳八卷 （宋）程頤撰 清同治五年(1866)金陵書局刻本 三冊

130000－0427－0000132 经032
易經大全會解不分卷 （清）來爾繩輯 （清）朱采治 （清）朱之澄編訂 清嘉慶三年(1798)金閶書業堂刻本 二冊

130000－0427－0000133 经033
周易四卷 （宋）朱熹本義 清同治十二年(1873)同文堂刻本 二冊

130000－0427－0000134 经034
古經解彙函十六種附小學彙函十四種 （清）鍾謙鈞輯 清刻本 十八冊 存九種六十九卷（周易口訣義六卷,易緯八種十二卷,尚書大傳三卷,附序錄一卷、辨譌一卷,韓詩外傳十卷、附校注拾遺一卷,毛詩草木鳥獸蟲魚疏二卷,春秋啖趙集傳纂例十卷,春秋微旨三卷,春秋啖趙二先生集傳辯疑十卷,論語集解義疏十卷）

秦皇島市撫寧縣圖書館
古籍普查登記目録

全國古籍普查登記目録

國家圖書館出版社
National Library of China Publishing House

130000－0428－0000001　經 f0001

書經體註大全合參六卷　（宋）蔡沈集傳
（清）范翔鑒定　（清）錢希祥輯　清文錦堂刻
本　三冊　缺二卷(二至三)

130000－0428－0000002　經 f0002

左傳選十四卷　（清）儲欣評　清刻本　六冊

130000－0428－0000003　史 f0001

**尺木堂綱鑑易知錄九十二卷明鑑易知錄十五
卷**　（清）吳乘權等輯　清刻本　四十五冊
存一百一卷(尺木堂綱鑑易知錄一至二十八、
三十一至八十三、八十八至九十二,明鑑易知
錄十五卷)

130000－0428－0000004　史 f0003

[□□]臨榆縣志二十四卷首一卷　（清）趙允
祜修　（清）高錫疇纂　清刻本　一冊　存三
卷(十至十二)

130000－0428－0000005　子 f0002

新刊增補萬病回春原本八卷　（明）龔廷賢編
　清刻本　八冊

130000－0428－0000006　子 f0003

家寶全集　（清）石成金著　清大文堂刻本
十六冊　存十七卷(家寶初集八卷、首一卷,
家寶二集一至七,家寶四集一)

邯鄲市圖書館
古籍普查登記目錄

全國古籍普查登記目錄

國家圖書館出版社
National Library of China Publishing House

130000－0429－0000001　　經 57
皇清經解續編一千四百三十卷　王先謙輯
清光緒十四年(1888)南菁書院刻本　二百五
十六冊　缺二百四十五卷(八十六至一百三
十、五百七十一至六百七十三、七百十七至七
百四十、七百七十四至八百四十六)

130000－0429－0000002　　經 55 總類 1
皇清經解一千四百八卷　（清）阮元輯　清咸
豐十一年(1861)補刻本　三百三十七冊　缺
七十一卷(二百一至二百七十、六百七十二
上)

130000－0429－0000003　　經 63 小學 11
**字彙十二卷目錄一卷首一卷末一卷附韻法直
圖一卷韻法橫圖一卷**　（明）梅膺祚撰　清光
緒善成堂刻本　十四冊

130000－0429－0000004　　經 61 小學 9
**康熙字典十二集三十六卷檢字一卷辨似一卷
等韻一卷總目一卷備考一卷補遺一卷**　（清）
張玉書撰　清光緒十四年(1888)上海圖書集
成印書局鉛印本　十二冊

130000－0429－0000005　　經 60 小學 8
**康熙字典十二集三十六卷檢字一卷辨似一卷
等韻一卷總目一卷備考一卷補遺一卷考證四
卷**　（清）張玉書撰　清刻本　四十四冊

130000－0429－0000006　　經 58 小學 6
說文解字注三十二卷　（清）段玉裁撰　清光
緒三年(1877)成都尊經書院刻本　十六冊

130000－0429－0000007　　經 57 小學 5
說文解字義證五十卷　（清）桂馥撰　清同治
九年(1870)湖北崇文書局刻本　四十二冊

130000－0429－0000008　　經 55 小學 3
說文釋例二十卷　（清）王筠撰　清光緒十二
年(1886)上海積山書局石印本　六冊

130000－0429－0000009　　經 53 叢編
**遵阮本重校印十三經注疏并校勘記一百五十
卷附校勘記識語四卷**　（清）阮元撰　（清）盧
宣旬摘錄　清光緒十三年(1887)點石齋遵阮
石印本　二十一冊　缺二十四卷(毛詩注疏

一至六、校勘記一至六,孟子注疏四卷、校勘
記四卷,春秋公羊傳注疏三至四、校勘記三至
四)

130000－0429－0000010　　經 53 小學 1
爾雅註疏十一卷　（晉）郭璞註　（宋）邢昺疏
清光緒十七年(1891)刻本　六冊

130000－0429－0000011　　經 50 四書 10
孟子集註七卷　（宋）朱熹集註　清刻本
七冊

130000－0429－0000012　　經 48 四書 8
漱芳軒合纂四書體註十九卷　（清）范翔參訂
清刻本　六冊

130000－0429－0000013　　經 40 五經 2
宋本十三經註疏附校勘記十三種　（清）阮元
撰　（清）盧宣旬摘錄　清光緒十三年(1887)
脈望仙館石印本　三十冊

130000－0429－0000014　　經 39 五經 1
覆刻相臺五經九十六卷　（宋）岳珂撰　清刻
本　四十冊

130000－0429－0000015　　經 33 春秋 7
欽定春秋傳說彙纂三十八卷首二卷　（清）王
掞撰　清光緒三十年(1904)上海育文書局石
印本　二冊

130000－0429－0000016　　經 32 春秋 6
董子春秋繁露十七卷附錄一卷　（漢）董仲舒
撰　清光緒二年(1876)抱經堂刻本　二冊

130000－0429－0000017　　經 28 春秋 2
太史張天如詳節春秋綱目左傳句解六卷
(清）韓菼重訂　清光緒善成堂刻本　三冊

130000－0429－0000018　　經 27 春秋 1
欽定春秋左傳讀本三十卷　（清）英和纂輯
清同治八年(1869)江蘇書局刻本　十冊

130000－0429－0000019　　經 26 禮 10
五禮通考二百六十二卷總目二卷首四卷
(清）秦蕙田撰　清光緒六年(1880)江蘇書局
刻本　九十二冊　缺十九卷(二百一至二百
十九)

130000－0429－0000020　經 17 禮 1

禮記十卷　（元）陳澔集說　清光緒四年(1878)刻本　十冊

130000－0429－0000021　經 15 詩 5

詩經集傳八卷　（宋）朱熹撰　清光緒六年(1880)京都聚珍堂刻本　四冊

130000－0429－0000022　經 17 禮 1(2)

漱芳軒合纂禮記體注四卷　（清）范翔參訂（清）朱光斗等校　清康熙五十二年(1713)刻本　四冊

130000－0429－0000023　經 10 詩 2

詩經集傳八卷　（宋）朱熹撰　清刻本　三冊　存六卷(三至八)

130000－0429－0000024　經 8 詩 1

毛詩二十卷附考證　（漢）毛亨輯　（漢）鄭玄箋　清刻本　三冊　缺十卷(一至十)

130000－0429－0000025　經 6 書 2

尚書八卷　（清）王念孫編　清刻本　二冊

130000－0429－0000026　經 5 書 1

尚書離句六卷　（清）錢在培輯解　（清）長沙芸香閣主人重訂　清光緒刻本　二冊

130000－0429－0000027　史 116 目錄 7

書目答問四卷　（清）張之洞撰　清光緒四年(1878)上海淞隱閣鉛印本　四冊

130000－0429－0000028　史 124 史評 2

歷代史論十二卷宋史論三卷元史論一卷（明）張溥撰　左傳史論二卷　（清）高士奇撰　明史論四卷　（清）谷應泰撰　清光緒五年(1879)西江裴氏刻本　八冊

130000－0429－0000029　史 99 地理 30

深州風土記二十二卷附表五卷　（清）吳汝綸輯　清光緒二十六年(1900)文瑞書院刻本　六冊

130000－0429－0000030　史 106 地理 37

續天津縣志二十卷首一卷　（清）吳惠元修　清同治九年(1870)刻本　八冊

130000－0429－0000031　史 71 地理 2

水經注釋四十卷附錄二卷刊誤十二卷　（清）趙一清錄　清光緒六年(1880)蛟川雯雨樓張氏刻本　十二冊

130000－0429－0000032　史 68 載記 2

馬氏南唐書三十卷　（宋）馬令著　清光緒石印本　四冊

130000－0429－0000033　史 65 傳記 1

晏子春秋七卷附晏子春秋音義二卷校勘二卷　（清）孫星衍校本　（清）黃以周校　清光緒元年(1875)浙江書局據孫氏平津館刻本　四冊

130000－0429－0000034　史 65 詔奏 1

皇朝經世文編一百二十卷　（清）賀長齡撰　清道光刻本　九十三冊

130000－0429－0000035　史 50 本末 5

三藩紀事本末二十二卷　（清）楊陸榮撰　清光緒十四年(1888)上洋書業公所崇德堂鉛印本　一冊

130000－0429－0000036　史 49 本末 4

元史紀事本末二十七卷　（明）陳邦瞻撰　清光緒十四年(1888)上海書業公所崇德堂鉛印本　二冊

130000－0429－0000037　史 48 本末 3

金史紀事本末五十二卷　（清）李友棠編　清光緒二十八年(1902)上海著易堂書局鉛印本　四冊

130000－0429－0000038　史 47 本末 2

西夏紀事本末三十六卷　（清）張鑑著　清光緒十四年(1888)上洋書業公所崇德堂鉛印本　二冊

130000－0429－0000039　史 46 本末 1

遼史紀事本末四十卷　（清）李有棠纂　清光緒二十八年(1902)上海著易堂書局鉛印本　二冊

130000－0429－0000040　史 45 編年 15

王鳳洲綱鑑會纂一卷　（清）王鳳洲撰　清光緒二十五年(1899)掃葉山房鉛印本　一冊

130000－0429－0000041　史41 编年11

御批歷代通鑑輯覽一百二十卷　（清）傅恆著
清光緒石印本　十九冊　缺六卷（一至六）

130000－0429－0000042　史40 编年10

御批歷代通鑑輯覽一百二十卷　（清）傅恆著
清同治十一年（1872）崇文書局刻本　六十冊

130000－0429－0000043　史39 编年9

御批歷代通鑑輯覽一百二十卷　（清）傅恆著
清光緒五年（1879）刻朱墨套印本　四十三冊　缺三十卷（十九至三十二、八十九至一百二、一百十三至一百十四）

130000－0429－0000044　史38 编年8

御批歷代通鑑輯覽一百二十卷　（清）傅恆編
清光緒五年（1879）刻朱墨套印本　五十八冊

130000－0429－0000045　史36 编年6（1）

資治通鑑二百九十四卷目錄三十卷　（宋）司馬光撰　明崇禎二年（1629）刻本　八冊　存十四卷（目錄一至十四）

130000－0429－0000046　史36 编年6（2）

資治通鑑二百九十四卷釋文辨誤十二卷
（宋）司馬光撰　清嘉慶二十一年（1816）刻本　一百八冊　缺二十二卷（一至十五、一百五十四至一百六十）

130000－0429－0000047　史35 编年5

資治通鑑二百九十四卷　（宋）司馬光撰　清光緒十七年（1891）刻本　一百冊

130000－0429－0000048　史33 编年3

資治通鑑考異三十卷　（宋）司馬光編　清光緒十四年（1888）刻本　十一冊

130000－0429－0000049　史32 编年2

續資治通鑑綱目二十七卷　（明）商輅撰　清刻本　二十八冊

130000－0429－0000050　史31 编年1

重刻資治通鑑綱目五十九卷　（宋）朱熹著
清康熙四十年（1701）刻本　七十二冊

130000－0429－0000051　史27 正史27

金史一百三十五卷　（元）脫脫等撰　清光緒十四年（1888）上海圖書集成印書局石印本
十六冊

130000－0429－0000052　史11 正史11（2）

北史一百卷　（唐）李延壽撰　清同治刻本
一冊　存四卷（九至十二）

130000－0429－0000053　史13 正史13－史13 正史30

二十四史　清光緒二十九年（1903）五洲同文局石印本　六百五十六冊　存二千三百六十九卷（南史八十卷、宋書一百卷、南齊書五十九卷、梁書五十六卷、陳書三十六卷、北史一百卷、魏書一百十四卷、北齊書五十卷、周書五十卷、隋書八十五卷、舊唐書二百卷、舊五代史一百五十卷、遼史一百十六卷、金史一百三十五卷、宋史四百九十六卷、元史二百十卷、明史三百三十二卷）

130000－0429－0000054　史11 正史11（1）

晉書一百三十卷　（唐）房玄齡等撰　清同治刻本　六冊　存四十五卷（六十至七十四、八十二至八十九、九十六至一百七、一百十六至一百二十五）

130000－0429－0000055　史11 正史11（3）

晉書一百三十卷附晉書音義三卷　（唐）房玄齡等撰　清石印本　十六冊　缺七卷（一至七）

130000－0429－0000056　史8 正史8（2）

欽定三國志六十五卷　（晉）陳壽撰　清石印本　四冊　存三十五卷（蜀志十五卷、吳志二十卷）

130000－0429－0000057　史8－10 正史8－10

三國志六十五卷　（晉）陳壽撰　清光緒二十四年（1898）上海祥記書莊石印本　四冊

130000－0429－0000058　史1 正史1

史記一百三十卷　（漢）司馬遷撰　清光緒十四年（1888）上海圖書集成印書局石印本　十

六冊

130000－0429－0000059　子82 類書8

古今圖書集成一萬卷目錄四十卷考證二十四卷　（清）陳夢蕾編　（清）蔣廷錫等重編　清光緒二十年(1894)同文書局石印本　二千三百七十四冊　存四千七百四十四卷(乾象典十七至三十二、六十五至八十、歲功典一至三十六、曆法典四十九至六十四、庶徵典十七至三十二、五十三至六十二、六十九至八十八、一百九至一百四十八、一百六十九至一百八十八、坤輿典十七至四十八、六十五至一百四十、職方典四十九至一百四十四、一百九十一至二百八十四、二百八十七至二百九十四、二百九十七至二百九十八、三百一至四百四、四百二十五至四百八十四、四百八十九至四百九十、五百九至五百十、五百二十五至七百四十、七百五十五至七百五十八、七百六十五至八百四十四、八百八十五至九百六十四、九百八十五至一千六十四、一千八十五至一千一百二十四、一千一百六十五至一千一百八十二、一千二百三十七至一千二百四十四、一千二百六十五至一千三百二十四、一千三百四十一至一千三百四十四、一千三百五十三至一千三百五十四、一千三百五十七至一千三百六十二一千三百六十五至一千三百八十四、一千四百五至一千四百四十四、一千四百六十五至一千四百八十四、一千五百三十五至一千五百三十六、一千五百四十一至一千五百四十四、一千四百九十一至一千五百四，山川典一至二十、二十七至四十、六十一至一百四十、一百七十一至二百、三百十九至三百二十、邊裔典一至十六、五十三至八十、八十七至九十二、九十五至九十六、九十九至一百二十、皇極典三十三至四十八、八十一至一百、一百二十三至一百四十、一百六十一至二百六十、二百八十一至三百、宮闈典一至二、五至十六、四十九至六十四、八十三至一百四十、官常典一至一百六十、一百七十五至一百七十八、一百八十一至二百六十、二百六十三至二百七十六、二百八十一至四百六十、四百六十三至七百六十、家範典一至十六、三十七

至一百十六、交誼典一至五十八、六十一至一百、氏族典一至二十、四十一至二百六十、二百八十一至四百二十、四百六十一至五百、五百二十一至六百四十、人事典一至一百十二、閨媛典一至三百四十四、藝術典一百五至二百六、一百六十一至二百、二百二十一至二百四十、二百四十五至二百六十、二百八十一至三百、三百四十一至七百十二、七百二十五至七百二十八、七百二十九至八百二十四、神異典一至一百四十、一百八十一至二百四十、二百六十一至三百二十、禽蟲典一至四十、選舉典一至二、二十七至二十八、五十一至五十二、五十七至五十八、文學典一至三十二、學行典八十一至八十八、九十一至九十二、二百七至二百二十；目錄一至二十；考證一至十四)

130000－0429－0000060　子98 道家7

周易參同契分章註解三卷　（漢）魏伯陽撰　清道光二十一年(1841)刻本　二冊

130000－0429－0000061　子97 道家8

悟真篇三註三卷　（宋）張伯端撰　（宋）薛道光注　（清）傅金銓頂批圈點　清善成堂刻本　三冊

130000－0429－0000062　子97

二十二子　（清）浙江書局輯　清光緒元年至三年(1875－1877)浙江書局刻本　七十五冊

130000－0429－0000063　子77 類書3

子史精華一百六十卷　（清）允祿等修　清光緒十二年(1886)上海同文書局石印本　八冊

130000－0429－0000064　子76 類書2

子史精華一百六十卷　（清）允祿等修　清光緒十年(1884)上海同文書局石印本　八冊

130000－0429－0000065　子68 雜家20

圖治要篇四種　（清）汪輝祖　（清）劉衡撰　清同治九年(1870)湖南省藩署刻本　四冊

130000－0429－0000066　子61 雜家13

子書二十三種　上海圖書集成局輯　清光緒二十三年(1897)石印本　三十九冊　存三百十九卷(韓非子二十卷,孫子十家注十三卷,

墨子一至十六,孔子集語十七卷,揚子法言十三卷,鶡冠子三卷,文中子十卷,呂氏春秋二十六卷,淮南子一至二十一,黃帝內經一至三十六,文子纘義十二卷,春秋繁露十七卷,賈誼新書一至十,老子道德經一至四,竹書紀年一至十二,尸子一至三,商君書一至五,晏子春秋一至十一,山海經十八卷,篇目考一卷,管子十二至二十四,荀子二十卷,列子八卷,莊子十卷)

130000－0429－0000067　子57 雜家9

淮南鴻烈解二十一卷　(漢)劉安撰　清刻本　六冊　缺三卷(一至三)

130000－0429－0000068　子53 雜家5

湯子遺書十卷首一卷　(清)湯斌撰　清同治九年(1870)刻本　十二冊

130000－0429－0000069　子37 藝術2

泛槎圖六卷續一卷三集一卷四集一卷五集一卷六集一卷　(清)張寶撰并繪　清光緒六年(1880)點石齋石印本　三冊　存五卷(續一卷、三集一卷、四集一卷、五集一卷、六集一卷)

130000－0429－0000070　子30 醫9

本草綱目五十二卷圖三卷　(明)李時珍著　清光緒三十年(1904)同文書局石印本　十六冊

130000－0429－0000071　子31 醫11

增補眼科大全六卷　(明)傅仁宇撰　清宣統元年(1909)上海會文書局石印本　六冊

130000－0429－0000072　子31 醫11(2)

本草萬方鍼綫八卷　(清)蔡烈先撰　清光緒三十年(1904)同文書局石印本　二冊

130000－0429－0000073　子30 醫10

本草綱目拾遺十卷　(清)趙學敏輯　清光緒三十年(1904)同文書局石印本　二冊

130000－0429－0000074　子28 醫7

六科準繩四十四卷　(明)王肯堂撰　清光緒十八年(1892)上海圖書集成印書局石印本　十八冊　存十九卷(傷寒準繩一至六、女科準繩二至五、幼科準繩一至九)

130000－0429－0000075　子24 醫3

脈草經絡五種會編八卷　(清)汪昂輯纂　(清)刁鳳岩參訂　清光緒十一年(1885)刻本　三冊

130000－0429－0000076　子22 醫1

傅青主女科四卷　(清)傅山撰　清道光二十七年(1847)刻朱墨套印本　四冊

130000－0429－0000077　子21 農2

二如亭群芳譜三十卷　(明)王象晉纂輯　明崇禎刻本　十六冊

130000－0429－0000078　子1 儒3

五種遺規十七卷　(清)陳宏謀撰　清光緒十年(1884)刻本　十

130000－0429－0000079　集91 總集34

文選六十卷　(南朝梁)蕭統撰　(唐)李善注　清乾隆三十七年(1772)海錄軒刻朱墨套印本　十二冊

130000－0429－0000080　集90 總集33

文選六十卷附考異十卷　(南朝梁)蕭統撰　(唐)李善注　清同治八年(1869)湖北崇文書局刻本　二十四冊

130000－0429－0000081　集99 評6

二論講義養正編十卷　(清)史可亭輯　清同治十年(1871)刻本　四冊

130000－0429－0000082　集89 總集32

國朝文鈔五編　(清)高塘輯　清乾隆五十一年(1786)刻本　二十八冊

130000－0429－0000083　集80 總集23

駢文類纂四十六卷　王先謙纂集　清光緒二十八年(1902)思賢書局刻本　十二冊　存二十一卷(一至二十一)

130000－0429－0000084　集82 總集25

古文辭類纂七十五卷　(清)姚鼐撰　清光緒二十七年(1901)滁州李氏求要堂刻本　十二冊

130000－0429－0000085　集81 總集24

古文淵鑒六十四卷 （清）徐乾學等編注 清同治十二年（1873）浙江書局刻本（卷二十九爲補配） 三十二冊 缺一卷（三十）

130000－0429－0000086 集71 總集14
唐詩合解箋注十四卷 （清）王堯衢注 清光緒十三年（1887）刻本 三冊

130000－0429－0000087 集69 總集12
御選唐宋詩醇四十七卷目錄二卷 （清）高宗弘曆選 清光緒七年（1881）浙江書局刻本（卷五至六爲補配） 二十冊

130000－0429－0000088 集68 總集11
御纂詩義折中二十卷 （清）傅恆撰 清刻本 六冊

130000－0429－0000089 集61 總集4
古文觀止六卷 （清）吳楚材 （清）吳調侯編選 清光緒二十八年（1902）刻本 六冊

130000－0429－0000090 集59 總集2
註解唐詩別裁集引典備註二十卷 （清）沈德潛選 清道光十八年（1838）刻本 十二冊

130000－0429－0000091 集44 別集42
龍川文集三十卷辨偽考異二卷附錄二卷 （宋）陳亮撰 清光緒元年（1875）崇文書局刻本 十冊

130000－0429－0000092 集42 別集40
曾忠襄公全集奏議三十二卷文集二卷批牘五卷榮哀錄二卷年譜四卷書札二十二卷 （清）曾國荃撰 清光緒二十九年（1903）刻本 五十三冊

130000－0429－0000093 集41 別集39
曾文正公全集一百六十四卷 （清）曾國藩撰 清光緒十四年（1888）鴻文書局石印本 四冊 存十四卷（求闕齋日記類鈔一至二，曾文正公雜著一至四，經史百家雜鈔九至十二、二十三至二十六）

130000－0429－0000094 集21 別集19
楊文清公全集四十二卷首一卷 （宋）楊時撰 清光緒九年（1883）刻本 十冊

130000－0429－0000095 集20 別集18
王臨川全集一百卷目錄二卷 （宋）王安石撰 清光緒九年（1883）刻本 十五冊

130000－0429－0000096 集13 總集11（2）
[唐四家詩集]二十八卷 清光緒十年（1884）上海同文書局石印本 八冊

邯鄲市武安市圖書館古籍普查登記目錄

全國古籍普查登記目錄

國家圖書館出版社
National Library of China Publishing House

130000－0408－0000001　10001/經 001

鄭氏周易三卷　（漢）鄭玄撰　（宋）王應麟撰集　（清）惠棟增補　清乾隆二十一年(1756)刻本　一冊

130000－0408－0000002　10002/經 002

李氏易傳十七卷附鄭氏周易易釋文　（唐）李鼎祚集解　清乾隆二十一年(1756)刻本　六冊

130000－0408－0000003　10003/經 003

御纂周易折中二十二卷首一卷　（清）李光地纂　清康熙五十四年(1715)武英殿刻本　五冊　存十卷(一至十)

130000－0408－0000004　10004/經 004

御纂周易折中二十二卷首一卷　（清）李光地纂　清康熙五十四年(1715)武英殿刻本　五冊　存十一卷(一至四、七至十、二十一至二十二,首一卷)

130000－0408－0000005　10005/經 005

周易會歸不分卷　（清）鄧霽彙纂　清康熙五十一年(1712)刻本　十冊

130000－0408－0000006　10006/經 006

易經增訂旁訓三卷　（宋）程頤撰　清乾隆五十六年(1791)文會堂刻本　一冊

130000－0408－0000007　10007/經 007

書集傳六卷　（宋）蔡沈集撰　明崇禎元年(1628)閔齊伋刻本　三冊

130000－0408－0000008　10008/經 008

書經體註合參六卷　（清）范翔鑒定　（清）錢希祥纂輯　清雍正三年(1725)刻本　一冊

130000－0408－0000009　10009/經 009

書經體註大全合參六卷　（清）范翔撰　（清）朱雲龍纂訂　清乾隆九年(1744)好古堂刻本　二冊

130000－0408－0000010　10010/經 010

毛诗二十卷附考證　（漢）毛亨　（漢）毛萇輯　（漢）鄭玄箋　清相臺岳氏刻本　四冊　存十四卷(七至二十)

130000－0408－0000011　10011/經 011

御案詩經備旨八卷　（清）鄒聖脉纂輯　清乾隆二十八年(1763)刻本　四冊

130000－0408－0000012　10012/經 012

詩經體註圖考大全八卷　（清）高朝瓔纂輯　清乾隆三十九年(1774)文光堂刻本　四冊

130000－0408－0000013　10013/經 013

詩經融註圖考八卷　（清）高朝瓔纂輯　清乾隆五十三年(1788)文會堂刻本　四冊

130000－0408－0000014　10014/經 014

周禮註疏刪翼三十卷　（明）葉行可定　（明）王志長輯　明崇禎十二年(1639)天德堂刻本　十冊　存十五卷(一至十一、十七至十八、二十三至二十四)

130000－0408－0000015　10015/經 015

奎壁禮記十卷　（元）陳澔集説　明刻本　十冊

130000－0408－0000016　10016/經 016

禮記二十卷附考證　（漢）鄭玄註　清相臺岳氏刻本　三冊　存九卷(十二至二十)

130000－0408－0000017　10017/經 017

禮記體註大全四卷　（元）陳澔集説　（清）范翔鑒定　（清）徐文初条訂　清雍正三年(1725)有益堂刻本　四冊

130000－0408－0000018　10018/經 018

禮記體註大全四卷　（元）陳澔集説　（清）范翔鑒定　（清）徐文初条訂　清雍正三年(1725)善成堂刻本　四冊

130000－0408－0000019　10019/經 019

全本禮記體註十卷　（元）陳澔集説　（清）范翔原定　（清）徐文初条訂　（清）徐敬軒補輯　清乾隆三十一年(1766)致和堂刻本　五冊　存五卷(一至五)

130000－0408－0000020　10020/經 020

寄傲山房塾課纂輯禮記全文俻旨十一卷　（清）鄒聖脉纂輯　清乾隆二十九年(1764)芸生堂刻本　六冊

130000－0408－0000021　10021/經 021

禮記增訂旁訓三卷 （清）張大受重校　清乾隆五十六年（1791）匠門書屋文會堂刻本　三冊

130000－0408－0000022　10022/經 022

春秋經傳集解三十卷附考證 （晉）杜預註　清相臺五經刻本　七冊　存十九卷（一至三、十至十二、十八至三十）

130000－0408－0000023　10023/經 023

左繡三十卷首一卷 （清）馮李驊　（清）陸浩評輯　（清）范允斌等叅評　清康熙五十九年（1720）華川書屋刻本　十六冊

130000－0408－0000024　10024/經 024

左繡三十卷首一卷 （晉）杜預撰　（清）馮李驊　（清）陸浩評輯　清康熙五十九年（1720）刻本　十六冊

130000－0408－0000025　10025/經 025

左繡三十卷首一卷 （晉）杜預撰　（清）馮李驊　（清）陸浩評輯　清乾隆二年（1737）刻本　四冊　存八卷（一、十至十五,首一卷）

130000－0408－0000026　10026/經 026

寄傲山房塾課纂輯春秋俻旨十二卷 （清）鄒聖脉纂輯　清乾隆二十三年（1758）芸生堂刻本　六冊

130000－0408－0000027　10027/經 027

寄傲山房塾課纂輯春秋俻旨十二卷 （清）鄒聖脉纂輯　清乾隆二十三年（1758）大文堂刻本　六冊

130000－0408－0000028　10028/經 028

左氏條貫十八卷 （清）曹基編次　清康熙五十一年（1712）致和堂刻本　八冊

130000－0408－0000029　10029/經 029

春秋左傳不分卷 （周）左丘明撰　清刻本　四冊

130000－0408－0000030　10030/經 030

曲江書屋新訂批註左傳快讀十八卷 （清）李紹崧選訂　清乾隆五十四年（1789）刻本　十

六冊

130000－0408－0000031　10031/經 031

春秋穀梁傳註疏二十卷 （晉）范甯集解　（唐）楊士勋疏　明嘉靖李元阳刻本　六冊

130000－0408－0000032　10032/經 032

駱坦軒四書襯三十七卷 （清）駱培著　清乾隆七年（1742）坦吉堂刻本　六冊

130000－0408－0000033　10033/經 033

四書朱子異同條辨四十卷附先儒後儒姓氏一卷 （清）李沛霖校訂　清康熙四十四年（1705）近譬堂刻本　三十六冊

130000－0408－0000034　10038/經 038

日講四書解義二十六卷 （清）喇沙裏　（清）陳庭敬總裁　（清）沈荃等分撰　清康熙十六年（1677）刻本　十冊　存二十二卷（一至五、十至二十六）

130000－0408－0000035　10043/經 043

四書引解十四卷 （清）鄧柱瀾纂輯　清乾隆三十三年（1768）翠竹齋刻本　十冊

130000－0408－0000036　10044/經 044

陶石簣先生四書要達二十七卷 （清）徐燦　（清）袁終彩重輯　清康熙三十九年（1700）刻本　二十冊

130000－0408－0000037　10045/經 045

四書備旨三卷 （宋）朱熹章句　（清）浦泰手輯　清康熙五十三年（1714）刻本　一冊

130000－0408－0000038　10046/經 046

四書引左彙解十卷 （清）蕭榕年纂輯　清乾隆三十九年（1774）謙牧堂刻本　四冊

130000－0408－0000039　10047/經 047

四書真解二十三卷 （清）黃百忍纂輯　清康熙三十四年（1695）文樞堂刻本　九冊

130000－0408－0000040　10048/經 048

新訂四書補註備旨十卷 （明）鄧林著　清乾隆四十四年（1779）銅活字本　八冊

130000－0408－0000041　10049/經 049

新訂四書補註備旨十卷 （明）鄧林著　清乾

隆四十四年(1779)森寶齋刻本 六冊

130000－0408－0000042 10050/經 050
新訂四書補註備旨十卷 （明）鄧林著 清乾隆四十四年(1779)刻本 六冊 存八卷(大學一,中庸一,論語一至三,孟子一、三至四)

130000－0408－0000043 10051/經 051
漱芳軒合纂四書體註十九卷 （清）范翔条訂 清雍正八年(1730)啟盛堂銅活字刻本五冊

130000－0408－0000044 10052/經 052
增補四書精繡圖像人物備考十二卷 （明）陳仁錫增定 清康熙六十年(1721)刻本 六冊

130000－0408－0000045 10053/經 053
新刻滿漢字四書不分卷 （□）□□ 清康熙三十年(1691)刻本 五冊

130000－0408－0000046 10054/經 054
經典釋文三十卷 （唐）陸德明撰 清乾隆五十六年(1791)刻本 六冊 存十七卷(一至十七)

130000－0408－0000047 10055/經 055
爾雅三卷 （晉）郭璞注 （唐）陸德明音 清乾隆二十九年(1764)孔繼汾刻本 一冊

130000－0408－0000048 10056/經 056
六書索隱五卷 （明）楊慎著 明嘉靖二十九年(1550)刻本 一冊

130000－0408－0000049 10057/經 057
字彙十二卷首一卷末一卷附韻法直圖一卷韻法橫圖一卷 （明）梅膺祚音釋 明萬曆四十三年(1615)刻本 十四冊

130000－0408－0000050 10058/經 058
字彙十二卷首一卷末一卷附韻法直圖一卷韻法橫圖一卷 （明）梅膺祚音釋 明萬曆四十三年(1615)文興堂刻本 十四冊

130000－0408－0000051 10059/經 059
字彙十二卷首一卷末一卷附韻法直圖一卷韻法橫圖一卷 （明）梅膺祚音釋 明萬曆四十三年(1615)刻本 十二冊 存十二卷(字彙十二卷)

130000－0408－0000052 10060/經 060
康熙字典十二集三十六卷總目一卷檢字一卷辨似一卷等韻一卷補遺一卷備考一卷 （清）張玉書等撰 清康熙五十五年(1716)刻本四十冊

130000－0408－0000053 10061/經 061
成化丁亥重刊改併五音類聚四聲篇十五卷 （金）韓道昭撰 明成化三年至七年(1467－1471)刻本 一冊 存三卷(四至六)

130000－0408－0000054 10062/經 062
大明成化庚寅重刊改併五音集韻十五卷 （金）韓道昭撰 明成化六年至七年(1470－1471)刻本 一冊 存三卷(一至三)

130000－0408－0000055 10063/經 063
大明正德乙亥重刊改併五音集韻十五卷 （金）韓道昭撰 明正德十年(1515)刻本五冊

130000－0408－0000056 10064/經 064
滿漢對照字典不分卷 （□）□□ 清抄本六冊

130000－0408－0000057 10065/經 065
新編篇韻貫珠集八卷附直指玉鑰匙門法一卷 （明）釋真空編 明正德十一年(1516)大慧寺刻本 一冊

130000－0408－0000058 10066/史 001
史記一百三十卷 （漢）司馬遷撰 （南朝宋）裴駰集解 明崇禎十四年(1641)汲古閣刻本 四冊 存七十五卷(五十六至一百三十)

130000－0408－0000059 10068/史 003
通志二百卷 （宋）鄭樵撰 清康熙崇仁謝氏刻本 一冊 存二卷(九十一至九十二)

130000－0408－0000060 10072/史 007
五代史七十四卷 （宋）歐陽修撰 明萬曆二十八年(1600)北京國子監刻本 十冊 存六十五卷(一至二十六、三十六至七十四)

130000－0408－0000061 10074/史 009

175

漢書一百卷 （漢）班固撰 （唐）顏師古注
明汲古閣刻本 十六冊 存四十七卷（二十
一至四十四、七十八至一百）

130000－0408－0000062 10075／史010
漢書評林一百卷 （明）凌稚隆輯 明刻本
十七冊 存五十一卷（七至十五、十七至二
十、二十七至二十九、三十八至四十三、五十
三至七十一、八十九至九十三、九十六至一
百）

130000－0408－0000063 10078／史013
三國志六十五卷 （晉）陳壽撰 （南朝宋）裴
松之注 清乾隆四年（1739）武英殿刻本 十
四冊 存五十二卷（一至十七、三十一至六十
五）

130000－0408－0000064 10088／史023
十七史 明崇禎至清順治琴川毛氏汲古閣刻
本 三百七十四冊 缺八十六卷（四十五至
一百三十）

130000－0408－0000065 10090／史025
竹書紀年集注二卷 （清）陳詩集注 清康熙
刻本 一冊 存一卷（二）

130000－0408－0000066 10091／史026
資治通鑑綱目五十九卷 （宋）朱熹撰 （明）
陳仁錫評閱 明刻本 七冊 存七卷（十七
至十九、二十一至二十三、五十七）

130000－0408－0000067 10092／史027
資治通鑑綱目五十九卷 （宋）朱熹撰 （明）
陳仁錫評閱 明刻本 六冊 存七卷（十、十
七、二十、二十三至二十五、四十七）

130000－0408－0000068 10093／史028
資治通鑑綱目五十九卷首一卷 （宋）朱熹撰
　前編二十五卷 （明）南軒撰 續綱目二十
七卷 （明）商輅撰 清康熙四十年（1701）刻
本 一百十六冊 缺二卷（資治通鑑綱目一
上、續綱目十七）

130000－0408－0000069 10094／史029
綱鑑大全三十九卷首一卷 （明）王世貞撰
明刻本 十九冊 存二十卷（二十至三十九）

176

130000－0408－0000070 10097／史032
歷代通鑑纂要九十二卷 （明）李東陽 （明）
劉機撰 明正德二年（1507）內府刻本 三十
三冊 存四十七卷（一、五至八、十至十一、二
十一至二十二、二十五至二十六、五十至五十
六、五十九至七十九、八十二、八十四至八十
五、八十八至九十二）

130000－0408－0000071 10098／史033
歷朝綱鑑會纂四十六卷 （明）王世貞纂
（明）陳仁錫訂 明刻本 二十四冊 存三十
六卷（一至十三、二十四至四十六）

130000－0408－0000072 10099／史034
歷朝通鑑輯畧八十五卷 （明）王世貞纂
（清）朱璘撰 清康熙三十五年（1696）萬卷堂
刻本 二十八冊 存四十二卷（三至六、八至
二十二、二十五至三十、三十二至四十、四十
三至四十六、四十八、五十二、五十四、五十
六）

130000－0408－0000073 10100／史035
御批歷代通鑑輯覽一百二十卷 （清）楊述曾
纂修 清乾隆三十三年（1768）武英殿刻本
五十九冊

130000－0408－0000074 10101／史036
歷朝綱鑑會纂宋元綱鑑二十三卷 （明）王世
貞纂 （明）陳仁錫訂 清康熙刻本 八冊
存十一卷（一至十一）

130000－0408－0000075 10102／史037
重鐫朱青巖先生擬編明紀輯畧十六卷 （清）
朱璘編 清康熙刻本 八冊 存八卷（九至
十六）

130000－0408－0000076 10103／史038
宋史紀事本末一百九卷 （明）馮琦撰 （明）
陳邦瞻補 明刻本 一冊 存一卷（三）

130000－0408－0000077 10104／史039
國語批註二十一卷 （周）左丘明著 （三國
吳）韋弘嗣解 清乾隆二十七年（1762）刻本
　六冊

130000－0408－0000078 10107／史042

三皇五帝徵實録二卷　（清）王紫緒撰　清乾隆六十年(1795)刻本　一冊

130000－0408－0000079　10108/史 043

古懽録八卷　（清）王士禎撰　清康熙三十九年(1700)快宜堂刻本　二冊

130000－0408－0000080　10109/史 044

隨園續同人集不分卷　（清）袁枚纂　清乾隆五十五年(1790)刻本　六冊

130000－0408－0000081　10110/史 045

孝行録不分卷　（清）蔣光祖撰　清乾隆四年(1739)刻本　一冊

130000－0408－0000082　10111/史 046

繡像流芬傳不分卷　（清）李子文纂輯　清光緒二十四年(1898)刻本　一冊

130000－0408－0000083　10112/史 047

徵君孫先生年譜二卷　（清）趙御眾撰　（清）方苞訂正　清康熙十四年(1675)家刻本　二冊

130000－0408－0000084　10113/史 048

水經注四十卷　（北魏）酈道元著　清乾隆三十九年(1774)武英殿聚珍版刻本　二十冊

130000－0408－0000085　10114/史 049

廣輿記二十四卷　（明）陸應陽纂　（清）蔡方炳增輯　清康熙二十五年(1686)吳郡寶翰樓刻本　九冊　存十七卷（一至三、六至十、十三至二十一）

130000－0408－0000086　10115/史 050

三山遊日記一卷　（明）阮大鋮撰　明崇禎九年(1636)刻本　一冊

130000－0408－0000087　10116/史 051

清武安縣誌　（□）□□撰　清刻本　三冊　存二卷（十五至十六）

130000－0408－0000088　10119/史 054

清康熙松滋縣志二十四卷　（清）陳麟重修　清康熙三十五年(1696)刻本　二冊

130000－0408－0000089　10120/史 055

文獻通考全書三百四十八卷　（元）馬端臨撰　明嘉靖三年(1524)司禮監刻本　七十九冊　存二百三十卷（一至七十、七十二至二百三十一）

130000－0408－0000090　10121/史 056

欽定續通典一百五十卷　（清）嵇璜　（清）曹仁虎纂修　清乾隆四十八年(1783)武英殿刻本　五冊　存十八卷（三十七至四十、四十五至五十一、六十一至六十七）

130000－0408－0000091　10122/史 057

本朝政治全書不分卷　（清）朱植仁撰　清雍正承恩堂刻本　三十一冊

130000－0408－0000092　10123/史 058

本朝政治全書中樞政考不分卷　（□）□□撰　清雍正刻本　一冊

130000－0408－0000093　10124/史 059

司空奏議四卷　（清）張輔之著　清乾隆十一年(1746)刻本　四冊

130000－0408－0000094　10125/史 060

增訂刑錢指掌二卷　（清）沈辛田纂輯　清乾隆八年(1743)刻本　四冊

130000－0408－0000095　10126/史 061

勸諭速完錢漕告示不分卷　（清）聯奎申明　清咸豐八年(1858)抄本　一冊

130000－0408－0000096　10127/史 062

北夢瑣言二十卷　（宋）孫光憲纂集　清乾隆二十一年(1756)刻本　四冊

130000－0408－0000097　10128/史 063

歷代史論一編四卷二編十卷　（明）張溥著　明崇禎刻本　八冊

130000－0408－0000098　10129/子 001

張子全書十五卷　（宋）張載撰　（宋）朱熹註釋　清康熙五十八年(1719)刻本　五冊

130000－0408－0000099　10130/子 002

淵鑒齋御纂朱子全書六十六卷　（宋）朱熹撰　（清）李光地纂　清康熙五十三年(1714)武英殿銅活字刻本　二十四冊

130000－0408－0000100　10131/子 003

淵鑒齋御纂朱子全書六十六卷　（宋）朱熹撰
（清）李光地纂　清康熙五十三年(1714)武
英殿銅活字刻本　二十四冊

130000－0408－0000101　10132/子004
朱子四書或問三十九卷　（宋）朱熹著　清遵
樂堂刻本　八冊

130000－0408－0000102　10133/子005
理要學旨不分卷　（清）耿介輯　清康熙十七
年(1678)嵩陽書院刻本　一冊

130000－0408－0000103　10134/子006
御纂性理精義十二卷　（清）李光地撰　清康
熙五十六年(1717)聚錦旭刻本　六冊

130000－0408－0000104　10135/子007
性理標題統要三卷　（明）張溥訂正　（明）陸
元纂輯　清康熙四十一年(1702)紹聞堂刻本
　一冊　存一卷(一)

130000－0408－0000105　10136/子008
御纂五子性理體註精義八卷　（清）孫勷
（清）仇滄柱纂輯　清康熙五十五年(1716)刻
本　五冊

130000－0408－0000106　10137/子009
四書近指二十卷　（清）孫奇逢纂　清康熙元
年(1662)中州學署刻本　二冊　存六卷(一
至三、十四至十六)

130000－0408－0000107　10138/子010
育正堂重訂幼學須知句解四卷　（清）錢元龍
校梓　清乾隆二十二年(1757)刻本　一冊
存一卷(一)

130000－0408－0000108　10139/子011
兵法百戰經二卷　（明）王鳴鶴編訂　（明）何
仲叔參輯　明南陽石室刻本　一冊

130000－0408－0000109　10140/子012
洴澼百金方十四卷　（清）惠麓酒民編次　清
乾隆刻本　三冊　存四卷(九至十二)

130000－0408－0000110　10141/子013
火龍經三卷　（三國蜀）諸葛亮著　明南陽石
室刻本　一冊　存二卷(一至二)

130000－0408－0000111　10142/子014
重刊補註洗冤錄集證五卷　（清）王又槐增輯
（清）李觀瀾補輯　清刻三色套印本　二冊
存三卷(三至五)

130000－0408－0000112　10143/子015
醫學心語五卷附外科十法一卷　（清）程國彭
著　清乾隆五十六年(1791)富春堂刻本
四冊

130000－0408－0000113　10144/子016
重鐫本草醫方合編十四卷　（清）汪昂著輯
清康熙三十三年(1694)刻本　六冊

130000－0408－0000114　10145/子017
圖註本草醫方合編六卷　（清）汪昂著輯
（清）胡孝峰纂輯　清乾隆四十三年(1778)宏
道堂刻本　六冊

130000－0408－0000115　10146/子018
石室秘錄六卷　（清）陳士鐸撰　清康熙刻本
五冊　存五卷(一至四、六)

130000－0408－0000116　10147/子019
蒼生司命八卷首一卷　（明）虞摶編　清康熙
十六年(1677)同德堂刻本　八冊

130000－0408－0000117　10148/子020
新刊增補萬病回春八卷　（明）龔廷賢編　明
萬曆四十三年(1615)刻本　八冊

130000－0408－0000118　10149/子021
醫方湯頭歌訣不分卷　（清）汪昂編輯　清康
熙三十三年(1694)刻本　一冊

130000－0408－0000119　10150/子022
御纂醫宗金鑑九十卷首一卷　（清）錢斗保
（清）吉慶編　清乾隆七年(1742)武英殿刻本
　二十七冊　存五十四卷(一至三、五至十
五、十八至二十、二十四至三十三、三十五至
三十九、四十七至五十一、五十四至五十五、
五十七至六十三、六十九至七十一、八十四至
八十七,首一卷)

130000－0408－0000120　10151/子023
御纂醫宗金鑑三十卷首一卷外科心法要訣十

六卷　（清）錢斗保　（清）吉慶編　清乾隆七年(1742)掃葉山房刻本　三十一冊　存三十卷(一至十五、十七至二十二,首一卷,外科心法要訣九至十六)

130000－0408－0000121　10152/子024
濟陰綱目十四卷　（明）武叔卿輯著　清雍正六年(1728)刻本　十冊

130000－0408－0000122　10153/子025
活幼心法大全九卷　（明）聶尚恒著　（清）周京輯　清康熙十五年(1676)掃葉山房刻本　二冊

130000－0408－0000123　10154/子026
針灸大成十卷　（明）陽繼洲撰　清康熙十九年(1680)致和堂刻本　十冊

130000－0408－0000124　10155/子027
御製厤象考成十六卷　（清）何國宗彙編　清雍正二年(1724)刻本　十六冊

130000－0408－0000125　10156/子028
管窺輯要八十卷　（清）黃鼎纂　清順治十年(1653)刻本　三十六冊

130000－0408－0000126　10157/子029
選時造命四卷　（清）青江子纂　（清）陳實齋鑒定　清乾隆七年(1742)刻本　一冊　存一卷(一)

130000－0408－0000127　10158/子030
星平集腋統宗四卷　（清）廖瀛海輯　清雍正元年(1723)刻本　八冊

130000－0408－0000128　10159/子031
大六壬課經集四卷附畢法賦二卷　（明）郭載騋彙集　明崇禎十七年(1644)三槐堂刻本　五冊　存五卷(一、三至四,畢法賦二卷)

130000－0408－0000129　10160/子032
太乙數統宗大全四十卷　（清）羅集福重訂　清乾隆六十年(1795)陵雲山房刻本　十二冊

130000－0408－0000130　10161/子033
大六壬大全十三卷　（明）郭載騋較訂　清康熙四十三年(1704)懷慶楊衕刻本　八冊

130000－0408－0000131　10162/子034
新鍥希夷陳先生紫微斗數全書四卷　（宋）陳摶撰　清寶仁堂刻本　四冊

130000－0408－0000132　10163/子035
河洛理數七卷　（宋）陳摶著　（明）史應選重訂　明崇禎五年(1632)刻本　三冊

130000－0408－0000133　10164/子036
淮南鴻烈解二十一卷　（漢）劉安撰　明刻朱墨套印本　八冊

130000－0408－0000134　10165/子037
新鐫分類評註文武合編百子金丹十卷　（明）郭偉選註　明萬曆經國堂刻本　六冊　存五卷(一至五)

130000－0408－0000135　10167/子039
孝友堂家規不分卷　（清）孫奇逢著　清順治十八年(1661)刻本　一冊

130000－0408－0000136　10168/子040
中華古今注三卷附三墳　（晉）崔豹著　（唐）馬縞集　明刻本　一冊

130000－0408－0000137　10169/子041
雲林別墅新輯酬世錦囊書啓合編初集八卷　（清）鄒景陽　（清）謝梅林編　清乾隆三十六年(1771)寶興堂刻本　六冊

130000－0408－0000138　10170/子042
雲林別墅新輯酬世錦囊家禮集成二集七卷　（清）鄒景揚　（清）謝梅林編　清乾隆三十六年(1771)寶興堂刻本　四冊

130000－0408－0000139　10171/子043
雲林別墅新輯酬世錦囊三集二卷　（清）鄒景揚　（清）謝梅林編　清乾隆三十六年(1771)寶興堂刻本　一冊

130000－0408－0000140　10172/子044
寸耕鈔罟不分卷　（清）嚴懲又撰　清乾隆三十七年(1772)問心堂刻本　一冊

130000－0408－0000141　10180/子053
新鐫玉茗堂批選王弇洲先生艷異編四十卷　（明）王世貞輯　明刻本　六冊　存二十三卷

（一至三、八至十二、二十至二十五、三十二至四十）

130000－0408－0000142　10181/子053
古今逸史五十五種　（明）吳琯輯　清康熙七年（1668）刻本　十三冊　存四十一卷（續齊諧記一卷、桂海虞衡志一卷、列仙傳二卷、高士傳三卷、劍俠傳四卷、博異記一卷、集異記一卷、續博物志十卷、博物志十卷、風俗通義四卷、竹書紀年二卷、晉史乘一卷、楚史檮杌一卷）

130000－0408－0000143　10183/子055
新鐫玉茗堂批選續艷異編十九卷　（明）王世貞輯　明刻本　三冊

130000－0408－0000144　10184/子056
虞初新志二十卷　（清）張潮輯　清康熙二十二年（1683）刻本　十冊

130000－0408－0000145　10185/子057
映旭齋增訂北宋三遂平妖全傳十八卷　（明）羅貫中著　（明）馮猶龍增定　明刻本　四冊

130000－0408－0000146　10186/子058
事類賦三十卷　（宋）吳淑撰註　清乾隆二十九年（1764）刻　六冊

130000－0408－0000147　10187/子059
類林新咏三十六卷　（清）姚之駰撰　清康熙四十七年（1708）刻本　八冊

130000－0408－0000148　10188/子060
新增說文韻府羣玉二十卷　（元）陰時夫編輯　（元）陰中夫編註　明萬曆十八年（1590）刻本　二十冊

130000－0408－0000149　10189/子061
新增說文韻府羣玉二十卷　（元）陰時夫編輯　（元）陰中夫編註　明萬曆刻本　九冊　存十六卷（一至二、五至十八）

130000－0408－0000150　10190/子062
韻府拾遺一百六卷　（清）汪灝　（清）張廷玉撰　清康熙五十九年（1720）武英殿刻本　二十冊

130000－0408－0000151　10191/子063
五方元音二卷　（清）樊騰鳳撰　（清）年希堯增補　清康熙四十九年（1710）武安公署刻本　二冊

130000－0408－0000152　10192/子064
羣書備考四卷增訂二三塲羣書備考四卷　（明）袁黃著　（明）袁儼註　明崇禎十五年（1642）同文堂刻本　八冊

130000－0408－0000153　10193/子065
錦字箋四卷　（清）黃澐纂　清康熙二十八年（1689）書業堂刻本　四冊

130000－0408－0000154　10194/子066
初學行文語類四卷　（清）孫埏編輯　清乾隆十五年（1750）刻本　二冊

130000－0408－0000155　10195/子067
詩學圖機活法摘要四卷　（清）李衡仲校訂　清乾隆六十年（1795）繡谷堂刻本　一冊

130000－0408－0000156　10196/子068
二如亭群芳譜四部二十九卷首一卷　（明）王象晉纂輯　明崇禎四年（1631）刻本　二冊　存四卷（一至四）

130000－0408－0000157　10197/子069
欽定四書文不分卷　（清）方苞校閱　清乾隆五年（1740）寶仁堂刻本　二十四冊

130000－0408－0000158　10198/子070
應試排律精選六卷　（清）周大樞選釋　清乾隆二十三年（1758）刻本　四冊

130000－0408－0000159　10199/子071
八銘塾鈔初集註釋不分卷　（清）吳蘭陔編次　清乾隆五十九年（1794）刻本　六冊

130000－0408－0000160　10200/子072
註釋八銘塾鈔二集不分卷　（清）吳蘭陔編次　清乾隆四十七年（1782）刻本　六冊　存大學、論語、孟子

130000－0408－0000161　10201/子073
廣博物志五十卷　（明）董斯張纂　明萬曆高暉堂刻本　十五冊　存十五卷（十二至十三、

十五至十七、三十七至四十三、四十六、四十九至五十）

130000－0408－0000162　10202/子074
精選黃眉故事十卷　（明）鄧百拙彙編　明萬曆四十四年（1616）刻本　七冊　存九卷（一至六、八至十）

130000－0408－0000163　10203/子075
寄園寄所寄十二卷　（清）趙吉士輯　清乾隆刻本　八冊　存八卷（四至十一）

130000－0408－0000164　10204/子076
觚賸八卷　（清）鈕琇輯　清康熙三十九年（1700）刻本　二冊

130000－0408－0000165　10205/子077
觚賸續編四卷　（清）鈕琇輯　清康熙刻本　二冊

130000－0408－0000166　10206/子078
隻塵談四卷　（清）胡承譜纂　清乾隆五十四年（1789）刻本　四冊

130000－0408－0000167　10207/子079
金剛般若波羅蜜經不分卷　（後秦）釋鳩摩羅什譯　清康熙三十年（1691）刻本　一冊

130000－0408－0000168　10208/子080
佛說四十二章經不分卷　（漢）釋迦葉摩騰（漢）釋竺法蘭譯　（明）沙門守遂註　明洪武二十九年（1396）抄本　一冊

130000－0408－0000169　10209/子081
佛說四十二章經不分卷　（漢）釋迦葉摩騰（漢）釋竺法蘭譯　清乾隆五十九年（1794）刻本　一冊

130000－0408－0000170　10210/子082
大乘本生心地觀經淺註八卷懸示一卷科文一卷　（唐）釋般若等譯　（清）釋來舟淺註　清康熙三十六年（1697）刻本　十冊

130000－0408－0000171　10211/子083
大方廣佛華嚴經八十卷　（唐）釋實叉難陀譯　明永樂十八年（1420）刻本　五十六冊　存五十六卷（二、六至十、十二至十五、二十四、

二十七至三十九、四十一至四十六、四十九至五十四、五十六至七十五）

130000－0408－0000172　10212/子084
大方廣佛華嚴經八十卷大方廣佛華嚴經入不思議解脫境界普賢行願品一卷　（唐）釋實叉難陀譯　明弘治十三年（1500）刻本　五十四冊　存五十四卷（六至十四、十六至十八、二十至二十六、三十六至三十八、四十至四十五、四十七至四十八、五十一至五十五、六十一至六十九、七十一至七十二、七十四至八十一）

130000－0408－0000173　10213/子085
大般涅槃經四十卷附後分卷二卷　（北涼）釋曇無讖譯　清雍正十三年（1735）刻本　八冊

130000－0408－0000174　10214/子086
金光明最勝王經十卷　（唐）釋義淨譯　明弘治十三年（1500）刻本　七冊　存七卷（一至七）

130000－0408－0000175　10215/子087
金光明最勝王經十卷　（唐）釋義淨譯　明萬曆元年（1573）刻本　一冊　存一卷（十）

130000－0408－0000176　10216/子088
妙法蓮華經觀世音菩薩普門品一卷　（後秦）釋鳩摩羅什譯　明萬曆十二年（1584）刻本　一冊

130000－0408－0000177　10217/子089
佛母大孔雀明王經三卷　（唐）釋不空譯　明刻本　三冊

130000－0408－0000178　10218/子090
大佛頂如來密因修證了義諸菩薩萬行首楞嚴經貫珠集十卷　（明）釋戒潤述　明崇禎十七年（1644）刻本　十冊

130000－0408－0000179　10219/子091
楞嚴說通十卷　（清）劉道開纂述　（清）釋離指示鑒訂　清康熙十年（1671）刻本　八冊　存八卷（一至八）

130000－0408－0000180　10220/子092

金剛般若經疏論纂要刊定記會編十卷　（後秦）釋鳩摩羅什譯　（唐）釋宗密述疏　（清）沙門行策會編　清康熙八年(1669)刻本　三冊

130000－0408－0000181　10221/子093

大方廣圓覺脩多羅了義經略疏注二卷　（唐）釋宗密述註　明刻本　四冊

130000－0408－0000182　10222/子094

梵網經心地品菩薩戒儀疏發隱五卷　（後秦）釋鳩摩羅什譯　（隋）智者大師疏　（明）釋袾宏發隱　明萬曆十五年(1587)刻本　四冊

130000－0408－0000183　10223/子095

大佛頂首楞嚴經正脉疏十卷懸示一卷科文一卷　（明）釋交光真鑑述　明萬曆二十八年(1600)刻本　十冊　存十卷(大佛頂首楞嚴經正脉疏十卷)

130000－0408－0000184　10224/子096

大佛頂首楞嚴經正脉疏十卷懸示一卷科文一卷　（明）釋交光真鑑述　清康熙十年(1671)刻本　十冊　存十卷(二至十、科文一卷)

130000－0408－0000185　10225/子097

天台四教儀集註十卷　（元）釋蒙潤集　明天啓五年(1625)刻本　二冊　存四卷(一至二、九至十)

130000－0408－0000186　10226/子098

禪林寶訓筆說三卷　（清）釋智祥註　清乾隆十五年(1750)刻本　三冊

130000－0408－0000187　10227/子099

緇門警訓二卷　（明）如巹續補　明成化十年(1474)刻本　二冊

130000－0408－0000188　10228/子100

龍舒淨土文十二卷　（宋）王日休撰　清康熙四十六年(1707)刻本　二冊

130000－0408－0000189　10229/子101

懷淨土詩不分卷　（元）幻住明本撰　明刻本　一冊

130000－0408－0000190　10230/子102

歸元直指集四卷　（明）釋一元著集　明刻本　二冊　存三卷(二至四)

130000－0408－0000191　10231/子103

林泉老人評唱投子青和尚頌古空谷傳聲集二卷　（元）釋義聰錄　明刻本　一冊　存一卷(二)

130000－0408－0000192　10232/子104

香嚴古溪和尚語錄（雨花集）十二卷　（明）釋明炬　（明）釋明佑編集　明成化九年(1473)刻本　二冊　存六卷(一至三、七至九)

130000－0408－0000193　10233/子105

慧文正辯佛日普照元叟端禪師語錄八卷首一卷末一卷　（明）釋法林等編　明萬曆三十五年(1607)刻本　一冊

130000－0408－0000194　10234/子106

大博禪師語錄不分卷　（清）大博禪師著　（清）侍者還中錄　清順治十六年(1659)刻本　一冊

130000－0408－0000195　10234/子106(2)

法華經頌古不分卷　（清）空潭對道人著　清刻本　一冊

130000－0408－0000196　10235/子107

大明三藏聖教目錄四卷　（□）□□撰　明萬曆二十九年(1601)刻本　一冊

130000－0408－0000197　10236/子108

竹窗三筆不分卷　（明）釋袾宏著　明萬曆四十三年(1615)刻本　一冊

130000－0408－0000198　10237/子109

雲棲大師遺稿二卷　（明）釋袾宏著　明刻本　一冊

130000－0408－0000199　10238/子110

瑜伽施食不分卷　（清）比丘個中意撰　清乾隆三十二年(1767)刻本　一冊

130000－0408－0000200　10239/子111

黃檗醒昏錄不分卷　（明）黃檗撰　明萬曆十七年(1589)刻本　一冊

130000－0408－0000201　10240/子112

四分戒本二卷　（唐）釋懷素依律集出　明刻本　一冊　存一卷（一）

130000－0408－0000202　10241／子113
西方公據不分卷　（清）邵志顯等增訂　清乾隆五十六年（1791）刻本　一冊

130000－0408－0000203　10242／子114
禪關策進不分卷　（明）釋袾宏輯　明抄本　一冊

130000－0408－0000204　10243／子115
翠微三要二卷　（清）釋心興述　清乾隆四十七年（1782）抄本　一冊

130000－0408－0000205　10244／子116
金剛解貫不分卷　（□）金山道人閱度中介證　清順治九年（1652）龍芝房刻本　一冊

130000－0408－0000206　10245／子117
華嚴寶懺瀣三卷　（□）□□撰　清康熙二十九年（1690）刻本　三冊

130000－0408－0000207　10246／子118
太上感應篇不分卷　（□）□□撰　清康熙三十年（1691）刻本　一冊

130000－0408－0000208　10247／子119
太上感應篇圖說四卷　（□）□□撰　清刻本　一冊　存一卷（三）

130000－0408－0000209　10248／子120
性命雙修萬神圭旨四卷　（明）尹真人授　清康熙八年（1669）刻本　四冊

130000－0408－0000210　10249／子121
增訂敬信錄不分卷　（清）周鼎臣輯　清乾隆四十七年（1782）刻本　一冊

130000－0408－0000211　10250／子122
感應篇不分卷　（□）□□撰　清刻本　二冊

130000－0408－0000212　10251／集001
梅花賦不分卷　（唐）宋璟撰　清康熙六年（1667）刻本　一冊

130000－0408－0000213　10252／集002
李義山詩集十六卷　（唐）李商隱撰　清乾隆

五年（1740）堂刻本　六冊

130000－0408－0000214　10253／集003
范文正公集十二卷　（宋）范仲淹撰　明萬曆三十六年（1608）毛一鷺刻本　十冊

130000－0408－0000215　10254／集004
太師誠意伯劉文成公集二十卷首一卷　（明）劉基著　清雍正果育堂刻本　六冊　存十二卷（七至十八）

130000－0408－0000216　10255／集005
端溪先生集八卷　（明）王崇慶撰　明嘉靖三十一年（1552）張蘊家刻本　八冊

130000－0408－0000217　10256／集006
李氏文集二十卷　（明）李贄撰　明刻本　六冊　存十六卷（五至二十）

130000－0408－0000218　10257／集007
宮詹遺藁三卷外編三卷　（明）李齡著　明萬曆二十七年（1599）刻本　二冊

130000－0408－0000219　10258／集008
陳太史無夢園初集不分卷　（明）陳仁錫著　明刻本　十四冊

130000－0408－0000220　10259／集009
賡辰集五卷　（清）紀昀編　清乾隆二十七年（1762）太和堂刻本　五冊

130000－0408－0000221　10260／集010
賡辰集五卷　（清）紀昀編　清乾隆二十七年（1762）刻本　一冊　存二卷（一至二）

130000－0408－0000222　10261／集011
我法集二卷　（清）紀昀撰　清乾隆六十年（1795）會文堂刻本　二冊

130000－0408－0000223　10262／集012
文選六十卷　（南朝梁）蕭統撰　（唐）李善注　（清）何焯評　清康熙四十年（1701）海錄軒刻朱墨套印刻本　十二冊

130000－0408－0000224　10263／集013
重訂文選集評十五卷首一卷末一卷　（南朝梁）蕭統輯　（清）于光華編次　清乾隆四十五年（1780）刻本　十五冊　存十五卷（一、三

至十五,首一卷)

130000－0408－0000225　10264/集014

重訂文選集評十五卷首一卷末一卷　（南朝梁）蕭統輯　（清）于光華編次　清乾隆四十五年(1780)刻本　十六冊

130000－0408－0000226　10265/集015

咏物詩選八卷　（清）俞長仁輯　清雍正二年(1724)刻本　六冊

130000－0408－0000227　10266/集016

古唐詩合解十二卷　（清）王堯衢註　清雍正十年(1732)刻本　六冊

130000－0408－0000228　10267/集017

古唐詩合解十二卷　（清）王堯衢註　清雍正十年(1732)寶興堂刻本　六冊

130000－0408－0000229　10268/集018

而菴說唐詩二十二卷首一卷　（清）徐增述　清乾隆二十三年(1758)文茂堂刻本　十冊

130000－0408－0000230　10269/集019

唐詩合選詳解十二卷　（清）劉文蔚註釋　清乾隆五十二年(1787)刻本　五冊

130000－0408－0000231　10270/集020

古文喈鳳新編八卷　（清）汪基鈔輯　清雍正十二年(1734)刻本　七冊　存七卷(一至五、七至八)

130000－0408－0000232　10271/集021

古文喈鳳新編八卷　（清）汪基鈔輯　清雍正十二年(1734)大盛堂刻本　四冊

130000－0408－0000233　10272/集022

古詩源十四卷　（清）沈德潛選　清康熙五十八年(1719)刻本　四冊

130000－0408－0000234　10273/集023

小倉山房尺牘六卷　（清）袁枚撰　清乾隆五十四年(1789)刻本　三冊

130000－0408－0000235　10274/集024

唐文粹刪十卷　（明）張溥刪閱　清初吳門段君定刻本　六冊

130000－0408－0000236　10275/集025

唐詩鼓吹十卷　（金）元好問選編　（元）郝天挺註　清乾隆十一年(1746)刻本　六冊

130000－0408－0000237　10276/集026

唐詩類苑二百卷　（明）張之象纂輯　（明）趙應元編次　明萬曆二十九年(1601)刻本　四十八冊　存一百二十九卷(一至三、六至十、十二至二十、八十五至一百三十六、一百三十八至一百四十一、一百四十五至二百)

130000－0408－0000238　10277/集027

宋文鑑刪十二卷　（明）張溥刪閱　明刻本　六冊

130000－0408－0000239　10278/集028

明詩別裁集十二卷　（清）沈德潛　（清）周準輯　清乾隆四年(1739)刻本　四冊

130000－0408－0000240　10279/集029

欽定國朝詩別裁集三十二卷　（清）沈德潛纂評　清乾隆二十六年(1761)刻本　十二冊

130000－0408－0000241　10280/集030

欽定國朝詩別裁集三十二卷　（清）沈德潛纂評　清乾隆二十六年(1761)刻本　五冊　存九卷(一至九)

130000－0408－0000242　10281/集031

合諸名家評註三蘇文選十八卷　（明）楊慎選　清乾隆二年(1737)積秀堂刻本　八冊

130000－0408－0000243　10282/集032

全唐詩話八卷　（宋）尤袤輯　（清）孫濤續輯　清乾隆三十九年(1774)清芬堂刻本　三冊　存六卷(三至八)

130000－0408－0000244　10283/集033

隨園詩話十六卷補遺十卷　（清）袁枚著　清乾隆五十七年(1792)刻本　十二冊　存二十三卷(一至十五、補遺一至八)

130000－0408－0000245　10284/集034

重訂綴白裘新集合編十二集四十八卷　（清）玩花主人輯　（清）錢德蒼增輯　清乾隆四十六年(1781)刻本　四十五冊　缺三卷(三集

一至二、五集一)

130000－0408－0000246　10285/集 035
新鐫古表選十二卷　（明）張一卿釋選　明刻本　八冊　存八卷（一至八）

130000－0408－0000247　20002/經 002
周易傳註八卷　（清）李塨撰　清木活字印本　四冊

130000－0408－0000248　20003/經 003
御纂周易折中二十二卷首一卷　（清）李光地撰　清光緒三十年(1904)育文書局石印本　二冊

130000－0408－0000249　20004/經 004
參訂增補周易備旨一見能解六卷　（明）黃淳耀撰　清光緒二十五年(1899)書業德刻本　六冊

130000－0408－0000250　20005/經 005
新鐫增補周易備旨一見能解六卷　（明）黃淳耀撰　清敬文堂刻本　三冊

130000－0408－0000251　20006/經 006
易經大全會解四卷　（清）來木臣纂　清光緒二十七年(1901)有益堂刻本　四冊

130000－0408－0000252　20007/經 007
易經大全會解四卷　（清）來木臣輯　清光緒十二年(1886)聚盛堂刻本　四冊

130000－0408－0000253　20008/經 008
書集傳六卷　（宋）蔡沈撰　清同治五年(1866)聚盛堂刻本　四冊

130000－0408－0000254　20009/經 009
書集註六卷　（宋）蔡沈撰　清刻本　四冊

130000－0408－0000255　20010/經 010
書集傳六卷　（宋）蔡沈撰　清宣統元年(1909)寶興堂刻本　四冊

130000－0408－0000256　20011/經 011
書集傳六卷　（宋）蔡沈撰　清致和堂刻本　一冊　存一卷(四)

130000－0408－0000257　20012/經 012

欽定書經傳說彙纂二十一卷首二卷　（清）王頊齡纂　清光緒三十年(1904)上海育文書局石印本　二冊

130000－0408－0000258　20013/經 013
附釋音尚書注疏二十卷　（唐）孔穎達撰　清光緒十八年(1892)湖南寶慶務本書局刻本　八冊

130000－0408－0000259　20014/經 014
書經體註大全合矣六卷　（清）范翔鑒定　清道光二年(1822)晉祁書業德刻本　四冊

130000－0408－0000260　20015/經 015
書經體註大全合矣六卷　（清）范翔鑒定　清同治八年(1869)聚錦堂刻本　四冊

130000－0408－0000261　20016/經 016
書經體註大全合矣六卷　（清）范翔鑒定　清刻本　一冊　存一卷(四)

130000－0408－0000262　20017/經 017
寄傲山房塾課纂輯書經備旨蔡註捷錄六卷（清）鄒聖脉纂集　（清）鄒廷猷編次　清刻本　一冊　存二卷(四至五)

130000－0408－0000263　20018/經 018
書經精華六卷　（清）薛嘉穎撰　清嘉慶二十四年(1819)光霽堂刻本　四冊

130000－0408－0000264　20019/經 019
尚書離句六卷　（清）劉梅垞鑒定　（清）錢在培輯解　清光緒二十一年(1895)有益堂刻本　二冊

130000－0408－0000265　20020/經 020
詩毛氏傳疏不分卷　（清）陳奐著　清光緒七年(1881)石印本　四冊

130000－0408－0000266　20021/經 021
附釋音毛詩注疏二十卷附校勘記二十卷(漢)鄭玄箋　（唐）孔穎達疏　清光緒十八年(1892)寶慶務本書局刻本　五冊　存十卷(附釋音毛詩注疏一至五、校勘記一至五)

130000－0408－0000267　20022/經 022
詩集傳八卷　（宋）朱熹撰　清宣統三年

（1911）上海章福記石印本　四冊

130000－0408－0000268　20023/經 023
詩集傳八卷　（宋）朱熹撰　清光緒九年
（1883）聚盛堂刻本　四冊

130000－0408－0000269　20024/經 024
詩集傳八卷　（宋）朱熹撰　清光緒善成堂刻
本　四冊

130000－0408－0000270　20025/經 025
詩集傳八卷　（宋）朱熹撰　清光緒十四年
（1888）寶興堂刻本　四冊

130000－0408－0000271　20026/經 026
詩集傳八卷　（宋）朱熹撰　清宣統元年
（1909）三義堂刻本　四冊

130000－0408－0000272　20027/經 027
欽定詩經傳說彙纂二十一卷首二卷　（清）王
鴻緒校刊　清光緒三十年（1904）上海育文書
局石印本　二冊

130000－0408－0000273　20028/經 028
詩經融註圖考大全五卷　（清）范翔參定　清
道光二十一年（1841）經餘堂刻本　三冊

130000－0408－0000274　20029/經 029
詩經融註圖考大全八卷　（清）高朝瓔定　清
光緒九年（1883）聚錦堂刻本　四冊

130000－0408－0000275　20030/經 030
詩經體註大全合桼八卷　（清）高朝瓔定　清
學源堂刻本　二冊　存四卷（一至四）

130000－0408－0000276　20031/經 031
詩經融註大全體要八卷　（清）范翔參定　清
光緒二十七年（1901）善成堂刻本　四冊

130000－0408－0000277　20032/經 032
欽定周官義疏四十八卷首一卷　（清）允祿纂
　清光緒三十年（1904）上海育文書局石印本
　四冊

130000－0408－0000278　20033/經 033
周官精義十二卷　（清）連斗山編次　清嘉慶
二年（1797）致和堂刻本　六冊

130000－0408－0000279　20034/經 034
周禮精華六卷　（清）陳龍標編輯　清光緒二
十一年（1895）文英堂刻本　六冊

130000－0408－0000280　20035/經 035
儀禮註疏十七卷　（漢）鄭玄註　（唐）賈公彥
疏　清刻本　一冊　存一卷（八）

130000－0408－0000281　20036/經 036
欽定儀禮義疏四十八卷首二卷　（清）允祿纂
　清光緒三十年（1904）上海育文書局石印本
　四冊　存四十卷（一至十八、二十九至四十
八，首二卷）

130000－0408－0000282　20037/經 037
欽定禮記義疏八十二卷首一卷　（清）允祿纂
　清光緒三十年（1904）上海育文書局石印本
　六冊

130000－0408－0000283　20038/經 038
禮記約編十卷　（清）汪基撰　（清）江永較纂
　清刻本　三冊　存四卷（三至六）

130000－0408－0000284　20039/經 039
禮記節本六卷　（清）學部編譯圖書局編纂
清宣統二年（1910）學部圖書局鉛印本　二冊
　存四卷（一至四）

130000－0408－0000285　20040/經 040
禮記體註大全合桼四卷　（清）范翔鑒定　清
道光元年（1821）晉祁書業堂刻本　四冊

130000－0408－0000286　20041/經 041
全本禮記體註十卷　（清）范翔原定　（清）徐
文初參訂　（清）徐敬軒補輯　清致和堂刻本
　五冊　存五卷（六至十）

130000－0408－0000287　20042/經 042
禮記體註大全合桼四卷　（清）范翔撰　（清）
周熾輯　清嘉慶十一年（1806）友益齋刻本
三冊

130000－0408－0000288　20043/經 043
禮記體註大全四卷　（清）范翔重訂　清道光
二年（1822）書業九房刻本　四冊

130000－0408－0000289　20044/經 044

漱芳軒合纂禮記體註四卷　（清）范翔糸訂
清道光二十年(1840)古香書屋刻本　四冊

130000－0408－0000290　20045/經045
漱芳軒合纂禮記體註四卷　（清）范翔糸訂
清同治十年(1871)刻本　四冊

130000－0408－0000291　20046/經046
春秋左傳五十卷　（晉）杜預　（宋）林堯叟註
釋　（唐）陸德明音譯　清道光二十年(1840)
古香書屋刻本　六冊

130000－0408－0000292　20047/經047
春秋左傳不分卷　（春秋）左丘明撰　清道光
十年(1830)刻本　四冊

130000－0408－0000293　20048/經048
春秋左傳六十卷　（晉）杜預　（宋）林堯叟註
釋　（唐）陸德明音義　清懷德堂刻本　四冊
　存二十三卷(二十一至四十三)

130000－0408－0000294　20049/經049
附釋音春秋左傳注疏六十卷　（唐）孔穎達撰
　（唐）陸德明釋文　清光緒十三年(1887)脈
望仙館石印本　一冊　存十五卷(一至十五)

130000－0408－0000295　20050/經050
春秋經傳集解三十卷　（晉）杜預撰　（唐）陸
德明音釋　（宋）林堯叟附註　清華川書屋刻
本　十二冊　存二十四卷(一至九、十六至三
十)

130000－0408－0000296　20051/經051
欽定春秋傳說彙纂三十八卷首二卷　（清）王
掞纂　清光緒三十年(1904)上海育文書局石
印本　三冊

130000－0408－0000297　20052/經052
太史張天如詳節春秋綱目左傳句解六卷
(清)韓菼重訂　清光緒善成堂刻本　六冊

130000－0408－0000298　20053/經053
太史張天如詳節春秋綱目左傳句解六卷
(清)韓菼重訂　清光緒善成堂刻本　六冊

130000－0408－0000299　20054/經054
太史張天如詳節春秋綱目左傳句解六卷

(清)韓菼重訂　清光緒三義堂刻本　六冊

130000－0408－0000300　20055/經055
春秋指掌三十卷前事一卷後事一卷首二卷
（清）儲欣　（清）蔣景祁撰輯　清刻本　一冊
　存五卷(二至六)

130000－0408－0000301　20056/經056
左傳易讀六卷　（清）司徒則盧輯　清光緒善
成堂刻本　六冊

130000－0408－0000302　20058/經058
論語傳注不分卷　（清）李塨稿　清木活字印
本　二冊

130000－0408－0000303　20059/經059
二論講義養正編十卷　（清）牛靜菴授　（清）
史可亭輯　清同治七年(1868)聚盛堂刻本
四冊

130000－0408－0000304　20060/經060
四書體註彙講十九卷　（清）范翔編　（清）盛
介愚彙參　清文穎閣刻本　六冊　存十六卷
(论语十卷,孟子一至二、四至七)

130000－0408－0000305　20061/經061
孟子集註本義滙糸十卷首一卷　（清）王步青
輯　（清）王士氂編　清文會堂刻本　五冊
存七卷(一至三、六、九至十,首一卷)

130000－0408－0000306　20062/經062
大學中庸傳注不分卷　（清）李塨稿　清木活
字印本　一冊

130000－0408－0000307　20063/經063
大學中庸講義四卷　（清）史可亭輯　清道光
十年(1830)聚盛堂刻本　四冊

130000－0408－0000308　20064/經064
大學辦業四卷　（清）李塨稿　清木活字印本
　一冊

130000－0408－0000309　20065/經065
傳注問四卷　（清）李塨稿　清木活字印本
一冊

130000－0408－0000310　20066－070/經066－
070

187

四書釋義十七卷　（清）李沛霖論定　清道光四年（1824）崇文堂刻本　六冊

130000－0408－0000311　20071－075/經071－075

四書章句集註十九卷　（宋）朱熹撰　清光緒二十年（1894）書業德刻本　六冊

130000－0408－0000312　20076－080/經076－080

四書章句本義匯參不分卷　（清）王步青輯（清）王士鼇編　清光緒十二年（1886）鉛印本　十二冊

130000－0408－0000313　20081－085/經081－085

四書章句本義匯參不分卷首一卷　（清）王步青輯　（清）王子鼇編　清光緒十七年（1891）上海廣百宋齋石印本　十二冊

130000－0408－0000314　20086－090/經086－090

四書便蒙十九卷　（宋）朱熹撰　（清）俞長城等註　清光緒十六年（1890）善成堂刻本六冊

130000－0408－0000315　20091－095/經091－095

校刊增註四書便蒙十九卷　（宋）朱熹撰（清）俞長城等註　清光緒十六年（1890）有益堂刻本　六冊

130000－0408－0000316　20096－100/經096－100

奎壁四書十九卷　（宋）朱熹撰　清宣統三義堂刻本　六冊

130000－0408－0000317　20101/經101

四書大全摘要論語　（清）黃際飛鑒定　（清）李武纂緝　清煥文堂刻本　一冊　存一卷（一）

130000－0408－0000318　20102－103/經102－103

纂補四書大全二十卷　（清）劉嗣固纂補　清刻本　十冊　存十卷（十一至二十）

130000－0408－0000319　20104－105/經104－105

四書貫解十九卷　（宋）朱熹撰　（清）朱良玉纂輯　清文光堂刻本　五冊　存十七卷（論語十卷、孟子七卷）

130000－0408－0000320　20106/經106

四書貫解十九卷　（宋）朱熹撰　（清）朱良玉纂輯　清三多齋刻本　二冊　存四卷（孟子四至七）

130000－0408－0000321　20107/經107

四書引解二十六卷　（清）鄧柱蘭纂輯　（清）陳士元等訂　清刻本　九冊　存十二卷（十五至二十六）

130000－0408－0000322　20108－109/經108－109

四書講義二十六卷　（清）史可亭輯　清光緒善成堂刻本　六冊　存十四卷（学庸講義四卷、二论講義十卷）

130000－0408－0000323　20110/經110

新訂四書補註備旨十卷　（明）鄧林著　（清）鄧煜編次　清文光堂刻本　一冊　存一卷（四）

130000－0408－0000324　20111/經111

新訂四書補註備旨十卷　（明）鄧林著　（清）鄧煜編次　清刻本　一冊　存一卷（孟子二）

130000－0408－0000325　20111/經111（1）

新訂四書補註備旨十卷　（明）鄧林著　（清）鄧煜編次　清文會堂刻本　一冊　存一卷（孟子三）

130000－0408－0000326　20111/經111（2）

新訂四書補註備旨十卷　（明）鄧林著　（清）鄧煜編次　清刻本　一冊　存一卷（孟子三）

130000－0408－0000327　20112－113/經112－113

新訂四書補註備旨十卷　（明）鄧林著　清善成堂刻本　六冊　存七卷（論語一至四,孟子一、三至四）

新訂四書補註備旨十卷　（明）鄧林著　（清）鄧煜編次　清光緒十五年(1889)上海檢古齋石印本　六冊

130000－0408－0000329　20115/經 115

新訂四書補註備旨十卷　（明）鄧林著　（清）鄧煜編次　清光緒七年(1881)壽春棣萼堂石印本　六冊

130000－0408－0000330　20116－117/經 116－117

新訂四書補註備旨十卷　（明）鄧林著　（清）鄧煜編次　清致和堂刻本　一冊　存二卷（大學一、中庸一）

130000－0408－0000331　20118－122/經 118－122

新訂四書補註備旨十卷　（明）鄧林著　（清）鄧煜編次　清宣統元年(1909)有益堂刻本　八冊

130000－0408－0000332　20123－127/經 123－127

新訂四書補註備旨十卷　（明）鄧林著　（清）鄧煜編次　清光緒十二年(1886)聚錦旭刻本　六冊

130000－0408－0000333　20128－132/經 128－132

新訂四書補註備旨十卷　（明）鄧林著　（清）鄧煜編次　清道光十二年(1832)書業堂刻本　八冊

130000－0408－0000334　20133－134/經 133－134

四書題鏡三十七卷　（清）汪鯉翔纂述　清同人堂刻本　六冊　存二十一卷（論語十一至二十,孟子一至六、十至十四）

130000－0408－0000335　20135－139/經 135－139

四書題鏡不分卷　（清）汪鯉翔纂述　清道光十三年(1833)姑蘇步月樓刻本　十二冊

130000－0408－0000336　20140－144/經 140－144

四書讀註提耳十九卷　（清）耿埰著　清道光二十六年(1846)經餘堂刻本　十二冊

130000－0408－0000337　20145－146/經 145－146

四書體註合講集註十九卷　（宋）朱熹撰（清）翁復編次　清掃葉山房刻本　四冊　存十二卷（論語一至五、孟子一至七）

130000－0408－0000338　20147－148/經 147－148

四書體註合講集註十九卷　（宋）朱熹撰（清）翁復編次　清刻本　四冊　存十五卷（論語一至十、孟子一至五）

130000－0408－0000339　20149/經 149

四書人物類典串珠四十卷　（清）臧志仁編輯　清聚奎堂刻本　十一冊　存三十九卷（二至四十）

130000－0408－0000340　20150/經 150

增註四書人物類典串珠四十卷　（清）臧志仁編輯　清光緒十九年(1893)寶善書局石印本　四冊

130000－0408－0000341　20151/經 151

增補四書精繡圖像人物備考十二卷　（明）陳仁錫增定　清嘉慶五年(1800)文會堂刻本　八冊

130000－0408－0000342　20152/經 152

四書大註滙粂合講題鏡合纂七卷　（□）□□撰　清光緒十七年(1891)刻本　十二冊

130000－0408－0000343　20153/經 153

四書典制類聯音註三十三卷　（清）閻鑑波編輯　清光緒二年(1876)寶興堂刻本　十二冊

130000－0408－0000344　20154－158/經 154－158

四書味根錄三十七卷首二卷　（清）金秋潭輯　清光緒十二年(1886)上海積山書局石印本　六冊

130000－0408－0000345　20159－162/經 159－

四書味根錄三十七卷首二卷　（清）金秋潭輯
清光緒三年(1877)京都琉璃廠西頭寶珍堂銅活字刻本　十四冊　缺二卷(中庸一至二)

130000－0408－0000346　20163－167/經163－167

四書味根錄三十七卷首二卷　（清）金秋潭輯
清光緒七年(1881)姑蘇問竹山房刻本　十六冊

130000－0408－0000347　20168/經168

二曲先生口授不分卷　（清）李顒口述　（清）王心敬錄　清宣統元年(1909)刻本　二冊

130000－0408－0000348　20168/經168(1)

二曲先生口授不分卷　（清）李顒口授　（清）王心敬錄　清宣統元年(1909)刻本　二冊

130000－0408－0000349　20168/經168(2)

二曲先生口授不分卷　（清）李顒口授　（清）王心敬錄　清宣統元年(1909)刻本　二冊

130000－0408－0000350　20169/經169

音韻合註四書五經二卷　（清）鄒岳輯　清同治七年(1868)刻本　二冊

130000－0408－0000351　20170/經170

十一經音訓不分卷　（清）楊國楨纂　清道光十一年(1831)大梁書院刻本　十八冊　存易經音訓、書經音訓、詩經音訓、周禮音訓、儀禮音訓、春秋穀梁傳音訓、春秋公羊傳音訓、孝經爾雅音訓、禮記音訓

130000－0408－0000352　20171－175/經171－175

五經揭要二十五卷　（清）許寶善定　清惜陰軒刻本　六冊

130000－0408－0000353　20176－181/經176－181

五經揭要二十五卷　（清）許寶善訂　清自怡軒刻本　十二冊

130000－0408－0000354　20182/經182

禮記揭要六卷　（清）許寶善訂　清刻本

六冊

130000－0408－0000355　20183－187/經183－187

五經備旨四十五卷　（清）鄒聖脉纂輯　（清）鄒廷猷編次　清光緒十二年(1886)點石齋石印本　十冊　存三十七卷(易經備旨一至七、書經備旨一至七、春秋備旨一至十二、禮經備旨一至十一)

130000－0408－0000356　20188－193/經188－193

五經鴻裁正續合刻二十卷　（清）薛時雨撰
清同治十二年(1873)刻本　二十冊

130000－0408－0000357　20194/經194

續刻五經鴻裁全文不分卷　（清）何仲柔編次　清光緒六年(1880)本堂刻本　五冊

130000－0408－0000358　20195/經195

皇朝五經彙解二百七十卷　（清）抉經心室纂　清光緒十四年(1888)鴻文書局石印本　二十一冊　存一百八十三卷(一至十五、二十五至三十二、四十一至八十一、九十九至一百六、一百十六至一百三十四、一百四十二至一百六十、一百六十九至一百九十、一百九十八至二百四十八)

130000－0408－0000359　20196/經196

雪樵經解三十卷附錄三卷　（清）馮世瀛輯　清光緒十一年(1885)慈谿畊餘廔鉛印本　七冊　缺三卷(附錄三卷)

130000－0408－0000360　20197/經197

聖經學規纂二卷附論學二卷學禮五卷　（清）李塨稿　清木活字印本　二冊

130000－0408－0000361　20198/經198

增廣詩書周易錦囊二十卷　（清）吳善堂輯　(清)楊公瑞改定　清光緒五年(1879)三盛堂刻本　八冊

130000－0408－0000362　20201/經201

五方元音二卷　（清）樊騰鳳撰　（清）年希堯增補　清光緒九年(1883)泊鎮同元堂刻本　一冊

130000－0408－0000363　20202/經 202

字彙四卷　（明）梅膺祚撰　清光緒十四年（1888）善成堂刻本　四冊

130000－0408－0000364　20203/經 203

字彙十二卷首一卷末一卷附韻法直圖一卷韻法橫圖一卷　（明）梅膺祚撰　清光緒善成堂刻本　十二冊　存十四卷（一至六、九至十二,首一卷,末一卷,韻法直圖一卷,韻法橫圖一卷）

130000－0408－0000365　20204/經 204

字彙十二卷首一卷末一卷附韻法直圖一卷韻法橫圖一卷　（明）梅膺祚撰　清光緒十八年（1892）寶興堂刻本　十四冊

130000－0408－0000366　20205/經 205

康熙字典十二集三十六卷總目一卷檢字一卷辨似一卷等韻一卷補遺一卷備考一卷　（清）張玉書等撰　清刻本　六冊　存六卷（寅集三卷、卯集三卷）

130000－0408－0000367　20206/經 206

康熙字典十二集三十六卷總目一卷檢字一卷辨似一卷等韻一卷補遺一卷備考一卷　（清）張玉書等撰　清道光七年（1827）刻本　四十冊

130000－0408－0000368　20207/經 207

康熙字典十二集三十六卷總目一卷檢字一卷辨似一卷等韻一卷補遺一卷備考一卷　（清）張玉書等撰　清道光七年（1827）刻本　四十冊

130000－0408－0000369　20208/經 208

康熙字典十二集三十六卷總目一卷檢字一卷辨似一卷等韻一卷補遺一卷備考一卷　（清）張玉書等撰　清光緒十三年（1887）上海同文書局石印本　六冊

130000－0408－0000370　20209/經 209

康熙字典十二集三十六卷總目一卷檢字一卷辨似一卷等韻一卷補遺一卷備考一卷　（清）張玉書等撰　清英德堂刻本　二十二冊　存二十三卷（子集三卷、丑集三卷、寅集三卷、卯集三卷、辰集三卷、巳集三卷,總目一卷,檢字一卷,等韻一卷,補遺一卷,備考一卷）

130000－0408－0000371　20210/經 210

康熙字典十二集三十六卷總目一卷檢字一卷辨似一卷等韻一卷補遺一卷備考一卷　（清）張玉書等撰　清刻本　三十四冊

130000－0408－0000372　20211/史 001

史記一百三十卷　（漢）司馬遷撰　清光緒十年（1884）上海同文書局石印本　三十二冊

130000－0408－0000373　20212/史 002

史記一百三十卷　（漢）司馬遷撰　清石印本　七冊　存四十四卷（十一至十六、二十二至五十二、一百二十三至一百二十九）

130000－0408－0000374　20213/史 003　20218/史 008　20222/史 012　20226－234/史 016－024

二十四史　清同治、光緒間五省官書局據汲古閣本刻本　三百五十四冊　存一千八百七十卷（史記四十四至一百三十;漢書一至一百;後漢書九十卷、志三十卷;魏書九十三至一百十四;舊唐書二百卷;五代史六十至六十五;舊五代史一百五十卷、目錄二卷;宋史一至一百四、一百四十九至四百九十六,目錄三卷;遼史一百十五卷;金史一百三十五卷;元史二百十卷、目錄二卷;明史二十六至二十八、三十二至三十五、七十四至三百三十二）

130000－0408－0000375　20214/史 004

史記一百三十卷　（漢）司馬遷撰　清刻本　四冊　存二十四卷（八十七至一百十）

130000－0408－0000376　20215/史 005

史記一百三十卷　（漢）司馬遷撰　清涵芬樓影印本　一冊　存十六卷（五十九至七十四）

130000－0408－0000377　20216/史 006

前漢書一百二十卷　（漢）班固撰　（唐）顏師古注　清光緒十四年（1888）上海圖書集成石印本　六冊　存二十六卷（一至六、十八至二十四、二十八至四十）

130000－0408－0000378　20217/史 007

前漢書一百二十卷　（漢）班固撰　（唐）顏師古注　清光緒十年(1884)上海同文書局石印本　三十二冊

130000－0408－0000379　20219/史 009
漢書一百二十卷　（漢）班固撰　（唐）顏師古注　清同治八年(1869)金谿三讓刻本　十八冊　存一百卷(一至一百)

130000－0408－0000380　20220/史 010
後漢書一百二十卷　（南朝宋）范曄撰　（唐）李賢注　清光緒十年(1884)上海同文書局石印本　三十二冊

130000－0408－0000381　20221/史 011
後漢書一百二十卷　（南朝宋）范曄撰　（唐）李賢注　清石印本　四冊　存二十八卷(五至十、二十一至三十二、一百十一至一百二十)

130000－0408－0000382　20223/史 013
後漢書九十卷志三十卷　（南朝宋）范曄撰（唐）李賢注　清同治八年(1869)金谿三讓刻本　十二冊　存六十一卷(一至三十四、六十四至九十)

130000－0408－0000383　20224/史 014
三國志六十五卷　（晉）陳壽撰　（南朝宋）裴松之注　清光緒十年(1884)上海同文書局石印本　十六冊

130000－0408－0000384　20225/史 015
三國志六十五卷　（晉）陳壽撰　（南朝宋）裴松之注　清光緒十四年(1888)上海圖書集成書局石印本　七冊　存五十二卷(一至六、十四至二十二、二十九至六十五)

130000－0408－0000385　20235/史 025
續資治通鑑長編五百二十卷　（宋）李燾撰　清刻本　十冊　存四十二卷(四百七十九至五百二十)

130000－0408－0000386　20236/史 026
資治通鑑綱目五十九卷　（宋）朱熹撰　（明）陳仁錫評閱　清刻本　一冊　存一卷(四十九)

130000－0408－0000387　20237/史 027
資治通鑑綱目正編五十九卷　（宋）朱熹撰（明）陳仁錫評閱　清崇道堂刻本　八十二冊　存五十八卷(一至五十五、五十七至五十九)

130000－0408－0000388　20238/史 028
續資治通鑑綱目二十七卷末一卷　（明）陳仁錫評閱　清崇道堂刻本　二十七冊　存十八卷(一至十一、二十至二十四、二十七,末一卷)

130000－0408－0000389　20239/史 029
資治通鑑綱目前編二十五卷　（明）陳仁錫評閱　清嘉慶八年(1803)宏道堂刻本　十二冊

130000－0408－0000390　20240/史 030
御批資治通鑑綱目五十九卷首一卷　（宋）朱熹撰　清石印本　十四冊

130000－0408－0000391　20241/史 031
御批資治通鑑綱目前編二十五卷舉要三卷首一卷　（明）陳仁錫輯　清光緒二十八年(1902)上海久敬齋石印本　四冊　存二十二卷(御批資治通鑑綱目前編一至十八、舉要三卷、首一卷)

130000－0408－0000392　20242/史 032
御批續資治通鑑綱目二十七卷　（明）商輅撰　清石印本　六冊

130000－0408－0000393　20243/史 033
御撰資治通鑑綱目三編六卷　（清）張廷玉撰　清光緒二十五年(1899)上海久敬齋石印本　二冊

130000－0408－0000394　20244/史 034
御批歷代通鑑輯覽一百二十卷　（清）傅恆纂輯　清光緒三十年(1904)通元書局刻本　二十四冊

130000－0408－0000395　20245/史 035
御批歷代通鑑輯覽一百二十卷　（清）傅恆纂輯　清光緒二十年(1894)澹雅書局刻本　六十三冊

130000－0408－0000396　20246/史036

御批歷代通鑑輯覽一百二十卷　（清）傅恆纂
輯　清刻本　十六冊　存二十九卷（七十八
至一百六）

130000－0408－0000397　20247/史037

御批歷代通鑑輯覽一百二十卷　（清）傅恆纂
輯　清石印本　十冊　存五十八卷（六十三
至一百二十）

130000－0408－0000398　20248/史038

御批歷代通鑑輯覽一百二十卷　（清）傅恆纂
輯　清光緒二十五年（1899）上海順成書局石
印本　二十八冊

130000－0408－0000399　20249/史039

御批歷代通鑑輯覽一百二十卷　（清）傅恆纂
輯　清同治十三年（1874）湖南書局刻本　五
十七冊　缺十二卷（三十三至三十四、七十至
七十一、七十四、七十七、八十七至八十八、一
百十七至一百二十）

130000－0408－0000400　20250/史040

御批歷代通鑑輯覽一百二十卷　（清）傅恆纂
輯　清光緒二十七年（1901）慎記書莊石印本
二冊　存十七卷（一至六、八十五至九十
五）

130000－0408－0000401　20251/史041

御批歷代通鑑輯覽一百二十卷　（清）傅恆纂
輯　清萃文齋石印本　五冊　存二十九卷
（二十二至二十七、七十八至八十九、九十六
至一百六）

130000－0408－0000402　20252/史042

重訂王鳳洲先生綱鑑會纂四十六卷　（明）王
世貞纂　清刻本　一冊　存二卷（二十六至
二十七）

130000－0408－0000403　20253/史043

**重訂王鳳洲先生綱鑑會纂四十六卷附續宋元
紀二十三卷**　（明）王世貞纂　清寶興堂刻本
二十七冊　存四十一卷（十三至四十一、四
十四至四十六，續宋元紀一至四、七至十一）

130000－0408－0000404　20254/史044

**重訂王鳳洲先生綱鑑會纂四十六卷附續宋元
紀二十三卷**　（明）王世貞纂　清寶興堂刻本
十冊　存十九卷（二至十一、二十九至三十
七）

130000－0408－0000405　20255/史045

重訂王鳳洲先生綱鑑會纂四十六卷　（明）王
世貞纂　清刻本　四冊　存七卷（二十九、三
十一至三十二、三十四至三十七）

130000－0408－0000406　20256/史046

重訂王鳳洲先生綱鑑會纂四十六卷　（明）王
世貞纂　清石印本　一冊　存七卷（四十至
四十六）

130000－0408－0000407　20257/史047

古香齋新刻袖珍資治通鑑綱目三編五十九卷
（宋）朱熹撰　（明）陳仁錫評閱　清古香齋
刻本　一冊　存四卷（十一至十四）

130000－0408－0000408　20258/史048

增評加批歷史綱鑑補三十九卷首一卷　（明）
袁黃　（明）王世貞編纂　清上海富強齋公校
石印本　一冊　存三卷（三十一至三十三）

130000－0408－0000409　20259/史049

新增加批綱鑑補註二十四卷首一卷　（明）袁
黃編纂　清光緒二十年（1894）上海文盛書局
石印本　十二冊

130000－0408－0000410　20260/史050

尺木堂綱鑑易知錄一百七卷　（清）吳乘權輯
清刻本　一冊　存三卷（七十二至七十四）

130000－0408－0000411　20261/史051

綱鑑擇言十卷　（清）司徒修選輯　清光緒十
六年（1890）東昌書業德刻本　五冊

130000－0408－0000412　20262/史052

綱鑑擇語十卷　（清）司徒修選輯　清光緒二
十四年（1898）文盛書局石印本　六冊

130000－0408－0000413　20263/史053

東華錄一百九十五卷　王先謙編　清光緒十
三年（1887）廣百宋齋石印本　三十一冊

130000－0408－0000414　20263/史053（2）

東華錄一百九十五卷　王先謙編　清光緒十三年(1887)廣百宋齋石印本　七冊

130000－0408－0000415　20263/史053(3)

東華錄一百九十五卷　王先謙編　清光緒十三年(1887)廣百宋齋石印本　一冊　存十六卷(五十六至七十一)

130000－0408－0000416　20264/史054

東華續錄四百三十卷　清光緒十九年(1893)會稽籀三倉室石印本　八十八冊　存四百十五卷(乾隆朝一至四、十至一百二十,嘉慶朝一至二十四、三十一至五十,道光朝五至六十,咸豐朝一至一百,同治朝一至一百)

130000－0408－0000417　20265/史055

時務通攷三十一卷首一卷　(清)杞廬主人撰　清光緒二十四年(1898)點石齋石印本　二十四冊

130000－0408－0000418　20265/史055(2)

時務通攷三十一卷首一卷　(清)杞廬主人撰　清光緒二十四年(1898)點石齋石印本　二十冊

130000－0408－0000419　20266－274/史056－064

歷朝紀事本末六百五十八卷　(清)陳如升(清)朱記榮輯　清光緒二十九年(1903)文盛書局石印本　四十二冊　缺一卷(遼史紀事本末四十)

130000－0408－0000420　20275/史065

歷代帝王年表不分卷　(清)萬健庵編錄　清芋栗園刻本　一冊

130000－0408－0000421　20276/史066

明季稗史彙編二十七卷　(□)□□撰　清光緒二十二年(1896)上海圖書集成鉛印本　六冊

130000－0408－0000422　20277/史067

清史攬要六卷　(日本)增田貢著　清石印本　一冊　存二卷(三至四)

130000－0408－0000423　20278/史068

歐洲史略十三卷　(英國)艾約瑟編譯　清光緒十二年(1886)總稅務司署鉛印本　一冊

130000－0408－0000424　20279/史069

羅馬志略十三卷首一卷　(英國)艾約瑟編譯　清光緒十二年(1886)總稅務司署鉛印本　一冊

130000－0408－0000425　20280/史070

南天痕二十六卷　(清)凌雪纂修　清宣統二年(1910)西亭藏本鉛印本　六冊

130000－0408－0000426　20281/史071

海國圖志五十卷　(清)魏源輯　清道光二十二年(1842)石印本　五冊　存三十九卷(五至三十三、四十一至五十)

130000－0408－0000427　20282/史072

西巡回鑾始末記六卷　(清)八詠樓主人錄　清光緒三十二年(1906)仿泰西法石印本　六冊

130000－0408－0000428　20283/史073

唐陸宣公奏議讀本四卷首一卷　(清)汪銘謙編輯　清宣統元年(1909)會稽馬氏鉛印本　二冊

130000－0408－0000429　20284/史074

左文襄公奏疏初編三十八卷　(清)左宗棠撰　清光緒十六年(1890)上海圖書集成局石印本　二冊　存十二卷(一至五、十二至十八)

130000－0408－0000430　20285/史075

左文襄公奏疏續編七十六卷　(清)左宗棠撰　清光緒十六年(1890)上海圖書集成局石印本　六冊　存三十四卷(二十八至三十八、四十七至五十三、六十一至七十六)

130000－0408－0000431　20286/史076

左文襄公奏疏三編六卷　(清)左宗棠撰　清光緒十六年(1890)上海圖書集成局石印本　一冊

130000－0408－0000432　20287/史077

鳴原堂論文二卷　(清)曾國荃審訂　清同治十二年(1873)刻本　一冊

130000－0408－0000433　20288／史078

列女傳八卷　（漢）劉向撰　清宣統二年（1910）上海會文堂書局石印本　二冊

130000－0408－0000434　20289／史079

歷代名臣言行錄二十四卷　（清）朱桓編輯　清光緒三十年（1904）上海錦章書局石印本　六冊　存二十卷（一至十四、十七至十九、二十二至二十四）

130000－0408－0000435　20290／史080

歷代名臣言行錄二十四卷　（清）朱桓編輯　清光緒二十七年（1901）上海文盛堂石印本　七冊　存二十一卷（一至十一、十五至二十四）

130000－0408－0000436　20291／史081

中國第一大偉人岳飛十一章　（日本）笹川種郎著　（清）金鳴鑾譯　清光緒二十九年（1903）上海印局石印本　一冊

130000－0408－0000437　20292／史082

白氏宗譜不分卷　（清）白濂輯　清嘉慶二十三年（1818）抄本　二冊

130000－0408－0000438　20293／史083

遊譜不分卷　（清）孫奇逢撰　清刻本　一冊

130000－0408－0000439　20294／史084

歷代地理志韻編今釋二十卷　（清）李兆洛輯　清光緒元年（1875）集益堂刻本　九冊　存十七卷（一至十二、十六至二十）

130000－0408－0000440　20295／史085

歷代地理志韻編今釋二十卷　（清）李兆洛輯　清光緒二十四年（1898）掃葉山房石印本　四冊

130000－0408－0000441　20296／史086

皇朝輿地韻編二卷　（清）李兆洛輯　清光緒二十四年（1898）石印本　一冊

130000－0408－0000442　20297／史087

地球韻言四卷　（清）張士瀛編　清光緒二十九年（1903）申江古香閣鉛印本　一冊　存二卷（一至二）

130000－0408－0000443　20298／史088

壽陽縣志十三卷　（清）馬家鼎等纂修　清光緒八年（1882）受川書院刻本　六冊

130000－0408－0000444　20299／史089

深州風土記二十二卷附表五卷　（清）吳汝綸輯　清光緒二十六年（1900）文瑞書院刻本　八冊

130000－0408－0000445　20302／史092

大清搢紳全書四卷　（□）□□撰　清光緒十八年（1892）榮錄堂刻本　三冊　存三卷（一至三）

130000－0408－0000446　20303／史093

大清搢紳全書四卷　（□）□□撰　清光緒二十年（1894）善成堂刻本　四冊

130000－0408－0000447　20304／史094

中州同官錄不分卷　（清）楊國楨編　清光緒五年（1879）刻本　三冊

130000－0408－0000448　20305／史095

中州課吏錄不分卷　（清）林再欣等著　清石印本　二冊

130000－0408－0000449　20306／史096

中州課吏錄不分卷　（清）瑞良鑒定　清光緒二十九年（1903）鉛印本　一冊

130000－0408－0000450　20307／史097

歷科殿試策不分卷　（□）□□撰　清石印本　一冊　存一冊（下）

130000－0408－0000451　20308／史098

增廣元魁墨萃不分卷　（清）朱炳麟輯　清光緒十六年（1890）石印本　八冊

130000－0408－0000452　20309／史099

甲午科十八省正副榜同年全錄不分卷　（□）□□撰　清光緒二十年（1894）刻本　一冊

130000－0408－0000453　20310／史100

辛丑壬寅會試闈墨不分卷　（□）□□撰　清光緒二十九年（1903）汴省文會石印本　二冊

130000－0408－0000454　20311／史101

探杏譜不分卷　（清）張祖翼署　清光緒二十

二年(1896)慎記書莊石印本　一冊

130000－0408－0000455　20312/史102
癸卯科直省闈墨十卷　（清）大學堂選　清光緒三十年(1904)上海書局石印本　十冊

130000－0408－0000456　20313/史103
增批直省闈墨不分卷　（清）馮一梅　（清）劉鯤校訂　清光緒三十年(1904)上海書局石印本　十冊

130000－0408－0000457　20314/史104
壬寅直省闈藝八卷　（清）徐少湖編輯　清光緒二十八年(1902)上海書局石印本　五冊

130000－0408－0000458　20315/史105
河南闈墨不分卷　（清）瞿鴻禨　（清）陳翼鑒定　清光緒元年(1875)文明堂石印本　一冊

130000－0408－0000459　20316/史106
註釋八銘塾鈔二集不分卷　（清）吳蘭陔編次　清道光二十八年(1848)寶書堂刻本　四冊

130000－0408－0000460　20317/史107
註釋八銘塾鈔二集不分卷　（清）吳蘭陔編次　清同治元年(1862)尊經堂刻本　四冊

130000－0408－0000461　20318/史108
增註八銘塾鈔二集不分卷　（清）吳蘭陔編次　清三義堂刻本　三冊

130000－0408－0000462　20319/史109
唐人試律說不分卷　（清）紀昀編　清太和堂刻本　一冊

130000－0408－0000463　20320/史110
詩律淺說易知集四卷　（清）汪雲林註釋　清道光二十六年(1846)書業德刻本　一冊　存二卷(一至二)

130000－0408－0000464　20321/史111
檉華館試帖彙鈔輯注十卷　（清）路德撰　清道光二十七年(1847)聚錦旭刻本　十冊

130000－0408－0000465　20322/史112
詩賦題解韻編八卷　（清）陳劍芝纂輯　（清）葉蘭續輯　清同治六年(1867)刻本　八冊

130000－0408－0000466　20323/史113
試律青雲集六卷　（清）楊逢春輯　清同治八年(1869)三多堂刻本　六冊

130000－0408－0000467　20324/史114
分韻試帖青雲集合註四卷　（清）楊逢春輯　清光緒十年(1884)聚盛堂刻本　四冊

130000－0408－0000468　20325/史115
增廣試帖玉芙蓉五卷附續集二卷　（清）鴻寶齋主人輯　清光緒十四年(1888)鴻寶齋書局石印本　八冊

130000－0408－0000469　20325/史115(1)
增廣試帖玉芙蓉五卷附續集二卷　（清）鴻寶齋主人輯　清光緒十四年(1888)鴻寶齋書局石印本　八冊

130000－0408－0000470　20326/史116
增廣試律大觀彙編四卷附韻語驪珠詩裁駢玉不分卷　（清）補蠹書屋主人輯　清光緒十五年(1889)補蠹書屋石印本　五冊

130000－0408－0000471　20327/史117
金壹書院課士錄不分卷　（清）張集馨選　清光緒九年(1883)京都刻本　三冊

130000－0408－0000472　20328/史118
金壹書院課士錄二集不分卷　（清）張集馨選　清光緒九年(1883)京都刻本　三冊

130000－0408－0000473　20329/史119
塾課小題分編二十卷　（清）王步青論次　清文惠堂刻本　二十四冊

130000－0408－0000474　20330/史120
願學堂課藝六卷　（清）吳鴻恩著　清光緒二年(1876)京都酉山堂刻本　二冊　存二卷(一、三)

130000－0408－0000475　20331/史121
課藝存真不分卷　（清）馮芝吾編　清刻本　一冊

130000－0408－0000476　20332/史122
藝林珠玉初編十卷　（清）玉玲瓏山館主人輯　清道光十九年(1839)刻本　十四冊

130000 – 0408 – 0000477　20333/史123

分類賦鵠十二卷首一卷　(清)百宋齋主人撰
清光緒十二年(1886)上海同文書局石印本
十二冊

130000 – 0408 – 0000478　20334/史124

策學總纂大成四十六卷　(清)蔡壽祺撰　清
光緒三年(1877)京都琉璃廠觀文堂刻本　二
十二冊

130000 – 0408 – 0000479　20335/史125

策府統宗六十五卷　(清)劉昌齡輯　清光緒
十四年(1888)上海點石齋石印本　二十冊

130000 – 0408 – 0000480　20336/史126

增補精選空策二卷　(清)王晴川編次　清道
光十一年(1831)刻本　二冊

130000 – 0408 – 0000481　20337/史127

論語十卷　(□)□□撰　清刻本　一冊　存
一卷(五)

130000 – 0408 – 0000482　20338/史128

孟子十卷　(□)□□撰　清刻本　一冊　存
一卷(十)

130000 – 0408 – 0000483　20339/史129

矮屋必須九卷　(清)朱雲亭輯　(清)鄭琳校
清光緒元年(1875)琉璃廠刻本　八冊

130000 – 0408 – 0000484　20340/史130

大題文府不分卷　(□)□□撰　清石印本
八冊　存大學、論語

130000 – 0408 – 0000485　20341/史131

大題文府二集不分卷　(□)□□撰　清光緒
十三年(1887)上海同文書局石印本　九冊
缺孟子下

130000 – 0408 – 0000486　20341/史131(2)

大題文府二集不分卷　(□)□□撰　清光緒
十三年(1887)上海同文書局石印本　十冊

130000 – 0408 – 0000487　20342/史132

大題文富不分卷　(□)□□撰　清石印本
十一冊　存下論、孟子

130000 – 0408 – 0000488　20343/史133

大題三萬選不分卷　(□)□□撰　清石印本
十冊

130000 – 0408 – 0000489　20344/史134

小題文府續集不分卷　(□)□□撰　清光緒
十五年(1889)同文書局石印本　四冊　缺上
論公冶長至述而

130000 – 0408 – 0000490　20345/史135

小題文苑六卷　(□)□□撰　清刻本　五冊
存五卷(下論二至六)

130000 – 0408 – 0000491　20346/史136

通行章程六卷　(清)王汝礪輯　清光緒三十
三年(1907)宏道堂刻本　八冊

130000 – 0408 – 0000492　20347/史137

名法指掌增訂不分卷　(□)□□撰　清刻本
一冊

130000 – 0408 – 0000493　20348/史138

在官法戒錄摘抄四卷　(清)陳宏謀編輯　清
道光三年(1823)石印本　二冊

130000 – 0408 – 0000494　20349/史139

任兆麟述記三卷　(清)任兆麟述　清石印本
三冊

130000 – 0408 – 0000495　20350/史140

欽定戶部則例一百卷　(□)□□撰　清刻本
二冊　存六卷(一至四、五十一至五十二)

130000 – 0408 – 0000496　20351/史141

解州丈清地糧里甲圖說不分卷　(清)馬丕瑤
修　清光緒十一年(1885)刻本　一冊

130000 – 0408 – 0000497　20352/史142

駁案新編三十二卷　(清)全士潮輯　清刻本
三冊　存五卷(十八至十九、二十二至二十四)

130000 – 0408 – 0000498　20353/史143

駁案續編七卷　(清)桑春榮著　清嘉慶元年
(1796)刻本　六冊

130000 – 0408 – 0000499　20354/史144

刑案匯覽八十八卷　(清)祝慶祺編　清刻本
二十四冊　存二十四卷(七至十四、二十三
至三十、四十七至五十四)

130000 – 0408 – 0000500　20355/史145

大清律例增修統纂集成四十卷督捕則例附纂二卷　(清)沈之奇註　(清)姚潤輯　清刻本　六冊　存十卷(二十六、三十一、三十五至四十,督捕則例附纂二卷)

130000 – 0408 – 0000501　20356/史146

大清律例新增統纂集成四十卷　(清)沈之奇註　(清)姚潤纂輯　清刻本　五冊　存五卷(五至八、二十五)

130000 – 0408 – 0000502　20357/史147

大清律例增修統纂集成四十卷督捕則例附纂二卷　(清)沈之奇註　(清)姚潤纂輯　清石印本　六冊　存十二卷(三十一至四十、督捕則例附纂二卷)

130000 – 0408 – 0000503　20358/史148

大清光緒三十一年時憲書不分卷　(□)□□撰　清光緒三十一年(1905)刻本　一冊

130000 – 0408 – 0000504　20359/史149

大清光緒三十二年時憲書不分卷　(□)□□撰　清光緒三十二年(1906)刻本　一冊

130000 – 0408 – 0000505　20360/史150

大清光緒三十四年時憲書不分卷　(□)□□撰　清光緒三十四年(1908)刻本　一冊

130000 – 0408 – 0000506　20361/史151

大清宣統三年時憲書不分卷　(□)□□撰　清宣統三年(1911)刻本　一冊

130000 – 0408 – 0000507　20362/史152

時務新議　(清)馮桂芬著　(清)潘雨尉校刊　清光緒八年(1882)上海萬選樓石印本　一冊　存一卷(三)

130000 – 0408 – 0000508　20363/史153

洋務新論六卷　(英國)李提摩太著　(清)仲英採輯　清光緒二十年(1894)長白更隱僊館石印本　六冊

130000 – 0408 – 0000509　20364/史154

積古齋鐘鼎彝器款識十卷　(清)阮元編錄　清嘉慶九年(1804)積古齋刻本　三冊　存八

卷(一至四、七至十)

130000 – 0408 – 0000510　20365/史155

漢碑範八卷　(清)張祖翼選臨　清宣統三年(1911)上海文明書局石印本　一冊　存四卷(一至四)

130000 – 0408 – 0000511　20367/史157

十七史商榷一百卷　(清)王鳴盛述　清刻本　七冊　存三十九卷(一至八、十九至二十四、四十一至五十五、七十五至八十四)

130000 – 0408 – 0000512　20368/史158

古今政治新編二十卷　(清)魯陽生編輯　清光緒二十九年(1903)上海書局石印本　二十冊

130000 – 0408 – 0000513　20369/史159

史論正鵠初集四卷二集四卷三集八卷　(清)王樹敏評點　清光緒二十七年(1901)久敬齋石印本　十三冊　存十三卷(初集三至四,二集四卷,三集一至三、五至八)

130000 – 0408 – 0000514　20370/史160

史論正鵠三集八卷　(清)王樹敏評點　清光緒二十七年(1901)久敬齋石印本　八冊

130000 – 0408 – 0000515　20371/史161

春秋世論五卷　(清)王夫之撰　清石印本　一冊

130000 – 0408 – 0000516　20372/史162

尚書引義六卷　(清)王夫之撰　清石印本　二冊

130000 – 0408 – 0000517　20372/史163

續春秋左氏傳博議二卷　(清)王夫之撰　清石印本　一冊

130000 – 0408 – 0000518　20374/史164

歷代史論十二卷　(清)張溥撰　清光緒二十四年(1898)雄州秦氏藏板石印本　六冊

130000 – 0408 – 0000519　20375/史165

讀通鑑論三十卷　(清)王夫之撰　清光緒二十七年(1901)簡青齋書局石印本　六冊　存六卷(一至六)

130000－0408－0000520　20376/史166

綱鑑總論二卷　（清）周道卿編　清光緒三十年（1904）上海書局石印本　一冊　存一卷（一）

130000－0408－0000521　20377/史167

國朝名家史論彙鈔二卷　（清）四知齋校訂　清光緒二十四年（1898）上海德記書莊石印本　一冊　存一卷（一）

130000－0408－0000522　20378/史168

雨田史論二卷　（□）□□撰　清石印本　一冊　存一卷（二）

130000－0408－0000523　20379/史169

史鑑節要便讀七卷　（清）鮑古邨編　清同治三年（1864）鉛印本　二冊

130000－0408－0000524　20380/史170

史論正鵠初集四卷　張謇重校　清光緒二十七年（1901）石印本　四冊

130000－0408－0000525　20381/史171

史論觀止二集四卷　張謇重校　清光緒二十七年（1901）石印本　三冊　存三卷（一至二、四）

130000－0408－0000526　20382/史172

鑄史駢言十二卷　（清）孫玉田編定　清光緒十三年（1887）石印本　二冊

130000－0408－0000527　20383/史173

鑄史駢言十二卷　（清）孫玉田編定　清光緒二年（1876）石印本　四冊

130000－0408－0000528　20384/史174

新輯分類史論大成十九卷首一卷　（清）孫問清鑒定　（清）行素生編輯　清光緒二十八年（1902）上海醉六堂石印本　二十冊

130000－0408－0000529　20385/史175

讀史論略不分卷　（清）杜紫綸著　清芋栗園刻本　一冊

130000－0408－0000530　20386/史176

宋論十五卷　（清）王夫之撰　清光緒二十七年（1901）簡青書局石印本　二冊　存二卷（一至二）

130000－0408－0000531　20387/子001

荀子二十卷　（唐）楊倞注　清光緒二年（1876）浙江書局據嘉善謝氏刻本　五冊

130000－0408－0000532　20388/子002

董子春秋繁露十七卷　（漢）董仲舒撰　清刻本　一冊　缺四卷（七至十）

130000－0408－0000533　20389/子003

近思錄十四卷附考訂朱子世家不分卷　（清）江永集註　清道光二十四年（1844）大梁書院刻本　四冊　存九卷（近思錄一至九）

130000－0408－0000534　20390/子004

廣近思錄十四卷　（清）張孝先原編　清光緒二十年（1894）刻本　一冊

130000－0408－0000535　20391/子005

勸學篇不分卷　（清）張之洞著　清光緒二十四年（1898）岳州府刻本　一冊

130000－0408－0000536　20392/子006

小學纂註六卷　（清）高愈纂註　文公朱子年譜不分卷忠經不分卷　（漢）鄭玄集註　孝經不分卷　（明）陳選集註　清光緒善成堂刻本　四冊

130000－0408－0000537　20393/子007

增訂小學體註大全說約凌雲解六卷　（清）仇滄柱鑒定　（清）沈士衡輯著　清刻本　四冊

130000－0408－0000538　20394/子008

小學稽業五卷　（清）李塨纂　清木活字印本　一冊

130000－0408－0000539　20395/子009

三字經註解備要二卷　（宋）王應麟著　（清）賀興思註解　清同治十年（1871）古鼎堂刻本　二冊

130000－0408－0000540　20396/子010

三字經註解備要二卷　（宋）王應麟著　（清）賀興思註解　清光緒十二年（1886）掃葉山房刻本　二冊

130000－0408－0000541　20397/子011

重訂幼學須知句解四卷　（明）程允升撰　（清）錢元龍校　清光緒三十一年（1905）掃葉

山房刻本　四冊

130000－0408－0000542　20398/子012

寄傲山房塾課新增幼學故事瓊林四卷首一卷
　（明）程允升撰　（清）鄒聖脉增補　清光緒
十一年(1885)文盛堂刻本　四冊

130000－0408－0000543　20399/子013

寄傲山房塾課新增幼學故事瓊林四卷首一卷
　（明）程允升撰　（清）鄒聖脉增補　清光緒
二十六年(1900)書業德刻本　四冊

130000－0408－0000544　20400/子014

龍文鞭影三集七卷　（明）蕭良有纂輯　（明）
楊臣靜增訂　清同治十二年(1873)聚錦堂刻
本　五冊

130000－0408－0000545　20401/子015

戰法學二卷　（日本）石井忠利著　（清）王治
本訂　清光緒三十一年(1905)刻本　一冊
缺一卷(第三集一)

130000－0408－0000546　20402/子016

管子二十四卷　（唐）房玄齡注　清刻本
一冊

130000－0408－0000547　20403/子017

晏子春秋七卷附晏子春秋音義二卷校勘二卷
　（清）孫星衍校本　清光緒元年(1875)浙江
書局據孫氏平津館刻本　三冊　存十卷(晏
子春秋七卷、音義二、校勘二卷)

130000－0408－0000548　20404/子018

新刻校正音釋詞家便覽蕭曹遺筆四卷　（清）
閒閒子訂著　（清）烟水散人較對　清光緒五
年(1879)刻本　一冊　缺一卷(音義上)

130000－0408－0000549　20405/子019

新刻法筆新春二卷　（□）□□撰　清刻本
二冊

130000－0408－0000550　20406/子020

雪案鳴冤律四卷　（□）□□撰　清刻本
一冊

130000－0408－0000551　20407/子021

元亨療馬集四卷　（明）喻本元　（明）喻本亨

著　清刻本　二冊　存二卷(三至四)

130000－0408－0000552　20408/子022

鐫京板要公圖像黃牛經合併大全二卷　（明）
喻本元　（明）喻本亨著　清萬育堂刻本
二冊

130000－0408－0000553　20409/子023

景岳全書六十四卷　（明）張介賓著　清光緒
二十年(1894)上海圖書集成印書局鉛印本
十六冊

130000－0408－0000554　20410－413/子024－
027

沈氏尊生書五種七十二卷　（清）沈金鰲撰
清宣統元年(1909)石印本　十一冊

130000－0408－0000555　20414/子028

陳修園醫書廿一種　（清）陳念祖著　清光緒
十八年(1892)上海圖書集成印書局石印本
十一冊　存三十六卷(雜病源流犀燭一至六、
十至十二、二十二至二十四、二十八至三十、
傷寒論綱目一至四、十一至十六、婦科玉尺六
卷,要藥分劑六至十)

130000－0408－0000556　20415/子029

陳修園先生醫書新增七十二種　（清）陳念祖
著　清光緒十八年(1892)上海錦章書局石印
本　十一冊　缺三卷(醫學實在易一至三)

130000－0408－0000557　20416/子030

南雅堂醫書全集二十一種　（清）陳念祖著
清光緒二十八年(1902)上海文瀾書局石印本
　七冊　缺七卷(張仲景傷寒論原文淺註一
至三、靈素節要一至四)

130000－0408－0000558　20417/子031

陳修園醫書四十種　（清）陳念祖撰　清光緒
三十二年(1906)飛鴻閣石印本　二冊

130000－0408－0000559　20418/子032

陳修園醫書四十種　（清）陳念祖撰　清光緒
三十二年(1906)上海文新書局石印本　二十
四冊

130000－0408－0000560　20418/子032(2)

陳修園醫書四十種　（清）陳念祖著　清光緒
三十二年（1906）上海文新書局石印本　一冊

130000－0408－0000561　20419/子033
神農本草經讀四卷　（清）陳念祖著　清光緒
三十二年（1906）上海飛鴻閣書局石印本
一冊

130000－0408－0000562　20420/子034
陳修園醫書十二卷　（清）陳念祖著　清光緒
三十二年（1906）吳閩醫學書會石印本　一冊

130000－0408－0000563　20421/子035
陳修園醫書七十種　（清）陳念祖撰　清光緒
三十四年（1908）上海章福記石印本　十五冊

130000－0408－0000564　20422/子036
陳修園醫書四十八種　（清）陳念祖著　清光
緒三十四年（1908）上海章福記石印本　十八
冊　存二十三種七十七卷（醫經溯洄集不分
卷,時方歌括二卷,醫學實在易四卷,醫學從
眾錄八卷,張仲景傷寒論原文淺註六卷,易氏
醫按不分卷,醫壘無戎不分卷,局方發揮不分
卷,金匱要略淺註十卷,醫學實在易八卷,養
生鏡不分卷,海藏斑論萃英不分卷,瘧疾論三
卷,靈素提要淺註四卷,長沙方歌括六卷、首
一卷,金匱方歌括六卷,醫案三十一條不分
卷,脉訣不分卷,眼科捷徑不分卷,傷寒舌鑑
不分卷,達生編不分卷,景岳新方砭四卷,時
方妙用四卷）

130000－0408－0000565　20423/子037
陳修園醫書四十八種　（清）陳念祖著　清上
海文盛堂書局石印本　一冊

130000－0408－0000566　20424/子038
陳修園醫書四十種　（清）陳念祖著　清光緒
三十四年（1908）上海章福記石印本　九冊
存二種八卷（神農本草經讀四卷、醫學三字經
四卷）

130000－0408－0000567　20424/子038（1）
醫師秘笈二卷　（□）□□撰　濕熱條辨一卷
（清）薛雪撰　清上海進化書局石印本
一冊

130000－0408－0000568　20424/子038（2）
仲景全書九卷　（宋）成無已撰述　清石印本
二冊

130000－0408－0000569　20425/子039
醫鈔類編二十四卷　（清）翁藻編輯　（清）許
振褘重刊　清光緒二十一年（1895）刻本　二
十六冊　缺二卷（金匱要畧一至二）

130000－0408－0000570　20426/子040
蘭臺軌範八卷　（清）徐靈胎著　清石印本
三冊

130000－0408－0000571　20427/子041
辨證奇聞十卷　（清）錢松著　清宣統元年
（1909）上海廣益書局石印本　六冊

130000－0408－0000572　20428/子042
石室秘錄六卷　（清）陳習輯　清刻本　三冊

130000－0408－0000573　20429/子043
校正本草綱目五十二卷　（清）吳毓昌校訂
清光緒三十年（1904）上海經香閣書莊石印本
七冊　存三卷（四至六）

130000－0408－0000574　20430/子044
李瀕湖脉學奇經攷不分卷首一卷　（明）李時
珍撰輯　清光緒三十三年（1907）善成堂刻本
一冊

130000－0408－0000575　20431－432、445/
子045－046、059
本草綱目五十二卷　（明）李時珍編輯　（清）
吳毓昌較訂　本草萬方針線八卷　（清）蔡烈
先輯　清宣統元年（1909）上海經香閣石印本
七冊　存五十一卷（本草綱目一至九、十九
至五十二,本草萬方針線八卷）

130000－0408－0000576　20433/子047
增訂本草備要四卷附十湯頭歌訣不分卷
(清)汪昂輯　（清）汪桓紊訂　清光緒十六年
（1890）善成堂刻本　五冊

130000－0408－0000577　20434/子048
醫方集解三卷　（清）汪昂輯　清光緒十八年
（1892）寶興堂刻本　六冊

130000－0408－0000578　20435/子 049
醫方集解三卷　(清)汪昂輯　清光緒三十一年(1905)有益堂刻本　六冊

130000－0408－0000579　20436/子 050
增訂本草備要四卷附醫方湯頭歌訣不分卷　(清)汪昂輯　(清)汪桓条訂　清宣統元年(1909)三義堂刻本　五冊

130000－0408－0000580　20438/子 052
中西匯通醫書五種　(清)唐宗海著　清光緒三十四年(1908)千頃堂書局石印本　一冊　存二卷(本草問答二卷)

130000－0408－0000581　20438－441　466/子 052(2)－055 080
中西匯通醫書五種　(清)唐宗海著　清光緒三十四年(1908)千頃堂書局石印本　十二冊

130000－0408－0000582　20442/子 056
本草原始十二卷　(清)李正宇纂輯　清嘉慶二十三年(1818)經餘堂刻本　八冊

130000－0408－0000583　20442/子 056(2)
本草原始十二卷　(清)李正宇纂輯　清嘉慶二十三年(1818)經餘堂刻本　八冊　存十一卷(一至十一)

130000－0408－0000584　20443/子 057
本草綱目拾遺十卷　(清)趙學敏輯　清光緒三十年(1904)上海經香閣書莊石印本　一冊

130000－0408－0000585　20444/子 058
本草萬方鍼線八卷　(清)蔡烈先輯　清光緒三十年(1904)經香閣書莊石印本　一冊

130000－0408－0000586　20446/子 060
珍珠囊指掌補遺藥性賦四卷　(金)李杲編輯　清道光十八年(1838)會文堂刻本　二冊

130000－0408－0000587　20447/子 061
珍珠囊指掌補遺藥性賦四卷　(金)李杲編輯　清光緒二十年(1894)上海文瑞樓石印本　二冊

130000－0408－0000588　20448/子 062
珍珠囊指掌補遺藥性賦四卷　(金)李杲編輯　清校經山房石印本　一冊

130000－0408－0000589　20449/子 063
雷公炮製藥性解六卷　(明)李仲梓編輯　清會文堂刻本　二冊

130000－0408－0000590　20450/子 064
雷公炮製藥性解六卷　(金)李杲編輯　清上海廣益書局石印本　一冊　存三卷(一至三)

130000－0408－0000591　20451/子 065
寓意草不分卷　(清)喻昌著　清宣統元年(1909)掃葉山房石印本　一冊

130000－0408－0000592　20452/子 066
醫門法律六卷　(清)喻昌著　清宣統元年(1909)掃葉山房石印本　三冊

130000－0408－0000593　20453/子 067
尚論篇四卷首一卷　(清)喻昌著　清宣統元年(1909)掃葉山房石印本　一冊

130000－0408－0000594　20454/子 068
東醫寶鑑湯液篇二十五卷　(朝鮮)許浚著　清刻本　五冊　存五卷(一至二、四、七下至八)

130000－0408－0000595　20455/子 069
脈經十卷　(晉)王叔和著　清上海鴻章書局石印本　六冊

130000－0408－0000596　20456/子 070
筆花醫鏡四卷　(清)江涵暾著　清同治二年(1863)尊經堂刻本　四冊

130000－0408－0000597　20457/子 071
圖註八十一難經辨真四卷　(明)張世賢註　清光緒九年(1883)寶興堂刻本　五冊

130000－0408－0000598　20458/子 072
四聖懸樞五卷　(清)黃元御著　清光緒二十年(1894)上海圖書集成印書局石印本　一冊

130000－0408－0000599　20459/子 073
素靈微蘊四卷　(清)黃元御著　清光緒二十年(1894)上海圖書集成印書局石印本　一冊

130000－0408－0000600　20460/子 074

傷寒懸解十四卷首一卷　（清）黃元御著　清光緒二十年（1894）上海圖書集成印書局石印本　一冊　存四卷（一至三、首一卷）

130000－0408－0000601　20461/子075

傷寒說意十卷首一卷　（清）黃元御著　清光緒二十年（1894）上海圖書集成印書局石印本　一冊

130000－0408－0000602　20462/子076

金匱懸解二十二卷　（清）黃元御著　清光緒二十年（1894）上海圖書集成印書局石印本　一冊　存十卷（一至十）

130000－0408－0000603　20463/子077

長沙藥解四卷首一卷　（清）黃元御著　清光緒二十年（1894）上海圖書集成印書局石印本　一冊

130000－0408－0000604　20464/子078

臨證指南醫案十卷　（清）葉天士著　清龍文書局石印本　三冊　存三卷（五至六、八）

130000－0408－0000605　20465/子079

金匱心典三卷　（漢）張仲景著　清同治八年（1869）雙白燕堂陸氏刻本　一冊　存一卷（一）

130000－0408－0000606　20467/子081

注解傷寒論十卷　（漢）張仲景述　（晉）王叔和撰　（金）成無己注解　清刻本　二冊　存四卷（二至五）

130000－0408－0000607　20468/子082

傷寒明理論四卷　（金）成無己撰　清刻本　二冊

130000－0408－0000608　20470/子084

御纂醫宗金鑑十六卷　（清）吳謙等輯　清刻本　九冊　存十四卷（一至五、八至十六）

130000－0408－0000609　20471/子085

御纂醫宗金鑑七十四卷首一卷外科十六卷　（清）弘晝　（清）吳謙等纂　清宣統三年（1911）上海文盛書局石印本　十九冊

130000－0408－0000610　20473/子087

御纂醫宗金鑑七十四卷首一卷　（清）弘晝　（清）吳謙等纂　清石印本　一冊　存二十八卷（十七至四十四）

130000－0408－0000611　20474/子088

醫方簡明四卷　（清）徐之薰著　清刻本　一冊　存一卷（四）

130000－0408－0000612　20475/子089

驗方新編八卷首一卷附痧症全書一卷咽喉秘籍一卷　（清）鮑相璈編輯　清光緒十四年（1888）文華堂刻本　九冊　存七卷（一至七）

130000－0408－0000613　20476/子090

驗方新編二十四卷　（清）鮑相璈編輯　清光緒十九年（1893）上海鴻寶齋石印本　六冊

130000－0408－0000614　20477/子091

驗方新編十六卷首一卷　（清）鮑相璈編輯　清光緒三十年（1904）上海沿記書局石印本　五冊

130000－0408－0000615　20478/子092

驗方新編二十四卷　（清）鮑相璈編輯　清刻本　七冊　存九卷（三至六、十至十四）

130000－0408－0000616　20479/子093

重訂驗方新編十八卷　（□）□□撰　清宣統元年（1909）上海鍊石齋石印本　一冊　存三卷（一至三）

130000－0408－0000617　20480/子094

丹溪心法附餘二十四卷首一卷　（清）方廣輯　清宣統元年（1909）上海文瑞樓石印本　十二冊

130000－0408－0000618　20481/子095

加減回生第一仙丹經驗良方不分卷　（□）□□撰　清刻本　一冊

130000－0408－0000619　20482/子096

重訂外科正宗十二卷　（明）陳實功著　清光緒十四年（1888）掃葉山房刻本　六冊

130000－0408－0000620　20483/子097

外科正宗十二卷　（明）陳實功著　清光緒十九年（1893）上海圖書集成印書局石印本

三冊

130000－0408－0000621　20484/子098
醫林改錯二卷　（清）王清任著　清咸豐元年
(1851)潘永元堂刻本　二冊

130000－0408－0000622　20485/子099
醫林改錯二卷　（清）王清任著　清光緒十五
年(1889)掃葉山房刻本　二冊

130000－0408－0000623　20486/子100
痧症全書三卷　（清）林森傳授　（清）王凱編
輯　清光緒二十九年(1903)有益堂刻本
一冊

130000－0408－0000624　20487/子101
瘍醫大全四十卷　（清）顧世澄纂輯　清光緒
二十七年(1901)上海圖書集成印書局石印本
七冊　存十七卷(一至五、十二至十七、二
十九至三十一、三十四至三十六)

130000－0408－0000625　20488/子102
瘡瘍經驗全書六卷　（宋）竇漢卿輯著　清大
興堂刻本　二冊　存二卷(一、四)

130000－0408－0000626　20489/子103
銀海精微四卷　（唐）孫思邈輯　清道光八年
(1828)文淵堂刻本　四冊

130000－0408－0000627　20490/子104
傅氏眼科審視瑤函六卷首一卷　（明）傅仁宇
纂輯　清光緒十九年(1893)三義堂刻本
六冊

130000－0408－0000628　20491/子105
傅氏眼科審視瑤函六卷首一卷　（明）傅仁宇
纂輯　清西西堂刻本　五冊　存五卷(一、三
至六)

130000－0408－0000629　20492/子106
喉科四卷　（清）包永泰著　清光緒八年
(1882)資善堂刻本　一冊

130000－0408－0000630　20493/子107
產後編二卷　（清）傅山著　清道光七年
(1827)木活字印本　一冊

130000－0408－0000631　20494/子108

傅青主男科二卷附女科產後編不分卷　（清）
傅山著　清光緒十一年(1885)善成堂刻本
四冊

130000－0408－0000632　20495/子109
女科二卷　（清）傅山著　清抄本　一冊　存
一卷(二)

130000－0408－0000633　20496/子110
達生編三卷　（清）亟齋居士編　（清）如愚野
史抄　清翠芸軒抄本　一冊

130000－0408－0000634　20497/子111
達生全編三卷　（清）亟齋居士編　清光緒二
十年(1894)蘇州綠蔭堂刻本　一冊

130000－0408－0000635　20498/子112
胎產秘書四卷　（清）陳笏庵撰　清同治十年
(1871)刻本　一冊

130000－0408－0000636　20499/子113
胎產救急經驗良方不分卷　（清）趙變三著
清光緒五年(1879)刻本　一冊

130000－0408－0000637　20500/子114
增廣大生要旨不分卷　（清）亟齋居士編
（清）三農老人附註　（清）拜松居士增訂　清
光緒三十四年(1908)上海章福記石印本
一冊

130000－0408－0000638　20501/子115
痘疹正宗二卷　（清）宋麟祥著　清宣統三年
(1911)廣益書局石印本　二冊

130000－0408－0000639　20502/子116
新刊醫林狀元壽世保元十卷　（明）龔廷賢編
清刻本　五冊　存五卷(四至六、八至九)

130000－0408－0000640　20503/子117
新刊醫林狀元壽世保元十卷　（明）龔廷賢編
清文會堂刻本　十冊

130000－0408－0000641　20504/子118
辰宿列張不分卷　（□）□□撰　清抄本
一冊

130000－0408－0000642　20505/子119
天文算學纂要二十卷首一卷　（清）陳松撰

清光緒十三年(1887)永新陳松樹德堂刻本
六冊　存六卷(八下至十三)

130000－0408－0000643　20506/子 120

梅氏叢書輯要六十二卷首一卷　(清)梅文鼎
撰　(清)梅轂成重較　清光緒十四年(1888)
上海龍文書局石印本　六冊

130000－0408－0000644　20507－509/子 121－
123

御製數理精蘊五十三卷　(清)聖祖玄燁御定
清光緒十六年(1890)上海大同書局石印本
二十四冊

130000－0408－0000645　20510/子 124

西學大成十二編　(清)王西清輯　清光緒二
十一年(1895)上海醉六堂書坊石印本　十
二冊

130000－0408－0000646　20511/子 125

代數難題解法十六卷　(英國)倫德編輯
(英國)傅蘭雅口譯　(清)華蘅芳筆述　清光
緒二十二年(1896)上海璣衡堂石印本　四冊

130000－0408－0000647　20512－20513/子
126－127

華氏學算全書申部不分卷午部三卷　(清)華
蘅芳校　清光緒二十三年(1897)上海文瑞樓
石印本　二冊　存二卷(午部一、三)

130000－0408－0000648　20514/子 128

大六壬大全十三卷　(清)郭載騋較訂　清咸
豐七年(1857)同文堂刻本　十三冊

130000－0408－0000649　20515/子 129

大六壬大全十三卷　(清)郭載騋較訂　清文
德堂刻本　十三冊

130000－0408－0000650　20516/子 130

六壬神課金口訣四卷　(清)周儆弦重訂　清
敬文堂刻本　二冊

130000－0408－0000651　20517/子 131

六壬粹言六卷首一卷　(清)劉赤江編　清咸
豐十年(1860)品蓮堂刻本　六冊

130000－0408－0000652　20518/子 132

地理五訣八卷　(清)趙廷棟著　清光緒十六
年(1890)三義堂刻本　二冊

130000－0408－0000653　20519/子 133

增廣玉匣記不分卷　(晉)許真君著　清光緒
刻本　一冊

130000－0408－0000654　20520/子 134

觀象玩占十卷　(唐)李淳風撰　清抄本　十
三冊　存九卷(二至十)

130000－0408－0000655　20521/子 135

甘氏奇門一得不分卷　(明)甘霖撰　清抄本
五冊

130000－0408－0000656　20522/子 136

新刻東海王先生纂輯陽宅十書四卷　(明)王
君榮纂輯　(明)左之龍等全校　清光緒八年
(1882)善成堂刻本　四冊

130000－0408－0000657　20523/子 137

皇極經世緒言九卷首二卷　(宋)邵康節著
清道光十年(1830)錢塘徐樹堂刻本　十一冊

130000－0408－0000658　20524/子 138

芥子園畫傳二集不分卷首一卷　(清)王安節
等摹　清金陵文光堂刻本　四冊

130000－0408－0000659　20525/子 139

益智圖二卷　(清)童葉賡著　清光緒四年
(1878)睫巢刻本　二冊

130000－0408－0000660　20526/子 140

益智續圖二卷　(清)童葉賡編次　(清)童昂
等著　清光緒六年(1880)任菊農刻本　二冊

130000－0408－0000661　20527/子 141

益智燕几圖一卷　(清)童葉賡著　清光緒十
五年(1889)睫巢刻本　一冊

130000－0408－0000662　20528/子 142

子書二十八種　(晉)王弼　(晉)郭象注
(唐)陸德明釋文　清光緒三十四年(1908)上
海集成圖書公司文瑞樓鉛印本　三冊　存二
種十三卷(老子道德經二卷、附音義一卷,莊
子十卷)

130000－0408－0000663　20529/子 143

淮南子二十一卷 （漢）劉安等撰 （漢）高誘注 清武進莊氏校刻本 二冊 存七卷（十五至二十一）

130000－0408－0000664 20530－532/子144－146

雲林別墅新輯酬世錦囊書啟合編初集八卷二集七卷三集二卷四集二卷 （清）鄒景揚輯 清光緒二十六年（1900）鴻寶齋石印本 六冊 缺二卷（四集二卷）

130000－0408－0000665 20533/子147

重訂事類賦三十卷 （宋）吳淑撰註 （明）華麟祥校刊 清劍光閣刻本 六冊

130000－0408－0000666 20534/子148

新鐫分類評註文武合編百子金丹十卷 （明）郭偉選註 （明）王星聚校訂 清光緒二十年（1894）茹古軒石印本 五冊 存七卷（一至三、六至九）

130000－0408－0000667 20535/子149

增刪必讀書十卷 （清）唐翼修輯著 （清）郭星見增刪 清崇善堂刻本 六冊

130000－0408－0000668 20536－537/子150－151

傳家寶全集三十二卷 （清）石天基著 清光緒二十一年（1895）上海書局石印本 六冊 存十二卷（初集一至八、二集一至四）

130000－0408－0000669 20538/子152

分類尺牘備覽三十卷 （□）□□撰 清光緒十六年（1890）珍藝書局鉛印本 六冊

130000－0408－0000670 20539－540/子153－154

尺牘句解四卷 （清）吳中槐蔭館主撰 清宣統元年（1909）廣益書局石印本 四冊

130000－0408－0000671 20541/子155

增補萬寶全書二十卷附續編五卷 （明）陳眉公纂輯 （清）陳淏子輯 清光緒二十六年（1900）章福記石印本 五冊 存十六卷（一至十、十五至十八,續編四至五）

130000－0408－0000672 20542/子156

鄉黨應酬六卷 （清）鄧炳震等編輯 清刻本 四冊 存四卷（二至四、六）

130000－0408－0000673 20543/子157

分韻字彙撮要四卷 （清）溫儀鳳編輯 清光緒十九年（1893）四明茹古齋鉛印本 四冊

130000－0408－0000674 20544－545/子158－159

佩文韻府一百六卷 （清）蔡升元輯 拾遺一百六卷 （清）王灝等輯 清光緒十三年（1887）點石齋石印本 六十冊

130000－0408－0000675 20546/子160

古香齋新刻袖珍淵鑑類函四百五十卷 （清）張英撰 清刻本 五冊 存十三卷（十二至十四、八十一至八十三、二百十一至二百十二、二百十六至二百二十七、二百二十至二百二十二）

130000－0408－0000676 20547/子161

格致總學啟蒙三卷 （英國）艾約瑟譯 清光緒十二年（1886）總稅務司署鉛印本 一冊

130000－0408－0000677 20548/子162

大般若波羅蜜多經六百卷 （唐）釋玄奘譯 清刻本 四冊 存四卷（一百五十二、二百三十七、二百四十四、二百八十二）

130000－0408－0000678 20549/子163

金剛般若波羅蜜經不分卷 （後秦）釋鳩摩羅什譯 清光緒四年（1878）刻本 一冊

130000－0408－0000679 20550 子164

金剛般若波羅密經句解易知二卷 （後秦）釋鳩摩羅什譯 清光緒五年（1879）刻本 一冊

130000－0408－0000680 20551/子165

金剛般若波羅蜜經不分卷 （後秦）釋鳩摩羅什譯 清同治九年（1870）眾善堂刻本 二冊

130000－0408－0000681 20552/子166

金剛般若波羅密經心印疏二卷 （清）釋溥畹述 清光緒二十七年（1901）刻本 一冊 存一卷（二）

130000－0408－0000682 20553/子167

金剛般若波羅密經心印疏二卷　（清）釋溥畹
述　清刻本　一冊　存一卷（一）

130000－0408－0000683　20554/子168
般若波羅蜜多心經不分卷　（唐）釋玄奘譯
清宣統元年（1909）刻本　一冊

130000－0408－0000684　20555/子169
妙法蓮華經七卷　（後秦）釋鳩摩羅什譯　清
抄本　五冊　存五卷（二至三、五至七）

130000－0408－0000685　20556/子170
妙法蓮華經七卷　（後秦）釋鳩摩羅什譯　清
刻本　六冊　存六卷（一至六）

130000－0408－0000686　20556/子170（2）
妙法蓮華經七卷　（後秦）釋鳩摩羅什譯　清
刻本　二冊　存二卷（二至三）

130000－0408－0000687　20557/子171
入楞伽經十卷　（北魏）釋菩提留支譯　清刻
本　九冊　存九卷（一至三、五至十）

130000－0408－0000688　20558/子172
地藏菩薩本願經三卷　（唐）釋實叉難陀譯
清同治四年（1865）抄本　三冊

130000－0408－0000689　20559/子173
地藏菩薩本願經三卷　（唐）釋實叉難陀譯
清刻本　二冊　存二卷（一至二）

130000－0408－0000690　20560/子174
地藏菩薩本願經三卷　（唐）釋實叉難陀譯
清同治四年（1865）抄本　二冊　存二卷（二
至三）

130000－0408－0000691　20561/子175
地藏菩薩本願經三卷　（唐）釋實叉難陀譯
清刻本　一冊　存一卷（二）

130000－0408－0000692　20562/子176
藥師瑠璃光如來本願功德經不分卷　（唐）釋
玄奘譯　清同治十一年（1872）刻本　一冊

130000－0408－0000693　20563/子177
藥師瑠璃光如來本願功德經不分卷　（唐）釋
玄奘譯　清光緒二十四年（1898）抄本　一冊

130000－0408－0000694　20564/子178
佛說盂蘭盆經不分卷　（晉）釋竺法護譯　清
同治六年（1867）抄本　一冊

130000－0408－0000695　20564/子178（2）
佛說盂蘭盆經不分卷　（晉）釋竺法護譯　清
同治六年（1867）抄本　一冊

130000－0408－0000696　20564/子178（3）
佛說盂蘭盆經不分卷　（晉）釋竺法護譯　清
同治六年（1867）抄本　一冊

130000－0408－0000697　20564/子178（4）
佛說盂蘭盆經不分卷　（晉）釋竺法護譯　清
同治六年（1867）抄本　一冊

130000－0408－0000698　20565/子179
佛說盂蘭盆經不分卷　（晉）釋竺法護譯　清
刻本　一冊

130000－0408－0000699　20565/子179（3）
佛說盂蘭盆經不分卷　（晉）釋竺法護譯　清
刻本　一冊

130000－0408－0000700　20565/子179（4）
佛說盂蘭盆經不分卷　（晉）釋竺法護譯　清
刻本　一冊

130000－0408－0000701　20565/子179（5）
佛說盂蘭盆經不分卷　（晉）釋竺法護譯　清
刻本　一冊

130000－0408－0000702　20565/子179（6）
佛說盂蘭盆經不分卷　（晉）釋竺法護譯　清
刻本　一冊　三百七十四

130000－0408－0000703　20565 子/179（2）
佛說盂蘭盆經不分卷　（晉）釋竺法護譯　清
刻本　一冊

130000－0408－0000704　20566/子180
銷釋金剛科儀錄說記四卷　（後秦）釋鳩摩羅
什譯　清抄本　一冊

130000－0408－0000705　20567/子181
大方廣佛華嚴經行願品懺法三卷　（唐）釋般
若譯　清光緒二年（1876）刻本　一冊　存一
卷（三）

130000－0408－0000706　20568/子182

大乘起信論裂網疏六卷　（明）釋智旭述　清
道光九年（1829）刻本　二冊

130000－0408－0000707　20569/子183

法海觀瀾五卷　（明）釋智旭輯　清道光十一
年（1831）刻本　二冊

130000－0408－0000708　20570/子184

禪關策進不分卷　（明）釋袾宏輯　清光緒十
年（1884）刻本　一冊

130000－0408－0000709　20571/子185

禪關口訣不分卷　（清）呆倒人識　清光緒二
年（1876）刻本　一冊

130000－0408－0000710　20572/子186

瑜伽燄口施食起止規範不分卷　（□）□□撰
清同治十一年（1872）刻本　一冊

130000－0408－0000711　20572/子186（2）

瑜伽燄口施食起止規範不分卷　（□）□□撰
清刻本　一冊

130000－0408－0000712　20572/子186（3）

瑜伽燄口施食起止規範不分卷　（□）□□撰
清刻本　一冊

130000－0408－0000713　20572/子186（4）

瑜伽燄口施食起止規範不分卷　（□）□□撰
清刻本　一冊

130000－0408－0000714　20573/子187

瑜伽燄口施食起止規範不分卷　（□）□□撰
清刻本　一冊

130000－0408－0000715　20573/子187（2）

瑜伽燄口施食起止規範不分卷　（□）□□撰
清刻本　一冊

130000－0408－0000716　20574/子188

自知錄二卷　（明）釋袾宏識　清光緒八年
（1882）本山兜率寺刻本　一冊

130000－0408－0000717　20575/子189

西域軌範意旨單不分卷　（清）釋祥禎手書
清同治十一年（1872）抄本　一件

130000－0408－0000718　20576/子190

莊子十卷　（晉）郭象注　（唐）陸德明音義
清刻本　一冊　存二卷（九至十）

130000－0408－0000719　20577/子191（1）

南華發覆八卷　（明）釋性通注　（明）方應祥
較　清文奎堂刻本　八冊

130000－0408－0000720　20577/子191（2）

南華發覆八卷　（明）釋性通注　（明）方應祥
較　清文奎堂刻本　四冊

130000－0408－0000721　20578/子192

南華真經旁注五卷　（周）莊周著　（晉）郭象
評　（晉）向秀註　清嘉慶十一年（1806）文盛
堂刻本　六冊

130000－0408－0000722　20579/子193

周易參同契分章註解三卷　（漢）魏伯陽撰
清善成堂刻本　二冊

130000－0408－0000723　20580/子194

丹桂籍四卷首一卷末一卷　（明）顏正註釋
清光緒九年（1883）彭信述堂刻本　四冊

130000－0408－0000724　20581/子195

新刻萬法歸宗請仙箕法五卷　（唐）李淳風著
（唐）袁天罡補　清刻本　五冊

130000－0408－0000725　20582/子196

暗室燈二卷　（清）胡世琦輯　清漢鎮積秀堂
書坊刻本　二冊

130000－0408－0000726　20583/子197

悟真篇三註三卷　（宋）張伯端撰　清善成堂
刻本　三冊

130000－0408－0000727　20584/子198

頂批金丹真傳二卷　（明）孫汝忠　（清）傅金
銓著　清善成堂刻本　一冊

130000－0408－0000728　20585/子199

薰風瑤琴錄八集三十二卷　（□）□□撰　清
宣統元年（1909）中州樂善局刻本　八冊

130000－0408－0000729　20586/子200

關帝寶訓像註四卷　（□）□□撰　清道光五
年（1825）雕藻齋刻本　二冊　存二卷（一、

三)

130000－0408－0000730　20587/子201

繡像韓祖成仙寶傳四卷　（□）□□撰　清光緒九年（1883）錦章書局石印本　四冊

130000－0408－0000731　20588/子202

太上感應篇不分卷　（清）周鼎臣輯　清刻本　一冊

130000－0408－0000732　20589/子203

易筋經不分卷　（天竺）達摩祖師著　清光緒元年（1875）聚文齋刻本　一冊

130000－0408－0000733　20589/子203(2)

易筋經不分卷　（天竺）達摩祖師著　清光緒元年（1875）聚文齋刻本　一冊

130000－0408－0000734　20590/集001

楚辭十卷　（清）胡濬源增註　清嘉慶二十五年（1820）務本堂刻本　四冊

130000－0408－0000735　20590/子204

陳修園醫書四十種　（清）陳念祖著　清光緒三十二年（1906）吳閶醫學書會石印本　四冊

130000－0408－0000736　20591/集002

古文辭類纂十五卷　（清）姚鼐纂集　清光緒十六年（1890）上海文瑞樓鉛印本　六冊

130000－0408－0000737　20592/集003

續古文辭類纂十卷　王先謙纂集　清光緒十六年（1890）上海文瑞樓鉛印本　四冊

130000－0408－0000738　20593/集004

蔡中郎集二卷　（漢）蔡邕著　（明）張溥評　清光緒十八年（1892）善化章經濟堂刻本　一冊　存一卷（一）

130000－0408－0000739　20594/集005

欒城集四十八卷目錄二卷　（宋）蘇轍著　清道光十二年（1832）眉州三蘇祠刻本　六冊　存二十卷（一至十八、目錄二卷）

130000－0408－0000740　20595/集006

東坡集八十四卷目錄二卷　（宋）蘇軾著　(宋)王宗稷編　（元）脫脫等撰　清道光十二年（1832）眉州三蘇祠刻本　二十一冊　存三十六卷（一、十一至三十一、四十四至五十五，目錄二卷）

130000－0408－0000741　20596/集007

怡雲堂試帖詩集八卷　（清）王錫晉著　清光緒十二年（1886）大梁集文齋刻本　八冊

130000－0408－0000742　20597/集008

馬中丞遺集十卷首一卷　（清）馬丕瑤著　清光緒二十五年（1899）馬氏家廟刻本　七冊　存八卷（奏槀一至三、文集一、書牘一至二、雜著一，首一卷）

130000－0408－0000743　20598/集009

新增花樣集錦四卷　（清）張補山輯　清道光二十四年（1844）同文堂刻本　五冊

130000－0408－0000744　20599/集010

吳摯甫詩集不分卷　（清）吳摯甫著　清宣統二年（1910）國學扶輪社印行本　一冊

130000－0408－0000745　20600/集011

重訂增補陶朱公致富全書四卷　（清）石嚴增定　清善成堂刻本　四冊

130000－0408－0000746　20601/集012

唐陸宣公集二十二卷　（唐）陸贄著　（清）年羹堯重訂　清光緒二十年（1894）中瀚上海書局石印本　三冊　存十八卷（一至十八）

130000－0408－0000747　20602/集013

胡文忠公遺集八十六卷　（清）胡林翼著　(清)鄭敦謹　（清）曾國荃纂輯　清光緒十四年（1888）上海著易堂石印本　七冊　存七十七卷（一至五十九、六十九至八十六）

130000－0408－0000748　20603/集014

虛受堂文集十六卷　王先謙纂　清宣統二年（1910）上海國學書社鉛印本　六冊

130000－0408－0000749　20604/集015

西堂全集六十四卷　（清）尤展成著　清上海文瑞樓石印本　十一冊　存三十一卷（西堂雜組一集一至八、二集一至六、三集一至八、西堂小草一、論語詩一、右北平集一、擬明史樂府一、外國竹枝詞一、年譜圖詩一、小影圖

贊一、年譜一至二)

130000－0408－0000750　20605/集016
夏峯先生集十六卷首一卷　（清）孫奇逢著
清道光二十五年(1845)大梁書院刻本　四冊
　存四卷(一至三、首一卷)

130000－0408－0000751　20606/集017
曾文正公詩集三卷　（清）曾國藩著　清光緒
二年(1876)傳忠書局刻本　一冊　存一卷
(一)

130000－0408－0000752　20607/集018
飲冰室文集不分卷　梁啟超著　清宣統元年
(1909)普新瑞記書局石印本　十冊

130000－0408－0000753　20608/集019
俞樓襍纂五十卷　（清）俞樾著　清光緒四年
(1878)刻本　九冊　存四十六卷(一至三十
八、四十三至五十)

130000－0408－0000754　20609/集020
茶香室叢鈔二十三卷　（清）俞樾著　清光緒
十八年(1892)廣東學院刻本　一冊　存五卷
(十至十四)

130000－0408－0000755　20610/集021
體物小草不分卷　（清）張應樞撰　清嘉慶九
年(1804)刻本　一冊

130000－0408－0000756　20611/集022
明文才調集不分卷　（明）黃淳耀等著　清刻
本　一冊

130000－0408－0000757　20612/集023
經史百家簡編二卷　（清）曾國藩纂　（清）曾
國荃審訂　清刻本　一冊　存一卷(二)

130000－0408－0000758　20613/集024
唐詩三百首續選不分卷　（清）于慶元編　清
光緒十九年(1893)書業德刻本　二冊

130000－0408－0000759　20614/集025
唐詩三百首補註八卷　（清）陳婉俊輯　清光
緒十九年(1893)書業德刻本　四冊

130000－0408－0000760　20615/集026
潞安詩鈔後編十二卷　（清）常煜纂訂　（清）

連國珠輯　清寡過未能齋刻本　一冊　存二
卷(五至六)

130000－0408－0000761　20616/集027
書業德重訂古文釋義新編八卷　（清）余自明
評註　清光緒十八年(1892)書業德刻本
八冊

130000－0408－0000762　20617/集028
古文喈鳳新編八卷　（清）汪基鈔輯　清嘉慶
六年(1801)晉祁書業堂刻本　八冊

130000－0408－0000763　20618/集029
古文喈鳳新編八卷　（清）汪基鈔輯　清光緒
善成堂刻本　八冊

130000－0408－0000764　20619/集030
唐宋八大家類選十四卷　（清）儲欣評　清光
緒二十五年(1899)書業德刻本　十二冊

130000－0408－0000765　20620/集031
文選六十卷考異十卷　（唐）李善注　（清）胡
克家撰　清嘉慶十四年(1809)刻本　七冊
存三十一卷(文選三十四至六十、考異一至
四)

130000－0408－0000766　20621/集032
續古文苑二十卷　（清）孫星衍撰　清光緒九
年(1883)江蘇書局刻本　六冊

130000－0408－0000767　20622/集033
古唐詩合解十二卷　（清）王堯衢註　清同治
五年(1866)義忍堂刻本　五冊

130000－0408－0000768　20623/集034
古唐詩合解十二卷　（清）王堯衢註　清致和
堂刻本　三冊　存九卷(一至九)

130000－0408－0000769　20624/集035
十八家詩鈔二十八卷　（清）曾國藩纂　（清）
李鴻章審訂　（清）王定安校　清刻本　四冊
存四卷(二十三至二十五、二十七)

130000－0408－0000770　20625/集036
經餘必讀八卷　（清）雷琳　（清）錢樹棠輯
清嘉慶十年(1805)刻本　四冊

130000－0408－0000771　20626/集037

衛濟餘編十八卷　（清）王纘堂纂　清道光二
十三年（1843）三讓堂刻本　六冊

130000－0408－0000772　20627/集038
皇朝經世文新編二十一卷　麥仲華輯　清石
印本　二冊　存三卷（三至四、十四）

130000－0408－0000773　20628/集039
皇朝經世文新增續編一百二十卷　（清）葛士
濬輯　清石印本　五冊　存二十卷（一百一
至一百二十）

130000－0408－0000774　20629/集040
四六類腋十九卷　（清）東邨訂　（清）葉祺昌
註　清光緒九年（1883）書業德刻本　十二冊

130000－0408－0000775　20630/集041
香豔叢書第十三集四卷　（清）蟲天子輯　清
宣統二年（1910）上海國學扶輪社鉛印本
四冊

130000－0408－0000776　20631/集042
巧團圓傳奇二卷　（清）湖上笠翁編次　（清）
莫愁釣客　（清）睡鄉祭酒評　清刻本　一冊
存一卷（一）

130000－0408－0000777　20631/集042（2）
玉搔頭傳奇二卷　（清）湖上笠翁編次　（清）
睡鄉祭酒批評　清刻本　一冊　存一卷（二）

130000－0408－0000778　20632/集043
東周列國全志二十三卷一百八回　（清）蔡昇
評點　清光緒十二年（1886）文英堂刻本　一
冊　存二卷（一至二）

130000－0408－0000779　20633/集044
聊齋志異新評十六卷　（清）蒲松齡著　清光
緒三年（1877）廣順但氏刻本　八冊　存八卷
（一、三、五至七、九、十三、十六）

130000－0408－0000780　20633/集044（2）
聊齋志異新評十六卷　（清）蒲松齡著　清光
緒三年（1877）廣順但氏刻本　二冊　存二卷
（五、七）

130000－0408－0000781　20634/集045
龍圖公案十卷　（□）□□著　清善成堂刻本

二冊　存三卷（三、五至六）

130000－0408－0000782　20635/集046
新刻繡像昇仙傳演義八卷五十六回　（□）
□□著　清善成堂刻本　二冊　存四卷（三
至四、七至八）

130000－0408－0000783　20636/集047
西遊真詮八卷一百回　（清）陳士斌等評閱
清聚元堂刻本　八冊

130000－0408－0000784　20637/集048
後西遊記不分卷　（明）吳承恩著　清刻本
十二冊

130000－0408－0000785　20638/集049
第一才子書六十卷一百二十回　（明）羅貫中
著　（清）毛宗崗評　清築野書屋刻本　二冊
存十三卷（一至十三）

130000－0408－0000786　20639/集050
繪圖施公案前傳八卷　（□）□□著　清光緒
二十九年（1903）上海書局石印本　一冊

130000－0408－0000787　20640/集051
繪圖施公案三傳四卷　（□）□□著　清光緒
二十九年（1903）簡青書局石印本　一冊

130000－0408－0000788　20641/集052
繪圖施公案四傳四卷　（□）□□著　清光緒
三十一年（1905）敦本堂石印本　一冊

130000－0408－0000789　20642/集053
增評補像全圖金玉緣一百二十回首一卷
（清）曹雪芹　（清）高鶚撰　清光緒三十四年
（1908）求不負齋石印本　八冊　存五十九回
（一至五十九）

130000－0408－0000790　20643/集054
繡像封神演義八卷一百回　（清）鍾伯敬評釋
清光緒三十二年（1906）敦本堂鉛印本
八冊

130000－0408－0000791　20644/集055
忠孝勇烈奇女傳四卷三十二回　（□）□□著
清光緒十九年（1893）積善堂刻本　三冊
存三卷（一至二、四）

邯郸市临漳县图书馆古籍普查登记目录

全国古籍普查登记目录

國家圖書館出版社
National Library of China Publishing House

吳絲蜀桐張高秋，空白凝雲頹不流

楚李凭中國彈箜篌，崑山玉碎鳳凰叫，芙蓉泣露

蘭笑十二門前融冷光，二十三絲動紫皇，女媧鍊君

補天處，石破天驚逗秋雨，夢入神山教神嫗，老

波瘦蛟舞，吳質不眠倚桂樹，露腳斜飛濕寒兔

畫楊牢驚哺兒殘絲纏斷黃蜂歸綠續少年金錢

130000－0430－0000001　叢 002

子史精華一百六十卷　（清）允祿撰　清刻本
六冊　存二十卷（六十三至六十五、七十四
至七十六、一百二十七至一百三十、一百四十
八至一百五十、一百五十四至一百六十）

130000－0430－0000002　集 001

明詩別裁集十二卷　（清）沈德潛　（清）周準
輯　清乾隆四年（1739）刻本　四冊

130000－0430－0000003　集 003

古文啴鳳新編八卷　（清）汪基鈔輯　清善成
堂刻本　三冊　存三卷（五至六、八）

130000－0430－0000004　集 004

大文堂重訂古文釋義新編八卷　（清）余誠評
註　清刻本　三冊　存四卷（一至二、六至
七）

130000－0430－0000005　集 005

善成堂重訂古文釋義新編八卷　（清）余誠評
註　清光緒二十三年（1897）善成堂刻本　二
冊　存四卷（一至四）

130000－0430－0000006　集 006

善成堂重訂古文釋義新編八卷　（清）余誠評
註　清善成堂刻本　三冊　存三卷（二至四）

130000－0430－0000007　集 007

晚邨先生八家古文精選　（清）呂留良輯
（清）呂葆中批點　清康熙四十三年（1704）呂
氏家塾刻本　三冊　存二卷（歐陽文精選一
卷、韓文精選一卷）

130000－0430－0000008　集 008

曹集銓評十卷逸文一卷年譜一卷附錄一卷
（清）丁晏纂　清同治十一年（1872）金陵書局
刻本　二冊

130000－0430－0000009　集 009

安雅堂全集七種　（清）宋琬著　清順治至乾
隆刻本　十二冊　存四種十二卷（安雅堂未
刻稿一至八、安雅堂文集一至二、安雅堂詩
一、安雅堂書啟一）

130000－0430－0000010　集 010

詩總聞二十卷　（宋）王質撰　清刻本　三冊
存十卷（十一至二十）

130000－0430－0000011　集 011

箋評韓文讀本三卷　（清）董湜居修訂　（清）
程龍儀　（清）田壽民校字　清三多斎刻本
一冊　存二卷（一至二）

130000－0430－0000012　經 001

易經大全會解四卷　（清）來爾繩纂輯　（清）
朱采治　（清）朱之澄編訂　清光緒九年
（1883）文英堂刻本　二冊　存三卷（一至三）

130000－0430－0000013　經 002

易經體註大全合叅四卷　（清）李兆賢輯著
清同治五年（1866）刻本　一冊　存一卷（一）

130000－0430－0000014　經 003

**新鐫增補周易備旨一見能解六卷篇義一卷圖
考一卷筮儀一卷**　（明）黃淳耀撰　（清）嚴而
寬增補　清刻本　三冊

130000－0430－0000015　經 004

書經體註大全合叅六卷　（清）范翔鑒定
(清)錢希祥叅　清道光十六年（1836）刻本
四冊

130000－0430－0000016　經 005

詩經融註大全體要八卷　（清）高朝瓔定
(清)沈世楷輯　清光緒九年（1883）聚盛堂刻
本　二冊　存五卷（一至二、六至八）

130000－0430－0000017　經 006

御纂詩義折中二十卷　（清）傅恆等纂　清刻
本　一冊　存三卷（四至六）

130000－0430－0000018　經 008

御纂詩義折中二十卷　（清）傅恆等撰　清文
光堂刻本　三冊　存十卷（十一至二十）

130000－0430－0000019　經 009

詩經啴鳳詳解八卷　（清）陳抒孝輯著　清光
緒十三年（1887）善成堂刻本　四冊

130000－0430－0000020　經 010

詩經體註大全體要八卷　（清）高朝瓔定
(清)沈世楷輯　清善成堂刻本　一冊　存一

卷(五)

130000－0430－0000021　經011
詩經體註大全體要八卷　（清）高朝瓔定
（清）沈世楷輯　清刻本　一冊　存二卷（三
至四）

130000－0430－0000022　經012
禮記增訂旁訓六卷　（清）徐立綱撰　清刻本
　一冊　存一卷（五）

130000－0430－0000023　經013
禮記集說十卷　（元）陳澔撰　清刻本　二冊
　存二卷（七、十）

130000－0430－0000024　經014
禮記集說十卷　（元）陳澔撰　清刻本　六冊
　存六卷（三至六、八至九）

130000－0430－0000025　經015
欽定禮記義疏八十二卷首一卷　（清）鄂爾泰
等撰　清刻本　一冊　存三卷（三十九至四
十一）

130000－0430－0000026　經016
漱芳軒合纂禮記體註四卷　（清）范翔叅訂
（清）朱光斗等校　清刻本　二冊　存二卷
（一、四）

130000－0430－0000027　經017
漱芳軒合纂禮記體註四卷　（清）范翔叅訂
（清）朱光斗等校　清刻本　二冊　存二卷
（二至三）

130000－0430－0000028　經018
周禮註疏刪翼三十卷　（明）王志長輯　（明）
葉培恕定　清刻本　一冊　存二卷（十一至
十二）

130000－0430－0000029　經019
太史張天如詳節春秋綱目左傳句解六卷
（清）韓菼重訂　清刻本　一冊　存一卷（三）

130000－0430－0000030　經020
太史張天如詳節春秋綱目左傳句解六卷
（清）韓菼重訂　清刻本　二冊　存三卷（三
至四、六）

130000－0430－0000031　經021
太史張天如詳節春秋綱目左傳句解六卷
（清）韓菼重訂　清光緒善成堂刻本　一冊
存一卷（六）

130000－0430－0000032　經022
左傳評林八卷　（清）張光華輯　清刻本　一
冊　存二卷（三至四）

130000－0430－0000033　經023
太史張天如詳節春秋綱目句解左傳彙雋六卷
　（清）韓菼重訂　清刻本　一冊　存一卷
（三）

130000－0430－0000034　經024
太史張天如詳節春秋綱目句解左傳彙雋六卷
　（清）韓菼重訂　清刻本　三冊　存三卷
（二至四）

130000－0430－0000035　經025
太史張天如詳節春秋綱目左傳句解六卷
（清）韓菼重訂　清寶興堂刻本　三冊　存三
卷（一至三）

130000－0430－0000036　經026
太史張天如詳節春秋綱目左傳句解六卷
（清）韓菼重訂　清善成堂刻本　四冊　存四
卷（一至二、五至六）

130000－0430－0000037　經027
太史張天如詳節春秋綱目左傳句解六卷
（清）韓菼重訂　清光緒善成堂刻本　六冊

130000－0430－0000038　經028
欽定春秋傳說彙纂三十八卷首二卷　（清）王
掞纂　清刻本　一冊　存三卷（九至十一）

130000－0430－0000039　經031
春秋啖趙集傳纂例十卷　（唐）陸淳纂　清刻
本　一冊　存三卷（四至六）

130000－0430－0000040　經032
四書章句集註十九卷　（宋）朱熹撰　清光緒
八年（1882）刻本　一冊　存二卷（大學章句
一卷、中庸章句一卷）

130000－0430－0000041　經034

新訂四書補註備旨十卷 （明）鄧林撰 （清）鄧煜編次 清光緒十二年(1886)刻本 四冊 存八卷(大學一卷、中庸一卷、論語四卷、孟子一至二)

130000－0430－0000042 經035
四書集註十九卷 （宋）朱熹集註 清刻本 一冊 存五卷(論語一至五)

130000－0430－0000043 經036
四書集註十九卷 （宋）朱熹集註 清刻本 一冊 存三卷(孟子一至三)

130000－0430－0000044 經037
四書集註十九卷 （宋）朱熹集註 清刻本 二冊 存七卷(論語六至十、孟子四至五)

130000－0430－0000045 經038
新訂四書補註備旨十卷 （明）鄧林著 （清）鄧煜編次 清刻本 四冊 存四卷(論語三至四、孟子三至四)

130000－0430－0000046 經039
新訂四書補註備旨十卷 （明）鄧林著 （清）鄧煜編次 清善成堂刻本 一冊 存二卷(論語一至二)

130000－0430－0000047 經040
新訂四書補註備旨十卷 （明）鄧林著 （清）鄧煜編次 清光緒十八年(1892)刻本 一冊 存二卷(大學一卷、中庸一卷)

130000－0430－0000048 經041
新訂四書補註備旨十卷 （明）鄧林著 （清）鄧煜編次 清光緒善成堂刻本 一冊 存一卷(孟子四)

130000－0430－0000049 經042
幼學便記五卷 （清）劉有廉輯 清刻本 一冊 存二卷(四至五)

130000－0430－0000050 經043
幼學便記五卷 （清）劉有廉輯 清刻本 一冊 存二卷(四至五)

130000－0430－0000051 經044
幼學便記五卷 （清）劉有廉輯 清刻本 一冊 存一卷(三)

130000－0430－0000052 經045
龍文鞭影初集二卷二集二卷三集三卷 （明）蕭良有輯 清善成堂刻本 一冊 存一卷(初集一)

130000－0430－0000053 經046
爾雅註疏十一卷 （晉）郭璞註 （宋）邢昺疏 清刻本 二冊 存八卷(一至八)

130000－0430－0000054 經047
駢雅七卷序目二卷訓纂十六卷 （清）魏茂林輯 清光緒七年(1881)瀹雅齋刻本 四冊 存六卷(駢雅二至四、序目二卷、訓纂四)

130000－0430－0000055 史001
十七史 明崇禎至清順治毛氏汲古閣刻本 八十三冊 存四百二十四卷(前漢書二十六至五十四、六十七至七十二、七十九至九十六、九十九至一百,後漢書四十九至七十四上、八十六至九十、魏書五至九、十六至十九、二十七至三十四、四十一至五十八、九十四至一百五、晉書九十三至一百、一百八至一百三十、宋書六至十一、十九至二十一、二十五至二十八、六十一至六十九、八十一至八十四、九十二至九十六、陳書五至九、十至三十一,南齊書一至六、九至四十一、北齊書三至十六、二十四至三十五、四十四至五十、北史一至五、十一至十九、二十三至二十五、三十至三十三、四十九至五十一、五十五至五十七、六十二至七十三、七十九至八十二、八十六至九十七,隋書十四至十六、二十三至二十六,周書一至十、三十至三十七、四十五至五十,唐書二十七至二十九、一百五十四至一百六十五、一百九十一至二百五、二百二十二至二百二十五)

130000－0430－0000056 史002
二十四史二十四種 清同治、光緒間五省官書局據汲古閣本刻本 四十五冊 存二百七十卷(後漢書一至三十九,魏書五十九至六十四、七十一至八十七、一百一十二下至一百一十四、一百七十上至一百八十三,周書一至四十

二、四十四至五十,梁書一至五十六,明史四十至五十、五十六至七十三、七十八至九十二、一百四十八至一百五十九、一百七十一至一百八十六、三百至三百六、三百十至三百十二;目錄一至四)

130000－0430－0000057　史003
明史三百三十二卷　(清)張廷玉等修　清刻本　九冊　存三十四卷(二百十八至二百二十四、二百二十六至二百二十九、二百三十一至二百三十五、二百四十至二百四十七、二百五十三至二百五十五、二百六十六至二百七十、三百十一至三百十二)

130000－0430－0000058　史004
晉畧六十六卷　(清)周濟撰　清光緒二年(1876)味雋齋刻本　十冊　存十卷(一至十)

130000－0430－0000059　史005
舊唐書二百卷　(後晉)劉昫撰　清揚州岑氏懼盈齋刻本　七冊　存三十六卷(五十一至五十五、六十二至八十八、一百三十九至一百四十二)

130000－0430－0000060　史006
北齊書五十卷　(唐)李百藥撰　清道光十六年(1836)武英殿重修本　八冊

130000－0430－0000061　史007
弘簡錄二百五十四卷　(明)邵經邦撰　(清)邵遠平校閱　清康熙邵氏刻本　三冊　存十二卷(二百九至二百二十)

130000－0430－0000062　史008
續弘簡錄元史類編四十二卷　(清)邵遠平撰　清康熙邵氏刻本　四冊　存九卷(十二至十四、二十六至二十八、三十二、四十至四十一)

130000－0430－0000063　史009
重訂王鳳洲先生綱鑑會纂四十六卷　(明)王世貞纂　清刻本　一冊　存二卷(二十一至二十二)

130000－0430－0000064　史010
綱鑑會纂三十九卷首一卷　(明)王世貞編

清刻本　九冊　存九卷(三、九、十三、十五、二十四至二十五、二十七至二十八、三十五)

130000－0430－0000065　史013
綱鑑擇言十卷　(清)司徒脩選輯　清善成堂刻本　二冊　存三卷(三至四、七)

130000－0430－0000066　史014
遼史紀事本末四十卷首一卷末一卷　(清)李有棠編　清刻本　一冊　存九卷(七至十五)

130000－0430－0000067　史016
[咸豐]大名府志二十二卷首一卷續志六卷末一卷　(清)朱煐等纂修　(清)程先河續纂　清咸豐三年(1853)刻本　四冊　存四卷(四、十一、十三至十四)

130000－0430－0000068　史017
大明一統志九十卷　(明)李賢等纂　(明)萬安等修　明天順五年(1461)內府刻本　十四冊　存二十四卷(一至二、六至十六、十八、二十二至二十三、二十五至二十七、二十九、三十二至三十三、三十六至三十七)

130000－0430－0000069　史018
從政觀法錄三十卷　(清)朱方增輯　清刻本　六冊　缺七卷(十三至十九)

130000－0430－0000070　史019
三通考輯要七十六卷　湯壽潛輯　清光緒二十五年(1899)圖書集成局鉛印本　三十冊　存七十五卷(文獻通考輯要二十四卷,欽定續文獻通考輯要一至十四、十六至二十六,皇朝文獻通考輯要二十六卷)

130000－0430－0000071　子001
二程全書六十七卷　(宋)程顥　(宋)程頤撰　清刻本　五冊　存二十卷(程氏遺書一至四、十八至十九,河南程氏外書十二卷,二程粹言二卷)

130000－0430－0000072　子002
管子二十四卷　(唐)房玄齡注　清光緒三年(1877)浙江書局刻本　六冊

130000－0430－0000073　子004

日知錄三十二卷 （清）顧炎武著　清刻本
十六冊

130000－0430－0000074　子005

淮南子二十一卷 （漢）劉安撰　（漢）高誘注
（清）莊逵吉校刊　清刻本　四冊

130000－0430－0000075　子006

甘氏奇門一得二卷 （明）甘霖撰　明刻本
二冊

130000－0430－0000076　子007

羅經發源起例十卷 （明）甘霖撰　（明）唐錦
池校　清刻本　三冊　存五卷（一、四至五、
九至十）

邢臺市圖書館古籍普查登記目錄

全國古籍普查登記目錄

國家圖書館出版社
National Library of China Publishing House

吳絲蜀桐張兩秋空山凝雲頹不流

愁案憑中國彈箜篌崑山玉碎鳳凰叫芙蓉泣露香

南笑十二門前融冷光二十三絲動紫篁女媧鍊石

補天處石破天驚逗秋雨夢入神山教神嫗老魚跳

波瘦蛟舞吳質不眠倚桂樹露脚斜飛濕寒兔

残絲曲

垂楊葉老鶯哺兒殘絲欲斷黃蜂歸綠鬢少年金釵

130000－0434－0000001　集41/1 ＝2

文選六十卷　（南朝梁）蕭統注　清乾隆三十七年(1772)刻本　十八冊

130000－0434－0000002　集41/16

增訂寄嶽雲齋試體詩選四卷　（清）聶銑敏著　清聚錦堂刻本　四冊

130000－0434－0000003　集41/17

分韻試帖青雲集合註二卷　（清）楊杏橋輯　清光緒五年(1879)善成堂刻本　二冊

130000－0434－0000004　集41/2

欽定國朝詩別裁集三十二卷　（清）沈德潛纂評　清乾隆刻本　八冊

130000－0434－0000005　集41/22

貽經堂試貼全彙四卷　（清）鄭城撰　清道光刻本　三冊

130000－0434－0000006　集41/23

箴銘輯要類編前錄一卷後錄一卷　（清）寇守信編輯　清光緒七年(1881)刻本　二冊

130000－0434－0000007　集41/24

張楊園先生全集五十四卷　（清）張履祥撰　清乾隆刻本　七冊

130000－0434－0000008　集41/3

古唐詩合解十二卷　（清）王翼雲注　清道光元年(1821)刻本　三冊

130000－0434－0000009　集41/4 ＝2

古文辭類纂七十四卷　（清）姚鼐輯　清光緒三十三年(1907)鉛印本　十二冊

130000－0434－0000010　集41/6

古文眉詮七十九卷　（清）浦起龍輯　清刻本　七冊　存二十一卷(二十二至四十二)

130000－0434－0000011　集41/7

斯文精萃六卷　（清）尹繼善編　清刻本　六冊

130000－0434－0000012　集41/8

賡辰集五卷　（清）紀昀編　清刻本　六冊

130000－0434－0000013　集43/1

130000－0434－0000014　集43/15

御製詩初集四十四卷目錄四卷　（清）高宗弘曆撰　清乾隆十四年(1749)刻本　十六冊

文選十卷　（南朝梁）蕭統撰　（唐）李善注　清乾隆二十四年(1759)刻本　十六冊

130000－0434－0000015　集43/18

讀杜心解六卷卷首二卷　（清）浦起龍撰　清刻本　六冊

130000－0434－0000016　集43/2

望溪集八卷補遺一卷　（清）方苞撰　清乾隆刻本　十一冊

130000－0434－0000017　集43/20

五十名家書札四卷　（□）□□撰　清光緒二十年(1894)鉛印本　四冊

130000－0434－0000018　集43/21

坡仙集十六卷　（宋）蘇軾撰　清刻本　八冊

130000－0434－0000019　集43/22

寒松堂集六卷　（清）魏象樞撰　清嘉慶刻本　六冊

130000－0434－0000020　集43/23

宛陵先生文集六十卷　（宋）梅堯臣撰　清宣統二年(1910)鉛印本　十冊

130000－0434－0000021　集43/27

夏峯先生集十四卷　（清）孫奇逢撰　清道光二十五年(1845)刻本　四冊　存四卷(四至五、七至八)

130000－0434－0000022　集43/28

唐陸宣公集二十二卷　（唐）陸贄撰　清雍正元年(1723)刻本　七冊

130000－0434－0000023　集43/29

飲冰室文集十八卷　梁啟超著　清光緒九年(1883)鉛印本　七冊　缺八卷(一至四、八、十一、十四、十六)

130000－0434－0000024　集43/36

笠翁對韻二卷　（清）李漁撰　**增補千家詩七言絕句四卷**　（清）王晉升撰　清三義堂刻本　二冊

223

130000－0434－0000025　集43/36＝2

笠翁對韻二卷　（清）李漁撰　**增補千家詩七言絕句四卷**　（清）王晉升撰　清三義堂刻本一冊

130000－0434－0000026　集43/44

范忠宣公集文集二十卷奏議二卷遺文一卷附錄一卷補編一卷　（宋）范仲淹撰　清刻本六冊

130000－0434－0000027　集45/8

長生殿傳奇二卷　（清）洪昇著　清光緒十三年（1887）鉛印本　二冊

130000－0434－0000028　集46/11

繪圖增像後列國志六十回　（□）□□撰　清光緒二十七年（1901）鉛印本　四冊　缺二回（十五至十六）

130000－0434－0000029　集46/2

聊齋志異新評十六卷　（清）蒲松齡著　清刻本　八冊

130000－0434－0000030　集46/24

義俠好逑傳四卷　（□）名教中人編　清刻本四冊　缺一卷（二）

130000－0434－0000031　集46/3

繡像三國志演義六十卷　（清）毛宗崗評　清光緒三十年（1904）刻本　十二冊

130000－0434－0000032　集46/4

虞初新志二十卷　（清）張潮輯　清咸豐元年（1851）刻本　八冊

130000－0434－0000033　集46/6

孫龐演義二十回　（清）徐震撰　清刻本四冊

130000－0434－0000034　集46/7

新編批評繡像後七國樂田演義十八回　（清）徐震撰　清刻本　四冊

130000－0434－0000035　集46/8

列國志傳八卷　（明）李贄評點　清刻本四冊

130000－0434－0000036　集46/9

繪圖增像西游記六十回　（明）吳承恩撰　清光緒二十七年（1901）鉛印本　三冊　存四十七回（一至四十七）

130000－0434－0000037　經11/1

五經合纂大成四十四卷　（清）同文書局輯　清光緒十一年（1885）鉛印本　二十冊

130000－0434－0000038　經11/3

春秋穀梁傳十二卷　（晉）范寧集解　**春秋公羊傳十二卷**　（漢）何休撰　明味經堂閔刻本六冊

130000－0434－0000039　經11/4

十三經集字不分卷附四書註　（清）武德馨註　清光緒十六年（1890）刻本　一冊

130000－0434－0000040　經11/5

經義聯珠二十卷　（清）郭槤撰　清嘉慶二十三年（1818）刻本　九冊　存十一卷（一至十、十八）

130000－0434－0000041　經11/6

翰苑十三經集字不分卷　（清）李鴻藻著　清光緒十二年（1886）刻本　一冊

130000－0434－0000042　經11/7

翰苑十三經集字不分卷　（清）李鴻藻著　清光緒十五年（1889）刻本　一冊

130000－0434－0000043　經12/1、經13/2、經14/1、經15/2、經16/3、經17/1、經94/1、經95/1、經96/1、經98/6、經991/1、經992/2、經98/5

十三經注疏三百四十六卷　（明）□□輯　清同治十年（1871）刻本　一百五十二冊　缺二十二卷（禮記注疏十八至三十九）

130000－0434－0000044　經12/2

朱子周易大全通刊十六卷　（清）吳世尚著　清雍正十二年（1734）刻本　五冊

130000－0434－0000045　經12/3

易經大全會解四卷　（清）來爾繩纂　清康熙二十年（1681）書業堂刻本　四冊

130000－0434－0000046　經12/4

周易四卷　（宋）朱熹本義　清三槐堂刻本
二冊

130000－0434－0000047　經 13/1
書經體註大全合參六卷　（清）錢希祥輯　清
乾隆四十七年（1782）三多齋刻本　四冊

130000－0434－0000048　經 14/3
詩集傳八卷　（宋）朱熹撰　清同治四年
（1865）聚盛堂刻本　四冊

130000－0434－0000049　經 14/4
詩集傳四卷　（宋）朱熹撰　清光緒二十一年
（1895）文富堂刻本　四冊

130000－0434－0000050　經 15/1
周官精義十二卷　（清）連斗山輯　清乾隆四
十一年（1776）刻本　六冊

130000－0434－0000051　經 15/3
周禮約編六卷　（清）汪基撰　清刻本　一冊
　存四卷（三至六）

130000－0434－0000052　經 16/1
儀禮析疑十七卷　（清）方苞著　清刻本
八冊

130000－0434－0000053　經 16/2
儀禮易讀十七卷　（清）馬駉輯　清乾隆三十
八年（1773）刻本　六冊

130000－0434－0000054　經 16/4
儀禮章句十七卷　（清）吳廷華章句　清乾隆
五十九年（1794）刻本　六冊

130000－0434－0000055　經 16/5
儀禮約編三卷　（清）汪基撰　清刻本　一冊

130000－0434－0000056　經 17/2
禮記析疑四十八卷　（清）方苞撰　清刻本
八冊

130000－0434－0000057　經 17/3
全本禮記體註十卷　（清）范翔原定　（清）徐
瑄補輯　清刻本　十一冊

130000－0434－0000058　經 17/4
禮記易讀二卷　（清）志遠堂主人編　清光緒

二年（1876）刻本　一冊　存一卷（一）

130000－0434－0000059　經 17/5
禮記約編十卷　（清）汪基撰　清刻本　三冊
　存五卷（一至三、七、九）

130000－0434－0000060　經 17/6
漱芳軒合纂禮記體註四卷　（清）范翔參訂
（清）朱光斗等校　清刻本　一冊　存一卷
（四）

130000－0434－0000061　經 91/1
壇廟祀典三卷　（清）方觀承撰　清乾隆二十
三年（1758）刻本　三冊

130000－0434－0000062　經 94/2
春秋左傳類纂六卷　（清）坤三編輯　清光緒
七年（1881）刻本　二冊

130000－0434－0000063　經 94/3
讀左補義五十卷　（清）姜炳璋撰　清光緒二
十七年（1901）刻本　十六冊

130000－0434－0000064　經 94/5
文章練要左傳評十卷　（清）王源評　清刻本
　二冊　存三卷（二至三、九）

130000－0434－0000065　經 94/6
左傳義法舉要一卷　（清）方苞撰　（清）程鼑
傳述　清雍正六年（1728）刻本　一冊

130000－0434－0000066　經 94/7
春秋左傳　（晉）杜預注釋　清刻本　八冊
存二十四卷（二十七至五十）

130000－0434－0000067　經 94/8
太史張天如詳節春秋綱目左傳句解六卷
（清）韓菼重訂　清刻本　一冊　存一卷（三）

130000－0434－0000068　經 98/1
四書集註十九卷　（宋）朱熹集註　清刻本
五冊　存十七卷（論語十卷、孟子七卷）

130000－0434－0000069　經 98/11
四書經註集證十九卷　（宋）朱熹集註　清嘉
慶三年（1798）刻本　八冊　缺三卷（孟子一
至三）

130000 - 0434 - 0000070　　經98/12

四書朱子本義匯參四十三卷　（清）王步青編輯　清乾隆十年(1745)刻本　六冊　缺二十六卷(論語一至二十、孟子一至六)

130000 - 0434 - 0000071　　經98/13

松陽講義十二卷　（清）陸隴其撰　清康熙二十九年(1690)刻本　六冊

130000 - 0434 - 0000072　　經98/15

校刊增註四書便蒙三卷　（宋）朱熹章句（清）俞長城等註　清光緒刻本　二冊　存三卷(大學一、中庸一、論語一)

130000 - 0434 - 0000073　　經98/17

新註孟子白話解說十卷　（清）江希張註　清刻本　二冊

130000 - 0434 - 0000074　　經98/18

新訂四書補註備旨十卷　（明）鄧林著　（清）鄧煜編次　（清）祁文友重校　（清）杜定基增訂　清刻本　一冊　存二卷(論語一至二)

130000 - 0434 - 0000075　　經98/19

論語十卷　（宋）朱熹集註　清刻本　一冊　存五卷(六至十)

130000 - 0434 - 0000076　　經98/2

新訂四書補註附攷備旨十卷　（明）鄧林著（清）鄧煜編次　（清）祁文友重校　（清）杜定基增訂　清光緒刻本　六冊

130000 - 0434 - 0000077　　經98/3

四書釋地六卷　（清）閻百詩撰　清康熙三十七年(1698)刻本　六冊

130000 - 0434 - 0000078　　經98/4

四書講義大全二十六卷　（清）史可亭輯　清同治八年(1869)聚盛堂刻本　十五冊

130000 - 0434 - 0000079　　經98/7

四書餘說二十卷　（清）孫爌述編（清）曹天毓參訂　清康熙惇裕堂刻本　十二冊

130000 - 0434 - 0000080　　經98/9

孟子七卷　（宋）朱熹集注　清刻本　七冊

130000 - 0434 - 0000081　　經992/1

爾雅義疏二十卷　（清）郝懿行撰　清同治四年(1865)刻本　八冊

130000 - 0434 - 0000082　　經993/1

康熙字典十二集三十六卷總目一卷檢字一卷辨似一卷等韻一卷補遺一卷備考一卷　（清）張玉書　（清）陳廷敬纂修　清道光七年(1827)刻本　二十六冊

130000 - 0434 - 0000083　　經993/1 = 3

康熙字典十二集三十六卷總目一卷檢字一卷辨似一卷等韻一卷補遺一卷備考一卷　（清）張玉書　（清）陳廷敬纂修　清光緒石印本六冊

130000 - 0434 - 0000084　　經993/2

字彙十二卷首一卷末一卷　（明）梅膺祚撰　清光緒刻本　十四冊

130000 - 0434 - 0000085　　經993/4

五方元音二卷首一卷　（清）樊騰鳳撰　清光緒二十五年(1899)刻本　四冊

130000 - 0434 - 0000086　　經993/6

五方元音二卷　（清）樊騰鳳撰　清光緒十年(1884)刻本　四冊

130000 - 0434 - 0000087　　經993/7

方言十三卷　（漢）揚雄撰　清刻本　一冊

130000 - 0434 - 0000088　　經993/8

龍文鞭影　（明）蕭良有撰　清刻本　一冊

130000 - 0434 - 0000089　　史21/1

漢書補注一百卷　王先謙撰　清光緒二十六年(1900)校印本　四十冊

130000 - 0434 - 0000090　　史21/18 = 2

三國志六十五卷　（晉）陳壽撰　（南朝宋）裴松之注　清光緒十四年(1888)鉛印本　八冊

130000 - 0434 - 0000091　　史21/2

三國志六十五卷　（晉）陳壽撰　（南朝宋）裴松之注　清同治九年(1870)刻本　八冊

130000 - 0434 - 0000092　　史21/3

廿一史四譜五十四卷　（清）沈炳震撰　清刻本　十六冊

130000－0434－0000093　史 21/30

三國志六十五卷　（晉）陳壽撰　（南朝宋）裴
松之注　清同治九年（1870）鉛印本　八冊

130000－0434－0000094　史 21/31

史記一百三十卷　（南朝宋）裴駰集解　（唐）
司馬貞索引　（唐）張守節正義　清同治五年
（1866）刻本　二十冊

130000－0434－0000095　史 21/33

後漢書一百三十卷　（南朝宋）范曄撰　（唐）
李賢注　明崇禎十六年（1643）毛氏汲古閣刻
本　二十四冊

130000－0434－0000096　史 21/34

漢書一百卷　（漢）班固撰　明毛氏汲古閣刻
本　八冊　缺六十二卷（一至二十三、六十二
至一百）

130000－0434－0000097　史 21/38

元朝祕史十五卷　（清）李文田撰　清刻本
五冊　缺一卷（一）

130000－0434－0000098　史 21/39

史記注補正一卷　（清）方苞講授　（清）王兆
符　（清）程崟編錄　清刻本　一冊

130000－0434－0000099　史 21/5

前漢書一百二十卷　（漢）班固撰　（唐）顏師
古注　明崇禎十五年（1642）毛氏汲古閣刻本
三十六冊

130000－0434－0000100　史 21/6

後漢書一百三十卷　（南朝宋）范曄撰　（唐）
李賢注　明崇禎十六年（1643）毛氏汲古閣刻
本　二十八冊

130000－0434－0000101　史 22/1

資治通鑑二百九十四卷　（宋）司馬光撰
（元）胡三省音注　清嘉慶二十一年（1816）刻
本　九十八冊

130000－0434－0000102　史 22/10

重訂王鳳洲先生會纂綱鑑四十六卷　（明）王
世貞纂　清刻本　十六冊　缺十一卷（一至
二、六、二十二至二十三、二十六至二十七、三

十至三十一、四十一至四十二）

130000－0434－0000103　史 22/12

重訂王鳳洲先生會纂綱鑑四十六卷　（明）王
世貞纂　清刻本　三冊　缺十五卷（五至十
九）

130000－0434－0000104　史 22/13

綱鑑總論二卷　（清）陳受頤撰　清光緒九年
（1883）刻本　三冊

130000－0434－0000105　史 22/2

續資治通鑑二百二十卷　（清）畢沅撰　清嘉
慶六年（1801）刻本　六十冊

130000－0434－0000106　史 22/3

通鑑釋文辨誤十二卷　（元）胡三省撰　清刻
本　二冊

130000－0434－0000107　史 22/5

御批歷代通鑑輯覽一百二十卷　（清）高宗弘
曆撰　（清）傅恆編　清光緒石印本　二十冊

130000－0434－0000108　史 22/6

東華錄詳節二十四卷　鄔權庭編　清光緒二
十七年（1901）鉛印本　八冊

130000－0434－0000109　史 22/7

御撰資治通鑑綱目三編二十卷　（清）高宗弘
曆撰　（清）張廷玉編　清光緒九年（1883）寶
仁堂刻本　六冊

130000－0434－0000110　史 22/8

重訂王鳳洲先生會纂綱鑑四十六卷　（明）王
世貞纂　（明）陳仁錫訂　清光緒三十三年
（1907）刻本　十一冊　缺十八卷（三至五、二
十至二十一、二十四至二十五、二十八至二十
九、三十二至四十）

130000－0434－0000111　史 22/9

重訂王鳳洲先生綱鑑會纂四十六卷　（明）王
世貞纂　（明）陳仁錫訂　清光緒三十三年
（1907）刻本　六冊

130000－0434－0000112　史 24/1

國語注解二十一卷　（三國吳）韋昭注　清乾
隆二十七年（1762）文盛堂刻本　三冊

130000－0434－0000113　史24/11

殘明紀事　（清）羅謙撰　清宣統三年(1911)鉛印本　一冊

130000－0434－0000114　史24/12

吳越春秋六卷　（漢）趙曄撰　清康熙七年(1668)刻本　二冊

130000－0434－0000115　史24/2

中東戰紀本末八卷　（美國）林樂知著　蔡爾康纂輯　清光緒二十三年(1897)刻本　八冊

130000－0434－0000116　史24/3

日知錄三十二卷　（清）顧炎武撰　清康熙三十四年(1695)刻本　九冊　缺十六卷(十五至二十二、二十五至三十二)

130000－0434－0000117　史24/5

汲冢周書十卷　（晉）孔晁注　清乾隆七年(1742)刻本　七冊

130000－0434－0000118　史24/8

近世中國秘史　捫虱談虎客編　清光緒三十四年(1908)鉛印本　一冊

130000－0434－0000119　史24/9

明季稗史彙編十二卷　（清）顧炎武撰　清石印本　二冊　存八卷(五至十二)

130000－0434－0000120　史26/1

廿一史約編九卷　（清）鄭元慶撰　清刻本　八冊

130000－0434－0000121　史26/1＝2

廿一史約編九卷　（清）鄭元慶撰　清刻本　十一冊

130000－0434－0000122　史26/3

學史八卷　（清）王希廉輯　清光緒二年(1876)刻本　八冊

130000－0434－0000123　史27/2

最新史事論十二卷　（清）雷瑨編　清宣統三年(1911)石印本　一冊　存三卷(一至三)

130000－0434－0000124　史28/15

伊爾根覺羅氏家傳　（清）鄂恆撰　清刻本　一冊

130000－0434－0000125　史28/2

國朝學案小識十四卷末一卷　（清）唐鑑撰　清道光二十五年(1845)刻本　十冊　存十一卷(一至十一)

130000－0434－0000126　史28/3

歷代名臣言行錄二十四卷　（清）朱桓輯　清光緒二十六年(1900)石印本　八冊

130000－0434－0000127　史28/3＝2

歷代名臣言行錄二十四卷　（清）朱桓輯　清光緒二十六年(1900)石印本　十二冊

130000－0434－0000128　史28/4

國朝先正事略六十卷　（清）李元度撰　清刻本　三十二冊

130000－0434－0000129　史28/5

國朝畫徵錄三卷續錄三卷　（清）張庚撰　清乾隆刻本　四冊

130000－0434－0000130　史28/7

歷代畫史彙傳七十二卷附錄二卷　（清）彭蘊璨編　清宣統二年(1910)石印本　十二冊

130000－0434－0000131　史28/8

國朝歷科題名碑錄　（清）李周望編　（□）德沛續編　清乾隆十一年(1746)刻本　九冊

130000－0434－0000132　史92/1

胡文忠公遺集十卷　（清）胡林翼撰　清同治刻本　十冊

130000－0434－0000133　史92/2

駁案新編三十二卷　（清）全士潮輯　清刻本　六冊　存十卷(十六至二十五)

130000－0434－0000134　史92/3

折獄龜鑑八卷　（宋）鄭克撰　清光緒二十二年(1896)刻本　二冊

130000－0434－0000135　史92/4

林文忠公政書三十七卷　（清）林則徐撰　清刻本　十六冊

130000－0434－0000136　史92/8

欽定六部處分則例五十二卷　（清）沈椒生校刊　清光緒二十二年(1896)石印本　三冊

存二十三卷(一至十五、四十五至五十二)

130000－0434－0000137　史95/1
增訂廣輿記二十四卷　（清）陸應陽纂　（清）蔡方炳輯　清乾隆九年(1744)刻本　十三冊

130000－0434－0000138　史96/1
大名府志二十二卷首一卷續志六卷末一卷（清）朱煐纂修　清咸豐三年(1853)刻本　二十冊　存二十卷(一至五、七至十七、十九至二十二)

130000－0434－0000139　史97/1
積古齋鐘鼎彝器款識十卷　（清）阮元撰　清嘉慶刻本　六冊

130000－0434－0000140　史98/1
欽定四庫全書簡明目錄二十卷　（清）紀昀撰　清光緒十四年(1888)刻本　四冊

130000－0434－0000141　史98/2
書目答問一卷　（清）張之洞撰　清光緒元年(1875)刻本　一冊

130000－0434－0000142　史991/1
泰西新史攬要二十三卷附記一卷　蔡爾康撰　清光緒二十一年(1895)刻本　八冊

130000－0434－0000143　子32/1
御製朱子全書六十六卷　（清）李光地撰　清康熙五十二年(1713)刻本　三十冊　存四十六卷(一至十、三十一至六十六)

130000－0434－0000144　子32/10
治平大略四卷　（清）張秉直著　清刻本　一冊　存二卷(三至四)

130000－0434－0000145　子32/11
朱子全書二十卷　（清）李光地編　清刻本一冊　存一卷(二十)

130000－0434－0000146　子32/12
荀子一卷　（清）方苞刪定　（清）顧琮校　清乾隆元年(1736)刻本　一冊

130000－0434－0000147　子32/13
桐城吳先生點勘太玄讀本十卷　（漢）揚雄撰　清宣統二年(1910)石印本　一冊

130000－0434－0000148　子32/2
聖學知統錄二卷　（清）魏裔介著　清刻本二冊

130000－0434－0000149　子32/3
聖學知統翼錄二卷　（清）魏裔介著　清康熙七年(1668)刻本　二冊

130000－0434－0000150　子32/4
復齋錄六卷　（清）王仲復著　（清）賀瑞麟校　清光緒元年(1875)刻本　四冊

130000－0434－0000151　子32/5
呻吟語六卷　（明）呂坤撰　清道光二十二年(1842)刻　六冊

130000－0434－0000152　子32/6
孔氏家語十卷　（三國魏）王肅注　清光緒二十四年(1898)刻本　四冊

130000－0434－0000153　子32/7
訓俗遺規四卷　（清）陳弘謀編　清乾隆七年(1742)刻本　四冊

130000－0434－0000154　子32/8
從政遺規二卷　（清）陳弘謀輯　清乾隆七年(1742)刻本　二冊

130000－0434－0000155　子32/9
孔氏家語十卷　（三國魏）王肅注　清汲古閣毛氏刻本　四冊

130000－0434－0000156　子33/1
韓非子二十卷　（周）韓非撰　清石印本二冊

130000－0434－0000157　子33/2
管子二十四卷　（唐）房玄齡注　清刻本二冊

130000－0434－0000158　子33/3
管子二卷　（清）方苞刪定　清刻本　二冊

130000－0434－0000159　子34/2
趙註孫子五卷　（明）趙本學著　清石印本三冊　存三卷(三至五)

130000－0434－0000160　子36/10

雷公炮製藥性解六卷 （明）李中梓撰 清刻本 一冊

130000－0434－0000161 子36/11

鍼灸大成十卷 （明）楊繼洲撰 清光緒十三年(1887)敬文堂刻本 十冊

130000－0434－0000162 子36/12

瘍醫準繩六卷 （明）王肯堂輯 清康熙三十八年(1699)金壇虞氏刻本 六冊

130000－0434－0000163 子36/14

胎產心法三卷 （清）閻純撰 清道光二十七年(1847)刻本 六冊

130000－0434－0000164 子36/17

合纂濟世達生撮要 （清）達生編 清光緒十五年(1889)刻本 一冊

130000－0434－0000165 子36/18

眼科百問二卷 （清）王子固纂 清光緒三十二年(1906)萬育堂刻本 二冊

130000－0434－0000166 子36/19

寓意草一卷 （明）喻昌撰 清光緒二十四年(1898)石印本 一冊

130000－0434－0000167 子36/22

長沙藥解四卷 （清）黃元御撰 清石印本 一冊

130000－0434－0000168 子36/23

洞主仙師白喉治法忌表抉微 （清）耐修子撰 清刻本 一冊

130000－0434－0000169 子36/24

增補秘傳痘診精義四卷 （清）翁仲仁著 清光緒二十八年(1902)三義堂刻本 一冊

130000－0434－0000170 子36/25

珍珠囊指掌補遺藥性賦四卷 （明）李杲撰 清善成堂刻本 一冊

130000－0434－0000171 子36/3

景岳全書六十四卷 （明）張介賓撰 清乾隆三十三年(1768)刻本 二十三冊

130000－0434－0000172 子36/4

婦科證治準繩九集 （明）王肯堂輯 清康熙三十八年(1699)金壇虞氏刻本 九冊

130000－0434－0000173 子36/5

婦科證治準繩五卷 （明）王肯堂輯 清康熙三十八年(1699)金壇虞氏刻本 五冊

130000－0434－0000174 子36/8

本草原始十二卷 （明）李中立纂 清刻本 四冊

130000－0434－0000175 子37/1

新編直指算法統宗十七卷 （明）程大位編 清刻本 四冊 存八卷(一至八)

130000－0434－0000176 子38/1

參星祕要諏吉便覽二卷 （清）俞榮寬輯 寶鏡圓不分卷 （□）□□輯 陽宅都天滾盤珠一卷 （清）瞿天賚校 清同治石印本 六冊

130000－0434－0000177 子38/2

重鐫增刪卜易四卷 （清）野鶴老人著 清敦化堂刻本 六冊

130000－0434－0000178 子38/3

地理辨正疏五卷 （清）蔣大鴻著 清光緒三十三年(1907)石印本 四冊

130000－0434－0000179 子38/4

地理五訣八卷 （清）趙玉材著 清道光二十一年(1841)刻本 一冊

130000－0434－0000180 子91/2

甌鉢羅室書畫過目攷四卷首一卷 （清）李玉棻編輯 清光緒二十三年(1897)刻本 四冊

130000－0434－0000181 子91/23

百尸姜君墓表 （□）□□撰 清刻本 一冊

130000－0434－0000182 子94/1

經史辨體十二卷 （清）徐興喬輯 （清）徐揚貢輯評 清敦化堂刻本 十二冊

130000－0434－0000183 子94/10

茶香室續鈔二十五卷目錄一卷 （清）俞樾撰 清光緒十一年(1885)刻本 八冊

130000－0434－0000184 子94/2

精選黃眉故事十卷　（明）鄧志謨編　清刻本
　　六冊　缺一卷（八）

130000－0434－0000185　子94/3

白虎通二卷　（漢）班固纂　清康熙七年
（1668）刻本　二冊

130000－0434－0000186　子94/6

經餘必讀續編八卷　（清）雷琳撰　清嘉慶刻
本　四冊

130000－0434－0000187　子94/9

廣陽雜記五卷　（清）劉獻廷撰　清光緒三十
四年（1908）鉛印本　二冊

130000－0434－0000188　子95/1

欽定佩文韻府一百六卷　（清）張玉書輯　拾
遺一百六卷　（清）汪灝等輯　清光緒十二年
（1886）鉛印本　六十冊

130000－0434－0000189　子95/2

古香齋新刻袖珍淵鑑類函四百五十卷　（清）
張英編　清康熙四十九年（1710）刻本　一百
六十冊

130000－0434－0000190　子95/3

子史精華一百六十卷　（清）張廷玉輯　清光

緒二十二年（1896）石印本　八冊

130000－0434－0000191　子96/1

見聞續筆二十卷　（清）齊學裘撰　清光緒二
年（1876）刻本　五冊

130000－0434－0000192　子96/4

拾遺記十卷　（晉）王嘉撰　清刻本　二冊
存五卷（一至五）

130000－0434－0000193　子96/5

山海經十八卷　（晉）郭璞傳　清刻本　二冊

130000－0434－0000194　子97/2

桐城吳先生點勘老子讀本一卷　（清）吳汝綸
點勘　清鉛印本　一冊

130000－0434－0000195　子97/3

莊子十卷　清石印本　一冊　存六卷（一至
六）

130000－0434－0000196　子992/1

心理學講義十八章　（□）陳浩年撰　清石印
本　一冊

130000－0434－0000197　子992/2

動物學　（□）□□撰　清石印本　一冊

邢臺市寧晉縣圖書館
古籍普查登記目錄

全國古籍普查登記目錄

國家圖書館出版社
National Library of China Publishing House

130000－0437－0000001　集001

八銘堂塾鈔初集不分卷二集不分卷　（清）吳懋政編　（清）李炳坤注釋　清書業德刻本　十冊

130000－0437－0000002　集002

養雲山館試帖四卷　（清）許球著　（清）王榮紱注釋　清同治三年(1864)書業德刻本　二冊

130000－0437－0000003　集003

七家詩輯註彙鈔七種　（清）張熙宇輯評（清）王植桂輯注　清光緒十一年(1885)刻本　八冊

130000－0437－0000004　經001

欽定儀禮義疏四十八卷首二卷　（清）允祿等撰　清刻本　一冊　存一卷(四十三)

130000－0437－0000005　經002

讀左補義五十卷首一卷　（清）姜炳璋輯　清刻本　八冊　存二十五卷(一至二十四、首一卷)

130000－0437－0000006　經003

經籍籑詁一百六卷補遺一百六卷　（清）阮元撰　清刻本　一冊　存二卷(經籍籑詁七、補遺七)

130000－0437－0000007　類002

子史精華一百六十卷　（清）允祿等撰　清刻本　十二冊　存三十六卷(八十七至一百二十二)

130000－0437－0000008　類叢001

佩文韻府一百六卷　（清）張玉書等編　**拾遺一百六卷**　（清）汪灝等輯　清石印本　五冊　存五卷(佩文韻府六至七、十、二十至二十一)

130000－0437－0000009　史001

二十四史　清光緒五年(1879)湖北書局刻本　五百二十四冊　缺一百四十八卷(史記一百三十卷、索隱二卷,唐書五十七至七十二)

130000－0437－0000010　史002

唐書二百二十五卷　（宋）歐陽修等撰　清同治十二年(1873)浙江書局刻本　六冊　存二十一卷(七十三至八十三、一百六十四至一百六十八、二百十二至二百十六)

130000－0437－0000011　史003

大文堂綱鑑易知錄九十二卷　（清）吳乘權等輯　**御撰資治通鑑綱目三編二十卷**　（清）張廷玉等撰　清刻本　六冊　存十八卷(大文堂綱鑑易知錄五十五至五十六、御撰資治通鑑綱目三編五至二十)

130000－0437－0000012　史004

資治通鑑綱目前編二十五卷正編五十九卷續編二十七卷　（明）陳仁錫評閱　清刻本　五冊　存六卷(正編五十四、五十六至五十七,續編九、二十六至二十七)

130000－0437－0000013　史005

尺木堂綱鑑易知錄九十二卷明鑑易知錄十五卷　（清）吳乘權等輯　清光緒二十七年(1901)上海商務印書館鉛印本　十六冊

130000－0437－0000014　史006

東華全錄四百二十五卷　王先謙編　清刻本　六冊　存十四卷(乾隆朝十五至二十八)

130000－0437－0000015　史007

分韻試帖青雲集合註四卷　（清）楊逢春輯　清光緒二十一年(1895)刻本　二冊

130000－0437－0000016　史008

文獻通考三百四十八卷　（元）馬端臨著　清咸豐九年(1859)崇仁謝氏刻本　五冊　存二十三卷(一百二十六至一百四十八)

130000－0437－0000017　史010

畿輔通志三百卷首一卷　（清）李鴻章等修　清刻本　五冊　存五卷(四十六、四十八、五十一至五十二、五十四)

130000－0437－0000018　史012

[康熙]寧晉縣志十卷　（清）萬任等纂修（清）張坦輯　清康熙十八年(1679)刻本　六冊

130000－0437－0000019　子001

格致須知二十八種　（英國）傅蘭雅著　清光
緒八年至二十四年（1882－1898）刻本　四冊
　存四卷（代數須知一卷、畫器須知一卷、三
角須知一卷、微積須知一卷）

130000－0437－0000020　子002

齊民要術十卷　（北魏）賈思勰撰　清刻本
一冊　存四卷（四至七）

邢臺市威縣圖書館古籍普查登記目錄

全國古籍普查登記目錄

國家圖書館出版社

National Library of China Publishing House

130000 – 3401 – 0000001　集 001

庚子山集十六卷總釋一卷　（北周）庚信撰
（清）倪璠註釋　清康熙刻本　六冊　存十一
卷(七至十六、總釋一卷)

130000 – 3401 – 0000002　集 002

恪靖侯盾鼻餘瀋一卷　（清）左宗棠撰　清光
緒七年(1881)刻本　一冊

130000 – 3401 – 0000003　集 003

夏峯先生集十四卷補遺二卷　（清）孫奇逢撰
清刻本　四冊　存四卷(四至七)

130000 – 3401 – 0000004　集 004

古文啮鳳新編八卷　（清）汪基輯　清道光二
十五年(1845)書業德刻本　八冊

130000 – 3401 – 0000005　集 005

古唐詩合解十二卷古詩四卷　（清）王堯衢註
清道光十七年(1837)三益堂刻本　二冊

130000 – 3401 – 0000006　集 006

重訂文選集評十五卷首一卷末一卷　（清）于
光華編次　清刻本　八冊　存八卷(一至七、
九)

130000 – 3401 – 0000007　集 007

全唐詩九百卷目錄十二卷　（清）曹寅等輯
清康熙四十四年至四十六年(1705 – 1707)揚
州詩局刻本　六冊　存四十八卷(第四冊九
卷、第五冊六卷、第六冊十卷、第七冊七卷、第
八冊十卷、第九冊六卷)

130000 – 3401 – 0000008　集 008

金臺書院課士錄二集不分卷　（清）張集馨選
清光緒三年(1877)刻本　一冊

130000 – 3401 – 0000009　集 009

仁在堂全集十一集續刻三集　（清）路德編
清道光刻本　四冊　存二集(時藝引一集、時
藝辨一集)

130000 – 3401 – 0000010　集 010

[時墨賞心]不分卷　（□）□□撰　清抄本
一冊

130000 – 3401 – 0000011　集 011

[試帖]不分卷　（□）□□輯　清刻本　一冊

130000 – 3401 – 0000012　集 012

應試唐詩類釋十九卷　（清）臧岳編次　清康
熙三樂齋刻本　六冊

130000 – 3401 – 0000013　集 013

賦學正鵠十卷　（清）李元度輯　清同治十年
(1871)爽谿書院刻本　四冊

130000 – 3401 – 0000014　集 014

意中緣傳奇二卷　（清）李漁編　清光緒刻本
一冊　存一卷(二)

130000 – 3401 – 0000015　經 001

書集傳六卷　（宋）蔡沈撰　清刻本　五冊
存五卷(二至六)

130000 – 3401 – 0000016　經 002

詩集傳八卷　（宋）朱熹撰　清刻本　三冊
存六卷(三至八)

130000 – 3401 – 0000017　經 003

詩經集傳八卷　（宋）朱熹撰　清刻本　二冊
存五卷(四至八)

130000 – 3401 – 0000018　經 004

周禮六卷　（漢）鄭玄注　（唐）陸德明音義
清光緒二年(1876)刻本　二冊

130000 – 3401 – 0000019　經 005

儀禮十七卷　（漢）鄭玄註　（清）張爾岐句讀
清光緒二年(1876)刻本　四冊

130000 – 3401 – 0000020　經 006

禮記十卷　（元）陳澔撰　清光緒二年(1876)
刻本　三冊　存六卷(一至六)

130000 – 3401 – 0000021　經 007

全本禮記體註十卷　（清）徐瑄補輯　清刻本
五冊　存五卷(一至五)

130000 – 3401 – 0000022　經 008

欽定禮記義疏八十二卷首一卷　（清）允祿等
撰　清內府刻本　六冊　存六卷(二十至二
十五)

130000 – 3401 – 0000023　經 009

評點春秋綱目左傳句解彙雋六卷　（清）韓葵
重訂　清刻本　三冊　存三卷（三至五）

130000－3401－0000024　經010

東萊博議四卷　（宋）呂祖謙撰　清光緒二十
四年(1898)刻本　四冊

130000－3401－0000025　經011

春秋十六卷　（□）□□撰　清刻本　七冊
存十五卷（二至十六）

130000－3401－0000026　經012

四書典林三十卷　（清）江永編　清嘉慶九年
(1804)刻本　六冊　存十五卷（一至十五）

130000－3401－0000027　經013

四書左國彙纂四卷　（清）高其名　（清）鄭師
成纂　清乾隆本立堂刻本　六冊

130000－3401－0000028　經014

四書集益六卷　（清）于光華編次　清刻本
一冊　存二卷（三至四）

130000－3401－0000029　類001

五車韻瑞一百六十卷洪武正韻一卷　（明）凌
稚隆編輯　明金閶葉瑤池刻本　七冊　存五
十卷（七至十七、二十八至三十四、六十一至
七十、八十八至九十三、一百至一百六、一百
三十六至一百四十四）

130000－3401－0000030　史001

二十四史　清同治、光緒間五省官書局據汲
古閣本等合刻光緒五年(1879)湖北書局彙印
本　一百三十三冊　存六百九十一卷（漢書
八至八十二、九十二至一百，三國志二十五至
六十五，魏書三十一至六十五、一百五至一百
十四，北史十九至二十三、五十一至六十一、
六十八至九十一，舊唐書十九至二十四、七十
七至八十三、一百四十八至一百五十五、一百
九十至二百，舊五代史一至五十一、八十三至
一百五十，金史五十三至一百三十五，明史十
九至三十九、七十四至二百四十三、二百七十
七至三百三十二）

130000－3401－0000031　史002

十七史　明崇禎至清順治間琴川毛氏汲古閣

刻本　一百二冊　存五百七十三卷（漢書七
十八至九十三，晉書一至五十八、九十三至一
百二十八，宋書十一至一百，魏書七至九十
一，周書十一至五十，南史三十九至七十三，
北史二十八至一百，唐書一至八十、八十三至
一百二十七、一百五十三至一百六十七）

130000－3401－0000032　史003

後漢書九十卷　（南朝宋）范曄撰　（唐）李賢
注　志三十卷　（晉）司馬彪撰　（南朝梁）劉
昭注　清同治十二年(1873)嶺東使署刻本
八冊　存六十七卷（後漢書五十四至九十、志
三十卷）

130000－3401－0000033　史004

舊五代史一百五十卷　（宋）薛居正等撰　清
嘉慶元年(1796)掃葉山房刻本　十冊　存七
十五卷（七十六至一百五十）

130000－3401－0000034　史005

綱鑑擇言十卷　（清）司徒修選輯　（清）李嘉
樹補註　清同治九年(1870)刻　六冊

130000－3401－0000035　史006

重訂王鳳洲先生會纂綱鑑八十九卷　（明）王
世貞纂　（明）陳仁錫訂　清書業德刻本　六
冊　存十二卷（十六至二十七）

130000－3401－0000036　史007

資治通鑑綱目前編二十五卷正編五十九卷
（宋）朱熹撰　（明）陳仁錫評閱　**續資治通鑑
綱目二十七卷**　（明）商輅等撰　（明）陳仁錫
評閱　清康熙四十年(1701)刻本　四十二冊
存五十四卷（資治通鑑綱目前編二十五卷，
正編三、二十一至二十八、五十一至五十九，
續資治通鑑綱目一至九、十八、二十五）

130000－3401－0000037　史008

御批歷代通鑑輯覽一百二十卷　（清）傅恆編
纂　清刻朱墨套印本　一冊　存二卷（八十
一至八十二）

130000－3401－0000038　史009

御批歷代通鑑輯覽一百二十卷　（清）傅恆編
纂　清同治十一年(1872)刻本　三冊　存六

卷(一至六)

130000－3401－0000039　史010
史鑑節要便讀六卷　（清）鮑東里編輯　清同治十二年(1873)崇文書局刻本　二冊

130000－3401－0000040　史011
國語二十一卷　（三國吳）韋昭解　**校刊明道本韋氏解國語札記一卷**　（清）黃丕烈撰　**國語明道本考異四卷**　（清）汪遠孫考異　清同治八年(1869)湖北崇文書局刻本　五冊

130000－3401－0000041　史012
鹿忠節公[善繼]年譜二卷　（清）陳鋐編　清尋樂堂刻本　二冊

130000－3401－0000042　史013
大清律例增修統纂集成四十卷附督捕則例附纂二卷　（清）姚潤輯　（清）沈嘉樹等增修　清刻本　六冊　存七卷(四、六、二十五至二十七、三十一至三十二)

130000－3401－0000043　史014
廣輿記二十四卷　（明）陸應陽纂　（清）蔡方炳增輯　清乾隆刻本　十冊　存十七卷(一、三、六至二十)

130000－3401－0000044　史015
[嘉慶]邢臺縣志十卷首一卷　（清）竇景燕纂修　（清）沈蓮生續修　清刻本　四冊

130000－3401－0000045　史016
大清中外一統輿圖三十一卷首一卷　（清）嚴樹森等編　清刻本　八冊　存二十四卷(南一、四至五、八至十,北五至二十,中一卷;首一卷)

130000－3401－0000046　新學001
西洋史要四卷　（日本）小川銀次郎著　樊炳清　（清）薩端譯　清光緒二十七年(1901)金粟齋鉛印本　一冊

130000－3401－0000047　新學002
測繪學教程一卷　（清）北洋陸軍教練處編　清光緒二十九年(1903)鉛印本　一冊

130000－3401－0000048　子001

130000－3401－0000048　子001
輶軒語一卷　（清）張之洞撰　清光緒二十三年(1897)豐潤縣署刻本　一冊

130000－3401－0000049　子002
性理大全書七十卷　（明）胡廣等撰　明萬曆二十五年(1597)師古齋刻本　二十九冊　存五十卷(一至三十三、五十四至七十)

130000－3401－0000050　子003
姚氏家訓一卷附文法直指一卷　（清）姚濬著　清光緒二十五年(1899)刻本　一冊

130000－3401－0000051　子004
紀氏嘉言四卷　（清）紀昀撰　（清）徐瑋摘錄　清刻本　三冊　存三卷(二至四)

130000－3401－0000052　子005
測地志要四卷　（清）黃炳垕撰　清同治六年(1867)刻本　一冊

130000－3401－0000053　子006
創世記不分卷　（□）□□撰　清光緒三十一年(1905)鉛印本　一冊

130000－3401－0000054　子007
心安集總證六卷　（□）□□撰　明刻本　一冊

130000－3401－0000055　子008－1
三昧水懺法三卷　（唐）釋知玄述　明抄本　二冊　存二卷(二至三)

130000－3401－0000056　子008－2
三昧水懺法三卷　（唐）釋知玄述　明抄本　一冊　存一卷(三)

130000－3401－0000057　子009
妙法蓮華經七卷　（後秦）釋鳩摩羅什譯　明刻本　一冊　存一卷(二)

130000－3401－0000058　子010
慈悲道場懺法十卷　（南朝梁）蕭衍集　明刻本　一冊　存二卷(四、六)

130000－3401－0000059　子011
金光明最勝王經十卷　（唐）釋義净譯　明刻本　一冊　存一卷(一)

130000 - 3401 - 0000060　子 012

永樂南藏存八種　明永樂十年至十五年(1412 - 1417)刻本　四十一冊　存八種四十一卷(正法念處經:資六十八,守護國界主陀羅尼經:止一,經律異相:卿三十一至四十,宋高僧傳:祿三至十,廣弘明集:肥八、駕二,法苑珠林:銘三十三至三十六、尹七十二、時一百,景德傳燈錄:桓一至十,觀音玄義記:何二

至四)

130000 - 3401 - 0000061　子 013

永樂北藏存四種　明永樂十九年至正統五年(1421 - 1440)刻本　九冊　存四種九卷(大佛頂首楞嚴經會解:邈十五至十七,大乘起信論疏:巖一,翻譯名義集:貢二至四、六,禪宗決疑集:素一)

邢臺市南宮市圖書館
古籍普查登記目錄

全國古籍普查登記目錄

國家圖書館出版社
National Library of China Publishing House

130000－3403－0000001　叢001

晨風閣叢書二十二種　沈宗畸輯　清宣統元年(1909)番禺沈氏刻本　三冊　存四種十一卷(潛采堂書目四卷、藝芸書舍宋元本書目二卷、結一盧書目四卷、滂喜齋宋元本書目一卷)

130000－3403－0000002　叢004

西堂全集三十二種　(清)尤侗撰　清康熙刻本　十四冊　存九種四十六卷(外國竹枝詞一卷、百末詞一至三、湘中草二至四、西堂雜俎一集八卷、西堂雜俎二集八卷、西堂雜俎三集八卷、看雲草堂集八卷、于京集五卷、哀絃集二卷)

130000－3403－0000003　集001

唐陸宣公集二十二卷　(唐)陸贄撰　(清)楊岳斌重刊　(清)湯亦中校字　清同治五年(1866)刻本　五冊　存十八卷(一至二、七至二十二)

130000－3403－0000004　集002

昌黎先生集四十卷外集十卷遺文一卷　(唐)韓愈撰　(唐)李漢輯　清同治八年(1869)江蘇書局刻本　十冊　存三十一卷(昌黎先生集一至十四、十八至二十四、三十一至三十六,外集八至十,遺文一卷)

130000－3403－0000005　集003

韓集點勘四卷　(清)陳景雲撰　清同治九年(1870)江蘇書局刻本　一冊

130000－3403－0000006　集004

河東先生文集六卷　(唐)柳宗元撰　清宣統二年(1910)上海會文堂石印本　六冊

130000－3403－0000007　集005－1

昌黎先生集四十卷外集十卷遺文一卷　(唐)韓愈撰　(唐)李漢編　清宣統三年(1911)石印本　十冊

130000－3403－0000008　集005－2

昌黎先生集四十卷外集十卷遺文一卷　(唐)韓愈撰　(宋)廖瑩中校正　**朱子校昌黎先生集傳一卷**　(宋)朱熹撰　**韓集點勘四卷**

(清)陳景雲撰　清宣統三年(1911)石印本　十冊

130000－3403－0000009　集007

楊龜山先生集四十二卷首一卷　(宋)楊時撰　清光緒五年(1879)刻本　十冊

130000－3403－0000010　集008

王臨川文集四卷　(宋)王安石撰　清宣統二年(1910)上海會文堂石印本　四冊

130000－3403－0000011　集009

黃詩全集五十八卷　(宋)黃庭堅撰　(清)翁方綱校注　(清)謝啟昆等校訂　清刻本　四冊　存二十一卷(外集補一至四、別集一至二、別集補一、年譜一至十四)

130000－3403－0000012　集010

黃詩全集五十八卷　(宋)黃庭堅撰　(清)翁方綱校注　(清)謝啟昆等校訂　清刻本　一冊　存二十五卷(內集八至二十、外集十三至十七、外集補一至四、別集一至二、別集補一)

130000－3403－0000013　集011

楊忠愍公集五卷首一卷末一卷　(明)楊繼盛撰　清同治十一年(1872)刻本　二冊　存六卷(楊忠愍公集五卷、首一卷)

130000－3403－0000014　集012

遜志齋策論經義錄三十一卷　(明)方孝孺撰　清光緒二十七年(1901)石印本　一冊　存三卷(一至三)

130000－3403－0000015　集014

安雅堂未刻稿八卷　(清)宋琬著　清乾隆三十一年(1766)刻本　二冊　存四卷(一至二、七至八)

130000－3403－0000016　集015

求志居集三十六卷外集一卷　(清)陳世鎔撰　清道光二十五年(1845)刻本　一冊　存六卷(一至六)

130000－3403－0000017　集016

飲冰室壬寅文集十八卷　梁啟超撰　清光緒

二十九年(1903)上海維新學社石印本　十一冊　存十五卷(一上、四、六至十八)

130000－3403－0000018　集017
惜抱軒全集十種　（清）姚鼐撰　清光緒三十三年(1907)上海校經山房刻本　七冊　存三種四十三卷(文集十六卷、文後集十卷,五言今體詩鈔一至八,七言今體詩鈔九卷)

130000－3403－0000019　集018
鈍翁文集十六卷　（清）汪琬撰　清宣統二年(1910)國學扶輪社石印本　八冊

130000－3403－0000020　集019
義門先生集十二卷附錄一卷　（清）何焯撰（清）吳雲等輯　清宣統三年(1911)影印本　四冊

130000－3403－0000021　集020
休復居詩集六卷文集六卷附一卷　（清）毛嶽生著　清刻本　一冊　存三卷(詩集四至六)

130000－3403－0000022　集021
王古愚先生遺集四卷　（清）王振垚撰　清刻本　一冊　存一卷(二)

130000－3403－0000023　集033
文選六十卷　（南朝梁）蕭統撰　（唐）李善注　考異十卷　（清）胡克家撰　清同治八年(1869)刻本　二十八冊

130000－3403－0000024　集034
古文淵鑒六十四卷　（清）徐乾學等編注　清同治十二年(1873)刻本　二十八冊　存五十七卷(一至八、十一至十八、二十一至四十三、四十五至四十六、四十九至六十四)

130000－3403－0000025　集035
應試唐詩類釋十九卷　（清）臧岳編次　清刻本　六冊

130000－3403－0000026　集037
本事詩十二卷　（清）徐釚編輯　清雍正刻本　二冊　存四卷(三至四、七至八)

130000－3403－0000027　集038
文選考異十卷　（清）胡克家撰　清同治八年

(1869)湖北崇文書局刻本　六冊

130000－3403－0000028　集039
中州名賢文表三十卷　（明）劉昌輯　清光緒三十年(1904)鴻文書局石印本　六冊

130000－3403－0000029　集040
續中州名賢文表六十八卷　（清）邵松年輯　清光緒三十年(1904)鴻文局石印本　二十一冊　存六十五卷(一至二十七、三十一至六十八)

130000－3403－0000030　集041
欽定國朝詩別裁集三十二卷　（清）沈德潛纂評　清刻本　六冊　存十七卷(一至十七)

130000－3403－0000031　集042
宋詩鈔四集　（清）吳之振輯　清刻本　二十四冊　存三集(二至四)

130000－3403－0000032　集043
二妙集八卷年譜一卷逸文一卷　（金）段成己（金）段克己撰　清石印本　四冊　存七卷(二妙集四至八、年譜一卷、逸文一卷)

130000－3403－0000033　集046
國朝六家詩鈔八卷　（清）劉執玉撰　清宣統二年(1910)澄衷學堂石印本　六冊

130000－3403－0000034　集047
新刊文選後集十五卷音釋一卷　（南朝梁）蕭統輯　（唐）李善等考註　清康熙刻本　七冊

130000－3403－0000035　集048
古唐詩合解十六卷　（清）王堯衢註　清道光十年(1830)刻本　一冊　存二卷(唐詩一至二)

130000－3403－0000036　集049
樂府詩集一百卷目錄二卷　（宋）郭茂倩編次　清同治十三年(1874)刻本　十六冊

130000－3403－0000037　集050
書業德重訂古文釋義新編八卷　（清）余誠評註　清光緒十年(1884)刻本　四冊

130000－3403－0000038　集051
續古文辭類纂二十八卷　（清）黎庶昌撰　清

光緒二十年（1894）刻本　四冊　存十一卷
（一至十一）

130000－3403－0000039　集052

文選六十卷　（南朝梁）蕭統編　（唐）李善注
　清海錄軒刻朱墨套印本　四冊　存八卷
（十六至二十一、四十六至四十七）

130000－3403－0000040　集053

古唐詩合解十二卷古詩四卷　（清）王堯衢注
　清刻本　三冊　存九卷（一至四、八至十
二）

130000－3403－0000041　集054

古唐詩合解十二卷　（清）王堯衢注　清刻本
　二冊　存六卷（五至七、十至十二）

130000－3403－0000042　集055

賦鈔六卷　（清）張惠言輯　清刻本　二冊
存三卷（四至六）

130000－3403－0000043　集056

賦鈔箋畧十五卷　（清）雷琳　（清）張杏濱撰
　清刻本　八冊

130000－3403－0000044　集057

古文辭類纂七十四卷　（清）姚鼐輯　清石印
本　一冊　存五卷（五至九）

130000－3403－0000045　集061

明文鈔初編不分卷二編不分卷　（清）高塘輯
　清乾隆五十一年（1786）刻本　六冊

130000－3403－0000046　集062

皇朝經世文編一百二十卷　（清）賀長齡輯
清光緒十二年（1886）思補樓石印本　四十七
冊　存九十三卷（三至十、十三至十七、十九
至四十六、四十九至七十五、八十三、八十六
至八十九、九十五至一百二、一百五至一百十
六）

130000－3403－0000047　集063

八家四六文註八卷首一卷補註一卷　（清）孫
星衍著　（清）許貞幹註　清光緒十八年
（1892）上海圖書集成印書局鉛印本　八冊

130000－3403－0000048　集064

蘭言詩鈔四卷　（清）李瑞輯　清刻本　一冊
存一卷（四）

130000－3403－0000049　集065

皇朝經世文新編二十一卷　麥仲華輯　清石
印本　一冊　存一卷（二）

130000－3403－0000050　集066

歷代名人尺牘精華錄十二卷　（清）陳繼儒鑒
定　（清）沈佳允輯　清宣統元年（1909）石印
本　四冊

130000－3403－0000051　集068

畬堂課童草不分卷　（清）郭芥青著　清同治
十年（1871）刻本　一冊

130000－3403－0000052　集069

小隱齋塾課不分卷　（清）王振剛著　清光緒
四年（1878）刻本　十一冊

130000－3403－0000053　集070

新增七家試帖輯註彙鈔七種　（清）張熙宇輯
評　（清）王植桂輯註　清光緒十二年（1886）
刻本　八冊

130000－3403－0000054　集071

小停雲館小題文鈔不分卷　（清）赫慎脩著
清光緒十三年（1887）刻本　二冊

130000－3403－0000055　集072

信都書院課藝不分卷　（清）牛□□輯　清光
緒二十一年（1895）刻本　二冊

130000－3403－0000056　集073

格致書院課藝不分卷　（清）王韜編　清光緒
二十三年（1897）上海書局石印本　一冊

130000－3403－0000057　集074

狀元及第不分卷　（清）□□撰　清抄本
一冊

130000－3403－0000058　集075

八銘堂塾鈔二集不分卷　（清）吳懋政編　清
書業德刻本　四冊

130000－3403－0000059　集076

[張嶙王炘詩帖]不分卷　（清）張嶙　（清）
王炘著　清刻本　一冊

130000－3403－0000060　集077

七家詩輯註彙鈔七種　（清）張熙宇輯評
（清）王植桂輯註　清刻本　五冊　存四種六
卷(簡學齋試帖輯註一卷、桐雲閣試帖輯註二
卷、尚絅堂試帖輯註一卷、西漚試帖輯註二
卷)

130000－3403－0000061　集078

唐應制詩分類註釋詳解八卷　（清）馬欽遠輯
　清刻本　一冊　存四卷(五至八)

130000－3403－0000062　集079

大題五萬選不分卷　（□）□□撰　清石印本
　二十四冊

130000－3403－0000063　集080

唐詩紀事八十一卷　（宋）計有功撰　明刻本
　十四冊　存五十七卷(十五至四十一、四十
六至七十五)

130000－3403－0000064　集081

古藤書屋詩鈔十卷　（清）劉肇堂撰　清刻本
　八冊

130000－3403－0000065　集084

聊齋志異十六卷　（清）蒲松齡撰　清刻本
　二冊　存二卷(三、十六)

130000－3403－0000066　集085

繡像綠野仙踪全傳八十回　（清）李百川撰
清道光十年(1830)刻本　十一冊　存四十四
回(一至三、七至十四、三十一至三十七、四十
五至五十四、六十五至八十)

130000－3403－0000067　集086

第一才子書六十卷首一卷一百二十回　（明）
毛宗崗評　清刻本　九冊　存二十三卷(一
至七、四十六至六十,首一卷)

130000－3403－0000068　經001

周易粹鈔八卷首一卷　（清）孫昭德編次　清
嘉慶十一年(1806)刻本　六冊

130000－3403－0000069　經002

周易傳註七卷附周易筮考一卷　（清）李塨撰
　清道光二十三年(1843)刻本　四冊

130000－3403－0000070　經003

周易廓二十四卷　（清）陳世鎔撰　清咸豐元
年(1851)刻本　六冊

130000－3403－0000071　經004

周易四卷　（宋）朱熹本義　清光緒十二年
(1886)金陵奎壁齋刻本　四冊

130000－3403－0000072　經005

書集傳六卷　（宋）蔡沈撰　清刻本　四冊

130000－3403－0000073　經006

尚書註疏二十卷　（漢）孔安國傳　（唐）孔穎
達疏　清康熙二十五年(1686)重修本　八冊

130000－3403－0000074　經007

書經集傳六卷　（宋）蔡沈撰　清同治七年
(1868)楚北崇文書局刻本　四冊　存四卷
(一、三至五)

130000－3403－0000075　經008

書經集傳六卷　（宋）蔡沈撰　清宣統三年
(1911)上海會文堂書局刻本　四冊

130000－3403－0000076　經009

書經體註六卷　（清）范翔編訂　清刻本
四冊

130000－3403－0000077　經011

書經體註大全合爰六卷　（清）錢希祥纂輯
（清）范翔鑒定　清刻本　二冊　存三卷(四
至六)

130000－3403－0000078　經012

書經體註大全合爰六卷　（清）錢希祥纂輯
（清）范翔鑒定　清刻本　一冊　存二卷(二
至三)

130000－3403－0000079　經013

御纂詩義折中二十卷　（清）傅恆等撰　清乾
隆二十年(1755)刻本　六冊

130000－3403－0000080　經014

詩經集傳八卷　（宋）朱熹撰　清咸豐五年
(1855)刻本　四冊

130000－3403－0000081　經015

詩經集傳八卷　（宋）朱熹撰　清同治七年

（1868）楚北崇文書局刻本　一冊　存三卷（六至八）

130000－3403－0000082　經016
詩經體註大全體要八卷　（清）高朝瓔定　清光緒三年（1877）三盛堂刻本　四冊

130000－3403－0000083　經017
御纂詩義折中二十卷　（清）傅恆等撰　清光緒十六年（1890）善成堂刻本　六冊　存十九卷（一至十七、十九至二十）

130000－3403－0000084　經018
詩集傳八卷　（宋）朱熹撰　清慎詒堂刻本　四冊

130000－3403－0000085　經020
近科館課分韻詩初集不分卷　王先謙編　清光緒十三年（1887）石印本　一冊

130000－3403－0000086　經021
考工記二卷　（明）郭正域批點　明刻朱墨套印本　一冊

130000－3403－0000087　經022
儀禮圖六卷　（清）張惠言撰　清同治九年（1870）楚北崇文書局刻本　四冊

130000－3403－0000088　經023
漱芳軒合纂禮記體註四卷　（清）范翔參訂（清）朱光斗等校　清康熙五十二年（1713）刻本　四冊

130000－3403－0000089　經024
黃翰林校正禮記大全三十卷　（明）胡廣等撰　清康熙郁郁堂刻本　五冊　存十二卷（十三至二十一、二十四至二十六）

130000－3403－0000090　經025
禮記十卷　（元）陳澔集說　清同治七年（1868）刻本　十冊

130000－3403－0000091　經026
禮記體註大全合叅四卷　（清）范翔鑒定　清刻本　四冊

130000－3403－0000092　經027
寄傲山房塾課纂輯禮記全文俻旨十一卷

（清）鄒聖脈纂輯　清刻本　八冊

130000－3403－0000093　經028
全本禮記體註十卷　（清）徐瑄撰　（清）范翔原定　清刻本　一冊　存一卷（六）

130000－3403－0000094　經029
漱芳軒合纂禮記體註四卷　（清）范翔參訂　清刻本　三冊　存三卷（二至四）

130000－3403－0000095　經030
春秋經傳集解三十卷　（晉）杜預注　（唐）陸德明音義　春秋名號歸一圖二卷　（三國蜀）馮繼先撰　清同治八年（1869）崇文書局刻本　十二冊

130000－3403－0000096　經031
春秋經傳集解三十卷　（晉）杜預撰　春秋年表一卷　（宋）岳珂刊補　春秋名號歸一圖二卷　（三國蜀）馮繼先撰　清同治十三年（1874）江西書局刻本　十六冊　存三十一卷（一至十一、十三、十五至三十,春秋年表一卷,春秋名號歸一圖二卷）

130000－3403－0000097　經032
左傳事緯十二卷　（清）馬驌編　清光緒四年（1878）上海文瑞樓石印本　六冊

130000－3403－0000098　經033
太史張天如詳節春秋綱目左傳句解六卷（清）韓葵重訂　清光緒六年（1880）刻本　四冊

130000－3403－0000099　經034
春秋左傳五十卷　（晉）杜預　（宋）林堯叟註釋　（唐）陸元朗音義　（明）鍾惺等評點　清光緒三十年（1904）刻本　十二冊　存三十七卷（一至六、十一至十七、二十一至三十四、四十一至五十）

130000－3403－0000100　經035
春秋集說四卷　（清）徐澤醇著　清光緒三十二年（1906）刻本　四冊

130000－3403－0000101　經036
左繡三十卷首一卷　（清）馮李驊　（清）陸浩

249

評輯　清華川書屋刻本　一冊　存二卷(一、首一卷)

130000－3403－0000102　經037
春秋左傳三十卷　(晉)杜預注　(宋)林堯叟附註　(唐)陸德明音釋　清刻本　六冊　存十六卷(三至十六、二十至二十一)

130000－3403－0000103　經038
春秋左傳五十卷　(晉)杜預注　(唐)陸德明音義　(明)鍾惺等評點　清刻本　四冊　存十五卷(二十七至三十八、四十八至五十)

130000－3403－0000104　經041
春秋公羊傳十一卷　(漢)何休學　(唐)陸德明音義　清同治七年(1868)刻本　四冊

130000－3403－0000105　經042
春秋穀梁傳十二卷　(晉)范甯集解　(唐)陸德明音義　清同治七年(1868)湖北崇文書局刻本　四冊

130000－3403－0000106　經043－1
春秋三十卷　(宋)胡安國傳　清光緒善成堂刻本　八冊

130000－3403－0000107　經043－2
春秋三十卷　(宋)胡安國傳　清光緒善成堂刻本　八冊

130000－3403－0000108　經044
論語話解十卷　(清)陳濬撰　清光緒三十二年(1906)石印本　四冊

130000－3403－0000109　經045
論語集註大全二十卷　(清)汪份輯　清刻本　十六冊

130000－3403－0000110　經046
四書集註十九卷　(宋)朱熹集註　清刻本　二冊　存十卷(論語十卷)

130000－3403－0000111　經047
孟子集註本義滙叅二十卷首一卷　(清)王步青輯　(清)王士龍編　清敦復堂刻本　十六冊　存十九卷(一至三、五至二十)

130000－3403－0000112　經048

孟子集註大全十四卷　(清)汪份輯　清刻本　十四冊

130000－3403－0000113　經050
四書大全四十二卷　(清)汪份輯　清康熙四十二年(1703)刻本　十冊　存八卷(大學章句一至三、大學或問一、中庸章句一至三、中庸或問一)

130000－3403－0000114　經051－1
四書大全學知錄二十三卷字畫辨訛一卷　(清)許泰交輯　清雍正十三年(1735)刻本　十六冊　存十七卷(大學一至二、中庸一至三、論語一至五、孟子一至六,字畫辨訛一卷)

130000－3403－0000115　經051－2
四書大全學知錄二十三卷字畫辨訛一卷　(清)許泰交撰　清刻本　二冊　存二卷(中庸四、孟子七)

130000－3403－0000116　經051－3
四書大全學知錄二十三卷字畫辨訛一卷　(清)許泰交撰　清刻本　六冊　存七卷(論語六至十、孟子六至七)

130000－3403－0000117　經052
四書衷義錄十九卷　(清)洪繼運輯著　清乾隆三年(1738)文盛堂刻本　六冊

130000－3403－0000118　經053
四書題鏡三十六卷　(清)汪鯉翔纂述　清嘉慶二年(1797)同人堂刻本　十一冊

130000－3403－0000119　經054
四書便蒙十九卷　(宋)朱熹撰　清道光四年(1824)刻本　六冊

130000－3403－0000120　經055
廣增四書典腋二十卷　(清)松軒主人撰　清同治四年(1865)刻本　一冊　存四卷(一至四)

130000－3403－0000121　經056
四書便蒙十九卷　(宋)朱熹撰　清光緒四年(1878)文德永刻本　六冊

130000－3403－0000122　經057

四書合講十九卷 （宋）朱熹撰 清光緒六年(1880)刻本 五冊 存十六卷(大學一卷,中庸一卷,論語一至九,孟子一至三、六至七)

130000－3403－0000123 經058

增廣新訂四書補註備旨十二卷 （明）鄧林著 （清）鄧煜編次 （清）杜定基增訂 清光緒十一年(1885)書業德刻本 六冊 存七卷(大學一至二、上下論一至三、下孟三至四)

130000－3403－0000124 經059

新訂四書補註備旨十卷 （明）鄧林著 （清）鄧煜編 清光緒十三年(1887)刻本 六冊

130000－3403－0000125 經060

四書義經正篇二卷首一卷 （清）三魚書屋輯 清光緒二十七年(1901)掃葉山房石印本 四冊

130000－3403－0000126 經061

四書味根錄三十七卷首二卷 （清）金澂撰 清善成堂刻本 二冊 存四卷(中庸一至二、孟子九至十)

130000－3403－0000127 經062

四書朱子本義匯參四十三卷首四卷 （清）王步青編輯 清敦復堂刻本 八冊 存十二卷(論語二至十三)

130000－3403－0000128 經063

四書翊註四十二卷首一卷 （清）刁包輯 清刻本 八冊 存二十二卷(大學一至二、論語一至十、孟子一至十)

130000－3403－0000129 經064

四書大全摘要二十卷 （清）李武輯 清刻本 十二冊 存七卷(孟子一至七)

130000－3403－0000130 經065

四書集注十九卷 （宋）朱熹撰 清同治六年(1867)金陵書局鉛印本 六冊

130000－3403－0000131 經066

四書典制類聯音註三十三卷 （清）閻其淵編輯 清刻本 二冊 存八卷(五至九、十三至十五)

130000－3403－0000132 經067

四書或問語類大全合訂四十一卷 （清）黃越撰 清刻本 三冊 存三卷(孟子十二至十四)

130000－3403－0000133 經068

四書人物類典串珠四十卷 （清）臧志仁編輯 清刻本 四冊 存十六卷(二十至二十一、二十七至四十)

130000－3403－0000134 經069

四書人物類典串珠四十卷 （清）臧志仁編輯 （清）臧銘 （清）臧錕校字 清刻本 十一冊 存三十九卷(二至四十)

130000－3403－0000135 經070

四書人物類典串珠四十卷 （清）臧志仁編輯 清刻本 三冊 存十一卷(八至十二、十九至二十四)

130000－3403－0000136 經071

松陽講義十二卷 （清）陸隴其撰 清刻本 二冊 存四卷(四至七)

130000－3403－0000137 經072

四書疏註撮言大全三十七卷 （宋）朱熹撰 （清）胡斐才輯 （清）紀昀鑒定 清刻本 二十四冊

130000－3403－0000138 經073

四書纂註 （□）□□撰 清石印本 一冊 存一卷(下)

130000－3403－0000139 經075

四書味根錄三十七卷首二卷 （清）金澂撰 清石印本 一冊 存八卷(孟子一至七、首一卷)

130000－3403－0000140 經077

五經揭要二十九卷 （清）許寶善編 清刻本 三冊 存七卷(春秋三傳揭要一至三、周易揭要二至三、禮記揭要一至二)

130000－3403－0000141 經078

求志居經說八種二十四卷 （清）陳世鎔撰 清同治四年(1865)刻本 四冊 存十七卷

（書經說四卷、詩經說六卷、春秋說四卷、禮說三卷）

130000－3403－0000142　經079
經典釋文三十卷　（唐）陸德明撰　清刻本
六冊　存十六卷（五至二十）

130000－3403－0000143　經080
小學集解六卷　（清）張伯行纂輯　清同治六年（1867）楚北崇文書局刻本　二冊

130000－3403－0000144　經081
說文解字三十二卷　（漢）許慎撰　（清）段玉裁注　清同治十一年（1872）湖北崇文書局刻本　十二冊　存十二卷（一至九、十二至十三、十五）

130000－3403－0000145　經082
字彙四集　（清）陳淏子撰　清光緒元年（1875）寶興堂刻本　四冊

130000－3403－0000146　經083
說文解字句讀三十卷　（清）王筠撰　清光緒八年（1882）四川尊經書局刻本　一冊　存一卷（一）

130000－3403－0000147　經085
康熙字典十二集三十六卷總目一卷檢字一卷辨似一卷等韻一卷補遺一卷備考一卷　（清）張玉書撰　清刻本　一冊　存一卷（未集中）

130000－3403－0000148　經086
字彙十二卷首一卷末一卷　（明）梅膺祚音釋　清刻本　十三冊　存十三卷（字彙十二卷、末一卷）

130000－3403－0000149　經087
味經堂重訂幼學須知句解四卷　（清）錢元龍校梓　清刻本　四冊

130000－3403－0000150　經088
虛字說一卷　（清）袁仁林著　（清）王德修校正　（清）李錫齡校刊　清刻本　一冊

130000－3403－0000151　經089
大廣益會玉篇三十卷　（南朝梁）顧野王撰（唐）孫強增補　（宋）陳彭年重修　**廣韻五卷**

（南朝梁）顧野王撰　清道光三十年（1850）新化鄧氏東山精舍刻本　八冊

130000－3403－0000152　經090
詩韻合璧五卷　（清）湯文璐撰　清光緒十三年（1887）廣百宋齋石印本　五冊

130000－3403－0000153　經091
詩韻合璧五卷　（清）湯文璐撰　清石印本　五冊

130000－3403－0000154　經092
新刊校正增補圓機韻學活法全書十四卷（明）王世貞校正　清刻本　八冊

130000－3403－0000155　經093
韻辨附文五卷　（清）沈兆霖撰　清刻本　二冊　存二卷（四至五）

130000－3403－0000156　經096
爾雅三卷　（晉）郭璞注　（唐）陸德明音義　清同治七年（1868）湖北崇文書局刻本　三冊

130000－3403－0000157　類001
佩文韻府一百六卷　（清）張玉書等纂修　**拾遺一百六卷**　（清）汪灝等輯　清康熙刻本　四冊　存三卷（佩文韻府九十九至一百一）

130000－3403－0000158　類002
詩料集錦詳註　（清）伴鶴居士輯　清刻本　一冊　存三卷（四至六）

130000－3403－0000159　類003
策府統宗　（清）劉昌齡輯　清石印本　一冊　存一卷（六）

130000－3403－0000160　類004
類書纂要三十三卷　（清）黃機鑒定　（清）周魯輯　（清）侯杲參　清康熙三年（1664）刻本　二十一冊　存二十九卷（一、五至三十二）

130000－3403－0000161　類005
鑄史駢言十二卷　（清）孫玉田撰　清光緒二年（1876）石印本　六冊

130000－3403－0000162　類006
重訂廣事類賦四十卷　（清）華希閔著　清敬文堂刻本　八冊

130000－3403－0000163　類007

臙脂牡丹六卷　（清）韓鄂撰　清光緒三年
(1877)刻本　六冊

130000－3403－0000164　類008

詩學含英十四卷　（清）劉文蔚輯　清光緒九
年(1883)有益堂刻本　一冊　存七卷(一至
七)

130000－3403－0000165　類009

書敘指南二十卷　（宋）任廣編　清刻本　二
冊　存十五卷(六至二十)

130000－3403－0000166　類010

分類賦鵠十二卷首一卷　（清）廣百宋齋主人
輯　清石印本　一冊　存一卷(二)

130000－3403－0000167　史001

二十一史　明刻明清遞修本　一百六十三冊
　存八百五十九卷(史記十三至三十八、五十
至八十七、一百十一至一百三十，前漢書二十
一至二十七、三十一至一百，後漢書九十卷、
志三十卷,三國志二十六至六十五，晉書一百
二十五至一百三十、音義一至三,宋書一百
卷,南齊書一至二十七,梁書五十六卷,唐書
釋音一至二十五,五代史記七十四卷,宋史四
十七至八十一,元史二百十卷、目錄二卷)

130000－3403－0000168　史002

二十四史　（清）鄂爾泰等編　清光緒十年
(1884)上海同文書局石印本　六百八十八冊

130000－3403－0000169　史005

漢書錄　（□）□□撰　清石印本　一冊　存
三卷(四至六)

130000－3403－0000170　史007

前漢書一百二十卷　（漢）班固撰　（唐）顏師
古注　明崇禎十五年(1642)毛氏汲古閣刻本
　二十四冊　存一百卷(一至一百)

130000－3403－0000171　史008

後漢書九十卷　（南朝宋）范曄撰　（唐）李賢
注　志三十卷　（晉）司馬彪撰　（南朝梁）劉
昭注　明刻本　二十一冊　存一百四卷(後
漢書一至四十八、五十六至八十一,志三十

卷)

130000－3403－0000172　史009

史記一百三十卷　（漢）司馬遷撰　（南朝宋）
裴駰集解　（唐）司馬貞索隱　（唐）張守節正
義　清同治五年至九年(1866－1870)金陵書
局刻本　二十冊

130000－3403－0000173　史010

後漢書一百三十卷　（南朝宋）范曄撰　（唐）
李賢注　清同治八年(1869)金陵書局刻本
四冊　存二十八卷(二十六至五十三)

130000－3403－0000174　史011

晉書一百三十卷　（唐）房玄齡著　清同治十
年(1871)金陵書局刻本　十七冊　存一百十
卷(一至六十七、八十二至一百二十四)

130000－3403－0000175　史012

五代史七十四卷　（宋）歐陽修撰　（宋）徐無
黨注　清同治十一年(1872)湖北崇文書局刻
本　八冊

130000－3403－0000176　史013

前漢書一百二十卷　（漢）班固撰　（唐）顏師
古注　清光緒十三年(1887)金陵書局刻本
十三冊　存八十二卷(一至八十二)

130000－3403－0000177　史014

後漢書九十卷　（南朝宋）范曄撰　（唐）李賢
注　志三十卷　（晉）司馬彪撰　（南朝梁）劉
昭注　清光緒二十三年(1897)金陵書局仿汲
古閣刻本　三冊　存二十二卷(後漢書八十
一至九十、志一至十二)

130000－3403－0000178　史015

漢書一百卷　（漢）班固撰　（唐）顏師古注
清光緒二十四年(1898)上海點石齋石印本
八冊

130000－3403－0000179　史016

漢書點勘六卷附一卷　（清）吳汝綸點勘
(清)吳闓生纂錄　清刻本　四冊

130000－3403－0000180　史018

資治通鑑綱目五十九卷　（宋）朱熹撰　（明）

陳仁錫評閱　明刻本　十二冊　存八卷(二十九至三十六)

130000－3403－0000181　史 019
綱鑑正史約三十六卷　(明)顧錫疇編纂　明刻本　二十冊

130000－3403－0000182　史 020
資治通鑑綱目前編二十五卷正編五十九卷(宋)朱熹撰　(明)陳仁錫評閱　**續資治通鑑綱目二十七卷**　(明)商輅等撰　(明)陳仁錫評閱　清康熙四十年(1701)刻本　三十五冊　存四十一卷(資治通鑑綱目前編一至十一、十七至二十五,正編二十二至二十七、四十六、四十九至五十、五十四至五十九,續資治通鑑綱目四至九)

130000－3403－0000183　史 021
資治通鑑綱目五十九卷　(宋)朱熹撰　(明)陳仁錫評閱　**前編二十五卷**　(明)南軒撰　(明)陳仁錫評閱　**續綱目二十七卷**　(明)商輅等撰　(明)陳仁錫評閱　**續編一卷**　(明)陳桱撰　(明)陳仁錫評閱　清嘉慶十三年(1808)刻本　一百冊　存九十八卷(資治通鑑綱目一、六至十一、二十二至五十九,前編二十五卷,續綱目二十七卷,續編一卷)

130000－3403－0000184　史 022
綱鑑正史約三十六卷　(明)顧錫疇編　(清)陳宏謀增訂　清同治八年(1869)浙江書局刻本　二十冊

130000－3403－0000185　史 023
司馬溫公稽古錄二十卷　(宋)司馬光撰　清同治十一年(1872)湖北崇文書局刻本　四冊

130000－3403－0000186　史 024
御批歷代通鑑輯覽一百二十卷　(清)高宗弘曆撰　(清)楊述曾等輯　清光緒二十四年(1898)圖書集成局石印本　十九冊　存九十五卷(一至三十五、四十一至五十五、六十一至七十、七十六至九十五、一百六至一百二十)

130000－3403－0000187　史 025

130000－3403－0000187　史 025
御批歷代通鑑輯覽一百二十卷　(清)傅恆等編纂　清光緒二十五年(1899)新化三味書室刻本　二十五冊　存一百十六卷(一至三十三、三十五至四十八、五十一至一百十、一百十二至一百二十)

130000－3403－0000188　史 026
御批歷代通鑑輯覽一百二十卷　(清)傅恆等編纂　清刻朱墨套印本　十冊　存二十三卷(七至九、十五至十八、六十三至六十四、一百七至一百二十)

130000－3403－0000189　史 027
資治通鑑地理今釋十六卷　(清)吳熙載撰　清刻本　一冊　存七卷(十至十六)

130000－3403－0000190　史 028
尺木堂綱鑑易知錄九十二卷明鑑易知錄十五卷　(清)吳乘權輯　清刻本　一冊　存二卷(七十三至七十四)

130000－3403－0000191　史 032－1
鼎鋟鍾伯敬訂正資治綱鑑正史大全七十四卷皇明紀要三卷　(明)鍾惺訂正　明刻本　六冊　存二十八卷(二十四至二十七、五十四至七十四,皇明紀要三卷)

130000－3403－0000192　史 032－2
鼎鋟鍾伯敬訂正皇明紀要　(明)陳建輯著　明刻本　一冊　存三卷(一至三)

130000－3403－0000193　史 033
皇明大事記五十卷　(明)朱國禎輯　明刻本　十冊　存二十四卷(二十四至四十二、四十四、四十六至四十七、四十九至五十)

130000－3403－0000194　史 035
路史四十七卷　(宋)羅泌著　清刻本　八冊　存十九卷(前紀六至九、後紀一至九、發揮一至六)

130000－3403－0000195　史 036
皇明史概一百二十一卷　(明)朱國禎輯　明崇禎刻本　三十七冊　存八十二卷(皇明大訓記十六卷,皇明大事記一至四十二、四十四、四十六至四十七、四十九至五十,皇明開

國臣傳十三卷,皇明遜國臣傳五卷、首一卷)

130000－3403－0000196　　史 037

南唐書十八卷放翁逸藁二卷家世舊聞一卷
(宋)陸遊撰　**南唐書音釋一卷**　（明）戚光撰
　明末汲古閣刻本　　四冊

130000－3403－0000197　　史 040

十七史詳節二百七十四卷　（宋）呂祖謙輯
清光緒二十八年(1902)崇新書局石印本　　二
十九冊　存一百五十四卷(史記詳節一至二
十、首一卷,西漢詳節七至三十,東漢詳節一
至十五、二十二至三十,三國志詳節一至八、
十至二十,晉書詳節十五至三十,南史詳節一至
八,北史詳節一至八,隋書詳節一至六,唐書
詳節一至二十,五代史詳節一至三)

130000－3403－0000198　　史 043

廿二史劄記三十六卷補遺一卷　（清）趙翼撰
　清石印本　　二冊　存十二卷(十三至二十
四)

130000－3403－0000199　　史 044

童蒙觀鑑六卷　（清）楊蘭畹鑒定　（清）丁有
美纂輯　清乾隆三十六年(1771)姑蘇穆大展
刻本　　二冊

130000－3403－0000200　　史 047

歷代名臣言行錄二十四卷　（清）朱桓輯　清
光緒十一年(1885)刻本　　十冊　存十卷(一
至七、十九至二十、二十四)

130000－3403－0000201　　史 048

歷代名臣言行錄二十四卷　（清）朱桓輯　清
刻本　　七冊　存八卷(十五至十七)

130000－3403－0000202　　史 049

王氏續譜四卷　（清）□□纂修　清道光十一
年(1831)刻光緒十一年(1885)增修本　　四冊

130000－3403－0000203　　史 053

續修大清會典四卷　（清）托津等撰　清同治
十一年(1872)湖北崇文書局刻本　　四冊

130000－3403－0000204　　史 055

宦游紀略二卷　（清）高廷瑤撰　（清）嚴錫康

重刊　清光緒刻本　　二冊

130000－3403－0000205　　史 057

欽定康濟錄四卷　（清）陸曾禹撰　清刻本
一冊　存一卷(三)

130000－3403－0000206　　史 059

東三省交涉輯要十二卷首一卷　（清）孫鳳翔
　（清）趙崇蔭輯　（清）劉瑞霖訂　清宣統二
年(1910)鉛印本　　六冊

130000－3403－0000207　　史 061

新刻官板律例臨民寶鏡十卷首三卷末三卷
(明)蘇茂相輯　明刻本　　九冊　存九卷(二
至八、首二至三)

130000－3403－0000208　　史 062

大清律例集要新編四十卷　（清）吳廷琛撰
(清)姚雨芝纂輯　（清）陸翰仙增修　清嘉慶
二十四年(1819)刻本　　十二冊　存二十二卷
(一至五、八至二十四)

130000－3403－0000209　　史 063

名法指掌新例增訂四卷　（清）沈辛田撰　清
道光十三年(1833)刻本　　四冊

130000－3403－0000210　　史 064

駁案新編三十二卷　（清）全士潮等輯　清刻
本　　六冊　存六卷(九至十四)

130000－3403－0000211　　史 065

大清律例全纂四十卷　（清）刑部製訂　清刻
本　　一冊　存二卷(三十六至三十七)

130000－3403－0000212　　史 066

大清律例統纂集成四十卷　（清）姚潤輯
(清)沈之奇註　清刻本　　六冊　存八卷(二
十三至三十)

130000－3403－0000213　　史 067

**大清律例增修統纂集成四十卷附督捕例則二
卷**　（清）刑部製訂　（清）陶東皋等增修　清
刻本　　三冊　存五卷(六至七、二十六,督捕
例則二卷)

130000－3403－0000214　　史 068

大清現行刑律三十六卷　沈家本等撰　清鉛

印本　一冊　存二卷(二十七至二十八)

130000－3403－0000215　史072
資治新書初集十四卷首一卷二集二十卷
(清)李漁輯　清光緒二十年(1894)上海圖書
集成印書局鉛印本　十二冊

130000－3403－0000216　史073
實政錄七卷　(明)呂坤著　清道光七年
(1827)刻本　六冊

130000－3403－0000217　史074
實政錄七卷　(明)呂坤著　清同治七年
(1868)湖北崇文書局刻本　六冊

130000－3403－0000218　史075
在官法戒錄摘鈔四卷　(清)陳宏謀輯　清刻
本　一冊　存一卷(三)

130000－3403－0000219　史076
李肅毅伯奏議十三卷　(清)李鴻章撰　(清)
章洪鈞　(清)吳汝綸編輯　清石印本　十一
冊　存十一卷(一至五、八至十三)

130000－3403－0000220　史077－1
[道光]南宮縣志十六卷　(清)周栻修　清道
光十年(1830)刻本　二冊

130000－3403－0000221　史077－2
[道光]南宮縣志十六卷　(清)周栻修　清道
光十年(1830)刻本　一冊　存二卷(二至三)

130000－3403－0000222　史078
[道光]南宮縣志十六卷　(清)周栻修　清刻
本　七冊　存十五卷(二至十六)

130000－3403－0000223　史087
華嶽志八卷首一卷　(清)李榕纂輯　(清)楊
翼武評閱　清光緒九年(1883)補刻本　四冊

130000－3403－0000224　史088
京口山水志十八卷首一卷末一卷　(清)楊棨
撰　清鉛印本　一冊　存七卷(十三至十八、
末一卷)

130000－3403－0000225　史089
四述奇十六卷　(清)張德彝撰　清末著易堂
鉛印本　七冊　存十四卷(一至十四)

130000－3403－0000226　史091
萬國近政考略十六卷　(清)鄒弢編輯　清光
緒二十七年(1901)三借廬鉛印本　三冊　存
十二卷(一至四、九至十六)

130000－3403－0000227　史093
匋齋藏石記四十四卷首一卷藏磚記二卷
(清)端方撰　清宣統元年(1909)石印本　七
冊　存二十八卷(一至二十七、首一卷)

130000－3403－0000228　史095
欽定四庫全書總目二百卷首一卷　(清)紀昀
等纂　清刻本　七十八冊　存一百六十八卷
(一至一百二、一百四、一百六至一百十四、一
百十六至一百三十六、一百四十至一百七十
三,首一卷)

130000－3403－0000229　新學001
東洋史要二卷　(日本)桑原騭藏著　樊炳清
譯　清光緒二十五年(1899)東文學社石印本
四冊

130000－3403－0000230　新學002
礦學真詮十三卷附錄一卷　王汝淮著　清石
印本　七冊

130000－3403－0000231　子001
二十二子　(清)浙江書局編　清光緒元年至
三年(1875－1877)浙江書局刻本　四十八冊
存十四種二百五卷(新書十卷,董子春秋繁
露十七卷、附錄一卷,尸子二卷、存疑一卷,管
子二十四卷,韓非子二十卷、附識誤三卷,商
君書五卷、附考一卷,孔子集語十七卷,晏子
春秋七卷、附音義二卷、校勘記二卷,淮南子
二十一卷,文子纘義十二卷,荀子二十卷、附
校勘補遺一卷,墨子十六卷、附篇目考一卷,
列子八卷,揚子法言十三卷、音義一卷)

130000－3403－0000232　子003
荀子二十卷附校勘補遺一卷　(唐)楊倞注
清乾隆五十一年(1786)嘉善謝氏刻本　六冊

130000－3403－0000233　子004
孔氏家語十卷　(三國魏)王肅注　清刻本
四冊

130000－3403－0000234　子005

讀書錄十一卷續錄十二卷　（明）薛瑄撰　清乾隆十一年(1746)刻本　八冊

130000－3403－0000235　子006

潛室陳先生木鍾集十一卷　（宋）陳埴撰　清同治六年(1867)東甌郡齋刻本　一冊　存一卷（一）

130000－3403－0000236　子008

五種遺規摘鈔　（清）陳宏謀輯并撰　清同治七年(1868)楚北崇文書局刻本　二冊　存二種二卷（養正遺規摘鈔一、教女遺規摘鈔一）

130000－3403－0000237　子009

同善錄十卷前一卷後一卷首一卷末一卷　（清）李承福輯　清光緒十六年(1890)刻本　一冊　存二卷（前一卷、首一卷）

130000－3403－0000238　子010

呂語集粹四卷　（明）呂坤著　（清）陳宏謀評　清刻本　二冊

130000－3403－0000239　子011

御纂性理精義十二卷　（清）李光地撰　清刻本　一冊　存二卷（三至四）

130000－3403－0000240　子012

南華真經正義三十三卷詩餘一卷　（清）陳壽昌輯　清刻本　五冊　存二十七卷（一至二十六、詩餘一卷）

130000－3403－0000241　子014

農桑輯要七卷　（元）司農司撰　（清）紀昀（清）陸錫熊纂　清光緒二十一年(1895)中江權署刻本　一冊　存四卷（一至四）

130000－3403－0000242　子015

御纂醫宗金鑑內科七十四卷外科十六卷　（清）吳謙等編纂　清宣統元年(1909)上海章福記石印本　二十冊　存八十六卷（內科一至四十、四十五至七十四,外科十六卷）

130000－3403－0000243　子016

御纂醫宗金鑑內科七十四卷外科十六卷　（清）吳謙等編　清三讓堂刻本　十二冊　存十六卷（外科十六卷）

130000－3403－0000244　子017

御纂醫宗金鑑內科七十四卷外科十六卷　（清）吳謙等編纂　清刻本　二冊　存二卷（內科六十三、六十七）

130000－3403－0000245　子018

本草從新六卷　（清）吳儀洛輯　清刻本　四冊　存四卷（一至二、五至六）

130000－3403－0000246　子019

珍珠囊指掌補遺藥性賦四卷　（金）李杲編輯（清）王子接重訂　**雷公炮製藥性解六卷**（明）李中梓編輯　清光緒二十五年(1899)校經山房刻本　四冊

130000－3403－0000247　子020

呂氏春秋二十六卷附考一卷　（秦）呂不韋撰（漢）高誘注　（清）畢元校　清光緒元年(1875)刻本　六冊

130000－3403－0000248　子021

浮邱子十二卷　（清）湯鵬著　清掃葉山房石印本　一冊　存二卷（九至十）

130000－3403－0000249　子022

池北偶談二十六卷　（清）王士禛著　清刻本　六冊

130000－3403－0000250　子025

讀書雜志八十二卷餘編二卷　（清）王念孫撰　清同治九年(1870)金陵書局刻本　二十四冊

130000－3403－0000251　子026

香祖筆記十二卷　（清）王士禛撰　清宣統二年(1910)掃葉山房石印本　四冊

130000－3403－0000252　子029

地理孝思集六種　（清）舒鳳儀著　清雍正光德堂刻本　六冊

130000－3403－0000253　子030

欽定協紀辨方書三十六卷　（清）李廷耀等纂修　清刻本　二冊　存四卷（八至十一）

130000－3403－0000254　子031

學算筆談十二卷 （清）華蘅芳撰 清善成堂刻本 二冊 存四卷（三至四、七至八）

130000－3403－0000255 子032

筆算啟蒙新編 （清）蕭竹軒述 （清）丁取忠刊 清刻本 一冊 存一卷（二）

130000－3403－0000256 子033

歷代畫史彙傳七十二卷首一卷總目三卷引證書目一卷附錄二卷 （清）彭蘊璨撰 （清）邱步洲輯 清刻本 一冊 存二卷（八至九）

邢臺市隆堯縣圖書館

古籍普查登記目錄

全國古籍普查登記目錄

國家圖書館出版社

National Library of China Publishing House

130000－6404－0000001　集 08

白香山詩長慶集二十卷後集十七卷別集一卷補遺二卷　（唐）白居易撰　（清）汪立名編訂　清康熙一隅草堂刻本　八冊　存二十一卷（白香山詩長慶集十一至二十，後集一至三、九至十、十四至十七，補遺二卷）

130000－6404－0000002　史 06

駁案新編三十二卷　（清）全士潮等纂輯　清刻本　五冊　存五卷（七、二十七、三十至三十二）

130000－6404－0000003　史 18

補三國疆域志二卷　（清）洪亮吉撰　清刻本　一冊

130000－6404－0000004　集 15

楚辭燈四卷　（清）林雲銘論述　清康熙三十六年（1697）刻本　四冊

130000－6404－0000005　子 02

大學衍義補一百六十卷首一卷　（明）丘濬輯　（明）陳仁錫評閱　明刻本　十七冊　存五十一卷（一至三十二、一百十九至一百三十三、一百三十六至一百三十九）

130000－6404－0000006　子 26

痘科類編釋意三卷　（明）翟良輯　清乾隆三十八年（1773）刻本　四冊

130000－6404－0000007　子 19

讀法圖存四卷　（清）邵繩清繪編　清光緒六年（1880）刻本　四冊

130000－6404－0000008　子 14

二如亭群芳譜三十卷首十四卷　（明）王象晉纂輯　（明）陳繼儒等較　明末刻清雍正後印本　八冊　存十二卷（穀譜一卷、首一卷，蔬譜二卷、首一卷，果譜四卷、首一卷，天譜三，歲譜四）

130000－6404－0000009　史 13

貳臣傳十二卷逆臣傳四卷　（清）國史館編　清刻本　六冊　存六卷（貳臣傳九至十、逆臣傳四卷）

130000－6404－0000010　集 02

分韻試帖青雲集合註四卷　（清）楊逢春輯　（清）沈品金等註　清光緒十五年（1889）書業德刻本　三冊　存三卷（一、三至四）

130000－6404－0000011　史 09

綱鑑會纂三十九卷首一卷　（明）王世貞編　清刻本　六冊　存六卷（三十四至三十九）

130000－6404－0000012　史 10

各國約章纂要六卷首一卷附錄一卷　勞乃宣纂　清光緒十七年（1891）刻本　四冊

130000－6404－0000013　集 14

賡辰集五卷　（清）紀昀編　清嘉慶八年（1803）文盛堂刻本　五冊

130000－6404－0000014　集 17

古文釋義新編八卷　（清）余誠評註　清嘉慶元年（1796）刻本　二冊　存四卷（一至二、五至六）

130000－6404－0000015　集 20

古文淵鑒六十四卷　（清）徐乾學編注　清康熙內府刻本　七冊　存十卷（二十四至二十五、四十至四十四、三十五至三十七）

130000－6404－0000016　集 11

貫華堂選批唐才子詩甲集七言律八卷　（清）金人瑞評選　清鉛印本　二冊　存二卷（五至六）

130000－6404－0000017　集 12

歸餘鈔四卷　（清）高塘集評　清乾隆刻本　二冊　存二卷（二、四）

130000－6404－0000018　史 12

環遊地球新錄四卷　（清）李圭撰　清光緒四年（1878）善成堂刻本　四冊

130000－6404－0000019　子 22

皇朝經世文編一百二十卷　（清）賀長齡輯　清刻本　三冊　存三卷（一百十一、一百十三、一百十七）

130000－6404－0000020　集 09

劍南詩鈔六卷　（宋）陸游著　（清）楊大鶴選

清同治六年(1867)刻本　六冊

130000－6404－0000021　子04

經濟類編一百卷　(明)馮琦纂　(明)馮瑗等校　明萬曆刻本　十五冊　存三十卷(三十一至四十、八十一至一百)

130000－6404－0000022　子03

徑山藏　明萬曆十七年(1589)至清乾隆五臺山嘉興徑山等地刻本　十六冊　存一百八十二卷(大方廣佛華嚴經疏六十卷、止觀輔行傳弘決四十卷、佛說大方廣善巧方便經四卷、佛說白衣金幢二婆羅門緣起經三卷、佛說光明童子因緣經四卷、佛說未曾有正法經六卷、佛說大乘無量壽莊嚴經三卷、佛說四無所畏經一卷、聖六字增壽大明陀羅尼經一卷、佛說大乘戒經一卷、佛說聖最勝陀羅尼經一卷、佛說五十頌聖般若波羅蜜經一卷、佛說八大曼拏羅經一卷、佛說較量一切佛剎功德經一卷、囉嚩拏說救療小兒疾病經一卷、迦葉仙人說醫女人經一卷、佛說阿那律八念經一卷、佛說離睡經一卷、佛說是法非法經一卷、佛說樂想經一卷、佛說漏分布經一卷、佛說阿耨颰經一卷、佛說求欲經一卷、佛說受歲經一卷、佛說梵志計水淨經一卷、佛說尼犁經一卷、佛說優婆夷墮舍迦經一卷、佛說齋經一卷、佛說鞞摩肅經一卷、佛說婆羅門子命終愛念不離經一卷、佛說十支居士八成人經一卷、佛說邪見經一卷、佛說箭喻經一卷、佛說普法義經一卷、佛說廣義法門經一卷、佛說戒德香經一卷、佛說四人出現世間經一卷、佛說諸法本經一卷、佛說瞿曇彌記果經一卷、三歸五戒慈心厭離功德經一卷、佛說須達經一卷、佛為黃竹園老婆羅門說學經一卷、佛說梵魔喻經一卷、佛說義足經二卷、鬼問目蓮經一卷、雜藏經一卷、餓鬼報應經一卷、佛說處處經一卷、佛說蟻喻經一卷、聖觀自在菩薩不空王祕心陀羅尼經一卷、佛說巨力長者所問大乘經三卷、妙吉祥菩薩所問大乘法螺經一卷、四品法門經一卷、八大菩薩經一卷、施一切無畏陀羅尼經一卷、聖八千頌般若波羅蜜多一百八名真實圓義陀羅尼經一卷、佛說文殊悔過經一卷、須摩提長者經一卷、長者子懊惱三處經一卷、健陀國王

經一卷、阿難四事經一卷、佛說五恐怖世經一卷、佛說弟子死復生經一卷、佛說㦬怠耕者經一卷、佛說辯意長者子所問經一卷、無垢優婆夷問經一卷)

130000－6404－0000023　史21

九通二千三百二十一卷　(清)□□輯　清光緒二十八年(1902)上海鴻寶書局石印本　七十二冊　存九百三十三卷(通典二百卷、附考證一卷;欽定續通典一至五十三、一百九至一百五十;皇朝通典四十八至五十五、六十四至七十三;通志九十四至一百二十三、一百六十二百,附考證三卷;欽定續通志一至二百二十二;文獻通考七十六至一百五十六、一百六十七至一百七十六、一百九十至二百五十八、二百六十九至三百四十八,附考證一至三;皇朝文獻通考七十一至一百五十)

130000－6404－0000024　經16

禮記大全體註四卷　(清)范翔鑒定　清文會堂刻本　四冊

130000－6404－0000025　經23

禮記十卷　(元)陳澔集說　清刻本　四冊　存五卷(四、七至十)

130000－6404－0000026　子20

練兵實紀九卷雜集六卷　(明)戚繼光撰　(清)吳之勸刊　清光緒二十一年(1895)上海醉經樓石印本　二冊　存四卷(練兵實紀一至四)

130000－6404－0000027　集19

綠雪山房試帖二卷　(清)周鈴著　清同治九年(1870)刻本　一冊

130000－6404－0000028　子17

論衡三十卷　(漢)王充撰　清刻本　四冊　存二十卷(五至二十四)

130000－6404－0000029　經07

論語朱子全義三十卷　(清)魏裔介編　清刻本　六冊　存十六卷(十五至三十)

130000－6404－0000030　經26

毛詩古音攷四卷　(明)陳第編輯　清刻本

三冊　存三卷(一至三)

130000－6404－0000031　子23

祕書廿一種九十四卷　(清)汪士漢輯　清康熙七年(1668)刻本　十冊　存六十四卷(汲冢周書十卷、拾遺記十卷、白虎通德論二卷、博物志十卷、桂海虞衡志一卷、續博物志十卷、博異記一卷、高士傳三卷、竹書紀年二卷、中華古今注三卷、古今注三卷、三墳一卷、風俗通義四卷、列仙傳二卷、集異記一卷、續齊諧記一卷)

130000－6404－0000032　子09

秘傳花鏡六卷　(清)陳淏子訂輯　清刻本　四冊

130000－6404－0000033　集05

甌北集五十三卷　(清)趙翼撰　清刻本　三冊　存十五卷(十二至二十二、二十七至三十)

130000－6404－0000034　子07

憑山閣增定留青全集二十四卷　(清)陳枚選輯　清刻本　七冊　存七卷(十七、十九至二十四)

130000－6404－0000035　集18

七家詩選註釋七卷　(清)張熙宇評　清刻本　一冊　存二卷(六至七)

130000－6404－0000036　史11

欽定軍器則例三十二卷　(清)明亮撰　清刻本　六冊　存二十卷(十三至三十二)

130000－6404－0000037　經02

欽定詩經傳說彙纂二十一卷首二卷詩序二卷　(清)王鴻緒等撰　清雍正五年(1727)刻本　六冊　存六卷(一至四、首二卷)

130000－6404－0000038　史16

欽定四庫全書簡明目錄二十卷　(清)紀昀等纂　清刻本　一冊　存二卷(九至十)

130000－6404－0000039　史17

欽定四庫全書總目二百卷　(清)紀昀等纂修　清刻本　八冊　存十一卷(一百五十五至一百五十七、一百七十四至一百七十九、一百九十至一百九十一)

130000－6404－0000040　史03

闕里誌二十四卷　(明)陳鎬撰　(清)孔胤植續　(清)□□再續　明崇禎刻清雍正增修本　八冊　存十八卷(四至十一、十五至二十四)

130000－6404－0000041　集01

容城三賢文集三種十二卷　(清)張斐然輯　清刻本　八冊　存九卷(容城鍾元孫先生文集四卷、容城文靖劉先生文集一至三、容城忠愍楊先生文集三至四)

130000－6404－0000042　經01

尚書離句六卷　(清)錢在培輯解　(清)劉梅垱鑒定　清光緒十七年(1891)書業德刻本　二冊

130000－6404－0000043　經28

詩八卷　(宋)朱熹撰　清宣統元年(1909)三義堂刻本　二冊　存五卷(一至二、六至八)

130000－6404－0000044　經03

詩經喈鳳詳解八卷圖說一卷　(清)陳抒孝輯著　(清)吳新亭閱定　(清)汪基增訂　清道光二十九年(1849)三益堂刻本　四冊　存六卷(一至五、圖說一卷)

130000－6404－0000045　經36

十三經注疏附考證　清乾隆四年(1739)武英殿刻本　十二冊　存三十六卷(周禮注疏一至二十一、禮記注疏十七至三十一)

130000－6404－0000046　經35

十三經注疏附考證　清乾隆四年(1739)武英殿刻本　六十九冊　存四百二十四卷(周禮注疏一至三十六、附考證一至三十六;禮記注疏六十三卷、附考證六十三卷;春秋左傳注疏三十至三十二、四十至六十、附考證三十至三十二、四十至六十;儀禮注疏十七卷、附考證十七卷;春秋公羊傳注疏一至十七、附考證一至十七;毛詩注疏三至二十、附考證三至二十;春秋穀梁傳注疏十八至二十、附考證十八

至二十;孝經注疏九卷、附考證九卷;論語注疏二十卷、附考證二十卷;爾雅注疏一至五、附考證一至五)

130000－6404－0000047　史08
時務通考三十一卷　(清)杞廬主人輯　清石印本　十冊　存十八卷(一至八、十四至十六、十八至二十四)

130000－6404－0000048　史02
實政錄七卷　(明)呂坤撰　明萬曆刻本　四冊　存四卷(一至四)

130000－6404－0000049　史04
史記論文一百三十卷　(漢)司馬遷撰　(清)吳見思評點　(清)吳興祚參訂　清康熙刻本　十二冊　存六十八卷(十至三十二、三十六至四十六、九十七至一百三十)

130000－6404－0000050　史19
史記一百三十卷　(漢)司馬遷撰　(南朝宋)裴駰集解　清刻本　二冊　存五卷(六至十)

130000－6404－0000051　子08
事類賦三十卷　(宋)吳淑撰註　(明)華麟祥校刊　清嘉慶六年(1801)刻本　六冊

130000－6404－0000052　經22
書經六卷　(宋)蔡沈撰　清道光二年(1822)刻本　四冊

130000－6404－0000053　經33
書經六卷　(宋)蔡沈撰　清光緒十五年(1889)刻本　一冊　存一卷(一)

130000－6404－0000054　經17
書經六卷　(宋)蔡沈撰　清嘉慶二十二年(1817)文淵堂刻本　四冊

130000－6404－0000055　經34
書經六卷　(宋)蔡沈撰　清刻本　一冊　存二卷(二至三)

130000－6404－0000056　經32
書經六卷　(宋)蔡沈撰　清刻本　一冊　存二卷(五至六)

130000－6404－0000057　經18

書經六卷　(宋)蔡沈撰　清光緒十四年(1888)書業德刻本　四冊

130000－6404－0000058　經14
書經六卷　(宋)蔡沈撰　清刻本　四冊

130000－6404－0000059　經11
書經體註大全合桼六卷　(清)錢希祥纂輯　(清)范翔鑒定　清道光十三年(1833)晉祁書業成記刻本　四冊

130000－6404－0000060　集13
書業德重訂古文釋義新編八卷　(清)余誠評註　清光緒十八年(1892)書業德刻本　四冊

130000－6404－0000061　經29
四書便蒙十九卷　(宋)朱熹章句　清刻本　六冊

130000－6404－0000062　經08
四書典制類聯三十三卷　(清)閻其淵輯　清嘉慶元年(1796)刻本　六冊　存十六卷(十八至三十三)

130000－6404－0000063　經20
四書典制類聯音註三十三卷　(清)閻其淵編輯　清刻本　二冊　存七卷(二十七至三十三)

130000－6404－0000064　經21
四書題鏡　(清)汪鯉翔纂述　(清)汪皓松等校　清刻本　二冊　存二卷(一至二)

130000－6404－0000065　經24
四書味根錄三十七卷首二卷　(清)金澂輯　清道光二十二年(1842)刻本　九冊　存二十一卷(大學一,中庸一至二,論語一至十七、首一)

130000－6404－0000066　經10
四書朱子大全經傳蘊萃四十四卷　(清)朱良玉纂輯　清乾隆十四年(1749)三多齋刻本　五冊　存七卷(大學一至二、中庸一至三、論語一至二)

130000－6404－0000067　史01
宋十賢傳不分卷　(清)陳世倌編　清乾隆八

年(1743)刻本　二冊

130000－6404－0000068　集16

王陽明先生全集十六卷目録二卷　（明）王守仁撰　清道光六年(1826)刻本　四冊

130000－6404－0000069　經04

味經堂重訂幼學須知句解四卷　（清）錢元龍校梓　清刻本　四冊

130000－6404－0000070　集04

文體明辯六十一卷首一卷目録六卷附録十四卷附録目録二卷　（明）徐師曾纂　明萬曆十九年(1591)吳江趙夢麟刻本　四冊　存十卷（十八至二十、六十至六十一,目録一至三,附録目録二卷）

130000－6404－0000071　史20

文獻通考三百四十八卷　（元）馬端臨撰　清乾隆十二年(1747)刻本　四冊　存十五卷（二百五十至二百五十六、二百六十五至二百六十七、二百七十三至二百七十七）

130000－6404－0000072　集06

闈式堂明文小題傳薪六卷　（清）臧岳評釋　清刻本　六冊

130000－6404－0000073　史14

吳越春秋六卷　（漢）趙曄撰　（清）王士漢考校　清刻本　二冊

130000－6404－0000074　子16

五車韻瑞一百六十卷　（明）凌稚隆輯　明刻本　八冊　存五十卷（一百十一至一百六十）

130000－6404－0000075　集03

五言詩十七卷七言詩歌行鈔十五卷　（清）王士禎輯　清乾隆三十一年(1766)芝蘭堂刻本　五冊　存九卷（七言詩歌行鈔四至五、九至十五）

130000－6404－0000076　子21

五知齋琴譜八卷　（清）周魯封彙纂　清刻本　一冊　存二卷（二至三）

130000－6404－0000077　子10

洗冤録集證彙纂五卷　（清）王又槐增輯　（清）李觀瀾補輯　清嘉慶三年(1798)刻本　四冊

130000－6404－0000078　集07

詳批律賦標準四卷　（清）葉祺昌評選　清同治十二年(1873)書業德刻本　四冊

130000－6404－0000079　子11

小學集註六卷　（宋）朱熹撰　（明）陳選註　清刻本　二冊

130000－6404－0000080　經15

新訂四書補註備旨九卷　（明）鄧林著　（清）鄧煜編次　清同治七年(1868)刻本　五冊

130000－6404－0000081　新01

新民叢報彙編　（清）新民叢報館編　清光緒三十二年(1906)文會書社石印本　十六冊　存甲辰飲冰室文集八冊、乙巳新民叢報彙編八冊

130000－6404－0000082　經05

新增說文韻府羣玉二十卷　（元）陰時夫編輯　（元）陰中夫編註　清康熙五十五年(1716)文盛天德堂刻本　二十冊

130000－6404－0000083　子01

瘍醫準繩六卷　（明）王肯堂撰　明刻本　三冊　存二卷（一、五）

130000－6404－0000084　經27

儀禮節畧十七卷圖三卷　（清）朱軾撰　清刻本　二冊　存四卷（三至六）

130000－6404－0000085　史07

瀛環志畧十卷　（清）徐繼畬輯著　清光緒二十八年(1902)刻本　三冊　存七卷（一至七）

130000－6404－0000086　子15

酉陽雜俎二十卷續集十卷　（唐）段成式撰　清道光二十九年(1849)刻本　六冊

130000－6404－0000087　經06

御案詩經備旨八卷　（清）鄒聖脈纂輯　清光緒四年(1878)刻本　六冊

130000－6404－0000088　子05

淵鑒齋御纂朱子全書六十六卷　（清）李光地

等纂修　清康熙五十三年(1714)武英殿刻本
　　十三册　存三十二卷(一至三十二)

130000－6404－0000089　　經19
韻綜二卷集字二卷檢字一卷　(清)陳詒厚撰
　　清道光二十一年(1841)刻本　六册

130000－6404－0000090　　經12
增廣新訂四書補註備旨十卷　(明)鄧林著
(清)鄧煜編次　清光緒十一年(1885)刻本
六册　存九卷(大學一、中庸一、論語一至三、
孟子一至四)

130000－6404－0000091　　經12－2
增廣新訂四書補註備旨十卷　(明)鄧林著
(清)鄧煜編次　清光緒十一年(1885)刻本
七册

130000－6404－0000092　　子18
張子全書十五卷　(宋)張載撰　(宋)朱熹註
釋　清刻本　六册

130000－6404－0000093　　史05
趙忠毅公僑鶴先生史韻四卷　(明)趙南星撰
　(清)孫昌齡等校刊　(清)陳鍾祥補註　清
同治元年(1862)刻本　二册

130000－6404－0000094　　經09
制義約選一卷　(清)李錫瑞編次　(清)陳珍
等參校　清同治八年(1869)刻本　六册

130000－6404－0000095　　子13
智囊補二十八卷　(明)馮夢龍輯　清刻本
五册　存十卷(一至二、五至八、二十一至二
十四)

130000－6404－0000096　　子12
重訂廣事類賦四十卷　(清)華希閔著　(清)
鄒升恒參　清刻本　六册　存二十七卷(一
至二十七)

130000－6404－0000097　　子25
重訂事類賦三十卷　(宋)吳淑撰註　清刻本
　二册　存十四卷(八至二十一)

130000－6404－0000098　　集10
重訂文選集評十五卷首一卷末一卷　(清)于

光華編次　清刻本　四册　存四卷(九、十三
至十五)

130000－6404－0000099　　經25
重刊宋本十三經注疏附校勘記　(清)阮元
撰　(清)盧宣旬摘錄　清光緒十三年
(1887)上海脈望仙館石印本　十二册　存
二百七十四卷(附釋音春秋左傳注疏十六至
三十、四十六至六十,校勘記一至三十;附釋
音禮記注疏十四至四十三;儀禮注疏二十五
至五十、校勘記一至五十;監本附釋音春秋
公羊注疏一至二十八、校勘記一至二十八;
爾雅注疏一至十、校勘記一至十;孟子注疏
解經一至十四、校勘記一至十四;十三經注
疏校勘記識語四卷)

130000－6404－0000100　　經13
周禮註疏刪翼三十卷　(明)王志長輯　(明)
葉培恕定　清刻本　十册　存十六卷(十五
至三十)

130000－6404－0000101　　經30
朱子儀禮經傳通解六十九卷　(清)梁萬方考
訂　清刻本　二册　存四卷(十四至十五、二
十至二十一)

130000－6404－0000102　　史15
資治通鑑綱目前編二十五卷正編五十九卷續
編二十七卷末一卷　(明)陳仁錫評閱　清刻
本　二册　存五卷(前編十二至十四、二十二
至二十三)

130000－6404－0000103　　子24
子彙二十四種　(明)周子義等輯　明萬曆刻
本　二册　存三種六卷(鶡子一卷、晏子春秋
內篇二卷、孔叢子三卷)

130000－6404－0000104　　子06－2
子史精華一百六十卷　(清)吳襄等纂修　清
雍正五年(1727)武英殿刻本　十二册　存五
十二卷(二十八至七十九)

130000－6404－0000105　　子06－1
子史精華一百六十卷　(清)吳襄等纂修　清
雍正五年(1727)武英殿刻本　二十三册　存

七十七卷（一至三十、三十四至五十五、一百
九至一百三十三）

130000－6404－0000106　經 31

字彙十二集首一卷末一卷　（明）梅膺祚音釋
清刻本　二冊　存二集（辰集、巳集）

267

保定市阜平縣圖書館古籍普查登記目錄

全國古籍普查登記目錄

國家圖書館出版社
National Library of China Publishing House

130000－3404－0000001　類叢0001　08177－
08236

淵鑑類函四百五十卷目錄四卷　（清）張英等
撰　清康熙四十九年(1710)刻本　九十一冊
　缺二百十九卷(二至七、四十至一百六、一
百五十五至一百九十八、二百四十七至二百
七十一、二百七十五至二百七十九、二百九十
一至二百九十四、二百九十八至三百三十三、
四百一至四百二十八、四百三十八至四百四
十一)

130000－3404－0000002　史0008　07976－
08082

明史三百三十二卷目錄四卷　（清）張廷玉等
撰　清刻本　一百七冊　缺四十七卷(八十
八至九十三、一百七十一至二百十一)

130000－3404－0000003　集0006　08444

詳註聊齋志異圖詠十六卷　（清）蒲松齡撰
（清）呂湛恩註　（清）徐潤編　清石印本　一
冊　存二卷(十五至十六)

130000－3404－0000004　史0007　04747－
04755

新唐書二百二十五卷釋音二十五卷　（宋）歐
陽修等撰　清刻本　九冊　存六十八卷(一
至六十、一百三十二至一百三十九)

130000－3404－0000005　史0006　04756－
04759

晉書一百三十卷　（唐）房玄齡等撰　音義三
卷　（唐）何超撰　清刻本　四冊　存三十四
卷(九十三至九十九、一百七至一百三十,音
義三卷)

130000－3404－0000006　集0005　07925－
07975

全唐詩九百卷目錄十二卷　（清）曹寅等編
清康熙刻本　五十一冊　存三百九十七卷
(第一函八冊六十四卷、第二函十冊九十一
卷、第三函八冊五十三卷、第七函一冊五卷、
第八函十冊六十八卷、第十函八冊六十一卷、
第十二函六冊五十五卷)

130000－3404－0000007　經0008　08105－
08128

重栞宋本左傳注疏六十卷附校勘記六十卷
（清）阮元撰　（清）盧宣旬摘錄　清嘉慶二十
年(1815)江西南昌府學刻本　二十四冊　缺
二十八卷(三十一至四十四、校勘記三十一至
四十四)

130000－3404－0000008　經0006　08083－
08090、08097－08104

春秋左傳杜林善本五十卷　（晉）杜預　（宋）
林堯叟註釋　（唐）陸德明音義　（明）孫月峰
等評點　清崇文堂刻本　十六冊

130000－3404－0000009　經0004　08387－
08396

重栞宋本尚書注疏附校勘記二十卷　（清）阮
元撰　（清）盧宣旬摘錄　清嘉慶二十年
(1815)江西南昌府學刻本　十冊

130000－3404－0000010　史0013　08300－
08319

御批歷代通鑑輯覽一百二十卷　（清）高宗弘
曆撰　（清）傅恆等編　清刻本　二十冊　存
四十一卷(六十一至七十九、九十九至一百二
十)

130000－3404－0000011　史0012　08320－
08326

**續資治通鑑綱目前編二十五卷正編五十九卷
末一卷續編二十七卷**　（宋）朱熹編　（明）陳
仁錫評　明刻本　七冊　存六卷(續編九至
十四)

130000－3404－0000012　史0020　08427－
08429

契丹國志二十七卷　（宋）葉隆禮撰　清嘉慶
掃葉山房刻本　三冊　存二十三卷(五至二
十七)

130000－3404－0000013　經0007　08091－
08096

如酉所刻諸名家評點春秋綱目句解左傳六卷
（清）韓菼重訂　清刻本　六冊

130000－3404－0000014　　經 0005　08268－
08291

附釋音毛詩注疏二十卷附校勘記二十卷
(漢)鄭玄箋　(唐)孔穎達疏　清嘉慶二十年
(1815)江西書局刻本　二十四冊

130000－3404－0000015　　子 0001　08410－
08413

近思錄十四卷考訂朱子世家一卷　(清)江永
集注　清咸豐三年(1853)刻本　四冊

130000－3404－0000016　　經 0009　08397－
08403

孟子注疏十四卷附題辭解一卷校勘記十四卷
　(漢)趙岐注　(宋)孫奭疏　(清)阮元校
勘　清刻本　七冊　缺一卷(孟子注疏一)

130000－3404－0000017　　史 0016　08408－
08409

館閣試律說注釋四卷　(清)何汾　(清)何湘
輯釋　清嘉慶六年(1801)刻本　二冊

130000－3404－0000018　　史 0015　08414－
08417

史通削繁四卷　(唐)劉知幾撰　(清)紀昀削
繁　(清)浦起龍注　清道光十三年(1833)兩
廣節署粵東芸香堂刻朱墨套印本　四冊

130000－3404－0000019　　史 0010－1　08292－
08299

東都事畧一百三十卷　(宋)王偁撰　清嘉慶
掃葉山房刻本　八冊　缺七十五卷(一至六
十八、八十五至九十一)

130000－3404－0000020　　經 0003　08404－
08407

書經六卷　(宋)蔡沈撰　清刻本　四冊

130000－3404－0000021　　經 0011　04760－
04762

四書朱子本義匯叅四十七卷　(清)王步青輯
　清敦復堂刻本　三冊　存五卷(大學二,中
庸一至二、四至五)

130000－3404－0000022　　集 0004　07475－
07924

欽定全唐文一千卷　(清)董誥等編　清嘉慶
十九年(1814)內府刻本　四百五十冊　缺九
十卷(十五至十六、六十三至七十、一百二十
一至一百四十、一百七十七至一百九十、二百
一至二百二、三百二十一至三百二十二、四百
二十三至四百二十四、四百五十九至四百六
十、四百七十五至四百七十六、五百八十一至
五百八十二、五百九十一至五百九十二、六百
八十七至六百九十四、七百三十三至七百三
十四、九百六十一至九百六十二、九百八十一
至一千)

130000－3404－0000023　　史 0021　08430－
08435

大金國志四十卷　(宋)宇文懋昭撰　清嘉慶
掃葉山房刻本　六冊

130000－3404－0000024　　史 0001　04756；史
0004　08371－08379、08330－08336；史 0002
　08327－08346；史 0003　08347－08370；史
0005　08129－08176

十七史一千五百七十四卷　(明)毛晉編　明
崇禎元年至十七年(1628－1644)毛氏汲古閣
刻本　一百十三冊　存五種四百十一卷(晉
書九十三至九十九、一百七至一百三十,隋書
一至二十、四十九至八十五、南史二至六十
一、七十三至八十,北史二十四至一百,唐書
二十九至七十二、九十二至二百二十五)

130000－3404－0000025　　史 0014

**重訂王鳳洲先生綱鑑會纂四十六卷續宋元紀
二十三卷**　(明)王世貞撰　(明)陳仁錫訂
清刻本　六冊　存十一卷(一至二、十三至二
十,續宋元紀一)

130000－3404－0000026　　經 0012

大明成化庚寅重刊改並五音集韻十五卷
(金)韓道昭撰　明刻本　三冊　存九卷(四
至六、十至十五)

130000－3404－0000027　　經 0013

**大明成化丁亥重刊改併五音類聚四聲篇十五
卷**　(金)韓道昭撰　明刻本　三冊　存九卷
(四至六、十至十五)

130000－3404－0000028　　經 0014

新編經史正音切韻指南一卷 　（元）劉鑑撰
明弘治九年(1496)釋思宜刻本　　一冊

130000－3404－0000029　　子 0002

孫子十家註十三卷附序錄一卷遺說一卷
（清）孫星衍　　（清）吳人驥校　清刻本　一冊
　　　存二卷(五至六)

130000－3404－0000030　　經 0002

周易兼義九卷注疏校勘記九卷釋文校勘記一卷　（唐）孔穎達正義　**音義一卷**　（唐）陸德明撰　清刻本　　二冊　　存九卷(四至五、八至九,注疏校勘記四至五、八至九,釋文校勘記一卷)

130000－3404－0000031　　經 0001

周易說畧四卷　（清）張爾岐著　清刻本　一冊　　存一卷(四)

130000－3404－0000032　　經 0010

四書心印會講不分卷　（清）黃元俊纂　清刻本　　三冊　　存上孟

130000－3404－0000033　　史 0018

光緒戊子科鄉墨不分卷　（清）□□編　清刻本　　一冊

130000－3404－0000034　　史 0009　　04822－04826;04769－04771

二十四史　清光緒十年(1884)上海同文書局石印本　　九十一冊　　存十七種三百七十五卷(欽定前漢書四十一至五十、五十九至六十、七十一至七十五,欽定三國志四至六,欽定晉書一至四、十六至十八、一百一至一百十一、一百二十六至一百三十,欽定宋書二十七至三十四、四十一至四十九、五十六,欽定南齊書一至十三、二十至二十七,欽定梁書十二至二十八、三十八至五十一,欽定北齊書十三至三十一、四十至四十四,欽定周書二十三至二十八、三十九至五十,欽定隋書一至二、十一至十二、十六至十七、三十六至四十、七十四至七十七,欽定南史四十八至五十一、七十三至七十六,欽定北史一至二、十九至二十一、八十五至九十一,欽定舊唐書八至十、

十二至九十七、一百十八至一百三十一,欽定唐書一百九至一百十四、一百二十至一百二十五、一百三十二至一百三十八,欽定舊五代史三十一至三十六、五十六至六十一、六一二至六十八、六十九至七十四,欽定宋史十四至二十三、一百四十九至一百六十三、二百三十六至二百三十八、三百二十四至三百二十七、三百四十二至三百四十五、三百六十六至三百七十、四百三十二至四百三十七,欽定元史四十八至六十一、七十三至七十七、一百二十一至一百二十四、一百二十九至一百三十六、一百四十三至一百六十一、二百二至二百六,欽定明史一百四至一百五、一百九至一百十二、一百十六至一百十八、一百二十二至一百二十五、二百九至二百十二、二百八十三至二百八十五、三百四至三百五)

130000－3404－0000035　　子 0005

[觀過斯知仁矣]不分卷　（□）□□編　舊抄本　　一冊

130000－3404－0000036　　子 0006

[此謂誠於中形於外]不分卷　（□）□□編　舊抄本　　一冊

130000－3404－0000037　　子 0004

[康誥曰克明德節]不分卷　（□）□□編　舊抄本　　一冊

130000－3404－0000038　　史 0019

光緒丙子科順天鄉試闈墨不分卷　（清）□□編　清刻本　　一冊

130000－3404－0000039　　集 0001

歐陽文忠公全集一百五十三卷附錄五卷附盧陵歐陽文忠公年譜一卷　（宋）歐陽修撰（宋）胡柯輯　清歐陽衡刻本　一冊　存九卷(六至十四)

130000－3404－0000040　　集 0002

漁洋山人精華錄箋注十二卷補一卷附年譜一卷　（清）王士禎撰　（清）金榮箋注　清刻本　　一冊　　存二卷(四至五)

130000－3404－0000041　　史 0010

二十四史　（清）上海集成圖書公司編　清光
緒三十四年(1908)上海集成圖書公司鉛印本
　　十六冊　存四種七十五卷(史記四十二至
五十二、八十三至九十六,唐書六十六至七十
三,宋史二百二至二百九、二百十五至二百二
十六、二百三十一至二百三十四、二百四十九
至二百五十七,明史七十三至八十一)

130000－3404－0000042　史0017
道光會墨不分卷　（清）許彭壽撰　清道光刻
本　一冊

130000－3404－0000043　子0003
答秀才書不分卷　（□）□□撰　舊抄本
一冊

保定市順平縣圖書館
古籍普查登記目録

全國古籍普查登記目録

國家圖書館出版社
National Library of China Publishing House

130000－3409－0000001　叢001

知不足齋叢書三十集　（清）鮑廷博輯　（清）鮑志祖續輯　清乾隆至道光長塘鮑氏刻本　三冊　存二集十二卷(蘭亭考一至四、八至十二,附群公帖跋一卷;蘭亭續考二卷)

130000－3409－0000002　叢002

香艷叢書二十集　（清）蟲天子輯　清宣統國學扶輪社鉛印本　八冊　存二集八卷(第一集四卷、第三集四卷)

130000－3409－0000003　叢003

觀古閣叢刻　（清）鮑康撰　清同治十二年(1873)刻本　九冊

130000－3409－0000004　集001

蘇黃尺牘四卷　（清）黃始箋輯　清乾隆五十八年(1793)刻本　四冊

130000－3409－0000005　集002

蘇文忠公詩集五十卷目錄二卷　（清）紀昀評點　清同治八年(1869)韞玉山房刻朱墨套印本　十二冊

130000－3409－0000006　集003

韋蘇州集十卷　（唐）韋應物撰　清宣統三年(1911)影印本　二冊

130000－3409－0000007　集004

冬心先生集四卷　（清）金農撰　清宣統二年(1910)石印本　四冊

130000－3409－0000008　集005

靖節先生集十卷首一卷末一卷　（晉）陶潛撰　（清）陶澍集注　清光緒九年(1883)江蘇書局刻本　四冊

130000－3409－0000009　集006

陶淵明詩一卷　（晉）陶淵明撰　清光緒元年(1875)影印本　一冊

130000－3409－0000010　集007

岑嘉州集八卷　（唐）岑參撰　清光緒十年(1884)上海同文書局石印本　八冊

130000－3409－0000011　集008

韓昌黎詩集編年箋注十二卷　（唐）韓愈撰

（清）方世舉考訂　清宣統二年(1910)石印本　十二冊

130000－3409－0000012　集009

李空同詩集三十三卷　（明）李夢陽撰　清宣統二年(1910)掃葉山房石印本　十冊

130000－3409－0000013　集010

晉王右軍集二卷　（晉）王羲之著　清光緒十八年(1892)章經濟堂刻本　二冊

130000－3409－0000014　集011

詞苑叢談十二卷　（清）徐釚撰　清鉛印本　一冊　存三卷(十至十二)

130000－3409－0000015　集012

珠玉詞鈔一卷補鈔一卷　（宋）晏殊著　清咸豐二年(1852)刻本　一冊

130000－3409－0000016　集013

山中白雲詞八卷　（宋）張炎撰　清康熙刻本　一冊　存五卷(四至八)

130000－3409－0000017　集014

鏡花緣二十卷一百回　（清）李汝珍撰　清刻本　二十二冊

130000－3409－0000018　經001

康熙字典十二集三十六卷總目一卷檢字一卷辨似一卷等韻一卷備考一卷補遺一卷　（清）張玉書等撰　清光緒二十八年(1902)上海積山書局石印本　六冊

130000－3409－0000019　史001

雍州金石記十卷附記餘一卷　（清）朱楓著　清刻本　二冊

130000－3409－0000020　史002

蒙古西域諸國錢譜四卷　（清）陳其鏞譯述　清鉛印本　一冊

130000－3409－0000021　史003

李竹朋續泉說一卷附續叢稿一卷　（清）李佐賢　（清）鮑康撰　清同治十二年(1873)刻本　三冊

130000－3409－0000022　史004

泉志校誤四卷　（清）金嘉采撰　清刻本

一冊

130000－3409－0000023　史005

癖泉臆說六卷　（清）高煥文著　清宣統三年（1911）石印本　一冊

130000－3409－0000024　史006

英歐使擬中國設局鼓鑄小銀錢節略一卷　清光緒鉛印本　一冊

130000－3409－0000025　史007

古金待問錄四卷餘一卷補遺一卷　（清）朱楓輯　清光緒十六年（1890）知不足齋刻本　二冊

130000－3409－0000026　史008

鑄錢工藝三卷附圖一卷　（英國）傅蘭雅（清）鍾天緯譯　清鉛印本　二冊

130000－3409－0000027　史009

古泉叢話三卷附錄一卷　（清）戴熙撰　清同治十一年（1872）湷喜齋刻本　一冊

130000－3409－0000028　史010

吉金所見錄十六卷首一卷末一卷　（清）初尚齡纂輯　清道光七年（1827）刻本　四冊

130000－3409－0000029　史011

續泉匯十四卷首集一卷遺二卷　（清）鮑康（清）李佐賢編　清光緒元年（1875）刻本　十冊

130000－3409－0000030　史012

錢志新編二十卷　（清）張崇懿輯　清道光十年（1830）酌春堂刻本　四冊

130000－3409－0000031　史013

欽定錢錄十六卷　（清）梁詩正等編　清刻本　四冊

130000－3409－0000032　史014

古泉匯六十四卷　（清）李佐賢編輯　清同治三年（1864）利津李氏石泉書屋刻本　十冊　缺二十二卷（利集十一至十八、貞集十四卷）

130000－3409－0000033　史015

吉金所見錄十六卷首一卷末一卷　（清）初尚齡輯　清刻本　四冊

130000－3409－0000034　史016

關中金石記八卷　（清）畢沅撰　清乾隆四十六年（1781）經訓堂刻本　一冊

130000－3409－0000035　史017

古今錢略三十二卷首一卷末一卷　（清）倪模述　清光緒刻本　十六冊

130000－3409－0000036　史018

泉志十五卷　（明）胡震亨　（明）毛晉訂（清）洪遵撰　清刻本　二冊

130000－3409－0000037　史019

錢式圖四卷　（清）謝堃撰　清道光二十二年（1842）刻本　一冊

130000－3409－0000038　史020

吉金志存四卷　（清）李光庭輯　清咸豐九年（1859）刻本　四冊

130000－3409－0000039　史021

古泉雜詠四卷　葉德輝撰并註　清光緒二十七年（1901）刻本　二冊

130000－3409－0000040　子001

養魚人工孵化術一卷　（日本）金田歸逸撰（清）劉大猷譯　清北洋官報局石印本　一冊

130000－3409－0000041　子002

藝菊新編一卷　（清）蕭清泰撰　清光緒五年（1879）刻本　一冊

130000－3409－0000042　子003

蘇黃題跋二種五卷　（清）溫一貞輯　清同治十一年（1872）補刻本　三冊　存三卷（東坡題跋二卷、山谷題跋一）

130000－3409－0000043　子004

江邨銷夏錄三卷　（清）高士奇輯　清刻本　二冊

130000－3409－0000044　子005

畫禪室隨筆四卷　（明）董其昌著　清宣統元年（1909）上海掃葉山房石印本　三冊

130000－3409－0000045　子006

清河書畫舫十二卷　（明）張丑著　清乾隆二十八年（1763）池北草堂刻本　十二冊

130000－3409－0000046　子007

廣子銷夏記八卷　（清）孫承澤撰　清宣統三年(1911)上海掃葉山房石印本　四冊

130000－3409－0000047　子008

墨子間詁十五卷目錄一卷附錄一卷後語二卷　（清）孫詒讓輯　清光緒二十一年(1895)掃葉山房石印本　八冊

130000－3409－0000048　子009

莊子集解八卷　王先謙輯　清宣統元年(1909)掃葉山房石印本　三冊

130000－3409－0000049　子010

無聲詩史七卷　（清）姜紹書輯　清宣統二年(1910)石印本　六冊

張家口市宣化區圖書館
古籍普查登記目録

全國古籍普查登記目録

國家圖書館出版社
National Library of China Publishing House

130000－3413－0000001　集 210/0010

魏文帝集二卷　(三國魏)曹丕著　(明)張溥評閱　清光緒三年(1877)壽考堂刻本　二冊

130000－3413－0000002　集 210/0044

陳思王集二卷　(三國魏)曹植著　(明)張溥評閱　清光緒三年(1877)壽考堂刻本　三冊

130000－3413－0000003　集 210/0056

魏武帝集不分卷　(三國魏)曹操著　(明)張溥評閱　清光緒三年(1877)壽考堂刻本　二冊

130000－3413－0000004　集 210/0440

諸葛丞相集不分卷　(三國蜀)諸葛亮著　(明)張溥評閱　清光緒三年(1877)壽考堂刻本　一冊

130000－3413－0000005　集 210/2884

本事詩十二卷　(清)徐釚編輯　清刻本　三冊　存九卷(四至十二)

130000－3413－0000006　集 220/4082

重訂李義山詩集箋注三卷集外詩箋注一卷詩話一卷年譜一卷　(清)朱鶴齡元本　(清)程夢星刪補　清乾隆八年(1743)東柯草堂刻本　六冊

130000－3413－0000007　集 220/4702

韋蘇州集十卷　(唐)韋應物撰　清宣統三年(1911)項氏玉淵堂石印本　六冊

130000－3413－0000008　集 230/4061

二曲集正編外編二十八卷　(清)李顒著　(清)王心敬等彙輯　清末鉛印本　二冊　存七卷(正編二十至二十二、外編二十五至二十八)

130000－3413－0000009　集 230/4444

施註蘇詩四十二卷總目二卷補遺二卷　(宋)蘇軾撰　(清)宋犖　(清)張榕端閱定　(清)邵長蘅等刪補　清康熙三十八年(1699)宋犖刻本　十二冊

130000－3413－0000010　集 230/7272

歐陽文忠公居士集一百五卷年譜一卷　(宋)歐陽修著　(清)曾弘梓　清康熙十二年(1673)刻本　十七冊　存九十四卷(一至三十九、五十二至一百五,年譜一卷)

130000－3413－0000011　集 230/7444〔1〕

唐陸宣公集二十二卷　(唐)陸贄撰　清光緒二十九年(1903)揚州花園巷益智印書社鉛印本　二冊　存九卷(六至十二、二十一至二十二)

130000－3413－0000012　集 230/7444〔2〕

唐陸宣公集二十二卷　(唐)陸贄撰　(清)楊岳斌重刊　(清)湯亦中校字　清刻本　三冊　存八卷(十至十七)

130000－3413－0000013　集 230/7515

宋十五家詩選十六卷　(清)陳訏輯　清康熙三十二年(1693)刻本　九冊　缺一卷(陸游劍南詩選下)

130000－3413－0000014　集 260/0434

謝梅莊先生遺集八卷　(清)謝濟世著　清光緒三十四年(1908)鉛印本　二冊

130000－3413－0000015　集 260/7522

湖海樓儷體文集十二卷　(清)陳維崧著　清刻本　一冊　存三卷(十至十二)

130000－3413－0000016　集 270/4007

李義山詩三卷　(唐)李商隱撰　清宣統元年(1909)東澗老人寫校影印本　一冊　存二卷(二至三)

130000－3413－0000017　集 270/8064

曾文正公書札三十三卷　(清)曾國藩撰　清光緒二年(1876)傳忠書局刻本　十二冊　存二十五卷(一至四、十一至十八、二十一至三十三)

130000－3413－0000018　集 300/3289

淵鑑類函四百五十卷目錄四卷　(清)張英編　清光緒十三年(1887)上海同文書局石印本　四十二冊　存三百九十八卷(一至五十四、一百十一至四百五十,目錄四卷)

130000－3413－0000019　集 311/1020

續古文辭類纂三十四卷　王先謙纂　清光緒八年(1882)王氏虛受堂刻本　九冊

130000－3413－0000020　集311/2847
古文淵鑒六十四卷　(清)聖祖玄燁選　(清)徐乾學編注　清淵鑑齋刻本　三十六冊

130000－3413－0000021　集311/3702
振賢堂詳訂古文評註全集十卷　(清)過珙(清)黃越評選　清康熙二年(1663)三讓堂刻本　十冊

130000－3413－0000022　集311/4217(1)
古文辭類纂七十四卷　(清)姚鼐輯　清光緒十九年(1893)王先謙刻本　一冊　存四卷(二十九至三十二)

130000－3413－0000023　集311/4217(2)
古文辭類纂七十四卷　(清)姚鼐輯　清光緒十九年(1893)王先謙刻本　八冊　存四十六卷(二十九至七十四)

130000－3413－0000024　集311/4447
四書五經義策論文編二卷　(清)韓韋輯　清光緒二十八年(1902)世界公學石印本　一冊　存一卷(一)

130000－3413－0000025　集311/8003(2)
重訂古文釋義新編八卷　(清)余誠評注(清)余芝虎參閱　清末錦章圖書局石印本二冊　存二卷(三至四)

130000－3413－0000026　集311/8033(1)
古文釋義新編八卷　(清)余誠評注　(清)余芝虎參閱　清末錦章書局石印本　二冊　存二卷(五至六)

130000－3413－0000027　集311/8033(3)
重訂古文釋義新編八卷　(清)余誠評注(清)余芝虎參閱　清末掃葉山房石印本　四冊　存四卷(一至三、六)

130000－3413－0000028　集312/1070
古唐詩合解十二卷古詩四卷　(清)王堯衢註　(清)李模　(清)李桓校　清光緒七年(1881)京都聚文堂刻本　六冊

130000－3413－0000029　集312/3423
唐詩別裁集引典備註二十卷　(清)沈德潛選(清)俞汝昌增注　清道光十七年(1837)白鹿山房刻本　十二冊

130000－3413－0000030　集312/4436(1)
分韻試帖青雲集合註四卷　(清)楊逢春輯(清)沈品華等註　清光緒十七年(1891)刻本一冊　存一卷(一)

130000－3413－0000031　集312/4436(2)
分韻試帖青雲集合註四卷　(清)楊逢春輯(清)沈品華等註　清光緒刻本　一冊　存一卷(二)

130000－3413－0000032　集313/1610
滑稽詩文集四卷　(清)汪慶祺編輯　清宣統二年(1910)上海有正書局石印本　四冊

130000－3413－0000033　集34/1124
分類賦學雞跖集三十卷　(清)張維城輯　清道光十二年(1832)粲花吟館刻本　八冊

130000－3413－0000034　集430/7522
迦陵詞全集三十卷　(清)陳維崧著　(清)李念慈選　清患立堂刻本　三冊　存十五卷(十一至二十五)

130000－3413－0000035　集510/7753(1)
酉陽雜俎二十卷　(唐)段成式撰　清光緒二年(1876)五鳳樓刻本　四冊

130000－3413－0000036　集510/7753(2)
酉陽雜俎續集十卷　(唐)段成式撰　清同治八年(1869)小娜嬛山館刻本　二冊

130000－3413－0000037　集540/1112
新鐫玉茗堂批點按鑑參補繡像南宋志傳(明)研石山樵訂正　(明)繡里疇人校圖　清末石印本　一冊　存一卷(四)

130000－3413－0000038　集540/1702
飛龍傳　(□)□□撰　清刻本　四冊　存八卷(九至十六)

130000－3413－0000039　集540/2222
第八才子書白圭志四卷　(清)崔象川輯　清

嘉慶十年（1805）繡文堂刻本　八冊

130000－3413－0000040　集540/2643

民族小說洪秀全演義二卷續洪秀全演義二卷
繡像三續洪秀全演義二卷繪圖洪秀全演義二
卷　（清）黃小配撰　清末上海廣益書局石印
本　八冊

130000－3413－0000041　集540/4061

東周列國全志二十三卷一百八回　（明）馮夢
龍著　（清）蔡元放評點　清光緒十二年
（1886）上海江左書林刻本　二十四冊

130000－3413－0000042　集540/4634

說唐薛家府傳　（清）如蓮居士編次　清刻本
二冊　存二卷（一、五）

130000－3413－0000043　集540/7474

新鐫重訂出像註釋通俗演義東西兩晉志傳十
二卷　（清）陳氏尺蠖齋評釋　清道光九年
（1829）萬全書屋刻本　十二冊

130000－3413－0000044　集600/7246

楊升菴先生批點文心雕龍十卷　（南朝梁）劉
勰著　（明）梅慶生音註　明天啓二年（1622）
金陵聚錦堂刻本　六冊

130000－3413－0000045　集600/8064－1

十八家詩鈔二十八卷　（清）曾國藩纂　（清）
李鴻章審定　（清）王定安校　清同治十三年
（1874）傳忠書局刻本　四冊　存五卷（一至
三、二十六至二十七）

130000－3413－0000046　集600/8064－2

十八家詩鈔二十八卷　（清）曾國藩纂　（清）
李鴻章審定　（清）王定安校　清同治十三年
（1874）傳忠書局刻本　九冊　存九卷（一、十
四至十六、二十四至二十八）

130000－3413－0000047　經000/1270

五經類編二十八卷　（清）周世樟輯　清刻本
七冊　存二十四卷（五至二十八）

130000－3413－0000048　經000/2847

十三經集字音釋四卷　（清）黃蕙田音釋
（清）蔣存誠校刊　清光緒十四年（1888）刻本

四冊

130000－3413－0000049　經000/6031

傳經表二卷通經表二卷　（清）畢沅撰　清光
緒五年（1879）授經堂刻本　一冊　存二卷
（通經表二卷）

130000－3413－0000050　經200/1012

欽定書經傳說彙纂二十一卷首二卷書序一卷
（清）王頊齡纂　清同治七年（1868）刻本
二冊　存四卷（四至五、首二卷）

130000－3413－0000051　經200/2244

尚書離句六卷　（清）劉梅坨鑒定　（清）錢在
培輯解　清光緒十七年（1891）寶興堂刻本
二冊

130000－3413－0000052　經200/4442

書經精華六卷　（清）薛嘉穎撰　清同治五年
（1866）光韙堂刻本　一冊　存一卷（四）

130000－3413－0000053　經200/5021

書經四卷　（宋）蔡沈撰　清刻本　二冊　存
三卷（二至四）

130000－3413－0000054　經300/0041（1）

詩經體注大全合叅八卷　（清）高朝瓔定
（清）沈世楷輯　清刻本　二冊　存二卷（五
至六）

130000－3413－0000055　經300/2000（1）

詩毛氏傳疏三十卷　（清）陳奐撰　清光緒刻
本　十七冊

130000－3413－0000056　經300/2000（2）

附釋音毛詩注疏二十卷　（漢）毛亨傳　（漢）
鄭玄箋　（唐）陸德明音義　（唐）孔穎達撰
校勘記二十卷　（清）阮元撰　（清）盧宣旬摘
錄　清嘉慶二十年（1815）江西南昌府學刻本
八冊　存二十二卷（附釋音毛詩注疏一至
十一、校勘記一至十一）

130000－3413－0000057　經300/2540（2）

詩經　（宋）朱熹撰　清刻本　一冊　存一卷
（三）

130000－3413－0000058　經300/2540

詩集傳　（宋）朱熹撰　清煮字山房刻本　一冊　存一卷（五）

130000－3413－0000059　經300/7527（1）
毛詩説　（清）陳奐著　清道光二十七年（1847）武林愛日軒刻本　一冊

130000－3413－0000060　經300/7527（2）
釋毛詩音四卷　（清）陳奐撰　清咸豐元年（1851）蘇州漱芳齋刻本　一冊

130000－3413－0000061　經300/7527（3）
毛詩傳義類十九篇一卷鄭氏箋攷徵一卷　（清）陳奐編　清咸豐九年（1859）刻本　一冊

130000－3413－0000062　經401/4432（1）
周禮精義六卷首一卷　（清）黃淦緯纂　清嘉慶十二年（1807）刻本　二冊

130000－3413－0000063　經401/4432（2）
儀禮精義　（清）黃淦緯纂　清嘉慶十二年（1807）刻本　二冊

130000－3413－0000064　經401/4432（3）
禮記精義六卷首一卷　（清）黃淦緯纂　清嘉慶八年（1803）刻本　二冊

130000－3413－0000065　經410/1200
周禮政要二卷　（清）孫詒讓著　清光緒石印本　二冊

130000－3413－0000066　經410/8700
周官箋　（漢）鄭玄注　（清）王闓運箋　清光緒二十二年（1896）東洲講舍刻本　三冊　存三卷（一至三）

130000－3413－0000067　經410/8705（1）
儀禮疏五十卷　（唐）賈公彥撰　校勘記五十卷　（清）阮元校勘　（清）盧宣旬摘錄　清光緒十八年（1892）湖南寶慶務本書局刻本　八冊　存八十二卷（儀禮疏一至四十一、校勘記一至四十一）

130000－3413－0000068　經410/8705（2）
附釋音周禮注疏四十二卷　（漢）鄭玄注　（唐）賈公彥疏　校勘記四十二卷　（清）阮元撰　（清）盧宣旬摘錄　清光緒十八年（1892）

湖南寶慶務本書局刻本　一冊　存八卷（附釋音周禮注疏二十九至三十二、校勘記二十九至三十二）

130000－3413－0000069　經410/8734
附釋音周禮注疏四十二卷　（漢）鄭玄注　（唐）賈公彥撰　校勘記四十二卷　（清）阮元撰　（清）盧宣旬摘錄　清同治十二年（1873）江西書局刻本　十八冊

130000－3413－0000070　經430/4772
禮記心典傳本三卷　（清）胡瑤光輯　清刻本　一冊　存一卷（一）

130000－3413－0000071　經430/6715
欽定禮記義疏八十二卷首一卷　（清）鄂爾泰纂　清末石印本　一冊　存八卷（七十五至八十二）

130000－3413－0000072　經430/7534－1
禮記十卷　（元）陳澔集說　清慎怡堂刻本　十冊

130000－3413－0000073　經430/7534－2
禮記十卷　（元）陳澔集說　清刻本　一冊　存一卷（八）

130000－3413－0000074　經430/8700（1）
附釋音禮記注疏六十三卷　（漢）鄭玄注　（唐）孔穎達疏　校勘記六十三卷　（清）阮元撰　（清）盧宣旬摘錄　清同治十二年（1873）江西書局刻本　十六冊　存七十二卷（附釋音禮記注疏二十八至六十三、校勘記二十八至六十三）

130000－3413－0000075　經430/8700（2）
禮經箋十七卷　（漢）鄭玄注　（清）王闓運箋　清光緒二十二年（1896）東洲講舍刻本　六冊　存十一卷（一至七、十二至十五）

130000－3413－0000076　經440/7500
論語正義　（清）劉寶楠學　清末石印本　一冊　存六卷（一至六）

130000－3413－0000077　經600/1170
欽定春秋傳說彙纂三十八卷首二卷　（清）王

挍撰　清刻本　十冊　存二十二卷(十七至三十八)

130000－3413－0000078　經610/2124
監本附音春秋公羊注疏二十八卷　(漢)何休學　(唐)徐彥疏　**校勘記二十八卷**　(清)阮元撰　(清)盧宣旬摘錄　清同治十二年(1873)江西書局刻本　十冊

130000－3413－0000079　經610/4076
春秋經傳集解三十卷　(晉)杜預集釋　**春秋名號歸一圖二卷**　(三國蜀)馮繼先撰　清道光十六年(1836)刻本　十六冊

130000－3413－0000080　經610/4411
春秋左傳五十卷　(晉)杜預　(宋)林堯叟註釋　(唐)陸元朗音義　(明)鍾惺等評點　清末錦章圖書局石印本　十冊　存四十二卷(九至五十)

130000－3413－0000081　經610/4430
監本附音春秋穀梁注疏二十卷　(晉)范甯集解　(唐)楊士勛疏　**校勘記二十卷**　(清)阮元撰　(清)盧宣旬摘錄　清同治十二年(1873)江西書局刻本　六冊

130000－3413－0000082　經610/4471
春秋左傳五十卷　(晉)杜預　(宋)林堯叟註釋　(唐)陸元朗音義　(明)鍾惺等評點　清崇文堂刻本　十六冊

130000－3413－0000083　經620/2124
春秋公羊傳十一卷　(漢)何休撰　(唐)陸德明音義　清光緒十二年(1886)星沙文昌書局刻本　三冊　存八卷(一至四、八至十一)

130000－3413－0000084　經630/1760(1)
孝經注疏九卷　(宋)邢昺注疏　**校勘記九卷**　(清)阮元撰　(清)盧宣旬摘錄　清同治十二年(1873)江西書局刻本　二冊

130000－3413－0000085　經630/1760(2)
孝經注疏九卷　(宋)邢昺注疏　**校勘記九卷**　(清)阮元撰　(清)盧宣旬摘錄　清同治十二年(1873)江西書局刻本　二冊

130000－3413－0000086　經700/1270(1)
中庸二卷　(清)王有宗　(清)施崇恩校勘　清末石印本　一冊

130000－3413－0000087　經700/1270(2)
論語十卷　(清)王有宗　(清)施崇恩校勘　清末石印本　五冊

130000－3413－0000088　經700/2160
論語注疏解經二十卷　(三國魏)何晏集解　(宋)邢昺疏　**校勘記二十卷**　(清)阮元撰　(清)盧宣旬摘錄　清同治十二年(1873)江西書局刻本　六冊

130000－3413－0000089　經700/2540
論語　(宋)朱熹集註　清末商務印書館鉛印本　一冊　存五卷(一至五)

130000－3413－0000090　經700/2540－1
孟子七卷　(宋)朱熹集註　清光緒三十二年(1906)鉛印本　二冊

130000－3413－0000091　經700/2540－2
孟子七卷　(宋)朱熹集註　清光緒三十三年(1907)學部圖書局石印本　三冊　存三卷(一至二、七)

130000－3413－0000092　經700/2540－3
孟子七卷　(宋)朱熹集註　清光緒三十三年(1907)學部圖書局石印本　一冊　存一卷(一)

130000－3413－0000093　經700/2540－4
孟子要略五卷　(宋)朱熹撰　清同治十三年(1874)傳忠書局刻本　一冊

130000－3413－0000094　經700/4924－1
孟子注疏解經十四卷　(漢)趙岐注　(宋)孫奭疏　**校勘記十四卷**　(清)阮元撰　(清)盧宣旬摘錄　清光緒十八年(1892)湖南寶慶務本書局刻本　六冊

130000－3413－0000095　經700/4924－2
孟子注疏解經十四卷　(漢)趙岐注　(宋)孫奭疏　**校勘記十四卷**　(清)阮元撰　(清)盧宣旬摘錄　清同治十二年(1873)江西書局刻

本　八冊

130000－3413－0000096　經720/7731
大學衍義輯要六卷補輯要十二卷首一卷
(清)陳弘謀纂　清乾隆元年(1736)培遠堂刻
本　十二冊

130000－3413－0000097　經740/1025
四書義經正編二卷　(□)□□撰　清末三魚
書屋石印本　一冊　存一卷(二)

130000－3413－0000098　經740/1734(3)
新訂四書補註備旨十卷　(清)鄧林著　清光
緒十二年(1886)京都文成堂記刻本　六冊

130000－3413－0000099　經740/1734(4)
漱芳軒合纂禮記體註四卷　(清)范翔參訂
清金陵穆綬廷刻本　一冊　存一卷(三)

130000－3413－0000100　經740/1734(1)
新訂四書補註備旨十卷　(明)鄧林著　清末
石印本　一冊　存一卷(下孟四)

130000－3413－0000101　經740/1734(2)
新訂四書補註備旨十卷　(明)鄧林著　清刻
本　一冊　存一卷(下論四)

130000－3413－0000102　經740/6053
四書義　(□)□□撰　清末石印本　一冊
存一卷

130000－3413－0000103　經800/6056
四書味根錄三十七卷首二卷　(清)金澄著
清道光二十六年(1846)黎花吟館刻本　十五
冊　存三十八卷(論語一至二十、首一,中庸
一至二,孟子一至十四、首一)

130000－3413－0000104　經800/7705
大題文府　(清)徐鴻甫輯　清光緒十三年
(1887)上海同文書局石印本　十冊　存二卷
(論語一、大學一)

130000－3413－0000105　經900/3404
六書轉注錄十卷　(清)洪亮吉著　清刻本
三冊　存七卷(四至十)

130000－3413－0000106　經900/5041
教育叢書三集十一種　教育世界社譯　清

末教育世界社石印本　三冊　存三種(一至
三)

130000－3413－0000107　經900/7247
澄衷蒙學堂字課圖說四卷檢字一卷類字一卷
　(清)劉樹屏輯　清光緒二十九年(1903)澄
衷學堂第九次石印本　七冊　存五卷(二至
四、檢字一卷、類字一卷)

130000－3413－0000108　經920/1088
文字蒙求四卷　(清)王筠撰　清末石印本
一冊　存二卷(三至四)

130000－3413－0000109　經920/1115－1
**康熙字典十二集三十六卷總目一卷檢字一卷
辨似一卷等韻一卷補遺一卷備考一卷**　(清)
張玉書等纂修　清道光七年(1827)刻本　四
十冊

130000－3413－0000110　經920/1115－2
**康熙字典十二集三十六卷總目一卷檢字一卷
辨似一卷等韻一卷補遺一卷備考一卷**　(清)
張玉書等纂修　清光緒元年(1875)湖北崇文
書局刻本　三十一冊　存三十三卷(子集三
卷、丑集三卷、寅集三卷、卯集三卷、辰集三
卷、巳集三卷、午集三卷、未集三卷、申集上、
戌集上、亥集上、總目一卷,檢字一卷,辨似一
卷,等韻一卷,補遺一卷,備考一卷)

130000－3413－0000111　經920/1115－3
**康熙字典十二集三十六卷總目一卷檢字一卷
辨似一卷等韻一卷補遺一卷備考一卷**　(清)
張玉書等纂修　清末上海鴻寶書局石印本
六冊

130000－3413－0000112　經920/1115－4
**康熙字典十二集三十六卷總目一卷檢字一卷
辨似一卷等韻一卷補遺一卷備考一卷**　(清)
張玉書等纂修　清光緒三十二年(1906)上海
商務印書館石印本　六冊

130000－3413－0000113　經930/0713
爾雅注疏十一卷　(晉)郭璞注　(宋)邢昺疏
　爾雅音義二卷　(唐)陸德明撰　**爾雅注疏
校勘記十一卷**　(清)阮元撰　清同治十年

（1871）湖南省城尊經閣刻本　　五冊

130000－3413－0000114　　經 930/1014－1
新增說文韻府羣玉二十卷　（元）陰時夫編輯
　（元）陰中夫編註　清乾隆二十七年（1762）
三畏堂刻本　　十六冊

130000－3413－0000115　　經 930/1014－2
新增說文韻府羣玉二十卷　（元）陰時夫編輯
　（元）陰中夫編註　清康熙五十五年（1716）
文盛天德堂刻本　　十冊　　存十卷（一至十）

130000－3413－0000116　　經 930/1115（1）
佩文韻府一百六卷　（清）張玉書編　清末石
印本　　二十二冊　　存五十一卷（二十三下至
五十一、八十五至一百六）

130000－3413－0000117　　經 930/1115（2）
佩文韻府一百六卷　（清）張玉書編　清末石
印本　　一冊　　存三卷（二十下至二十二）

130000－3413－0000118　　經 930/1760－1
爾雅疏十卷　（宋）邢昺校定　**校勘記十卷**
（清）阮元撰　（清）盧宣旬摘錄　清光緒十八
年（1892）湖南寶慶務本書局刻本　　五冊

130000－3413－0000119　　經 930/1760－2
爾雅疏十卷　（宋）邢昺校定　**校勘記十卷**
（清）阮元撰　（清）盧宣旬摘錄　清同治十二
年（1873）江西書局刻本　　六冊

130000－3413－0000120　　經 930/8065（1）
詩韻集成十卷　（清）余照輯　清光緒七年
（1881）文會堂刻本　　四冊

130000－3413－0000121　　經 930/8065（2）
詩韻集成十卷詞林典腋目錄一卷　（清）余照
輯　清同治三年（1864）善成堂刻本　　四冊

130000－3413－0000122　　史 100/6024
尺木堂綱鑑易知錄九十二卷　（清）吳乘權等
輯　清康熙五十年（1711）刻本　　二十三冊
存五十四卷（二十至六十九、七十四至七十
五、八十七至八十八）

130000－3413－0000123　　史 102/2844
三朝北盟會編二百五十卷首一卷校勘記二卷

補遺一卷　（宋）徐夢莘編集　清光緒四年
（1878）越東鉛印本　　三十冊　　存一百八十八
卷（一至五十七、一百二十四至二百五十,首
一卷,校勘記二卷,補遺一卷）

130000－3413－0000124　　史 102/4437
東華錄三十二卷　（清）蔣良騏編　清刻本
十冊　　存二十六卷（七至三十二）

130000－3413－0000125　　史 102/4861
增補清史攬要八卷　（日本）增田貢著　（清）
毛淦編補　清末鉛印本　　二冊　　存五卷（三
至七）

130000－3413－0000126　　史 1053（1）
至大重修宣和博古圖錄三十卷　（宋）王黼編
　明嘉靖七年（1528）黃景星刻本　　十四冊
存二十八卷（一至十四、十七至三十）

130000－3413－0000127　　史 1053（2）
至大重修宣和博古圖錄三十卷　（宋）王黼編
　明嘉靖七年（1528）黃景星刻本　　一冊　　存
二卷（二十一至二十二）

130000－3413－0000128　　史 110/2491－1
御批歷代通鑑輯覽一百二十卷　（清）傅恆等
撰　清光緒十三年（1887）上海同文書局石印
本　　二十冊

130000－3413－0000129　　史 110/2491－10
御批歷代通鑑輯覽一百二十卷　（清）傅恆等
撰　清光緒石印本　　一冊　　存五卷（五十八
至六十二）

130000－3413－0000130　　史 110/2491－2
御批歷代通鑑輯覽一百二十卷　（清）傅恆等
撰　清光緒十三年（1887）上海同文書局石印
本　　十八冊　　存一百八卷（七至一百六、一百
十三至一百二十）

130000－3413－0000131　　史 110/2491－3
御批歷代通鑑輯覽一百二十卷　（清）傅恆等
撰　清光緒二十九年（1903）上海同文書局石
印本　　二十二冊　　存一百九卷（一至五、十二
至十六、二十二至一百二十）

289

130000－3413－0000132　　史110/2491－4

御批歷代通鑑輯覽一百二十卷　（清）傅恆等撰　清光緒二十九年（1903）上海同文書局石印本　二十冊　存一百卷（六至十一、二十二至七十、七十六至一百二十）

130000－3413－0000133　　史110/2491－5

御批歷代通鑑輯覽一百二十卷　（清）傅恆等撰　清光緒二十九年（1903）上海書局石印本　十七冊　存一百卷（一至一百）

130000－3413－0000134　　史110/2491－6

御批歷代通鑑輯覽一百二十卷　（清）傅恆等撰　清光緒二十九年（1903）中西書局石印本　十六冊　存九十六卷（一至十四、三十四至五十七、六十三至一百二十）

130000－3413－0000135　　史110/2491－7

御批通鑑輯覽一百二十卷　（清）傅恆等撰　清光緒石印本　五冊　存二十六卷（四十七至六十二、六十九至七十三、九十一至九十五）

130000－3413－0000136　　史110/2491－8

御批歷代通鑑輯覽一百二十卷　（清）傅恆等撰　清光緒寶善書局石印本　三冊　存十九卷（十六至二十二、二十九至四十）

130000－3413－0000137　　史110/2491－9

御批歷代通鑑輯覽一百二十卷　（清）傅恆等撰　清光緒石印本　一冊　存六卷（七十九至八十四）

130000－3413－0000138　　史110/4431

重訂蘇紫溪先生會纂標題歷朝綱鑑紀要二十卷首一卷　（明）蘇紫溪纂輯　明崇禎刻本　十冊

130000－3413－0000139　　史120/8700

通志二百卷欽定通志考證三卷　（宋）鄭樵撰　清光緒二十八年（1902）上海鴻寶書局石印本　四十冊

130000－3413－0000140　　史220/4242

世界文明史三編　（日本）高山林次郎著　商務印書館譯　（清）姚槐校訂　清光緒二十九

年（1903）上海商務印書館鉛印本　一冊

130000－3413－0000141　　史220/5026

中外時務經濟統宗十八卷　（□）□□撰　清末鉛印本　二冊　存二卷（十三、十六）

130000－3413－0000142　　史220/8802

山西官立法政專門學校外交史講義十三章　（清）筱謙牟編述　清末石印本　一冊

130000－3413－0000143　　史430/2541－1

歷代名臣言行錄二十四卷　（清）朱桓編輯　清光緒三十年（1904）上海同文升記書局石印本　十二冊

130000－3413－0000144　　史430/2541－2

歷代名臣言行錄二十四卷　（清）朱桓編輯　清刻本　一冊　存一卷（二十四）

130000－3413－0000145　　史430/2706

曾文正公[國藩]年譜十二卷　（清）黎庶昌編　（清）李瀚章審定　清光緒二年（1876）傳忠書局刻本　二冊　存六卷（七至十二）

130000－3413－0000146　　史430/4438

宋元學案一百卷　（清）黃宗羲撰　（清）全祖望訂　清刻本　三十五冊　存七十五卷（二至七、十至十二、十五至二十八、三十一至三十二、三十六至五十六、五十九至六十五、六十八至七十三、八十至九十一、九十三至九十六）

130000－3413－0000147　　史462/1898

綱鑑擇語十卷　（清）司徒修輯　清光緒二十四年（1898）上海書局石印本　二冊　存四卷（一至四）

130000－3413－0000148　　史462/3428－1

史鑑節要便讀六卷　（清）鮑東里編輯　清光緒三十年（1904）上海美華書館鉛印本　二冊

130000－3413－0000149　　史462/3428－1

史鑑節要便讀六卷　（清）鮑東里編輯　清光緒三十年（1904）上海美華書館鉛印本　一冊　存三卷（四至六）

130000－3413－0000150　　史462/3428－2

（1）

史鑑節要便讀七卷 （清）鮑東里編輯　清光緒三十年（1904）上海商務印書館鉛印本　二冊

130000－3413－0000151　史 462/3428－2（2）

史鑑節要便讀七卷 （清）鮑東里編輯　清光緒三十年（1904）上海商務印書館鉛印本　二冊

130000－3413－0000152　史 462/3428－2（3）

史鑑節要便讀七卷 （清）鮑東里編輯　清光緒三十年（1904）上海商務印書館鉛印本　二冊

130000－3413－0000153　史 462/3428－2（4）

史鑑節要便讀七卷 （清）鮑東里編輯　清光緒三十年（1904）上海商務印書館鉛印本　一冊　存三卷（一至三）

130000－3413－0000154　史 471.1/1779

御撰資治通鑑綱目三編二十卷 （清）張廷玉撰　清光緒八年（1882）掃葉山房刻本　六冊　存十五卷（一至三、六至十二、十六至二十）

130000－3413－0000155　史 471.1/2314

欽定續通志六百四十卷 （清）嵇璜等纂修　清末石印本　三十五冊　存五百二十六卷（一至一百八十八、二百六至五百二十一、六百十九至六百四十）

130000－3413－0000156　史 471.2/1160（1）

漢書一百卷 （漢）班固撰　（唐）顏師古注　清同治十二年（1873）韓江書局刻本　十六冊

130000－3413－0000157　史 471.2/1160（3）

後漢書九十卷 （南朝宋）范曄撰　（唐）李賢注　清同治十二年（1873）韓江書局刻本　十二冊　存八十卷（一至八十）

130000－3413－0000158　史 471.2/1160（2）

前漢書一百卷 （漢）班固撰　（唐）顏師古注　清光緒十四年（1888）上海蜚英館石印本

十六冊

130000－3413－0000159　史 471.2/1160（4）

後漢書一百二十卷 （南朝宋）范曄撰　（唐）李賢注　清光緒十四年（1888）上海蜚英館石印本　十二冊

130000－3413－0000160　史 471.2/1160（5）

三國志六十五卷 （晉）陳壽撰　（南朝宋）裴松之注　清光緒十四年（1888）上海蜚英館石印本　八冊

130000－3413－0000161　史 471.2/1773（1）

仿刊王本史記一百三十卷 （漢）司馬遷撰　清同治九年（1870）楚北同文書局刻本　十八冊　存一百十三卷（十八至一百三十）

130000－3413－0000162　史 471.2/1773（2）

史記一百三十卷 （漢）司馬遷撰　（南朝宋）裴駰集解　（唐）司馬貞索隱　（唐）張守節正義　清光緒十四年（1888）上海蜚英館石印本　十二冊

130000－3413－0000163　史 471.2/2743

東華錄詳節二十四卷 （清）鄔樹庭編　（清）李葆璋　（清）李盛校　清光緒二十六年（1900）上海東文學堂石印本　十三冊　存二十一卷（一至八、十至十三、十五至二十二、二十四）

130000－3413－0000164　史 500/1182

[光緒]保安州續志四卷首一卷 （清）張毓生纂　清光緒三年（1877）刻本　一冊

130000－3413－0000165　史 500/3148

水經注圖一卷附錄一卷 （清）汪士鐸學　清咸豐胡林翼刻同治元年（1862）重修本　一冊

130000－3413－0000166　史 500/4418

大清一統志三百五十六卷 （清）蔣廷錫修　（清）王安國等纂　清刻本　九十四冊　存二百七十八卷（三十至一百六十一、一百六十六至一百七十九、一百九十三至二百七十八、三百十一至三百五十六）

130000－3413－0000167　史 510/1027

地學淺釋三十八卷 （英國）雷俠兒撰 （美國）瑪高溫口譯 （清）華蘅芳筆述 清同治十二年(1873)江南機器製造總局刻本 五冊 存二十五卷(一至十六、二十五至二十八、三十四至三十八)

130000－3413－0000168 史 510/1132
讀史方輿紀要一百三十卷輿圖要覽四卷 （清）顧祖禹撰 （清）彭元瑞校定 清光緒五年(1879)蜀南薛氏桐花書屋修補刻本 四十八冊 存一百二十九卷(一至一百十五、一百二十至一百三十,輿圖要覽二至四)

130000－3413－0000169 史 510/3194(1)
天下郡國利病書一百二十卷 （清）顧炎武輯 （清）成都龍萬育變堂訂 清光緒五年(1879)蜀南桐花書屋薛氏家塾修補校正刻本 四十六冊 存一百十卷(一至三十、三十三至三十四、三十八、四十一至八十七、九十一至一百二十)

130000－3413－0000170 史 510/3194(2)
天下郡國利病書一百二十卷 （清）顧炎武輯 清末鉛印本 十二冊 存四十八卷(十一至十四、二十七至二十八、三十七至五十二、六十九至七十四、八十八至九十六、一百二至一百三、一百七至一百十五)

130000－3413－0000171 史 510/3194(3)
讀史方輿紀要一百三十卷 （清）顧祖禹輯著 清末鉛印本 一冊 存四卷(四十二至四十五)

130000－3413－0000172 史 510/7703
中外地輿圖說集成一百三十卷首三卷 （清）同康廬主人輯 清光緒二十年(1894)上海積山書局石印本 二冊 存十六卷(三十五至四十、七十六至八十五)

130000－3413－0000173 史 530/1000(2)
[光緒]蔚州志二十卷首一卷 （清）王燾鑒定 （清）慶之金 （清）楊篤纂輯 清光緒三年(1877)刻本 三冊 存七卷(一至二、六至八、十六至十七)

130000－3413－0000174 史 530/1000(1)
[光緒]蔚州志二十卷首一卷 （清）王燾鑒定 （清）慶之金 （清）楊篤纂輯 清光緒三年(1877)刻本 八冊

130000－3413－0000175 史 530/1087
齊乘六卷 （元）于欽纂 清乾隆四十六年(1781)桂林胡德琳刻本 四冊

130000－3413－0000176 史 537/3031(1)
日本近世教育㮣覽十八章 （□）□□撰 清末石印本 一冊

130000－3413－0000177 史 537/3031(2)
實業教育七篇 （英國）斐理普麥古那著 （日本）一戶清方譯 清末石印本 一冊

130000－3413－0000178 史 537/3031(3)
女子教育論六章 （日本）永江正直著 （清）錢單譯述 清末石印本 一冊

130000－3413－0000179 史 537/6413
時務通攷 （□）□□編 清末石印本 五冊 存六卷(二、九至十一、二十二、二十五)

130000－3413－0000180 史 537/8873
策學淵萃四十六卷 （□）□□撰 清光緒十一年(1885)上海同文書局石印本 一冊 存六卷(一至六)

130000－3413－0000181 史 550/2733
小方壺齋輿地叢鈔十二帙補編十二帙再補編十二帙 （清）王錫祺輯 清光緒十七年至二十三年(1891－1897)上海著易堂鉛印本 五十四冊 存小方壺齋輿地叢鈔十二帙一千四十一種

130000－3413－0000182 史 550/8212
西國近事彙編 （美國）金楷理口譯 （清）姚棻 （清）蔡錫齡筆述 （美國）林樂知口譯 （清）鍾天緯等編輯 清同治、光緒間上海機器製造局刻本暨鉛印本 十六冊 存十六卷(癸酉一至二,甲戌二,乙亥一、四,丙子二,庚辰一,壬午二,癸未二至四,甲申一至二,戊子四,己丑一,庚寅二)

130000－3413－0000183　史 600/0010

聖諭廣訓十六條　（清）世宗胤禛撰　清雍正二年（1724）刻本　一冊　存八條（一至八）

130000－3413－0000184　史 600/1000

急就篇四卷急就一卷　（唐）顏師古注　（宋）王應麟補注　明萬曆刻明清遞修本　二冊

130000－3413－0000185　史 700/0287

史通通釋二十卷　（唐）劉知幾撰　（清）浦起龍釋　清志古堂刻本　四冊

130000－3413－0000186　史 700/1721（1）

政治學二編　（日本）那特硜講述　（清）戢翼翬譯　清末上海商務印書館鉛印本　一冊

130000－3413－0000187　史 700/1721（2）

政治學二編　（日本）那特硜講述　（清）戢翼翬譯　清末上海商務印書館鉛印本　一冊

130000－3413－0000188　史 700/2314

皇朝文獻通考三百卷　（清）曹仁虎纂修　清光緒二十八年（1902）上海鴻寶書局石印本　二十一冊　存一百九十三卷（一至八十一、一百四至一百五十、一百九十三至二百八、二百二十八至二百三十九、二百四十八至二百六十三、二百八十至三百）

130000－3413－0000189　史 710/3772

經濟時務策論統宗　（清）漁隱編輯　（清）臥龍舊主參校　清末石印本　一冊　存二卷（十三至十四）

130000－3413－0000190　史 710/4444

欽定科場條例六十卷首一卷　（清）耆英（清）麟桂纂修　清道光十四年（1834）刻本　十六冊

130000－3413－0000191　史 710/8064

曾文正公奏稿　（清）曾國藩撰　清光緒二年（1876）傳忠書局刻本　三冊　存三卷（九至十一）

130000－3413－0000192　史 720/2314

皇朝通典一百卷　（清）嵇璜等纂修　清光緒二十八年（1902）上海鴻寶書局石印本　七冊　存八十四卷（一至三十一、四十八至一百）

130000－3413－0000193　史 720/2762

欽定續通典一百五十卷　（清）紀昀總纂　清光緒二十八年（1902）上海鴻寶書局石印本　八冊

130000－3413－0000194　史 720/4320

皇朝通志一百二十六卷　（清）嵇璜撰　清光緒二十八年（1902）上海鴻寶書局石印本　六冊　存九十八卷（一至三十四、四十六至七十三、九十一至一百二十六）

130000－3413－0000195　史 720/4424

通典二百卷欽定通典考證一卷　（唐）杜佑纂　清末石印本　八冊　存一百三十卷（十八至三十二、四十八至一百三、一百四十三至二百，欽定通典考證一卷）

130000－3413－0000196　史 720/8397（1）

五洲各國政治攷八卷　（清）錢恂輯　清光緒二十七年（1901）石印本　六冊

130000－3413－0000197　史 720/8397（2）

五洲各國政治攷八卷　（清）錢恂輯　清光緒二十七年（1901）石印本　三冊　存四卷（二、五至七）

130000－3413－0000198　史 722/2337

欽定大清會典一百卷　（清）允祹纂修　清末石印本　五冊　存五十五卷（三十二至八十六）

130000－3413－0000199　史 722/4000

大清會典四卷　清同治十一年（1872）崇文書局刻本　四冊

130000－3413－0000200　史 722/4877

欽定大清會典一百卷　（清）允祹纂修　清乾隆二十九年（1764）刻本　十五冊　存八十卷（一至三十、五十一至一百）

130000－3413－0000201　史 740/0001

雜評一卷談叢一卷　（□）□□撰　清末石印本　一冊

130000－3413－0000202　史 740/1117

約章成案匯覽甲篇十卷乙篇四十二卷　（清）
北洋洋務局纂輯　清光緒三十一年（1905）上
海點石齋石印本　三十八冊　存四十三卷
（甲篇一至三、五至七、九至十，乙篇一至三、
七至十二、十四至十八、二十一至二十四、二
十五下、二十六至三十五、三十七至四十二）

130000－3413－0000203　　史740/1273
通商約章類纂三十五卷　（清）張開運等纂輯
　清刻本　一冊　存一卷（三十）

130000－3413－0000204　　史800/3424－1
精選中外文獻策論匯海七十一卷　清光緒二
十八年（1902）鴻寶書局石印本　十二冊　存
二十五卷（一至二十五）

130000－3413－0000205　　史800/3424－2
精選中外文獻策論匯海七十一卷　（□）□□
編　清光緒二十八年（1902）鴻寶書局石印本
　五冊　存十一卷（四至七、十三至十八、二
十二）

130000－3413－0000206　　史900/0021
高太史論鈔四卷　（清）高熙喆著　清宣統元
年（1909）刻本　二冊　存二卷（一、四）

130000－3413－0000207　　史900/1053（2）
通鑑論十卷宋論五卷　（清）王夫之撰　清末
石印本　二冊　存七卷（通鑑論七至八、宋論
五卷）

130000－3413－0000208　　史900/1053（1）
讀通鑑論十卷末一卷　（清）王夫之撰　清光
緒二十六年（1900）上海祥記書莊石印本　三
冊　存六卷（一至四、六至七）

130000－3413－0000209　　史900/1114
歷代史論一編四卷　（明）張溥著　清光緒二
十七年（1901）上海書局石印本　一冊

130000－3413－0000210　　史900/1114－1
歷代史論十二卷宋史論三卷元史論一卷
（明）張溥論正　明史論四卷　（清）谷應泰論
正　左傳史論二卷　（清）高士奇論正　清光
緒八年（1882）西江邕氏刻本　八冊

130000－3413－0000211　　史900/2120
史論觀止正集　（□）何秉誠精選　清末石印
本　三冊　存三卷（二、五、九）

130000－3413－0000212　　史900/2141
歷代名賢史論統編　（□）□□編　清末石印
本　五冊　存十六卷（五至七、十一至十三、
十八至二十三、四十三至四十六）

130000－3413－0000213　　史900/3404（1）
讀史論斷二十卷　（清）洪亮吉著　清末石印
本　三冊　存十卷（五至七、十四至二十）

130000－3413－0000214　　史900/3404（2）
讀史論斷二十卷　（清）洪亮吉著　清末石印
本　一冊　存四卷（十四至十七）

130000－3413－0000215　　史900/4049
歷代史要三卷　（清）蔣蔭椿編　清光緒直隸
學校司排印局鉛印本　一冊　存一卷（一）

130000－3413－0000216　　史900/4497
新選歷代政治史事論海　（清）藜光閣主人編
輯　清末石印本　一冊　存一卷（十二）

130000－3413－0000217　　史900/7107
文獻通考三百四十八卷欽定通考考證三卷
（元）馬端臨著　清光緒二十八年（1902）上海
鴻寶書局石印本　二十九冊　存三百十六卷
（一至一百二十二、一百三十四至一百六十
六、一百七十七至二百三十四、二百四十九至
三百四十八，欽定通考考證三卷）

130000－3413－0000218　　史911/1114－2
歷代史論十二卷宋史論三卷元史論一卷首一
卷　（明）張溥論正　明史論四卷　（清）谷應
泰論正　左傳史論二卷　（清）高士奇論正
清光緒二十四年（1898）上海書局石印本　二
冊　存八卷（歷代史論五至八、宋史論三卷、
首一卷）

130000－3413－0000219　　子010/2540
小學集注六卷　（宋）朱熹撰　（清）陳選集注
　清刻本　一冊　存一卷（六）

130000－3413－0000220　　子010/4700

性理大全書七十卷 （明）胡廣編輯 清呈祥館周譽吾刻本 三十三冊 存六十三卷（一至九、十二至十七、二十至五十、五十四至七十）

130000－3413－0000221 子0101/1243
理學宗傳二十六卷 （清）孫奇逢輯 清光緒六年（1880）浙江書局刻本 十二冊

130000－3413－0000222 子060/1083
牖蒙叢編二十四卷首一卷 （清）王錫祺編次 清末南清河王氏小方壺齋鉛印本 二冊 存二卷（十二至十三）

130000－3413－0000223 子060/6030
五子近思錄十四卷 （清）汪佑編 （清）子鑑校 清五雲堂刻本 一冊 存一卷（一）

130000－3413－0000224 子1001/0023
民教相安 （清）高步瀛 （清）陳寶泉編 清光緒三十一年（1905）北洋官報局石印本 一冊

130000－3413－0000225 子200/4741
讀史兵略四十六卷 （清）胡林翼纂 清咸豐刻本 一冊 存三卷（十二至十四）

130000－3413－0000226 子300/1154（1）
農學論十一章 （清）張壽浯著 清末北洋官報局鉛印本 一冊

130000－3413－0000227 子300/1154（2）
農學論十一章 （清）張壽浯著 清末北洋官報局鉛印本 一冊

130000－3413－0000228 子300/1154（3）
種桑簡明捷要法養蠶簡明捷要法 （□）□□撰 清刻本 一冊

130000－3413－0000229 子300/6019－1
農學叢書 羅振玉編 清末石印本 十二冊 存六十五種（農學初級一卷十章、農學入門三卷三十三章、家菌長養法、農產物分析表一卷三章、葡萄酒譜三卷、制蘆粟糖法、制蘆粟糖器具圖、驗糖簡易方、美國種蘆粟栽制試驗表、美國植棉書、植美棉簡法、種棉實驗說、麻栽製法、蒲葵栽製法、種藍暑法、吳苑栽桑記、薄荷栽培製造法、人參攷、樟樹論一卷九章、煉樟圖說、植漆法、植三椏樹法、植雁皮法、植楮法、果樹栽培總論、種樹書、林業篇四卷源流一卷旨趣一卷、森林保護學三卷緒言一卷、種植學二卷、草木移植心得、植物近利志、檇李屠氏藝菊法、月季花譜、肥料篇、奇埃疊哀安摩太風車圖說、泰西農具及獸醫治療器械圖說、代耕架圖說、福田自動織機圖說、製紙暑法、實驗罐藏製造法二卷、奧國飼蠶法、蠶體解剖講義、膿蠶、蠶桑實驗說一卷四篇、飼育野蠶識暑、蠶書、湖蠶述四卷、養蠶成法、粵東飼八蠶法、製絮說、害蟲要說、驅除害蟲全書、京師土產表暑、江震物產表敘例、南通州物產表、寧波物產表、武陵土產表、善化土產表、瑞安土產表、札幌農學施設一斑、杭州蠶學館章程、蠶業學校案指引、瑞安務農支會試辦章程、整飭皖茶文牘、廣種柏樹興利除害條陳）

130000－3413－0000230 子300/6019－2
農學叢書七集 羅振玉輯 清末石印本 十冊 存三十六種（第二集森林學、落葉松栽培法、金松樹栽培法、淡芭菰栽製法、山藍新說、蕈種栽培法、薔薇栽培法二卷、葡萄新書二卷、茶事試驗報告二、種木番藷法、橘錄、牡丹八書、缸荷譜、水蜜桃譜、檇李譜、木棉譜、製糖器具說、水機圖說、農產製造學、養魚人工孵化術、記海錯、閩中海錯疏三卷、採蟲指南一卷圖一卷、名和昆蟲研究所志暑、昆蟲標品製作法、田圃害蟲新說一卷圖一卷、秋蠶秘書、喝茫蠶書、試驗蠶病成蹟報三卷、第三集農業經濟篇二卷、造林學各論二卷、特用作物論四卷、斐利迭禮璧大王農政要暑、日本農業家伊達邦成傳、人造肥料品目效用及用法、紡織圖說）

130000－3413－0000231 子400/3124
增訂本草備要十一卷醫方集解三卷 （清）汪昂著輯 清末有益堂刻本 六冊

130000－3413－0000232 子400/3702
外科大成四卷 （清）祁坤輯著 清乾隆八年

（1743）三多齋刻本　四冊

130000－3413－0000233　子400/4061
本草綱目五十二卷　（明）李時珍編輯　（清）
吳毓昌較訂　清光緒三十三年（1907）上海華
商集成圖書公司鉛印本　十八冊　存五十卷
（一至五十）

130000－3413－0000234　子400/6715
御纂醫宗金鑑九十卷首一卷　（清）吳謙纂修
清刻本　四十八冊

130000－3413－0000235　子410/4054
雷公炮製藥性解六卷　（明）李中梓編輯
（清）王子接重訂　清末石印本　一冊

130000－3413－0000236　子420/6032
吳氏醫學述第三種六卷　（清）吳儀洛輯　清
道光五年（1825）刻本　五冊　存五卷（一至
二、四至六）

130000－3413－0000237　子430/4054
三餘堂詳校醫宗必讀　（明）李中梓著　（明）
吳肇陵叅　（明）李廷芳訂　清抄本　一冊
存一卷（二）

130000－3413－0000238　子450/1029（1）
雜病證治類方八卷　（明）王肯堂輯　清刻本
十冊　存七卷（一下、三至八）

130000－3413－0000239　子450/1029（2）
瘍醫準繩六卷　（明）王肯堂輯　（明）閔承詔
校　清刻本　一冊　存一卷（五）

130000－3413－0000240　子450/1067
景岳全書六十四卷　（明）張介賓著　（明）魯
超訂　清刻本　十五冊　存三十一卷（十八
至二十五、二十九至三十八、五十二至六十
四）

130000－3413－0000241　子450/8348
辨證奇聞十卷　（清）錢松著　清道光三年
（1823）刻本　十冊

130000－3413－0000242　子481/1100
西醫內科全書九卷　（清）孔慶高譯　清光緒
八年（1882）刻本　三冊

130000－3413－0000243　子500/0441（1）
諏吉便覽寶鏡圖不分卷　（三國蜀）諸葛亮著
清末石印本　一冊

130000－3413－0000244　子500/0441（2）
紫星秘要諏吉便覽不分卷　（清）俞榮寬編
清末上海廣益書局石印本　二冊

130000－3413－0000245　子500/1714
都天滾盤珠要法不分卷　（清）瞿天賚校　清
末石印本　一冊

130000－3413－0000246　子500/6041
奇門闡秘前編六卷　（清）羅世瑤編　清咸豐
元年（1851）生白虛齋刻本　三冊

130000－3413－0000247　子530/2213
幾何原本十五卷　（意大利）利瑪竇口譯
（明）徐光啟筆受　清刻本　三冊　存八卷
（六至九、十二至十五）

130000－3413－0000248　子530/2642（1）
器象顯真四卷　（英國）白力蓋輯　（英國）傅
蘭雅譯　（清）徐建寅編　清刻本　二冊

130000－3413－0000249　子530/2642（2）
運規約指三卷　（英國）白起德輯　（英國）傅
蘭雅口譯　（清）徐建寅筆述　清刻本　一冊

130000－3413－0000250　子700/3191（1）
日知錄集釋三十二卷刊誤二卷續刊誤二卷
（清）顧炎武著　（清）黃汝成集釋　清道光十
四年（1834）刻本　九冊　存十七卷（一至十
七）

130000－3413－0000251　子700/3191（2）
日知錄集釋三十二卷刊誤二卷續刊誤二卷
（清）顧炎武著　（清）黃汝成集釋　清道光十
四年（1834）刻本　一冊　存一卷（十七）

130000－3413－0000252　子700/4447
廣事類賦四十卷　（清）華希閔著　清刻本
六冊　存三十三卷（八至四十）

130000－3413－0000253　子700/6037
重訂廣事類賦四十卷　（清）華希閔著　（清）
鄒升恒叅　（清）華希閔重訂　清刻本　八冊

130000－3413－0000254　子 700/6051

教育世界六十八卷　羅振玉輯　清末石印本
　一冊　存六卷（六十三至六十八）

130000－3413－0000255　子 800/1042

格致書院課藝　（清）王韜輯　清光緒鉛印本
　二冊　存二卷（辛卯下、癸巳下）

130000－3413－0000256　子 800/5360

康熙幾暇格物編二卷　（清）康熙撰　（清）盛
　昱錄　清光緒十五年至二十五年（1889－
　1899）盛昱石印本　二冊

130000－3413－0000257　子 800/6037

函札筆談不分卷　（清）吳汝綸編撰　清光緒
　石印本　一冊

130000－3413－0000258　子 800/8064（1）

求闕齋讀書錄十卷　（清）曾國藩著　（清）王
　啟原編輯　清光緒二年（1876）傳忠書局刻本
　四冊

130000－3413－0000259　子 800/8064（2）

曾文正公雜著二卷　（清）曾國藩撰　清光緒
　二年（1876）傳忠書局刻本　一冊　存一卷
　（二）

130000－3413－0000260　子 800/8064（3）

經史百家雜鈔二十六卷　（清）曾國藩纂
　（清）李鴻章校刊　清光緒二年（1876）傳忠書
　局刻本　一冊　存一卷（一）

130000－3413－0000261　子 800/8064（4）

經史百家雜鈔二十六卷　（清）曾國藩纂
　（清）李鴻章校刊　清光緒鉛印本　一冊　存
　五卷（十八至二十二）

130000－3413－0000262　子 900/2637

事類賦三十卷　（宋）吳淑撰注　（明）華麟祥
　校刊　清刻本　六冊

130000－3413－0000263　子 920/4422

農產製造學二卷　（日本）楠巖編　（清）沈紘
　譯　清末北洋官報局鉛印本　二冊

張家口市懷來縣圖書館
古籍普查登記目錄

全國古籍普查登記目錄

國家圖書館出版社
National Library of China Publishing House

130000－3417－0000001　集 001

檉華館試帖彙鈔輯注十卷 （清）路閏生撰
清道光二十一年(1841)刻本　三冊　存三卷
（四、六、九）

130000－3417－0000002　集 002

古文釋義新編八卷 （清）余誠評註　清乾隆
三十九年(1774)刻本　三冊　存二卷（二至
三）

130000－3417－0000003　集 003

說文解字義證五十卷 （漢）許慎撰　清鉛印
本　三冊　存四卷（十四、二十二、三十一至
三十二）

130000－3417－0000004　集 004

增補白眉故事十卷 （清）許以忠撰　清光緒
二年(1876)刻本　五冊　存七卷（一至六、
十）

130000－3417－0000005　集 005

讀書作文譜十二卷 （清）唐彪輯著　清刻本
四冊　存四卷（一、六至七、十）

130000－3417－0000006　集 006

註釋八銘塾鈔十二卷 （清）吳蘭陔編　清道
光二十四年(1844)刻本　六冊　存六卷（三
至五、八至十）

130000－3417－0000007　集 007

唐律清麗集六卷 （清）徐曰璉等輯　清乾隆
二十二年(1757)刻本　四冊　存五卷（一、三
至六）

130000－3417－0000008　集 008

御篹詩義折中二十卷 （清）高宗弘曆敕撰
清刻本　五冊　存十卷（五至十二、十九至二
十）

130000－3417－0000009　集 009

十八家詩鈔二十八卷 （清）曾國藩輯　清同
治十三年(1874)影印本　三冊　存三卷（一
至二、十七）

130000－3417－0000010　集 010

唐詩三百首六卷 （清）蘅塘退士編　清道光

十七年(1837)影印本　六冊

130000－3417－0000011　集 011

孟子字義疏證三卷 （清）戴震撰　清刻本
一冊　存一卷（二）

130000－3417－0000012　集 012

修竹齋試帖輯註一卷 （清）那清安著　清光
緒十二年(1886)石印本　一冊

130000－3417－0000013　經 001

皇朝經解一千四百卷 （清）阮元輯　清道光
刻本　二冊　存十卷（一百五至一百十四）

130000－3417－0000014　經 002

御定駢字類編二百四十卷 （清）沈宗敬等編
清雍正六年(1728)鉛印本　四冊　存十六
卷（一百四十四至一百四十七、二百十八至二
百二十四、二百三十六至二百四十）

130000－3417－0000015　經 003

康熙字典四十二卷 （清）陳廷敬編　清康熙
五十五年(1716)刻本　十二冊　存九卷（四、
十至十七）

130000－3417－0000016　經 004

大清刑律分則草案不分卷 （清）修訂法律館
輯　清光緒三十年(1904)鉛印本　三冊　存
三十一章（一至二十、二十六至三十六）

130000－3417－0000017　經 005

水經注四十卷 （北魏）酈道元著　清光緒石
印本　五冊　存十五卷（二十四至三十八）

130000－3417－0000018　經 006

皇朝經世文編一百二十卷 （清）賀長齡輯
清道光六年(1826)鉛印本　八冊　存十九卷
（五十八至七十一、八十八至九十二）

130000－3417－0000019　經 007

儀禮十七卷 （漢）鄭玄注 （唐）陸德明音義
清宣統元年(1909)抄本　一冊　存一卷
（十一）

130000－3417－0000020　經 008

春秋經傳集解三十卷 （晉）杜預撰　清光緒
刻本　二冊　存二卷（十一、十三）

301

130000－3417－0000021　經009

皇朝經世文續編一百二十卷　（清）葛士濬編
清光緒八年（1882）刻本　六冊　存十一卷
（三十二至三十九、九十五至九十七）

130000－3417－0000022　經010

周官經六卷　（漢）鄭玄注　（清）王闓運箋
清嘉慶影印本　二冊　存二卷（五至六）

130000－3417－0000023　經011

五經類編二十八卷　（清）周士樟編　清康熙
影印本　五冊　存十四卷（二至十五）

130000－3417－0000024　經012

皇清經解一千四百卷　（清）阮元輯　清影印
本　七冊　存七卷（二、五、九、十三、十七、二
十、一百二十六）

130000－3417－0000025　經013

曾文正公奏稿三十卷　（清）曾國藩編　清光
緒二年（1876）刻本　十一冊　存十一卷（四
至七、十八至二十四）

130000－3417－0000026　經014

曾文正公批牘二十卷　（清）曾國藩著　清同
治五年（1866）鈐印本　七冊　存九卷（八至
十六）

130000－3417－0000027　經015

曾文正公奏稿三十卷　（清）曾國藩撰　清光
緒二年（1876）刻本　三十冊　存二十三卷
（一至五、八至二十三、二十八至二十九）

130000－3417－0000028　經016

佩文韻府一百六卷　（清）聖祖玄燁敕撰　清
康熙四十三年（1704）鉛印本　十六冊　存三
十四卷（二十三至二十四、二十六上下、二十
七、二十九至三十六、四十二至四十三、五十
至五十五、九十一至九十三、九十五至九十
八、九十九上下、一百上下、一百一至一百五）

130000－3417－0000029　經017

皇朝經世文編一百二十卷　（清）賀長齡輯
清道光六年（1826）刻本　八冊　存八卷（十
三至十九、二十一）

130000－3417－0000030　子006

皇朝通典一百卷　（清）嵇璜等撰　清乾隆三
十二年（1767）石印本　六冊　存四十六卷
（四十一至四十九、六十三至九十九）

130000－3417－0000031　經019

春秋會議二十六卷　（清）杜諤撰　清乾隆二
十五年（1760）鉛印本　七冊　存十六卷（十
一至二十六）

130000－3417－0000032　經020

附釋音尚書注疏二十卷　（唐）孔穎達撰　清
光緒十三年（1887）影印本　四冊　存四卷
（十一至十二、十九至二十）

130000－3417－0000033　經021

附釋音毛詩注疏七十卷校勘記七十卷　（漢）
毛亨傳　（漢）鄭玄箋　（唐）陸德明音義
（唐）孔穎達疏　清光緒十三年（1887）影印本
二十冊　存十六卷（十二至十四、三十二至
三十三、四十二至四十三、五十二至五十三、
六十二至六十三、七十二至七十三、八十二至
八十三、九十二）

130000－3417－0000034　經022

五經鴻裁二十卷　（清）楊光坼等纂修　清刻
本　九冊　存九卷（十一至十二、十四至二
十）

130000－3417－0000035　經023

周易本義正經二十二卷　（宋）朱熹編　清康
熙五十年（1711）曹寅刻本　十二冊

130000－3417－0000036　經024

新鐫增補周易備旨一見能解六卷　（清）黃淳
耀撰　清刻本　六冊

130000－3417－0000037　經025

欽定書經傳說匯纂二十一卷首二卷書序一卷
（清）王頊齡等撰　清同治十年（1871）湖北
崇文書局影印本　六冊　存十卷（三、六至
七、十至十一、十七至二十一）

130000－3417－0000038　經026

**康熙字典十二集三十六卷總目一卷檢字一卷
辨似一卷等韻一卷備考一卷補遺一卷**　（清）

張玉書等纂修　清石印本　七冊　存十五卷
（一至三、十三至十八、二十一至二十六）

130000－3417－0000039　經027

經編尚書一卷　（清）馬國翰輯　清光緒九年
（1883）鉛印本　一冊

130000－3417－0000040　經028

爾雅注疏十一卷　（晉）郭璞注　（宋）邢昺疏
　清乾隆四年（1739）鉛印本　二冊　存三卷
（六至八）

130000－3417－0000041　經029

周易兼義九卷　（唐）孔穎達撰　清同治十年
（1871）影印本　五冊

130000－3417－0000042　經030

爾雅正義二十卷　（清）邵晉涵著　清乾隆刻
本　五冊　存五卷（一至二、五、十、十五）

130000－3417－0000043　經031

禮記音訊二十卷　（清）楊國楨撰　清宣統鉛
印本　一冊　存一卷（十六）

130000－3417－0000044　經032

書經注疏五十九卷　（唐）孔穎達疏　清同治
十年（1871）影印本　六冊　存十二卷（五至
十、十七至二十、三十一至三十二）

130000－3417－0000045　經033

禮記訓纂四十九卷　（宋）朱彬著　清宣統元
年（1909）影印本　三冊　存十一卷（十一至
二十一）

130000－3417－0000046　經034

孟子集注本義匯參十四卷首一卷　（清）王步
青輯　清乾隆刻本　六冊　存六卷（一至二、
四至七）

130000－3417－0000047　經035

文公家禮八卷　（明）丘濬撰　清光緒十三年
（1887）刻本　三冊　存三卷（四至六）

130000－3417－0000048　經036

禮記集注十卷　（元）陳澔撰　清上海千頃堂
書局鉛印本　十冊

130000－3417－0000049　經037

禮記節本十卷　（清）汪基撰　清宣統三年
（1911）上海江左書林鉛印本　三冊　存五卷
（一、六至九）

130000－3417－0000050　經038

春秋左傳注疏六十卷　（晉）杜預注　清同治
十年（1871）石印本　二十一冊

130000－3417－0000051　經039

欽定春秋左傳讀本三十卷　（清）英和等人纂
輯　清光緒十二年（1886）石印本　四冊　存
十二卷（四至十五）

130000－3417－0000052　經040

春秋左傳杜注三十卷首一卷　（清）姚培謙撰
　清光緒九年（1883）刻本　五冊　存五卷
（一、三、七、十、十三）

130000－3417－0000053　經041

龍文鞭影四卷　（明）蕭良有撰　清光緒刻本
　五冊　存三卷（二至四）

130000－3417－0000054　經042

各國交涉公法論十六卷　（清）俞世爵　（英
國）傅蘭雅譯　（英國）費利摩羅巴德著　清
光緒二十四年（1898）鉛印本　三冊　存四卷
（三至六）

130000－3417－0000055　史001

資治通鑑二百九十四卷　（宋）司馬光撰
(元)胡三省音注　清光緒十四年（1888）長沙
楊氏行石印本　十八冊　存六十六卷（一百
十九至一百八十四）

130000－3417－0000056　史002

唐書二百卷　（五代）劉昫等修　清乾隆四年
（1739）鉛印本　十四冊　存七十三卷（七十
二至七十三、八十四至一百五十二）

130000－3417－0000057　史003

漢書一百二十卷　（漢）班固編　（唐）顏師古
注　清同治金陵書局石印本　八冊　存二十
九卷（一至十五、十八、二十至三十二）

130000－3417－0000058　史004

宋史四百九十六卷　（元）脫脫等撰　清乾隆

石印本　十冊　存八十五卷(三百二十二至四百六)

130000－3417－0000059　史005

御批歷代通鑑輯覽一百二十卷　（清）傅恒等編　清乾隆石印本　九冊　存六十七卷(一至十七、三十三至六十一、七十六至八十二、九十至九十六、一百四至一百十)

130000－3417－0000060　史006

東萊左氏博議二十五卷　（宋）呂祖謙撰　清光緒八年(1882)刻本　四冊　存十八卷(一至十二、十七至二十二)

130000－3417－0000061　史007

歷代史論十二卷宋史論三卷元史論一卷（明）張溥撰　明史論四卷　（清）谷應泰撰　左傳史論二卷　（清）高士奇撰　清光緒五年(1879)石印本　五冊　存十六卷(五代史十至十二、晉六朝五至九、宋史論一至二,明史論四卷,左傳史論二卷)

130000－3417－0000062　史008

元史本證五十卷末一卷　（清）王輝祖撰　清光緒十五年(1889)徐氏鑄學齋石印本　八冊　存四十六卷(一、六至五十)

130000－3417－0000063　史009

資治通鑑二百九十四卷　（宋）司馬光編　清光緒石印本　二十冊　存五十八卷(十至十二、十九至二十八、五十五至六十六、七十至九十三、一百至一百八)

130000－3417－0000064　史010

國語二十卷　（三國吳）韋昭解　清光緒石印本　三冊　存十八卷(四至二十一)

130000－3417－0000065　史011

元朝秘史十卷續集二卷　（清）□□著　清光緒三十四年(1908)影印本　五冊　存十卷(元朝秘史十卷)

130000－3417－0000066　史012

欽定南齊書五十九卷　（南朝梁）蕭子顯撰　清乾隆四年(1739)影印本　一冊　存一卷(五十三)

130000－3417－0000067　史013

國語解二十一卷　（三國吳）韋昭解　清嘉慶五年(1800)鉛印本　四冊　存十六卷(一至三、九至二十一)

130000－3417－0000068　史014

資治通鑑二百九十四卷　（宋）司馬光編（元）胡三省音注　清嘉慶二年(1797)涵芬樓影印本　十五冊　存六十七卷(一至四十二、五十八至六十二、二百七十至二百七十九、二百八十五至二百九十四)

130000－3417－0000069　史015

續資治通鑑綱目二十七卷　（明）商輅等撰（明）陳仁錫評閱　清乾隆二十五年(1760)石印本　八冊　存六卷(八至十三)

130000－3417－0000070　史016

元史二百十卷　（明）宋濂等撰　明洪武二年(1369)刻本　十八冊　存八十五卷(二十二至四十二、四十八至九十二、一百六十七至一百七十九、二百五至二百十)

130000－3417－0000071　史017

五禮通考二百六十二卷　（清）秦蕙田撰　清乾隆元年(1736)刻本　六冊　存十七卷(二十四、二十七至三十五、一百七十一至一百七十七)

130000－3417－0000072　史018

聖武記十四卷　（清）魏源撰　清道光二十二年(1842)刻本　十冊　存十卷(一至三、六至十一、十四)

130000－3417－0000073　史019

資治通鑑二百九十四卷　（宋）司馬光撰　清光緒二十二年(1896)石印本　二十冊　存一百五十一卷(一至七、四十二至六十七、七十五至一百三十六、一百五十六至一百九十七、二百二十至二百三十三)

130000－3417－0000074　史020

陳書三十六卷　（清）姚思廉撰　清乾隆四年(1739)鉛印本　四冊

130000－3417－0000075　史021

昭明文選集成六十卷　（清）方廷珪評點　清乾隆三十年(1765)影印本　九冊　存二十四卷(一至二、八至十、十八至二十、二十九至三十三、三十九至四十、四十六至五十一、五十八至六十)

130000－3417－0000076　史022
天聖明道本國語二十一卷　（三國吳）韋昭解　清同治八年(1869)湖北崇文書局刻本　七冊　存十八卷(一至八、十至十九)

130000－3417－0000077　史023
欽定書經傳說彙纂二十一卷首二卷書序一卷　（宋）蔡沈纂　清雍正八年(1730)鉛印本　三冊　存七卷(一至二、十二至十六)

130000－3417－0000078　史024
曾文正公奏稿三十六卷　（清）曾國藩撰　清道光三十年(1850)刻本　十二冊　存十二卷(一至二、十二至十四、二十五至三十一)

130000－3417－0000079　史025
資治通鑑二百九十四卷　（宋）司馬光撰　（元）胡三省音注　元刻明修補本　八冊　存二十四卷(十六至十八、六十七至六十九、九十一至一百五、二百四十四至二百四十六)

130000－3417－0000080　史026
皇朝經世文編一百二十卷　（清）賀長齡輯　清道光六年(1826)刻本　二十六冊　存三十五卷(六十至六十九、八十八至一百四、一百一十三至一百二十)

130000－3417－0000081　史027
資治通鑑綱目前編二十五卷　（宋）金履祥著　清嘉慶九年(1804)刻本　八冊

130000－3417－0000082　史028
明史三百三十二卷目錄四卷　（清）張廷玉等撰　清石印本　八冊　存二十七卷(一百二至一百二十八)

130000－3417－0000083　史029
御批分類歷代通鑑輯覽一百十六卷　（清）傅恒等撰修　清光緒二十九年(1903)上海文瀾書局石印本　二十冊　存五十五卷(一至四十三、五十三至六十四)

130000－3417－0000084　史030
魏書一百十四卷　（北魏）魏收撰　清影刋本　十冊　存五十八卷(一至七、九至四十一、五十九至六十六、一百五至一百十四)

130000－3417－0000085　史031
古史紀年十四卷　（清）林春溥撰　清道光十七年(1837)刻本　十六冊　存五卷(一至二、五、九、十二)

130000－3417－0000086　史032
戰國紀年六卷地輿一卷年表一卷　（清）林春溥撰　清道光十四年(1834)刻本　十四冊　存三卷(二至三、五)

130000－3417－0000087　史033
史記一百三十卷　（明）司馬遷撰　明萬曆二十六年(1598)鉛印本　八冊　存二十一卷(二十七、三十七至四十二、四十八至五十一、五十六至六十一、六十七至七十)

130000－3417－0000088　史034
金史一百三十五卷　（元）脫脫等修　清光緒四年(1878)江蘇書局鉛印本　十一冊　存六十三卷(一、八至十二、七十一至一百二十七)

130000－3417－0000089　史035
唐書二百二十五卷　（宋）歐陽修撰　清刻本　三十三冊　存一百四十四卷(七十六至一百三十九、一百四十六至二百二十五)

130000－3417－0000090　史036
後漢書九十卷志三十卷　（南朝宋）范曄（晉）司馬彪撰　清乾隆四年(1739)鉛印本　十四冊

130000－3417－0000091　史037
律曆志二十二卷　（清）佚名著　清光緒鉛印本　一冊　存十五卷(一至十五)

130000－3417－0000092　史038
繡像東西漢全傳十六卷　（明）甄偉等撰（清）清遠道人重編　清善成堂影印本　五冊　存五卷(一至三、五、七)

305

130000－3417－0000093　史039

韻史二卷　（清）許邃翁著　清光緒十五年(1889)書業德書局石印本　二冊

130000－3417－0000094　史040

重訂路史四十七卷　（宋）羅泌撰　清鉛印本　八冊　存七卷(三、八至九、十三至十六)

130000－3417－0000095　史041

學仕錄十六卷　（清）戴肇辰輯　清同治五年(1866)影印本　四冊　存八卷(一至四、七至八、十五至十六)

130000－3417－0000096　史042

御批通鑑輯覽一百二十卷　（清）高宗弘曆撰　清同治十一年(1872)湖北崇文書局鉛印本　二十冊　存五十七卷(十九至三十四、六十三至七十四、六十三至九十一)

130000－3417－0000097　史043

欽定理藩院則例六十四卷　（清）福敏纂　清乾隆四十一年(1776)刻本　二冊　存四卷(一至二、七至八)

130000－3417－0000098　史044

讀史方輿紀要一百三十卷　（清）顧祖禹撰　清錦里龍萬育變堂影印本　十冊　存十五卷(二十四至三十八)

130000－3417－0000099　史045

[光緒]巴陵縣誌六十三卷首一卷　（清）姚詩德　（清）鄧桂星修　（清）杜貴墀等纂　清光緒十七年(1891)刻本　一冊　存五卷(一至五)

130000－3417－0000100　史046

[道光]清河縣誌二十四卷首一卷附編二卷　（清）吳棠修　（清）魯一同纂　清道光十二年(1832)刻本　五冊

130000－3417－0000101　史047

山右金石記十卷　（清）王軒纂　清光緒刻本　六冊　存六卷(一、四、七至十)

130000－3417－0000102　史048

滇繫四十卷　（清）師範纂　清嘉慶四年

(1799)鉛印本　二冊　存一卷(十七)

130000－3417－0000103　史049

讀史方輿紀要一百三十卷　（清）顧祖禹撰　清刻本　四冊　存七卷(九十至九十六)

130000－3417－0000104　史050

廣輿記二十四卷　（明）陸應陽輯　明刻清印本　四冊　存二十三卷(二至二十四)

130000－3417－0000105　史051

滇繫四十卷　（清）姚鼎撰　清嘉慶十三年(1808)石印本　一冊　存一卷(一)

130000－3417－0000106　史052

山東交代章程不分卷　（清）李元華撰　清光緒二十八年(1902)石印本　一冊　存(二)

130000－3417－0000107　史053

畿輔通志一百二十卷　（清）唐執玉修　（清）陳義　（清）田易纂　清雍正刻本　二十一冊　存三十六卷(十七至十八、四十五至五十二、五十四至五十七、七十至七十一、七十六至八十一、八十七、八十九至九十一、九十四至九十七、一百至一百二、一百十五至一百十七)

130000－3417－0000108　史054

讀史方輿紀要一百三十卷　（清）顧祖禹撰　清光緒二十七年(1901)石印本　二冊　存四卷(二至三、十至十一)

130000－3417－0000109　史055

水經注四十卷　王先謙撰　清光緒十八年(1892)影印本　六冊　存十三卷(五至六、十四至二十、二十六至二十九)

130000－3417－0000110　史056

福建鄉試錄一卷　（清）□□編　清光緒元年(1875)石印本　一冊

130000－3417－0000111　史057

逆臣傳四卷　（清）國史館編　清都城琉璃廠半松居士木活字印本　三冊

130000－3417－0000112　史058

漢名臣傳三十二卷 （清）國史館編 清雍正鉛印本 九冊 存九卷（十、十二、十四、十六、十九至二十、二十二至二十四）

130000－3417－0000113 史059

科名金鍼不分卷 （清）丁心齋著 清光緒元年（1875）影印本 一冊

130000－3417－0000114 子001

禮記體註大全四卷 （清）范翔纂 （清）徐旦參訂 清乾隆十四年（1749）木活字印本 四冊

130000－3417－0000115 子002

大清法規大全一百五十九卷首一卷 （清）府掌儀司著 清宣統元年（1909）石印本 十一冊 存二卷（二十四至二十五）

130000－3417－0000116 子003

御纂周易折中二十二卷 （清）李光地撰 清康熙五十四年（1715）刻本 九冊 存八卷（一至二、四至五、十一、十三、十五、十八）

130000－3417－0000117 子004

四書人物類典串珠四十卷 （清）臧志仁輯 清刻本 十一冊 存三十七卷（一至二十一、二十五至四十）

130000－3417－0000118 子005

四書人物類典串珠四十卷 （清）臧志仁輯 清刻本 十一冊 存三十七卷（一至二十一、二十五至四十）

張家口市涿鹿縣圖書館古籍普查登記目錄

全國古籍普查登記目錄

國家圖書館出版社
National Library of China Publishing House

130000－3418－0000001　叢001

十萬卷樓叢書五十一種 （清）陸心源編　清光緒歸安陸氏刻本　八十七冊　存三十八種（初編十六種、二編十六種、三編五種、附一種）

130000－3418－0000002　叢002

小方壺齋輿地叢鈔十二帙補編十二帙再補編十二帙 （清）王錫祺輯　清光緒十七年至二十三年(1891－1897)上海著易堂鉛印本　五冊　存二帙十二種（第七帙八種、第十帙四種）

130000－3418－0000003　叢003

武英殿聚珍版書一百三十八種 清武英殿木活字印本　七冊　存八種三十一卷（禹貢指南四卷、農桑輯要七卷、海島算經一卷、孫子算經三卷、五曹算經五卷、五經算術二卷、夏侯陽算經三卷、考古質疑六卷）

130000－3418－0000004　叢004

佩文韻府一百六卷拾遺一百六卷 （清）張廷玉等輯　清刻本　十二冊　存十八卷（佩文韻府一、七十一至七十二、七十六至九十）

130000－3418－0000005　叢005

春在堂全書三十六種 （清）俞樾撰　清同治十年(1871)刻本　二十二冊　存三種（羣經平議、第一樓叢書、曲園襍纂）

130000－3418－0000006　叢006

祕書二十八種 （清）汪士漢編　清刻本　六冊　存十六種四十八卷（博物志一至十、續博物志一至十、高士傳一至三、竹書紀年一至二、三墳一、楚史檮杌一、桂海虞衡志一、劍俠傳一至四、中華古今注一至三、風俗通義一至四、晉史乘一、博異記一、集異記一、古今注一至三、列仙傳一至二、續齋諧記一）

130000－3418－0000007　叢007

稗海四十八種續集二十三種 （明）商濬編　清刻本　二十八冊　存二十一種一百四十二卷（夢溪筆談二十六卷、補筆談一卷,墨莊漫錄十卷,黑客揮犀十卷,游宦紀聞十卷,清波雜誌三卷,避暑錄話二卷,石林燕語十卷,異聞總錄四卷,遂昌雜錄一卷,蕓麓漫抄四卷,學齋佔畢纂一卷,續博物志十卷,冷齋夜話十卷,摭言一卷,小名錄二卷,歸田錄二卷,蘇黃門龍川別志二卷,嬾真子五卷,博物志十卷,西京雜記六卷,東坡先生志林十二卷）

130000－3418－0000008　經001

重刊宋本十三經注疏四百十六卷附十三經注疏校勘記四百十六卷校勘記識語四卷 （清）阮元撰　（清）盧宣旬摘錄　清光緒十三年(1887)上海脈望仙館石印本　一冊　存六十二卷（論語注疏解經一至二十、附校勘記一至二十,孝經注疏一至九、附校勘記一至九,十三經注疏校勘記識語四卷）

130000－3418－0000009　經002

重刊宋本十三經注疏四百十六卷附十三經注疏校勘記四百十六卷校勘記識語四卷 （清）阮元撰　（清）盧宣旬摘錄　清刻本　十二冊　存二種四十八卷（附釋音毛詩注疏一、十三、十五至十六,校勘記一、十三、十五至十六;附釋音尚書注疏二十卷、校勘記二十卷）

130000－3418－0000010　經003

重刊宋本十三經注疏四百十六卷附十三經注疏校勘記四百十六卷校勘記識語四卷 （清）阮元撰　（清）盧宣旬摘錄　清同治十二年(1873)江西書局刻本　四十二冊　存三種八十九卷（周易兼義九卷、附經典釋文一卷、釋文校勘記一卷,附釋音尚書注疏二十卷、校勘記二十卷,附釋音毛詩注疏一至十九、校勘記一至十九）

130000－3418－0000011　經004

周易四卷 （宋）朱熹本義　清刻本　一冊　存一卷(二)

130000－3418－0000012　經005

書經六卷 （宋）蔡沈集傳　清刻本　二冊　存三卷(二至四)

130000－3418－0000013　經006

書經六卷 （宋）蔡沈集傳　清刻本　二冊　存三卷(二至四)

130000－3418－0000014　經 007

書經六卷　（宋）蔡沈集傳　清刻本　一冊
存一卷(五)

130000－3418－0000015　經 008

書經揭要六卷　（清）周惠田輯錄　（清）杜綱
參訂　（清）許寶善閱定　清刻本　二冊

130000－3418－0000016　經 009

書經體註大全合參六卷　（宋）蔡沈集傳
（清）錢希祥輯注　清文盛堂刻本　一冊　存
一卷(四)

130000－3418－0000017　經 010

書經體註大全合參六卷　（宋）蔡沈集傳
（清）錢希祥輯注　清聚錦堂刻本　二冊　存
三卷(二至四)

130000－3418－0000018　經 011

尚書大傳三卷附錄一卷備考一卷源委一卷補
遺一卷　（漢）鄭玄注　（清）王闓運補注　清
刻本　一冊

130000－3418－0000019　經 012

禹貢錐指二十卷圖一卷　（清）胡渭撰　清抄
本　二冊　存二卷(一至二)

130000－3418－0000020　經 013

詩經八卷　（宋）朱熹撰　清刻本　六冊

130000－3418－0000021　經 014

御案詩經備旨八卷　（清）鄒聖脈纂輯　（清）
鄒廷猷編次　清刻本　一冊　存二卷(一至
二)

130000－3418－0000022　經 015

皇清經解續編一千四百三十卷　（清）陳奐撰
清道光二十七年至咸豐元年(1847－1851)
刻本　一冊　存五卷(釋毛詩音一至四、毛詩
說一)

130000－3418－0000023　經 016

附釋音毛詩註疏二十卷附校勘記七十卷
（漢）鄭玄箋　（唐）孔穎達疏　清刻本　二冊
存六卷(附釋音毛詩註疏三至五、校勘記三
至五)

130000－3418－0000024　經 017

詩總聞二十卷　（宋）王質撰　清道光二十六
年(1846)錢儀吉刻本　五冊

130000－3418－0000025　經 018

周官經六卷　（□）□□輯　清刻本　一冊
存一卷(四)

130000－3418－0000026　經 019

欽定周官義疏四十八卷首一卷　（清）鄂爾泰
等撰　清乾隆刻本　七冊　存十四卷(十二
至二十五)

130000－3418－0000027　經 020

春秋經傳集解三十卷　（晉）杜預撰　（唐）陸
元朗音釋　（宋）林堯叟註　清刻本　七冊
存十三卷(二至十四)

130000－3418－0000028　經 021

春秋左傳五十卷　（晉）杜預註　（唐）陸德明
音義　（宋）林堯叟補　清刻本　七冊　存二
十六卷(二十五至五十)

130000－3418－0000029　經 022

春秋左傳五十卷　（晉）杜預註　（唐）陸德明
音義　（宋）林堯叟補　清刻本　六冊　存二
十四卷(二十七至五十)

130000－3418－0000030　經 023

左傳事緯十二卷　（清）馬驌撰　清刻本　四
冊　存八卷(五至十二)

130000－3418－0000031　經 024

附釋音春秋左傳註疏六十卷附校勘記六十卷
（晉）杜預注　（唐）陸德明音義　（唐）孔
穎達疏　清刻本　八冊　存二十八卷(附釋
音春秋左傳註疏三十一至四十四、校勘記三
十一至四十四)

130000－3418－0000032　經 025

欽定春秋左傳讀本三十卷　（清）英和等撰
清同治八年(1869)江蘇書局刻本　七冊　存
二十二卷(一至二十二)

130000－3418－0000033　經 026

欽定春秋左傳讀本三十卷　（清）英和等撰

清刻本　一冊　存二卷(十六至十七)

130000－3418－0000034　經027

春秋公羊傳十一卷 （漢）何休注 （唐）陸德明音義　清光緒十二年(1886)湖北官書處刻本　一冊　存三卷(一至三)

130000－3418－0000035　經028

欽定春秋傳說彙纂三十八卷首二卷 （清）王掞 （清）張廷玉撰　清康熙六十年(1721)內府刻本　六冊　存九卷(一至七、首二卷)

130000－3418－0000036　經029

春秋傳三十卷 （宋）胡安國撰 （宋）林堯叟音注　清空山堂刻本　二冊　存六卷(七至十二)

130000－3418－0000037　經030

春秋三傳十六卷首一卷 （清）魏綸先撰　清嘉慶十年(1805)刻本　六冊

130000－3418－0000038　經031

欽定春秋傳說匯纂三十八卷 （清）王掞（清）張廷玉撰　清刻本　六冊　存十卷(八至十七)

130000－3418－0000039　經032

春秋諸家解十二卷總論一卷 （清）毛士撰　清同治十一年(1872)深澤王氏刻本　五冊存八卷(一至二、六至八、十至十二)

130000－3418－0000040　經033

洪範統一不分卷 （宋）趙善湘撰　清道光十六年(1836)刻本　一冊

130000－3418－0000041　經034

半農先生春秋說十五卷 （清）惠士奇撰　清刻本　二冊　存五卷(九至十三)

130000－3418－0000042　經035

中庸章句一卷 （宋）朱熹撰　清刻本　一冊

130000－3418－0000043　經036

四書集註十九卷 （宋）朱熹撰　清光緒十八年(1892)浙江書局刻本　四冊　存十二卷(大學一、中庸一、論語一至十)

130000－3418－0000044　經037

駁呂留良四書講義不分卷 （清）朱軾 （清）吳襄撰　清刻本　一冊　存下論

130000－3418－0000045　經038

目耕帖三十一卷 （清）馬國翰撰　清刻本六冊　存十二卷(三至十二、十五至十六)

130000－3418－0000046　經039

經典釋文三十卷 （唐）陸德明撰　清刻本一冊　存一卷(二十九)

130000－3418－0000047　經040

康熙字典三十六卷總目一卷檢字一卷辨似一卷等韻一卷補遺一卷備考一卷 （清）張玉書等撰　清內府刻本　八冊　存八卷(子集中,丑集中、下,寅集上、中、下,午集下,未集上)

130000－3418－0000048　經041

康熙字典三十六卷總目一卷檢字一卷辨似一卷等韻一卷補遺一卷備考一卷 （清）張玉書等撰　清刻本　六冊　存六卷(寅集上、中、下,卯集上、中、下)

130000－3418－0000049　經042

字彙十二集首一卷末一卷 （明）梅膺祚撰清刻本　二冊　存二卷(巳、午)

130000－3418－0000050　經043

字彙十二集首一卷韻法直圖一卷韻法橫圖一卷 （明）梅膺祚撰　清刻本　十四冊

130000－3418－0000051　經044

字彙十二集首一卷末一卷 （明）梅膺祚撰清刻本　七冊　存七集(巳、午、未、申、酉、戌、亥)

130000－3418－0000052　史001

二十四史二十四種　清光緒二十九年(1903)五洲同文局石印本　五百六十冊　存二千三百八十卷(史記二十七至八十七、一百二十七至一百三十;前漢書一百卷;後漢書一至一百十七;三國志魏志一至八、十一至十三、十八至三十,蜀志一至十五,吳志一至三、九至二十;晉書一至十八、二十二至一百三十;宋書一百卷;梁書五十六卷;陳書三十六卷;魏書一百十四卷;隋書八十五卷;南史八十卷;舊

313

唐書三十八至八十五、一百四十六至一百八十二、一百八十七至二百；唐書二百二十五卷、釋音二十五卷；舊五代史一百五十卷；五代史七十四卷；宋史一至八十四、九十八至四百四十五、四百五十一至四百九十六；元史一至六十一、目錄上下；明史三百三十二卷）

130000－3418－0000053　史002

二十四史二十四種　清刻本　十二冊　存三十四卷（隋書七至十五，舊唐書四至二十四、五十一至五十四）

130000－3418－0000054　史003

元史二百十卷目錄二卷　（明）宋濂等修　明洪武三年（1370）內府刻明嘉靖遞修本　二十冊　存九十六卷（本紀一至五、十一至四十七,志一至五十二；目錄二卷）

130000－3418－0000055　史004

史記一百三十卷　（漢）司馬遷撰　（南朝宋）裴駰集解　（唐）司馬貞索隱　（唐）張守節正義　清刻本　一冊　存十二卷（七十三至八十四）

130000－3418－0000056　史005

南疆繹史勘本三十卷首二卷卹諡考八卷摭遺十八卷　（清）李瑤勘定　清刻本　二冊　存十卷（十七至二十六）

130000－3418－0000057　史006

欽定遼史語解十卷欽定金史語解十二卷欽定元史語解二十四卷　（清）高宗弘曆撰　清光緒四年（1878）江蘇書局刻本　八冊

130000－3418－0000058　史007

後漢書一百二十卷　（南朝宋）范曄撰　（唐）李賢注　清光緒十四年（1888）上海蜚英館石印本　八冊　存七十八卷（一至三十一、五十六至六十四、七十四至一百十一）

130000－3418－0000059　史008

後漢書一百卷志三十卷　（南朝宋）范曄撰　（唐）李賢注　清刻本　十一冊　存七十一卷（五至四十五、五十四至六十、六十八至九十）

130000－3418－0000060　史009

舊唐書二百卷　（五代）劉昫撰　清刻本　十冊　存七十七卷（一百二十四至二百）

130000－3418－0000061　史010

欽定元史語解二十四卷　（清）高宗弘曆撰　清光緒四年（1878）江蘇書局刻本　六冊

130000－3418－0000062　史011

明史三百三十二卷目錄四卷　（清）張廷玉等修　清上海集成圖書公司鉛印本　二冊　存二十五卷（一百至一百二十、目錄四卷）

130000－3418－0000063　史012

明史三百三十二卷目錄四卷　（清）張廷玉等修　清刻本　五十一冊　存二百十七卷（一百十一至一百七十四、一百八十至三百三十二）

130000－3418－0000064　史013－1

資治通鑑二百九十四卷　（宋）司馬光撰（元）胡三省音注　**通鑑釋文辨誤十二卷**（元）胡三省撰　清嘉慶二十一年（1816）鄱陽胡氏刻同治八年（1869）江蘇書局修補本　四十二冊　存一百二十九卷（一至九、十三至十五、三十一至五十四、九十四至九十九、一百六至一百三十八、一百四十二至一百四十四、一百五十七至一百六十二、一百六十九至一百七十七、一百八十七至一百九十二、二百十四至二百四十三）

130000－3418－0000065　史013－2

資治通鑑二百九十四卷　（宋）司馬光撰（元）胡三省音注　**通鑑釋文辯誤十二卷**（元）胡三省撰　清嘉慶二十一年（1816）鄱陽胡氏刻同治八年（1869）江蘇書局修補本　四十八冊　存一百四十六卷（一至三、二十五至三十、四十至四十二、五十五至八十一、九十七至一百二、一百十五至一百二十、一百三十四至一百六十二、一百七十五至一百七十七、一百八十一至一百八十三、一百八十七至一百八十九、二百十四至二百五十八、二百六十二至二百七十三）

130000－3418－0000066　史014

資治通鑑二百九十四卷　（宋）司馬光撰

（元）胡三省音註　清石印本　十二冊　存一
百十七卷（二十一至五十、六十一至八十、一
百十一至一百四十、一百五十一至一百六十、
二百一至二百九、二百五十至二百五十八、二
百八十六至二百九十四）

130000－3418－0000067　史015

資治通鑑目錄三十卷　（宋）司馬光編　清同
治八年（1869）江蘇書局仿宋刻本　五冊　存
十五卷（七至十二、十六至二十一、二十八至
三十）

130000－3418－0000068　史016

資治通鑑綱目五十九卷　（宋）朱熹撰　（明）
陳仁錫評閱　**資治通鑑綱目前編二十五卷**
（明）南軒撰　（明）陳仁錫評閱　**續資治通鑑
綱目二十七卷**　（明）商輅等撰　（明）陳仁錫
評閱　清康熙六十一年（1722）四喜堂刻本
一百二十冊　缺十二卷（資治通鑑綱目前編
十四至二十五）

130000－3418－0000069　史017

資治通鑑綱目五十九卷　（宋）朱熹撰　（明）
陳仁錫評閱　**資治通鑑綱目前編二十五卷**
（明）南軒撰　（明）陳仁錫評閱　**續資治通鑑
綱目二十七卷**　（明）商輅等撰　（明）陳仁錫
評閱　明末清初刻本　一百五冊　缺三十一
卷（資治通鑑綱目一上、三上、五下、五十六、
五十八至五十九,資治通鑑綱目前編一至四、
六至十六、十八至二十一、二十三、二十五,續
資治通鑑綱目十八、二十二、二十四、二十六）

130000－3418－0000070　史018

資治通鑑綱目五十九卷　（宋）朱熹撰　（明）
陳仁錫評閱　清刻本　九冊　存七卷（三十
三、三十五、三十七、四十九、五十二、五十四、
五十九）

130000－3418－0000071　史019

**資治通鑑綱目前編二十五卷正編五十九卷續
編二十七卷末一卷**　（明）陳仁錫評閱　清嘉
慶九年（1804）刻本　一百二十冊

130000－3418－0000072　史020

資治通鑑外紀十卷目錄五卷　（宋）劉恕編集

（清）胡克家注補　清同治十年（1871）江蘇
書局刻本　三冊　存五卷（三至七）

130000－3418－0000073　史021

御撰資治通鑑綱目三編四卷　（清）張廷玉等
撰　清光緒二十一年（1895）石印本　二冊

130000－3418－0000074　史022

**御批資治通鑑綱目五十九卷首一卷御批續資
治通鑑綱目二十七卷**　（宋）朱熹撰　（明）陳
仁錫評　清康熙刻本　十冊　存十八卷（御
批資治通鑑綱目四十八至五十九、御批續資
治通鑑綱目一至六）

130000－3418－0000075　史023

續資治通鑑二百二十卷　（清）畢沅撰　清嘉
慶刻本　二十五冊　存九十一卷（一至七、二
十一至二十五、三十一至四十六、六十二至六
十八、一百十五至一百二十二、一百二十七至
一百三十七、一百四十一至一百四十三、一百
五十一至一百六十二、一百六十九至一百七
十八、一百八十三至一百九十四）

130000－3418－0000076　史024

續資治通鑑長編五百二十卷　（宋）李燾撰
清刻本　十冊　存四十一卷（四十七至八十
七）

130000－3418－0000077　史025－1

歷代通鑑輯覽一百二十卷　（清）高宗弘曆撰
（清）傅恆等編　清石印本　七冊　存二十
七卷（九十一至一百十七）

130000－3418－0000078　史025－2

歷代通鑑輯覽一百二十卷　（清）高宗弘曆撰
（清）傅恆等編　清石印本　八冊　存三十
一卷（九十至一百二十）

130000－3418－0000079　史025－3

歷代通鑑輯覽一百二十卷　（清）高宗弘曆撰
（清）傅恆等編　清石印本　七冊　存二十
八卷（六十三至九十）

130000－3418－0000080　史026

御批歷代通鑑輯覽一百二十卷　（清）傅恆等
纂　清刻本　二十三冊　存四十三卷（二十

一至二十五、二十八至四十四、四十七至五十三、五十七至五十八、六十一至六十四、一百五至一百六、一百九至一百十、一百十二至一百十三、一百十六至一百十七)

130000－3418－0000081　史027

御批歷代通鑑輯覽一百二十卷　(清)傅恆編纂　清朱墨套印本　八冊　存十六卷(五十一至六十六)

130000－3418－0000082　史028

袁王綱鑑合編三十九卷　(明)袁黃輯　(明)王世貞編　清鉛印本　八冊　存二十二卷(五至十三、二十一至三十、三十四至三十六)

130000－3418－0000083　史029

尺木堂綱鑑易知錄九十二卷明鑑易知錄十五卷　(清)吳乘權等輯　清石印本　七冊　存十八卷(尺木堂綱鑑易知錄三至二十)

130000－3418－0000084　史030

尺木堂綱鑑易知錄九十二卷明鑑易知錄十五卷　(清)吳乘權等輯　清刻本　八冊　存十八卷(尺木堂綱鑑易知錄七十五至九十二)

130000－3418－0000085　史031

尺木堂綱鑑易知錄九十二卷明鑑易知錄十五卷　(清)吳乘權等輯　清刻本　八冊　存十八卷(尺木堂綱鑑易知錄三十八至四十一、四十三至五十六)

130000－3418－0000086　史032

綱鑑易知錄九十二卷明鑑易知錄十五卷　(清)吳乘權等輯　清刻本　六冊　存十三卷(綱鑑易知錄二十八至四十)

130000－3418－0000087　史033

綱鑑擇語十卷　(清)司徒修輯　清道光十六年(1836)刻本　三冊　存四卷(一至二、七至八)

130000－3418－0000088　史034

綱鑑正史約三十六卷　(明)顧錫疇編　清刻本　二冊　存七卷(十七至十九、三十一至三十四)

130000－3418－0000089　史035

明通鑑九十卷前編四卷附編六卷首一卷　(清)夏燮編輯　清光緒二十三年(1897)湖北官書處刻本　二十八冊　存七十二卷(一至十五、十九至四十、四十四至四十九、五十四至六十一、六十七至七十一、七十五至七十七、八十至八十八,前編一至二,附編一,首一卷)

130000－3418－0000090　史036

明紀六十卷　(清)陳鶴纂　清同治十年(1871)江蘇書局刻本　十二冊　存三十七卷(一至九、十六至三十四、五十二至六十)

130000－3418－0000091　史037

金石索十二卷首一卷　(清)馮雲鵬　(清)馮雲鵷輯　清光緒三十三年(1907)上海文新局石印本　十一冊　存十二卷(金索一至五、石索一至六,首一卷)

130000－3418－0000092　史038

宋元通鑑一百五十七卷　(明)薛應旂編集　(明)陳仁錫評　明天啓陳仁錫刻本　十二冊　存四十四卷(二十至四十一、六十九至九十)

130000－3418－0000093　史039

三朝北盟會編二百五十卷首一卷校勘記二卷補遺一卷　(宋)徐夢莘編　清光緒四年(1878)越東鉛印本　三十五冊　存二百二十一卷(一至四、十一至七十四、八十二至八十九、九十七至一百七十一、一百八十五至二百五十,首一卷,校勘記二卷,校勘補遺一卷)

130000－3418－0000094　史040

三朝北盟會編二百五十卷首一卷附校勘記二卷補遺一卷　(宋)徐夢莘編　清鉛印本　一冊　存七卷(一百三十一至一百三十七)

130000－3418－0000095　史041

皇朝藩部要略十八卷附世系表四卷　(清)祁韻士纂　(清)毛嶽生編　清光緒十年(1884)浙江書局刻本　二冊　存六卷(一至六)

130000－3418－0000096　史042

繹史一百六十卷世系圖一卷年表一卷 （清）
馬驌譔 清康熙九年(1670)刻本 四十七冊
缺五卷(一至五)

130000－3418－0000097 史043
繹史一百六十卷世系圖一卷年表一卷 （清）
馬驌譔 清刻本 三十二冊 存一百二十一
卷(一至十一、二十至四十四、五十二至七十
四、七十八至一百五、一百二十三至一百四十
一、一百四十七至一百六十,年表一卷)

130000－3418－0000098 史044－1
皇清開國方略三十二卷首一卷 （清）阿桂等
編 清鉛印本 一冊 存五卷(六至十)

130000－3418－0000099 史044－2
皇清開國方略三十二卷首一卷 （清）阿桂等
編 清鉛印本 二冊 存十一卷(十一至二
十一)

130000－3418－0000100 史045
續弘簡錄元史類編四十二卷 （清）邵遠平輯
清繼善堂刻本 十冊

130000－3418－0000101 史046
明季北略二十四卷南略十八卷 （清）計六奇
撰 清都城琉璃廠半松居士鉛印本 一冊
存一卷(明季北略一)

130000－3418－0000102 史047
湘軍志十六卷 王闓運撰 清刻本 一冊
存三卷(四至六)

130000－3418－0000103 史048
雍正上諭不分卷 （清）世宗胤禛撰 清雍
正、乾隆間武英殿刻本 十四冊

130000－3418－0000104 史049
張文襄公奏稿五十卷首一卷 （清）張之洞撰
許同莘輯 清鉛印本 二十一冊 存四十
一卷(一至八、十一至三十八、四十一至四十
二、四十五至四十六,首一卷)

130000－3418－0000105 史050
歷代名臣言行錄二十四卷 （清）朱桓編輯
清光緒十七年(1891)廣百宋齋鉛印本 十

二冊

130000－3418－0000106 史051
歷代名臣言行錄二十四卷 （清）朱桓輯 清
光緒二十六年(1900)湖南書局刻本 二十
四冊

130000－3418－0000107 史052
元朝名臣事略十五卷 （元）蘇天爵輯 清刻
本 一冊 存三卷(四至六)

130000－3418－0000108 史053
國朝先正事略六十卷 （清）李元度纂 清同
治五年(1866)循陔艸堂刻本 十八冊 存三
十五卷(一至三十五)

130000－3418－0000109 史054
國朝先正事略六十卷 （清）李元度纂 清刻
本 五冊 存九卷(十二至二十)

130000－3418－0000110 史055
楊氏宗譜一卷圖一卷 （清）楊星階纂 清光
緒抄本 一冊

130000－3418－0000111 史056
崇祀名宦鄉賢錄不分卷 （□）□□輯 清刻
本 一冊

130000－3418－0000112 史057
歷代名人年譜十卷附存疑及生卒年月無攷一
卷 （清）吳榮光撰 （清）瞿樹辰 （清）吳
彌光編校 清咸豐二年(1852)刻本 十冊

130000－3418－0000113 史058
家堂總稿二卷 （□）□□輯 清光緒抄本
二冊

130000－3418－0000114 史059
出使英法義比四國日記六卷 （清）薛福成撰
清光緒二十年(1894)校經堂刻本 三冊
存三卷(一、四、六)

130000－3418－0000115 史060
歐陽文忠公五代史抄二十卷 （明）茅坤批評
清石印本 一冊 存五卷(十六至二十)

130000－3418－0000116 史061－1
韻史二卷韻史補一卷 （清）許邂翁撰 清刻

本　一冊　存一卷(上)

130000－3418－0000117　史061－2
韻史二卷韻史補一卷　(清)許瀣翁撰　清刻
本　一冊　存一卷(上)

130000－3418－0000118　史061－3
韻史二卷韻史補一卷　(清)許瀣翁撰　清刻
本　一冊　存一卷(上)

130000－3418－0000119　史061－4
韻史二卷韻史補一卷　(清)許瀣翁撰　清刻
本　一冊　存一卷(上)

130000－3418－0000120　史061－5
韻史二卷韻史補一卷　(清)許瀣翁撰　清刻
本　一冊　存一卷(上)

130000－3418－0000121　史061－6
韻史二卷韻史補一卷　(清)許瀣翁撰　清刻
本　一冊　存一卷(上)

130000－3418－0000122　史061－7
韻史二卷韻史補一卷　(清)許瀣翁撰　清刻
本　一冊　存一卷(上)

130000－3418－0000123　史061－8
韻史二卷韻史補一卷　(清)許瀣翁撰　清刻
本　一冊　存一卷(上)

130000－3418－0000124　史062－1
大清一統志五百卷　(清)和珅等纂修　清石
印本　二十七冊　存二百四卷(六十九至一
百四十七、二百十四至二百八十一、三百五十
四至四百三、四百十八至四百二十四)

130000－3418－0000125　史062－2
大清一統志五百卷　(清)和珅等纂修　清石
印本　三冊　存十五卷(七十五至八十一、二
百三十三至二百三十六、二百六十五至二百
六十八)

130000－3418－0000126　史063
大清一統志五百卷　(清)和珅等纂修　清光
緒二十七年(1901)上海寶善齋石印本　四十
八冊　存四百十三卷(一至一百三十一、一百
七十七至二百四十八、二百九十一至五百)

130000－3418－0000127　史064
[道光]保安州志八卷　(清)楊桂森修　清道
光十五年(1835)刻本　四冊

130000－3418－0000128　史065
[光緒]保安州續志四卷　(清)尋鑾晉總纂
清光緒三年(1877)刻本　一冊

130000－3418－0000129　史066
[光緒]蔚州志二十卷首一卷　(清)慶之金
(清)楊篤纂輯　清光緒三年(1877)蘿川公廨
刻本　八冊

130000－3418－0000130　史067
欽定皇輿西域圖志四十八卷首四卷　(清)傅
恆等總裁　(清)褚廷璋等纂修　清鉛印本
一冊　存四卷(三十二至三十五)

130000－3418－0000131　史068
水經注四十卷附錄二卷　(北魏)酈道元撰
清刻本　二冊　存四卷(三十九至四十、附錄
二卷)

130000－3418－0000132　史069
水經注匯校四十卷首一卷　(北魏)酈道元撰
清光緒七年(1881)刻本　六冊　存二十卷
(一至十九、首一卷)

130000－3418－0000133　史070
地球韻言四卷　(清)張士瀛撰　清光緒二十
四年(1898)刻本　一冊　存二卷(一至二)

130000－3418－0000134　史071
地球韻言四卷　(清)張士瀛撰　清刻本　一
冊　存二卷(三至四)

130000－3418－0000135　史072
地球韻言四卷　(清)張士瀛撰　清光緒二十
八年(1902)文成堂刻本　二冊

130000－3418－0000136　史073－1
地球韻言四卷　(清)張士瀛撰　清光緒二十
八年(1902)文成堂刻本　二冊

130000－3418－0000137　史073－2
地球韻言四卷　(清)張士瀛撰　清光緒二十
八年(1902)文成堂刻本　二冊

130000 – 3418 – 0000138　史 073 – 3

地球韻言四卷　（清）張士瀛撰　清光緒二十八年(1902)文成堂刻本　二冊

130000 – 3418 – 0000139　史 073 – 4

地球韻言四卷　（清）張士瀛撰　清光緒二十八年(1902)文成堂刻本　二冊

130000 – 3418 – 0000140　史 073 – 5

地球韻言四卷　（清）張士瀛撰　清光緒二十八年(1902)文成堂刻本　一冊　存二卷（一至二）

130000 – 3418 – 0000141　史 074

地球韻言四卷　（清）張士瀛撰　清光緒二十八年(1902)刻本　一冊　存二卷（一至二）

130000 – 3418 – 0000142　史 075

西招圖略不分卷圖說不分卷西寧路程不分卷　（清）松筠撰　清刻本　一冊

130000 – 3418 – 0000143　史 076

盛世危言三編六卷　（清）杞憂生輯　清光緒二十四年(1898)石印本　一冊　存一卷（一）

130000 – 3418 – 0000144　史 077

通典二百卷考證一卷　（唐）杜佑纂　清光緒二十七年(1901)上海圖書集成局鉛印本　十四冊　存一百八十九卷（十三至二百、考證一卷）

130000 – 3418 – 0000145　史 078

上諭條例不分卷　清刻本　二冊

130000 – 3418 – 0000146　史 079

三邑治略六卷　（清）熊賓撰　清光緒三十一年(1905)刻本　一冊　存一卷（二）

130000 – 3418 – 0000147　史 080

大清通禮五十四卷　（清）李玉鳴纂修　（清）穆克登額續修　清刻本　六冊　存三十四卷（二十一至五十四）

130000 – 3418 – 0000148　史 081

大清通禮五十卷　（清）來保等撰　清刻本　四冊　存十七卷（一至十七）

130000 – 3418 – 0000149　史 082 – 1

時務通攷三十一卷　（清）杞廬主人撰　清光緒二十三年(1897)點石齋石印本　二十二冊　缺一卷（十三）

130000 – 3418 – 0000150　史 082 – 2

時務通攷三十一卷　（清）杞廬主人撰　清光緒二十三年(1897)點石齋石印本　十六冊　缺七卷（二、九至十三、十七）

130000 – 3418 – 0000151　史 082 – 3

時務通攷三十一卷　（清）杞廬主人撰　清光緒二十三年(1897)點石齋石印本　二冊　存五卷（二十六至三十）

130000 – 3418 – 0000152　子 001

孔子家語十卷　（三國魏）王肅注　清刻本　一冊　存二卷（五至六）

130000 – 3418 – 0000153　子 002

薛文清公讀書全錄類編二十卷　（明）薛瑄撰　明刻本　一冊　存三卷（十八至二十）

130000 – 3418 – 0000154　子 003

齊民要術十卷雜說一卷　（北魏）賈思勰撰　清光緒元年(1875)湖北崇文書局刻本　四冊

130000 – 3418 – 0000155　子 004

御纂醫宗金鑑九十卷首一卷　（清）吳謙等撰　清刻本　二十四冊　存三十一卷（三十二至五十、六十四至七十五）

130000 – 3418 – 0000156　子 005

洞天奧旨十六卷　（清）陳士鐸著　（清）陳風輝梓　（清）陶式玉評　（清）陳增方校　清刻本　六冊

130000 – 3418 – 0000157　子 006

芥子園畫傳五卷　（清）王槩輯　清刻本　一冊　存一卷（一）

130000 – 3418 – 0000158　子 007

池北偶談二十六卷　（清）王士禛著　（清）王廷掄校　清康熙臨汀郡署刻本　三冊　存九卷（一至六、十四至十六）

130000 – 3418 – 0000159　子 008

困學紀聞注二十卷　（清）翁元圻輯　清道光

五年（1825）刻本　四冊　存四卷（一至三、
五）

130000－3418－0000160　子009

新訂王氏羅經透解二卷　（清）王道亨輯錄
（清）王紹之校正　清道光三年（1823）四合堂
刻本　四冊

130000－3418－0000161　子010

地理五訣八卷陽宅三要四卷　（清）趙廷棟著
（清）王庸弼等參著　清刻本　一冊　存二
卷（陽宅三要一至二）

130000－3418－0000162　子011

新刻地理秘書雪心賦直解全書六卷　（唐）卜
應天撰　清敬文堂刻本　一冊　存二卷（一
至二）

130000－3418－0000163　子012

山海經十八卷圖讚一卷　（晉）郭璞撰　**補註
一卷**　（明）楊慎撰　清光緒元年（1875）崇文
書局刻本　一冊

130000－3418－0000164　子013

太平廣記五百卷　（宋）李昉等撰　清刻本
二十五冊　存二百五十八卷（一百六至二百
二十四、二百三十五至二百八十七、四百六至
四百五十八、四百六十八至五百）

130000－3418－0000165　子014

王子年拾遺記十卷　（晉）王嘉撰　明末刻本
一冊　存六卷（一至六）

130000－3418－0000166　子015－1

淵鑑類函四百五十卷目錄四卷　（清）張英
（清）王士禎輯　清刻本　八冊　存二十八卷
（二十至四十三、二百四十二至二百四十五）

130000－3418－0000167　子015－2

淵鑑類函四百五十卷目錄四卷　（清）張英
（清）王士禎輯　清刻本　一冊　存四卷（二
百四十二至二百四十五）

130000－3418－0000168　子016

子史精華一百六十卷　（清）吳士玉等輯　清
刻本　二十一冊　存九十三卷（五十二至五

十六、七十三至一百六十）

130000－3418－0000169　子017

太平御覽一千卷目錄十五卷　（宋）李昉等輯
清刻本　十冊　存九十卷（九百十一至一
千）

130000－3418－0000170　集001

續古文辭類纂二十八卷　王先謙輯　清光緒
二十一年（1895）刻本　一冊　存二卷（七至
八）

130000－3418－0000171　集002

皇朝經世文編一百二十卷　（清）賀長齡輯
清刻本　十二冊　存十四卷（一至十四）

130000－3418－0000172　集003

皇朝經世文續編一百二十卷　（清）葛士濬輯
清思補樓刻本　四十二冊　存六十三卷
（五十八至八十二、八十三至一百二十）

130000－3418－0000173　集004

東坡先生全集七十五卷目錄一卷　（宋）蘇軾
撰　（明）陳仁錫訂正　明末刻本　十三冊
存四十六卷（一至二、五至十九、二十三、二十
五至二十八、三十至三十二、五十三至七十
二，目錄一卷）

130000－3418－0000174　集005

東坡先生詩集註三十二卷　（宋）蘇軾著　明
末刻本　三冊　存六卷（三至四、七至八、十
至十一）

130000－3418－0000175　集006

呂新吾先生去偽齋文集十卷　（明）呂坤撰
清康熙刻本　十冊

130000－3418－0000176　集007－1

養餘齋初集四卷二集四卷三集六卷　（清）柳
樹芳撰　清道光二十七年（1847）勝溪草堂重
刻本　一冊　存三卷（三集一至三）

130000－3418－0000177　集007－2

養餘齋初集四卷二集四卷三集六卷　（清）柳
樹芳撰　清道光二十七年（1847）勝溪草堂重
刻本　四冊

130000－3418－0000178　　集 008

曾文正公全集十四種一百七十卷　　（清）曾國藩撰　清同治、光緒間傳忠書局刻本　十一冊　存十九卷（曾文正公書札十三至十四、文集一至三、詩集一至四、求闕齋讀書錄十卷）

130000－3418－0000179　　集 009

陳臥子先生安雅堂稿十五卷　　（明）陳子龍撰　清鉛印本　二冊　存五卷（十一至十五）

130000－3418－0000180　　集 010

李文清公遺書八卷附志節編二卷　　（清）李棠階撰　清光緒八年（1882）河北分守道署刻本　三冊　存八卷（李文清公遺書八卷）

130000－3418－0000181　　集 011

國朝詞綜續編二十四卷　　（清）黃燮清編撰　清刻本　七冊　存二十一卷（四至二十四）

130000－3418－0000182　　集 012

新刻繡像回龍傳四卷　　（清）□□撰　清光緒石印本　三冊　存三卷（二至四）

承德市圖書館
古籍普查登記目録

全國古籍普查登記目録

國家圖書館出版社
National Library of China Publishing House

130000－0405－0000001　經部/易類/2391/ㄐ12

御纂周易述義十卷　（清）傅恆撰　清乾隆二十年(1755)刻本　四冊

130000－0405－0000002　經部/易類2391/ㄐ12

御纂周易述義十卷　（清）傅恆撰　清刻本　四冊

130000－0405－0000003　經部/易類/2487/｜4

日講易經解義十八卷　（清）牛鈕等撰　清康熙二十二年(1683)刻本　八冊

130000－0405－0000004　經部/易類1017/ㄐ8

周易十卷　（三國魏）王弼註　清乾隆四十八年(1783)武英殿仿宋刻本　三冊

130000－0405－0000005　經部/易類/2540/｜8(1)

周易四卷　（宋）朱熹本義　清光緒三十二年(1906)刻本　四冊

130000－0405－0000006　經部/書類/1237/－12

欽定書經圖說五十卷　（清）孫家鼐纂輯　清光緒三十一年(1905)石印本　十六冊

130000－0405－0000007　經部/書類1012/ㄐ12(1)

欽定書經傳說彙纂二十一卷首二卷書序一卷　（清）王頊齡等撰　清同治刻本　二十四冊

130000－0405－0000008　經部/書類1012/ㄐ12(2)

欽定書經傳說彙纂二十一卷首卷二卷書序一卷　（清）王頊齡等撰　清雍正八年(1730)內府刻本　二十四冊

130000－0405－0000009　經部/書類1236/｜8

十三經注疏三百三十三卷　（漢）孔安國撰（唐）陸德明音義　（唐）孔穎達疏　清乾隆四年(1739)武英殿刻本　八十五冊　缺九卷

（周易兼義九卷）

130000－0405－0000010　經部/書類1236/ㄐ11

御製翻譯書經六卷　（漢）孔安國撰　清乾隆二十五年(1760)京都琉璃廠瑞錦堂刻本　四冊

130000－0405－0000011　經部/書類/1236/｜8

尚書注疏十九卷　（漢）孔安國撰　（唐）陸德明音義　（唐）孔穎達疏　清同治四年(1865)刻本　八冊

130000－0405－0000012　經部/書類/1263/｜8

尚書孔傳十三卷　（漢）孔安國撰　清乾隆四十八年(1783)武英殿仿宋刻本　五冊

130000－0405－0000013　經部/書類/3042/｜4

日講書經解義十三卷　（清）庫勒納等輯　清康熙十九年(1680)內府刻本　七冊

130000－0405－0000014　經部/書類/4434/－10(4)

書經六卷　（宋）蔡沈撰　清光緒十九年(1893)上海江左書林刻本　四冊

130000－0405－0000015　經部/書類/4434/－10(5)

書經六卷　（宋）蔡沈撰　清同治五年(1866)刻本　四冊

130000－0405－0000016　經部/書類/4434/－10(3)

書經六卷　（宋）蔡沈集註　清光緒十七年(1891)刻本　四冊

130000－0405－0000017　經部/書類/4434/－10(2)

書經六卷　（宋）蔡沈撰　清宣統三年(1911)會文堂書局石印本　四冊

130000－0405－0000018　經部/書類4434/－10(1)

書經體註大全合纂六卷 （清）錢希祥纂輯
清光緒十四年（1888）江左書林刻本 四冊

130000－0405－0000019 經部/書類4434/－10(2)

書經體註大全合纂六卷 （清）錢希祥纂輯
清同治七年（1868）刻本 四冊

130000－0405－0000020 經部/書類/8348/｜8(1)

尚書離句六卷 （清）錢在培輯解 清雍正八年（1730）刻本 六冊

130000 － 0405 － 0000021 經部/書類/8348/18

尚書離句六卷 （清）錢莊培輯解 清光緒四年（1878）文成堂刻本 四冊

130000－0405－0000022 經部/書類/8348/｜8(2)

尚書離句六卷 （清）錢在培輯解 清光緒四年（1878）刻本 四冊

130000－0405－0000023 經部/詩類/2000/｜11

御製翻譯詩經八卷 （清）聖祖玄燁敕譯 清乾隆二十五年（1760）瑞錦堂刻本 四冊

130000－0405－0000024 經部/詩類/1032/｜12(2)

欽定詩經傳說彙纂二十一卷序二卷詩序二卷
 （清）王鴻緒撰 清雍正五年（1727）刻本
二十四冊

130000－0405－0000025 經部/詩類/1032/｜12(3)

欽定詩經傳說彙纂二十一卷序二卷詩序二卷
 （清）王鴻緒撰 清雍正五年（1727）內府刻本 二十四冊

130000－0405－0000026 經部/詩類1032/｜12

欽定詩經傳說彙纂二十一卷序二卷詩序二卷
 （清）王鴻緒撰 清雍正五年（1727）內府刻本 二十四冊

130000－0405－0000027 經部/詩類/2391/｜12(1)

御纂詩義折中二十卷 （清）傅恆等編 清乾隆二十年（1755）內府刻本 八冊

130000－0405－0000028 經部/詩類/2391/｜12(4)

御纂詩義折中二十卷 （清）傅恆等編 清乾隆二十年（1755）刻本 六冊

130000－0405－0000029 經部/詩類/2391/｜12(2)

御纂詩義折中二十卷 （清）傅恆等編 清乾隆二十年（1755）刻本 六冊

130000－0405－0000030 經部/詩類/2391/｜12(3)

御纂詩義折中二十卷 （清）傅恆等編 清乾隆二十年（1755）刻本 八冊

130000－0405－0000031 經部/詩類/2391/｜12(5)

御纂詩義折中二十卷 （清）傅恆等編 清乾隆二十年（1755）刻本 一冊

130000－0405－0000032 經部/禮類/周禮/7231/｜8

周官恆解六卷 （清）劉沅輯注 清同治六年（1867）致福樓刻本 六冊

130000－0405－0000033 經部/詩類/8700/｜4

毛詩鄭箋二十卷 （漢）鄭玄注 清乾隆四十八年（1783）武英殿仿宋刻本 十冊

130000－0405－0000034 經部/禮類/儀禮/1080/｜15

儀禮注疏五十卷 （唐）賈公彥等撰 清嘉慶二十年（1815）刻本 十五冊

130000－0405－0000035 經部/禮類/禮記/0094/｜4

日講禮記解義六十四卷 （清）陳邦彥撰 清乾隆十二年（1747）內府刻本 十六冊

130000－0405－0000036 經部/禮類/禮記

7231／·17

禮記恆解四十九卷　（清）劉沅輯註　清同治三年（1864）致福樓刻本　十冊

130000－0405－0000037　經部/禮類/儀禮/7231/丿15

儀禮恆解十六卷　（清）劉沅輯註　清同治五年（1866）致福樓刻本　六冊

130000－0405－0000038　經部/禮類/禮記/4421/、17

全本禮記體註大全合㢱十卷　（清）范翔原定　（清）徐文初纂　清乾隆三十一年（1766）刻本　十冊

130000－0405－0000039　經部/禮類/禮記/8700/、17

禮記鄭注二十卷　（漢）鄭玄注　清乾隆四十八年（1783）武英殿仿宋刻本　二十冊

130000－0405－0000040　經部/禮類/三禮總義/4877/丿12

欽定三禮義疏一百七十八卷首四卷　（清）允祿總裁　（清）梁國志等纂修　清乾隆十九年（1754）武英殿刻本　一百八十二冊

130000－0405－0000041　經部/春秋類/春秋總義/0077/丿12(1)

欽定春秋傳說彙纂三十八卷首二卷　（清）王掞等撰　清康熙六十年（1721）內府刻本　十二冊

130000－0405－0000042　經部/春秋類/春秋總義/0077/丿12(2)

欽定春秋傳說彙纂三十八卷首二卷　（清）王掞等撰　清康熙六十年（1721）內府刻本　二十四冊

130000－0405－0000043　經部/春秋類/春秋總義/0077/丿12(3)

欽定春秋傳說彙纂三十八卷首二卷　（清）王掞等撰　清康熙六十年（1721）內府刻本　二十四冊

130000－0405－0000044　經部/春秋類/春秋總義/2124/丿4

公羊穀梁春秋合編附註疏纂十二卷　（漢）何休纂　（晉）范甯集解　（唐）楊士勳疏　清三餘堂刻本　六冊

130000－0405－0000045　經部/春秋類/春秋總義類7231/－9

春秋恆解八卷　（清）劉沅輯註　清同治四年（1865）致福樓刻本　八冊

130000－0405－0000046　經部/春秋類/春秋總義/2391/丿11(1)

御纂春秋直解十二卷　（清）傅恆等纂　清乾隆二十三年（1758）刻本　八冊

130000－0405－0000047　經部/春秋類/春秋總義/0094/｜4

日講春秋解義六十四卷　（清）庫勒納等撰　清乾隆二年（1737）武英殿刻本　十六冊

130000－0405－0000048　經部/春秋類/春秋總義/2391/丿11(2)

御纂春秋直解十二卷　（清）傅恆等纂　清乾隆二十三年（1758）刻本　八冊

130000－0405－0000049　經部/春秋類/春秋總義/2391/丿11(3)

御纂春秋直解十二卷　（清）傅恆等纂　清乾隆二十三年（1758）刻本　八冊

130000－0405－0000050　經部/春秋類/春秋總義/3122/－9

春秋經傳集解三十卷　（宋）岳珂重編　清乾隆四十八年（1783）武英殿仿宋刻本　三十二冊

130000－0405－0000051　經部/春秋類/春秋總義/4411/—9

春秋經傳集解三十卷　（晉）杜預注　清光緒三十一年（1905）善成堂刻本　十五冊　存二十九卷（一至二十九）

130000－0405－0000052　經部/孝經類/2234/—7

御註孝經不分卷　（清）世祖福臨撰　清順治十三年（1656）內府刻本　一冊

130000－0405－0000053　　經部/孝經類/
3178/丿11

孝經集註不分卷　（清）世宗胤禛撰　清雍正
五年(1727)武英殿刻本　一冊

130000－0405－0000054　經部/四書類/四書
總義/0044/丿2

欽定四書文選二百四十卷　（清）方苞等輯
清乾隆四年(1739)武英殿刻本　二十二冊

130000－0405－0000055　經部/四書類/四書
總義/0042/丨4

日講四書解義二十六卷　（清）庫勒納等編
清康熙十六年(1677)刻本　十二冊

130000－0405－0000056　經部/四書類/四書
總義/0044/丿12

欽定本朝四書文二百四十卷　（清）方苞輯
清乾隆元年(1736)刻本　二十二冊

130000－0405－0000057　經部/四書類/四書
總義/2553/、13

駁呂留良四書講義不分卷　（清）朱軾撰　清
雍正九年(1731)內府刻本　八冊

130000－0405－0000058　經部/四書類/四書
總義/2540/丨5

四書集註十八卷　（宋）朱熹註　（清）儲同人
批點　清刻本　六冊

130000－0405－0000059　經部/四書類/四書
總義/2342/丨5(1)

四書人物類典串珠四十卷　（清）臧志仁輯
清同治十二年(1873)刻本　七冊　存二十三
卷(一至七、十二至十七、二十六至三十五)

130000－0405－0000060　經部/四書類/四書
總義/1728/、14

大題文富不分卷　（清）三隱山人撰　清光緒
十四年(1888)石印本　二十冊

130000－0405－0000061　經部/四書類/四書
總義/2342/丨5(2)

四書人物類典串珠四十卷首一卷　（清）臧志
仁輯　清嘉慶十八年(1813)引相堂刻本　十
一冊　存三十八卷(一至二十一、二十五至四

十,首一卷)

130000－0405－0000062　經部/四書類/四書
總義/1043/丿19

繪圖四書速成新體讀本二十二卷　（清）王有
宗等校勘　清光緒三十一年(1905)上海彪蒙
書室石印本　六冊

130000－0405－0000063　經部/四書類/四書
總義/8725/丨5

四書翼註論文十二卷　（清）鄭獻甫撰　清光
緒五年(1879)刻本　十二冊

130000－0405－0000064　經部/群經總義類/
4094/丿12

欽定篆文六經四書六十三卷　（清）李光地等
纂　清康熙內府刻本　十四冊

130000－0405－0000065　經部/群經總義類/
1643/—４

五經合纂大成四十四卷　（清）吳大澂輯　清
光緒十一年(1885)石印本　二十一冊　存四
十三卷(易經一至四,書經一至六,詩經一至
八,禮記一至二、四至十,春秋一至十六)

130000－0405－0000066　經部/四書類/四書
總義7231/、5

四書恆解不分卷　（清）劉沅輯註　清光緒十
年(1884)刻本　十冊

130000－0405－0000067　經部/四書類/四書
總義/7528/－15

增補四書精繡圖像人物備考十二卷　（明）薛
應旂撰　（明）陳仁錫增訂　（清）唐義校
（清）陳銳參訂　清刻本　四冊　存七卷(四、
七至十二)

130000－0405－0000068　經部/四書類/四書
總義/7745/丨5

四書典故辨正二十卷附錄一卷　（清）周柄中
著　清光緒三十年(1904)刻本　六冊

130000－0405－0000069　經部/四書類/四書
總義/6715/丿11(2)

御製繙譯四書不分卷　（清）鄂爾泰重定　清
乾隆二十年(1755)三槐堂書坊刻本　六冊

130000－0405－0000070　　經部/四書類/四書總義/6715/丿11（1）

御製翻譯四書不分卷　（清）鄂爾泰重定　清光緒十四年（1888）聚珍堂刻本　六冊

130000－0405－0000071　　經部/小學類/訓詁/4877/丿12

御製增訂清文鑑三十二卷總綱八卷補編四卷　（清）高宗弘曆撰　清乾隆三十六年（1771）武英殿刻本　四十八冊

130000－0405－0000072　　經部/小學類/訓詁/0713/－14

爾雅注疏十一卷　（晉）郭璞注　（宋）邢昺疏　清三槐堂刻本　一冊

130000－0405－0000073　　經部/小學類/訓詁/5038/9

急救篇四卷　（唐）顏師古撰　清光緒五年（1879）福山王氏家塾刻本　二冊

130000－0405－0000074　　經部/小學類/字書/1115/、11（3）

康熙字典十二集三十六卷總目一卷檢字一卷辨似一卷等韻一卷備考一卷補遺一卷　（清）張玉書等纂修　清道光七年（1827）刻本　四十冊

130000－0405－0000075　　經部/小學類/字書/1115/、11（4）

康熙字典十二集三十六卷總目一卷檢字一卷辨似一卷等韻一卷備考一卷補遺一卷　（清）張玉書等纂修　清康熙五十五年（1716）刻本　二十四冊　缺十二卷（辰集三卷、巳集三卷、申集三卷、酉集三卷）

130000－0405－0000076　　經部/小學類/字書/1115/、11

康熙字典十二集三十六卷總目一卷檢字一卷辨似一卷等韻一卷備考一卷補遺一卷　（清）張玉書等纂修　清道光七年（1827）刻本　三十二冊　缺六卷（總目一卷、檢字一卷、辨似一卷、等韻一卷、備考一卷、補遺一卷）

130000－0405－0000077　　經部/小學類/字書/1000/—3

三字經註解備要二卷　（宋）王應麟撰　（宋）賀興思注解　清刻本　一冊

130000－0405－0000078　　經部/小學類/字書/1040/、10

清語摘鈔四卷　（清）□□撰　清光緒十五年（1889）名德堂刻本　四冊

130000－0405－0000079　　經部/小學類/子書/1074/9

草字彙不分卷　（清）石梁集　清乾隆五十三年（1788）刻本　八冊

130000－0405－0000080　　經部/小學類/字書/1080/－3

三合便覽二卷　（清）敬齋輯　（清）富俊增補　清光緒十五年（1889）抄本　十冊

130000－0405－0000081　　經部/小學類/字書/2622/、8

育正堂重訂幼學須知句解四卷　（清）錢元龍校　清乾隆二十二年（1757）礙眉書屋刻本　四冊

130000－0405－0000082　　經部/小學類/字書/2110/｜3

上諭成語十二卷　（清）□□撰　清稿本　一冊

130000－0405－0000083　　經部/小學類/字書/2391/丿12

欽定西域同文志二十四卷　（清）傅恆等撰　清乾隆二十八年（1763）武英殿刻本　六冊

130000－0405－0000084　　經部/小學類/韻書/2237/丿12

欽定同文韻統六卷　（清）高宗弘曆撰　清乾隆十五年（1750）武英殿刻本　四冊

130000－0405－0000085　　經部/小學類/字書/8047/、1

清文啟蒙四卷　（清）舞格撰　清三槐堂刻本　四冊

130000－0405－0000086　　經部/小學類/韻

書/4477/、4

五方元音二卷 （清）樊勝鳳撰 （清）年希堯增補 清宣統二年（1910）天津文賢書局石印本 四冊

130000－0405－0000087 經部/小學類/字書/7144/丿1

御製滿洲蒙古漢字三和切音清文鑑三十一卷首二卷 （清）高宗弘曆敕撰 清乾隆三十六年（1771）刻本 三十二冊

130000－0405－0000088 史部/紀傳類/叢編/0824/丨12

萬國通鑑四卷附地圖一卷 （美國）謝衛樓口述 （清）趙如光撰 清光緒八年（1882）刻本 五冊

130000－0405－0000089 經部/小學類/字書/7840/－16

翰苑分書臨文便覽五種 （清）龍光甸輯 清光緒元年（1875）刻本 五冊

130000－0405－0000090 史部/紀傳類/叢編/3423/－2

二十四史 清乾隆四年（1739）武英殿刻本 五百九十一冊 缺五百九十九卷（陳書一至四、十一至三十六，北齊書一至五十，五代史一至七十，宋書一至四十、七十二至一百，明史一百十三至一百十八、二百八十一至三百七，金史八十九至一百三十五，元史四十八至七十七、一百六十二至二百十，北史一至二、六至十、八十至八十四，宋史七十八至一百五十四、二百十至三百四十一）

130000－0405－0000091 史部/紀傳類/叢編/8740/－10

三通 清乾隆十二年（1747）武英殿刻本 一百九十九冊 缺十一卷（通志九十八至一百四、一百五十一，文獻通考一百三十一至一百三十三）

130000－0405－0000092 史部/紀傳類/叢編/7243/丿21

欽定續通志六百四十卷 （清）劉墉編 清光緒二十七年（1901）上海圖書集成局據武英殿聚珍版鉛印本 六十冊 存六百三十四卷（一至六百三十四）

130000－0405－0000093 史部/紀傳類/斷代/1111/丨8

明史三百三十二卷 （清）張廷玉等撰 清乾隆四年（1739）武英殿刻本 一百十二冊

130000－0405－0000094 史部/紀傳類/斷代/1773/丨5（2）

史記一百三十卷 （漢）司馬遷撰 （南朝宋）裴駰集解 （唐）司馬貞索隱 （唐）張守節正義 清同治十一年（1872）成都書局刻本 二十六冊

130000－0405－0000095 史部/紀傳類/斷代/2631/－4

元史新編九十五卷 （清）魏源撰 清光緒三十一年（1905）魏慎微堂刻本 二十二冊 存六十一卷（一至十四、三十二至三十七、四十一至五十七、六十一至七十七、八十至八十五、九十五）

130000－0405－0000096 史部/編年類/通代/1270/丿12

御批歷代通鑑輯覽一百二十卷 （清）高宗弘曆撰 清乾隆三年（1738）內府刻朱墨套印本 八冊 存十卷（一百七至一百十六）

130000－0405－0000097 史部/編年類/通代/4877/丿11（2）

御批歷代通鑑輯覽一百二十卷 （清）傅恆編 清光緒五年（1879）刻本 五十八冊

130000－0405－0000098 史部/編年類/通史/2540/、13

資治通鑑綱目前編二十五卷正編五十九卷續編二十七卷末一卷 （宋）朱熹撰 （明）陳仁錫評閱 清康熙四十年（1701）刻本 一百二十冊

130000－0405－0000099 史部/編年類/通代/2540/12

御批資治通鑑綱目五十九卷 （宋）朱熹撰 清刻本 一冊 存三卷（十七至十九）

130000－0405－0000100　史部/編年類/通代/7755/丿14(2)

綱鑑易知錄九十卷　（清）周靜專等輯　清康熙五十年(1711)刻本　四十二冊

130000－0405－0000101　史部/編年類/通代/4877/丿11(1)

御批歷代通鑑輯覽一百二十卷　（清）傅恆等撰　清乾隆三十二年(1767)內府刻本　五十七冊　缺六卷(七十一至七十二、九十九至一百、一百十七至一百十八)

130000－0405－0000102　史部/編年類/通代/1073/丿14

綱鑑會纂三十九卷首一卷　（明）王世貞編　清刻本　四十冊

130000－0405－0000103　史部/編年類/斷代/1642/－4

尺木堂綱鑑易知錄九十二卷　（清）吳乘權等輯　清刻本　十二冊　存二十七卷(六十六至九十二)

130000－0405－0000104　史部/編年類/通代/2540/、13

資治通鑑綱目五十九卷續編一卷前編二十五卷續資治通鑑綱目二十七卷　（宋）朱熹撰（明）陳仁錫評　清嘉慶九年(1804)姑蘇聚文堂刻本　一百十冊

130000－0405－0000105　史部/編年類/通代/7755/丿14(1)

尺木堂綱鑑易知錄九十二卷明鑑易知錄十五卷　（清）吳乘權等輯　清光緒十三年(1887)上海點石齋石印本　六冊

130000－0405－0000106　史部/編年類/斷代/4437/－8(5)

九朝東華錄一百二十卷　王先謙纂　清光緒十年(1884)鉛印本　七十六冊

130000－0405－0000107　史部/編年類/斷代/4437/－8(2)

東華錄三十二卷　（清）蔣良騏撰　清刻本　八冊

130000－0405－0000108　史部/編年類/斷代/1020/—8

東華續錄一百卷　王先謙編　清刻本　八十一冊

130000－0405－0000109　史部/編年類/斷代/4437/－8(1)

十朝東華錄五百五十八卷同治朝東華續錄一百卷　王先謙　（清）潘頤福撰　清光緒二十五年(1899)石印本　三十六冊　存二百九十卷(天命朝一至四,天聰朝一至十一,崇德朝一至八、康熙朝一至十四、五十六至七十一,雍正朝一至三十六,乾隆朝一至三十、五十八至七十四、一百十四至一百二十,嘉慶朝一至二十九、三十八至五十,道光朝十一至十五、二十四至四十二、五十六至六十一,咸豐朝一至九、十六至十八、三十二至四十一、四十八至五十四、六十九至七十五、八十三至九十七,同治朝二十四至四十七)

130000－0405－0000110　史部/編年類/斷代/4437/－8(4)

東華續錄二百二十卷　（清）朱壽朋編　清宣統元年(1909)上海集成圖書公司鉛印本　五十四冊　缺三十三卷(八十六至九十一、九十八至一百、一百二十一至一百二十七、一百五十二至一百五十九、一百七十四至一百七十六、二百一至二百六)

130000－0405－0000111　史部/編年類/斷代/4437/－8(3)

十朝東華錄五百五十八卷同治朝東華續錄一百卷　王先謙纂　清光緒十年(1884)廣百宋齋鉛印本　九十九冊　缺七十五卷(雍正朝東華錄十至十一、二十至二十六,乾隆朝東華錄十至二十,道光朝東華錄十九至二十五,咸豐朝東華錄一至六、十八至五十九)

130000－0405－0000112　史部/編年類/斷代/4847/丿12

欽定滿洲源流考二十卷　（清）阿桂等纂修　清乾隆四十二年(1777)刻本　八冊

130000－0405－0000113　史部/紀事本末類/

4332/ㄧ4

蕩平髮逆圖記二十二卷圖一卷　（清）杜文瀾
撰　清光緒上海漱六山莊石印本　四冊

130000－0405－0000114　史部/紀事本末類/
4030/ㄐ12

欽定平定教匪紀畧四十二卷首一卷　（清）托
津等撰　清刻本　一冊　存二卷（二十一至
二十二）

130000－0405－0000115　史部/史評類/
1011/ㄧ13

史事論甲編十卷乙編六卷丙編四卷丁編四卷
戊編十卷　（清）雷瑨輯　清光緒二十九年
（1903）硯耕山莊石印本　十五冊　存二十四
卷（史事論甲編十卷、乙編六卷、丙編四卷、丁
編四卷）

130000－0405－0000116　史部/紀傳類/總
傳/4438/ㄟ7

宋元學案一百卷　（清）黃宗羲等撰　清刻本
八冊　存十七卷（十五至三十一）

130000－0405－0000117　史部/史評類/
8811/ㄐ22

鑑撮四卷　（清）曠敏本編　清同治十三年
（1874）二酉齋刻本　五冊

130000－0405－0000118　史部/紀傳類/家
傳/8064/ㄟ12

曾文正公家書十卷家訓二卷大事記四卷榮哀
錄一卷　（清）曾國藩撰　清光緒十三年
（1887）鴻文書局鉛印本　八冊　存十卷（曾
文正公家書十卷）

130000－0405－0000119　史部/史評/1010/
ㄐ23

鑑撮四卷　（清）曠敏本編　清同治十三年
（1874）二酉齋刻本　五冊

130000－0405－0000120　史部/傳記類/宗
譜/2543/ㄧ5

史氏宗譜一卷　（清）史祥麟撰　清同治九年
（1870）刻本　一冊

130000－0405－0000121　史部/史評類/

1271/、12(1)

評鑑闡要十二卷　（清）高宗弘曆撰　清乾隆
三十二年(1767)武英殿刻本　六冊

130000－0405－0000122　史部/史評類/
1271/、12(2)

評鑑闡要十二卷　（清）高宗弘曆撰　清乾隆
三十二年(1767)武英殿刻本　十二冊

130000－0405－0000123　史部/史評類/
2587/—2

二十四史論新編二十三卷　（清）朱鈞輯　清
光緒二十七年(1901)煥文書局石印本　八冊

130000－0405－0000124　史部/政書類/
7144/ㄐ2

八旬萬壽盛典一百二十卷首一卷　（清）阿桂
等撰　清乾隆五十四年(1789)內府刻本　二
十冊

130000－0405－0000125　史部/政書類/
8038/ㄐ12

欽定八旗通志三百四十二卷首十二卷目錄二
卷　（清）紀昀等修　清武英殿刻本　二百十
九冊　缺八十四卷（一、七十八至七十九、八
十一至八十六、八十九至九十二、一百三十三
至一百三十四、一百四十至一百四十一、一百
六十八、一百九十九至二百三、二百三十四至
二百三十五、二百七十至三百二十八）

130000－0405－0000126　史部/政書類/通
制/0020/ㄐ12

欽定禮部則例二百二卷　（清）文孚等編　清
嘉慶二十五年(1820)刻本　二十四冊

130000－0405－0000127　史部/政書類/
8397/6

各國政治考八卷　（清）錢恂輯　清光緒二十
七年(1901)石印本　六冊

130000－0405－0000128　史部/政書類/通
制/4475/ㄐ12

欽定禮部則例二百二卷　（清）恭阿拉等編
清嘉慶十一年(1806)刻本　二十四冊

130000－0405－0000129　史部/政書類/通

制/1031/丿9

九通 （清）□□輯　清光緒浙江書局刻本
一百七册　存二百六十七卷（皇朝通志一百
二十六卷,欽定續通志三百七十二至三百九
十一,皇朝文獻通考一百七十九、一百八十
四、一百九十四,皇朝通典一百卷,欽定續通
典五十六至七十三）

130000－0405－0000130　史部/政書類/通
志/1040/丿12

欽定學政全書八十六卷首一卷　（清）王杰等
纂修　清乾隆五十八年(1793)武英殿刻本
十六册

130000－0405－0000131　史部/政書類/通
制/1271/丿9

皇朝通志一百二十六卷　（清）稽璜　（清）劉
墉撰　清內府刻本　一册　存四卷（一百五
至一百八）

130000－0405－0000132　史部/政書類/通
制/4877/－3(1)

欽定大清會典一百卷　（清）允禄等纂修　清
乾隆二十九年(1764)武英殿刻本　二十册

130000－0405－0000133　史部/政書類/通
制/4877/－3(2)

欽定大清會典則例一百八十卷　（清）允禄等
纂修　清乾隆二十九年(1764)武英殿刻本
一百册

130000－0405－0000134　史部/政書類/通
制/4877/－3(3)

欽定大清會典則例一百八十卷　（清）允禄等
纂修　清乾隆二十九年(1764)武英殿刻本
十三册　存二十一卷（一百十至一百三十）

130000－0405－0000135　史部/政書類/通
制/2413/丿12

欽定禮部則例二百二卷　（清）文孚等纂修
清嘉慶二十五年(1820)刻本　二十四册

130000－0405－0000136　史部/政書類/通
制/4000/丿12

欽定大清會典事例九百二十卷目錄八卷

（清）托津等撰　清嘉慶二十三年(1818)刻本
四册　存十二卷（三百六十六至三百七十
五、三百七十九至三百八十）

130000－0405－0000137　史部/政書類/典
禮/0041/——16

壇廟祀典三卷　（清）方觀承撰　清乾隆二十
三年(1758)刻本　三册

130000－0405－0000138　史部/政書類/典
禮/0077/－12

萬壽盛典初集一百二十卷　（清）王原祁等纂
修　清康熙五十五年(1716)內府刻本　二十
册　存七十五卷（十一至十七、二十三至二十
八、三十三至三十九、四十三至五十七、六十
一至六十四、七十六至一百十一）

130000－0405－0000139　史部/政書類/典
禮/4425/丿12

欽定科場條例六十卷首一卷　（清）蔡蠻揚等
纂　清嘉慶十九年(1814)內府刻本　十册

130000－0405－0000140　史部/政書類/典
禮/4026/－3

大清通禮五十卷　（清）來保等撰　清乾隆二
十一年(1756)內府刻本　八册

130000－0405－0000141　史部/政書類/典
禮/6035/丿12

欽定武場條例十六卷　（清）景清等纂　清光
緒二十一年(1895)兵部刻本　四册

130000－0405－0000142　史部/政書類/典
禮/4030/－6

西巡盛典二十四卷首一卷　（清）董浩等撰
清嘉慶十七年(1812)武英殿聚珍本　六册
存六卷（十三至十八）

130000－0405－0000143　史部/政書類/典
禮/1270/丿9

皇朝禮器圖示十八卷目錄一卷　（清）允禄等
撰　清乾隆三十一年(1766)刻本　三册　存
四卷（一至二、四、十五）

130000－0405－0000144　史部/政書類/職
官/9024/－4(4)

大清搢紳全書不分卷附大清中樞備覽不分卷
（清）□□撰　清光緒二十二年（1896）來鹿
堂刻本　六冊

130000－0405－0000145　史部/政書類/職
官/9024/－4（3）

大清搢紳全書不分卷　（清）□□撰　清光緒
二十二年（1896）來鹿堂刻本　六冊

130000－0405－0000146　史部/政書類/職
官/9024/－4（2）

大清搢紳全書四卷　（清）□□撰　清光緒十
二年（1886）來鹿堂刻本　三冊　存三卷（一、
三至四）

130000－0405－0000147　史部/政書類/職
官/9024/－4（6）

大清搢紳全書不分卷　（清）□□撰　清光緒
十三年（1887）來鹿堂刻本　四冊

130000－0405－0000148　史部/政書類/職
官/9024/－4（1）

大清搢紳全書不分卷　（清）□□撰　清光緒
二十八年（1902）來鹿堂刻本　四冊

130000－0405－0000149　史部/政書類/職
官/9024/－4（7）

大清搢紳全書不分卷　（清）□□撰　清光緒
十四年（1888）來鹿堂刻本　四冊

130000－0405－0000150　史部/政書類/職
官/9024/－4（5）

大清搢紳全書不分卷　（清）□□撰　清光緒
十六年（1890）刻本　四冊

130000－0405－0000151　史部/政書類/邦
計/4877/｜14

賑紀八卷　（清）方觀承撰　清乾隆十九年
（1754）刻本　八冊

130000－0405－0000152　史部/政書類/邦
計/1001/－－13

熙朝紀政六卷　（清）王慶雲撰　清光緒二十
七年（1901）上海天章書局石印本　六冊

130000－0405－0000153　史部/政書類/邦
計/1724/丿14

畿輔條鞭賦役全書八卷　（清）承德府官撰
清嘉慶石刻本　八冊

130000－0405－0000154　史部/政書類/邦
計/4027/5

古泉匯六十四卷續泉匯十四卷補遺二卷
（清）李佐賢撰　清光緒元年（1875）利津李氏
石泉書屋刻本　十冊　存三十卷（古泉匯貞
集一至十四、續泉匯十四卷、補遺二卷）

130000－0405－0000155　史部/詔令奏議類/
奏議/7447/－10

陸宣公集二十四卷　（唐）陸贄撰　清道光十
七年（1837）刻本　八冊

130000－0405－0000156　史部/詔令奏議/奏
議類/4877/－11

硃批諭旨三百六十卷　（清）世宗胤禛撰　清
武英殿刻本　一百十二冊

130000－0405－0000157　史部/政書類/軍
政/0845/、9

洗冤錄詳義四卷首一卷洗冤錄摭遺二卷
（清）許槤等編　清光緒四年（1878）刻本
五冊

130000－0405－0000158　史部/政書類/法
令/1050/－3

大清律例四十七卷　（清）三泰等纂修　清刻
本　二十二冊

130000－0405－0000159　史部/紀事本末類/
0077/－4（2）

太宗大破明師於松山之戰書事一卷　（清）仁
宗顒琰撰　清嘉慶武英殿刻本　一冊

130000－0405－0000160　史部/詔令奏議類/
7337/、13

新民叢報彙編不分卷　梁啓超編　清宣統元
年（1909）普新瑞記書局石印本　八冊

130000－0405－0000161　史部/召令奏議類/
法令/4232/－3

大清律例刑案統纂集成四十卷　（清）姚潤纂
清咸豐七年（1857）刻本　二十四冊

130000 – 0405 – 0000162　史部/政書類/法令/1050/丿12

欽定大清律例三十九卷　（清）三泰等撰　清刻本　二十冊

130000 – 0405 – 0000163　史部/紀事本末類/0077/－4(1)

太祖大破明師於薩爾滸山之戰書事一卷（清）□□撰　清嘉慶武英殿刻本　一冊

130000 – 0405 – 0000164　史部/考工類/1172/一6

攷工記要十七卷附圖一卷　（英國）瑪體生著　（英國）傅蘭雅　（清）鍾天緯譯　清光緒二十三年(1897)慎記書莊石印本　四冊　缺三卷(八至十)

130000 – 0405 – 0000165　史部/時令類/4094/丿4

月令輯要二十四卷首一卷　（清）李光地等撰　清康熙五十四年(1715)武英殿刻本　十二冊

130000 – 0405 – 0000166　史部/地理類/外記/2212/、22

瀛環志畧十卷　（清）徐繼畬撰　清光緒二十四年(1898)掃葉山房石印本　五冊

130000 – 0405 – 0000167　史部/時令類/7064/丿12

御製月令七十二候詩不分卷　（清）高宗弘曆撰　清內府刻本　四冊

130000 – 0405 – 0000168　史部/詔令奏議類/公牘檔案/8700/一9

胡文忠公遺集八十六卷　（清）胡林翼撰　（清）鄭郭謹　（清）曾國荃纂輯　（清）胡鳳丹重編　清光緒十四年(1888)上海著易堂石印本　五冊　存四十一卷(一至四、十七至三十、四十八至七十)

130000 – 0405 – 0000169　史部/詔令奏议类/法令/4434/一13

駁案新編三十二卷　（清）□□撰　清乾隆刻本　六冊　存八卷(二十五至三十二)

130000 – 0405 – 0000170　史部/地理類/2123/、10(1)

朔方備乘八十一卷首一卷　（清）何秋濤撰　清光緒七年(1881)刻本　二十四冊

130000 – 0405 – 0000171　史部/金石類/4071/｜12

景德鎮陶録十卷　（清）藍浦撰　（清）鄭廷桂補輯　清光緒十七年(1891)刻本　四冊

130000 – 0405 – 0000172　史部/地理類/2123/、10(2)

朔方備乘八十一卷首一卷　（清）何秋濤撰　清刻本　二十四冊

130000 – 0405 – 0000173　史部/地理類/5287/丿9

皇輿表十六卷　（清）撲敘等撰　清康熙四十三年(1704)內府刻本　二十四冊

130000 – 0405 – 0000174　史部/地理類/總志/4449/一3

大清一統志表不分卷　（清）陳蘭森撰　清乾隆五十八年(1793)刻本　六冊

130000 – 0405 – 0000175　史部/地理類/總志/3132/、22

讀史方輿紀要一百三十卷　（清）顧祖禹輯　清光緒二十七年(1901)圖書集成局鉛印本　三十二冊

130000 – 0405 – 0000176　史部/地理類/總志/4877/一3

大清一統志五百卷　（清）和珅等撰　清刻本　十三冊　存九十七卷(二十四至七十四、八十二至九十八、一百四十八至一百七十六)

130000 – 0405 – 0000177　史部/地理類/總志/6644/－3

皇朝中外一統輿圖三十二卷　（清）嚴樹森撰　清同治二年(1863)刻本　三十二冊

130000 – 0405 – 0000178　史部/紀傳類/斷代/2130/｜12

補後漢書年表十卷　（宋）熊方撰　清刻本　六冊

130000 – 0405 – 0000179　史部/地理類/總志/1083/｜3

小方壺齋輿地叢鈔六十四卷　（清）王錫祺編　清光緒十七年(1891)鉛印本　六十三冊　缺三卷(二、九至十)

130000 – 0405 – 0000180　史部/地理類/5038/－8(1)

[道光]承德府志六十卷首二十六卷　（清）海忠纂修　清光緒十三年(1887)刻本　二十冊　缺二十七卷(二十四至三十八、四十九至六十)

130000 – 0405 – 0000181　史部/地理類/5038/－8(2)

[道光]承德府志六十卷首二十六卷　（清）海忠纂修　清光緒十三年(1887)刻本　二十四冊

130000 – 0405 – 0000182　史部/地理類/5038/－8(3)

[道光]承德府志六十卷首二十六卷　（清）海忠纂修　清光緒十三年(1887)刻本　二十四冊

130000 – 0405 – 0000183　史部/地理類/4021/｜15(2)

[雍正]畿輔通志一百二十卷　（清）唐執玉等撰　（清）李衛修　清雍正十一年(1733)刻本　四十八冊

130000 – 0405 – 0000184　史部/地理類/4021/｜15(1)

[雍正]畿輔通志一百二十卷　（清）唐執玉等撰　（清）李衛修　清雍正十三年(1735)刻本　七十二冊

130000 – 0405 – 0000185　史部/地理類/方志/4877/｜12

[乾隆]欽定熱河志一百二十卷　（清）和珅等纂修　清乾隆四十六年(1781)刻本　十四冊　缺八十七卷(四至八、十一至十九、二十五至三十二、三十五至三十八、四十一至四十六、四十九至五十五、六十至六十三、六十七至八十二、八十八至九十三、九十七至一百十

五、一百十八至一百二十)

130000 – 0405 – 0000186　史部/地理類/雜志/6071/、9

宸垣識畧十六卷　（清）吳長元輯　清刻本　八冊

130000 – 0405 – 0000187　史部/地理類/方志/3191/－4

天下郡國利病書一百二十卷　（清）顧炎武輯　清鉛印本　二十三冊　缺二十二卷(一至十、十五至十八、二十三至二十六、七十五至七十八)

130000 – 0405 – 0000188　史部/地理類/方志/1167/｜3

[雍正]山西通志二百三十卷　（清）張煦修　清雍正十二年(1734)刻本　九十四冊　缺四十八卷(一、二十八、一百八十五至二百三十)

130000 – 0405 – 0000189　史部/地理類/水利/1731/｜4

水經注匯校四十卷　（北魏）酈道元撰　（清）楊希閔校　清光緒七年(1881)刻本　十二冊

130000 – 0405 – 0000190　史部/地理類/山水志/1731/｜4

水經四十卷　（漢）桑欽撰　（北魏）酈道元注　**山海經十八卷**　（晉）郭璞撰　清康熙五十四年(1715)項氏羣玉書堂刻本　八冊

130000 – 0405 – 0000191　史部/目錄類/公藏/2767/｜12

欽定四庫全書簡明目錄二十卷首一卷　（清）紀昀等編　清光緒二年(1876)廣東書局刻本　十二冊

130000 – 0405 – 0000192　史部/地理類/外紀/2391/｜9

皇清職貢圖九卷　（清）傅恆等撰　清乾隆十六年(1751)武英殿刻本　九冊

130000 – 0405 – 0000193　史部/地理類/遊記/1126/—12

蒙古游牧記十六卷　（清）張穆撰　清同治六年(1867)壽陽祁氏刻本　四冊

130000 – 0405 – 0000194　史部/金石類/金類/7110/丿16(2)

積古齋鐘鼎彝器款識十卷　（清）阮元撰　清光緒五年(1879)刻本　六冊

130000 – 0405 – 0000195　史部/金石類/金類/7110/丿16(1)

積古齋鐘鼎彝器款識十卷　（清）阮元撰　清嘉慶九年(1804)刻本　六冊

130000 – 0405 – 0000196　史部/目錄類/1133/丨4

輶軒語不分卷　（清）張之洞撰　**書目答問不分卷**　（清）張之洞撰　清光緒三年(1877)濠上書齋刻本　四冊

130000 – 0405 – 0000197　史部/目錄類/3127/丨3

彙刻書目二十卷　（清）顧修輯　（清）朱學勤補　清光緒十五年(1889)上海福瀛書局刻本　二十冊

130000 – 0405 – 0000198　史部/目錄類/公藏/4877/丿12

欽定四庫全書總目二百卷首四卷　（清）紀昀（清）陸錫熊纂　清乾隆四十七年(1782)武英殿刻本　一百十六冊　缺四十七卷(一至九、一百十八至一百三十四、一百四十八至一百六十四,首四卷)

130000 – 0405 – 0000199　子部/儒家類/2054/丨15

蒙漢聖諭廣訓不分卷　（清）□□撰　清抄本　二冊

130000 – 0405 – 0000200　子部/儒家類/1144/丿11

孝經衍義一百卷首二卷　（清）張英等撰　清康熙二十一年(1682)刻本　三十冊

130000 – 0405 – 0000201　子部/儒家類/4017/－13(1)

聖諭廣訓十六條　（清）□□撰　清光緒二十八年(1902)刻本　四冊

130000 – 0405 – 0000202　子部/儒家類/2133/－7

孝經衍義三十一卷　（清）張英撰　清順治十三年(1656)刻本　八冊

130000 – 0405 – 0000203　子部/儒家類/4017/－13(2)

聖諭廣訓十六條　（清）□□撰　清光緒二十八年(1902)刻本　四冊

130000 – 0405 – 0000204　子部/儒家類/4017/－13(3)

聖諭廣訓十六條　（清）□□撰　清光緒二十八年(1902)刻本　四冊

130000 –0405 –0000205　子部/叢編/0727/、13

新鐫校正評註分類百子金丹全書十卷述記三卷　（清）郭偉選註　（清）王星聚校訂　清光緒二十九年(1903)上海書局石印本　八冊

130000 – 0405 – 0000206　子部/儒家類/4094/丿11(1)

御纂性理精義十二卷　（清）李光地等纂修　清道光三十年(1850)刻本　六冊

130000 – 0405 – 0000207　子部/儒家類/4094/丿11(2)

御纂性理精義十二卷　（清）李光地等纂修　清康熙五十四年(1715)刻本　六冊

130000 – 0405 – 0000208　子部/儒家類/1057/－4

孔氏家語十卷　（三國魏）王肅注　清聚盛堂刻本　一冊

130000 – 0405 – 0000209　子部/儒家類/4700/、8

性理大全書七十卷　（明）胡廣等撰　明刻本　一冊　存二卷(二十二至二十三)

130000 – 0405 – 0000210　子部/天文算法類/算書/2642/－10(1)

原本直指算法統宗十二卷　（明）程大位編　清同治三年(1864)刻本　五冊　缺二卷(十一至十二)

130000 – 0405 – 0000211　子部/天文算法類

曆法/2337/丿12

御製曆象考成後編十卷 （清）允禄等輯 清光緒二十二年（1896）雙梧書屋刻本 五冊

130000－0405－0000212 子部/天文算法類/算書/2642/－10(2)

原本直指算法統宗十二卷 （清）程大位編 清同治三年（1864）文成堂刻本 六冊

130000－0405－0000213 子部/天文算法類/算書/4806/—11

纂刻梅勿菴先生曆算全書十九卷 （清）梅文鼎著 （清）魏荔彤輯 清刻本 七冊

130000－0405－0000214 子部/天文曆算類/算書/4806/、10

兼濟堂纂刻梅勿菴先生曆算全書二卷 （清）梅文鼎著 （清）魏荔彤輯 清康熙五十六年（1717）刻本 一冊

130000－0405－0000215 子部/天文算法類/算書/2883/丿5

代數備旨全草不分卷 （清）徐錫麟編 清光緒二十九年（1903）浙紹特別書局刻本 六冊

130000－0405－0000216 子部/天文算法類/算書/4428/｜6

曲線新說不分卷 （清）蔣維鍾撰 隄積術辨不分卷 （清）蔣維鍾撰 清光緒二十五年（1899）龍城書院刻本 二冊

130000－0405－0000217 子部/儒家類/4094/丿11(3)

御纂性理精義十二卷 （清）李光地撰 清康熙五十四年（1715）刻本 十冊

130000－0405－0000218 子部/醫學類/方書/2741/—23

驗方新編十六卷 （清）鮑相璈編輯 清同治三年（1864）刻本 八冊

130000－0405－0000219 子部/醫家類/本草/4061/—5

本草綱目五十二卷 （明）李時珍撰 清刻本 二十四冊 缺十九卷（一至三、三十七至五十二）

130000－0405－0000220 子部/醫家類/方書/2241/—15

增廣正續驗方新編十六卷 （清）鮑相璈編輯 （清）張紹堂增輯 清光緒二十七年（1901）同文俊記石印本 八冊

130000－0405－0000221 子部/天文算法類/天文/4422/丿14

管窺輯要八十卷 （清）黃鼎纂 清刻本 十冊 缺五十八卷（一至五十八）

130000－0405－0000222 子部/醫家類/診法/1022/｜14

圖註八十一難經辨真四卷圖註脈訣辨真四卷附脈訣附方一卷 （明）王世賢譔 清光緒十五年（1889）京都文成堂刻本 六冊

130000－0405－0000223 子部/天文算法類/天文/2721/、15

談天十八卷首一卷附表一卷 （英國）侯失勒著 （英國）偉烈亞力口譯 （清）李善蘭刪述 （清）徐建寅續述 清刻本 四冊

130000－0405－0000224 子部/醫家類/本草/4060/—9

珍珠囊指掌補遺藥性賦四卷 （金）李杲編輯 清善成堂刻本 四冊

130000－0405－0000225 子部/藝術類/書畫/1278/丿11

佩文齋書畫譜一百卷 （清）孫嶽頒等撰 清康熙內府刻本 二十九冊 缺十八卷（一至二、八至十、四十五至四十六、六十三至六十四、八十八至九十六）

130000－0405－0000226 子部/藝術類/書畫/2104/｜9

思古齋雙句漢碑篆額不分卷 （清）何澂輯 清光緒九年（1883）刻本 三冊

130000－0405－0000227 子部/醫家類/醫經/0044/－18

醫門棒喝初集四卷二集九卷 （清）章楠著 （清）田晋元評點 清同治六年（1867）聚文堂刻本 六冊 缺七卷（二集三至九）

130000 – 0405 – 0000228　　子部/醫家類/醫經/1627/－11

黃帝内經素問二十四卷　（明）吳崑註　明萬曆二十二年(1594)刻本　十六冊

130000 – 0405 – 0000229　　子部/雜家類/雜記/8890/丿12

策學淵萃四十六卷目錄二卷　（清）□□撰清刻本　十冊　存二十七卷(二十至四十六)

130000 – 0405 – 0000230　　子部/小說家類/3122/丶12

新增智囊補二十八卷　（清）馮夢龍輯　清三讓堂刻本　十二冊

130000 – 0405 – 0000231　　子部/雜家類/雜纂/7126/丶13

意林五卷　（唐）馬總撰　清光緒三年(1877)崇文書局刻本　二冊

130000 – 0405 – 0000232　　子部/雜家類/雜考/8750/－11

盛世危言六卷二編四卷三編六卷　（清）鄭觀應　（清）杞憂生撰　清光緒二十四年(1898)圖書集成局鉛印本　六冊

130000 – 0405 – 0000233　　子部/儒家類/6030/丿8

東萊博議四卷　（宋）呂祖謙撰　（清）張文炳評點　清萬福堂刻本　三冊

130000 – 0405 – 0000234　　子部/雜家類/雜說/1232/丿7

仁在堂時藝引階合編不分卷　（清）路潤生編清光緒元年(1875)玉盛堂刻本　四冊

130000 – 0405 – 0000235　　子部/雜家類/雜家學說/7282/丿13

經濟策論滙參八卷　（清）劉鐵生撰　清光緒二十八年(1902)上海正記書局石印本　八冊

130000 – 0405 – 0000236　　子部/雜家類/雜說/1232/丿4

仁在堂全集　（清）路潤生編　清同治六年(1867)刻本　十八冊

130000 – 0405 – 0000237　　子部/工藝類/3131/丿8

佩文齋廣羣芳譜一百卷目錄二卷　（清）汪灝等撰　清康熙四十七年(1708)刻本　十八冊

130000 –0405 – 0000238　　子部/農家農學類/7531/丿10

秘傳花鏡六卷　（清）陳淏子訂輯　清康熙二十七年(1688)善成堂刻本　四冊

130000 – 0405 – 0000239　　子部/儒家類/4700/丶13

新刊性理大全七十卷　（明）胡廣等撰　明嘉靖三十一年(1552)余氏雙桂堂刻本　六十冊

130000 – 0405 – 0000240　　子部/醫學類/綜合/3785/丶7

沈氏尊生書　（清）沈金鰲撰輯　清同治十三年(1874)湖北崇文書局刻本　十六冊　缺二十四卷(雜病源流十一至十五、二十八至三十,傷寒論綱目一至十六)

130000 – 0405 – 0000241　　子部/醫學家/叢編/1122/丿8

金匱要略淺註補正九卷　（漢）張仲景著（清）陳念祖淺註　清光緒三十四年(1908)千頃堂書局石印本　二冊　存六卷(一至三、七至九)

130000 – 0405 – 0000242　　子部/醫學類/叢編/1121/丿16

儒門事親十五卷　（金）張子和著　（明）吳勉學校　清宣統二年(1910)石印本　六冊

130000 – 0405 – 0000243　　子部/醫家類/叢編/4054/7

李仕材先生三書　（明）李中梓撰　清光緒十三年(1887)刻本　六冊

130000 – 0405 – 0000244　　子部/醫家類/叢編/6027/｜13

嵩厓尊生醫學大全十五卷　（清）景冬陽著清刻本　八冊

130000 – 0405 – 0000245　　子部/儒家類/7530/－4

五種遺規十七卷　（清）陳宏謀輯　清光緒二十一年（1895）浙江書局刻本　九冊

130000－0405－0000246　子部/農家農學類/1021/－2

二如亭群芳譜三十卷首一卷　（明）王象晉纂輯　（明）毛鳳苞校正　清刻本　六冊　存十一卷（茶譜一卷、竹譜一卷、桑譜一卷、麻譜一卷、葛棉譜一卷、棉譜一卷、藥譜三卷、木譜二卷）

130000－0405－0000247　子部/醫學家/3485/、7

沈氏尊生書　（清）沈金鰲撰　清宣統元年（1909）石印本　二十冊

130000－0405－0000248　集部/總集類/通代/1011、10

古唐詩合解十二卷古詩四卷　（清）王堯衢註　清文煥堂刻本　六冊

130000－0405－0000249　子部/宗教類/佛教/37417/—3

大乘入楞伽經七卷　（唐）釋實叉難陀譯　清光緒三十四年（1908）刻本　二冊

130000－0405－0000250　子部/農家類/6715/亅12

欽定授時通考七十八卷　（清）鄂爾泰纂修　清乾隆七年（1742）武英殿刻本　二十四冊

130000－0405－0000251　子部/農家類/4434/亅12

欽定授衣廣訓二卷　（清）董誥等撰　清嘉慶十三年（1808）刻本　二冊

130000－0405－0000252　子部/宗教類/佛教/4167/、14

過去現在因果經四卷　（南朝宋）釋求那跋陀羅譯　清光緒十年（1884）江北刻經處刻本　一冊

130000－0405－0000253　子部/宗教類/佛教/3044/｜11

唯識二十論述記四卷　（唐）釋窺基撰　清宣統二年（1910）江西刻經處刻本　一冊　缺二卷（一至二）

130000－0405－0000254　子部/宗教類/佛教/1134/、20

護法論不分卷　（宋）張商英述　清光緒二年（1876）常熟刻經處刻本　一冊

130000－0405－0000255　子部/宗教類/佛教/4273/—1

一乘決疑論不分卷　（清）彭際清述　清同治八年（1869）如皋刻經處刻本　一冊

130000－0405－0000256　子部/宗教類/佛教/4423/亅7

佛說無量壽經二卷　（三國魏）康僧鎧釋　清同治十三年（1874）金陵刻經處刻本　一冊

130000－0405－0000257　子部/宗教類/佛教/2697/亅7

佛教西來玄化應運略錄不分卷　（宋）程輝編　清同治九年（1870）金陵刻經處刻本　一冊

130000－0405－0000258　子部/宗教類/佛教/8692/—3

大乘起信論不分卷　（南朝梁）釋真諦譯　清光緒二十四年（1898）金陵刻經處刻本　一冊

130000－0405－0000259　子部/術數類/陰陽五行/2237/亅12

欽定協紀辨方書三十六卷　（清）允祿等纂　清光緒二十五年（1899）江左書林石印本　六冊

130000－0405－0000260　子部/宗教類/佛教/7750/亅7

佛爾雅八卷　（清）周春撰　清乾隆五十六年（1791）刻本　一冊

130000－0405－0000261　子部/術數類/陰陽五行/2207/亅12

欽定協紀辨方書三十六卷　（清）允祿等撰　清乾隆六年（1741）內府刻本　十五冊

130000－0405－0000262　子部/宗教類/佛教/3411/—3

大般涅槃經玄義二卷　（隋）釋灌頂撰　清光

緒八年（1882）金陵刻經處刻本　　一冊

130000－0405－0000263　　子部/小說家類/異聞/7748/－9

南北史捃華八卷　（清）周嘉猷輯　清同治四年（1865）鑑止水齋刻本　　四冊

130000－0405－0000264　　子部/宗教類/佛教/3147/—3

大乘起信論不分卷　（唐）釋實叉難陀譯　清光緒二十四年（1898）金陵刻經處刻本　　二冊

130000－0405－0000265　　子部/宗教類/佛教/1427/－3

大方廣佛華嚴經六十卷　（晉）釋佛陀跋陀羅等譯　清光緒七年（1881）常熟刻經處刻本　　十六冊

130000－0405－0000266　　子部/宗教類/佛教/0024/亅10

般若波羅密多心經疏不分卷　（唐）釋玄奘譯　清光緒二十三年（1897）金陵刻經處刻本　　一冊

130000－0405－0000267　　子部/宗教類/佛教/3022/－3

觀禮堂三教真傳六卷　（清）□□撰　清宣統三年（1911）治善講堂刻本　　六冊

130000－0405－0000268　　子部/宗教類/佛教/0024/亅6

成唯識論十卷　（唐）釋玄奘譯　清光緒二十二年（1896）金陵刻經處刻本　　二冊

130000－0405－0000269　　子部/宗教類/佛教/0024/∣11

唯識二十論二卷　（唐）釋玄奘撰　清宣統二年（1910）江西刻經處刻本　　一冊

130000－0405－0000270　　子部/宗教類/佛教/2530/—3

大佛頂如來密因修證了義諸菩薩萬行首楞嚴經纂註十卷　（唐）釋般剌密諦譯　清光緒三十四年（1908）金陵刻經處刻本　　五冊

130000－0405－0000271　　子部/宗教類/佛教/2633/、10

高僧傳初集十五卷首一卷二集四十卷三集三十卷目錄一卷四集六卷　（清）楊文會輯　清光緒十年至十八年（1884－1892）江北刻經處刻本　　二十冊　存七十七卷（二集四十卷，三集三十卷、目錄一卷，四集六卷）

130000－0405－0000272　　類叢部/類書類/0077/丿12

佩文韻府一百六卷　（清）張玉書等撰　**拾遺一百六卷**　（清）汪灝等輯　清光緒十八年（1892）上海同文書局石印本　　五十七冊　缺一卷（佩文韻府九十）

130000－0405－0000273　　子部/類書類/0077/丿8

佩文韻府一百六卷　（清）張玉書等撰　**拾遺一百六卷**　（清）汪灝等輯　清康熙五十年（1711）武英殿刻本　　七十六冊　缺一百二十卷（佩文韻府五、七、十六至十七、五十四至五十七、五十九至六十、六十五至六十七、七十，拾遺一百六卷）

130000－0405－0000274　　類叢部/類書類/4424/丿16

錦字箋四卷　（清）黃湻等纂　清康熙二十八年（1689）刻本　　四冊

130000－0405－0000275　　子部/類書類/1111/丿4

分類字錦六十四卷　（清）何焯等纂　清康熙六十一年（1722）刻本　　四十冊

130000－0405－0000276　　子部/類書類/4418/－－5

欽定古今圖書集成一萬卷目錄四十卷　（清）蔣廷錫等撰　清雍正四年（1726）武英殿銅活字印本　　三千三百十一冊　存二千八百七十三卷（曆象彙編：乾坤典一至八、十一至十六、二十九至三十二、三十五至三十六、四十一至四十二、四十九至五十六、五十九至六十四、七十一至八十六、八十九至九十四，歲功典一至十六、三十七至六十、六十五至七十、七十三至九十八、一百一至一百十六，曆法典十九至二十、五十三至七十四、八十一至八十二、八十五至八十六、一百九至一百二十八，庶徵典一至二十、二十七至三十四、三十七至四十、六十九至七十、一百九至一百二十八、一百六十九至一百八十八；方輿彙編：坤輿典一至三十二、四十九至五十、一百一至一百四、一百七至一百二十、一百二十三至一百三十、一百三十三至一百四十，職方典一至二十二、二十五至二十六、二十九至三十、三十三至三十四、八十一至九十、九十三至一百十二、一百三十一至一百三十四、一百七十七至二百六、二百九至二百十四、二百十九至二百二十四、二百六十五至二百七十六、二百七十九至二百八十四、三百五至三百六十四、四百五至四百四十、四百四十三至四百四十四、五百四十五至五百六十四、六百五至六百二十四、六百四十五至六百六十四、七百四十三至七百四十四、七百六十五至七百六十六、七百六十九至七百八十二、八百二十五至八百二十八、八百四十三至八百四十八、八百五十三至八百六十二、九百八十五至一千四、一千十五至一千十八、一千二十三至一千二十四、一千四十五至一千六十四、一千七十七至一千七十八、一千八十五至一千九十四、一千九十七至一千一百二十四、一千一百二十七至一千一百三十四、一千一百三十七至一千一百四十、一千一百四十三至一千一百四十四、一千一百六十五至一千一百九十、一千一百九十五至一千二百、一千二百三至一千二百三十四、一千二百三十七至一千二百六十、一千二百六十三至一千二百六十四、一千二百八十五至一千三百十二、一千三百四十五至一千三百六十四、一千三百八十九至一千三百九十二、一千三百九十五至一千三百九十八、一千四百十九至一千四百二十四、一千四百二十七至一千四百二十八、一千四百三十三至一千四百四十四、一千四百八十五至一千四百八十六、一千四百八十九至一千四百九十四、一千四百九十七至一千五百、一千五百三至一千五百四、一千五百二十五至一千五百四十四，山川典一至二十六、二十九至三

十、三十三至三十六、一百二十一至一百三十、一百三十三至一百四十、一百五十五至一百五十六、一百六十一至一百六十二、一百六十五至一百六十六、一百六十九至一百七十、一百七十五至一百七十六、一百七十九至二百、二百八十三至二百九十六、三百一至三百四、三百九至三百十二、三百十五至三百十八，邊裔典十七至四十八、五十一至五十二、六十五至七十六、七十九至八十、一百一至一百二十；明倫彙編：皇極典三至六、十七至十八、二十五至二十八、三十一至七十、七十七至七十八、一百一至一百八、一百四十一至一百八十、一百八十三至一百八十六、一百八十九至一百九十六，宮闈典五十一至五十二、五十五至六十、六十五至八十、一百一至一百二十，官常典一至十八、二十一至二十二、二十五至二十六、五十一至五十四、六十一至八十四、九十五至九十六、一百三至一百十、一百四十三至一百四十八、一百六十一至一百六十六、一百八十五至一百八十八、二百一至二百二、二百五至二百三十二、二百三十五至二百四十、二百八十一至二百九十四、二百九十九至三百四十二、三百七十九至三百八十、三百八十三至三百八十八、三百九十三至三百九十八、四百五十一至四百五十二、四百七十一至四百七十四、四百七十七至四百八十八、五百七至五百五十四、五百十七至五百二十、五百二十三至五百四十、五百七十七至五百八十二、五百八十九至六百十二、六百三十一至六百三十六、六百四十三至六百四十六、六百六十五至至六百八十、七百十五至七百十八、七百二十一至七百二十二、七百二十五至七百三十、七百三十三至七百五十八、七百七十三至七百七十四、七百九十一至八百，家範典一至十六、七十五至七十六、七十九至八十八、一百三至一百八，交誼典三至四、九至二十八、四十三至五十六、五十九至六十八、七十七至八十、八十三至九十六、九十九至一百四、一百十九至一百二十，氏族典一至十六、二十一至二十二、二十五至二十六、六十五至八十二、八十九至九十、九十三至九十八、一

百一至一百十八、一百三十五至二百四、三百一至三百十六、三百三十五至三百六十九、四百五至四百三十八、四百八十九至五百八十、六百二十一至六百四十,人事典十三至二十六、四十一至九十六,閨媛典一至一百六十、一百八十一至三百十二、三百二十九至三百四十八、三百六十五至三百七十六;博物彙編:藝術典一至三十、五十九至三百六十二、三百七十五至三百九十六、三百九十九至四百二、四百五至四百八、四百十一至四百十二、四百十五至四百三十四、四百五十一至四百六十、四百六十三至四百七十四;目錄一至二、二十一至三十、三十三至四十)

130000 － 0405 － 0000277　　類叢部/類書類/2234/－3

子史精華一百六十卷　　(清)允祿　(清)吳士玉纂修　清雍正五年(1727)書帶草堂刻本　四十冊

130000 － 0405 － 0000278　　類叢部/類書類/0077/、13

淵鑑類函四百五十卷　　(清)張英等纂　清康熙四十九年(1710)內府刻本　七十六冊　缺五十九卷(一至五十九)

130000 － 0405 － 0000279　　類叢部/類書類/2827/—5

古香齋鑒賞袖珍初學記三十卷　　(唐)徐堅等輯　清康熙刻本　十一冊　存二十七卷(四至三十)

130000 － 0405 － 0000280　　子部/類書類/9442/｜3

小嬛嬛山館彙刊類書十二種　　(清)小嬛嬛山館編　清刻本　八冊

130000 － 0405 － 0000281　　子部/類書類/1792/、19

韻府約編二十四卷　　(清)鄧愷輯　清乾隆二十四年(1759)縮秀閣刻本　十八冊

130000 － 0405 － 0000282　　類叢部/類書類/1133/、13

新刻天如張先生精選石渠彙要萬寶全書三十

二卷　　(清)張溥彙編　清嘉慶十三年(1808)刻本　四冊

130000 － 0405 － 0000283　　子部/類書類/0077/丿11

御定駢字類編二百四十卷　　(清)沈宗敬等編輯　清雍正內府刻本　一百二十九冊　存二百三十九卷(二至二百四十)

130000 － 0405 － 0000284　　集部/總集類/叢編/0094/—5

古香齋新刻袖珍御選古文淵鑒六十四卷　　(清)徐乾學編注　清康熙二十四年(1685)古香齋五色套印本　三十冊

130000 － 0405 － 0000285　　集部/總集類/2765/－13

酬世錦囊四集　　(清)鄒景揚輯　清光緒二十年(1894)鴻寶齋石印本　六冊

130000 － 0405 － 0000286　　集部/總集類/2710/－－13

雲林別墅纂輯酬世錦囊全集十九卷　　〔清〕鄒可庭等輯　清刻本　六冊　存八卷(家禮纂要續編五卷、天下路程續編二卷、尺牘新裁續編四)

130000 － 0405 － 0000287　　集部/總集類/叢編/0994/—5

古文淵鑒六十四卷　　(清)徐乾學編注　清康熙二十四年(1685)刻本　八冊

130000 － 0405 － 0000288　　集部/別集類/7534/—4

霏屑軒尺牘類選十六卷　　(清)陳蓮塘輯　清嘉慶十四年(1809)刻本　六冊　存七卷(一至七)

130000 － 0405 － 0000289　　集部/總集類/叢篇/2876/、19

懷幽雜俎叢書十二種　　徐乃昌輯　清宣統元年(1909)南陵徐氏刻本　十冊

130000 － 0405 － 0000290　　集部/總集類/叢編/0077/丿8

佩文齋詠物詩選六十四卷　　(清)高興編修

清康熙四十五年(1706)內府刻本　三十二冊
　存三十二卷(一至三十二)

130000－0405－0000291　集部/總集類/叢
編/1043/丿14

漁洋山人古詩選三十二卷　(清)王士禛選
清同治五年(1866)金陵書局刻本　十冊

130000－0405－0000292　集部/總集類/叢
編/1644/—5

古文觀止六卷　(清)吳楚材等編選　清光緒
二十八年(1902)善成堂刻本　五冊　存五卷
(一至三、五至六)

130000－0405－0000293　集部/總集類/叢
編/2731/丿18

古微堂內集二卷外集八卷　(清)魏源著　清
宣統元年(1909)國學扶輪社鉛印本　五冊

130000－0405－0000294　集部/總集類/叢
編/4446/丿12

欽定全唐文一千卷目錄三卷　(清)杜墧等纂
　清嘉慶十九年(1814)內府刻本　九百三十
四冊　存九百三十三卷(一至九百三十、目錄
三卷)

130000－0405－0000295　集部/總集類/叢
編/4422/、9

詳批律賦精腋四卷　(清)葉吟舫輯　清光緒
七年(1881)品文堂刻本　二冊

130000－0405－0000296　集部/總集類/叢
編/7550/丿11

御定歷代題畫詩類一百二十卷　(清)陳邦彥
輯　清康熙四十六年(1707)內府刻本　二十
四冊

130000－0405－0000297　集部/總集類/叢
編/7510/丿11

御定歷代賦彙一百四十卷外集二十卷逸句二
卷　(清)陳元龍編　清康熙四十五年(1706)
內府刻本　五十冊

130000－0405－0000298　集部/總集類/叢
編/4420/丿14(1)

文選六十卷　(南朝梁)蕭統撰　清嘉慶十四

年(1809)刻本　十六冊

130000－0405－0000299　集部/總集類/叢
編/3423/、10

唐宋八家文讀本三十卷　(清)沈德潛批點
清乾隆十五年(1750)文奎堂刻本　十二冊

130000－0405－0000300　集部/總集類/叢
編/4420/丿14(2)

文選六十卷　(南朝梁)蕭統撰　清嘉慶十四
年(1809)刻本　六冊　存二十九卷(二十五
至四十三、五十一至六十)

130000－0405－0000301　集部/總集類/叢
編/4277/—5

續古文辭類纂三十四卷　(清)姚鼐纂集　清
光緒二十年(1894)王氏刻本　八冊

130000－0405－0000302　集部/總集類/叢
編/4420/｜9

文選六十卷　(南朝梁)蕭統撰　(唐)李善注
　(清)何焯評點　清乾隆三十七年(1772)海
錄軒刻朱墨套印本　十二冊

130000－0405－0000303　集部/總集類/叢
編/4444/、4

毗陵六逸詩鈔二十三卷　(清)莊令輿　(清)
徐永宣編　清康熙五十六年(1717)敬業堂刻
本　四冊

130000－0405－0000304　集部/總集類/通
代/1270/丿11(3)

御選唐宋文醇五十八卷　(清)允祿等撰　清
乾隆三年(1738)內府刻本　二十冊

130000－0405－0000305　集部/總集類/通
代/1270/丿11

御選唐宋文醇五十八卷　(清)允祿等撰　清
乾隆三年(1738)內府刻本　二十四冊

130000－0405－0000306　集部/總集類/通
代/1110/丿11

御選宋金元明四朝詩三百二卷首二卷姓名爵
里十三卷　(清)聖祖玄燁選　(清)張豫章編
　清康熙四十八年(1709)內府刻本　六十冊

130000 – 0405 – 0000307　集部/總集類/斷代/1042/—5

古唐詩合解十二卷古詩四卷　（清）王堯衢註　清光緒二十年(1894)文成堂刻本　六冊

130000 – 0405 – 0000308　集部/總集類/斷代/2223/—20

蘭言詩鈔四卷　（清）李瑞撰　清光緒十六年(1890)德元堂刻本　四冊

130000 – 0405 – 0000309　集部/總集類/斷代/0099/、10(1)

唐詩三百首註釋六卷　（清）王堯衢編　（清）章燮註　清光緒二十年(1894)文成堂刻本　七冊

130000 – 0405 – 0000310　集部/總集類/斷代/0099/—5

唐詩三百首註釋六卷　（清）王堯衢編　（清）章燮註　清光緒二十年(1894)文成堂刻本　八冊

130000 – 0405 – 0000311　集部/總集類/斷代/0099/、10(2)

唐詩三百首註釋六卷　（清）章燮註　清光緒二十年(1894)京都文成堂刻本　二冊

130000 – 0405 – 0000312　集部/總集類/斷代/0094/丿11

御選唐詩三十二卷目錄三卷　（清）聖祖玄燁輯　（清）陳廷敬等輯注　清康熙五十二年(1713)內府刻套印本　七冊　存十六卷(十七至三十二)

130000 – 0405 – 0000313　集部/總集類/斷代/4710/丿6

全唐詩九百卷　（清）曹寅等輯　清康熙四十六年(1707)刻本　十二冊

130000 – 0405 – 0000314　集部/總集類/通代1270/丿12

御選唐宋詩醇四十七卷目錄二卷　（清）高宗弘曆選輯　清乾隆二十五年(1760)聚秀堂刻本　十九冊　存三十三卷(一至十、二十五至四十七)

130000 – 0405 – 0000315　集部/總集類/斷代/1133/、7

初唐四傑集三十七卷　（清）項家達撰　清同治十二年(1873)叢雅居刻星渚項氏本　七冊

130000 –0405 – 0000316　集部/總集類/斷代

全唐詩九百卷目錄十二卷　（清）曹寅等輯　清康熙四十六年(1707)刻本　一百二十冊

130000 – 0405 – 0000317　集部/總集類/斷代/4404/丿9

皇清文穎續篇一百八卷首五十六卷目錄十卷　（清）董誥等輯　清嘉慶十五年(1810)武英殿刻本　一百七十四冊

130000 – 0405 – 0000318　集部/總集類/斷代/2691/丿6

御定全唐詩錄一百卷詩人年表一卷　（清）徐倬輯　清康熙四十五年(1706)刻本　二十四冊

130000 – 0405 – 0000319　集部/總集類/斷代/8326/丿12

欽定熙朝雅頌集一百六卷首集二十六卷餘集二卷凡例一卷目錄一卷　（清）鐵保輯　清嘉慶九年(1804)刻本　三十二冊

130000 – 0405 – 0000320　集部/總集類/斷代/4672/丿13

皇朝經世文編一百二十卷　（清）賀長齡輯　清光緒十二年(1886)刻本　六十冊

130000 – 0405 – 0000321　集部/總集類/斷代1042/—4

七家試帖輯注彙鈔不分卷　（清）王廷紹撰　（清）張熙宇輯評　（清）王植桂注　清光緒十四年(1888)文成堂刻本　八冊

130000 – 0405 – 0000322　集部/總集類/斷代/4607/–7

分類補註李太白詩二十五卷附年譜一卷　（唐）李白撰　（宋）楊齊賢集註　明書林汪復初刻本　二十冊

130000 – 0405 – 0000323　集部/總集部/斷代/1250/丿11(1)

御製避暑山莊圓明園圖詠不分卷 （清）高宗
弘曆撰 清石印本 二冊

130000－0405－0000324 集部/總集部/斷
代/1250/丿11（2）

御製避暑山莊圓明園圖詠不分卷 （清）高宗
弘曆撰 清石印本 二冊

130000－0405－0000325 集部/總集類/通
代/1270/丿11（2）

御選唐宋詩醇四十七卷目錄二卷 （清）高宗
弘曆選輯 清光緒十八年（1892）學庫山房刻
本 二十四冊

130000－0405－0000326 集部/總集類/斷
代/4280/丶10

唐文粹一百卷 （宋）姚鉉輯 清光緒九年
（1883）江蘇書局刻本 十冊

130000－0405－0000327 集部/別集類/宋/
5722/丿20

鐔津文集十九卷 （宋）釋契嵩著 清光緒二
十八年（1902）刻本 四冊

130000－0405－0000328 集部/別集類/宋別
集/2237/—3

三蘇策論十二卷 （宋）蘇洵著 清光緒二十
七年（1901）鴻寶書局石印本 五冊

130000－0405－0000329 集部/別集類/明/
7520/丿5

白沙子全集十卷首一卷末一卷附古詩教解二
卷 （明）陳獻章撰 清乾隆三十六年（1771）
刻本 十二冊

130000－0405－0000330 集部/別集類/明/
7200/丿15

太師劉文成公集二十卷首一卷 （明）劉基著
清刻本 十冊

130000－0405－0000331 集部/總集類/家
集/4437/－3

三蘇全集二百四卷 （宋）蘇洵著 清道光十
二年（1832）刻本 五十六冊 缺三十一卷
（欒城集一至三十一）

130000－0405－0000332 集部/別集類/宋別
集/7500/丶17

龍川文集三十卷附錄二卷辯謳考異二卷
（宋）陳亮撰 清光緒元年（1875）湖北崇文書
局刻本 十冊

130000－0405－0000333 集部/別集類/宋/
1779/丶10

司馬文正公傳家集八十卷目錄二卷附司馬文
正公年譜一卷附錄一卷 （宋）司馬光撰
（清）陳弘謀編 清乾隆六年（1741）刻本 十
六冊

130000－0405－0000334 集部/別集類/
0049/丶11

章譚合鈔五卷 （清）章絳著 清宣統二年
（1910）國學扶輪社鉛印本 五冊

130000－0405－0000335 集部/別集類/金/
1047/－4

元遺山先生集四十卷首一卷續夷堅志四卷新
樂府四卷 （金）元好問撰 （清）張穆編 附
錄一卷 （明）儲瓘輯 補載一卷 （清）施國
祁輯 年譜一卷 （清）翁方綱編 年譜一卷
（清）施國祁編 年譜二卷 （清）凌廷堪編
清道光三十年（1850）陽泉山莊刻本 一冊
存四卷（續夷堅志四卷）

130000－0405－0000336 集部/別集類/唐五
代/1014/—7

李長吉歌詩四卷首一卷外集一卷 （清）王琦
輯 清乾隆二十五年（1760）崇新書局刻本
六冊

130000－0405－0000337 集部/別集類/明/
1242/－10

夏峯先生集十四卷補遺二卷 （明）孫奇逢撰
清道光二十五年（1845）大梁書院刻本 十
六冊

130000－0405－0000338 集部/別集類/唐五
代別集/4034/｜8

昌黎先生集四十一卷 （唐）李漢撰 清抄本
四冊

130000 – 0405 – 0000339　集部/總集類/斷代/3435/、10

唐詩諧律二卷　（清）沈寶青選　清光緒十六年(1890)歸安官舍刻本　二冊

130000 – 0405 – 0000340　集部/別集類/0094/丿11

御製文二集四十四卷目錄二卷　（清）聖祖玄燁撰　（清）張玉書等編　清內府刻本　十二冊

130000 – 0405 – 0000341　集部/別集類/清/0094/丿11

御製文初集三十卷目錄二卷　（清）聖祖玄燁撰　（清）張玉書等編　清康熙五十三年(1714)刻本　十二冊

130000 – 0405 – 0000342　集部/別集類/清/0094/丿11

御製文初集三十卷目錄二卷　（清）聖祖玄燁撰　（清）張玉書等編　清康熙五十三年(1714)刻本　十冊

130000 – 0405 – 0000343　集部/別集類/1270/丿12

御製全韻詩五卷　（清）高宗弘曆撰　清內府刻本　五冊

130000 – 0405 – 0000344　集部/別集類/清/0094/丿11

御製文二集四十四卷目錄二卷　（清）聖祖玄燁撰　（清）張玉書等編　清康熙五十年(1711)內府刻本　十八冊　缺三卷(三十三至三十五)

130000 – 0405 – 0000345　集部/別集類/清/1270/丿11(12)

御製文初集三十卷目錄二卷　（清）高宗弘曆撰　清乾隆十四年(1749)刻本　二十二冊

130000 – 0405 – 0000346　集部/別集類/清/0094/丿11

御製文三集十六卷　（清）聖祖玄燁撰　（清）張玉書等編　清康熙五十年(1711)內府刻本　十八冊

130000 – 0405 – 0000347　集部/別集類/1270/丿11(1)

御製文初集三十卷目錄二卷　（清）高宗弘曆撰　清乾隆二十九年(1764)內府刻本　八冊

130000 – 0405 – 0000348　集部/別集類/1270/丿11

御製文二集四十四卷目錄二卷　（清）高宗弘曆著　清乾隆五十一年(1786)內府刻本　十八冊

130000 – 0405 – 0000349　集部/別集類/1270/丿11

御製詩初集四十四卷目錄四卷　（清）高宗弘曆撰　清乾隆十四年(1749)內府刻本　二十冊

130000 – 0405 – 0000350　集部/別集類/清/1270/丿11(5)

御製詩二集九十卷目錄十卷　（清）高宗弘曆撰　清乾隆十四年(1749)內府刻本　四十六冊

130000 – 0405 – 0000351　集部/別集類/清/1270/丿11(6)

御製詩二集九十卷目錄十卷　（清）高宗弘曆撰　清乾隆十四年(1749)武英殿刻本　四十冊

130000 – 0405 – 0000352　集部/別集類/清/1270/丿11(7)

御製詩二集九十卷目錄十卷　（清）高宗弘曆撰　清乾隆十四年(1749)刻本　三十二冊

130000 – 0405 – 0000353　集部/別集類/清/1270/丿11(9)

御製詩三集一百卷目錄十二卷　（清）高宗弘曆撰　清乾隆十四年(1749)內府刻本　六十二冊

130000 – 0405 – 0000354　集部/別集類/清/1270/丿11(10)

御製詩四集一百卷目錄十二卷　（清）高宗弘曆撰　清乾隆十四年(1749)內府刻本　四十冊

130000－0405－0000355　集部/別集類/清/1270/丿11（8）

御製詩三集一百卷目錄十二卷　（清）高宗弘曆撰　清乾隆十四年（1749）刻本　六十二冊

130000－0405－0000356　集部/別集類/清/1270/丿11（3）

御製詩初集四十四卷目錄四卷　（清）高宗弘曆撰　清乾隆十四年（1749）內府刻本　十六冊

130000－0405－0000357　集部/別集類/清/1270/丿11（11）

御製詩五集一百卷目錄十二卷　（清）高宗弘曆撰　清乾隆十四年（1749）內府刻本　六十二冊

130000－0405－0000358　集部/別集類/清/1270/11

御製詩二集九十卷目錄十卷　（清）高宗弘曆撰　清乾隆十四年（1749）武英殿刻本　四十冊

130000－0405－0000359　集部/別集類/清/1270/丿11（13）

御製文初集三十卷目錄二卷　（清）高宗弘曆撰　清乾隆二十九年（1764）內府刻本　十六冊

130000－0405－0000360　集部/別集類/清/1270/丿11（4）

御製詩初集四十四卷目錄四卷　（清）高宗弘曆撰　清嘉慶八年（1803）內府刻本　三十冊

130000－0405－0000361　集部/別集類/清/1370/丿15

樂善堂全集定本三十卷　（清）高宗弘曆撰　清乾隆二年（1737）武英殿刻本　十八冊

130000－0405－0000362　集部/別集類/清/6119/丿11（2）

御製文二集四十四卷目錄二卷　（清）高宗弘曆撰　清嘉慶二十年（1815）內府刻本　十二冊

130000－0405－0000363　集部/別集類/清/

1370/丿15

樂善堂全集定本三十卷　（清）高宗弘曆撰　清乾隆二年（1737）武英殿刻本　十八冊

130000－0405－0000364　集部/別集類/清/6119/丿11（1）

御製文初集三十卷目錄二卷　（清）高宗弘曆撰　清嘉慶刻本　二冊

130000－0405－0000365　集部/別集類/清/1271/丿12

御製詠左傳詩二卷　（清）高宗弘曆撰　清乾隆內府刻本　二冊

130000－0405－0000366　集部/別集類/清/4662/、21

灃西草堂集八卷附錄一卷　（清）柏景偉撰　清同治三年（1864）金陵刻本　五冊

130000－0405－0000367　集部/別集類/清/1632/—7

李文忠公朋僚函稿二十四卷　（清）吳汝綸輯　清光緒二十八年（1902）蓮池書社鉛印本　十二冊

130000－0405－0000368　集部/別接類/清/4052/－2

關中李二曲先生全集四十六卷　（清）李顒著　清光緒三年（1877）刻本　十六冊

130000－0405－0000369　集部/別集類/清/1270/丿11（1）

御製古稀說一卷附古稀頌一卷　（清）高宗弘曆撰　清乾隆內府刻本　一冊

130000－0405－0000370　集部/別集類/清/4227/丿11

惜抱軒全集八十八卷　（清）姚鼐撰　清同治五年（1866）省心閣刻本　十六冊

130000－0405－0000371　集部/別集類/清/6128/丿11

御製全史詩六十四卷首三卷　（清）仁宗顒琰撰　（清）張師城註　清嘉慶十六年（1811）內府刻本　十一冊　存二十二卷（四十三至六十四）

130000 - 0405 - 0000372　集部/別集類/清/
6119/｜8(2)

味餘書室隨筆二卷　（清）仁宗顒琰撰　清嘉慶五年(1800)內府刻本　二冊

130000 - 0405 - 0000373　集部/別集類/清/
6119/｜8(1)

味餘書室全集定本四十卷目錄四卷隨筆二卷　（清）仁宗顒琰撰　清嘉慶五年(1800)內府刻本　三十冊

130000 - 0405 - 0000374　集部/別集類/清/
6119/丿11(3)

清寧合撰二卷　（清）仁宗顒琰撰　清嘉慶內府刻本　二冊

130000 - 0405 - 0000375　集部/別集類/清/
1270/丿12

御製擬白居易新樂府不分卷　（清）高宗弘曆撰　清乾隆四十四年(1779)刻本　四冊

130000 - 0405 - 0000376　集部/別集類/清/
2234/－5

世宗憲皇帝御製文集三十卷總目四卷　（清）世宗胤禛撰　清雍正刻本　十四冊

130000 - 0405 - 0000377　集部/別集類/清/
1143/—5

古今集聯不分卷　（清）張世準錄述　清光緒四年(1878)刻本　四冊

130000 - 0405 - 0000378　集部/別集類/清/
3734/丿13

飲冰室壬寅文集十六卷癸卯文集四卷　梁啓超撰　清光緒二十八年(1902)石印本　十九冊　缺一卷(癸卯文集四)

130000 - 0405 - 0000379　集部/別集類/清/
4001/—7

雨村詩話十六卷　（清）李調元撰　清九經堂刻本　四冊

130000 - 0405 - 0000380　集部/別集類/清/
8030/丿17

鮚埼亭集三十八卷外編五十卷附經史問答十卷全謝山先生年譜一卷　（清）全祖望撰　清

同治十一年(1872)借樹山房刻本　二十四冊

130000 - 0405 - 0000381　集部/別集類/清/
2731/－－10

桐陰清話八卷　（清）倪鴻撰　清同治十三年(1874)刻本　四冊

130000 - 0405 - 0000382　集部/詞類/總集/
3479/丿11

御選歷代詩餘一百二十卷　（清）沈辰垣等撰　清康熙四十六年(1707)刻本　二十四冊

130000 - 0405 - 0000383　集部/別集類/雜
劇/8014/—12

重刊繪像六才子書八卷　（清）金聖嘆評點　清刻本　六冊

130000 - 0405 - 0000384　集部/曲類/雜劇/
4493/丿10

倚晴樓七種曲　（清）黃燮清撰　清光緒七年(1881)刻本　十一冊　存十卷(茂陵注二卷、帝王花二卷、脊令原二卷、鴛鴦鏡一卷、桃谿雪一卷、居官鑑二卷）

130000 - 0405 - 0000385　集部/別集類/清/
7231/－17

壞簏集十卷　（清）劉沅撰　清同治九年(1870)致福樓刻本　四冊

130000 - 0405 - 0000386　集部/別集類/清/
2624/—8

林蕙堂文集十二卷　（清）吳綺撰　清乾隆四十一年(1776)刻本　四冊

130000 - 0405 - 0000387　集部/別集類/清/
1270/丿11(2)

御製盛京賦三十二卷附篆書緣起一卷　（清）高宗弘曆撰　清乾隆八年(1743)六體篆書本　六冊

130000 - 0405 - 0000388　集部/小說類/長篇/0814/、12

評論出像水滸傳二十卷　（明）施耐庵撰　清順治十四年(1657)刻本　二十冊

130000 - 0405 - 0000389　叢書/匯編類/

0040 / — 6

式訓堂叢書四十一種 （清）章壽康編 清光
緒刻本 六冊 存七種二十四卷（春秋夏正
二卷，家語疏證六卷，種山札記四卷，龍城札
記三卷，知聖道齋讀書跋二卷，平津館鑒藏記
事籍三卷、補遺一卷、續編一卷，廉石居藏書
記二卷）

130000 – 0405 – 0000390 叢書/匯編類/
1061/—17

檀几叢書初集五十種二集五十種餘集四十七
種附十種 （清）王晫編 （清）張潮輯 清康
熙三十四年（1695）刻本 十二冊

130000 – 0405 – 0000391 集部/小說類/長
篇/6075/｜5

四大奇書第一種十九卷首一卷二百十四回
（明）羅本撰 （清）毛宗崗評定 清光緒刻本
十冊 存九卷（十一至十九）

130000 – 0405 – 0000392 叢書/匯編類/
1610/、14

說鈴前集三十七種後集十六種 （清）吳震方
編 清光緒五年（1879）文富堂刻本 十二冊
缺十七種二十四卷（前集：臺灣雜記一卷、
甌江逸志一卷、嶺南雜記二卷，後集：讀史吟
評一卷、湖壖雜記一卷、簪雲樓雜說一卷、天
香樓偶得一卷、蚓菴瑣語一卷、見聞錄一卷、
冥報錄二卷、現果隨錄一卷、果報聞見錄一
卷、信徵錄一卷、曠園雜志二卷、述異記三卷、
尊鄉贅筆三卷、觚賸一卷）

130000 – 0405 – 0000393 類叢部/匯編類/
4215/—6

西學啟蒙十六種 （英國）赫德編 （英國）艾
約瑟譯 清光緒二十四年（1898）上海圖書集
成印書局鉛印本 八冊

130000 – 0405 – 0000394 集部/小說類/長
編/1077/—8

林蘭香六十四回 （清）隨緣下士輯 清光緒
二十年（1894）刻本 十二冊

130000 – 0405 – 0000395 叢書/匯編類/
2844/—9

春暉堂叢書十二種 （清）徐渭仁輯 清道光
二十一年（1841）春華館刻本 十六冊 缺一
種一卷（居易堂殘稿一卷）

130000 – 0405 – 0000396 叢書/匯編類/
2189/丿14

增訂漢魏叢書九十六種 （清）王謨編 清宣
統三年（1911）育文書局石印本 二十六冊
存七十八種三百八十三卷（汲冢周書十卷，西
京雜記六卷，漢武帝內傳一卷，飛燕外傳一
卷，雜事秘辛一卷，華陽國志十四卷，十六國
春秋十六卷，元經薛氏傳十卷，羣輔錄一卷，
英雄記鈔一卷，高士傳三卷，詩傳孔氏傳一
卷，蓮社高賢傳一卷，神僊傳十卷，孔叢二卷、
附詰墨一卷，新語二卷，新書十卷，新序十卷，
說苑二十卷，淮南鴻烈解二十一卷，鹽鐵論十
二卷，法言十卷，詩說一卷，申鑒五卷，潛夫論
十卷，中論二卷，中說二卷，風俗通義十卷，心
書一卷，古今注三卷，文心雕龍十卷，佛國記
一卷，伽藍記五卷，韓詩外傳十卷，三輔黃圖
六卷，水經二卷，星經二卷，荊楚歲時記一卷，
南方草木狀三卷，竹譜一卷，禽經一卷，古今
刀劍錄一卷，鼎錄一卷，天祿閣外史八卷，竹
書紀年二卷，毛詩草木鳥獸蟲魚疏二卷，越絕
書十五卷，三國志辨誤一卷，穆天子傳六卷，
焦氏易林四卷，易傳三卷，周易略例一卷，關
氏易傳一卷，古三墳一卷，独斷一卷，忠經一
卷，大戴禮記十三卷，孝傳一卷，小爾雅一卷，
方言十三卷，博雅十卷，釋名四卷，參同契一
卷，陰符經一卷，風后握奇經一卷、附握奇經
續圖一卷、八陣總述一卷，素書一卷，孫子二
卷，春秋繁露十七卷，列子八卷，傳子一卷，道
德經評註二卷，古今注三卷，輶軒絕代語一
卷，鄴中記一卷，博異記一卷，世本一卷，白虎
通德論四卷，吳越春秋六卷）

130000 – 0405 – 0000397 叢部/匯編類/
1610/、14

說鈴前集三十三種後集十九種續集七種
（清）吳震方編 清康熙四十四年（1705）刻本
二十四冊

130000 – 0405 – 0000398 叢書/匯編類/

廣漢魏叢書八十六種　（清）王謨編　清乾隆五十六年(1791)刻本　九十七冊　缺一種十六卷(十六國春秋十六卷)

130000 – 0405 – 0000399　叢書/匯編類/2057/－3

子書百家一百一種　（清）崇文書局編　清光緒元年(1875)湖北崇文書局刻本　九十八冊　缺六種九卷(焦氏易林四卷、獨斷一卷、陰符經一卷、關尹子一卷、胎息經一卷、胎息經疏一卷)

130000 – 0405 – 0000400　叢書/家集類/2623/、8

河南二程全書七種　（宋）程顥撰　清同治四年(1865)刻本　十冊　存四種五十三卷(河南二程全書二十五卷,附錄一卷,河南程氏外書十二卷,明道文集五卷,伊川文集八卷、附錄二卷)

130000 – 0405 – 0000401　叢書/匯編類/3143/、10

祕書二十八種　（清）汪士漢編　清嘉慶十六年(1811)令德堂刻本　十八冊　存十九種九十卷(汲冢周書十卷、白虎通德論二卷、夏小正四卷、穆天子傳六卷、博物志十卷、古魯詩一卷、吳越春秋六卷、集異記一卷、子貢詩傳一卷、續博物志十卷、風俗通義四卷、高士傳三卷、竹書紀年二卷、列仙傳二卷、古今注三卷、楚史檮杌一卷、拾遺記十卷、續齋諧記一卷、大戴禮記十三卷)

130000 – 0405 – 0000402　叢書/匯編類/1142/、16

澤存堂五種　（清）張士俊輯　清光緒十四年(1888)上海蜚英館影印本　八冊

130000 – 0405 – 0000403　叢書/匯編類/3204/—5

功順堂叢書十八種　（清）潘祖蔭輯　清道光元年(1821)刻本　三十二冊

130000 – 0405 – 0000404　叢書/自著類/8045/—9

春在堂全書三十六種　（清）俞樾撰　清光緒十五年(1889)刻本　九十七冊

130000 – 0405 – 0000405　叢書/匯編類/7764/—5

玉函山房輯佚書六百二十二種附一種　（清）馬國翰輯　清光緒九年(1883)長沙娜嬛館刻本　一百冊　存六百一種七百五十卷(連山一卷附諸家論說,周易施氏章句一卷,毛詩隱義一卷,集注毛詩一卷,毛詩舒氏義疏一卷,毛詩沈氏義疏二卷,毛詩箋音義證一卷,毛詩述義一卷,毛詩草蟲經一卷,毛詩題綱一卷,施氏詩說一卷,周禮鄭大夫解詁一卷,周易孟氏章句二卷,周禮鄭司農解詁六卷,周禮杜氏注二卷,周禮賈氏解詁一卷,周官傳一卷,周禮鄭氏音一卷,周官禮干氏注一卷,周禮徐氏音一卷,周禮李氏音一卷,周禮聶氏音一卷,周官禮義疏一卷,周易梁丘氏章句一卷,周禮劉氏音二卷,周禮戚氏音一卷,大戴喪服變除一卷,冠儀約制一卷,鄭氏婚禮一卷,喪服經傳馬氏注一卷,鄭氏喪服變除一卷,新定禮一卷,喪服經傳王氏注一卷,王氏喪服要記一卷,周易京氏章句一卷,喪服變除圖一卷,喪服要集一卷,喪服經傳袁氏注一卷,集注喪服經傳一卷,喪服經傳陳氏注一卷,喪服釋疑一卷,蔡氏喪服譜一卷,賀氏喪服譜一卷,葬禮一卷,賀氏喪服要記一卷,費氏易一卷,喪服要記注一卷,葛氏喪服變除一卷,凶禮一卷,集注喪服經傳一卷,略解喪服經傳一卷,喪服難問一卷,喪服古今集記一卷,禮記馬氏注一卷,禮記盧氏注一卷,禮傳一卷,費氏易林一卷,月令章句一卷,月令問答一卷,禮記王氏注二卷,禮記孫氏注一卷,禮記音義隱一卷,禮記范氏音一卷,禮記徐氏音三卷,禮記劉氏音一卷,禮記略解一卷,禮記隱義一卷,周易分野一卷,禮記新義疏一卷,禮記皇氏義疏四卷,禮記沈氏義疏一卷,禮記義證一卷,禮記熊氏義疏四卷,禮記外傳一卷,石渠禮論一卷,魯禮禘祫志一卷,三禮圖一卷,問禮俗一卷,周易馬氏傳三卷,雜祭法一卷,祭典一卷,後養議一卷,禮雜問一卷,雜禮議一卷,禮論答問一卷,禮論一卷,禮論條牒一卷,禮論鈔三卷,禮義答問一卷,周易劉氏章句一卷,禮統一卷,禮疑義一卷,三禮義宗四卷,釋疑論一卷,樂經一卷,樂記一卷,樂元語一卷,琴清英一卷,樂社大義一卷,鍾律緯一卷,周易宋氏注一卷,古今樂錄一卷,樂書一卷,樂部一卷,琴歷一卷,樂律義一卷,樂譜集解一卷,琴書一卷,春秋大傳一卷,春秋決事一卷,公羊嚴氏春秋一卷,歸藏一卷附諸家論說,周易荀氏注三卷,春秋公羊顏氏記一卷,春秋穀梁傳章句一卷,春秋穀梁傳說一卷,春秋左氏傳章句一卷,春秋牒例章句一卷,春秋左氏傳解詁二卷,春秋左氏長經章句一卷,春秋三傳異同說一卷,解疑論一卷,春秋文諡例一卷,周易陸氏述三卷,春秋左氏傳解誼四卷,春秋成長說一卷,春秋左氏膏肓釋痾一卷,春秋釋例一卷,左氏奇說一卷,春秋左傳許氏注一卷,春秋左氏經傳章句一卷,春秋左傳王氏注一卷,春秋左氏傳嵇氏音一卷,春秋穀梁傳麋氏注一卷,周易王氏注二卷,春秋公羊穀梁傳解詁一卷,春秋左氏傳義注一卷,春秋公羊穀梁二傳評一卷,春秋穀梁傳徐氏注一卷,春秋土地名一卷,春秋穀梁傳注義一卷,春秋徐氏音一卷,春秋左氏函傳義一卷,薄叔元問穀梁義一卷,春秋穀梁傳鄭氏說一卷,周易王氏音一卷,春秋左氏經傳義略一卷,續春秋左氏傳義略一卷,春秋傳駁一卷,春秋左傳義疏一卷,春秋左氏傳述義二卷,春秋規過二卷,春秋攻昧一卷,春秋井田記一卷,春秋集傳一卷,春秋闡微纂類義統一卷,周易何氏解一卷,春秋通例一卷,春秋折衷論一卷,孝經傳一卷,孝經后氏說一卷,孝經安昌侯說一卷,孝經長孫氏說一卷,孝經王氏解一卷,孝經解讚一卷,孝經殷氏注一卷,集解孝經一卷,周易董氏章句一卷,齊永明諸王孝經講義一卷,孝經劉氏說一卷,孝經義疏一卷,孝經嚴氏注一卷,孝經皇氏義疏一卷,古文孝經述義一卷,御注孝經疏一卷,孝經訓注一卷,古論語六卷,齊論語一卷,周易姚氏注一卷,論語孔氏訓解十一卷,論語包氏章句二卷,論語周氏章句一卷,論語馬氏訓說二卷,論語鄭氏注十卷,論語孔子弟子目錄一卷,論語陳氏義說一卷,論語王氏說一卷,論語王氏義說一卷,論語周生氏義說一卷,周易翟氏義一卷,論語釋疑一卷,論語譙氏注一卷,論語衛氏集注一卷,論語旨序一卷,論語繆氏說一卷,論語體略一卷,論語樂氏釋疑一卷,論語虞氏讚注一卷,論語庾氏釋一卷,論語李氏集注二卷,周易向氏義一卷,論語范氏注一卷,論語孫氏集解一卷,論語梁氏注釋一卷,論語袁氏注一卷,論語江氏集解二卷,論語殷氏解一卷,論語張氏注一卷,論語蔡氏注一卷,論語顏氏說一卷,論語琳公說一卷,周易統略一卷,論語沈氏訓注一卷,論語顧氏注一卷,論語梁武帝注一卷,論語太史氏集解一卷,論語褚氏義疏一卷,論語沈氏說一卷,論語熊氏說一卷,論語隱義注一卷,孟子章指二卷、篇敘一卷,孟子程氏章句一卷,周易子夏傳二卷,周易卦序論一卷,孟子高氏章句一卷,孟子劉氏注一卷,孟子鄭氏注一卷,孟子綦毋氏注一卷,孟子陸氏注一卷,孟子張氏音義一卷,孟子丁氏手音一卷,爾雅犍為文學注三卷,爾雅劉氏注一卷,爾雅樊氏注一卷,周易張氏義一卷,爾雅李氏注三卷,爾雅孫氏注三卷,爾雅孫氏音一卷,爾雅音義一卷,爾雅圖讚一卷,集注爾雅一卷,爾雅施氏音一卷,爾雅謝氏音一卷,爾雅顧氏音一卷,爾雅裴氏注一卷,周易張氏集解一卷,五經通義一卷,五經要義一卷,六藝論一卷,五經然否論一卷,聖證論一卷,五經通論一卷,五經鉤沈一卷,五經大義一卷,六經略注序一卷,七經義綱一卷,周易干氏注三卷,尚書中候三卷,尚書緯璇璣鈐一卷,尚書緯考靈曜一卷,尚書緯刑德放一卷,尚書緯帝命驗一卷,尚書緯運期授一卷,詩緯推度災一卷,詩緯氾歷樞一卷,詩緯含神霧一卷,禮緯含文嘉一卷,周易王氏注一卷,禮緯稽命徵一卷,禮緯斗威儀一卷,樂緯動聲儀一卷,樂緯稽耀嘉一卷,樂緯叶圖徵一卷,春秋緯感精符一卷,春秋緯文耀鉤一卷,春秋緯運斗樞一卷,春秋緯合誠圖一卷,春秋緯考異郵一卷,周易屬才注一卷,春秋緯保乾圖一卷,春秋緯漢含孳一卷,春秋緯佐助期一卷,春秋緯握誠圖一卷,春秋緯潛潭巴一卷,春秋緯說題辭一卷,春秋緯演孔圖一卷,春秋緯元命苞二卷,春秋命歷序一卷,春秋內事一卷,周易黃氏注一卷,孝經緯援神契二卷,孝經緯鉤命訣一卷,孝經中契一卷,孝經左契一卷,孝經右契一卷,孝經內事圖一卷,孝經章句一卷,孝經雌雄圖一卷,孝經古秘一卷,論語讖八卷,論語比考讖一卷,論語撰考讖一卷,論語摘輔象一卷,論語摘衰聖承進讖一卷,論語陰嬉讖一卷,論語素王受命讖一卷,論語糾滑讖一卷,論語崇爵讖一卷,周易徐氏音一卷,史籀篇一卷,蒼頡篇一卷,凡將篇一卷,訓纂篇一卷,蒼頡訓詁一卷,三蒼一卷,古文官書一卷,雜字指一卷,勸學篇一卷,通俗文一卷,周易李氏音一卷,坤蒼一卷,古今字詁一卷,雜字一卷,雜字解詁一卷,聲類一卷,廣蒼一卷,辨釋名一卷,異字一卷,始學篇一卷,草書狀一卷,易象妙於見形論一卷,發蒙記一卷,啓蒙記一卷,韻集一卷,字指一卷,四體書勢一卷,要用字苑一卷,演說文一卷,字統一卷,篆文一卷,庭誥一卷,周易薛氏記一卷,周易繫辭桓氏注一卷,篆要一卷,文字集略一卷,古今文字表一卷,韻略一卷,桂苑珠叢一卷,文字指歸一卷,四聲五音九弄反紐圖一卷,分毫字樣一卷,石經尚書一卷,周易繫辭荀氏注一卷,石經魯詩一卷,石經儀禮一卷,石經公羊一卷,石經論語一卷,三字石經尚書一卷,三字石經春秋一卷,古文瑣語一卷,帝王要略一卷,三五歷記一卷,年歷一卷,周易繫辭明氏注一卷,汲冢書鈔一卷,聖賢高士傳一卷,鑒戒象讚一卷,七略別錄一卷,漆雕子一卷,宓子一卷,景子一卷,世子一卷,魏文侯書一卷,李克書一卷,周易沈氏要略一卷,公孫尼子一卷,內業一卷,讕言一卷,甯子一卷,王孫子一卷,李氏春秋一卷,董子一卷,徐子一卷,魯連子一卷,虞氏春秋一卷,周易劉氏義疏一卷,平原君書一卷,劉敬書一卷,至言一卷,河間獻王書一卷,兒寬書一卷,公孫宏書一卷,終軍書一卷,吾丘壽王書一卷,正部論一卷,仲長子昌言二卷,周易大義一卷,魏子一卷,周生子要論一卷,王子正論一卷,去伐論一卷,杜氏體論一卷,王氏新書一卷,周子一卷,顧子新言一卷,

典語一卷,通語一卷,周易伏氏集解一卷,譙子法訓一卷,袁子正論二卷,袁子正書一卷,孫氏成敗志一卷,古今通論一卷,化清經一卷,夏侯子新論一卷,太元經一卷,華氏新論一卷,梅子新論一卷,周易褚氏講疏一卷,志林新書一卷,廣林一卷,釋滯一卷,通疑一卷,干子一卷,顧子義訓一卷,讀書記一卷,神農書一卷,野老書一卷,范子計然三卷,周易周氏義疏一卷,養魚經一卷,尹都尉書一卷,氾勝之書二卷,蔡癸書一卷,養羊法一卷,家政法一卷,伊尹書一卷,辛甲書一卷,公子牟子一卷,田子一卷,周易張氏講疏一卷,老萊子一卷,黔婁子一卷,鄭長者書一卷,任子道論一卷,洞極真經一卷,唐子一卷,蘇子一卷,陸子一卷,杜氏幽求新書一卷,孫子一卷,蔡氏易說一卷,周易何氏講疏一卷,苻子一卷,少子一卷,夷夏論一卷,申子一卷,黿氏新書一卷,崔氏政論一卷,劉氏政論一卷,阮子政論一卷,世要論一卷,陳子要言一卷,周易姚氏注一卷,惠子一卷,士緯一卷,史佚書一卷,田俅子一卷,隨巢子一卷,胡非子一卷,纏子一卷,蘇子一卷,闕子一卷,蒯子一卷,周易崔氏注一卷,鄒陽書一卷,主父偃書一卷,徐樂書一卷,嚴安書一卷,由余書一卷,博物記一卷,伏侯古今注一卷,蔣子萬機論一卷,篤論一卷,鄒子一卷,周易傅氏注一卷,諸葛子一卷,默記一卷,裴氏新言一卷,新義一卷,秦子一卷,析言論一卷,時務論一卷,廣志二卷,陸氏要覽一卷,古今善言一卷,周易盧氏注一卷,文釋一卷,要雅一卷,俗說一卷,青史子一卷,宋子一卷,裴子語林二卷,笑林一卷,郭子一卷,元中記一卷,齊諧記一卷,周易王氏注一卷,水飾一卷,泰階六符經一卷,五殘雜變星書一卷,靈憲一卷,渾儀一卷,昕天論一卷,安天論一卷,穹天論一卷,未央術一卷,宋司星子韋書一卷,周易王氏義一卷,鄒子一卷,陰陽書一卷,太史公素王妙論一卷,瑞應圖一卷,白澤圖一卷,天鏡一卷,地鏡一卷,地鏡圖一卷,夢雋一卷,雜五行書一卷,周易朱氏義一卷,請雨止雨書一卷,易洞林三卷、補遺一卷,藝經一卷,投壺變一卷,周易劉氏注一卷,

周官禮異同評一卷,周氏喪服注一卷,喪服世行要記一卷,禮論難一卷,逆降義一卷,周易莊氏義一卷,明堂制度論一卷,梁氏三禮圖一卷,張氏三禮圖一卷,春秋例統一卷,國語章句一卷,國語解詁二卷,春秋外傳國語虞氏注一卷,春秋外傳國語唐氏注一卷,春秋外傳國語孔氏注一卷,國語音一卷,周易侯氏注三卷,孔子三朝記一卷,詁幼一卷,嚴助書一卷,厲學一卷,目耕帖三十一卷,周易丁氏傳二卷,周易探元三卷,周易元義一卷,周易新論傳疏一卷,周易新義一卷,易纂一卷,今文尚書一卷,古文尚書三卷,尚書歐陽章句一卷,尚書大夏侯章句一卷,尚書小夏侯章句一卷,周易韓氏傳二卷,尚書馬氏傳四卷,尚書王氏注二卷,古文尚書音一卷,古文尚書舜典注一卷,尚書劉氏義疏一卷,尚書述義一卷,尚書顧氏疏一卷,魯詩故三卷,齊詩傳二卷,韓詩故二卷,周易古五子傳一卷,韓詩內傳一卷,韓詩說一卷,薛君韓詩章句二卷,韓詩翼要一卷,毛詩馬氏注一卷,毛詩義問一卷,毛詩王氏注四卷,毛詩義駁一卷,毛詩奏事一卷,毛詩問難一卷,周易淮南九師道訓一卷,毛詩駁一卷,毛詩答雜問一卷,毛詩譜暢一卷,毛詩異同評三卷,難孫氏毛詩評一卷,毛詩拾遺一卷,毛詩徐氏音一卷,毛詩序義疏一卷,毛詩周氏注一卷,毛詩十五國風義一卷)

130000－0405－0000406　經部/易類/2540/
∫8(2)

周易四卷　(宋)朱熹本義　清光緒三十二年(1906)文成堂刻本　四冊

130000－0405－0000407　經部/易類/2540/
∫8(3)

周易四卷　(宋)朱熹本義　清道光十年(1830)刻本　二冊

130000－0405－0000408　經部/易類/2540/
∫8(4)

周易四卷　(宋)朱熹本義　清光緒十一年(1885)刻本　四冊

130000－0405－0000409　子部/儒家類/
4049/∫11

御纂性理精義十二卷　(清)李光地等撰　清康熙五十四年(1715)刻本　五冊

130000－0405－0000410　經部/詩類/1032/
∫12(1)

欽定詩經傳說彙纂二十一卷首二卷詩序二卷　(清)王鴻緒撰　清刻本　六冊　存七卷(十一至十七)

130000－0405－0000411　經部/易類/4094/
∫12(1)

御纂周易折中二十二卷首一卷　(清)李光地等撰　清刻本　十二冊

130000－0405－0000412　經部/易類/4094/
∫11

御纂周易折中二十二卷首一卷　(清)李光地等撰　清刻本　八冊　存二卷(十一至十二)

130000－0405－0000413　經部/易類/4094/
∫12(2)

御纂周易折中二十二卷首一卷　(清)李光地等撰　清刻本　十二冊

130000－0405－0000414　子部/宗教類/佛教/4000/－3

大乘起信論纂註二卷　(南朝梁)釋真諦譯(明)釋真界纂註　清光緒十一年(1885)金陵刻經處刻本　一冊

130000－0405－0000415　子部/宗教類/佛教/4062/－7

佛說阿彌陀經要解一卷　(後秦)釋鳩摩羅什譯　清光緒十一年(1885)金陵刻經處刻本　一冊

130000－0405－0000416　子部/宗教類/佛教/6020/－11

菩薩戒本經箋要一卷　(印度)釋曇無讖譯(明)釋智旭箋　清光緒六年(1880)金陵刻經處刻本　一冊

130000－0405－0000417　子部/宗教類/佛教/5572/－16

壇經不分卷　(唐)釋慧能說　(唐)釋法海錄　清同治十一年(1872)金陵刻經處刻本

一冊

130000－0405－0000418　集部/總集類/叢編/1130/—5

霏屑軒尺牘類選十六卷　（清）陳蓮塘輯　清嘉慶七年(1802)刻本　十冊

130000－0405－0000419　經部/書類/4434—15

書經六卷　（宋）蔡沈撰　清刻本　一冊　缺五卷(二至六)

130000－0405－0000420　經部/易類/4421/18

易經體註大全二卷　（清）范翔撰　清貴文堂刻本　二冊

130000－0405－0000421　經部/易類/4094/丿12(3)

御纂周易折中二十二卷首一卷　（清）李光地等撰　清康熙五十四年(1715)刻本　八冊

130000－0405－0000422　經部/書類/4421/—10

書經體註大全合糸六卷　（清）范翔鑒定（清）錢希祥纂輯　清光緒十二年(1886)聚盛堂刻本　四冊

130000－0405－0000423　經部/書類/5042/—9

書經精華六卷　（清）薛嘉穎撰　清道光五年(1825)刻本　六冊

130000－0405－0000424　經部/書類/4434/－10(1)

書經體註大全合糸六卷　（清）范翔鑒定（清）錢希祥纂輯　清善成堂刻本　五冊　缺一卷(六)

130000－0405－0000425　經部/書類/5042/－9

書經精華六卷　（清）薛嘉穎撰　清道光五年(1825)刻本　三冊　缺二卷(一至二)

130000－0405－0000426　經部/詩類/7554/、13

詩經啼鳳詳解八卷圖說一卷　（清）陳抒孝撰　（清）汪基增訂　清雍正十三年(1735)三多

齋刻本　六冊

130000－0405－0000427　經部/詩類/4021/.13

詩經體註圖考大全八卷　（清）沈世楷輯（清）高朝瓔定　清光緒二十五年(1899)刻本　四冊

130000－0405－0000428　經部/詩類/1032/、12

欽定詩經傳說彙纂二十一卷首二卷詩序二卷　（清）王鴻緒等纂　清光緒十四年(1888)江南書局刻本　十六冊

130000－0405－0000429　經部/詩類/7432/.13

御纂詩義折中二十卷　（清）傅恆撰　清乾隆二十年(1755)刻本　五冊　存十七卷(一至十七)

130000－0405－0000430　經部/詩類/9240/、13

詩經精華十卷　（清）薛嘉穎撰　清光緒十六年(1890)善成堂刻本　六冊

130000－0405－0000431　經部/詩類/1042/、13

新刻重校增補圓機活法詩學全書二十四卷新刊校正增補圓機詩韻活法全書十四卷　（明）王世貞校正　清道光十五年(1835)刻本　二十四冊

130000－0405－0000432　經部/詩類/2747/、13

新增詩經補註備旨精萃八卷首一卷　（清）鄒聖脈纂　清光緒十四年(1888)京都老二酉堂刻本　八冊

130000－0405－0000433　經部/禮記/7432/、18

禮記集說十卷　（元）陳澔集說　清咸豐元年(1851)刻本　十冊

130000－0405－0000434　經部/禮記類/3153/、17

禮記約編十卷　（清）汪基撰　清刻本　四冊　缺二卷(三至四)

130000－0405－0000435　經部/禮記類/7132/、17

禮記十卷　（元）陳澔集說　清同治十三年

（1874）北京老二酉堂刻本　六冊　缺四卷
（四至六、九）

130000－0405－0000436　經部/三禮總義類/
5032/、18

七經精義　（清）黃淦纂　清嘉慶十二年
（1807）刻本　六冊　存三種十六卷（儀禮精
義一卷、補編一卷、禮記精義六卷、首一卷,周
禮精義六卷、首一卷）

130000－0405－0000437　經部/禮記類/
4700/、18

禮記十卷　（元）陳澔集說　清同治十三年
（1874）刻本　十冊

130000－0405－0000438　經部/禮記類/
4421/、17

漱芳軒合纂禮記體註四卷　（清）范翔參訂
（清）朱光斗等校　清康熙五十二年（1713）刻
本　四冊

130000－0405－0000439　經部/禮類/周禮/
8020/、8

周禮十二卷　（漢）鄭玄注　（唐）陸德明音義
　清同治七年（1868）湖北崇文書局刻本
六冊

130000－0405－0000440　經部/禮記類/
7422/、8

周禮精華六卷　（清）陳龍標編輯　清道光五
年（1825）刻本　六冊

130000－0405－0000441　經部/周禮類/
7422/、8

周禮精華六卷　（清）陳龍標編輯　清道光十
二年（1832）刻本　四冊

130000－0405－0000442　經部/周禮類/
1010/、8

周禮註疏刪翼三十卷　（明）王志長輯　清乾
隆六十年（1795）醉墨齋刻本　十冊

130000－0405－0000443　經部/春秋類/總
義/4411/－9

春秋釋例十五卷　（晉）杜預撰　清刻本　六
冊　存十二卷（三至五、七至十五）

130000－0405－0000444　經部/春秋類/左
傳/1273/－5

左傳易讀六卷　（清）司徒修輯　清有益堂刻
本　五冊　存五卷（二至六）

130000－0405－0000445　經部/春秋類/左
傳/4411/－5

春秋左傳集解三十卷　（晉）杜預撰　（唐）陸
德明音釋　（清）馮李驊增訂　清同治七年
（1868）刻本　十六冊

130000－0405－0000446　經部/春秋類/左
轉/4411/－9

春秋左傳五十卷　（晉）杜預撰　（宋）林堯叟
註釋　（唐）陸德明音義　清末刻本　三冊
存八卷（一至二、二十三至二十八）

130000－0405－0000447　經部/春秋類/左
傳/4412/－5

春秋經傳集解三十卷首一卷　（晉）杜預撰
（清）林堯叟附註　（唐）陸德明音釋　清光緒
三十年（1904）淮陽寶書堂刻本　十六冊

130000－0405－0000448　經部/春秋類/左
傳/4026/丿19

批點春秋左傳綱目句解彙雋六卷　（清）韓葵
重訂　清宣統元年（1909）鉛印本　六冊　存
五卷（二至六）

130000－0405－0000449　經部/春秋類/左
傳/7203/－4

左傳舊疏考正八卷　（清）劉文淇撰　清光緒
三年（1877）湖北崇文書局刻本　四冊

130000－0405－0000450　經部/春秋類/左
傳/8031/、22

讀左補義五十卷首一卷　（清）姜柄璋輯　清
善成堂刻本　十六冊

130000－0405－0000451　經部/春秋類/左
傳/4473/－9

春秋左傳十八卷　（晉）杜預　（宋）林堯叟註
釋　（唐）陸德明音義　（明）鍾惺等點評　清
光緒三十年（1904）京都鴻文齋石印本　十
二冊

130000－0405－0000452　經部/春秋類/左傳

春秋左傳注疏六十卷 （晉）杜預注 （唐）孔穎達疏 （唐）陸德明音義 清同治十年（1871）刻本 八冊 存十四卷（一至十四）

130000－0405－0000453　經部/春秋類/左傳/4422/—9

春秋左傳杜注三十卷 （晉）杜預注 （清）姚培謙學 清光緒十五年（1889）江南書局刻本 五冊 存十五卷（一至十五）

130000－0405－0000454　經部/春秋類/左傳/7177/－5

左傳事緯十二卷 （清）馬驌編論 （清）潘耒校訂 清刻本 一冊 存二卷（九至十）

130000－0405－0000455　經部/春秋類/左傳/4240/－9

春秋左傳杜注三十卷首一卷 （清）姚培謙撰 清刻本 四冊 存十二卷（十九至三十）

130000－0405－0000456　經部/四書類/7235/｜5(1)

新訂四書補注備旨十卷 （明）鄧林著 （清）鄧煜編次 清光緒十八年（1892）刻本 六冊 缺二卷（下論四、下孟三）

130000－0405－0000457　經部/四書類/8023/、13

四書味根錄三十七卷首二卷 （清）金澂輯 清光緒十一年（1885）刻本 十六冊

130000－0405－0000458　經部/四書類/2540/｜5(2)

四書朱子本義匯纂四十三卷首四卷 （清）王步青輯 （清）王士鰲編 清乾隆十年（1745）刻本 六冊 存三十六卷（論語一至二十一、孟子一至十五）

130000－0405－0000459　經部/四書類/8023/、5(1)

四書味根錄三十七卷首二卷 （清）金澂輯 清道光十七年（1837）刻本 十一冊 存二十八卷（大學一，論語一至七、十一至二十，孟子三至六、九至十四）

130000－0405－0000460　經部/四書類/8023/、5(2)

四書味根錄三十七卷首二卷 （清）金澂輯 清刻本 三冊 存九卷（論語十四至二十、孟子五至六）

130000－0405－0000461　經部/四書類/7235/｜5(2)

新訂四書補註備旨十卷 （明）鄧林著 （清）鄧煜編次 清宣統元年（1909）文成堂刻本 六冊

130000－0405－0000462　經部/四書類/9023/｜5

四書味根錄三十七卷首二卷 （清）金澂撰 清光緒二年（1876）刻本 十六冊

130000－0405－0000463　經部/四書類/孟子/8023/｜5

四書味根錄三十七卷首二卷 （清）金澂撰 清輞玉山房刻本 八冊 存十四卷（孟子十四卷）

130000－0405－0000464　經部/四書類/7035/｜5

新訂四書補註備旨十卷 （明）鄧林著 （清）鄧煜編次 清同治十年（1871）刻本 六冊

130000－0405－0000465　經部/四書類/2540/、3

四書章句集註十九卷 （宋）朱熹集註 清刻本 六冊

130000－0405－0000466　經部/四書類/6044/、5

四書辨解大全二十卷 （清）田實編輯 清雍正十年（1732）敦化堂刻本 十六冊

130000－0405－0000467　經部/四書類/2540/－7

四書章句集註十九卷 （宋）朱熹集註 清刻本 五冊 存十七卷（論語十卷、孟子七卷）

130000－0405－0000468　經部/四書類/2540/｜5

袖珍四書會解十九卷 （清）綦澧輯 （宋）朱

熹集註　清同治六年（1867）本堂刻本　十
六冊

130000－0405－0000469　　經部/四書類/
1744/｜5（2）

新訂四書補註備旨十卷　（明）鄧林著　（清）
鄧煜編次　清光緒刻本　五冊　缺一卷（下
孟四）

130000－0405－0000470　　經部/四書類/
2540/、5

四書章句集註十九卷　（宋）朱熹集註　清刻
本　六冊

130000－0405－0000471　　經部/四書類/
1744/｜5（1）

新訂四書補註備旨十卷　（明）鄧林著　（清）
鄧煜編次　清宣統元年（1909）刻本　八冊

130000－0405－0000472　　經部/群經總以類/
1022/丿13

經義述聞三十二卷　（清）王引之撰　清嘉慶
二年（1797）上海文瑞樓石印本　二十冊

130000－0405－0000473　　經部/四書類/孟
子/2540/－14

孟子七卷　（宋）朱熹集注　清聚珍堂刻本
五冊

130000－0405－0000474　　經部/四書類/論
語/、15

四書朱子本義匯糸四十三卷首四卷　（清）王
步青輯　清敦復堂刻本　十二冊　存二十二
卷（論語集註本義匯糸二至二十,孟子集註本
義匯糸三至四、十四）

130000－0405－0000475　　經部/羣經總義類/
5037/—14

書经六卷　（宋）蔡沈撰　清康熙十二年
（1673）學源堂刻本　四冊

130000－0405－0000476　　經部/小學類/字
書/4421/、6

增註字類標韻六卷　（清）華綱鑒定　（清）范
多玨重訂　清光緒二年（1876）影印本　二冊

130000－0405－0000477　　經部/小學類/字
書/4803/、6

字彙十二卷首一卷　（明）梅膺祚音釋　清康
熙二十七年（1688）刻本　十三冊

130000－0405－0000478　　經部/小學類/
4443/－9

春明盍簪集試帖八卷　（清）蔡壽祺集　清咸
豐二年（1852）善成堂刻本　八冊

130000－0405－0000479　　經部/小學類/
2130/、13

經韻集字析解二卷附拾遺補注及附編　（清）
熊守謙撰　（清）彭良敞集注　清刻本　一冊
存一卷（二）

130000－0405－0000480　　經部/小學類/
1122/｜3

小學纂註六卷　（清）高愈纂註　清乾隆四十
六年（1781）刻本　四冊

130000－0405－0000481　　經部/小學類/
4684/、4

六書通不分卷　（清）畢弘述篆訂　（清）閔章
（清）程昌燁校勘　清乾隆六十年（1795）刻
本　六冊

130000－0405－0000482　　經部/小學類/字
書/1115/、11（1）

**康熙字典十二集三十六卷總目一卷檢字一卷
辨似一卷等韻一卷備考一卷補遺一卷**　（清）
張玉書等撰　清光緒三十年（1904）上海錦章
書局石印本　六冊

130000－0405－0000483　　經部/小學類/字
書/1115/、10

**康熙字典十二集三十六卷總目一卷檢字一卷
辨似一卷等韻一卷備考一卷補遺一卷**　（清）
張玉書等撰　清道光七年（1827）刻本　八冊
存六卷（子集三卷、丑集三卷）

130000－0405－0000484　　經部/小學類/字
書/1115/、11（2）

**康熙字典十二集三十六卷總目一卷檢字一卷
辨似一卷等韻一卷備考一卷補遺一卷**　（清）

張玉書等撰　清刻本　十二冊　存十二卷
(十三至二十四)

130000－0405－0000485　經部/小學類/字
書/4433/、17
龍文鞭影二卷　（明）蕭良有纂輯　（明）楊臣
諍增訂　清咸豐九年(1859)刻本　二冊

130000－0405－0000486　經部/小學類/韻
書/2611/－15(1)
詩韻全璧五卷　（清）汪慕杜撰　**初學檢韻袖
珍十二卷**　（清）錢辛楣鑒定　（清）姚文登輯
（清）姚炳章校　清光緒十七年(1891)石印
本　六冊

130000－0405－0000487　經部/小學類/韻
書/2611/－15(2)
詩韻全璧五卷　（清）汪慕杜撰　**初學檢韻袖
珍十二卷**　（清）錢辛楣鑒定　（清）姚文登輯
（清）姚炳章校　清光緒十七年(1891)石印
本　六冊

130000－0405－0000488　經部/小學類/韻
書/0462/、12
詩韻集成十卷　（清）余照輯　清同治四年
(1865)刻本　四冊

130000－0405－0000489　史部/紀傳類/斷
代/4464/丿9
後漢書一百卷　（南朝宋）范曄撰　（唐）李賢
注　**續志三十卷**　（晉）司馬彪撰　（南朝梁）
劉昭注補　清同治十二年(1873)嶺東使署刻
本　十六冊

130000－0405－0000490　史部/紀傳類/斷
代/4246/丨5
史記菁華錄六卷　（清）姚苧田撰　清同治十
二年(1873)紅杏山房刻本　六冊

130000－0405－0000491　史部/紀傳類/斷
代/5245/－15
二十四史　清同治、光緒間五省官書局據汲
古閣本刻光緒五年(1879)湖北書局彙印本
三十二冊

130000－0405－0000492　史部/紀傳類/斷

代/1773/丨5(1)
史記一百三十卷　（漢）司馬遷撰　（明）徐孚
遠　（明）陳子龍測義　清味經堂刻本　二十
四冊　存八十四卷(一至四十三、九十至一百
三十)

130000－0405－0000493　史部/編年類/通
代/2391/丿12(2)
御批歷代通鑑輯覽一百二十卷　（清）傅恆等
編纂　清光緒三十年(1904)上海商務印書館
鉛印本　十八冊　缺三十卷(三十一至六十)

130000－0405－0000494　史部/編年類/通
代/2391/丿12(1)
御批歷代通鑑輯覽一百二十卷　（清）傅恆等
編纂　清光緒三十年(1904)上海錦章書局石
印本　二十七冊　缺十卷(七十五至七十八、
一百十五至一百二十)

130000－0405－0000495　史部/編年類/通
代/4044/丨13
**鼎鍥趙田了凡袁先生編纂古本歷史大方綱鑑
補三十九卷**　（宋）劉恕外紀　（宋）金履祥前
編　（明）袁黃編纂　清光緒三十年(1904)維
新書局刻本　七冊　存七卷(一至七)

130000－0405－0000496　史部/紀事本末類/
2631/—13
聖武記十四卷　（清）魏源撰　清道光二十二
年(1842)刻本　十二冊

130000－0405－0000497　史部/編年類/通
代/4877/丿14
御批歷代通鑑輯覽一百二十卷　（清）傅恆等
撰　清刻本　二十四冊　存四十四卷(十九
至六十二)

130000－0405－0000498　史部/雜史類/
4249/－14
歷代畫史彙傳七十二卷　彭蘊燦編　清宣統
二年(1910)上海文瑞樓書局石印本　十二冊

130000－0405－0000499　史部/雜史類/
2646/丨11
國語二十一卷明道本攷異四卷校刊明道本韋

氏解國語札記一卷 （清）黃丕烈撰 （三國吳）韋昭注 （清）汪遠孫考異 清光緒二年（1876）刻本 五冊

130000－0405－0000500 史部/傳記類/总傳/1114/－14

歷代史論二十卷附史論四卷左傳史論二卷 （明）張溥論正 清光緒二十四年（1898）滬江寄廬草堂石印本 六冊

130000－0405－0000501 史部/編年類/通代/—14

御批歷代通鑑輯覽一百二十卷 （清）傅恆纂修 清刻本 十四冊 存三十卷（三至十八、七十五至八十八）

130000－0405－0000502 史部/雜史類/0002/｜16

戰國策三十三卷 （漢）高誘注 清光緒二年（1876）刻本 五冊

130000－0405－0000503 史部/雜史類/2548/丿12

逸周書集訓校釋十卷逸文一卷 （清）朱右曾撰 清光緒三年（1877）湖北崇文書局刻本 二冊

130000－0405－0000504 史部/政書類/邦交/4338/—6

列國政要一百三十三卷 （清）戴鴻慈 （清）端方輯 清光緒三十三年（1907）石印本 八冊 存二十卷（一至二十）

130000－0405－0000505 史部/地理類/3850/－8（1）

承德府志六十卷首二十六卷 （清）海忠等纂修 清光緒十三年（1887）刻本 二十二冊 缺七卷（二十八至三十、首一至四）

130000－0405－0000506 史部/地理類/3850/－8（2）

承德府志六十卷首二十六卷 （清）海忠等纂修 清光緒十三年（1887）刻本 六冊 存二十二卷（一至十七、首二十二至二十六）

130000－0405－0000507 史部/史抄類/

8710/－4

二十一史約編不分卷 （清）鄭元慶述 清刻本 八冊

130000－0405－0000508 史部/傳記類/年譜/3193/、10

病榻夢痕錄三卷 （清）汪輝祖撰 清同治十一年（1872）刻本 四冊

130000－0405－0000509 史部/傳記類/職官錄/2541—13

歷代名臣言行錄二十四卷 （清）朱桓編輯 （清）季緊莽校定 清光緒十二年（1886）石印本 六冊 存七卷（一至七）

130000－0405－0000510 史部/詔令奏議類/法令/3721/—6

增訂刑錢指掌四卷 （清）沈畊于編 （清）董南厚輯 清京都琉璃廠名貴堂刻本 六冊

130000－0405－0000511 史部/政書類/3434/－3

大清律例集解 （清）沈之奇註 （清）姚潤纂輯 清刻本 六冊 存七卷（二十四至三十）

130000－0405－0000512 史部/詔令奏議類/公牘檔案/8077/、13

新文牘十卷 （清）□□撰 清光緒三十四年（1908）石印本 二十冊

130000－0405－0000513 史部/地理類/山志/4434/、11

欽定清涼山志二十二卷 （清）董誥等纂 清乾隆五十年（1785）刻本 五冊 存十九卷（一至十九）

130000－0405－0000514 子部/儒家類/6030/—8

東萊博議四卷 （宋）呂祖謙輯註 清光緒二十四年（1898）上海祥記書莊石印本 四冊

130000－0405－0000515 子部/醫家類/雜錄/2032/｜4

中西匯通醫經精義二卷 （清）唐宗海著 清光緒三十四年（1908）千頃堂書局石印本 一冊 存一卷（一）

130000 – 0405 – 0000516　子部/醫家類/叢編/3033/｜4

中西匯通醫書五種　（清）唐宗海著　清光緒三十四年(1908)千頃堂書局石印本　十二冊

130000 – 0405 – 0000517　子部/道家類/2435/－6

老子道德經解二卷首一卷　（明）釋德清著　清光緒十二年(1886)金陵刻經處刻本　二冊

130000 – 0405 – 0000518　子部/天文算法類/算書/2142/丿13

新編算學啟蒙三卷　（元）朱世傑編撰　清同治十年(1871)影印本　二冊

130000 – 0405 – 0000519　子部/天文算法類/算書/4734/丶15

數學理九卷附一卷　（英國）棣麼甘撰　（英國）傅蘭雅口譯　（清）趙元益筆述　清刻本　四冊

130000 – 0405 – 0000520　子部/天文算法類/算書/2314/4/丿14

算式集要五卷　（英國）哈司韋輯　（英國）傅蘭雅口譯　（清）江衡筆述　清刻本　四冊　存三卷(一、四至五)

130000 – 0405 – 0000521　子部/術數類/命書相書/7582/—9

相理衡真十卷首一卷　（清）陳釗著　（清）榮錫鵬鑒定　清道光十三年(1833)刻本　七冊

130000 – 0405 – 0000522　子部/雜家類/雜學雜說/1122/—11

張橫渠先生集十二卷　（清）張伯行編釋　清康熙四十七年(1708)正誼堂刻本　四冊

130000 – 0405 – 0000523　集部/總集類/叢編/1111/11

寄寄山房全集不分卷　（清）張翼廷輯　清宣統二年(1910)鉛印本　七冊

130000 – 0405 – 0000524　子部/術數類/相宅相墓/4211/－11

陽宅集成八卷　（清）姚廷鑾纂輯　（清）陸榮穟等校　清乾隆十九年(1754)刻本　八冊

130000 – 0405 – 0000525　子部/術數類/陰陽五行/6013/丶18

羅經指南撥霧集解三卷　（明）吳天洪批點　（明）郭廷彥定　（明）酆宮參　清刻本　二冊

130000 – 0405 – 0000526　子部/雜家類/雜考/3072/—9

人生必讀書十二卷　（清）唐彪撰　清刻本　六冊

130000 – 0405 – 0000527　子部/雜家類/雜纂/2622/丶13

寄傲山房塾課新增幼學故事瓊林四卷首一卷　（明）程允升撰　（清）鄒聖脈增補　（清）鄒可庭　（清）謝梅林參訂　清光緒十四年(1888)掃葉山房刻本　四冊

130000 – 0405 – 0000528　子部/雜家類/2342/丶10

高厚蒙求五集　（清）徐朝俊纂　清嘉慶十二年(1807)刻本　五冊

130000 – 0405 – 0000529　叢書/匯編類/8043/—9

春在堂全書三十五種　（清）俞樾著　清光緒二十三年(1897)石印本　二十四冊　缺十種一百十三卷(第一樓叢書十五至三十,春在堂詩編一至十五、詞錄三卷,春在堂隨筆十卷,春在堂尺牘六卷,楹聯錄存一至四,四書文一卷,右台仙館筆記十六卷,茶香室叢鈔一至二十三、續鈔一至十二,曲園墨戲一卷,瓊英小錄一卷)

130000 – 0405 – 0000530　子部/類書類/7513/－10

格致鏡原一百卷　（清）陳元龍撰　清雍正十三年(1735)刻本　二十七冊　缺十四卷(二十六至二十九、三十二至三十三、三十七至三十八、五十五至五十七、六十九至七十一)

130000 – 0405 – 0000531　子部/術數類/2043/丶4

六壬經緯六卷　（清）毛志道著　清雍正三年(1725)刻本　四冊

130000 - 0405 - 0000532　　子部/術數類/
1272/ﾉ9

風水二書形氣類則四卷　（清）歐陽純著　清
光緒十六年(1890)刻本　四冊

130000 - 0405 - 0000533　　子部/類書類/
4447/、15

重訂廣事類賦四十卷　（清）華希閔著　（清）
鄒升恒条　（清）華希閔重訂　清刻本　六冊
存三十三卷(三至十一、十七至四十)

130000 - 0405 - 0000534　　子部/類書類/
0026/、10

寫信必讀十卷　（清）吳蕓洲著　清光緒二十
九年(1903)石印本　四冊

130000 - 0405 - 0000535　　集部/總集/2007/
ﾉ10

新刻條對試策不分卷　（清）劉勷撰　清光緒
十一年(1885)刻本　八冊

130000 - 0405 - 0000536　　集部/總集類/斷
代/1001/、10

唐詩三百首續選不分卷　（清）于慶元編　清
道光十七年(1837)刻本　二冊

130000 - 0405 - 0000537　　集部/總集類/叢
編/2710/—3

雲林別墅纂輯酬世錦囊全集十九卷　（清）鄒
景揚編　清三讓堂刻本　八冊

130000 - 0405 - 0000538　　集部/總集類/叢
編/2121/、4

小嫏嬛山館彙刊類書十二種　（清）小嫏嬛山
館編　清嘉慶刻本　五冊　存三種十一卷
(文選集腋二卷、謝華啟秀四卷、均藻五卷)

130000 - 0405 - 0000539　　集部/總集類/叢
編/4020/、4

文選六十卷　（南朝梁）蕭統撰　（唐）李善注
清宣統三年(1911)上海會文堂書局影印本
八冊　存三十三卷(一至三十三)

130000 - 0405 - 0000540　　集部/總集部/叢
編/2780/—6

有正味齋試帖詳註四卷　（清）吳錫麒著　清

道光二十六年(1846)書業德刻本　四冊

130000 - 0405 - 0000541　　集部/總集類/叢
編/1424/、12

普通商業應用白話尺牘　陳鶴煒著　清宣統
三年(1911)上海澄衷書局石印本　四冊

130000 - 0405 - 0000542　　集部/總集類/總
編/1133/、14

漢魏六朝百三名家集　（明）張溥輯　清光緒
十八年(1892)善化章氏經濟堂刻本　一百冊

130000 - 0405 - 0000543　　集部/總集類/通
代/1270/ﾉ11(1)

御選唐宋詩醇四十七卷目錄二卷　（清）高宗
弘曆編　清乾隆二十五年(1760)刻本　十八
冊　缺十一卷(三十七至四十七)

130000 - 0405 - 0000544　　集部/總集類/叢
編/7548/、10

憑山閣增輯留青新集三十卷　（清）陳枚選
（清）陳德裕增輯　清刻本　六冊　缺十三卷
(一至七、十六至二十一)

130000 - 0405 - 0000545　　集部/總集類/通
代/0145/、4

六朝文絜四卷　（清）許槤評選　（清）朱鈞参
校　清光緒五年(1879)刻本　二冊

130000 - 0405 - 0000546　　集部/總集類/通
代/2542/、13

詩八卷　（宋）朱熹撰　清刻本　五冊

130000 - 0405 - 0000547　　集部/總集類/通
代/1071/—5

古唐詩合解十二卷古詩四卷　（清）王堯衢註
清刻本　六冊

130000 - 0405 - 0000548　　集部總集類/通代/
1070/、10

古唐詩合解十二卷古詩四卷　（清）王堯衢註
清光緒二年(1876)京都文成堂刻本　六冊

130000 - 0405 - 0000549　　集部/總集類/斷
代/0093/、10

唐詩三百首註釋六卷附續選一卷　（清）蘅塘

退士編 （清）章爕註 清光緒二十年（1894）文成堂刻本 七冊

130000－0405－0000550 集部/總集類/斷代/1011/、10

古唐詩合解十二卷古詩四卷 （清）王堯衢註 清文成堂刻本 六冊

130000－0405－0000551 集部/總集類/通代/5050/、6

同人詩錄初編十卷 （清）蔡壽祺輯 清同治十一年（1872）刻本 四冊

130000－0405－0000552 集部/總集部/通代/8022/—5

重訂古文釋義新編八卷 （清）余誠評註 清光緒十二年（1886）京都老二酉堂刻本 八冊

130000－0405－0000553 集部/總集類/斷代/4412/－4

元文類七十卷目錄三卷 （元）蘇天爵編次 （元）王守誠較訂 明修德堂刻本 十二冊

承德市承德縣圖書館
古籍普查登記目録

全國古籍普查登記目録

國家圖書館出版社
National Library of China Publishing House

130000－3419－0000001　經001

康熙字典三十六卷總目一卷檢字一卷辨似一卷等韻一卷補遺一卷備考一卷　（清）張玉書等撰　清道光七年（1827）刻本　三十八冊

130000－3419－0000002　史001

前漢書一百卷　（漢）班固撰　（唐）顏師古注　清同治八年（1869）金陵書局刻本　四冊　存十四卷（十九至三十二）

130000－3419－0000003　子001

元亨療馬集六卷水黃牛經二卷駝經一卷　（明）喻仁　（明）喻傑撰　清光緒三年（1877）刻本　三冊

滄州市圖書館古籍普查登記目録

全國古籍普查登記目録

國家圖書館出版社
National Library of China Publishing House

130000－3424－0000001　CTGJ0001

字彙十二卷首一卷韻法直圖一卷韻法橫圖一卷　（明）梅膺祚音釋　清刻本　十四冊

130000－3424－0000002　CTGJ0002

景岳全書六十四卷　（明）張介賓著　清刻本　七冊　存十二卷（五十三至六十四）

130000－3424－0000003　CTGJ0004

剔弊廣增分韻五方元音二卷首一卷　（清）樊騰鳳著　（清）趙培梓改正新編　清刻本　二冊

130000－3424－0000004　CTGJ0005

欽定二十四史　清光緒三十四年(1908)上海集成圖書公司石印本　五十四冊　存五百四十七卷（欽定三國志一至五十五，欽定南齊書一至四十七，欽定唐書一百四十一至二百七十，欽定梁書一至二十九、四十六至五十六，欽定史記一至二十六、三十三至九十六、一百十至一百三十，欽定宋史一至四十七、五十五至六十二、七十一至七十六、一百三十八至一百七十七、二百四十二至二百四十八、三百五至三百十三、三百三十至三百六十七、三百七十八至三百八十六）

130000－3424－0000005　CTGJ0006

佩文韻府一百六卷　（清）張玉書等撰　**拾遺一百六卷**　（清）王灝等纂修　清刻本　十五冊　存八十卷（拾遺一至八十）

130000－3424－0000006　CTGJ0007

佩文韻府一百六卷　（清）張玉書等撰　**拾遺一百六卷**　（清）王灝等纂修　清刻本　九十一冊　存一百三卷（佩文韻府一至二十二、二十六至一百六）

130000－3424－0000007　CTGJ0008

奇門要覽十八局　（清）□□抄　清抄本　九冊

130000－3424－0000008　CTGJ0009

癡說八卷　（清）紀蔭田著　清道光二年(1822)刻本　三冊

130000－3424－0000009　CTGJ0010

爾雅註疏十一卷　（晉）郭璞註　（宋）邢昺疏　清嘉慶七年(1802)刻本　四冊

130000－3424－0000010　CTGJ0011

古文賞心集新編八卷　（清）張錚評述　清雍正七年(1729)古吳煥文堂刻本　八冊

130000－3424－0000011　CTGJ0012

最新清國文武官制表二卷　清光緒石印本　二冊

130000－3424－0000012　CTGJ0015

御批歷代通鑑輯覽一百二十卷　（清）傅恆等撰　清光緒二十九年(1903)上海官書局石印本　六冊　存三十六卷（十六至三十四、四十二至五十八）

130000－3424－0000013　CTGJ0016

史鑑節要便讀六卷首一卷　（清）鮑東里編輯　清光緒二十七年(1901)聚元堂刻本　二冊

130000－3424－0000014　CTGJ0017

二如亭羣芳譜三十卷首一卷　（明）王象晉輯　明末刻清雍正後印本　二十四冊　存二十四卷（元部二至七，貞部一至六，利部一至七，亨部一至三、五至六）

130000－3424－0000015　CTGJ0019

四書補註附考備旨十卷　（明）鄧林著　清光緒十九年(1893)寶興堂刻本　六冊

130000－3424－0000016　CTGJ0020

四書補註附考備旨十卷　（明）鄧林著　清光緒十年(1884)刻本　八冊

130000－3424－0000017　CTGJ0021

全本禮記體註十卷　（清）范翔原定　（清）徐旦參訂　（清）徐瑄補輯　清乾隆五十七年(1792)刻本　八冊　存八卷（一、三至七、九至十）

130000－3424－0000018　CTGJ0022

漁洋山人精華錄十卷　（清）王士禎著　清康熙三十九年(1700)林佶寫刻本　四冊

130000－3424－0000019　CTGJ0023

關帝事蹟徵信編三十卷　（清）周耕垞　（清）

崔秋谷纂　清道光四年（1824）刻本　五册
存二十七卷（一至二十七）

130000－3424－0000020　CTGJ0024
伍非石詩經全稿　清刻本　四册　存國風、
大雅、小雅、周頌

130000－3424－0000021　CTGJ0025
重校批點青雲集合註四卷　（清）楊逢春輯
（清）沈品華等註　清光緒四年（1878）刻本
四册

130000－3424－0000022　CTGJ0028
傷寒溫疫條辯六卷　（清）楊璿撰　清光緒十
四年（1888）刻本　六册

130000－3424－0000023　CTGJ0030
論語最豁集四卷　（明）孫振基訂　（清）劉珍
輯　清刻本　一册　存二卷（三至四）

130000－3424－0000024　CTGJ0031
四書闡註附人物攷十九卷　（清）浦泰輯　清
乾隆三十四年（1769）刻本　六册

130000－3424－0000025　CTGJ0033
註釋二續居業堂課童稿一卷　（清）劉九官著
　清光緒六年（1880）聚元堂刻本　一册

130000－3424－0000026　CTGJ0034
蘭言詩鈔四卷　（清）李瑞選　（清）穆騰額註
釋　清光緒十三年（1887）刻本　四册

130000－3424－0000027　CTGJ0035
朱子家禮八卷首一卷　（明）邱濬輯　清乾隆
三十八年（1773）博雅堂刻本　二册　存六卷
（一至三、六至七，首一卷）

130000－3424－0000028　CTGJ0036
楚辭八卷後語六卷辯證二卷　（宋）朱熹集註
　清宣統三年（1911）掃葉山房石印本　三册
存十二卷（楚辭一至四、後語六卷、辯證二
卷）

130000－3424－0000029　CTGJ0037
如酉所刻諸名家評點春秋綱目左傳句解彙鐫
六卷　（清）韓菼較訂　清宣統元年（1909）刻
本　六册

130000－3424－0000030　CTGJ0043
重訂事類賦三十卷　（宋）吳淑撰註　（明）華
麟祥校刊　清道光二十七年（1847）善成堂刻
本　六册

130000－3424－0000031　CTGJ0044
重訂廣事類賦四十卷　（清）華希閎編　（清）
鄒升恒糸　（清）華希閎重訂　清道光二十七
年（1847）善成堂刻本　十册

130000－3424－0000032　CTGJ0045
事類賦補遺十四卷　（清）張均編撰　清嘉慶
十六年（1811）敦化堂刻本　七册

130000－3424－0000033　CTGJ0046
廣事類賦四十卷　（清）華希閎著　清四友堂
刻本　十册

130000－3424－0000034　CTGJ0047
事類賦三十卷　（宋）吳淑註　（明）華麟祥校
刊　清四友堂刻本　六册

130000－3424－0000035　CTGJ0048
約章成案匯覽甲篇十卷乙篇四十二卷　（清）
顏世清輯　清光緒三十一年（1905）上海點石
齋石印本　四十六册

130000－3424－0000036　CTGJ0049
四書味根錄三十七卷首二卷　（清）金澂撰
清光緒十三年（1887）善成堂刻本　十五册

130000－3424－0000037　CTGJ0050
重訂七經精義三十二卷　（清）黃淦纂　清嘉
慶十三年（1808）刻本　七册　存十八卷（周
易精義一、首一卷，書經精義一至二、首一卷，
詩經精義二至四、末一卷，周禮精義一至六、
首一卷，春秋精義三至四）

130000－3424－0000038　CTGJ0053
尚書離句六卷　（清）錢在培輯解　清光緒十
二年（1886）聚元堂刻本　三册

130000－3424－0000039　CTGJ0055
增註八銘塾鈔二集不分卷附闈試總論　（清）
吳懋政編　清三義堂刻本　五册

130000－3424－0000040　CTGJ0056

如酉所刻諸名家評點春秋綱目左傳句解彙雋六卷 （清）韓菼重訂 清光緒十年（1884）書業德刻本 六冊

130000－3424－0000041 CTGJ0057
禮記十卷 （元）陳澔集説 清光緒刻本 十冊

130000－3424－0000042 CTGJ0058
唐詩三百首註疏六卷 （清）孫洙編 （清）章燮註 （清）孫孝根校正 清道光十五年（1835）刻本 二冊

130000－3424－0000043 CTGJ0059
寄嶽雲齋試帖詳註四卷 （清）聶銑敏輯 （清）王茂松等校 （清）張學蘇箋註 清嘉慶刻本 二冊

130000－3424－0000044 CTGJ0060
養雲山舘試帖四卷 （清）許球著 （清）王榮紱註釋 （清）汪廷儒 （清）徐景軾參訂 清刻本 四冊

130000－3424－0000045 CTGJ0061
唐詩三百首補註八卷 （清）孫洙編 （清）陳伯英輯 （清）陳仲奎 （清）李永嫺糸 清光緒十二年（1886）刻本 二冊

130000－3424－0000046 CTGJ0062
左傳事緯十二卷 （清）馬驌編論 清刻本 五冊 存十卷（一至二、五至十二）

130000－3424－0000047 CTGJ0063
書經集傳六卷 （宋）蔡沈撰 清同治十三年（1874）江西書局刻本 四冊

130000－3424－0000048 CTGJ0064
五方元音二卷 （清）樊騰鳳撰 （清）年希堯增補 清光緒十五年（1889）聚元堂刻本 一冊

130000－3424－0000049 CTGJ0065
字學舉隅一卷 （清）龍啟瑞 （清）黄虎癡輯 清光緒十六年（1890）刻本 一冊

130000－3424－0000050 CTGJ0066
小學集註六卷 （宋）朱熹撰 （明）陳選集註 清光緒刻本 一冊 存四卷（一至四）

130000－3424－0000051 CTGJ0067
論語集註原解二十卷 （宋）朱熹集註 清刻本 十冊 存十八卷（三至二十）

130000－3424－0000052 CTGJ0068
詩經備旨喈鳳詳解八卷 （清）陳百先輯解 （清）汪敬堂增訂 清宣統三年（1911）聚元堂刻本 六冊

130000－3424－0000053 CTGJ0069
書經體註大全合參八卷 （清）范翔鑒定 （清）錢希祥纂輯 清光緒三年（1877）刻本 四冊

130000－3424－0000054 CTGJ0070
孟子集註原解二十卷 （宋）朱熹集註 （清）華仁穎評輯 （清）陸裕昆校錄 清刻本 十冊 存十四卷（一至十四）

130000－3424－0000055 CTGJ0072
左繡三十卷首一卷 （晉）杜預集解 （唐）陸德明音釋 （宋）林唐翁附註 （清）馮天閑增訂 清乾隆五十九年（1794）崇義書院刻本 十二冊

130000－3424－0000056 CTGJ0073
黄太史訂正春秋大全三十七卷年表序論圖説一卷 （明）胡廣等撰 （明）黄際飛校訂 清康熙五十年（1711）郁郁堂刻本 三冊 存六卷（一、九至十、十七至十八，年表序論圖説一卷）

130000－3424－0000057 CTGJ0074
資治通鑑綱目五十九卷 （宋）朱熹撰 （明）陳仁錫評 **續編一卷** （明）陳桱撰 （明）陳仁錫評 **前編二十五卷** （明）南軒撰 （明）陳仁錫評 **續資治通鑑綱目二十七卷** （明）商輅等撰 （明）陳仁錫評 明崇禎三年（1630）刻本 六十一冊 存四十五卷（資治通鑑綱目一至三十一、三十三、三十五至三十八，續資治通鑑綱目九至十七）

130000－3424－0000058 CTGJ0076
重訂外科正宗十二卷 （明）陳實功著 （清）

張鷟翼重訂　清嘉慶十五年(1810)慶餘堂刻本　三冊　存六卷(一至二、五至六、十一至十二)

130000－3424－0000059　CTGJ0077
馮氏錦囊秘錄雜症大小合參二十卷　(清)馮兆張纂輯　清刻本　十三冊　存十四卷(六至十九)

130000－3424－0000060　CTGJ0079
康熙字典十二集三十六卷總目一卷檢字一卷辨似一卷等韻一卷補遺一卷備考一卷　(清)張玉書撰　清光緒十年(1884)上海同文書局石印本　六冊

130000－3424－0000061　CTGJ0080
康熙字典十二集三十六卷總目一卷檢字一卷辨似一卷等韻一卷補遺一卷備考一卷　(清)張玉書等纂修　清康熙刻本　二十六冊　存二十八卷(子集三卷、丑集三卷、寅集三卷、卯集三卷、辰集三卷、巳集三卷、午集三卷、未集三卷,總目一卷,檢字一卷,辨似一卷,等韻一卷)

130000－3424－0000062　CTGJ0081
重校批點青雲集合註四卷　(清)楊逢春輯　(清)沈品華等註　清光緒十年(1884)刻本　四冊

130000－3424－0000063　CTGJ0082
閩式堂古文選釋八卷　(清)臧岳編輯　(清)臧允乾校字　清三樂齋刻本　六冊　存六卷(三至八)

130000－3424－0000064　CTGJ0084
綱鑑擇言十卷　(清)司徒修選輯　(清)李嘉樹補註　清道光二十七年(1847)書葉德刻本　六冊

130000－3424－0000065　CTGJ0085
綱鑑擇言十卷　(清)司徒修選輯　(清)李嘉樹補註　清光緒三十四年(1908)刻本　六冊

130000－3424－0000066　CTGJ0086
東萊博議四卷　(宋)呂祖謙撰　清光緒二十四年(1898)聚元堂刻本　四冊

130000－3424－0000067　CTGJ0087
御纂詩義折中二十卷　(清)傅恆等撰　清刻本　五冊

130000－3424－0000068　CTGJ0088
御纂詩義折中二十卷　(清)傅恆等撰　清刻本　四冊

130000－3424－0000069　CTGJ0089
御纂詩義折中二十卷　(清)傅恆等撰　清刻本　六冊

130000－3424－0000070　CTGJ0091
明文小題傳薪八卷　(清)臧岳評釋　清刻本　一冊　存一卷(上孟)

130000－3424－0000071　CTGJ0092
同壽錄四卷　(清)項天瑞輯　清刻本　一冊　存一卷(二)

130000－3424－0000072　CTGJ0093
七家詩選七種　(清)張熙宇輯評　清道光刻朱墨套印本　一冊　存二種(澹香齋試帖一種、修竹齋試帖一種)

130000－3424－0000073　CTGJ0094
詩經體註大全體要八卷　(清)高朝瓔定　(清)沈世楷輯　清刻本　一冊　存一卷(五)

130000－3424－0000074　CTGJ0095
新增繪圖幼學故事瓊林四卷首一卷　(明)程允升撰　(清)鄒聖脈增補　清石印本　四冊　缺一卷(三)

130000－3424－0000075　CTGJ0096
幼學歌五卷續編一卷　(清)王用臣編　清光緒十一年至十二年(1885－1886)深澤王氏斯陶書屋刻本　一冊　存三卷(幼學歌四至五、續編一卷)

130000－3424－0000076　CTGJ0097
古唐詩合解十二卷附古詩四卷　(清)王堯衢註　清道光十七年(1837)三益堂刻本　六冊

130000－3424－0000077　CTGJ0098
御選唐宋詩醇四十七卷目錄二卷　(清)高宗弘曆選　清刻本　二冊　存三卷(三十二至

三十四）

130000 – 3424 – 0000078　CTGJ0100

四書鏡典故附考十九卷　（清）程濟安參訂
清啓盛堂刻本　一冊　存一卷(孟子一)

130000 – 3424 – 0000079　CTGJ0101

試帖長城集八卷　（清）袁榘　（清）萬花嵐輯
　清道光三年(1823)崇文堂刻本　八冊

130000 – 3424 – 0000080　CTGJ0102

二十一史　明南京國子監刻清遞修印本　四
十四冊　存一百二十八卷(魏書三十卷；晉書
一至三十、六十六至一百三十,音義三卷)

130000 – 3424 – 0000081　CTGJ0103

桃花扇二卷　（清）孔尚任著　清康熙鹵園刻
本　二冊

130000 – 3424 – 0000082　CTGJ0104

唐五言排律選四卷　（清）邊繼祖編　（清）朱
蓉校　清乾隆三十七年(1772)刻本　三冊
存三卷(一至三)

130000 – 3424 – 0000083　CTGJ0105

二十四史　清光緒十年(1884)上海同文書局
石印本　六百三十七冊　缺七百八十一卷
(前漢書一百卷、後漢書一百二十卷、三國志
六十五卷、宋史四百九十六卷)

130000 – 3424 – 0000084　CTGJ0106

季氏家譜八卷　（清）季斌敍續修　清光緒三
十三年(1907)濟南大公石印館石印本　八冊

130000 – 3424 – 0000085　CTGJ0110

孔子家語八卷　（明）何孟春註　（清）盧文弨
校補　清乾隆刻本　一冊　存四卷(一至四)

130000 – 3424 – 0000086　CTGJ0111

初學行文語類四卷　（清）孫埏編輯　清光緒
七年(1881)有益堂刻本　一冊

130000 – 3424 – 0000087　CTGJ0115

河間試律矩註釋二卷　（清）紀昀撰　（清）林
昌評註　清嘉慶十一年(1806)書業堂刻本
二冊

130000 – 3424 – 0000088　CTGJ0117

閱微草堂筆記二十四卷　（清）紀昀撰　清光
緒十四年(1888)點石齋石印本　四冊

130000 – 3424 – 0000089　CTGJ0118

紀曉嵐詩註釋四卷　（清）紀昀撰　（清）郭斌
評註　清嘉慶書業堂刻朱墨套印本　四冊

130000 – 3424 – 0000090　CTGJ0119

紀曉嵐詩註釋四卷　（清）紀昀撰　（清）郭斌
評註　清嘉慶刻朱墨套印本　二冊　存二卷
(一至二)

130000 – 3424 – 0000091　CTGJ0125

**欽定四庫全書總目二百卷附四庫未收書目五
卷**　（清）紀昀等纂修　（清）阮元撰　清光緒
十四年(1888)上海漱六山莊石印本　二十冊

130000 – 3424 – 0000092　CTGJ0126

閱微草堂筆記二十四卷　（清）紀昀撰　清光
緒十五年(1889)上海廣百宋齋鉛印本　四冊

130000 – 3424 – 0000093　CTGJ0129

閱微草堂筆記二十四卷　（清）紀昀撰　清光
緒二十四年(1898)宏文閣鉛印本　四冊

130000 – 3424 – 0000094　CTGJ0137

河間試律矩四卷　（清）紀昀撰　（清）林昌評
註　清嘉慶六有齋刻本　一冊

130000 – 3424 – 0000095　CTGJ0140

唐人試律說一卷　（清）紀昀編　清乾隆二十
五年(1760)刻本　一冊

130000 – 3424 – 0000096　CTGJ0143

紀曉嵐詩註釋四卷　（清）紀昀撰　（清）郭斌
評註　清嘉慶刻朱墨套印本　四冊

130000 – 3424 – 0000097　CTGJ0144

欽定四庫全書簡明目錄二十卷　（清）永瑢等
纂　清光緒二十年(1894)上海點石齋石印本
四冊

130000 – 3424 – 0000098　CTGJ0145

麋辰集五卷　（清）紀昀編　清乾隆二十七年
(1762)刻本　五冊

130000 – 3424 – 0000099　CTGJ0147

增訂河間試律矩八卷　（清）紀昀撰　（清）林

昌評釋　清嘉慶九年(1804)刻本　一冊　存
三卷(一至三)

130000 - 3424 - 0000100　CTGJ0148
我法集二卷　(清)紀昀撰　(清)紀樹馨編錄
　清乾隆六十年(1795)刻本　二冊

130000 - 3424 - 0000101　CTGJ0149
我法集二卷　(清)紀昀撰　(清)紀樹馨編錄
　清乾隆六十年(1795)刻本　一冊　存一卷
(上)

130000 - 3424 - 0000102　CTGJ0150
紀曉嵐詩不分卷　(清)紀昀撰　清抄本

一冊

130000 - 3424 - 0000103　CTGJ0151
初刻黃維章先生詩經娜嬛體註八卷　(清)黃
文煥撰　(清)范翔重訂　清道光二十六年
(1846)文裕堂刻本　四冊

130000 - 3424 - 0000104　CTGJ0153
毛詩吟訂十卷說文建首字讀一卷　(清)苗夔
輯　清咸豐元年(1851)刻本　四冊

130000 - 3424 - 0000105　CTGJ0154
詩經集傳八卷　(宋)朱熹撰　清同治十三年
(1874)江西書局刻本　四冊

滄州市河間市圖書館古籍普查登記目錄

全國古籍普查登記目錄

國家圖書館出版社
National Library of China Publishing House

130000 – 0407 – 0000001　　經 169 – 23

詩經喈鳳詳解八卷圖說一卷　（清）陳抒孝輯
著　（清）汪基增訂　清光緒十七年(1891)刻
本　四冊

130000 – 0407 – 0000002　　經 204 – 28

新增典故四書章句十九卷　（宋）朱熹撰　清
宣統三年(1911)泊鎮聚元堂刻本　六冊

130000 – 0407 – 0000003　　整理後 161

安蔬草堂試帖二卷　（清）李廷芳撰　（清）李
廷瑛註　清道光十八年(1838)文運堂刻本
一冊

130000 – 0407 – 0000004　　整理後 042

安蔬草堂試帖二卷　（清）李廷芳撰　（清）李
廷瑛註　清咸豐六年(1856)三元堂刻本
一冊

130000 – 0407 – 0000005　　經 6 – 313、經 33 –
97、整理後 65

百子全書　（清）崇文書局輯　清光緒元年
(1875)湖北崇文書局刻本　四十四冊　存二
十九種一百三十四卷(焦士易林一、四,墨子
一至十一,傅子一卷,齊民要術十,太玄經一
至四,白虎通德論四卷,論衡一至四、十至三
十,陰符經一卷,闗尹子一卷,至游子一,文中
子中說一卷,劉子一,鶡冠子一,顏氏家訓一,
尹文子一卷,公孫龍子一卷,慎子一卷,鬼谷
子一卷,列子一,金樓子六卷,莊子南華眞經
三卷,莊子闗誤一卷,道德眞經註四卷,老子
道德經二卷,呂氏春秋二十六卷,淮南鴻烈解
二十一卷,抱朴子內篇四卷、外篇四卷,鬻子
一卷、補一卷,獨斷一卷)

130000 – 0407 – 0000006　　整理後 130

本草綱目五十二卷　（明）李時珍撰　清同人
堂刻本　一冊　存一卷(二十七)

130000 – 0407 – 0000007　　醫 – 018 – 371、
372、整理後 22

**本草綱目五十二卷圖三卷附本草萬方鍼線八
卷瀕湖脈學一卷**　（明）李時珍撰　（清）蔡烈
先輯　清刻本　十五冊　存二十六卷(本草
綱目一至二、五至十一、三十六至四十三、五

十二,本草萬方鍼線八卷)

130000 – 0407 – 0000008　　537 – 整理後 128

本草綱目五十二卷圖三卷附萬方針線　（明）
李時珍撰　（清）蔡烈先輯　清芥子園刻本
四十五冊　存五十三卷(一至五、七、九至五
十二,圖三卷)

130000 – 0407 – 0000009　　整理後 21

本草萬方針線八卷　（清）蔡烈先輯　清芥子
園刻本　三冊

130000 – 0407 – 0000010　　整理後 143

駁案新編四卷續編七卷秋審比照彙案二卷
（清）桑春榮編　清圖書集成局鉛印本　一冊
存九卷(續編七卷、秋審比照彙案二卷)

130000 – 0407 – 0000011　　醫 024 – 70

**補注黃帝內經素問二十四卷素問遺篇一卷黃
帝內經靈樞十二卷**　（唐）王冰注　清光緒二
十二年(1896)圖書集成局鉛印本　五冊

130000 – 0407 – 0000012　　集 153 – 277

昌黎先生集四十卷外集十卷遺文一卷　（唐）
韓愈撰　（宋）廖瑩中校正　**韓集點勘四卷**
（清）陳景雲撰　**朱子校昌黎先生集傳一卷**
（宋）朱熹撰　清宣統三年(1911)石印本　十
二冊

130000 – 0407 – 0000013　　典 086 – 240

澄衷蒙學堂字課圖說四卷檢字一卷類字一卷
　（清）劉樹屏撰　清光緒三十年(1904)澄衷
蒙學堂石印本　八冊

130000 – 0407 – 0000014　　典 085 – 239

澄衷蒙學堂字課圖說四卷檢字一卷類字一卷
　（清）劉樹屏撰　清光緒二十七年(1901)澄
衷蒙學堂石印本　八冊

130000 – 0407 – 0000015　　典 036 – 629

澄衷蒙學堂字課圖說四卷檢字一卷類字一卷
　（清）劉樹屏撰　清光緒三十一年(1905)澄
衷蒙學堂石印本　八冊

130000 – 0407 – 0000016　　史 054 – 487,214、
整理後 002

尺木堂綱鑑易知錄九十二卷明鑑易知錄十五卷 （清）吳乘權等輯 清刻本 十七冊 存三十八卷（尺木堂綱鑑易知錄十四至四十、五十四至六十四）

130000－0407－0000017 史 057－213，215，216

尺木堂綱鑑易知錄九十二卷明鑑易知錄十五卷 （清）吳乘權等輯 清學庫山房刻本 十八冊 存四十二卷（尺木堂綱鑑易知錄一至四十二）

130000－0407－0000018 史 008－634

尺木堂綱鑑易知錄九十二卷明鑑易知錄十五卷 （清）吳乘權等輯 清光緒二十七年（1901）上海商務印書館鉛印本 十四冊 存九十一卷（尺木堂綱鑑易知錄一至四、十二至九十二，明鑑易知錄一至六）

130000－0407－0000019 集 135－130

初學行文語類四卷 （清）孫埏編 清刻本 二冊

130000－0407－0000020 經 194－657

鋤經堂四書聯珠十九卷 （清）章守待纂 清嘉慶三年（1798）崇文堂刻本 六冊

130000－0407－0000021 經 0231－100

鋤經堂四書聯珠十九卷 （清）章守待編 清嘉慶三年（1798）刻本 一冊 存二卷（大學一卷、中庸一卷）

130000－0407－0000022 經 129－17

鋤經堂四書聯珠十九卷 （清）章守待編 清咸豐元年（1851）刻本 五冊 存十七卷（大學一卷、中庸一卷、論語一至十、孟子一至五）

130000－0407－0000023 經 116

春秋公羊傳十二卷考一卷春秋穀梁傳十二卷考一卷 （明）閔齊伋裁注並撰考 明末唐錦池文林閣刻本 九冊

130000－0407－0000024 598

春秋左傳杜注三十卷 （清）姚培謙撰 清刻本 五冊 存十五卷（十六至三十）

130000－0407－0000025 經 135－093

春秋左傳三十卷首一卷 （晉）杜預注 （唐）陸德明音釋 （清）馮李驊集解 **春秋穀梁傳十二卷** （晉）范甯集解 （唐）陸德明音義 清同治七年（1868）崇文書局刻本 九冊 存二十六卷（春秋左傳一至十三、首一卷，春秋穀梁傳十二卷）

130000－0407－0000026 84

春秋左傳五十卷 （晉）杜預 （宋）林堯叟註釋 （唐）陸德明音義 （明）鍾惺等評點 清刻本 七冊 存二十二卷（二十九至五十）

130000－0407－0000027 經 158－85

春秋左傳五十卷 （晉）杜預 （宋）林堯叟註釋 （唐）陸德明音義 （明）鍾惺等評點 清學原堂刻本 十二冊

130000－0407－0000028 經 172－89

春秋左傳五十卷 （晉）杜預 （宋）林堯叟註釋 （唐）陸德明音義 （明）鍾惺等評點 清懷德堂刻本 十二冊

130000－0407－0000029 經 149－44－45

春秋左傳五十卷 （晉）杜預 （宋）林堯叟註釋 （唐）陸德明音義 （明）鍾惺等評點 清刻本 八冊

130000－0407－0000030 整理後 142

達生遂生福幼合編不分卷 （清）□□編 清光緒二十四年（1898）刻本 一冊

130000－0407－0000031 整理後 050

大清搢紳全書不分卷（光緒十九年） 清光緒十九年（1893）刻本 四冊

130000－0407－0000032 集 174－267

道生堂小題制藝一卷二集一卷三集一卷 （清）鍾聲著 清光緒五年（1879）刻本 八冊

130000－0407－0000033 算 023－339

地理五訣八卷 （清）趙廷棟著 清刻本 四冊

130000－0407－0000034 整理後 159

地理原真四卷 （清）李懷遠撰 清光緒十七

年（1891）刻本 一冊

130000－0407－0000035 算14－631
鼎鍥卜筮鬼谷源流斷易天機大全三卷首一卷
（□）□□撰 清刻本 三冊

130000－0407－0000036 醫370號－196
鼎鍥幼幼集成六卷 （清）陳復正輯訂 清光緒二十八年（1902）上海醉六堂石印本 四冊

130000－0407－0000037 集159－整理後164
東萊博議四卷 （宋）呂祖謙撰 （清）馮泰松重刊 清光緒二十四年（1898）上海祥記書莊石印本 四冊

130000－0407－0000038 集181－528
東萊博議四卷 （宋）呂祖謙撰 （清）馮泰松重刊 清光緒八年（1882）善成堂刻本 四冊

130000－0407－0000039 集132－137
東萊博議四卷 （宋）呂祖謙撰 （清）馮泰松重刊 清光緒三十年（1904）上海書局石印本 四冊

130000－0407－0000040 集191－307
東萊先生左氏博議二十五卷附虛字注釋一卷 （宋）呂祖謙撰 清光緒二十三年（1897）掃葉山房刻本 六冊

130000－0407－0000041 小說73－549、550
東周列國全志二十三卷 （清）蔡昴評點 清刻本 十九冊 存十九卷（一、三至九、十二至二十二）

130000－0407－0000042 小說072－322/329
東周列國全志二十三卷 （清）蔡昴評點 清乾隆十七年（1752）懷德堂刻本 八冊

130000－0407－0000043 小說3－349、350
東周列國全志二十三卷 （清）蔡昴評點 清書成山房刻本 二十四冊

130000－0407－0000044 整理後158
痘疹心法六卷 （清）呂希端著 （清）柴廷謨訂 清刻本 一冊 存二卷（一至二）

130000－0407－0000045 子536－195
痘疹正宗二卷 （清）宋麟祥著 （清）李芳英梓 清乾隆四十六年（1781）文盛堂刻本 二冊

130000－0407－0000046 詩49－661、662
而菴說唐詩二十二卷首一卷 （清）徐增編 清九誥堂刻本 十二冊

130000－0407－0000047 典084－400
爾雅正義二十卷附釋文三卷 （清）邵晉涵著 清乾隆五十三年（1788）餘姚邵氏家塾刻本 十二冊

130000－0407－0000048 集151－478
二曲集四十六卷 （清）李顒撰 清光緒三年（1877）信述堂刻本 八冊 存二十三卷（一至二十三）

130000－0407－0000049 整理後188
二如亭群芳譜三十卷首十四卷 （明）王象晉纂輯 （明）陳繼儒等較 清刻本 二冊 存三卷（天譜三、歲譜三至四）

130000－0407－0000050 子15－193
二如亭群芳譜三十卷首十四卷 （明）王象晉纂輯 （明）陳繼儒等較 清刻本 四冊 存六卷（天譜三、蔬譜一、首一卷，果譜二至三、首一卷）

130000－0407－0000051 史9－377、史83－205、84－206、85－207、史82－450、史87－448、史86－449、史2－整理6
二十四史 清同治、光緒間五省官書局據汲古閣本刻本 四十五冊 存四種二百五十一卷（三國志一至二十四；漢書一百卷；後漢書一、七至十一、十二至二十八、四十三至四十八、五十九至九十，志三十卷；晉書一至四、六十八至七十四、八十二至八十九、一百一至一百七、一百十六至一百二十五）

130000－0407－0000052 集137－整理後063
分類賦學雞跖集三十卷附錄一卷 （清）張維城輯 清同治四年（1865）刻本 六冊

130000－0407－0000053 集024－403

分類賦學雞跖集三十卷附錄一卷　（清）張維城輯　清刻本　八冊

130000－0407－0000054　詩013－715，整理後057

分類韻錦十二卷　（清）郭化霖編　（清）郭鳳喬校　（清）陳銘章參訂　清道光二十六年（1846）書業德刻本　六冊

130000－0407－0000055　詩057－725

分韻試帖青雲集合註四卷　（清）楊逢春輯　（清）沈品華等註　（清）蕭應槐等參　清光緒五年（1879）三義堂刻本　四冊

130000－0407－0000056　詩061－724

分韻試帖青雲集合註四卷　（清）楊逢春輯　（清）沈品華等註　（清）蕭應槐等參　清光緒十四年（1888）同元堂刻本　四冊

130000－0407－0000057　詩063－666

分韻試帖青雲集合註四卷　（清）楊逢春輯　（清）沈品華等註　（清）蕭應槐等參　清光緒十九年（1893）三義堂刻本　四冊

130000－0407－0000058　詩64－171

分韻試帖青雲集合註四卷　（清）楊逢春輯　（清）沈品華等註　（清）蕭應槐等參　清光緒五年（1879）善成堂刻本　四冊

130000－0407－0000059　集11－441

鳳凰山七十二卷　（□）□□撰　清海陵軒刻本　六冊　存十八卷（一至十八）

130000－0407－0000060　整理後79

婦科玉尺六卷　（清）沈金鰲撰　清同治元年（1862）刻本　一冊

130000－0407－0000061　醫553－50

傅氏眼科審視瑤函六卷首一卷　（明）傅仁宇纂輯　清刻本　六冊

130000－0407－0000062　醫011－367

傅氏眼科審視瑤函六卷首一卷　（明）傅仁宇纂輯　清光緒十九年（1893）三義堂刻本　六冊

130000－0407－0000063　史018－560

綱鑑合纂三十九卷卷首一卷　（明）王世貞編　清光緒三十一年（1905）敦本堂主人校求學齋石印本　十二冊

130000－0407－0000064　史007－541

綱鑑全編三十九卷首一卷　（明）王世貞編　清刻本　十一冊　存十一卷（十六、二十八至三十、三十三至三十九）

130000－0407－0000065　史003－221

綱鑑擇言十卷　（清）司徒脩選輯　（清）李嘉樹補注　清光緒二十七年（1901）善成堂刻本　六冊　存八卷（一至八）

130000－0407－0000066　史075－219

綱鑑擇言十卷　（清）司徒脩選輯　（清）李嘉樹補注　清光緒二十七年（1901）善成堂刻本　四冊　存八卷（一至八）

130000－0407－0000067　雜文057－整理後14

賡辰集五卷　（清）紀昀編　清刻本　一冊　存一卷（二）

130000－0407－0000068　詩053－706

賡辰集五卷　（清）紀昀編　清乾隆刻本　五冊

130000－0407－0000069　詩069－705

賡辰集五卷　（清）紀昀編　清嘉慶八年（1803）刻本　五冊

130000－0407－0000070　詩65－543

賡辰集五卷　（清）紀昀輯　清刻本　六冊

130000－0407－0000071　集104

賡子銷夏記八卷　（清）孫承澤撰　清宣統三年（1911）上海掃葉山房石印本　四冊

130000－0407－0000072　集59－整理後82、集9號－整理後141

古諷籀齋目耕腟錄三十二卷　（清）鄭霞逸纂輯　清光緒二年（1876）刻本　四冊　存二十卷（一至十五、二十八至三十二）

130000－0407－0000073　詩041－

古詩解二十四卷　（明）唐汝諤選釋　（明）唐

汝詢參定 明崇禎李潮刻本 四冊

130000－0407－0000074 集 0041－152
古唐詩合解十二卷古詩四卷 （清）王堯衢註
清致和堂刻本 三冊 存十二卷（古唐詩合解十二卷）

130000－0407－0000075 整理後 102
古唐詩合解十二卷古詩四卷 （清）王堯衢註
清刻本 一冊 存二卷（古唐詩合解一至二）

130000－0407－0000076 詩 039－674
古唐詩合解十二卷古詩四卷 （清）王堯衢註
清刻本 五冊 存十四卷（古唐詩合解三至十二、古詩四卷）

130000－0407－0000077 詩 023－673
古唐詩合解十二卷古詩四卷 （清）王堯衢註
清刻本 四冊

130000－0407－0000078 詩 017－675
古唐詩合解十二卷古詩合解四卷 （清）王堯衢註 清刻本 五冊

130000－0407－0000079 詩 003－677
古唐詩合解十二卷古詩四卷 （清）王堯衢註
清善成堂刻本 六冊

130000－0407－0000080 詩 005－676
古唐詩合解十二卷古詩四卷 （清）王堯衢註
清刻本 六冊

130000－0407－0000081 詩 015－671
古唐詩合解十二卷古詩四卷 （清）王堯衢註
清光緒十年(1884)同元堂刻本 五冊 存十四卷（古唐詩合解一至二、五至十二,古詩四卷）

130000－0407－0000082 詩 012－678
古唐詩合解十二卷古詩四卷 （清）王堯衢註
清光緒十年(1884)同元堂刻本 六冊

130000－0407－0000083 詩 048－672
古唐詩合解十二卷古詩四卷 （清）王堯衢註
清光緒二十年(1894)寶興堂刻本 六冊 存十二卷（古唐詩合解十二卷）

130000－0407－0000084 詩 008－721
古唐詩合解十二卷古詩四卷 （清）王堯衢註
清光緒二十年(1894)文成堂刻本 四冊 存十二卷（古唐詩合解十二卷）

130000－0407－0000085 詩 005－719
古唐詩合解十二卷古詩四卷 （清）王堯衢註
清刻本 五冊

130000－0407－0000086 詩 7－720
古唐詩合解十二卷古詩四卷 （清）王堯衢註
清光緒十年(1884)同元堂刻本 六冊

130000－0407－0000087 詩 19－722
古唐詩合解十二卷古詩四卷 （清）王堯衢註
清光緒十年(1884)同元堂刻本 六冊

130000－0407－0000088 詩 51－534
古唐詩合解十二卷古詩四卷 （清）王堯衢註
清刻本 八冊

130000－0407－0000089 集 004－153
古唐詩合解十二卷古詩四卷 （清）王堯衢註
清雍正十年(1732)刻本 四冊

130000－0407－0000090 集 105－712
古文筆法八卷首一卷 （清）李扶九編 清光緒三十年(1904)石印本 四冊

130000－0407－0000091 集 187－141、399
古文辭類纂七十四卷 （清）姚鼐纂集 清刻本 十二冊

130000－0407－0000092 集 157－643
古文讀本二卷 （清）吳汝綸評選 清光緒二十九年(1903)華新書局鉛印本 二冊

130000－0407－0000093 整理後 104
古文釋義新編八卷 （清）余誠評註 清刻本 一冊 存二卷（三至四）

130000－0407－0000094 文集 119－389
古文釋義新編八卷 （清）余誠評註 清乾隆五十一年(1786)文盛堂刻本 四冊

130000－0407－0000095 集 179－502
古文釋義新編八卷 （清）余誠評註 清嘉慶十一年(1806)刻本 四冊

130000 – 0407 – 0000096　　集 155 – 142

古文釋義新編八卷 （清）余誠評註　清同治九年(1870)刻本　七冊　存七卷(一至七)

130000 – 0407 – 0000097　　雜文 1 號 – 整理後 169

廣策學纂要正編十六卷 （清）萬南泉　（清）戴筤圃編　清刻本　三冊

130000 – 0407 – 0000098　　整理後 137

廣事類賦四十卷 （清）華希閔撰　清乾隆二十九年(1764)刻本　一冊　存十卷(一至十)

130000 – 0407 – 0000099　　經 036 – 263

廣增四書典腴二十卷 （清）松軒主人撰　清同治六年(1867)刻本　六冊

130000 – 0407 – 0000100　　集 038 – 整理後 44

國朝試律新裁 （清）朱兆鳳評註　清嘉慶十七年(1812)刻本　一冊　存一卷(上)

130000 – 0407 – 0000101　　集 186 – 164

國朝先正事略六十卷 （清）李元度纂　清光緒二十五年(1899)上海圖書集成印書局鉛印本　七冊　存五十五卷(一至四、十至六十)

130000 – 0407 – 0000102　　集 149 – 116/301

皇朝經世文新編二十一卷 　麥仲華輯　清光緒二十四年(1898)上海大同譯書局石印本　二十四冊

130000 – 0407 – 0000103　　小說 051 – 733

繪圖說岳全傳八卷 （清）錢彩撰　清光緒二十四年(1898)上海大成書局石印本　八冊

130000 – 0407 – 0000104　　整理後 196

繡像續施公案五十二回 （清）紅豆館主人輯　清光緒二十六年(1900)石印本　一冊　存十三回(三續一至十三)

130000 – 0407 – 0000105　　集 022 – 401,402

雜跕賦續刻三十卷 （清）應泰泉等編輯　清光緒十一年(1885)文英堂刻本　八冊

130000 – 0407 – 0000106　　整理後 46

紀文達公遺集詩十六卷 （清）紀昀撰　（清）紀樹馨編校　清刻本　四冊　存八卷(七至八、十一至十六)

130000 – 0407 – 0000107　　集 161 – 整理後 137

紀文達公遺集詩十六卷 （清）紀昀撰　（清）紀樹馨編校　清刻本　八冊

130000 – 0407 – 0000108　　集 1852 – 1

紀文達公遺集詩十六卷 （清）紀昀撰　（清）紀樹馨編校　清嘉慶刻本　一冊　存目次

130000 – 0407 – 0000109　　集 1851 – 1

紀文達公遺集十六卷 （清）紀昀撰　（清）紀樹馨編校　清嘉慶刻本　一冊　存目次

130000 – 0407 – 0000110　　集 161 – 6 – 1

紀文達公遺集十六卷 （清）紀昀撰　（清）紀樹馨編校　清嘉慶十年(1805)刻本　一冊　存三卷(一至三)

130000 – 0407 – 0000111　　集 185 – 1

紀文達公遺集十六卷 （清）紀昀撰　（清）紀樹馨編校　清刻本　三冊　存十卷(一至十)

130000 – 0407 – 0000112　　集 161 – 5 – 1

紀文達公遺集十六卷 （清）紀昀撰　（清）紀樹馨編校　清嘉慶十年(1805)刻本　一冊　存二卷(四至五)

130000 – 0407 – 0000113　　集 161 – 4 – 2

紀文達公遺集十六卷 （清）紀昀撰　（清）紀樹馨編校　清嘉慶十年(1805)刻本　二冊　存三卷(一、四至五)

130000 – 0407 – 0000114　　集 161 – 3 – 1

紀文達公遺集十六卷 （清）紀昀撰　（清）紀樹馨編校　清嘉慶十年(1805)刻本　四冊　存八卷(一至八)

130000 – 0407 – 0000115　　集 161 – 2 – 2

紀文達公遺集十六卷 （清）紀昀撰　（清）紀樹馨編校　清嘉慶十年(1805)刻本　九冊

130000 – 0407 – 0000116　　集 161 – 1 – 3

紀文達公遺集十六卷 （清）紀昀撰　（清）紀樹馨編校　清嘉慶十年(1805)刻本　十冊

130000 – 0407 – 0000117　　集 37 – 整理後 28

寄傲山房塾課新增幼學故事瓊林四卷首一卷
　（明）程登吉撰　（清）鄒聖脈增補　清光緒
刻本　一冊　存二卷(一、首一卷)

130000－0407－0000118　整理後 68
寄傲山房塾課新增幼學故事瓊林四卷首一卷
　（明）程登吉撰　（清）鄒聖脈增補　清同治
十年(1871)刻本　二冊

130000－0407－0000119　集 123－731
寄傲山房塾課新增幼學故事瓊林四卷首一卷
　（明）程登吉撰　（清）鄒聖脈增補　清光緒
刻本　三冊

130000－0407－0000120　文集 169－730
寄傲山房塾課新增幼學故事瓊林四卷首一卷
　（明）程登吉撰　（清）鄒聖脈增補　清光緒
刻本　四冊

130000－0407－0000121　集 064－138
寄傲山房塾課新增幼學故事瓊林四卷首一卷
　（明）程登吉撰　（清）鄒聖脈增補　清光緒
刻本　四冊

130000－0407－0000122　詩 73－156
寄嶽雲齋試帖詳註四卷　（清）聶銑敏輯
（清）王茂松等校　（清）張學蘇箋　清嘉慶十
六年(1811)刻本　四冊

130000－0407－0000123　文集 065－395、
723、728
家寶全集三十二卷　（清）石天基著　清刻本
　三十二冊

130000－0407－0000124　經 203－260
監本四書十九卷　（宋）朱熹撰　清同治十三
年(1874)江西書局刻本　六冊

130000－0407－0000125　整理後 182
新增七家試帖集註彙鈔　（清）張熙宇輯評
清刻本　二冊　存二種三卷(簡學齋試帖輯
註一卷、西泠試帖輯註二卷)

130000－0407－0000126　整理後 198
閒窗論畫一卷　（明）董其昌書　明董其昌手
稿本　一冊

130000－0407－0000127　集 31－整理後 93
鑑撮五卷　（清）曠敏本編　清同治十三年
(1874)刻本　一冊　存一卷(一)

130000－0407－0000128　整理後 90
鑑略四字書一卷附新鐫鑑略釋義一卷提綱釋
義歷代國號歌一卷歷代羣英歌一卷　（清）王
仕雲著　清光緒十五年(1889)刻本　一冊

130000－0407－0000129　整理後 83、集 44－
整理後 138
江浙四名家時文稿四種　（清）李小湖鑒定
清同治十一年(1872)刻本　二冊　存二種二
卷(舊雨草堂時文一卷、江南春稿一卷)

130000－0407－0000130　畫 004－180
芥子園畫傳初集六卷二集九卷三集六卷
(清)王槩等輯　清光緒石印本　七冊　存十
二卷(初集一至二,二集一至六,三集一至二、
五至六)

130000－0407－0000131　畫 21－整理後 10
芥子園畫傳六卷　（清）王概等輯摹　清石印
本　四冊

130000－0407－0000132　整理後 094
金匱心典三卷　（漢）張仲景著　（清）尤怡集
註　清光緒七年(1881)刻本　二冊　存二卷
(上、下)

130000－0407－0000133　集－320,125
近二十八科鄉會墨　（清）榴紅書屋主人輯
清同治六年(1867)刻本　四冊　存七卷(上
卷五卷、下卷四至五)

130000－0407－0000134　整理後 35
經史百家雜鈔二十六卷　（清）曾國藩纂
(清)李鴻章校刊　清光緒二年(1876)傳忠書
局刻本　六冊　存七卷(十六至二十二)

130000－0407－0000135　整理後 36、整理
後 15
經訓堂叢書二十一種　（清）畢沅輯　清乾隆
靈巖山館刻畢氏刻本　四冊　存二種三十一
卷(呂氏春秋一至七、二十至二十六,墨子十
六卷、附篇目考一卷)

130000－0407－0000136　史62－整理後103

景岳全書六十四卷　（明）張介賓著　清刻本
　　二冊　存四卷(六十至六十三)

130000－0407－0000137　子556－51

救偏瑣言十卷備用良方一卷　（清）費啟泰著
　　清康熙二十七年(1688)惠迪堂刻本　六冊

130000－0407－0000138　醫556－整理後34

救偏瑣言五卷備用良方一卷　（清）費啟泰著
　　清刻本　六冊

130000－0407－0000139　集148－398

救生船五卷首一卷　（□）□□撰　清同治十
　　一年(1872)刻本　五冊

130000－0407－0000140　典59－373、593、
714、整理後59、整理後60

**康熙字典十二集三十六卷總目一卷檢字一卷
辨似一卷等韻一卷補遺一卷備考一卷**　（清）
　　張玉書等撰　清道光七年(1827)刻本　三十
　　九冊

130000－0407－0000141　570、整理後61

**康熙字典十二集三十六卷總目一卷檢字一卷
辨似一卷等韻一卷補遺一卷備考一卷**　（清）
　　張玉書等撰　清道光七年(1827)刻本　三十
　　四冊　存三十八卷(子集下、丑集三卷、寅集
　　三卷、卯集上下、辰集三卷、巳集三卷、午集三
　　卷、未集三卷、申集三卷、酉集三卷、戌集上
　　中、亥集三卷、總目一卷,檢字一卷,辨似一
　　卷,等韻一卷,補遺一卷,備考一卷)

130000－0407－0000142　典91－615、521、
522、614、616、617

**康熙字典十二集三十六卷總目一卷檢字一卷
辨似一卷等韻一卷補遺一卷備考一卷**　（清）
　　張玉書等撰　清道光七年(1827)刻本　三十
　　四冊

130000－0407－0000143　典57－整理後典
57、典67－622、整理後25、28、122、194

**康熙字典十二集三十六卷總目一卷檢字一卷
辨似一卷等韻一卷補遺一卷備考一卷**　（清）
　　張玉書等撰　清道光七年(1827)刻本　三十

一冊

130000－0407－0000144　典55－511、512

**康熙字典十二集三十六卷總目一卷檢字一卷
辨似一卷等韻一卷補遺一卷備考一卷**　（清）
　　張玉書等撰　清光緒二十年(1894)上海久敬
　　齋石印本　九冊

130000－0407－0000145　典13－591

**康熙字典十二集三十六卷總目一卷檢字一卷
辨似一卷等韻一卷補遺一卷備考一卷**　（清）
　　張玉書等撰　清光緒二十四年(1898)上海文
　　盛堂書局石印本　六冊

130000－0407－0000146　610

**康熙字典十二集三十六卷總目一卷檢字一卷
辨似一卷等韻一卷補遺一卷備考一卷**　（清）
　　張玉書等撰　清光緒二十四年(1898)上海文
　　盛堂書局石印本　六冊

130000－0407－0000147　典75－568

**康熙字典十二集三十六卷總目一卷檢字一卷
辨似一卷等韻一卷補遺一卷備考一卷**　（清）
　　張玉書等撰　清光緒三十二年(1906)上海商
　　務印書館石印本　六冊

130000－0407－0000148　621

**康熙字典十二集三十六卷總目一卷檢字一卷
辨似一卷等韻一卷補遺一卷備考一卷**　（清）
　　張玉書等撰　清光緒三十年(1904)上海文盛
　　堂書局石印本　六冊

130000－0407－0000149　典12－590（典71
部二）

**康熙字典十二集三十六卷總目一卷檢字一卷
辨似一卷等韻一卷補遺一卷備考一卷**　（清）
　　張玉書等撰　清光緒十三年(1887)上海積山
　　書局石印本　六冊

130000－0407－0000150　典71－594

**康熙字典十二集三十六卷總目一卷檢字一卷
辨似一卷等韻一卷補遺一卷備考一卷**　（清）
　　張玉書等撰　清光緒十三年(1887)上海積山
　　書局石印本　六冊

130000－0407－0000151　典45號－611、

519、567、520、613、612、619

**康熙字典十二集三十六卷總目一卷檢字一卷
辨似一卷等韻一卷補遺一卷備考一卷** （清）
張玉書等撰　清康熙內府刻本　四十冊

130000－0407－0000152　典88－618、713
**康熙字典十二集三十六卷總目一卷檢字一卷
辨似一卷等韻一卷補遺一卷備考一卷** （清）
張玉書等撰　清刻本　三十四冊　缺六卷
（寅集三卷、卯集三卷）

130000－0407－0000153　典56、典64－563
**康熙字典十二集三十六卷總目一卷檢字一卷
辨似一卷等韻一卷補遺一卷備考一卷** （清）
張玉書等撰　清上海鴻寶書局石印本　六冊

130000－0407－0000154　典79－564、566
**康熙字典十二集三十六卷總目一卷檢字一卷
辨似一卷等韻一卷補遺一卷備考一卷** （清）
張玉書等撰　清上海集成圖書公司石印本
十二冊

130000－0407－0000155　典11－569
**康熙字典十二集三十六卷總目一卷檢字一卷
辨似一卷等韻一卷補遺一卷備考一卷** （清）
張玉書等撰　清上海商務印書館石印本
六冊

130000－0407－0000156　典606
**康熙字典十二集三十六卷總目一卷檢字一卷
辨似一卷等韻一卷補遺一卷備考一卷** （清）
張玉書等撰　清上海章福記石印本　六冊

130000－0407－0000157　典38－607（典21
部二）
**康熙字典十二集三十六卷總目一卷檢字一卷
辨似一卷等韻一卷補遺一卷備考一卷** （清）
張玉書等撰　清上海章福記石印本　六冊

130000－0407－0000158　典21－608 部一
**康熙字典十二集三十六卷總目一卷檢字一卷
辨似一卷等韻一卷補遺一卷備考一卷** （清）
張玉書等撰　清上海章福記石印本　六冊

130000－0407－0000159　整理後053
課幼史略讀本二卷　（清）□□撰　清光緒三

十年（1904）刻本　一冊　存一卷（一）

130000－0407－0000160　子002－200
孔氏家語十卷　（三國魏）王肅注　清刻本
四冊

130000－0407－0000161　子001－486
孔氏家語十卷　（三國魏）王肅注　清乾隆四
十九年（1784）刻本　二冊

130000－0407－0000162　經020－252
奎壁四書十九卷　（宋）朱熹章句　清刻本
六冊

130000－0407－0000163　集036－169
蘭言詩鈔四卷　（清）李瑞選　（清）穆騰額注
釋　清光緒三義堂刻本　四冊

130000－0407－0000164　詩010－600
蘭言詩鈔四卷　（清）李瑞選　（清）穆騰額注
釋　清光緒十三年（1887）刻本　四冊

130000－0407－0000165　字帖80
老子道德經不分卷　清末民初石印本　一冊

130000－0407－0000166　經098－104
禮記十卷　（元）陳澔集註　清刻本　四冊
存四卷（三、八至十）

130000－0407－0000167　經027－179
禮記十卷　（宋）朱熹撰　（清）任啓運注　清
乾隆五十八年（1793）刻本　五冊　存五卷
（一至五）

130000－0407－0000168　經114－12
禮記十卷　（元）陳澔集註　清乾隆五十四年
（1789）刻本　十冊

130000－0407－0000169　整理後163
禮記四卷　（元）陳澔集註　清刻本　一冊
存一卷（一）

130000－0407－0000170　經216－288
禮記易讀二卷　（清）志遠堂主人撰　清光緒
十二年（1886）刻本　二冊

130000－0407－0000171　204
歷代鐘鼎彝器款識法帖二十卷　（宋）薛尚功

輯　清光緒上海點石齋影印本　四冊

130000－0407－0000172　整理後 056
歷史三字經一卷　（清）□□撰　清宣統三年
(1911)刻本　一冊

130000－0407－0000173　整理後 24
練川名人畫像四卷附二卷續編三卷　（清）程
祖慶撰　清光緒四年(1878)刻本　一冊　存
三卷(續編三卷)

130000－0407－0000174　整理後 039
劉玉郎思家全部十二卷　（□）□□撰　清光
緒三十年(1904)刻本　一冊

130000－0407－0000175　整理後 113
龍光四書十九卷　（宋）朱熹撰　清聚元堂刻
本　二冊　存七卷(大學一卷、中庸一卷、論
語六至十)

130000－0407－0000176　649
龍光四書十九卷　（宋）朱熹撰　清聚元堂刻
本　四冊　存九卷(大學一卷、中庸一卷、孟
子一至七)

130000－0407－0000177　經 181－410
龍光四書十九卷　（宋）朱熹撰　清刻本　五
冊　存十四卷(大學一卷、中庸一卷、論語六
至十、孟子七卷)

130000－0407－0000178　整理後 33
龍文鞭影初集二卷二集二卷三集三卷　（明）
蕭良有纂輯　（明）楊臣諍增訂　清光緒十四
年(1888)刻本　一冊　存二卷(龍文鞭影初
集二卷)

130000－0407－0000179　整理後 135
龍文鞭影初集二卷二集二卷三集三卷　（明）
蕭良有纂輯　（明）楊臣諍增訂　清同治七年
(1868)刻本　二冊　存二卷(初集上、二集
下)

130000－0407－0000180　經 074－整
理後 074
孿史四十八卷　（清）王希廉輯　清光緒二年
(1876)申報館鉛印本　七冊　存三十六卷

(一至十九、三十至四十一、四十三至四十七)

130000－0407－0000181　經 156－309
論語集註本義匯糸二十卷首一卷　（清）王步
青輯　（清）王士鼇編　清敦復堂刻本　四冊
　存十二卷(二至十三)

130000－0407－0000182　集 69－整理後 134
論語最豁集四卷　（明）孫振基等訂　（清）劉
珍輯　清光緒三十三年(1907)聚元堂刻本
二冊

130000－0407－0000183　整理後 139
論語最豁集四卷　（明）孫振基等訂　（清）劉
珍輯　清光緒三十四年(1908)上海校經山房
石印本　一冊

130000－0407－0000184　經 094－103
論語最豁集四卷　（明）孫振基等訂　（清）劉
珍輯　清光緒三十四年(1908)上海章福記石
印本　四冊

130000－0407－0000185　整理後 189
論語最豁集四卷　（明）孫振基等訂　（清）劉
珍輯　清光緒十二年(1886)三義堂刻本　一
冊　存二卷(一至二)

130000－0407－0000186　整理後 140
論語最豁集四卷　（明）孫振基等訂　（清）劉
珍輯　清久敬齋石印本　四冊

130000－0407－0000187　集 134－整理
後 133
論語最豁集四卷　（明）孫振基等訂　（清）劉
珍輯　清刻本　二冊

130000－0407－0000188　202
論語最豁集四卷　（明）孫振基等訂　（清）劉
珍輯　清宣統刻本　二冊

130000－0407－0000189　醫 10－358
增訂本草備要四卷　（清）汪昂撰輯　清光緒
七年(1881)京都老二酉堂刻本　四冊

130000－0407－0000190　醫 1－357
脈草經絡五種會編　（清）汪昂撰輯　（清）刁
鳳岩參訂　清同治八年(1869)刻本　五冊

存三種六卷(增訂本草備要四卷、經絡歌訣一卷、燙頭歌括一卷)

130000－0407－0000191　詩 40－636

梅村集二十卷　(清)吳偉業著　(清)任光奇校　清光緒二十五年(1899)弇山鐸署刻本　四冊

130000－0407－0000192　經 156－633

孟子集註本義匯叅二十卷首一卷　(清)王步青輯　(清)王士鼇編　清敦復堂刻本　四冊　存十一卷(一至四、十四至二十)

130000－0407－0000193　集 021－727

目耕齋初集不分卷二集不分卷三集不分卷　(清)徐楷　(清)沈叔眉編　清光緒十四年(1888)湖南文昌書局刻本　八冊

130000－0407－0000194　整理後 156

男科二卷　(清)傅山撰　清同治五年(1866)刻本　一冊　存一卷(上)

130000－0407－0000195　整理後 052

評註聊齋志異十六卷　(清)蒲松齡著　(清)呂湛恩注　(清)王士正評　清刻朱墨套印本　二冊　存二卷(九、十一)

130000－0407－0000196　整理後 051

七家詩輯註彙鈔九卷　(清)張熙宇輯評　清刻本　四冊　存四卷(尚絅堂試帖輯註一卷、樨花館試帖輯註一卷、桐雲閣試帖輯註二卷)

130000－0407－0000197　詩 34－547

七家詩輯註彙鈔九卷　(清)張熙宇輯評　清刻本　四冊　存五卷(西漚試帖輯註二卷、修竹齋試帖輯註一卷、尚絅堂試帖輯註一卷、簡學齋試帖輯註一卷)

130000－0407－0000198　詩 68－602

七家詩輯注彙鈔九卷　(清)張熙宇輯評　清同治九年(1870)京師琉璃廠刻本　八冊

130000－0407－0000199　詩 47－630

七家詩輯注彙鈔九卷　(清)張熙宇輯評　清同治九年(1870)京師琉璃廠刻本　八冊

130000－0407－0000200　整理後 80

千字文不分卷　(□)□□撰　清刻本　一冊

130000－0407－0000201　史 073－415

欽定大清會典一百卷　(清)允祹等修　清刻本　八冊　存十九卷(四十至四十一、五十四、六十至六十四、八十四至八十八、九十二至九十三、九十七至一百)

130000－0407－0000202　史 005－476,635

欽定二十四史　清光緒三十一年(1905)上海久敬齋石印本　二十冊　存二百二十八卷(史記十三至一百三十、後漢書一至十、前漢書一百卷)

130000－0407－0000203　128

欽定禮記義疏八十二卷首一卷　(清)允祿等纂　清光緒二十年(1894)上海書局石印本　六冊

130000－0407－0000204　經 134－581

欽定書經圖說五十卷　(清)孫家鼐等纂修　清光緒三十一年(1905)石印本　八冊　存三十卷(二十一至五十)

130000－0407－0000205　整理後 101

青藜塾課小題文不分卷　(清)劉遹本著　清同治十三年(1874)刻本　一冊

130000－0407－0000206　詩 062－726

青雲集分韻試帖詳註四卷　(清)楊逢春輯　清竹秀山房刻本　三冊　存三卷(二至四)

130000－0407－0000207　經 206－27、30

曲江書屋新訂批註左傳快讀十八卷首一卷　(清)李紹崧選訂　清道光二十九年(1849)刻本　十六冊

130000－0407－0000208　經 206－27－2

曲江書屋新訂批註左傳快讀十八卷首一卷　(清)李紹崧選訂　清刻本　一冊　存一卷(十六)

130000－0407－0000209　經 147－43、經 147－659

曲江書屋新訂批註左傳快讀十八卷首一卷　(清)李紹崧選訂　清宣統元年(1909)上海書

局石印本　十二冊

130000－0407－0000210　經 143－259

全本禮記體註十卷　（清）范翔定　（清）徐旦
參訂　（清）徐瑄補輯　清乾隆三十一年
(1766)刻本　五冊　存五卷(一至五)

130000－0407－0000211　經 183－291

如酉所刻諸名家評點春秋綱目左傳句解彙雋
六卷　（清）韓葵重訂　清光緒二十四年
(1898)刻本　六冊

130000－0407－0000212　經 174－292

如酉所刻諸名家評點春秋綱目左傳句解彙雋
六卷　（清）韓葵重訂　清光緒二十四年
(1898)刻本　六冊

130000－0407－0000213　經 190－90

如酉所刻諸名家評點春秋綱目左傳句解六卷
　（清）韓葵重訂　清刻本　六冊

130000－0407－0000214　史 51－172、173、
174

三國志六十五卷　（晉）陳壽撰　（南朝宋）裴
松之註　清嘉慶、道光間古吳書業趙氏刻本
十八冊

130000－0407－0000215　整理後 185

三江邁倫集　（清）杜聯編選　清刻本　三冊
　存三卷(三、五、七)

130000－0407－0000216　經 026－15

三義堂字典四書十九卷　（宋）朱熹撰　清光
緒十五年(1889)刻本　六冊

130000－0407－0000217　整理後 13

三字經註解備要二卷　（宋）王應麟著　（清）
賀興思註解　清光緒三十二年(1906)聚元堂
刻本　一冊

130000－0407－0000218　整理後 078

三字經註解一卷　□□撰　清刻本　一冊

130000－0407－0000219　整理後 5

善成堂重訂古文釋義新編八卷　（清）余誠評
註　清光緒二十三年(1897)善成堂刻本
三冊

130000－0407－0000220　集 066－642

善成堂重訂古文釋義新編八卷　（清）余誠評
註　清光緒二十三年(1897)善成堂刻本
四冊

130000－0407－0000221　集 060－640

善成堂重訂古文釋義新編八卷　（清）余誠評
註　清光緒二十三年(1897)善成堂刻本
八冊

130000－0407－0000222　集 018－388

善成堂重訂古文釋義新編八卷　（清）余誠評
註　清光緒二十三年(1897)善成堂刻本
八冊

130000－0407－0000223　經 176－253

善成堂字典四書十九卷　（宋）朱熹集注　清
光緒二年(1876)刻本　六冊

130000－0407－0000224　經 100－578

尚書離句六卷　（清）錢在培輯解　清光緒十
二年(1886)聚元堂刻本　四冊

130000－0407－0000225　算 016－370

水鏡集四卷　（清）范□撰　清刻本　四冊

130000－0407－0000226　整理後 95

聖武記十四卷　（清）魏源撰　清刻本　一冊
　存一卷(七)

130000－0407－0000227　經 065－345

詩八卷　（宋）朱熹撰　清刻本　三冊　存六
卷(三至八)

130000－0407－0000228　經 198－332

詩八卷　（宋）朱熹撰　清乾隆十八年(1753)
刻本　四冊

130000－0407－0000229　經 168－576

詩八卷　（宋）朱熹撰　清道光二年(1822)崇
文堂刻本　四冊

130000－0407－0000230　經 102－574

詩八卷　（宋）朱熹撰　清光緒二十九年
(1903)刻本　四冊

130000－0407－0000231　經 002－582

詩八卷　（宋）朱熹撰　清光緒七年(1881)寶

興堂刻本　四冊

130000－0407－0000232　經 121－583
詩八卷　（宋）朱熹撰　清光緒三十二年
（1906）樹德堂刻本　四冊

130000－0407－0000233　經 079－39
詩八卷　（宋）朱熹撰　清光緒十九年（1893）
鎮泊聚元堂刻本　三冊

130000－0407－0000234　經 193－75
詩八卷　（宋）朱熹撰　清光緒十年（1884）聚
元堂刻本　四冊

130000－0407－0000235　經 215－290
詩八卷　（宋）朱熹撰　清光緒十年（1884）刻
本　三冊

130000－0407－0000236　經 161－74
詩八卷　（宋）朱熹撰　清光緒十年（1884）同
元堂刻本　四冊

130000－0407－0000237　經 1211－575
詩經八卷　（宋）朱熹撰　清光緒十一年
（1885）刻本　四冊

130000－0407－0000238　整理後 153
詩經八卷　（宋）朱熹撰　清刻本　四冊

130000－0407－0000239　整理後 129
詩經八卷　（宋）朱熹撰　清刻本　一冊　存
二卷（一至二）

130000－0407－0000240　整理後 40
詩經八卷　（宋）朱熹撰　清刻本　一冊　存
一卷（五）

130000－0407－0000241　經 186－82
詩八卷　（宋）朱熹撰　清同治九年（1870）刻
本　四冊

130000－0407－0000242　詩 44－477
詩八卷　（宋）朱熹撰　清同治十一年（1872）
刻本　四冊

130000－0407－0000243　經 097－104
詩八卷　（宋）朱熹撰　清宣統三年（1911）刻
本　二冊　存四卷（一至四）

130000－0407－0000244　經 153－580
詩經八卷詩序辨一卷　（宋）朱熹撰　清光緒
七年（1881）金陵書局刻本　五冊

130000－0407－0000245　經 066－105
詩經喈鳳詳解八卷圖說一卷　（清）陳抒孝輯
著　（清）汪基增訂　清道光二十九年（1849）
三益堂刻本　四冊

130000－0407－0000246　經 071－24
詩經喈鳳詳解八卷圖說一卷　（清）陳抒孝輯
著　（清）汪基增訂　清光緒十八年（1892）刻
本　五冊

130000－0407－0000247　整理後 173
詩經喈鳳詳解八卷圖說一卷　（清）陳抒孝輯
著　（清）汪基增訂　清刻本　一冊　存一卷
（五）

130000－0407－0000248　經 019－95
詩經精華十卷　（清）薛嘉穎輯　清同治元年
（1862）刻本　四冊

130000－0407－0000249　經 188－96
詩經融註大全體要八卷　（清）高朝瓔撰
（清）沈世楷輯　清康熙五十年（1711）刻本
四冊

130000－0407－0000250　經 162－331
詩經體註大全八卷　（清）高朝瓔定　（清）沈
世楷輯　清崇文堂刻本　三冊　存六卷（三
至八）

130000－0407－0000251　經 125－31
詩經體註大全八卷　（清）高朝瓔定　（清）沈
世楷輯　清刻本　四冊

130000－0407－0000252　整理後 041
詩經體註大全體要八卷　（清）高朝瓔定
（清）沈世楷輯　清寶興堂刻本　一冊　存二
卷（三至四）

130000－0407－0000253　經 122－346
詩經體註大全體要八卷　（清）高朝瓔定
（清）沈世楷輯　清光緒十六年（1890）寶興堂
刻本　五冊

130000－0407－0000254　類－1391

詩句題解韻編合集　（清）陳維屏編　清刻本
一冊　存一卷（五）

130000－0407－0000255　整理後 114

詩料典雅平仄評註六卷　（清）顧杏樓輯註
清道光五年（1825）刻本　三冊　存三卷（一、
四、六）

130000－0407－0000256　詩 072－整理
後 007

詩料十四卷　（清）劉豹君撰　清乾隆六十年
（1795）同元堂刻本　二冊

130000－0407－0000257　詩 075－544

詩料十四卷　（清）劉豹君撰　清乾隆聚錦堂
刻本　四冊

130000－0407－0000258　542

詩料正宗平仄詳註六卷　（清）清溪散人輯註
清敬文堂刻本　六冊

130000－0407－0000259　整理後 23

詩韻含英四卷　（清）劉文蔚輯　清刻本　三
冊　存三卷（一至三）

130000－0407－0000260　詩 43－717

詩韻合璧五卷　（清）湯文潞撰　清光緒十三
年（1887）廣百宋齋鉛印本　五冊

130000－0407－0000261　整理後 193

詩韻集成十卷　（清）余照輯　清刻本　一冊
存三卷（八至十）

130000－0407－0000262　整理後 81

詩韻集成十卷　（清）余照輯　清同治五年
（1866）刻本　四冊

130000－0407－0000263　詩 50－718

詩韻集成十卷　（清）余照輯　清光緒十五年
（1889）銅版印本　四冊

130000－0407－0000264　詩 016－340

詩韻集成十卷　（清）余照輯　清光緒六年
（1880）崇德堂刻本　四冊

130000－0407－0000265　詩 009－167

詩韻集成十卷　（清）余照輯　清光緒十九年

（1893）三義堂刻本　四冊

130000－0407－0000266　詩 032－155

詩韻集成十卷　（清）余照輯　清道光十八年
（1838）刻本　四冊

130000－0407－0000267　詩 037－163

詩韻集成十卷　（清）余照輯　清光緒十六年
（1890）崇德堂刻本　四冊

130000－0407－0000268　詩 066－165

詩韻集成十卷　（清）余照輯　清同治五年
（1866）刻本　四冊

130000－0407－0000269　史 2－整理後 124

十七史一千五百七十四卷　（明）毛晉編　明
崇禎元年至十七年（1628－1644）毛氏汲古閣
刻本　四冊　存二十四卷（晉書十五至二十
三、三十九至四十四，梁書三十至三十八）

130000－0407－0000270　經 152－699

十三經讀本　（清）□□編　清同治金陵書局
刻本　五冊　存二十二卷（易經十二卷、首一
卷、末一卷，易經八卷）

130000－0407－0000271　整理後 155

十三經集字一卷　（清）李鴻藻輯　清光緒八
年（1882）刻本　一冊

130000－0407－0000272　經 010－347、整理
後 1

十三經注疏附考證　（清）□□輯　清同治十
年（1871）廣東書局刻本　四十七冊　存一百
三十八卷（周易注疏六至八、十二至十三，略
例一卷；毛詩注疏一至七、二十一至二十二、
二十八至三十，毛詩譜一卷；尚書注疏五至十
九；論語注疏一至五、十一至十四；孝經注疏
九卷；周禮注疏一至三、十六至十八、二十八
至三十六；爾雅注疏一至二、九至十一；禮記
注疏十四至十九、二十六至二十八、三十六至
四十一、四十八至五十；儀禮注疏五至八、十
二至十七；春秋穀梁傳二十卷；公羊傳註疏四
至十一、二十五至二十八；左傳註疏三至六；
孟子注疏五上、七下）

130000－0407－0000273　詩 052－整理

後008

十杉亭帖體詩鈔五卷續編二卷 （清）吳楷撰
　微雲小舍試帖詩課二卷續編二卷 （清）張
汀鑑定 （清）吳之俊校註 清道光三年
(1823)成錦堂刻本 六冊

130000－0407－0000274 整理後43

時藝辨不分卷 （清）□□輯 （清）秀卿抄
清光緒二十年(1894)抄本 一冊

130000－0407－0000275 史014－218

史記菁華錄六卷 （清）姚苎田輯評 清光緒
二十二年(1896)上海書局石印本 六冊

130000－0407－0000276 史056－470

史略八十七卷 （清）朱坤輯 清光緒十九年
(1893)上海宏文閣鉛印本 六冊

130000－0407－0000277 史053－352

史外八卷 （清）汪有典撰 清同治四年
(1865)刻本 八冊

130000－0407－0000278 整理後168

試律百篇最豁解不分卷 （清）王澤沚評註
清刻本 一冊

130000－0407－0000279 整理後172

試律青雲集四卷 （清）楊逢春輯 （清）沈品
華等註 清道光三年(1823)同元堂刻本 一
冊 存一卷(一)

130000－0407－0000280 整理後145

試律青雲集四卷 （清）楊逢春輯 （清）沈品
華等註 清刻本 一冊 存一卷(四)

130000－0407－0000281 整理後099

試律青雲集四卷 （清）楊逢春輯 （清）沈品
華等註 清刻本 二冊 存二卷(二、四)

130000－0407－0000282 詩67－669

試帖長城集八卷 （清）袁榘輯 清道光三年
(1823)崇文堂刻本 八冊

130000－0407－0000283 詩42－601

試帖箋林八卷 （清）秦錫淳選評 清乾隆二
十三年(1758)刻本 六冊

130000－0407－0000284 經154－692

書經集傳六卷首一卷末一卷 （宋）蔡沈撰
清光緒七年(1881)金陵書局本 四冊

130000－0407－0000285 整理後020

書經六卷 （宋）蔡沈撰 清刻本 一冊 存
二卷(二至三)

130000－0407－0000286 整理後123

書經六卷 （宋）蔡沈撰 清刻本 一冊 存
一卷(四)

130000－0407－0000287 660

書經六卷 （宋）蔡沈撰 清光緒三年(1877)
刻本 四冊

130000－0407－0000288 經080－586

書經六卷 （宋）蔡沈撰 清光緒十年(1884)
同元堂刻本 四冊

130000－0407－0000289 經1661－588

書經六卷 （宋）蔡沈撰 清光緒元年(1875)
衡水三義堂刻本 四冊

130000－0407－0000290 經166－587

書經六卷 （宋）蔡沈撰 清光緒十年(1884)
鎮泊聚元堂刻本 四冊

130000－0407－0000291 經001－585

書經六卷 （宋）蔡沈撰 清光緒刻本 四冊

130000－0407－0000292 經007－596

書經六卷 （宋）蔡沈撰 清宣統三年(1911)
鎮泊聚元堂刻本 四冊

130000－0407－0000293 經139－99

書經六卷 （宋）蔡沈撰 清金陵鄭元美刻本
四冊

130000－0407－0000294 經209－98

書經六卷 （宋）蔡沈撰 清光緒刻本 四冊

130000－0407－0000295 經015－36

書經六卷 （宋）蔡沈撰 清光緒十年(1884)
鎮泊聚元堂刻本 三冊

130000－0407－0000296 經014－35

書經六卷 （宋）蔡沈撰 清宣統三年(1911)
鎮泊聚元堂刻本 四冊

130000－0407－0000297　經 123－37
書經六卷　（宋）蔡沈撰　清宣統三年（1911）
鎮泊聚元堂刻本　四冊

130000－0407－0000298　經 167－38
書經六卷　（宋）蔡沈撰　清宣統三年（1911）
鎮泊聚元堂刻本　四冊

130000－0407－0000299　經 005－42
書經六卷　（宋）蔡沈撰　清光緒十四年
（1888）天津文美齋刻本　四冊

130000－0407－0000300　經 106－34
書經六卷　（宋）蔡沈撰　清光緒十年（1884）
同元堂刻本　三冊

130000－0407－0000301　經 090－41
書經六卷　（宋）蔡沈撰　清光緒三年（1877）
刻本　四冊

130000－0407－0000302　經 109－33
書經六卷　（宋）蔡沈撰　清光緒十年（1884）
同元堂刻本　四冊

130000－0407－0000303　經 001－32
書經六卷　（宋）蔡沈撰　清光緒十年（1884）
同元堂刻本　四冊

130000－0407－0000304　330
書經體註大全八卷　（清）高朝瓔定　（清）沈
世楷輯　清乾隆五十八年（1793）刻本　四冊

130000－0407－0000305　經 0661－105
書經體註大全合參六卷　（清）范翔鑒定
（清）錢希祥纂輯　清嘉慶元年（1796）刻本
一冊　存一卷（一）

130000－0407－0000306　經 017－81
書經體註大全合參六卷　（清）范翔鑒定
（清）錢希祥纂輯　清道光十四年（1834）刻本
四冊

130000－0407－0000307　經 069－80
書經集傳音釋六卷　（宋）蔡沈撰　清光緒十
五年（1889）江南書局刻本　六冊

130000－0407－0000308　集 190－整理後 11
書目答問五卷別錄一卷國朝箸述諸家姓名略

四川尊經書院記一卷輶軒語一卷　（清）張之
洞撰　清光緒二十三年（1897）新化三味堂刻
本　三冊

130000－0407－0000309　集 141－391
書業德重訂古文釋義新編八卷　（清）余誠評
註　清光緒十三年（1887）刻本　四冊

130000－0407－0000310　集 171－501
書業德重訂古文釋義新編八卷　（清）余誠評
註　清光緒十一年（1885）刻本　八冊

130000－0407－0000311　集 111－154
塾課小題分編八集　（清）王步青評　清刻本
六冊　存三集八卷

130000－0407－0000312　整理後 166
漱芳軒合纂禮記體註四卷　（清）范翔參訂
（清）朱光斗等校　清刻本　一冊　存一卷
（二）

130000－0407－0000313　整理後 107
漱芳軒合纂禮記體註四卷　（清）范翔參訂
（清）朱光斗等校　清刻本　一冊　存二卷
（一至二）

130000－0407－0000314　經 197－302
漱芳軒合纂禮記體註四卷　（清）范翔參訂
（清）朱光斗等校　清刻本　四冊

130000－0407－0000315　經 028－272
漱芳軒合纂禮記體註四卷　（清）范翔參訂
（清）朱光斗等校　清刻本　四冊

130000－0407－0000316　經 191－258
漱芳軒合纂禮記體註四卷　（清）范翔參訂
（清）朱光斗等校　清刻本　四冊

130000－0407－0000317　經 159－287
漱芳軒合纂禮記體註四卷　（清）范翔參訂
（清）朱光斗等校　清同治六年（1867）刻本
四冊

130000－0407－0000318　經 286
漱芳軒合纂禮記體註四卷　（清）范翔參訂
（清）朱光斗等校　清刻本　四冊

130000－0407－0000319　經 070－359

漱芳軒合纂四書體註十九卷 （清）范翔參訂
清光緒四年(1878)刻本　六冊

130000－0407－0000320　經112－9
漱芳軒合纂四書體註十九卷 （清）范翔參訂
清乾隆三十五年(1770)三樂齋刻本　四冊

130000－0407－0000321　492、498、499、500
說郛續四十六卷目錄一卷 （明）陶珽輯　清
順治宛委山堂刻本　二十六冊　存二十六卷
(一至九、十一至十二、十六、二十、二十二至
二十三、三十二至三十三、三十五至三十七、
四十、四十二至四十四、四十六，目錄一卷)

130000－0407－0000322　493、495、183、496、
497、181、182、490、491、489、126、整理後26
說郛一百二十卷目錄二卷 （明）陶珽重校
清順治三年(1646)刻本　八十一冊　存八十
卷(一至五、七至十六、二十三至三十五、三十
八至四十三、四十六至五十二、五十四至六
十、八十一至八十二、八十四、八十六、八十八
至八十九、九十二至九十九、一百一至一百
六、一百八、一百十二至一百二十，目錄二卷)

130000－0407－0000323　典077－625
說文解字十五卷 （清）段玉裁注　清刻本
四冊　存四卷(二至五)

130000－0407－0000324　集043,整理後191
思綺堂文集十卷 （清）章藻功撰註　清刻本
一冊　存一卷(五)

130000－0407－0000325　551、552
四大奇書第一種十九卷首一卷一百二十回
(明)羅本撰　（清）毛宗崗評定　清刻本
十冊

130000－0407－0000326　集001－119－120
四大奇書第一種十九卷首一卷一百二十回
(明)羅本撰　（清）毛宗崗評定　清刻本　二
十冊

130000－0407－0000327　經81號－409
四書便蒙十九卷 （宋）朱熹撰　清嘉慶二十
三年(1818)刻本　七冊

130000－0407－0000328　經155－658
四書遵註大全二十卷 （清）王枚盛纂輯　清
文盛堂刻本　八冊　存十三卷(大學一卷、中
庸二卷、論語十卷)

130000－0407－0000329　經113－553
四書典制類聯音註三十三卷 （清）閻其淵輯
清刻本　十四冊　存三十卷(四至三十三)

130000－0407－0000330　經87－554
四書典制類聯音註三十三卷 （清）閻其淵輯
清嘉慶元年(1796)刻本　十六冊

130000－0407－0000331　文5號
四書典制類聯音註三十三卷 （清）閻其淵輯
清刻本　四冊　存十五卷(一至三、二十二
至三十三)

130000－0407－0000332　經137－312
四書典制類聯音註三十三卷 （清）閻其淵輯
清嘉慶元年(1796)函三堂刻本　五冊　存
十五卷(一至五、十五至十七、二十至二十一、
二十三至二十四、三十一至三十三)

130000－0407－0000333　經150－262
四書典制類聯音註三十三卷 （清）閻其淵輯
清嘉慶元年(1796)刻本　七冊　存十六卷
(一至二、四至十七)

130000－0407－0000334　經150－311
四書典制類聯音註三十三卷 （清）閻其淵輯
清刻本　六冊　存十八卷(六至十四、十八
至十九、二十二、二十五至三十)

130000－0407－0000335　經72－46
四書讀本十九卷 （宋）朱熹撰　清光緒十二
年(1886)湖北官書處刻本　二冊　存十卷
(論語十卷)

130000－0407－0000336　經073－348
四書集註闡微直解二十七卷 （宋）朱熹集注
（明）張居正直解　清光緒八旗經正書院刻
本　十二冊

130000－0407－0000337　018
四書集註十九卷 （宋）朱熹撰　清大成齋刻

本　六冊

130000－0407－0000338　經 211－652

四書經註集證十九卷　（清）吳昌宗撰　清嘉慶二十一年（1816）刻本　十冊　存十七卷（大學一卷、中庸一卷、論語一至八、孟子一至七）

130000－0407－0000339　經 201－310、311

四書琳琅冰鑑五十四卷　（清）董餘峯輯（清）高其閌注釋　清嘉慶九年（1804）刻本　九冊

130000－0407－0000340　集 173－626

四書人物類典串珠四十卷　（清）臧志仁輯　清刻本　五冊　存十七卷（八至十四、二十五至二十九、三十六至四十）

130000－0407－0000341　經 0251－101（合函）

四書人物類典串珠四十卷　（清）臧志仁輯　清光緒十二年（1886）刻本　一冊　存二卷（一至二）

130000－0407－0000342　集 175－440

四書人物類典串珠四十卷　（清）臧志仁編輯　清道光九年（1829）刻本　六冊　存十六卷（一至十六）

130000－0407－0000343　整理後 149

四書十九卷　（宋）朱熹撰　清刻本　一冊　存五卷（論語一至五）

130000－0407－0000344　經 202－250

四書十九卷　（宋）朱熹撰　清同治十一年（1872）江西書局刻本　六冊

130000－0407－0000345　集 196－503

四書題鏡三十六卷總論一卷　（清）汪鯉翔纂述　清乾隆三十六年（1771）刻本　十六冊

130000－0407－0000346　經 034－整理後 126

四書味根錄三十七卷　（清）金澂撰　清石印本　七冊　存三十四卷（論語二十卷、孟子十四卷）

130000－0407－0000347　經 95－337

四書章句集註十九卷　（宋）朱熹撰　清刻本　六冊

130000－0407－0000348　經 192－274

四書章句集註十九卷　（宋）朱熹撰　清刻本　六冊

130000－0407－0000349　經 120－29

四書章句集註十九卷　（宋）朱熹撰　清道光二年（1822）文盛堂刻本　五冊

130000－0407－0000350　經 103－19

四書章句集註十九卷　（宋）朱熹撰　清刻本　六冊

130000－0407－0000351　經 076－20

四書章句集註十九卷　（宋）朱熹撰　清刻本　六冊

130000－0407－0000352　經 110－21

四書章句集註十九卷　（宋）朱熹撰　清刻本　六冊

130000－0407－0000353　經 31－整理後 85

四書朱子本義匯參四十三卷首四卷　（清）王步青輯　清光緒二十八年（1902）上海書局石印本　六冊

130000－0407－0000354　經 184－334、335、336、343

四書朱子本義匯參四十三卷首四卷　（清）王步青輯　清敦復堂刻本　三十冊　缺七卷（孟子一至七）

130000－0407－0000355　273

四書朱子本義匯參四十三卷首四卷　（清）王步青輯　清敦復堂刻本　八冊　存八卷（孟子集註本義匯糸一至七、孟子序說首一卷）

130000－0407－0000356　經 033－342

四書朱子大全精言四十一卷　（清）周大璋纂輯　清寶旭齋刻本　六冊　存八卷（孟子七至十四）

130000－0407－0000357　經 68－360

四書朱子異同條辨四十卷　（清）李沛霖

（清）李禎訂　清刻本　三十一冊　存二十七卷(大學一至二,中庸二,論語二十卷,孟子一、五、七、十四)

130000－0407－0000358　整理後 111
四書字基不分卷　（□）□□撰　清光緒二十五年(1899)衡水三義堂刻本　一冊

130000－0407－0000359　集 115－124
四字類賦二十七卷　（清）張師載撰　清道光二十九年(1849)刻本　四冊

130000－0407－0000360　集 118－127
四字類賦二十七卷　（清）張師載撰　清光緒十六年(1890)同元堂刻本　四冊

130000－0407－0000361　史 002－整理後 30
宋史四百九十六卷　（元）脫脫等撰　明嘉靖刻明萬曆、崇禎、清順治、康熙遞修本　五冊　存二十五卷(四百七十二至四百九十六)

130000－0407－0000362　史 92－648
宋書一百卷　（南朝梁）沈約撰　明萬曆二十二年(1594)南京國子監刻本　三冊　存十三卷(二十九至三十一、六十至六十五、八十一至八十四)

130000－0407－0000363　整理後 180
隨園詩草八卷　（清）邊連寶撰　清乾隆四十年(1775)刻本　一冊　存二卷(一至二)

130000－0407－0000364　子 003－191
太上寶筏圖說不分卷　（清）黃正元撰　清光緒十八年(1892)石印本　八冊

130000－0407－0000365　整理後 116
太上感應篇註証一卷　（□）□□撰　清刻本　一冊

130000－0407－0000366　整理後 017
太史張天如詳節春秋綱目句解左傳六卷　（清）韓菼重訂　清刻本　四冊　存四卷(二至四、六)

130000－0407－0000367　經 124－40
太史張天如詳解春秋綱目左傳句解六卷　（清）韓菼重訂　清光緒刻本　六冊

130000－0407－0000368　整理後 075,087,091,089
唐代叢書一百六十五種　（清）陳世熙編　清刻本　十二冊　存四十七種四十七卷(二集雲溪友議一卷、國史補一卷、因話錄一卷、劇談錄一卷、法苑珠林一卷、南楚新聞一卷、金華子雜編一卷、耳目記一卷、瀟湘錄一卷、玉泉子一卷、舊聞記一卷、摭言一卷、記事珠一卷、嗒噱錄一卷、義山雜纂一卷、龍城錄一卷,三集洞天福地記一卷、北里志一卷、迷樓記一卷、海山記一卷,湘中怨詞一卷、二十四詩品一卷、本事詩一卷、比紅兒詩一卷、貞娘墓詩一卷、書法一卷、畫學祕訣一卷、續畫品錄一卷、貞觀公私畫史一卷、歌者葉記一卷、嘯旨一卷、六集博異記一卷、幽怪錄一卷、續幽怪錄一卷、聞奇錄一卷、錦裙記一卷、靈應錄一卷、鬼冢志一卷、幻影傳一卷、幻戲志一卷、幻異志一卷、才鬼記一卷、妖妄傳一卷、東陽夜怪錄一卷、靈鬼志一卷、物怪錄一卷、靈怪錄一卷)

130000－0407－0000369　集 198－134
唐代叢書一百六十五種　（清）陳世熙編　清刻本　六冊　存二十九種三十卷(紅線傳一卷、劉無雙一卷、霍小玉傳一卷、牛應貞傳一卷、謝小娥傳一卷、李娃傳一卷、楊娼傳一卷、章臺柳傳一卷、非煙傳一卷、揚州夢記一卷、杜秋傳一卷、龍女傳一卷、妙女傳一卷、神女傳一卷、雷民傳一卷、會真記一卷、黑心符一卷、南柯記一卷、枕中記一卷、酉陽雜俎二卷、諸臯記一卷、支諸臯記一卷、墾上記一卷、前定錄一卷、卓異記一卷、摭異記一卷、集異記一卷、志怪錄一卷、集異志一卷)

130000－0407－0000370　整理後 54
唐詩別裁集十卷　（清）沈德潛　（清）陳崙脈選　清刻本　一冊　存一卷(五)

130000－0407－0000371　集 076－170
唐詩解五十卷　（清）唐汝詢選釋　清萬笈堂刻本　二冊　存五卷(八至九、十五至十七)

130000－0407－0000372　整理後 106
唐詩三百首補註八卷　（清）蘅塘退士編

397

（清）陳婉俊輯注　清刻本　一冊　存二卷
（七至八）

130000－0407－0000373　詩26－700
唐詩三百首補註八卷　（清）蘅塘退士編
（清）陳婉俊輯注　清光緒十二年（1886）刻本
六冊

130000－0407－0000374　詩026－603
唐詩三百首補註八卷　（清）蘅塘退士編
（清）陳婉俊輯注　清光緒十二年（1886）刻本
三冊　存四卷（一至四）

130000－0407－0000375　詩59－663
唐詩三百首續選不分卷　（清）于慶元編　清
刻本　二冊

130000－0407－0000376　670
唐詩三百首註釋六卷附續選二卷　（清）蘅塘
退士　（清）于慶元編　清光緒十五年（1889）
文寶堂刻本　四冊

130000－0407－0000377　整理後112
唐詩三百首註疏六卷　（清）蘅塘退士編
（清）章燮註　清道光二十二年（1842）刻本
一冊　存一卷（一）

130000－0407－0000378　整理後062
唐詩三百首註疏六卷　（清）蘅塘退士編
（清）章燮註　清刻本　一冊　存一卷（五）

130000－0407－0000379　詩59－663
唐詩三百首註疏六卷　（清）蘅塘退士編
（清）章燮註　清光緒十七年（1891）刻本
六冊

130000－0407－0000380　整理後170
唐書二百二十五卷　（宋）歐陽修撰　元大德
刻明清遞修本　十冊　存三十六卷（一至四、
四十三下至六十九、七十一、七十二下至七十
五）

130000－0407－0000381　史79－408
唐書二百二十五卷　（宋）歐陽修　（宋）宋祁
撰　**釋音二十五卷**　（宋）董衝釋音　明萬曆
北京國子監刻本　二十一冊　存一百四卷

130000－0407－0000382　詩58－整理後121
**同館賦鈔二集四十卷首一卷試律續鈔二集四
十卷首二卷詩補鈔四卷詩賦補鈔三卷**　（清）
朱鳳標輯　清刻本　三冊　存三卷（同館賦
鈔二集三十一、同館試律續鈔二集三十一至
三十二）

130000－0407－0000383　文史074－457
桐城吳先生點勘戰國策三十三卷　（清）吳汝
綸點勘　清光緒鉛印本　二冊

130000－0407－0000384　子004－455
桐城吳先生點勘諸子七種　（清）吳汝綸點勘
清宣統二年（1910）鉛印本　十一冊

130000－0407－0000385　子011－198、012－
199、013－197、014－201、010－453、017－
454、史075－220
桐城吳先生點勘諸子七種　（清）吳汝綸點勘
清宣統二年（1910）鉛印本　十一冊　缺十
卷（墨子七至十六）

130000－0407－0000386　整理後179
童子尺牘不分卷　（□）□□撰　清石印本
一冊

130000－0407－0000387　醫022－69
圖注八十一難經四卷校正圖注脈訣四卷
（明）張世賢注　**奇經八脈考一卷校正瀕湖脈
訣一卷**　（明）李時珍輯　清光緒三十一年
（1905）上海鴻寶齋石印本　五冊

130000－0407－0000388　醫002－66
圖註八十一難經辨真四卷附脈訣附方一卷
（戰國）秦越人述　（明）張世賢注　清刻本
二冊　存三卷（三至四、脈訣附方一卷）

130000－0407－0000389　醫23－63
**圖註八十一難經辨真四卷圖註脈訣辨真四卷
附脈訣附方一卷**　（明）張世賢撰　清光緒十
六年（1890）同元堂刻本　二冊

130000－0407－0000390　子550－194

圖註八十一難經辨真四卷圖註脈訣辨真四卷
附脈訣附方一卷 （明）張世賢撰 清道光二
十八年(1848)刻本 四冊

130000－0407－0000391 整理後 038
王洪緒先生外科證治全生不分卷 （清）王維
德著 清光緒八年(1882)臨川桂氏刻本
一冊

130000－0407－0000392 集－318,471,125,
整理後 049
文苑集成三十三卷補續文苑十二卷 （□）
□□輯 清刻本 十四冊 存四十一卷(文
苑集成大學一至三,中庸一至六,上論一至
六、下論一至六,上孟一至四、下孟一至四;補
續文苑十二卷)

130000－0407－0000393 整理後 016
文章練要左傳評十卷 （清）王源評 清刻本
一冊 存二卷(七至八)

130000－0407－0000394 集 138－479/480
文章游戲初編八卷二編八卷三編八卷四編八
卷 （清）繆艮選 清光緒元年(1875)刻本
八冊 存十六卷(三編八卷、四編八卷)

130000－0407－0000395 整理後 29
吳吳山三婦合評牡丹亭還魂記二卷 （明）湯
顯祖元本 （清）錢宜參評 清刻本 二冊
存一卷(下)

130000－0407－0000396 整理後 055
五車韻瑞一百六十卷 （明）凌稚隆輯 清刻
本 八冊 存四十九卷(六十至一百八)

130000－0407－0000397 整理後 92
五代十國契丹年表一卷 （□）□□撰 清刻
本 一冊

130000－0407－0000398 典 010－328
五方元音二卷 （清）樊騰鳳撰 （清）年希堯
增補 清道光二十年(1840)刻本 四冊

130000－0407－0000399 典 043－338
五方元音十二卷 （清）樊騰鳳撰 （清）年希
堯增補 清宣統元年(1909)上海埽葉山房石

印本 四冊 存四卷(一至四)

130000－0407－0000400 經 0251－101
五經鴻裁二十卷 清刻本 八冊 存十六卷
(書經四卷、詩經四卷、禮記四卷、春秋一至
二、易經三至四)

130000－0407－0000401 整理後 176
五經樓小題拆字不分卷 （清）山仲甫 （清）
山璉輯選 清道光十九年(1839)刻本 一冊

130000－0407－0000402 經 151－558/138－
579
五經旁訓辨體讀本五種 （清）徐立綱輯 清
循陔堂刻本 十四冊

130000－0407－0000403 經 025－102
五經全文新編初集五卷二集五卷 清刻本
六冊

130000－0407－0000404 史 72－212
五洲事類匯表四十八卷附通攷二卷 （清）趙
士元 （清）孔昭綬編輯 清光緒二十九年
(1903)上海仁記書局石印本 十冊 存二十
六卷(一至二十六)

130000－0407－0000405 集 39－整理後 037
務本堂塾課續編 （清）李冠羣著 清光緒三
年(1877)刻本 一冊

130000－0407－0000406 集 189－157
洗冤錄補註全纂六卷集證二卷 （清）王又槐
輯 清道光刻本 六冊

130000－0407－0000407 史 077－527
獻縣志二十卷圖一卷表一卷 （清）萬廷蘭纂
清刻本 六冊 存十二卷(九至二十)

130000－0407－0000408 集 156－121
詳校東萊博議四卷 （宋）呂祖謙撰 清光緒
二十四年(1898)聚元堂刻本 四冊

130000－0407－0000409 算 022－482
詳註全圖新算法大成八卷 （明）程大位編
王庸選校刊 清石印本 四冊

130000－0407－0000410 集 40－整理後 147
小試分體簡摩集不分卷 （清）唐鏡海選定

清咸豐元年(1851)酉山堂刻本　一冊

130000－0407－0000411　史65－561
小腆紀年附考二十卷　(清)徐鼒撰　清光緒
四年(1878)刻本　五冊　存六卷(一至二、五
至六、九至十)

130000－0407－0000412　整理後162
小學韻語一卷　(清)羅澤南著　清光緒三十
年(1904)刻本　一冊

130000－0407－0000413　整理後146
孝經集註講義不分卷　(明)陳選集註　清刻
本　一冊

130000－0407－0000414　整理後175
孝經一卷　(清)王相箋注　清刻本　一冊

130000－0407－0000415　經029－106
校刊增註四書便蒙十九卷　(宋)朱熹章句
清光緒三義堂刻本　六冊

130000－0407－0000416　應用文25號－184
**寫信必讀十卷附新增商務普通尺牘一卷新增
學堂普通尺牘二卷**　(清)唐芸洲撰　清宣統
三年(1911)石印本　六冊

130000－0407－0000417　整理後98
新編合參全旨四書近言正解　(清)高紫虹等
鑒定　清刻本　一冊　存二卷(下孟一至二)

130000－0407－0000418　經032－16
新訂四書補註備旨十卷　(明)鄧林著　(清)
鄧煜編次　清光緒五年(1879)刻本　六冊

130000－0407－0000419　經075－557
新訂四書補註備旨十卷　(明)鄧林著　(清)
鄧煜編次　清翠筠山房刻本　六冊

130000－0407－0000420　經128－556
新訂四書補註備旨十卷　(明)鄧林著　(清)
鄧煜編次　清嘉慶九年(1804)文萃堂刻本
八冊

130000－0407－0000421　321
新訂四書補註備旨十卷　(明)鄧林著　(清)
鄧煜編次　清光緒十年(1884)刻本　六冊

130000－0407－0000422　344
新訂四書補註備旨十卷　(明)鄧林著　(清)
鄧煜編次　清光緒十二年(1886)刻本　六冊

130000－0407－0000423　經178－247
新訂四書補註備旨十卷　(明)鄧林著　(清)
鄧煜編次　清宣統三年(1911)刻本　七冊

130000－0407－0000424　246
新訂四書補註備旨十卷　(明)鄧林著　(清)
鄧煜編次　清宣統三年(1911)刻本　六冊

130000－0407－0000425　經035－249
新訂四書補註備旨十卷　(明)鄧林著　(清)
鄧煜編次　清光緒善成堂刻本　八冊

130000－0407－0000426　經101－257
新訂四書補註備旨十卷　(明)鄧林著　(清)
鄧煜編次　清宣統元年(1909)上海久敬齋書
局石印本　六冊

130000－0407－0000427　261
新訂四書補註備旨十卷　(明)鄧林著　(清)
鄧煜編次　清同治十一年(1872)刻本　七冊

130000－0407－0000428　經171－248
新訂四書補註備旨十卷　(明)鄧林著　(清)
鄧煜編次　清宣統三年(1911)刻本　六冊

130000－0407－0000429　203
新訂四書補註備旨十卷　(明)鄧林著　(清)
鄧煜編次　清上海廣益書局石印本　八冊

130000－0407－0000430　245
新訂四書補註備旨十卷　(明)鄧林著　(清)
鄧煜編次　清宣統三年(1911)刻本　六冊

130000－0407－0000431　經023－100
新訂四書補註備旨十卷　(明)鄧林著　(清)
鄧煜編次　清道光二十四年(1844)刻本
六冊

130000－0407－0000432　經189－26
新訂四書補註備旨十卷　(明)鄧林著　(清)
鄧煜編次　清道光二十二年(1842)刻本
六冊

130000－0407－0000433　經213－22

新訂四書補註備旨十卷 （明）鄧林著 （清）
鄧煜編次 清宣統三年（1911）刻本 八冊

130000－0407－0000434 經107－25
新訂四書補註備旨十卷 （明）鄧林著 （清）
鄧煜編次 清宣統元年（1909）刻本 五冊
缺一卷(下孟四)

130000－0407－0000435 經092－10
新訂四書補註備旨十卷 （明）鄧林著 （清）
鄧煜編次 清嘉慶十八年（1813）文盛堂刻本
六冊

130000－0407－0000436 整理後190
新鐫五言千家詩會義直解四卷 （清）王相選
（清）任福祐輯 清刻本 一冊

130000－0407－0000437 集013－158
新鐫註釋故事白眉十卷 （明）許以忠纂集
（明）燃黎閣重較 清乾隆十八年（1753）聚錦
堂刻本 八冊

130000－0407－0000438 醫554－439
新刊外科正宗四卷 （明）陳實功纂著 清雍
正積秀堂刻本 八冊

130000－0407－0000439 醫548－414
新刊繡像牛馬經八卷 （明）喻仁 （明）喻傑
著 清道光經餘堂刻本 四冊

130000－0407－0000440 整理後66
新刊纂圖元亨療馬集六卷 （明）喻仁 （明）
喻傑著 清光緒十五年（1889）文成堂刻本
三冊

130000－0407－0000441 子549－53
新刊纂圖元亨療馬集六卷 （明）喻仁 （明）
喻傑著 清文盛堂刻本 四冊

130000－0407－0000442 醫026－49
新刊纂圖元亨療馬集六卷圖像水黃牛經合併
大全一卷駝經一卷 （明）喻仁 （明）喻傑著
清光緒三十二年（1906）刻本 六冊

130000－0407－0000443 算15－110
新刻東海王先生纂輯陽宅十書四卷 （明）王
君榮纂輯 （清）左之龍等全校 清光緒八年

（1882）刻本 四冊

130000－0407－0000444 整理後170
新刻賦料類聯詳註二十卷 （清）劉淑壎編
清道光二十年（1840）刻本 四冊

130000－0407－0000445 整理後045
新刻詩聯合選春聯譜不分卷 （□）□□撰
清餘慶齋刻本 一冊

130000－0407－0000446 經141－79
新刻書經備旨善本輯要六卷 （清）汪右衡鑒
定 （清）馬大猷輯 清刻本 五冊

130000－0407－0000447 經093－78
新刻書經備旨善本輯要六卷 （清）汪右衡鑒
定 （清）馬大猷輯 清刻本 六冊

130000－0407－0000448 小說81－整理
後110
新齊諧二十四卷 （清）袁枚編 清刻本 六
冊 存十二卷(七至九、十二至十五、十八至
二十一、二十四)

130000－0407－0000449 小說80－整理
後109
新齊諧二十四卷 （清）袁枚編 清刻本 五
冊 存十九卷(一至八、十四至二十四)

130000－0407－0000450 集17－整理後064
新選經藝備體 清光緒二年（1876）刻本
四冊

130000－0407－0000451 經177－254
新增典故四書章句十九卷 （宋）朱熹章句
清宣統三年（1911）刻本 六冊

130000－0407－0000452 經175－255
新增典故四書章句十九卷 （宋）朱熹章句
清宣統三年（1911）刻本 六冊

130000－0407－0000453 整理後136
新增繪圖幼學故事瓊林四卷首一卷 （明）程
允昇撰 （清）鄒聖脈補 清光緒三十年
（1904）育文書局石印本 二冊

130000－0407－0000454 集127－整理
後097

新政應試必讀約鈔六卷附新政應試必讀
(清)陳鳳光等撰　清石印本　一冊

130000－0407－0000455　詩 056－546
新註韻對五七言千家詩四卷　(清)王相選註
　清光緒十六年(1890)善成堂刻本　一冊

130000－0407－0000456　整理後 165
新纂對聯集成一卷　(清)□□輯　清宣統元
年(1909)刻本　一冊

130000－0407－0000457　整理後 167
新纂對聯集成一卷　(清)□□輯　清光緒三
十三年(1907)刻本　一冊

130000－0407－0000458　整理後 108
修竹齋試帖輯註不分卷　(清)那清安著
(清)張熙宇輯評　(清)王植桂輯註　清刻本
　一冊

130000－0407－0000459　151
繡像第一才子書一百二十回　(明)毛宗崗評
　清刻本　十冊　存五十四回(一至五十四)

130000－0407－0000460　小說 059－548
繡像東周列國志二十七卷　(清)蔡昇評點
清光緒三十年(1904)上海商務印書館鉛印本
　十二冊

130000－0407－0000461　整理後 96
續選觀善堂課藝不分卷　(清)吳鴻恩等撰
清刻本　二冊

130000－0407－0000462　整理後 184
續願學堂四卷　(清)□□輯　清刻本　二冊
　存二卷(利集、貞集)

130000－0407－0000463　整理後 067
雪心賦正解四卷　(唐)卜應天著　(清)孟浩
註　(清)張鐸訂　(清)趙延芳校　清刻本
三冊　存三卷(二至四)

130000－0407－0000464　應用文 30－297
臙脂牡丹六卷　(清)韓鄂撰　清道光十九年
(1839)刻本　五冊

130000－0407－0000465　類－139,整理後
125,76

研香齋四六類腋二十四卷　(清)東邨訂　清
道光二十八年(1848)刻本　六冊

130000－0407－0000466　醫 004－62
眼科百問二卷　(清)王子固纂輯　清光緒十
年(1884)刻本　二冊

130000－0407－0000467　醫 547－64
眼科百問二卷　(清)王子固纂輯　清光緒十
年(1884)刻本　二冊

130000－0407－0000468　醫 046－59
眼科百問二卷　(清)王子固纂輯　清光緒十
年(1884)石印本　二冊

130000－0407－0000469　史 068－474/475
洋務經濟通考十六卷　(清)邵友濂纂　(清)
應祖錫校　清光緒二十四年(1898)鴻寶齋石
印本　十二冊

130000－0407－0000470　集 113
夷堅志五十卷　(宋)洪邁撰　清宣統三年
(1911)石印本　八冊　存二十五卷(二十六
至五十)

130000－0407－0000471　整理後 071
儀禮精義不分卷　(清)黃淦纂　清刻本
一冊

130000－0407－0000472　整理後 154
儀禮十七卷　(漢)鄭玄注　(清)張爾岐句讀
　清宣統元年(1909)學部圖書局影印本　一
冊　存一卷(十一)

130000－0407－0000473　經 160－695
易經體註會解大全四卷　(清)來爾繩纂輯
清同治十年(1871)刻本　二冊

130000－0407－0000474　整理後 152
異授眼科一卷　(清)□□撰　清抄本　一冊

130000－0407－0000475　整理後 018
應試排律精選六卷　(清)周大樞選釋　清乾
隆二十三年(1758)刻本　一冊　存一卷(一)

130000－0407－0000476　整理後 181
玉歷鈔傳警世一卷　(清)李天錫輯　清同治
七年(1868)刻本　一冊

130000 - 0407 - 0000477　整理後 19

喻氏醫書三種　（清）喻昌著　清光緒三十一年(1905)經元書室刻本　十八冊

130000 - 0407 - 0000478　史 048 - 623

御批歷代通鑑輯覽一百二十卷　（清）高宗弘曆撰　（清）傅恆等編　清刻朱墨套印本　六冊　存十七卷(三至八、十五至十七、九十四至九十五、一百至一百一、一百十七至一百二十)

130000 - 0407 - 0000479　史 019 - 559

御批歷代通鑑輯覽一百二十卷　（清）高宗弘曆撰　（清）傅恆等編　清鉛印本　八冊　存十九卷(九十一至九十九、一百三至一百九、一百十三至一百十五)

130000 - 0407 - 0000480　史 061 - 384/385

御批歷代通鑑輯覽一百二十卷　（清）高宗弘曆撰　（清）傅恆等編　清光緒二十四年(1898)石印本　十九冊　存一百十四卷(一至四十二、四十九至一百二十)

130000 - 0407 - 0000481　665

御選唐宋詩醇四十七卷目錄二卷　（清）高宗弘曆編　清刻本　五冊　存十卷(十五至十八、二十一至二十五、三十三)

130000 - 0407 - 0000482　整理後 186

御製詩二集九十卷目錄十卷　（清）高宗弘曆撰　清乾隆刻本　一冊　存一卷(四十三)

130000 - 0407 - 0000483　整理後 047

御撰資治通鑑綱目三編二十卷　（清）張廷玉等撰　清乾隆刻本　六冊

130000 - 0407 - 0000484　298、經 83 - 299、經 84 - 300

御纂七經二百九十四卷　（清）李光地等纂　清光緒二十年(1894)上海書局石印本　六冊　存七十二卷(欽定書經傳說彙纂二十一卷、首二卷、書序一卷,欽定詩經傳說彙纂二十一卷、首二卷、詩序二卷,御纂周易折中二十二卷、首一卷)

130000 - 0407 - 0000485　經 207 - 426

御纂詩義折中二十卷　（清）高宗弘曆敕撰　（清）傅恆等纂　清刻本　六冊

130000 - 0407 - 0000486　308

御纂詩義折中二十卷　（清）高宗弘曆敕撰　（清）傅恆等纂　清刻本　六冊

130000 - 0407 - 0000487　314

御纂詩義折中二十卷　（清）傅恆等撰　清刻本　三冊

130000 - 0407 - 0000488　經 105 - 315

御纂詩義折中二十卷　（清）傅恆等撰　清乾隆刻本　六冊

130000 - 0407 - 0000489　整理後 192

御纂性理精義十二卷　（清）李光地等纂修　清刻本　一冊　存一卷(十一)

130000 - 0407 - 0000490　整理後 148

御纂醫宗金鑑九十卷首一卷　（清）吳謙等撰　清刻本　十一冊　存十五卷(六十一至六十二、六十四至七十六)

130000 - 0407 - 0000491　醫 557 - 223/ - 229

御纂醫宗金鑑九十卷首一卷　（清）吳謙等撰　清刻本　四十二冊　存八十卷(十一至九十)

130000 - 0407 - 0000492　醫 038 - 56

御纂醫宗金鑑九十卷首一卷　（清）吳謙等撰　清光緒三十二年(1906)有益齋石印本　七冊　存二十九卷(一至二十三、三十至三十四,首一卷)

130000 - 0407 - 0000493　醫 557 - 222

御纂醫宗金鑑九十卷首一卷　（清）吳謙等撰　清光緒九年(1883)刻本　八冊　存十二卷(一至十一、首一卷)

130000 - 0407 - 0000494　整理後 157

御纂醫宗金鑑九十卷首一卷　（清）吳謙等撰　清刻本　四冊　存五卷(一至四、首一卷)

130000 - 0407 - 0000495　整理後 183

御纂醫宗金鑑九十卷首一卷　（清）吳謙等撰　清光緒十八年(1892)上海圖書集成印書局

鉛印本　二冊　存十卷(外科一至十)

130000－0407－0000496　醫038－422

御纂醫宗金鑑九十卷首一卷　(清)吳謙等撰
清光緒二十二年(1896)有益齋石印本　十
一冊　存十六卷(外科十六卷)

130000－0407－0000497　經77－整理後275

御纂周易折中二十二卷首一卷　(清)李光地
等纂　清康熙五十四年(1715)內府刻本　五
冊　存十二卷(十一至二十二)

130000－0407－0000498　整理後87

願學堂課藝續編不分卷　(清)萬秉鑑等輯
清刻本　一冊

130000－0407－0000499　整理後069

韻對五七言千家詩輯鈔四卷　(清)善成堂書
林輯　清光緒十六年(1890)刻本　一冊　存
二卷(一至二)

130000－0407－0000500　詩18－159

韻對五七言千家詩輯鈔四卷　(清)善成堂書
林輯　清光緒十一年(1885)刻本　二冊

130000－0407－0000501　整理後105

韻對五七言千家詩四卷　(清)東昌善成堂重
訂　清刻本　一冊

130000－0407－0000502　整理後144

曾文正公大事記四卷　(清)王定安著　清光
緒三十一年(1905)鉛印本　一冊

130000－0407－0000503　整理後177

增補三字經新編一卷　(清)谷連恆增訂　清
光緒二年(1876)刻本　一冊

130000－0407－0000504　醫462－421

增補萬病回春原本八卷　(明)龔延賢編　清
光緒三十二年(1906)江東書局石印本　七冊

130000－0407－0000505　醫044－412

增補醫林狀元壽世保元十卷　(明)龔廷賢編
清宣統三年(1911)江東書局石印本　八冊

130000－0407－0000506　整理後118

增補重訂千家詩註解二卷　(清)謝枋得選
(清)王相注　清刻本　一冊

130000－0407－0000507　經39－86

增補左繡三十卷　(清)陸浩　(清)馮李驊評
輯　清嵩山書屋刻本　四冊　存十五卷(十
六至三十)

130000－0407－0000508　整理後100

增訂寄嶽雲齋試體詩選四卷　(清)聶銑敏著
清聚錦堂刻本　一冊　存二卷(一至二)

130000－0407－0000509　詩071－729

增訂寄嶽雲齋試體詩選四卷　(清)聶銑敏著
清聚錦堂刻本　四冊

130000－0407－0000510　應文001－484

**增廣尺牘句解初集二卷二集二卷附增補音郡
音義百家姓**　(清)□□撰　清光緒三十一年
(1905)上海福記書局石印本　二冊

130000－0407－0000511　集176－381

增廣大題文府初二集合編不分卷　(清)味潛
齋主人編　清光緒十九年(1893)上海鴻寶齋
石印本　二十三冊

130000－0407－0000512　詩027－135

增廣詩句題解彙編四卷姓氏考一卷　(清)慎
記莊編　清光緒二十二年(1896)上海慎記莊
石印本　四冊

130000－0407－0000513　詩024－704

增廣詩韻大全五卷　(清)奕詢增編　清光緒
十七年(1891)石印本　六冊

130000－0407－0000514　詩024－716

增廣詩韻大全五卷　(清)奕詢增編　清光緒
二十一年(1895)石印本　六冊

130000－0407－0000515　經108－264

四書題鏡味根合編三十七卷　(清)金澂撰
四書題鏡　(清)汪鯉翔撰　清光緒二十一年
(1895)上海寶文書局石印本　八冊

130000－0407－0000516　經021－13

增廣新訂四書補註備旨十卷　(明)鄧林著
(清)鄧煜編　清光緒十三年(1887)刻本
七冊

130000－0407－0000517　經182－333

增廣新訂四書補註備旨十卷　（明）鄧林著　（清）鄧煜編　清光緒十三年(1887)刻本　六冊

130000－0407－0000518　經 217－251

增廣新訂四書補註備旨十卷　（明）鄧林著　（清）鄧煜編　清光緒十年(1884)刻本　八冊

130000－0407－0000519　經 064－94

增廣新訂四書補註備旨十卷　（明）鄧林著　（清）鄧煜編　清光緒十三年(1887)刻本　六冊

130000－0407－0000520　經 118－14

增廣新訂四書補註備旨十卷　（明）鄧林著　（清）鄧煜編　清刻本　五冊

130000－0407－0000521　小說 057－513

增像小五義傳六卷一百二十四回　（清）石玉崑撰　清上海久敬齋書局石印本　六冊

130000－0407－0000522　集 026、027－108、396、397

增選大題鴻寶　（□）□□撰　清鉛印本　二十二冊　存大學、中庸、下論、孟子,大學續集、中庸續集、論語續集、孟子續集

130000－0407－0000523　集 015－304

增註八銘塾鈔二集不分卷附闈試總論　（清）吳懋政編　清刻本　五冊

130000－0407－0000524　集 014－732

增註八銘塾鈔初集不分卷　（清）吳懋政編次　清寶善堂刻本　五冊

130000－0407－0000525　整理後 077

增註字類標韻六卷　（清）維甯撰　（清）范多珏重訂　清光緒十五年(1889)刻本　二冊

130000－0407－0000526　整理後 009

針灸大成十卷　（明）楊繼洲著　清康熙十九年(1680)刻本　十冊

130000－0407－0000527　集 030－107、109、281

制藝鎔裁不分卷　（□）□□撰　清刻本　十二冊　存上論七卷、大學文楯、孟子文楯、中庸三十三章

130000－0407－0000528　集 028－319、整理後 127

制藝淵藪三十一卷　（□）□□撰　清光緒六年(1880)刻本　十六冊　存十六卷(大學一至二、中庸一至五、下論二至七、孟子一至三)

130000－0407－0000529　集 016－641

重訂古文釋義新編八卷　（清）余誠評註　清刻本　七冊　存七卷(二至八)

130000－0407－0000530　集 154－392

重訂古文釋義新編八卷　（清）余誠評註　清光緒二十八年(1902)刻本　六冊　存七卷(一至七)

130000－0407－0000531　史 081－178

重訂七種古文選　（清）儲欣評　（清）儲芝五述　清刻本　五冊　存三種六卷(戰國策文選不分卷、國語選不分卷、西漢書文選四卷)

130000－0407－0000532　醫 008－52

重訂外科正宗十二卷　（明）陳實功著　清乾隆五十年(1785)刻本　四冊

130000－0407－0000533　史 58－620

重訂王鳳洲先生綱鑑會纂四十六卷　（清）王世貞纂　清善成堂刻本　六冊　存九卷(十至十八)

130000－0407－0000534　史 022－383/382

重訂王鳳洲先生綱鑑會纂四十六卷　（明）王世貞纂　清善成堂刻本　十三冊　存二十二卷(一至二、五至六、十三至十四、十七、三十二至四十六)

130000－0407－0000535　醫 546－54

本草醫方合編　（清）汪昂編　清有益堂刻本　三冊　存十一卷(一至十一)

130000－0407－0000536　整理後 178

重校繪圖三才略一卷　（□）□□撰　清光緒二十九年(1903)三義堂刻本　一冊

130000－0407－0000537　經 136－11

周禮節訓六卷　（清）黃叔琳撰　（清）姚培謙

重訂　清乾隆四十二年(1777)刻本　二册

130000－0407－0000538　整理後 27
周禮精華六卷　（清）陳龍標編輯　清刻本
一册　存一卷（五）

130000－0407－0000539　經 145－113
周禮節訓六卷　（清）黃叔琳撰　（清）姚培謙
重訂　清道光十年(1830)刻本　二册

130000－0407－0000540　經 140－425/424
周禮註疏刪翼三十卷　（明）葉培恕定　（明）
王志長輯　清乾隆六十年(1795)刻本　二
十册

130000－0407－0000541　經 126－698
周易廣義六卷　（清）潘元懋撰　清刻本
五册

130000－0407－0000542　整理後 115
周易四卷　（宋）朱熹本義　清刻本　一册
存三卷（二至四）

130000－0407－0000543　經 187－693
周易四卷　（宋）朱熹本義　清乾隆五十九年
(1794)刻本　二册

130000－0407－0000544　經 016－6
周易四卷　（宋）朱熹本義　清同治八年
(1869)刻本　四册

130000－0407－0000545　經 163－8
周易四卷　（宋）朱熹本義　清同治四年
(1865)刻本　二册

130000－0407－0000546　整理後 84
周易四卷筮儀一卷卦歌一卷圖一卷　（宋）朱
熹本義　清刻本　二册

130000－0407－0000547　經 164－285
周易四卷筮儀一卷卦歌一卷易圖一卷　（宋）
朱熹本義　清光緒三十二年(1906)刻本
二册

130000－0407－0000548　典 165－289
周易四卷筮儀一卷卦歌一卷易圖一卷　（宋）
朱熹本義　清光緒三十二年(1906)刻本
二册

130000－0407－0000549　經 062－7
周易四卷首一卷　（宋）朱熹本義　清光緒三
十二年(1906)刻本　二册

130000－0407－0000550　經 200－697
周易質義四卷　（清）汪思迴纂輯　清刻本
二册

130000－0407－0000551　整理後 174
註釋名文約編不分卷　（□）□□撰　清刻本
一册

130000－0407－0000552　子 007－452
莊子內篇註四卷　（明）釋德清註　清光緒十
四年(1888)刻本　二册

130000－0407－0000553　子 005－451
莊子因六卷　（清）林雲銘撰　清康熙五十五
年(1716)刻本　六册

130000－0407－0000554　集 163－316
**壯悔堂文集十卷遺稿一卷四憶堂詩集六卷遺
稿一卷**　（清）侯方域撰　（清）徐鄰唐評點
清石印本　四册

130000－0407－0000555　經 196－77
書經六卷　（宋）蔡沈撰　清咸豐七年(1857)
經餘堂刻本　四册

130000－0407－0000556　經 195－76
易經四卷　（宋）朱熹本義　清咸豐七年
(1857)經餘堂刻本　二册

130000－0407－0000557　史 13－整理後 48
資治通鑑二百九十四卷　（宋）司馬光撰
（元）胡三省音注　**通鑑釋文辯誤十二卷**
（元）胡三省撰　清嘉慶胡克家影元刻本　一
册　存三卷（二百四十六至二百四十八）

130000－0407－0000558　史 023－406,533,
531,532,整理後 003,004
**資治通鑑綱目前編二十五卷正編五十九卷續
編二十七卷末一卷**　（明）陳仁錫評閱　清康
熙四十年(1701)王公行刻本　三十八册　存
四十七卷（前編一至十二、十六至二十五,正
編十五至十九、二十一至三十九、四十三）

130000－0407－0000559　史 052－144/387/189/188/146/447/442/443/145/190/186/386/143/446/187/185/405/444/445

資治通鑑綱目前編二十五卷正編五十九卷續編二十七卷末一卷　（明）陳仁錫評閱　清嘉慶十三年(1808)刻本　一百五十一冊　存一百五卷(前編一至二、五至二十五,正編四至五十九,續編一至二十五、末一卷)

130000－0407－0000560　詩 074－542

子史輯要詩賦題解四卷續編四卷　（清）胡本淵編輯　清乾隆六十年(1795)刻本　四冊

130000－0407－0000561　集 178－161

子書二十八種　（清）育文書局輯　清光緒二十三年(1897)文瑞樓據盧氏抱經堂本校印本　八冊　存四種五十八卷(賈子新書十卷、文子纘義十二卷、春秋繁露十七卷、補注黃帝內經素問一至十九)

130000－0407－0000562　子 008－192

子書二十三種　（清）浙江書局編　清光緒二十三年(1897)圖書集成局鉛印本　八冊　存十種一百三卷(列子八卷,文中子中說十卷,揚子法言十三卷、附音義一卷,鶡冠子三卷、晏子春秋七卷、附音義二卷、校勘記二卷,董子春秋繁露十七卷、附錄一卷,文子纘義十二卷,尸子二卷、存疑一卷,商君書五卷、附考一卷,山海經十八卷)

130000－0407－0000563　典 89－689、679

字彙十二卷首一卷末一卷韻法直圖一卷　（明）梅膺祚撰　**韻法橫圖一卷**　（明）李世澤撰　清乾隆四年(1739)世德堂刻本　十四冊

130000－0407－0000564　字典 78 號－682、683、整理後 70

字彙十二卷首一卷末一卷韻法直圖一卷　（明）梅膺祚撰　**韻法橫圖一卷**　（明）李世澤撰　清世德堂本　十三冊

130000－0407－0000565　典 25 號－517、518部二

字彙十二卷首一卷末一卷韻法直圖一卷　（明）梅膺祚撰　**韻法橫圖一卷**　（明）李世澤撰　清乾隆四十年(1775)刻本　十四冊

130000－0407－0000566　典 81－325、326

字彙十二卷首一卷末一卷韻法直圖一卷　（明）梅膺祚撰　**韻法橫圖一卷**　（明）李世澤撰　清乾隆四十年(1775)刻本　十四冊

130000－0407－0000567　典 30－238、237

字彙十二卷首一卷末一卷韻法直圖一卷　（明）梅膺祚撰　**韻法橫圖一卷**　（明）李世澤撰　清乾隆五年(1740)世德堂刻本　十四冊

130000－0407－0000568　典 62－150

字彙十二卷首一卷末一卷韻法直圖一卷　（明）梅膺祚撰　**韻法橫圖一卷**　（明）李世澤撰　清刻本　十一冊　存十一卷(一至七、九至十一,首一卷)

130000－0407－0000569　典 80－140、147

字彙十二卷首一卷末一卷韻法直圖一卷　（明）梅膺祚撰　**韻法橫圖一卷**　（明）李世澤撰　清光緒刻本　十四冊

130000－0407－0000570　整理後 197

字彙十二卷首一卷末一卷韻法直圖一卷　（明）梅膺祚撰　**韻法橫圖一卷**　（明）李世澤撰　清刻本　二冊　存四卷(七至八、十一至十二)

130000－0407－0000571　典 35 號－688、681

字彙十二卷首一卷末一卷韻法直圖一卷　（明）梅膺祚撰　**韻法橫圖一卷**　（明）李世澤撰　清光緒刻本　十四冊

130000－0407－0000572　典 7 號－685、686

字彙十二卷首一卷末一卷韻法直圖一卷　（明）梅膺祚撰　**韻法橫圖一卷**　（明）李世澤撰　清刻本　十四冊　缺三卷(末一卷、韻法直圖一卷、韻法橫圖一卷)

130000－0407－0000573　典 49－684、680

字彙十二卷首一卷末一卷韻法直圖一卷　（明）梅膺祚撰　**韻法橫圖一卷**　（明）李世澤撰　清刻本　十三冊　缺三卷(末一卷、韻法直圖一卷、韻法橫圖一卷)

130000－0407－0000574　典83－341、327
字彙十二卷首一卷末一卷韻法直圖一卷
（明）梅膺祚撰　**韻法橫圖一卷**　（明）李世澤
撰　明刻本　十二冊

130000－0407－0000575　整理後031
字彙數求聲十二卷　（明）梅膺祚撰　（清）虞
德升繫聲　清刻本　一冊　存五卷（一至五）

130000－0407－0000576　整理後119
字彙四集　（清）陳淏子撰　清刻本　三冊
存三集（亨集、利集、貞集）

130000－0407－0000577　典29號－687
字彙四集　（清）陳淏子撰　清光緒三十年
（1904）三義堂刻本　四冊

130000－0407－0000578　典82－243
字彙四集　（清）陳淏子撰　清光緒十五年
（1889）三義堂刻本　四冊

130000－0407－0000579　集032－133
東萊博議四卷　（宋）呂祖謙撰　（清）馮泰松
重刊　清光緒石印本　四冊

130000－0407－0000580　經037－5
左傳評林八卷　（清）張光華輯　清雍正七年
（1729）刻本　五冊

130000－0407－0000581　經038－4
左傳評林八卷　（清）張光華輯　清雍正七年
（1729）刻本　四冊

130000－0407－0000582　經180－162
左傳選十四卷　（清）儲欣評　（清）徐永等校
訂　清刻本　五冊　存七卷（昭公、文公、定
公、成公、襄公、宣公、哀公）

130000－0407－0000583　經146－88
左傳選十四卷　（清）儲欣評　（清）徐永等校
訂　清乾隆五十年（1785）二南堂刻本　八冊

130000－0407－0000584　經148－87
左傳易讀六卷　（清）司徒修選訂　（清）沈士
荃等檢校　清同治五年（1866）聚盛堂刻本
六冊

滄州市任丘市圖書館古籍普查登記目錄

全國古籍普查登記目錄

國家圖書館出版社

National Library of China Publishing House

130000 – 3428 – 0000001　集 008

東周列國全志八卷一百八回　（清）蔡昇評點
清光緒三十一年（1905）上海章福記書局石
印本　四冊

130000 – 3428 – 0000002　史 010

教諭語節鈔　（清）謝金鑾撰　清同治五年
（1866）刻本　一冊

130000 – 3428 – 0000003　經 033

新訂四書補注備旨十卷　（明）鄧林撰　（清）
杜定基增訂　清光緒三義堂刻本　三冊　存
五卷（大學一、中庸一、上孟一至二、下孟四）

130000 – 3428 – 0000004　經 039

**儀禮鄭註句讀十七卷監本正誤一卷石本誤字
一卷**　（清）張爾岐句讀　清乾隆八年（1743）
高氏尚德堂刻本　八冊

130000 – 3428 – 0000005　經 010

東萊左氏博議二十五卷　（宋）呂祖謙撰　清
光緒八年（1882）錢塘瞿氏清吟閣刻本　六冊

130000 – 3428 – 0000006　經 036

小學集解六卷　（清）張伯行輯注　清刻本
二冊

130000 – 3428 – 0000007　集 014

古文辭類纂七十四卷續三十四卷　（清）姚鼐
撰　清善成堂刻本　六冊　存二十二卷（續
十三至三十四）

130000 – 3428 – 0000008　經 002

詩集傳八卷　（宋）朱熹集傳　清慎詒堂刻本
四冊

130000 – 3428 – 0000009　經 008

春秋經傳集解三十卷　（晉）杜預撰　清刻本
八冊　存十五卷（一至十五）

130000 – 3428 – 0000010　經 007

春秋經傳集解三十卷　（晉）杜預撰　清乾隆
四十四年（1779）刻本　六冊　存十五卷（一
至十五）

130000 – 3428 – 0000011　經 029

時文輯要四卷　（清）孫伯龍輯　清光緒十三

年（1887）三義堂刻本　二冊

130000 – 3428 – 0000012　經 028

目耕齋時文初刻四卷二刻四卷　（清）徐楷
（清）沈叔眉編　清同治十三年（1874）刻本
三冊　存六卷（初刻下論一卷、孟子一卷，二
刻學庸一卷、上論一卷、下論一卷、孟子一卷）

130000 – 3428 – 0000013　集 003

賡辰集五卷唐人試律說一卷　（清）紀昀編
清刻本　二冊　存四卷（三至五、唐人試律說
一卷）

130000 – 3428 – 0000014　集 016

古唐詩合解十二卷古詩四卷　（清）王堯衢編
註　清致和堂刻本　四冊

130000 – 3428 – 0000015　經 006

春秋左傳句解六卷　（清）韓菼重訂　清刻本
三冊

130000 – 3428 – 0000016　集 015

試貼詩課選註七卷　（清）毛履謙注　清嘉慶
十二年（1807）致和堂刻本　四冊　存五卷
（一至四、七）

130000 – 3428 – 0000017　經 038

字學舉隅不分卷　（清）黃本驥等撰　清刻本
一冊

130000 – 3428 – 0000018　經 001

四禮初稿四卷約言四卷　（明）宋纁輯　明刻
本　一冊

130000 – 3428 – 0000019　經 003

國朝分法春華不分卷　（清）濮巘評選　清嘉
慶二年（1797）懷德堂刻本　一冊

130000 – 3428 – 0000020　經 027

四書味根錄三十七卷　（清）金澂撰　清道光
十七年（1837）善成堂刻本　十三冊　存二十
七卷（大學一卷、中庸二卷、論語五至十六、孟
子三至十四）

130000 – 3428 – 0000021　經 032

新訂四書補註備旨十卷　（清）鄧林著　（清）
祁文友重校　（清）杜定基增訂　清聚錦堂刻

本　六冊

130000－3428－0000022　經031
註釋八銘塾鈔初集二集　（清）吳蘭陔編　清同治九年（1870）協毓堂刻本　八冊

130000－3428－0000023　史003
貳臣傳十二卷逆臣傳四卷　（清）國史館撰　清都城琉璃廠半松居士鉛印本　四冊　存八卷（貳臣傳一至八）

130000－3428－0000024　經026
蕭甯范陳書鄉試硃卷不分卷　（清）范陳書撰　清光緒元年（1875）刻本　一冊

130000－3428－0000025　史004
欽定戶部則例一百卷首一卷　（清）倭仁等修　（清）英傑等纂　清同治四年（1865）刻本　四冊　存十一卷（三十至三十二、五十四至五十六、五十九至六十、六十三至六十五）

130000－3428－0000026　經042
周易本義啓蒙通刊十六卷首一卷　（清）吳世尚撰　清康熙五十七年（1718）兩衡堂刻本　四冊　存十卷（一至二、四至十，首一卷）

130000－3428－0000027　經005
太史張天如詳節春秋綱目左傳句解六卷　（清）韓菼重訂　清光緒善成堂刻本　六冊

130000－3428－0000028　經034
監本四書十九卷　（宋）朱熹集注　清同治十三年（1874）江西書局刻本　六冊

130000－3428－0000029　集012
文選六十卷　（南朝梁）蕭統輯　（唐）李善等注　清乾隆二十六年（1761）刻本　三冊　存二十四卷（一至二十四）

130000－3428－0000030　經025
四書大全三十七卷附四書備考　（明）胡廣等撰　（明）李廷機等會纂　清刻本　六冊　存十九卷（大學章句大全一卷、中庸章句大全一、論語集註大全一至十、孟子集註大全一至七）

130000－3428－0000031　集017

子史精華一百六十卷　（清）聖祖玄燁撰　清雍正五年（1727）刻本　八冊　存三十六卷（一至三十六）

130000－3428－0000032　集011
經餘必讀八卷　（清）錢樹棠等輯　清嘉慶十二年（1807）刻本　四冊

130000－3428－0000033　經030
金陳兩先生合稿　（清）郝義言點定　（清）江有龍評選　清刻本　二冊

130000－3428－0000034　經016
書經體註大全合叅六卷　（宋）蔡沈集傳　（清）錢希祥輯注　清乾隆五十七年（1792）聚錦堂刻本　四冊

130000－3428－0000035　經024
四書朱子本義匯參四十三卷首四卷　（清）王步青輯　清刻本　六冊　存十一卷（大學三卷、首一卷,中庸六卷、首一卷）

130000－3428－0000036　史009
五種遺規　（清）陳宏謀輯并撰　清同治三年（1864）刻本　八冊　存十三卷（養正遺規二卷、補編一卷,教女遺規三卷,訓俗遺規三,從政遺規二卷,在官法戒録四卷）

130000－3428－0000037　經012
全本禮記體註十卷　（清）徐瑄撰　清刻本　十冊

130000－3428－0000038　經041
新鐫增補周易備旨一見能解六卷　（明）黄淳耀著　（清）嚴而寬增補　清嘉慶元年（1796）致和堂刻本　四冊　存四卷（二至三、五至六）

130000－3428－0000039　經040
狀元易經四卷　（宋）程頤撰　清敏慎堂刻本　二冊

130000－3428－0000040　經009
東萊先生左氏博議二十五卷　（宋）吕祖謙撰　清光緒八年（1882）刻本　六冊

130000－3428－0000041　經035

小學纂註六卷朱子年譜一卷忠經一卷孝經一卷　（清）高愈注　清道光元年（1821）書業成刻本　四冊

130000－3428－0000042　集002

如面談新集十卷首一卷　（清）李光祚撰　清刻本　五冊

130000－3428－0000043　經023

增註八銘塾鈔初二集　（清）吳懋政輯　清刻本　五冊

130000－3428－0000044　經014

奎壁詩經八卷　（宋）朱熹集傳　清宣統元年（1909）三義堂刻本　四冊

130000－3428－0000045　經022

原版明文小題傳薪六卷　（清）臧括齋評釋　清易知齋刻本　四冊

130000－3428－0000046　經021

星橋制藝小題二編　（清）劉清源撰　清光緒十五年（1889）三義堂刻本　二冊

130000－3428－0000047　經020

四書古註羣義彙解九種九十四卷　□□輯　清光緒十六年（1890）珍藝書局鉛印本　十冊　存八十二卷（論語集解義疏一至五,四書改錯二十二卷,論語正義二十四卷,孟子正義一至十五、二十三至三十,大學古本說一卷,中庸章段一卷,中庸餘論一卷,論語札記三卷,孟子札記二卷）

130000－3428－0000048　經004

東萊博議四卷　（宋）呂祖謙撰　（清）朱書評　清雍正四年（1726）尺木堂刻本　二冊

130000－3428－0000049　經019

四集參變八卷　（清）王步青評　清刻本　一冊

130000－3428－0000050　經013

五經典要註釋五卷目錄一卷　（清）袁壯行纂註　清世德堂刻本　六冊

130000－3428－0000051　經015

奎壁書經六卷　（宋）蔡沈集傳　清光緒十年

（1884）同元堂刻本　四冊

130000－3428－0000052　集010

歷朝賦楷八卷首一卷　（清）王修玉輯　清刻本　八冊

130000－3428－0000053　經018

張百川先生塾課八卷　（清）周汝調編次　清崇文堂刻本　一冊　存二卷（一至二）

130000－3428－0000054　經017

註釋天崇文欣賞集五卷　（清）朱衡佩選訂（清）吳蘭陔註釋　清道光十七年（1837）貴文堂刻本　一冊　存二卷（大學、中庸）

130000－3428－0000055　集009

七家試帖輯註彙鈔七種　（清）張熙宇輯評（清）王植桂輯註　清同治十一年（1872）京都琉璃廠刻本　八冊

130000－3428－0000056　經011

禮記易讀二卷　（清）志遠堂主人撰　清咸豐八年（1858）刻本　二冊

130000－3428－0000057　經037

澄衷蒙學堂字課圖說四卷檢字一卷　（清）劉樹屏著　清石印本　二冊　存三卷（一至二、四）

130000－3428－0000058　經043

周禮註疏刪翼三十卷　（明）葉培恕定　（明）王志長輯　清刻本　六冊　存九卷（十五至十六、十九至二十一、二十四、二十六、二十九至三十）

130000－3428－0000059　集006

應試唐詩類釋十九卷　（清）臧岳編　清乾隆四十年（1775）三樂齋刻本　六冊

130000－3428－0000060　集005

應試唐詩類釋十九卷　（清）臧岳編　清刻本　六冊

130000－3428－0000061　史014

驗方新編二十四卷　（清）鮑相璈編輯　清光緒四年（1878）刻本　十六冊

130000－3428－0000062　集004

413

杜詩詳註二十五卷首一卷附編二卷　（唐）杜甫撰　（清）仇兆鰲輯註　清刻本　五冊　存六卷（十六至二十一）

130000－3428－0000063　集001
麟川鴻印不分卷附棣州鴻印不分卷　（清）沈世銓撰　清光緒九年（1883）刻本　一冊

130000－3428－0000064　史008
近思錄十四卷考訂朱子世家一卷　（清）江永集註　清咸豐三年（1853）刻本　四冊

130000－3428－0000065　史011
六壬神課金口訣三卷　（清）楊守一閱　（清）熊大木校正　（清）周儆弦重訂　清光緒十三年（1887）善成堂刻本　六冊

130000－3428－0000066　史007
性理體註訓解標題八卷　（清）張道升　（清）仇廷桂纂輯　（清）呂從律增訂　清乾隆二十二年（1757）三樂齋刻本　四冊

130000－3428－0000067　史006
朱子家禮八卷首一卷　（宋）朱熹撰　（明）丘濬輯　（明）楊廷筠補　清乾隆三十八年（1773）博雅堂刻本　六冊　存八卷（一至四、六至八,首一卷）

130000－3428－0000068　集013
格致課藝彙編十三卷　（清）王韜編　清光緒二十三年（1897）上海書局石印本　十三冊

130000－3428－0000069　史001
欽定後漢書一百二十卷　（南朝宋）范曄撰　（唐）李賢注　（南朝梁）劉昭補注　清乾隆四年（1739）刻本　八冊　存八十四卷（十七至四十六、五十七至九十四、一百五至一百二十）

130000－3428－0000070　史005
校邠廬抗議不分卷　（清）馮桂芬著　清光緒二十四年（1898）官書局石印本　一冊

130000－3428－0000071　史012
增刪卜易六卷　（清）野鶴老人著　（清）李坦鑒定　（清）李文輝增刪　清刻本　四冊

130000－3428－0000072　史013
喻氏醫書三種　（清）喻昌撰　清光緒三十一年（1905）經元書室刻本　十二冊　存三種十三卷（醫門法律一至五,尚論篇一至三、首一卷、後篇一至三,寓意草一卷）

130000－3428－0000073　集007
四大奇書第一種十九卷首一卷一百二十回　（明）羅貫中著　（清）毛宗崗評　清刻本　十九冊　存十九卷（一至二、四至十九,首一卷）

130000－3428－0000074　史002
御批歷代通鑑輯覽一百二十卷　（清）傅恒等編纂　清同治十三年（1874）湖南書局刻本　四十七冊　存一百十七卷（一至七十三、七十七至一百二十）

衡水市景縣圖書館 古籍普查登記目録

全國古籍普查登記目録

國家圖書館出版社
National Library of China Publishing House

130000－3436－0000001　集001

經史百家雜鈔二十六卷　（清）曾國藩纂　清鉛印本　二冊　存四卷（十八至十九、二十五至二十六）

130000－3436－0000002　集002

批點七家詩合註七卷　（清）張熙宇評　（清）王植桂註　清光緒十四年（1888）善成堂刻本　四冊

130000－3436－0000003　集003

分類文腋八卷　（清）李楨選　清刻本　四冊　存四卷（一至二、六至七）

130000－3436－0000004　集004

古唐詩合解十二卷古詩四卷　（清）王堯衢注　清寶興堂刻本　六冊

130000－3436－0000005　集006

古文辭類纂七十四卷　（清）姚鼐纂　清商務印書館鉛印本　一冊　存十卷（十一至二十）

130000－3436－0000006　集007

續古文辭類纂七十四卷　王先謙輯　清光緒三十三年（1907）商務印書館鉛印本　六冊　存五十四卷（一至十六、二十四至三十四、四十一至六十七）

130000－3436－0000007　集009

蘭言詩鈔四卷　（清）李瑞輯　清光緒善成堂刻本　四冊

130000－3436－0000008　集010

瀛海探驪集八卷　（清）朱埏之撰　清嘉慶十九年（1814）集錦堂刻本　七冊　存七卷（一至二、四至八）

130000－3436－0000009　集011

唐詩三百首補註八卷　（清）孫洙編　（清）陳伯英輯　清光緒十九年（1893）書業德刻本　六冊

130000－3436－0000010　集012

三蘇策論文選　（宋）蘇洵等撰　清刻本　七冊　存六卷（一至六）

130000－3436－0000011　集013

七家試帖輯註彙鈔七種　（清）王植桂輯註　（清）張熙宇輯評　清刻本　三冊　存二種三卷（樨花館試帖輯註一卷、桐雲閣試帖輯註一至二）

130000－3436－0000012　集014

分韻試帖青雲集合註四卷　（清）楊逢春輯　（清）沈品金等註　清光緒十年（1884）刻本　四冊

130000－3436－0000013　集015

分韻試帖青雲集合註四卷　（清）楊逢春輯　（清）沈品金等註　清光緒四年（1878）書業德刻本　三冊　存三卷（一至三）

130000－3436－0000014　集016

新增七家試帖輯註彙鈔七種　（清）王植桂輯註　（清）張熙宇輯評　清光緒十二年（1886）刻本　五冊　存四種五卷（桐雲閣試帖輯註二卷、樨花館試帖輯註一卷、修竹齋試帖輯註一卷、澹香齋試帖輯註一卷）

130000－3436－0000015　集017

詳批律賦標準初集四卷二集四卷　（清）葉祺昌評選　（清）金榮綬等校　清光緒二十年（1894）善成堂刻本　六冊　存六卷（初集二至四，二集一、三至四）

130000－3436－0000016　集018

增註八銘塾鈔初集不分卷　（清）吳懋政編次　清好友堂刻本　三冊　存大學、中庸、下論、上孟

130000－3436－0000017　集019

增註八銘塾鈔初集不分卷　（清）吳懋政編次　清好友堂刻本　五冊　存大學、中庸、上論、上孟、下孟

130000－3436－0000018　集020

七家試帖輯註彙鈔七種　（清）王植桂輯註　（清）張熙宇輯評　清刻本　四冊　存四種五卷（修竹齋試帖輯註一卷、尚絅堂試帖輯註一卷、簡學齋試帖輯註一卷、西漚試帖輯註二卷）

130000－3436－0000019　集021

七家試帖輯註彙鈔七種 （清）王植桂輯註
（清）張熙宇輯評 清刻本 四冊 存三種五
卷(西漚試帖輯註二卷、尚絅堂試帖輯註一
卷、桐雲閣試帖輯註二卷)

130000－3436－0000020 集022

七家試帖輯註彙鈔七種 （清）王植桂輯註
（清）張熙宇輯評 清光緒十四年(1888)刻本
八冊

130000－3436－0000021 集023

重校時藝引階合編不分卷 （清）路德撰 清
光緒十二年(1886)書業德刻本 四冊

130000－3436－0000022 集024

七家試帖輯註彙鈔七種 （清）王植桂輯註
（清）張熙宇輯評 清同治十一年(1872)京都
琉璃廠刻本 八冊

130000－3436－0000023 集025

分韻試帖青雲集合註四卷 （清）楊逢春輯
（清）沈品金等註 清光緒十五年(1889)書業
德刻本 四冊

130000－3436－0000024 集026

分韻試帖青雲集合註四卷 （清）楊逢春輯
（清）沈品金等註 清光緒四年(1878)刻本
四冊

130000－3436－0000025 集027

分韻試帖青雲集合註四卷 （清）楊逢春輯
（清）沈品金等註 清光緒十五年(1889)刻本
四冊

130000－3436－0000026 集028

八銘堂塾鈔初集不分卷 （清）吳懋政編次
清刻本 四冊

130000－3436－0000027 集029

韞山堂時文三集不分卷 （清）管世銘撰 清
光緒八年(1882)文昌書局刻本 四冊

130000－3436－0000028 集030

楚辭十七卷 （漢）劉向編 （漢）王逸注 清
同治十一年(1872)金陵書局刻本 四冊

130000－3436－0000029 集032

註釋水竹居賦一卷 （清）盛觀潮撰 清道光
二十三年(1843)刻本 四冊

130000－3436－0000030 集034

竹友草堂文集五卷詩集二卷 （清）蔣慶第撰
清光緒十九年(1893)刻本 三冊

130000－3436－0000031 集035

曾文正公全集 （清）曾國藩纂 清光緒十四
年(1888)鴻文書局石印本 八冊 存二種二
十一卷(經史百家雜鈔一至七、二十六，十八
家詩鈔十至十二、十九至二十八)

130000－3436－0000032 集037

應試唐詩類釋十九卷 （清）臧岳編 清乾隆
三十三年(1768)刻本 五冊 存十卷(一至
二、五至八、十六至十九)

130000－3436－0000033 經001

周易四卷 （宋）朱熹本義 清刻本 二冊

130000－3436－0000034 經002

周易本義四卷 （宋）朱熹撰 清光緒十年
(1884)刻本 二冊

130000－3436－0000035 經003

御案易經備旨七卷 （清）鄒聖脈撰 清嘉慶
三年(1798)刻本 四冊

130000－3436－0000036 經004

書集傳六卷 （宋）蔡沈撰 清乾隆五十八年
(1793)刻本 四冊

130000－3436－0000037 經005

書集傳六卷 （宋）蔡沈撰 清光緒七年
(1881)刻本 四冊

130000－3436－0000038 經006

書集傳六卷 （宋）蔡沈撰 清同治六年
(1867)刻本 一冊 存一卷(一)

130000－3436－0000039 經007

詩經體註圖考八卷 （清）高朝瓔定 清道光
二十年(1840)刻本 三冊 存六卷(一至三、
六至八)

130000－3436－0000040 經008

御纂詩義折中二十卷 （清）傅恆等纂 清刻

本　六冊

130000－3436－0000041　經009

御纂詩義折中二十卷　（清）傅恆等纂　清刻
本　六冊

130000－3436－0000042　經010

詩集傳八卷　（宋）朱熹撰　清光緒十年
（1884）同元堂刻本　一冊　存二卷（一至二）

130000－3436－0000043　經011

詩經啟鳳詳解八卷　（清）陳抒孝輯著　清光
緒十四年（1888）刻本　六冊

130000－3436－0000044　經012

詩經融註大全體要八卷　（清）沈世楷輯　清
光緒十年（1884）刻本　四冊

130000－3436－0000045　經013

禮記易讀二卷　（清）志遠堂主人撰　清光緒
四年（1878）刻本　二冊

130000－3436－0000046　經014

漱芳軒合纂禮記體註四卷　（清）范翔參訂
（清）朱光斗等校　清書業德刻本　四冊

130000－3436－0000047　經015

東萊博議四卷　（宋）呂祖謙撰　清嘉慶三年
（1798）致和堂刻本　四冊

130000－3436－0000048　經016

春秋左傳五十卷　（晉）杜預註釋　（唐）陸德
明音義　（明）鍾惺等評點　清刻本　三冊
存八卷（一至二、二十至二十五）

130000－3436－0000049　經017

太史張天如詳節春秋綱目左傳句解六卷
（清）韓葵重訂　清三義堂刻本　六冊

130000－3436－0000050　經018

春秋經傳集解三十卷首一卷　（晉）杜預撰
（唐）陸元朗音釋　（宋）林堯叟註　清華川書
屋刻本　八冊　存十六卷（一至十五、首一
卷）

130000－3436－0000051　經019

春秋經傳集解三十卷首一卷　（晉）杜預撰
（唐）陸元朗音釋　（宋）林堯叟註　清刻本

八冊　存十六卷（十五至三十）

130000－3436－0000052　經020

春秋左傳杜林匯參三十卷首一卷　（清）周正
思纂　清嵩山書屋刻本　十六冊

130000－3436－0000053　經022

春秋指掌三十卷前二卷附二卷　（清）儲欣輯
清康熙二十七年（1688）刻本　八冊　存二
十六卷（一至二十四、前二卷）

130000－3436－0000054　經023

四書集註十九卷　（宋）朱熹集註　清刻本
五冊　存十六卷（論語一至十、孟子一至六）

130000－3436－0000055　經024

小題五集精詣不分卷　（清）王步青評　清敦
化堂刻本　六冊

130000－3436－0000056　經025

字典四書讀本十九卷　（宋）朱熹撰　清光緒
九年（1883）刻本　六冊

130000－3436－0000057　經026

增訂四書析疑二十三卷　（清）張權時輯　清
乾隆二十一年（1756）刻本　十三冊　存十二
卷（論語二至七、孟子一至六）

130000－3436－0000058　經028

寶興新訂四書補註備旨十二卷　（明）鄧林撰
清光緒十三年（1887）刻本　七冊　存八卷
（大學一卷、中庸一卷、論語三至四、孟子一至
四）

130000－3436－0000059　經030

新訂四書補註備旨十二卷　（明）鄧林撰　清
同治十一年（1872）刻本　六冊　存十卷（大
學一卷、中庸一卷、論語一至四、孟子一至四）

130000－3436－0000060　經031

四書人物類典串珠四十卷　（清）臧志仁編輯
清善成堂刻本　六冊　存二十二卷（十四
至三十五）

130000－3436－0000061　經032

康熙字典十二集三十六卷總目一卷檢字一卷
辨似一卷等韻一卷補遺一卷備考一卷　（清）

張玉書等纂修　清刻本　六冊　存六卷(寅集三卷、卯集三卷)

130000 - 3436 - 0000062　經 033

康熙字典十二集三十六卷總目一卷檢字一卷辨似一卷等韻一卷補遺一卷備考一卷　(清)張玉書等纂修　清道光七年(1827)刻本　三十三冊　存三十九卷(子集三卷、丑集三卷、寅集三卷、卯集三卷、辰集三卷、巳集三卷、午集中下、未集三卷、申集上中、酉集三卷、戌集三卷、亥集上下、總目一卷,檢字一卷,辨似一卷,等韻一卷,補遺一卷,備考一卷)

130000 - 3436 - 0000063　經 034

詩韻集成十卷　(清)余照輯　清刻本　四冊

130000 - 3436 - 0000064　類叢 001

佩文韻府一百六卷　(清)張玉書等編　**拾遺一百六卷**　(清)汪灝等輯　清刻本　八冊　存十三卷(佩文韻府八至十一、三十八至四十六)

130000 - 3436 - 0000065　類叢 002

廣事類賦四十卷　(清)華希閔著　清會成堂刻本　八冊

130000 - 3436 - 0000066　類叢 003

事類賦三十卷　(宋)吳淑撰　清會成堂刻本　三冊　存二十二卷(一至十三、二十二至三十)

130000 - 3436 - 0000067　類叢 004

五經類編二十八卷　(清)周世樟輯　清刻本　八冊　存十三卷(十六至二十八)

130000 - 3436 - 0000068　類叢 005

淵鑑類函四百五十卷目錄四卷　(清)張英等纂　清石印本　二冊　存十卷(禮義部一卷、樂部一卷、果部一卷、花部一卷、草部一卷、木部一卷、鳥部一卷、獸部一卷、鱗介部一卷、蟲豸部一卷)

130000 - 3436 - 0000069　史 002

二十一史　明萬曆二十三年至三十四年(1595 - 1606)北京國子監刻本　六十九冊　存五百九十二卷(晉書一百三十卷、陳書三十

六卷、周書五十卷、隋書三十二至八十五、唐書五十八至一百七十、五代史七十四卷、金史一百三十五卷)

130000 - 3436 - 0000070　史 004

史記一百三十卷　(漢)司馬遷撰　清光緒四年(1878)金陵書局仿汲古閣刻本　五冊　存三十七卷(一至五、十三至十四、二十五至三十、六十一至八十四)

130000 - 3436 - 0000071　史 005

二十四史　清同治、光緒間五省官書局據汲古閣本刻本　二十二冊　存一百七十七卷(史記一百三十卷,漢書一至十九、七十三至一百)

130000 - 3436 - 0000072　史 006

資治通鑑二百九十四卷　(宋)司馬光撰　(元)胡三省音註　**通鑑釋文辯誤十二卷**　(元)胡三省撰　清光緒十六年(1890)上海積山書局石印本　十六冊　存一百七十卷(資治通鑑二十一至三十九、四十一至一百七十、二百八十六至二百九十四,通鑑釋文辯誤十二卷)

130000 - 3436 - 0000073　史 007

資治通鑑綱目前編二十五卷正編五十九卷續編二十七卷首一卷　(明)陳仁錫評閱　清刻本　二十二冊　存十九卷(正編二十一、二十三至二十六、二十九至三十七、三十九、四十一至四十三、四十八)

130000 - 3436 - 0000074　史 008

御批歷代通鑑輯覽一百二十卷　(清)傅恆等編纂　清鉛印本　三十八冊　存一百十四卷(一至十五、十九至五十、五十四至一百二十)

130000 - 3436 - 0000075　史 009

御批歷代通鑑輯覽一百二十卷　(清)傅恆等編纂　清鉛印本　四冊　存十四卷(八十五至八十七、九十一至九十三、九十七至九十九、一百十六至一百二十)

130000 - 3436 - 0000076　史 010

續資治通鑑二百二十卷　(清)畢沅編集　清

光緒十六年(1890)上海積山書局石印本 十八冊 存一百九十卷(一至八十、一百一至一百八十、一百九十一至二百二十)

130000－3436－0000077 史011
御批歷代通鑑輯覽一百二十卷 (清)傅恆等纂 清石印本 十八冊 存八十七卷(三十四至一百二十)

130000－3436－0000078 史014
綱鑑擇言十卷 (清)司徒修選輯 清書業德刻本 五冊 存八卷(三至十)

130000－3436－0000079 史015
通鑑明紀六十卷外紀十卷 (清)陳鶴纂 (宋)劉恕撰 清光緒十六年(1890)上海積山書局石印本 六冊 存六十二卷(通鑑明紀一至五十二、外紀十卷)

130000－3436－0000080 史016
遼金紀事本末九十二卷 (清)李有棠撰 清光緒十九年(1893)同文書局石印本 八冊 存七十一卷(遼史紀事本末一至四十,金史紀事本末一至十三、三十五至五十二)

130000－3436－0000081 史018
日本新史攬要七卷 (日本)石村貞一編 (清)游瀛主人譯 清光緒二十七年(1901)時學廬石印本 七冊

130000－3436－0000082 史019
宋遼金元史文鈔十九卷 (清)納蘭常安選評 清刻本 十一冊

130000－3436－0000083 史020
分韻試帖青雲集合註四卷 (清)楊逢春輯 清光緒八年(1882)刻本 三冊 存三卷(一至三)

130000－3436－0000084 史021
分韻試帖青雲集合註四卷 (清)楊逢春輯 清光緒四年(1878)聚元堂刻本 四冊

130000－3436－0000085 史023
人壽金鑑二十二卷 (清)程得齡輯 清光緒元年(1875)湖北崇文書局刻本 六冊

130000－3436－0000086 史026
[光緒]續修故城縣志十二卷首一卷 (清)丁燦修 清光緒十一年(1885)刻本 四冊 存九卷(一至六、十一至十二,首一卷)

130000－3436－0000087 史029
湖北下荊南道志二十八卷 (清)魯之裕修 (清)靖道謨纂 清刻本 十冊 存十七卷(五至十七、二十至二十一、二十三至二十四)

130000－3436－0000088 史030
續修故城縣志十二卷首一卷 (清)丁燦纂修 (清)王堉德纂 (清)范翰文等續修 清刻本 七冊 存十二卷(一至七、九至十二,首一卷)

130000－3436－0000089 史031
[乾隆]景州志六卷首一卷 (清)屈成霖纂輯 清乾隆十年(1745)刻本 三冊

130000－3436－0000090 史032
[同治]鍾祥縣志二十卷 (清)孫福海纂 清同治刻本 八冊 存十六卷(一至八、十一至十四、十七至二十)

130000－3436－0000091 史034
核訂現行刑律不分卷 沈家本等編 清鉛印本 一冊

130000－3436－0000092 史035
欽定續文獻通考二百五十卷 (清)嵇璜等纂 清石印本 六冊 存五十卷(一百八至一百五十七)

130000－3436－0000093 史037
欽定四庫全書總目二百卷首一卷 (清)紀昀等纂修 清刻本 三十四冊 存四十七卷(一至二、十一至十二、二十七至二十八、一百三十八至一百三十九、一百六十二至一百七十四、一百七十六至二百,首一卷)

130000－3436－0000094 史038
欽定四庫全書總目二百卷首一卷 (清)紀昀等纂修 清石印本 十四冊 存九十八卷(五十五至六十一、六十九至一百五十九)

130000－3436－0000095　史039

欽定四庫全書總目二百卷首一卷　（清）紀昀
等纂修　清刻本　十二冊　存二十五卷（五
十一至六十二、九十五至一百七）

130000－3436－0000096　史040

十七史商榷一百卷　（清）王鳴盛撰　清乾隆
五十二年(1787)刻本　二十二冊

130000－3436－0000097　子003

小學集註六卷　（明）陳選集註　清乾隆五十
六年(1791)二南堂刻本　四冊

130000－3436－0000098　子004

**皇朝經世文新增續編一百二十卷新增時務續
編四十卷附時事洋務八卷**　（清）葛士濬輯
清光緒二十三年(1897)上海圖書集成印書局
鉛印本　三十冊

130000－3436－0000099　子009

二如亭群芳譜三十卷首一卷　（明）王象晉撰
　明末刻本　二十一冊　存二十六卷（亨部

一至六、利部一至十一、貞部一至九）

130000－3436－0000100　子009

溫熱經緯五卷　（清）王士雄纂　清刻本　二
冊　存二卷(三、五)

130000－3436－0000101　子010

新編直指算法統宗十二卷首一卷　（明）程大
位編　清刻本　四冊

130000－3436－0000102　子012

日知錄集釋三十二卷刊誤二卷續刊誤二卷
（清）顧炎武著　（清）黃汝成集釋　清同治十
一年(1872)湖北崇文書局刻本　十六冊

130000－3436－0000103　子013

繪圖情史二十四卷　（明）詹詹外史評輯　清
宣統元年(1909)北京自強書局石印本　六冊

130000－3436－0000104　子014

列子八卷　（晉）張湛注　清光緒二年(1876)
浙江書局刻本　二冊

辛集市圖書館古籍普查登記目録

全國古籍普查登記目録

國家圖書館出版社
National Library of China Publishing House

130000－0416－0000001　　Z12/2

古微書三十六卷　（明）孫瑴撰　清光緒二十一年（1895）上海鴻文書局石印本　四冊

130000－0416－0000002　　Z12

重刊宋本十三經注疏附校勘記　（清）阮元撰（清）盧宣旬摘錄　清光緒十三年（1887）脈望仙館石印本　三十一冊　缺十四卷（孟子注疏解經十四卷）

130000－0416－0000003　　I222

毛詩稽古編三十卷　（清）陳啟源撰　清光緒九年（1883）上海同文書局石印本　八冊

130000－0416－0000004　　K206/3

東萊先生左氏博議二十五卷　（宋）呂祖謙撰　清道光十九年（1839）錢唐瞿氏清吟閣刻本　六冊

《石家莊市靈壽縣圖書館古籍普查登記目録》
書名筆畫字頭索引

《石家莊市靈壽縣圖書館古籍普查登記目錄》
書名筆畫索引

《石家莊市平山縣圖書館古籍普查登記目録》
書名筆畫字頭索引

《石家莊市平山縣圖書館古籍普查登記目錄》
書名筆畫索引

《石家莊市藁城區圖書館古籍普查登記目錄》
書名筆畫字頭索引

《石家莊市藁城區圖書館古籍普查登記目錄》
書名筆畫索引

《石家莊市新樂市圖書館古籍普查登記目録》
書名筆畫字頭索引

《石家莊市新樂市圖書館古籍普查登記目録》
書名筆畫索引

《唐山市圖書館古籍普查登記目錄》
書名筆畫字頭索引

七畫

八畫

445

十六畫

十七畫

十八畫

十九畫

《唐山市圖書館古籍普查登記目錄》
書名筆畫索引

四畫

六畫

七畫

八畫

458

九畫

十一畫

十二畫

465

十三畫

十四畫

十六畫

十七畫

十八畫

十九畫

《唐山市豐南區圖書館古籍普查登記目錄》
書名筆畫字頭索引

《唐山市豐南區圖書館古籍普查登記目錄》
書名筆畫索引

《唐山市樂亭縣圖書館古籍普查登記目錄》
書名筆畫字頭索引

《唐山市樂亭縣圖書館古籍普查登記目錄》
書名筆畫索引

十三畫

十四畫

十五畫

十六畫

《唐山市遵化市圖書館古籍普查登記目録》
書名筆畫字頭索引

《唐山市遵化市圖書館古籍普查登記目錄》
書名筆畫索引

十六畫

十七畫

十八畫

十九畫

二十畫

二十一畫

二十二畫

二十五畫

《秦皇島圖書館古籍普查登記目録》
書名筆畫字頭索引

《秦皇島圖書館古籍普查登記目錄》
書名筆畫索引

《秦皇島市昌黎縣圖書館古籍普查登記目録》
書名筆畫字頭索引

《秦皇島市昌黎縣圖書館古籍普查登記目錄》
書名筆畫索引

《秦皇島市撫寧縣圖書館古籍普查登記目録》
書名筆畫字頭索引

《秦皇島市撫寧縣圖書館古籍普查登記目錄》
書名筆畫索引

《邯鄲市圖書館古籍普查登記目錄》
書名筆畫字頭索引

《邯鄲市圖書館古籍普查登記目録》
書名筆畫索引

516

517

《邯鄲市武安市圖書館古籍普查登記目録》
書名筆畫字頭索引

《邯鄲市武安市圖書館古籍普查登記目錄》
書名筆畫索引

二畫

三畫

六畫

七畫

八畫

九畫

十一畫

十二畫

十三畫

十四畫

十五畫

十六畫

十七畫

十八畫

十九畫

二十畫

《邯鄲市臨漳縣圖書館古籍普查登記目錄》
書名筆畫字頭索引

《邯鄲市臨漳縣圖書館古籍普查登記目錄》
書名筆畫索引

《邢臺市圖書館古籍普查登記目錄》
書名筆畫字頭索引

《邢臺市圖書館古籍普查登記目錄》
書名筆畫索引

十七畫

十九畫

二十畫

二十一畫

二十二畫

《邢臺市寧晉縣圖書館古籍普查登記目録》
書名筆畫字頭索引

《邢臺市寧晉縣圖書館古籍普查登記目錄》
書名筆畫索引

《邢臺市威縣圖書館古籍普查登記目錄》
書名筆畫字頭索引

《邢臺市威縣圖書館古籍普查登記目録》
書名筆畫索引

《邢臺市南宮市圖書館古籍普查登記目錄》
書名筆畫字頭索引

《邢臺市南宮市圖書館古籍普查登記目錄》
書名筆畫索引

六畫

七畫

八畫

九畫

《邢臺市隆堯縣圖書館古籍普查登記目録》
書名筆畫字頭索引

《邢臺市隆堯縣圖書館古籍普查登記目錄》
書名筆畫索引

《保定市阜平縣圖書館古籍普查登記目錄》
書名筆畫字頭索引

《保定市阜平縣圖書館古籍普查登記目録》
書名筆畫索引

《保定市順平縣圖書館古籍普查登記目録》
書名筆畫字頭索引

《保定市順平縣圖書館古籍普查登記目錄》
書名筆畫索引

580

《張家口市宣化區圖書館古籍普查登記目録》
書名筆畫字頭索引

《張家口市宣化區圖書館古籍普查登記目錄》
書名筆畫索引

六畫

七畫

八畫

九畫

十七畫

十八畫

二十畫

二十一畫

二十二畫

《張家口市懷來縣圖書館古籍普查登記目録》
書名筆畫字頭索引

《張家口市懷來縣圖書館古籍普查登記目錄》
書名筆畫索引

十七畫

十九畫

二十一畫

二十二畫

《張家口市涿鹿縣圖書館古籍普查登記目録》
書名筆畫字頭索引

《張家口市涿鹿縣圖書館古籍普查登記目錄》
書名筆畫索引

《承德市圖書館古籍普查登記目録》
書名筆畫字頭索引

七畫

八畫

九畫

十畫

十一畫

《承德市圖書館古籍普查登記目錄》
書名筆畫索引

九畫

十畫

十三畫

十四畫

十五畫

十六畫

十七畫

《承德市承德縣圖書館古籍普查登記目錄》
書名筆畫字頭索引

《承德市承德縣圖書館古籍普查登記目録》
書名筆畫索引

《滄州市圖書館古籍普查登記目録》
書名筆畫字頭索引

《滄州市圖書館古籍普查登記目錄》
書名筆畫索引

《滄州市河間市圖書館古籍普查登記目録》
書名筆畫字頭索引

《滄州市河間市圖書館古籍普查登記目録》
書名筆畫索引

五畫

九畫

十畫

十一畫

十二畫

十三畫

二十畫

二十一畫

二十二畫

《滄州市任丘市圖書館古籍普查登記目錄》
書名筆畫字頭索引

《滄州市任丘市圖書館古籍普查登記目録》
書名筆畫索引

《衡水市景縣圖書館古籍普查登記目錄》
書名筆畫字頭索引

《衡水市景縣圖書館古籍普查登記目錄》
書名筆畫索引

《辛集市圖書館古籍普查登記目録》
書名筆畫字頭索引

《辛集市圖書館古籍普查登記目録》
書名筆畫索引